リーガルマーケットの展開と弁護士の職業像

森　勇　編著

日本比較法研究所
研究叢書
102

中央大学出版部

装幀　道吉　剛

序

　リーガライゼーションとリーガルシステムの複雑化，そしてまたリーガルサービスのグローバル化は，リーガルマーケットからのディマンドをその質量ともに大いに変化させている。そのような世界の潮流に，わが国の弁護士は的確に応えているであろうか。この問題に取り組むべく，本研究所は，2012年11月10日，ケルン大学弁護士法研究所の共同代表を務めるドイツ労働法学会の重鎮であり，ドイツ法曹大会（Deutscher Juristentag）の会長でもあるケルン大学のマルティン・ヘンスラー教授（Prof. Dr. Martin Henssler）を招へいして，「職業法としての弁護士法の現在問題」と題するフォーラムを開催した。

　このフォーラムにおいては，ヘンスラー教授による変革の時代にある弁護士とその職業法に関するドイツの現状の報告，そしてそれに続く木村美隆中央大学法務研究科教授によるわが国における現状の報告をうけて，弁護士の職業法とその職業像に関し，非常に多くの問題提起がなされるとともに，それに向けられる視角が実に多様であることが明らかになった。

　そして，残念ともいうべきであろうが，このフォーラム最大の成果は，我が国の弁護士は，「リーガライゼーションとリーガルシステムの複雑化，さらにはグローバル化がもたらすさまざまな課題が眼前の課題であることを十分に意識・認識していない」ということが明らかになったことである。詳しくは，このフォーラムでの報告とそこでの議論を収録した『ドイツ弁護士法と労働法の現在』（2014年・中央大学出版部）を参照されたい。

　このフォーラムをふまえ，そこでの問題提起をより進化させるべく，日本比較法研究所は，ケルン大学弁護士法研究所（Anwaltsinstitut der Universität zu Köln）ならびに日本弁護士連合会との共催のもと，独日法律家協会（Deutsch Japanische Juristenvereinigung e. V.）の協賛を得て，2014年10月18日に，中央大学駿河台記念館において，シンポジウム「リーガルマーケットの展開と弁護士

の職業像」を主催した。本書は，その成果を，その場で配布した資料とともに公刊し，広く，そこでの問題提起を世に問いかけていこうとするものである。

シンポジウムでは，先のフォーラムで提起されたさまざまな問題のうち，「弁護士の専門化と専門表示」つまりは「専門弁護士」称号のあり様をテーマとした。戦前から成功裏に「専門弁護士制度」を発展させてきたドイツでの展開と日本の現状とが織りなすコントラストは，さまざまに問題を提起してくれたと思う。もう一つは，「企業内弁護士」である。まったく独自の展開を遂げてきたドイツの「企業内弁護士」のあり様は，近時その数を一気に増したわが国の「企業内弁護士」が進むべき方向に一石を投じたと思う。シンポジウムのもくろみの詳細は，本書の「本シンポジウムの意図するところ」を参照願えれば幸いである。

このようなシンポジウムの成果を，関連する諸資料とともに1冊の本として刊行することは，今後の議論をさらに進化させる一助となると確信している。

最後になってしまったが，シンポジウムの開催を可能としていただいたばかりではなく，商業性を欠くこのような本の出版を可能としてくれた中央大学日本比較法研究所とそのスタッフの方々には，いくらお礼を申し上げても足るまい。シンポジウムを成功に導いてくれた同時通訳の諸兄姉にあっても同様である。かてて加えて，このようなシンポジウムを財政的に支えてくれた「日本比較法研究所研究基金」，そしてまた「社会科学国際交流江草基金」に対しても心より御礼申し上げるしだいである。

また，いつもながらずさんな編者を辛抱強く支えてくださった，中央大学出版部の小川砂織氏には，心よりの敬意を表すべく，「多謝」とだけ記させていただこう。ご迷惑であろうが，弁護士を取り巻く諸問題との取り組みを，今後もより積極的に続けていく意欲を筆者が失うことがなければ，また再度ご尽力をお願いしたい。

2015 年 4 月

森　　勇

iii

目　　次

序

シンポジウム

本シンポジウムの意図するところ

……………………………………………………… 森　　勇… *3*

第1部　弁護士業務の専門化と専門表示
──専門弁護士制度とそのあり方──

ドイツにおける専門弁護士制度

………………………………………… スザンネ・オファーマン‐ブリュッハルト … *7*
　　　　　　　　　　　　　　　　　　　　　　訳 應本　昌樹

ドイツ専門弁護士制度の枠組み
　　──オファーマン‐ブリュッハルト(Offermann-Burckart)博士の
　　報告の補完として──
　　　　　　　　　　　　　　　　　　　ハンス・プリュッティング… *43*
………………………………………………　訳 森　　勇

専門弁護士制度の導入についての課題と
　　その解決策を考える
　　──市民，企業のニーズに応えるために──
………………………………………………… 上原　武彦… *51*

コ　メ　ン　ト ………………………………… 武士俣　敦… *73*

コ　メ　ン　ト ………………………………… 佐藤　雅樹… *83*

ディスカッション ……………………………………………… *89*

iv

第2部　企業内弁護士と弁護士法
——企業内弁護士の意義・価値との関係で——

ドイツにおける企業内弁護士
　（Syndikusanwalts）の地位

ハンス・プリュッティング

………………………………………………… 監訳 森　　勇… *115*

訳 春日川路子

我が国における企業内弁護士とその問題点

……………………………………………………… 本間　正浩… *127*

コ メ ン ト …………………………………………… 柏 木　　昇… *139*

コ メ ン ト …………………………………………… 後藤　康淑… *145*

ディスカッション ………………………………………………… *157*

プ ロ グ ラ ム ……………………………………………………… *179*

資　　料

第　1　部

ドイツにおける特別裁判権と専門化した弁護士

マティアス・キリアン

………………………………………… 監訳 森　　勇… *185*

訳 應本　昌樹

弁護士とジェネラリストとしての弁護士
　　——重要な調査結果の要約——

マティアス・キリアン

……………………………………………… 訳 森　　勇… *213*

ドイツにおける専門弁護士制度の展開
　　——その歴史と展望——

………………………………………………… 森　　勇… *231*

第　2　部

弁護士業務基本規程 51 条の実務上の問題点

……………………………………………… 本間　正浩… *339*

目　　次　v

組織内弁護士と弁護士の「独立性」
　　──「独立性」概念が組織内弁護士を律するのに
　　　有意義な思考ルーツたり得るのか──
　　………………………………………………… 本間　正浩… 387

企業内弁護士と法律事務所の弁護士
　　………………………………………………… 本間　正浩… 411

シンディクス弁護士の職業像
　　　　　　　　　　　　　　　　　ハンス・プリュッティング
　　………………………………… クリストフ・ホンムリッヒ… 427
　　　　　　　　　　　　　　　　　訳 森　　勇

関 連 条 文
ドイツ連邦弁護士法（Bundesrechtsanwaltsordnung）抜粋
　　………………………………………………訳 森　　　勇 … 517
　　　　　　　　　　　　　　　　　　　　　　春日川路子

専門弁護士規則（Fachan walßordnung）
　　………………………………………………訳 森　　　勇 … 527
　　　　　　　　　　　　　　　　　　　　　　春日川路子

初 出 一 覧

シンポジウム

本シンポジウムの意図するところ

森　　　勇

　現在弁護士を取り巻く社会環境は，恐ろしいまでのスピードで変化していることは特に指摘するまでもあるまい。それでは，弁護士はそれに応えているといえるのか。裁判所をその活動の主戦場とする弁護士は，もはや過去のものになっていることは，裁判所に持ち込まれる事件の件数を単純に弁護士の数で割ってみただけではっきりする。このことは，分けても大都市では顕著であり，結果，何十年にもわたり，訴訟ないしは裁判所手続に関与したことのない弁護士も，その数を増していくのが自然の趨勢である。社会は，弁護士に何を求めているのか，まずはそれをはっきりさせていく必要がある。

　これを明らかにしたうえで，弁護士は，今自分たちに寄せられる期待に的確に応えていくため，自らを改革していかなくてはならないはずである。しかし，その際弁護士は，単に時代の流れに身を委ねていってよいものではない。もしそうであるなら，弁護士は，自らをどのように社会というカメラのレンズに投影させていくべきであろうか。社会から弁護士に課せられる要請に応えられるような職業像をイメージできないのであれば，リーガルサービスの担い手を基本的に弁護士に独占させる必要などなくなるはずであり，すでに EU をはじめ多くの国で問題とされているように，リーガルマーケットは，すべてに開放されるべきだという議論が当をえたものとなろう。

　本シンポジウムの基調となっているのは何か。一言でいえば，弁護士像の再検討である。そしてそれは，法事実としてではなく，規範的な意味のそれであり，本シンポジウムの頭に，「弁護士職業法」というかぶり物を付した理由である。もっとも，以上は，いってみれば，私の「思い入れ」，あるいは勝手な

「思い込み」かもしれない。この点も，本シンポジウムの，陰のテーマとしていただければ幸いである。

　具体的には，本日のシンポジウムでは，「専門弁護士制度」と「企業内弁護士」を取り上げることにした。弁護士の職業像は，弁護士を取り巻く環境すべてと深い関わりを持つと考えるが，この二つのテーマは，わが国における弁護士を取り巻く環境が変化するなかで，弁護士がその立ち位置に考慮をめぐらす契機として，最もなじみやすいのではないかと考えたからである。詳しくは，各司会者に譲ることにするが，オーガナイザーとしての関心事を簡略に述べさせていただくこととする。

　第1セッションのテーマ「専門弁護士制度」は，いうまでもなく，法が複雑化するなか，弁護士がニーズに応え，その業務を円滑にすすめる，業務の合理化をはかるには，その業務をある特定の法領域に集中していく方向，つまりはスペシャリストとなる方向へと進むことが，不可避である。しかし，それでは自らがスペシャライズしているということを，どのように社会に発信するのであろうか。あるいはどのような形での発信を許すのであろうか。これがまさしく「専門弁護士制度」である。ご存知のように，専門弁護士だという表示は，弁護士広告と密接に関わる。諸外国，私の知る限りではヨーロッパの動向をみるなら，この点の制度設計に関し，わが国は大きく後れを取っている。第1セッションが，わが国が，もう一歩踏み出す足ががりになればと私自身密かに期待しているところである。

　第2セッションのテーマは，最近その数を増している企業内「弁護士」のあり様を，弁護士という職業からみてみようとするものである。いうまでもないことだが，これが，テーマを企業内「法律家」ではなく，企業内「弁護士」としている理由である。企業に雇用されている弁護士は，なぜ弁護士であるのか，あるいは，なぜ弁護士でなくてはならないのか。平たくいうと，弁護士のバッジをどうしてつけているのかである。企業内「法律家」と企業内「弁護士」の間に，企業との関わり合いという視点から，何の違いもないのであれば（後から出てくることなので，話が見えないところではあるが），ドイツのように弁護

士が自分に有利な年金のことを考える余地のないわが国では，弁護士会費を支払って何の意味があるのであろうか。企業との関係で，雇用されている弁護士は，果たして弁護士なのであろうか。あるいはどこまで弁護士なのであろうか。

　また，雇用されている本人ではなく，雇用する企業サイドから弁護士登録が求められる例もあると聞いている。企業はいったい何を期待しているのであろうか。その期待にそうためには，翻って，どのような地位が与えられるべきなのであろうか。

　企業内弁護士は，弁護士として独立できない者の就職先という，いわばマイナス思考であってよいのか。「企業内弁護士」の職業像を模索する一歩を踏み出そうとするのが，オーガナイザーが期待するところである。

第 1 部

弁護士業務の専門化と専門表示
——専門弁護士制度とそのあり方——

ドイツにおける専門弁護士制度

スザンネ・オファーマン-ブリュッハルト

訳　應　本　昌　樹

　ドイツには現在21の専門弁護士（Aの農業法（Agrarrecht）からVの行政法（Verwaltungsrecht）まで）がある。専門弁護士制度は——弁護士の視点からも，消費者の視点からも——成功を収めてきた。すなわち，専門弁護士は，専門弁護士でない者よりも恵まれており，儲かる[1]。そして，専門弁護士は，権利保護を求める人々が，「正しい」すなわち，個別問題に該当する能力と経験とを有する弁護士を見つけるのに役立つ。

　専門弁護士称号の取得および保有とは別に，ドイツの弁護士は，弁護士職業規則（BORA）により，いわゆる「職業活動の部分領域（Teilbereiche der Berufstätigkeit）」を掲げる（適性を示す付加的表示をともなうにせよ，ともなわないにせよ）こともできる。これは，未だ専門家称号取得の要件を満たさない弁護士または専門弁護士称号のない法領域に特化している弁護士にとって利益がある。部分領域の掲示はまったくの自己評価による。その正当性は原則として審査されない。

---

[1]　So ein häufig zitiertes Bonmot von *Hommerich/Kilian*, AnwBl. 2010, 495.

I 専門弁護士制度

1．21の専門弁護士──長い道のり

ドイツの専門弁護士制度は，──いくつか不十分な点があり，この点は詳しく立ち入ることになるものの──，成功したモデルといわれている[2]。

ニュルンベルクにある自由職業研究所（IFB）が2年ごとに行っているアンケート[3]では，専門弁護士は，一部では非専門弁護士よりも顕著に（3分の1程度の水準で）高い利益を上げていることが繰り返し明らかにされている。

もっとも，今日の制度にいたる道のりは，直線的なものではなかった。これまでの100年に及ぶ多様な「試行錯誤」に立ち入ることは，本稿の枠組みを超えてしまう。それゆえ，本報告では，1997年3月11日の専門弁護士規則の施行から始める。

その時点までに専門弁護士称号が認められていたのは，行政法，租税法，労働法および社会法の四つであり，これらの法領域のみが今日においても連邦弁護士法（BRAO）43条cに明文で規定されており，したがって，──いわば──立法者の特別の保護の下にある。

さらなる専門弁護士称号の創設は，連邦弁護士法59条b第2項2号aにより，規約委員会，すなわち，いわゆる弁護士議会に委ねられてきたし，現在もそうである。

第1規約委員会（すなわち，第1期における規約委員会）は，さらなる法領域として，まず，支持者が長い間「スターティング・ホール」に並んでいた家族法および刑法をとりあげた。この二つの専門弁護士の導入により，そのときまでに適用されていた裁判権（専門裁判所）に合わせた専門弁護士称号という方向

---

2) Vgl. hierzu zuletzt *Filges,* Pressemitteilung der Bundesrechtsanwaltskammer vom 11.06.2014.

3) Es handelt sich um die sog. STAR-Untersuchungen (STAR = Statistisches Berichtssystem für Rechtsanwälte).

性が放棄された。ただし，これにより六つになった専門弁護士の共通した基盤となっているのは，依然として，特別の手続法をともなう専門裁判所であった[4]。

さらに，第1期において，倒産法も加わり，これにより倒産手続きの委託〔管財人の任命等〕において，いつも同じ弁護士が担当裁判官に「指名される」という裁判所のクローズドショップの慣行が阻止されることが期待された。完全にそれまでの制度から外れた倒産法に関する専門弁護士称号は，その要件はかなり複雑に規律されており，多くの人から「堕罪」〔聖書におけるアダムとイヴの逸話〕ととられた。

その後，もはや七つの専門弁護士に留めるべきか，あるいはさらなる法領域を追加すべきか——そして，そうであるとすればどの領域か——という問題が，堂堂巡りをするようになった。

ここで交わされた議論は，同様の決断に直面している他の国においても議論されているものと同じか，または類似のものである。そこでは，結局のところ，専門化の利害得失に関する問題は，専門弁護士称号を取得することおよび利用ができる法領域を大量に提供することの利害得失に関する問題に帰着する。

各専門化の利点は明白である。すなわち，活動を唯一または数少ない専門領域に限定する者は，一定の準備期間の後に，他の者よりも，迅速かつ容易に，そして，たいていはより上手く，与えられた要求を満たすエキスパートになる。活動を数少ない法領域に集中する弁護士は，来るものを引き受け，それゆえ，多くの異なる法分野から生ずる問題に直面する同僚よりも，同じ時間で多くの事案を処理することができる。次のように定式化できる。

スペシャリストは，最小限の投入で，最大限の成果を達成する。

他方で，専門弁護士またはスペシャリストは「専門バカ」になる危険，ない

---

4) Vgl. hierzu etwa *Busse*, Gedanken zur anwaltlichen Berufsordnung, NJW 1999, 3017, 3022.

しは，特に，第三者からもスペシャリストは「自分の」領域以外は何もこなすことができないと思われてしまう危険がある。このことは，自分の法領域に関する受任事件だけでは生活することのできない専門弁護士にとって，場合によっては致命的な影響がある。潜在的な依頼者が，情報技術法専門弁護士には，付帯費用計算を審査したり，事故損害を査定したりすることができないと思うとすれば，まさに，これをその内容とする依頼が，事務所の生計を立てるために，ぜひとも必要となることがありうるにもかかわらず，来ないことになる。これは，多くの専門弁護士が，その称号を事務所の表札などには掲げずに，明示的な問合せに対してのみこれを明かす理由である。

　一般には，専門弁護士を拡大すると，専門弁護士が一般弁護士（ドイツでは，よく「森林・草原弁護士（Wald- und Wiesen-Anwalt）」とも呼ばれる）を押しのけて，一般弁護士が生き残れなくなるという危惧を，多くの者が口にする。

　今日の現実は，一般弁護士が実際に厳しい状況にあることを示している。もっとも，これは，個々の専門弁護士の数や専門弁護士の種類の数にあるのではなく，むしろ法がますます複雑になっており，もはやいくつもの法領域において実際に有能に活動する機会がないという冷めた認識にある。需要者側，すなわち「権利保護を求める人々（rechtsuchende Publikum）」もまた，ますます，スペシャリストや，特にドイツでは近年「記章」となっている専門弁護士を特に求めるようになっている。

　ところで，話を規約委員会に戻すと，次のとおりである。

　規約委員会は，世紀末には，特に，理解を得られる仕組みを欠いたため，新たな専門弁護士を導入することが困難になった。

　そこで，第2規約委員会において，難航の繰返しの末，——一種の「イチジクの葉」〔聖書におけるアダムとイヴの逸話〕として——，保険法に係る専門弁護士のみが可決された。

　第3期においてはじめて，基準表の助けにより，客観的な意見形成をもたらす可能性がみつかったことにより，障壁が解消した。

　規約委員会は，その比重を異にする以下の四つの基準を合意した。

第1基準（区分できること——比重15%）

　専門領域が，その職務の多様性という点からみて，十分に幅広くかつ多様であり，さらには独立の法領域として，他の法領域，特に既存の専門弁護士から区別できるか。

第2基準（需要——比重30%）

　当該専門領域は潜在的な依頼者の幅広い需要を十分にとらえているか。

表1　専門分野別弁護士数

専 門 分 野	弁護士数（人）
労 　働 　法	9,713
家 　族 　法	9,181
租 　税 　法	4,864
交 　通 　法	3,410
賃貸借・区分所有法	3,126
刑 　　　　法	3,087
建築・設計士法	2,560
社 　会 　法	1,658
相 　続 　法	1,548
倒 　産 　法	1,525
行 　政 　法	1,501
医 　事 　法	1,412
商法・会社法	1,211
工業所有権の保護	1,150
保 　険 　法	1,122
銀行・資本市場法	820
情報技術（IT）法	402
著作権・メディア法	254
運 　送 　法	178
農 　業 　法	130
国際経済法	新設

12 シンポジウム

第3基準（競争に役立つこと――比重15％）

　専門領域を認めることが，第三者との競争において，弁護士の活動分野の維持または拡大に寄与するか。

第4基準（難易度――比重40％）

　当該専門領域は，法的な難易度，そしてまた，たとえば，学際的な処理の必要性だとか，その他の「横断的領域」であることから，生活事実関係が複雑となっているため，事実に即した事件の処理および依頼者の代理のためには，スペシャリストを必要とするか[5]。

　50％の「定足数」をもって満たされなければならないこれらの基準により，近時では，第2規約委員会により固定されていた八つのほかに，13の専門弁護士が創設された。したがって，全体として，現在では，21の専門弁護士があり，そのうち最新の国際経済法は，2014年9月1日にはじめて施行された。

　各専門弁護士の数のうえでは，表1のような構図となっている（2014年1月1日時点）。

　全体で，ドイツの弁護士の24.45％が一つ（または，二つか三つ）の専門弁護士称号を持っている。

2．最近の議論

　しかし，すでにお察しのとおり，永遠に続くような完璧なものはない。

　近時，次の問題が生じている。すなわち，一部の弁護士により要望の出ている専門弁護士（たとえば，公共事業等委託発注法（Vergaberecht），移民法，被害者保護法）は，既存の専門分野と大きく重複しており，それゆえ，区別が不明確になり，相互に競合するという危険がある。

　このことは，特に，行政法専門弁護士に当てはまる。それは，すべての中で「最も広範にわたる」もので，外国人法，公共建築法，地方公共団体法，警察・公安法，上級公務員法（Beamtenrecht）そしてその他多くのかなり違いが

---

5)　Vgl. hierzu *Quaas,* BRAK-Mitt. 2000, 211, 213, und ausführlich *Offermann-Burckart,* Fachanwalt werden und bleiben, 3. Aufl., S. 23 ff.

ある分野を含んでいる。それゆえ，すでに長い間，行政法専門弁護士を「閉じる」のではなく，その代わりに，列挙された（さらなる）下位領域を固有の専門弁護士称号に昇格させるかについて議論されてきた。もっとも，これは——これまでの「行政法専門弁護士」が当然に享受している現状を保護するために——必然的に一種の「2階級制」につながる。そうなると，大いに「優秀」かつ資質に富んだ行政法専門弁護士には，当然さらに1以上の下位専門弁護士を取得する可能性が開かれることになる一方，1以上の下位領域の称号を取得するに過ぎない「下級行政法専門弁護士」が生じることになる。さらに，行政法については，すでに示したように，連邦弁護士法43条c第1項2文に定められているから，行政法弁護士の放棄には法改正が必要となる。

その発生のときからすでに極めて広く展開している公共事業等委託発注法専門弁護士の場合には，建築・設計士法と重複しているところがあり，移民法の場合は，労働法，社会法，さらには刑法とも重複しているところがある。

しかし，規約委員会の今会期（2015年半ばに満了する）でも，若干の人は，「公共事業等委託発注法専門弁護士」の可決を支持している。

特に興味深いのは「被害者法専門弁護士」（刑法，民法，社会法，家族法および行政法と接触することになる）についての近時の議論であり，これは政治的利益団体（特に犯罪被害者支援団体 Weißer Ring）がはじめて，特に強力にプッシュしているものである。

次第に生じつつある重複の問題が契機となり，目下，規約委員会の第1部会が基準表の修正を審議してきており，そこでは，現存する専門弁護士の「無価値化」につながるこうした重複は，これまで以上に強く考慮されるべきものとされていた。それゆえ，同部会は2014年11月10日・11日の会議において，規約委員会の総会に対し，若干変更された仕組みを提案し，規約委員会もこれを承認した。

基準および比重は，現在では，次のとおりである。

第1基準（区分できること——比重20%）

当該専門領域が，その職務の多様性という点からみて，特定の生活事実

関係または特定のターゲット・グループの法律問題を，明確に，わかりやすく，かつ包括的に表現しているか。

第2基準（需要——比重20%）

　当該専門領域は潜在的な依頼者の幅広くかつ持続的な需要を十分にとらえているか。

第3基準（競争に役立つこと——比重10%）

　当該専門領域を認めることが，第三者との競争において，弁護士の活動分野の維持または拡大に寄与するか。

第4基準（難易度——比重30%）

　当該専門領域は，法律上または事実上の難易度から，事実に即した事件の処理のために，専門弁護士を必要とするか。

第5基準（本質的な重複がないこと——比重20%）

　新たな専門弁護士の導入が一つ以上の既存の専門弁護士と本質的な重複をもたらすことを排除することができるか。

必要な「定足数」: 70%

当然，将来を予測することは困難であるが，すでに数年前に私個人は，専門弁護士の絶対数は，25の数を大幅には超えないという予想をした。私は，依然としてこの予想を堅持しているが，現在の議論および最近なされた拡大提案によると正しかったようである。

3．法 的 根 拠

ドイツには，実際に「専門弁護士」というテーマを取り扱った条文が一つだけある。それは，連邦弁護士法43条cであり，同条は，原則として，ある法領域において特別の見識および経験を取得した弁護士に，専門弁護士称号を使う権能を授与することを定める。

連邦弁護士法43条c第2項は，次のように規定している。許可の付与に係る弁護士の申請については，「弁護士会に設ける委員会が，弁護士により提出された特別の見識および経験の取得に関する証拠を審査した後，弁護士会の理

事会が（決定する）」。

　そのほか，連邦弁護士法43条cは，1人の弁護士が使用することができる専門弁護士の種類の最大数を三つに制限している（1項3文）。

　そして，最後に，同条は専門弁護士称号の撤回および取消しを定める——後者は，特に専門弁護士規則において要求される継続研鑽を怠った場合に対するものである。

　連邦弁護士法に含まれる「専門弁護士」のテーマに関する第2の条項（つまり，連邦弁護士法59条b第2項2号）は，この関係において存する規約委員会の権限を概説するにとどまる。

　その他のすべては，専門弁護士規則が規律しており，規約委員会は定期的に同規則を改定・補正している。

法 的 根 拠	連邦弁護士法第43条c 連邦弁護士法第59条b（抄） 専門弁護士規則第1条[6] 専門弁護士規則第2条

〔原文には各該当条文が掲載されているが，別に専門弁護士規則各条の邦訳がまとめて掲載されているので，ここではその邦訳の掲載を省略する〕

4．専門弁護士称号授与の要件

　授与の要件につき，ある程度網羅的に立ち入ろうとしただけでも，本稿の枠組みを超えてしまう。

　そこで，ここでは，ごく一般的な概観に限定し，ドイツにおいて目下生じている問題領域に的を絞ることとする。

　大まかな原則としては，専門弁護士許可の要件は，次のとおりである。

　6）　すでに存在している国際法は含まれていない。編集上の過誤があり，改正版はさらに司法・消費者保護省の許可を要する。

16　シンポジウム

・弁護士として 3 年間登録され，活動している（専門弁護士規則 3 条）
・専門分野における特別の理論的見識の証明（同規則 2 条，4 条以下，8 条以下）
・場合により，一定期間における継続研鑽の履行（同規則 4 条 2 項，3 項 2 文）
・専門分野における特別の実務的経験の証明（同規則 2 条，5 条以下，8 条以下）
・場合により，専門口頭試問の実施（同規則 7 条，24 条 5 項ないし 7 項）

専門弁護士規則のいくつかの最重要規定	専門弁護士規則第 3 条 専門弁護士規則第 4 条 専門弁護士規則第 4 条 a 専門弁護士規則第 5 条（抄） 専門弁護士規則第 7 条 専門弁護士規則第 10 条 （専門領域の一例として）

〔原文には各該当条文が掲載されているが，別に専門弁護士規則各条の邦訳がまとめて掲載されているので，ここではその邦訳の掲載を省略する〕

　要件が満たされているかどうかの審査は，関連するエキスパートからなるいわゆる事前審査委員会または専門委員会が行う。最終決定は，弁護士会の理事会が行うが，これは委員会の所見とは異なることもありうる。

　目下議論されている問題としては，特に次のものがあげられる。

(1)　質的チェックの欠如・研修主催者の「筆記試験高権（Klausurhoheit）」

　〔この筆記試験で実質的に決まること〕

　大部分の専門弁護士志願者は，その特別の見識をいわゆる専門弁護士研修（専門弁護士規則 4 条 1 項）への出席により証明する。「異なる領域の研修による少なくとも三つの書面による能力検査を受けた」ということもこれに属する。ここで，能力検査は「少なくとも 1 時間以上である（必要があり），5 時間を超えることは（でき）ない」。

　実務上は，筆記試験の質的水準が大きな問題となることが明らかになってい

る。これは，評価だけでなく，出題やすでに研修における準備にも関連している。ここでは，研修主催者自身が，難しい緊張状況のなかにおかれている。その理由は，筆記試験における高い不合格率で知られる研修は，当然ながらほとんど受講申込みが入らない，つまり参加者は実のところ受講料で相応の証明書を「買う」ことを求めているからである。多くの専門弁護士は，次のような不満をもらしている。すなわち，それは，筆記試験の問題は，研修中にこれだと説明されている，ないしは，筆記試験の間，どのような形式の監督もないか，あるいは，（当然インターネットにつながるパソコンも含め）使用する参考資料の検査さえもないのだから，筆記試験は，「面倒な規定演技」でしかないというものである。

　この点，専門弁護士規則は，事前審査委員会および弁護士会理事会に対し，出題および採点の水準を審査したり，糾弾したりする可能性を与えていない[7]。専門弁護士規則43条c第2項では，「審査」という，——その限りでは誤解を招くような——表現がとられてはいるが，だからといってこの点に変わりはない。ここでの「審査（Prüfen）」の意味は，「再検討（*Über*prüfen）」ではなく，（チェックリストを用いた）「点検（Sichten）」および「処理（Abhaken）」に過ぎない。

　連邦通常裁判所は，次のように判示して，弁護士会の実体的な審査権を明確に否定した。すなわち，そのような審査権は，連邦弁護士法43条c第2項からも，専門弁護士規則の規定自体からも引き出すことはできない。専門委員会の責務である理論的見識および実務的経験の提出された証拠による審査は，むしろかなり形式的なもので，専門弁護士規則4条ないし6条において求められている証明を行った志願者の専門的適性を独自に評価する余地を，専門委員会に対し与えていない。特に，研修への参加を首尾よく終えたことにより証明された志願者の特別の理論的見識を，筆記試験結果や提出された成績検査をもとにして再検討したり，疑問視したりすることは，専門委員会の権限には属して

---

7)　Vgl. hierzu nur BGH BRAK-Mitt. 2005, 123 ff. m. zahlr. w. Nachw.

18 シンポジウム

いない[8]，と。

　ここで要約したこの連邦通常裁判所の判断で問題となったのは，――極めて特異な――極端に不十分な（とはいえ，「合格」と評価された）筆記試験および同じように不十分な事件処理サンプルを提出した，家族法の申請人であった。添付書類のなかには，実体法上の誤りが多数みられる，離婚の依頼者のためのメモ書きもあった。

　判例によれば，申請人の有利に働く再検討も，――実に首尾一貫しているわけだが――認められない[9]。

　「筆記試験」というテーマに関しては，クライネ－コザック（*Kleine-Cosack*）[10]のような著名なドイツの弁護士会制度の批判者ですら，弁護士会により「最低限予め基準化された能力検査どころか，弁護士会によって行われる統一的な能力検査さえもない」ことに起因する申請人の不平等取扱いを嘆いている。彼の述べるところを引用すると次のとおりである。

　「研修主催者は，当然ながら，参加者からひどい風評を立てられないように，筆記試験の合格に過度に高い要求をしないよう，努力することになろう。」

　ここでの是正策は，専門委員会および弁護士会理事会の現実の審査権が必要であり，したがって連邦弁護士法43条ｃの改正が必要となることから，規約委員会ではなく，立法者だけがとることができる。これまでのところ，立法者はそのような改正をするつもりがない。弁護士会がこれからの申請人に対する手続きを極めて厳格にして，「クローズドショップ」制を敷いてしまうことが懸念される。いずれにせよ立法者が「袋の中の猫を買う〔火中の栗を拾う〕」ことはしないであろうから，対応するのは早くとも連邦弁護士連合会，ドイツ弁護士協会および規約委員会が，「審査手続」の態様に合意し，そのために具体的な――共通の，あるいは調整を経た――考えを提示したときであろう。

　規約委員会は直近の会期において，大多数をもって第1部会により提出され

　8）　BGH NJW 2003, 741 = BRAK-Mitt. 2003, 25.

　9）　BGH NJW 2008, 3496 = BRAK-Mitt. 2008, 218.

　10）　AnwBl. 2005, 593, 595.

たシステムを支持した。これによれば，将来的には次のようになるものとされている。

- 筆記試験の問題は，連邦弁護士連合会に設置される出題委員会（すなわち，エキスパート委員会）により作成される。
- 筆記試験は連邦レベルで同一期日に行われる。
- 筆記試験の査読は事前審査委員会が行う。

ドイツ弁護士協会はこの提案に対してはっきりと異議を唱えている。

いくつかの（特に小さな）弁護士会および事前審査委員会の委員も，かなりの管理費用や作業費用が危惧されるため，提案に対し懐疑的である。

現在議論の俎上にあるのは，「コンパクトな」形の制度である。

そこで，たとえば，筆記試験問題は引続き研修主催者により作成されるものの，主催者は筆記試験案を出題委員会またはその他の専門的知見があり，しかも中立的な機関に提出し，同委員会または機関がすべての提案のなかから選定を行い，筆記試験が連邦統一で作成されるということも可能であろう。

将来の申請人，事前審査委員会の委員および弁護士会理事会が全体として，この点について，さらには専門弁護士制度の「機能」について，全体としてどのように考えているかを知るために，連邦弁護士連合会は，昨年，規約委員会の第1部会との合意のもと，ニュルンベルクにある自由職業研究所（IFB）に大規模なアンケートを行わせた。これについては，後に詳しく立ち入る。

(2)　事件獲得の問題

専門弁護士規則5条は，多くの申請人にとって特に難しい特別の実務的経験の取得（もしくは証明）を定めている。各志願者は，その専門分野において申請前の直近3年間で一定数の事件を，弁護士として個人的に指示を受けずに処理したことを証明しなければならない。ここで，事件数の変動幅は，租税法，情報技術法および国際経済法における50件から，交通法における160件に及んでいる。

いわゆる事件定足数〔特定分野の事件を必ず一定数扱うことが求められているこ

と〕は重点づけに寄与するものであり，専門領域中の特に重要な分野の事件を扱わないですますことができないようにしようとするものである。

もっとも，今日では，——まずもっては既存の専門弁護士の「吸引力」によって——多くの若手弁護士や個人弁護士には，希望する領域で，必要な数の事案を獲得する可能性がほとんどない。彼らは「ケーペニックの大尉」の状況にある。すなわち，専門弁護士称号がなければ事件はないし，事件がなければ専門弁護士称号はない。

他方，専門弁護士は，一定の法領域を単に理論的に知っている以上のものでなければならないということについては，意見が一致している。十分な事件による証明がなければ，「専門弁護士」（とりわけ，ドイツでは，「専門医」との大きな類似性を示している）の称号は，単なるレッテルの詐欺になってしまう。

連邦通常裁判所の弁護士部もこれを認め，2013 年 12 月 16 日の判決[11]をもって，次のように判示した。すなわち，労働法における事件数基準（100 件。そのうち 50 件は裁判上または法的な形式に則った手続による——専門弁護士規則 5 条 1 項 c）は憲法適合的であり，特にドイツ基本法 12 条（職業の自由）および 3 条 1 項（今日の申請人とかつての申請人との平等取扱い）に違反しない。専門弁護士規則 5 条 1 項 c の意味するところは，労働法上の手続きを処理するあらゆる弁護士に「労働法専門弁護士」の称号を取得することを可能にするということではない。むしろ同条項の目的は，「専門弁護士の卓越した質の確保」にある。このことを見過ごしてはならない，と。

⑶　事件概念の定義の難しさ

1 個の事件とは何か，また，専門弁護士規則 5 条 4 項における「重要度づけルール」〔「個別事件の意義，範囲および難しさにより，重要性が高くなるか，低くなることがある」〕をどう扱うのかという問題も，常に繰り返し議論となっている。

証拠として提出された受任事件〔たとえば，電話相談や——目盛りの反対側の端

---

11)　BRAK-Mitt. 2014, 83 ff.

にある——複雑で何年もにわたる建築法の事案〕が該当する専門領域上の「事件」
として問題なく受け入れられるとしても，さらに，その事件が〔すでに〕1件
であるのか，〔たかだか〕1件であるのかはいまだ確定しない。考慮すべきは，
その事件が，0.5要素〔すなわち，半分の事件〕に過ぎないと評価されるか，2
要素〔したがって，2倍〕と評価されるかということである[12]。

　事件が具体的な専門領域に属するのかどうかという問題も困難をもたらすこ
とがある。

　連邦通常裁判所によれば，事件が特定の専門領域に分類されるのは，事件処
理の重点が当該分野の領域にある場合である。そのためには，専門分野から生
じた問題が重要であるか，重要でありうることで足りる[13]。実務上，ときとし
て，この点が争われる[14]。

(4)　特別の問題：企業内弁護士

　「企業内弁護士（Syndikusanwalt）」がその雇用関係の枠組みにおいて処理した
事件をも考慮すべきか——そうであるとすれば——それはどの範囲までかとい
うことが議論となっている。

　規約委員会はその第2会期において，当初専門弁護士規則5条1文に含まれ
ていた「弁護士として自ら」との定式を「弁護士として個人的にかつ指示を受
けることなく」に置き換えた。それは，こうすることで企業内弁護士を含めよ
うという規約委員会がはっきりと示したその意思に対応するものであった。

　もっとも，連邦通常裁判所は，これに部分的にしか従わなかった。その見解
によれば，追加的に，雇用関係の範囲外での「相当数の些細とはいえない受任
事件」の処理が必要である。雇用上の活動と独立の弁護士活動との間の「視角

---

12)　Vgl. hierzu u.a. BGH BRAK-Mitt. 2010, 270 = AnwBl. 2010, 798 ; BRAK-Mitt. 2013,
　　135 ; BRAK-Mitt. 2014, 39.

13)　BGH BRAK-Mitt. 2006, 131, 133.

14)　Vgl. hierzu aktuell BGH NJW-RR 2014, 751 ; NJW-RR 2014, 752.

22 シンポジウム

の転換」がなされることが必要であるとする[15]。

　原則として本来の弁護士活動による事件が22%あれば足りるとされている[16]。

　今会期において第1部会は，専門弁護士規則5条に，企業内弁護士をも取り込む旨を明文で規定するよう，規約委員会の総会に提案した。

　この提案は，審議状況からみて，規約改正に必要な多数（連邦弁護士法191条d第3項）に達することが見込まれなかったため，採決にはいたらなかった。多くの代議員は，専門弁護士規則の改正がさらに広範囲に及ぶ結果をもたらし，立法者が連邦弁護士法46条を改正し，企業内弁護士による使用者の裁判上の代理の禁止を廃止するところまでおよびかねないとの危惧を表明した。

　このような心配はもとより根拠のないものであったが，「腹感覚（Bauchgefühl）」は，これを事実に即した議論によって鎮めることが往々にして難しいものである。

(5)　そして，もう一度質の問題

　処理した事件の証明の場合も，事前審査委員会（および弁護士会理事会）ができるのは，上述の理由から，点検と重要度〔事件数をどうカウントするか〕だけで，質的チェックをすることはできない。

　それゆえ，この点を批判する者は，次のように苦言を呈している，すなわち，「100回過ちを繰り返したところで，能力を得られるわけではない。」と。

(6)　申請人が「誠実であること」を前提に進めざるをえない

　（リストの形での）処理した事件に関する証明をその真実性の点について審査することもまた限定的にしかできない。そのため，志願者に対しては多大な信頼を置かざるをえない。

　さらに厄介なことは，近時では，多くの事前審査委員会が，処理事件のサンプルを審査することを完全に放棄していることである。これが広まれば，小細

---

15)　BGH NJW 2007, 599.
16)　BGH NJW 2010, 377.

工がまかり通ることになる。

弁護士会は，同じ法領域における専門弁護士資格を申請している同一の共同経営事務所や事務所の共同使用等の複数の構成員が，同一の事件を提出しているかどうかを（わかっている範囲ではあるが）審査していない。

5．永遠のテーマ——専門口頭試問

専門弁護士規則 7 条 1 項により，事前審査員会は「特別の理論的見識および実務的経験の証明として」専門口頭試問を行う。同委員会は，「提出された証明および書面による資料の全体的印象から，専門口頭試問がなくても，理事会に対して，特別の理論的見識または特別の実務的経験に関して，見解を述べることができる場合」，これを行わないことができる。

すなわち，専門口頭試問は，行わないことが原則で，行うことが例外である。もっとも，すでに述べたような専門弁護士手続の極めて形式的な性格に照らし，判例は，事前審査委員会に対し，——専門弁護士規則 7 条 1 項の文言にかかわらず——厳格な要件の下でのみ，口頭試問の可能性を認める。

連邦通常裁判所は，この関係で，専門口頭試問は，決して，独自のものとして，専門弁護士規則 6 条において求められる証明と並び，専門委員会による専門領域の全範囲に及ぶ，志願者の専門的適性を審査するものではないことを判示している。むしろ，専門口頭試問は，専門弁護士規則 4 条ないし 6 条による要件が書面の資料によってすでに証明されてはいないものの，専門口頭試問の枠組みにおいて特別の理論的見識および実務的経験の証明がなされる見込みがある場合のために，せいぜい「補充的な判断材料」としての意義を獲得しているに過ぎない。

専門口頭試問における口頭の査定は，専門弁護士規則 7 条の新規定の下でも，「提出された証拠の不明確性およびこれに関する疑義についての補充的判断のためのものであるに過ぎない」[17]，と。

17）　BGH BRAK-Mitt. 2007, 166；NJW 2008, 3496.

24 シンポジウム

しかし，提出された証拠における「不明確性」およびこれに関する「疑義」とは何であろうか。

そして，どのような足りないところが，どのような範囲で，専門口頭試問により埋め合わせられるのであろうか。

連邦通常裁判所の判例との折合いをつけることは極めて難しく，その結果，ここ数年，専門口頭試問はまったく行われていない。事前審査委員会および弁護士会理事会は，専門口頭試問が消極的な結果に終わったことを理由とする申請却下の判断を，裁判所がひっくり返してしまうリスクを恐れている。

法学博士ミヒャエル・クァース（Michael Quaas）教授は，現在，自身が連邦通常裁判所の弁護士部の構成員であるが，次のように記している[18]。

「しかし，連邦通常裁判所の判例によって立つと，専門口頭試問を〔専門委員会なりが〕適法な形で命じることができる事案というものが考えられないとすれば，特別の理論的見識または特別の実務的経験の証明に関し（専門委員会からみると）明らかに瑕疵が認められる場合ですら，専門口頭試問の実施を見送らなければならないことを正当化しうるのは何故なのか，という疑問が生じる。」

もとより実務では次のことが当てはまる。すなわち，原告のいないところに裁判官はない。専門口頭試問が積極的な結果に終われば，すべては円満である。

もちろん，専門口頭試問が特別のリスクを含んでいることは認めざるをえない。専門口頭試問が消極的な結果に終われば，それ「万物の尺度」となり，結局唯一の判断根拠となる。すなわち，たとえば，司法試験におけるのとは異なり，口頭の審査を含むさまざまな科目の審査「結果」の積み重ねではなく，一つの専門口頭試問の消極的な結果が，常に許可の拒絶〔申請の却下（付与しない決定）〕につながってしまう。

興味深いのは，連邦通常裁判所が，その 2013 年 12 月 16 日の新たな判決[19]

---

18) In : *Gaier/Wolf/Göcken,* Kommentar zur BRAO, § 7 FAO Rdn. 14.

19) BRAK-Mitt. 2014, 83 ; vgl. hierzu auch *Offermann-Burckart,* BRAK-Mitt. 2014, 114, 118 f.

において，その専門口頭試問についての見解を，相対的に緩和していることである。

弁護士部は次のように判示している。

「もっとも，たとえば，個々の事件の評価や重要度づけに問題があるようにみえ，それゆえ書面による資料のみでは，その意見を理事会に対し提出することができないため，委員会が——〔処理事件の追加などの〕課題（専門弁護士規則 24 条 4 項）を課したとしても除去できない——必要な事件数を達成していないとの疑いを抱く状況はありうる。しかし，そのような限界事例において専門口頭試問を行う場合，このことは，——消極的な結果の場合——志願者が，評価が適切になされていれば，必要な事件数を達成していたはずであると主張することを妨げない。」

ここでは，双方——申請人とともに，事前審査委員会も——に，行為の一定の裁量の余地が認められている。委員会には，適当な（例外的）場合，専門口頭試問を通じて不足分を埋めるチャンスを申請人に与えることができる。申請人は，同意のうえで，専門口頭試問に臨んでも，後に自分の要件の証明は（やはり）完全であり，十分であったと主張することができなくなることはない。

もっとも，そのような場合に弁護士法院および連邦通常裁判所がどのように論じるか，緊張感を持って見守ってよかろう。というのは，こうしたときには，専門口頭試問を行うことそれ自体違法であることをもはや確定することはないからである。

なお，申請者には，専門口頭試問についての請求権はない。

6．専門弁護士規則 15 条の継続研鑽義務

専門弁護士規則 15 条において規定されている継続研鑽義務は重要であるが，紙面の都合上，ここでは手短に触れるにとどめるものとする。

専門弁護士規則第 15 条（2015 年 1 月 15 日版）

〔原文には各該当条文が掲載されているが，別に専門弁護士規則各条の邦訳がまとめて掲載されているので，ここではその邦訳の掲載を省略する〕

同条は，最近，著しく厳格化された。これによれば，2015 年 1 月 1 日以降，もはやそれまでの 10 時間ではなく，専門弁護士につき 15 時間の継続研鑽を履行しなければならないとされる。もっとも，この 5 時間に対しては軽減措置がとられている。この 5 時間は「（弁護士会に提出しなければならない）学習結果検査が行われるのであれば，自習の方法によっても済ませる」ことができる。

それは，特に，ドイツにおいて目下議論されている，制裁をともなったすべての弁護士の継続研鑽義務のための「テストバルーン」となるものではない（連邦弁護士法 43 条 a 第 6 項参照）。

専門弁護士が，継続研鑽義務を怠り続けると，連邦弁護士法 43 条 a 第 4 項 2 文により，称号を失う危険がある。

連邦通常裁判所は，最近，すなわち，2014 年 5 月 5 日の決定[20]により，継続研鑽義務を怠ることは本来の語義において「追完」することはできず，いずれにせよ 3 年にわたる懈怠の場合，取り消されるおそれがあることを確認した。

その判示するところは次のとおりである。すなわち，専門弁護士称号の授与を受けそれを用いることで，その弁護士は，権利保護を求める人々に対しては，他の弁護士との比較において，当該領域における特別の資質を持っているとプレゼンスしている。専門知識を常に最新の状態に保つことは，権利保護を求める市民の合理的な期待に応え，したがって，公共の福祉の合理的な裏づけとなるものである。継続研鑽義務は，統一的な質的水準の確保に資するものである，と。

7．ドイツ専門弁護士制度のメリット・デメリット

光があるところには，当然，影もある。

---

20)　BRAK-Mitt. 2014, 755.

次にドイツ専門弁護士制度のメリット・デメリット列挙していくことにするが，そこでは一見，デメリット（または問題）のほうが多いようにみえる。しかしそれは実際には事実に相応していない。このようにみえるのは，ひとえに，次のような理由によっている。すなわち，それは，新たな制度を創設しようとする者がすでに他の者が犯した失敗を繰り返さないで済ますことができるようにするためには，制度の不十分な諸点を示さなければならないからである。

（1）メリット

専門弁護士というものは，一般的には，成功したモデルであると捉えられている。

調査が示すところによれば，専門弁護士は，非専門弁護士よりも，総じて効率的に仕事をこなし，高い売上げを得ている。すでにこの報告の最初に強調したように，専門弁護士は「恵まれて」もいる。

依頼者はその問題にとって「正しい」弁護士をみつけることが容易になる。

大部分の専門弁護士は——いろいろと「悲観的な評価（Unkenrufen）」があることはあるとしても——実際にその分野のエキスパートである。依頼者，裁判所およびその他の関係者は，それが評価に値することを知っている。

専門弁護士称号は，また，単なる自己評価に基づく「職業活動の部分領域」（弁護士職業規則 7 条）（これについては，後述 II を参照）の表示よりも，はるかに信頼できる。

授与手続は，比較的簡単に形作られている。すなわち，申請人にとっても，決定委員会にとっても，特に複雑であったり，時間がかかったりするものではない。

自分が，専門弁護士規則が規定する要件を満たしているかどうかを自ら判断できる申請人にとっては，結果の予測可能性が高い。「思いがけない災い（Böse Überraschungen）」はむしろ例外である。たとえば 1.39％という，デュッセルドルフにおける 2004 年ないし 2013 年の極めて低い平均「不合格率」がこれを示している（これについては，I の 7 の末尾の図表を参照）。

手続きで裁量的判断が働く余地はごくわずかである。

これにより，かつて繰り返しいわれた「クローズドショップ」の非難は，大部分の場合において理由がないことが実証されている。

(2)　デメリット

（よく知られている「専門医」に類似する）「専門弁護士」という名称は，現実のものよりも多くの審査がなされており，質も高いということを暗に示している。

このテーマに関して非法律家がしている発言や論考では，ときおりこの調査結果に対するいら立ちが表現されている。

ここで問題なのは，特に筆記試験の手続きであり，それは——研修主催者ごとに多少異なり——研修においてしっかり準備され，その内容は要求が高いというよりは，むしろ易しく，そこでは研修主催者による答案の評価は，（自己の営業上の利益となるよう）極めて好意的に行われ，また，事前審査委員会および弁護士会理事会は，その内容，難度，さらには評価がどのように行われたかの追証可能性を再検討することができないのである。

現行制度では，筆記試験は「茶番（Farce）」になってしまう可能性があり，だとすると，そのために（そして，その準備に）使われる時間を研修に注ぎ込むほうがましということになろう。

その結果として，不平等な取扱いが，日常茶飯事かつ，避けがたいものとなる。

事件の証明に関しては，若手弁護士および個人弁護士が問題をかかえる。

事件数をどう数えるかでは，専門弁護士規則5条4項の考量に関する規律が極めて不明確で，——特に，最近の連邦通常裁判所の判例に照らすと——その扱いが難しい。

平均的事件とは何か。「リンゴと洋ナシ」が比較になるのか。

「専門口頭試問」というテーマは依然として満足のいく形での解決にいたっていない。

一方では，研修の証明および事件リストに加えて，一定の調整方法があることは有益である。他方で，いったい，いつ専門口頭試問が許容されるかは，か

なり不明確である。

　さらに，消極的な結果に終わる専門的口頭諮問が唯一の尺度になるリスクがある。

　専門弁護士規則は——近時においては規約委員会による編集作業が多少奏功しているものの——やや「雑然としている」。

　申請人にとって，専門弁護士法8条以下と5条1号aないしuとが組み合わさってどのようになるのかを見通すことは決して容易ではない。

　各専門領域が（その特別の理論上および実務上の要件により）統一的に規律されていれば，もっと見通しがききやすかったはずである。もっとも，そのためには，もっと大きな規約委員会の「力業」が必要となろう。そうすると，すべてが，再び，新たに議論の俎上にのることになる危険が生じることになろう。

表2　2004年から2013年までのデュッセルドルフ弁護士会の区域における
　　　専門弁護士申請およびこれに対する決定の概観

年	積極的判断の数	消極的判断の数	消極的判断のパーセンテージ
2004	136	3	2.20
2005	232	1	0.43
2006	310	10	3.23
2007	259	4	1.54
2008	223	3	1.35
2009	202	6	2.97
2010	207	1	0.48
2011	219	2	0.91
2012	217	0	0
2013	214	0	0
合計	2,154	30	1.39

8．自由職業研究所（IFB）の調査「専門弁護士　2013」

すでに述べたように，連邦弁護士連合会は（規約委員会第1部会と協調して），2013年にフリードリヒ・アレクサンダー大学エアランゲン゠ニュルンベルクの自由職業研究所（IFB）に「ドイツにおける専門弁護士の状況と発展」という調査を依頼した。

連邦レベルで，弁護士[21]，弁護士会[22]および事前審査委員会[23]に対するアンケートが行われた。

調査結果は，すでに製本されて久しいが，これまで未だ公刊されていなかった。

この調査結果は，2014年11月10・11日にベルリンで行われる規約委員会の会議の議題とされることとなっていたため，それまでは「機密」として扱わなければならなかった。

規約委員会が公式に開催されたことにより，すでにその結果を伝えることができるようになっている。

その結果は，――当然ながら――極めてドイツの弁護士市場に特殊なものであり，一般化にはほとんど適さない。

いくつかの最も重要な結果を，自由職業研究所が次のように要約している。

---

21)　すべての弁護士会（ドイツには合計27の地方弁護士会のほかに，連邦通常裁判所弁護士の弁護士会がある）から無作為に選ばれた，専門弁護士及び非専門弁護士からなる合計8504人の弁護士に送られた。1760人の弁護士が回答があり，返送率は21％であった。

22)　27の全地方弁護士会が調査対象とされた。連邦裁判所弁護士の弁護士会は除外された。弁護士会の統計上，専門弁護士申請は9207件であった。

23)　27の地方弁護士会の事前審査委員会が調査対象とされた。それらの委員長に対し，2010年から2012年までの専門弁護士の申請についての委員会の経験につき，情報提供が求められた。質問を受けたのは225人で，その回答はすべての専門領域からなる273の事前審査委員会に及ぶ（多くの弁護士会が共同の委員会を運営している）。

現在の専門弁護士の傾向

　……弁護士に対し（場合によっては追加的な）専門弁護士称号についての現在の関心を質問したところ，約5分の1（22.2%）は（追加の）専門弁護士称号を取得したいとの意向を示した。加えて，全回答者の約16%は，当時，すでに専門弁護士称号の取得を目指して取り組んでいると述べた。そのような目論みは，労働法（21.7%），相続法（11.8%），賃貸借および区分所有権法（8.7%），ならびに刑法または交通法（各8.5%）において，特によくみられた一方，——直近3年の弁護士会統計にほぼ準じて——著作権・メディア法（1.6%），情報技術（IT）法（1.5%），農業法（0.5%），運送法は，例外的な場合に限られるか，あるいはまったく志向されない。きめ細やかな分析が示すところによると，（追加的な）専門弁護士称号への意図の表明および具体的な努力は，いずれも，すでに取得されている専門弁護士称号の期間および数と同様に減少する。さらに，単独事務所を経営する弁護士は，大事務所の弁護士に比べて，称号取得を目指すことがまれである。

専門弁護士称号の取得を妨げる原因

　専門弁護士の傾向の枠組みにおいて，同時に，どのような原因で専門弁護士称号の取得が妨げられるかが浮かび上がってくる。この点，現在称号取得を目指していない弁護士があげるのは，一般的に役に立つことが期待できないことである（40.3%）。そのほか，その他の個別の原因があげられる（34.8%）。特に，年齢的な原因および使用者による原因（企業内弁護士（Syndizi）または弁護士でない使用者），さらには自分が特化していることに対する専門弁護士称号が存在しないことがこれにあたる。約5分の1は日常業務に加えて研修に費やされる時間が多すぎるとしており（22.4%），約10分の1はその場合に発生する費用を不満とする（11.7%）。これに対し，称号取得に必要な能力検査が存在しえないとの危惧は，極めて少数の回答者（1.1%）にとって意味がある。

　これに対し，専門弁護士規則に定められた称号取得のための要件に関する原因は，背景に退く。すなわち，実務事件の合計数が達成できないとしているのは14.8%である（ここで最も多くあげられるのは，労働法，租税法，相続法および家族法である）ものの，証明すべき個別の部分領域の事件数や所定の割合（ここでは特に裁判所の手続き）に従ったテーマごとの事件の配分を達成することの問題を指摘するのは5.1ないし3.1%に過ぎない。

専門弁護士称号に関する努力の不奏功

　さらに，本調査の枠組みにおいては，どの法領域で専門弁護士称号の取得が問題となるのかが分析されるものとされている。これは，一方では，まず，申請の事実

上の拒絶に関するものであり，他方では，関心があるにもかかわらず，否定され，あるいは挫折した専門弁護士称号の取得が問題となる。

　弁護士および弁護士会のアンケートのいずれにおいても，全体として，申請拒絶となるのは，極めてまれであるとの結果となっている。すなわち，そのような経験に直面した者は，アンケートに答えた全弁護士の1％に満たなかった（0.8％）。弁護士会の回答によると，2010ないし2012年における全法領域での平均拒絶率は，1.5％であった。そこでは，交通法や行政法における0％と相続法における4.7％の最高値との間に分布している。

　こうした書面に基づく調査結果（弁護士会の回答）からは，専門弁護士称号を取得できない頻度をはかるために，ゆるやかな指標が導かれる。この関連において，10分の1の弁護士（10.3％）は，すでに一度は取得の意図を持ったことはあるものの，この目論みをこれまで頭から否定してきた。専門弁護士になる努力をしたものの実現しなかった割合は，弁護士に称号取得が挫折した経験を質問する場合には，ほぼ2倍となる。すなわち，19％はすでに専門弁護士称号の取得に向けて努力してきた（専門弁護士研修や実務事案の収集の形で）ものの，実現可能にみえなかったため，申請以前に挫折した。否定され，あるいは挫折した称号取得の頻度が最も高いのは，労働法（21％），租税法（12.8％），家族法（10.8％）および相続法（10.4％）である。

専門弁護士規則の枠内での改革の必要性

　弁護士界においては，現在，中央機構による能力検査の導入，実務事件の不足を専門口頭試問または実務研修により補完する可能性の拡大，事件収集の期間の伸長および継続研鑽義務の時間的拡大に関し，専門弁護士規則の改正が議論されている。ありうる改正の緊急性についての情報を得るために，最後に，すべての専門弁護士および弁護士ならびに事前審査委員会に，改正の必要性の個人的評価が求められた。

　アンケートを受けた弁護士の視点からは，あげられた改正案の中では，継続研鑽義務の時間的拡大に関し，最も高い緊急の必要性が占めた。ここで考慮すべきは，弁護士の平均的な継続研鑽期間は，アンケートによると，すべての法領域において，専門弁護士規則に定められている年10時間[24]を超えていることである（全平均で年18.1時間）。その結果，半分弱（48.4％），そしてその中では特に専門弁護士のグループが，専門弁護士規則の改正は必要ないとしている。改正の必要性がどち

---

24)　2015年1月1日から施行された継続研鑽時間の10時間から15時間への拡大（新専門弁護士規則15条3項）は，質問の時点では未だ決定されていなかった。

らかといえば大きい，または極めて大きいとしているのは，17.3％である。

　委員会では，判断は，さらにまとまりのある結果となっている。すなわち，3分の2を超えるアンケート回答者（68.5％）が，時間的な継続研鑽拡大につき，そもそも必要がないと判断している。

　改正案の緊急性において，アンケートを受けた者の視点によると，いわゆる中央試験の導入が続く。ここでも，約半数（51.7％）はそこまでの改正は必要ないとし，さらに4分の1（27.8％）は改正の必要性は小さいとしている。全体として，未だ専門弁護士称号を使用していない弁護士は，専門弁護士よりも中央機構による能力検査の必要性が大きいと評価している。これに対し，アンケートを受けた者が将来的に専門弁護士称号を取得しようとしている場合，改正はあまり歓迎されていない。

　アンケートを受けた委員会の構成員の中では，全体として，改正案の否定が優勢である（54.4％）。そこでは，この見解に対し，29％は，どちらかといえば大きいないし極めて大きいとしている。

　弁護士会は，実務事件の不足を専門口頭試問または実務研修により補完する可能性の拡大に対しては，はるかにオープンである。すなわち，それぞれ，約半数（49.8％または52.5％）が，事件の不足を補完するために，専門口頭試問を用いたり，実務研修の許容を増加したりする必要性を大きいとしている。特に，若い年齢層および未だ専門弁護士称号を使用していないか，あるいは専門弁護士称号の取得を目指している回答者には，同改正は有利である。それぞれ約30％（27.6％または29.6％）は対局にあり，この点では一切の変更を望んでいない。

　弁護士のアンケートとは対照的に，この問題における事前審査委員会の評価は，明らかに現状維持を望んでいることを示唆している。専門口頭試問による事件の不足の補完可能性の拡大の必要性を66.8％は否定的に評価し，実務研修に関しては75％にも及ぶ。改正の必要性が大きいとしているのは，委員会理事の14.7％または11.1％に過ぎない。この点に関し考慮すべきは，直近3年間で申請者が専門口頭試問を求めたことがあると回答した委員会は，11.3％に過ぎないということである。主としてこのことは，専門口頭試問は専門弁護士規則によれば必要とされていなかったことや，証拠書類は遅くて決定につき訂正がなされた後で足りることによって理由づけられる。そのうえ，判例（連邦通常裁判所）が往々にして専門口頭試問を妨げているといわれる。

　専門弁護士規則は事件収集の期間の伸長に関しどの程度調整が必要とみえるかという問題でも，似たような構図となる。この関係で，現行規則を改正する必要はま

34 シンポジウム

ったくないとする回答者の割合は，個別の改正案との比較において，最も小さい
（25.6％）。これに対し，回答者の約75％は少なくとも部分的な改訂は意味があると
しており，そこでは半数を超える者（51.5％）が行動の必要があるとしている。同
改正案は，またもや，最も年少の弁護士や，未だ専門弁護士称号を使用していない
か，あるいは同称号の取得を目指している弁護士により支持されることが特に多
い。

これに対し，所管の審査委員会の見解は，別の方向に向いている。すなわち，明
らかな多数（63.6％）は，この分野における専門弁護士規則の規定は変更する必要
がないとの考えである。広範な改正必要性を述べる者は16.1％に過ぎない。

全体的傾向としては，弁護士は――報告された個々の回答者グループの一部の関
心を考慮すると――提出された改正案につき，専門弁護士規則の改正を多数で否決
した専門委員会の理事よりも改正案に対し批判的ではないことが明らかである。

専門弁護士規則は変更すべきかどうか，そして，――そうであるとすれば
――どのように変更すべきであるかという問題について，質問に応じた弁護士
および事前審査委員会の代表者[25]は，部分的には極めて区々の見解を述べてい
る。すべての専門領域に関して，表3のような構図となっている。

表3　専門弁護士規則改正の必要性についての弁護士および
事前審査委員会の見解

(%)

		弁護士	事前審査委員会
中央機構による能力検査の導入	改革の必要性なし	51.7	54.4
	どちらかといえば改革の必要性は小さい	27.8	16.6
	どちらかといえば改革の必要性は大きい	14.2	18.4
	改革の必要性は極めて大きい	6.3	10.6

---

25)　弁護士会にはこの質問をしていない。

専門口頭試問によって補完することができる場合の拡大	改革の必要性なし	27.6	66.8
	どちらかといえば改革の必要性は小さい	22.6	18.4
	どちらかといえば改革の必要性は大きい	32.8	12.4
	改革の必要性は極めて大きい	17.0	2.3
実務研修によって補完することができる場合の拡大	改革の必要性なし	29.6	75.1
	どちらかといえば改革の必要性は小さい	17.9	13.8
	どちらかといえば改革の必要性は大きい	32.9	8.8
	改革の必要性は極めて大きい	19.6	2.3
実務事件を収集するための期間の伸長	改革の必要性なし	25.6	63.6
	どちらかといえば改革の必要性は小さい	22.9	20.3
	どちらかといえば改革の必要性は大きい	32.0	12.4
	改革の必要性は極めて大きい	3.7*	19.5
継続研鑽義務の時間的拡大[26]	改革の必要性なし	48.4	68.5
	どちらかといえば改革の必要性は小さい	34.3	17.6
	どちらかといえば改革の必要性は大きい	12.9	9.3
	改革の必要性は極めて大きい	4.4	4.6

*　数値左右逆と思われるが原文のままとする。

---

[26]　回答者の大部分が改正の必要性を否定しているにもかかわらず，10 時間から 15 時間への継続研鑽時間引上げは 2013 年 7 月 6 日に，規約委員会により決定された。この引上げは――上述のとおり――2015 年 1 月 1 日に発効した。

II　専門弁護士称号よりも「下位の」重点表示

ドイツの弁護士は原則として広告をすることができる。連邦弁護士法43条bによれば，弁護士は，「職業活動の形式および内容において事実に即して知らせるものであり，個別事案において委任することに向けられたものでない限り」，広告をすることができる。

そして，「補充的に」弁護士職業規則6条1項が規定するところによれば，次のとおりである。

　　「弁護士は，叙述が事実に即してなされ，職務に関するものである限り，その役務および人格につき情報提供をすることができる。」

「特化（Spezialisierungen）」の指示も広告に属する。現在のドイツにおける状況を理解することができるためには，――専門弁護士の場合と同様に――再度，過去，すなわち1997年3月11日に職業規則が施行された時点を顧みる必要がある。

規約委員会は，その第1会期において，弁護士に重点表示をともなう広告の可能性を認めたものの，窮屈なコルセットをはめた規定（旧弁護士職業規則7条）を創設した。許容されたのは「関心の重点（Interessenschwerpunkt）」および「活動の重点（Tätigkeitsschwerpunkt）」の概念の使用のみである。そのほか，数のうえでの上限がある。合計で五つの表示が許容されており，そこでは三つの「活動の重点」の最大数がある。表示は自己評価による。「活動の重点」を掲げることができるのは，当該領域につき弁護士登録から少なくとも2年間，相当程度取り組んできた者のみである。すなわち，「活動の重点」を掲げるための客観的に証明できる最低要件は，少なくとも2年は弁護士登録していることである。

繰り返し強調されているように，「関心の重点」を最下位，「活動の重点」を

中位，専門家称号を最上位とする「3段階の資格制（dreistufige Qualifikationsleiter）」が妥当してきた。この段階制が15年近くにわたり弁護士の広告を占めてきた。

すでに何度も旧弁護士職業規則7条の規定の合憲性について取り組み，それまでこれを肯定してきた[27]連邦憲法裁判所が，著名な2004年7月28日の「スペシャリスト判決」[28]において，弁護士の情報提供の可能性を部分的に制限する弁護士職業規則7条1項および6条2項[29]は，「その文言によれば過度に制限的である」と判示したことから，旧弁護士職業規則7条の制約は消滅した。その判示するところによれば，次のとおりである。すなわち，それらの条項は，これにより追及される公益目的を達成するのに必要ではないし，相当性の原則を守っていない。同規定は，「専門弁護士規則6条2項に掲げられた手段以外との関係においても，職業に反する広告だけが許されない」と解釈する場合のみ憲法適合的である。具体的には，連邦憲法裁判所は，数十年もっぱら交通法の領域で活動し成功してきた弁護士が，（レターヘッドに）「交通法のスペシャリスト」の表示をすることは許されると判示した。そのような自己表示は法律相談を求める者にとって原則として利益にかない，事実にあったものであるという。

多くの者は，当時，「スペシャリスト」を「専門弁護士」と並ぶ別の物（Aliud）とした判断は専門弁護士の価値を相対化するものであると危惧した[30]。すなわち，連邦憲法裁判所が定式化したところによると，次のとおりである。

旧連邦弁護士法43条1項は二つ（今日では三つ）の専門弁護士称号を掲げる

---

27) BVerfG NJW 2001, 2461 ; NJW 2001, 3324, 3325 = AnwBl. 2002, 60, 61.
28) BVerfG NJW 2004, 2656 ff. = AnwBl. 2004, 586 ff., m. Anm. *Hamacher* = BRAK-Mitt. 2004, 231 ff. ; vgl. hierzu ausführlich *Offermann-Burckart,* NJW 2004, 2617.
29) 旧弁護士職業規則6条2項は，補充なく廃止された。
30) それゆえ，多くの者は，これを第3期において更なる専門弁護士称号を可決した規約委員会の新たな機動性の固有の動機とみなしている。– Vgl. hierzu etwa Busse, AnwBl. 2005, 29.

38　シンポジウム

ことを認め，専門弁護士が取り組む活動領域はその幅の点において必ずしも
特化を前提としないため，専門弁護士は必ずしもスペシャリストではない。

また，

「スペシャリスト」の名称の使用と結びつく継続的な職業活動の限定は，
専門弁護士称号をもって表現することはできない。

同判断により必要となった職業規則の追加について，規約委員会は非常に深
刻なものとなった。
　2006年3月1日になってはじめて，──多少の「すったもんだ（Irrungen
und Wirrungen）」の末──弁護士職業規則7条の新条項が施行された。

弁護士職業規則7条の新旧比較

旧弁護士職業規則第7条（関心および活動の重点）
(1)　専門弁護士称号の表示にかかわらず，職業活動の部分領域として，関心ないし
　　活動の重点を掲示することができる。合計で五つを超えない掲示が許され，その
　　うち活動の重点は最大で三つとする。関心および活動の重点は，都度それとして
　　表示しなければならない。
(2)　関心の重点は，研究，それまでの職業活動，出版活動またはその他の方法によ
　　り獲得した当該領域についての特別の見識を証明することができる者に限り，掲
　　示することができる。活動の重点は，加えて，登録から2年間，相当程度，当該
　　領域について活動している者に限り，掲示することができる。
(3)　第9条第1項にいう共同の職務執行の場合，関心および活動の重点は，1以上
　　の弁護士が前2項によりその資格がある場合，職務執行共同体（Berufsaus-
　　übungsgemeinschaft）のためにも，それとして掲示することができる。

新弁護士職業規則第7条（職業活動の部分領域の掲示）
(1)　専門弁護士称号にかかわらず，教育訓練，職業活動，出版活動またはその他の
　　方法により獲得した表示に対応する見識を証明することができる者に限り，職業
　　活動の部分領域を掲示することができる。適性を示す付加的表示を使用する者

は，追加的に対応する理論的知見を習得し，かつ当該領域につき相当程度活動していなければならない。

(2) 前項による掲示が，専門弁護士との混同の原因となるか，またはそのほか誤解を招くものである場合は，不適法である。

(3) 前述の諸規定は共同の職務執行またはその他の職業的協力の場合に準用する。

すなわち，弁護士職業規則7条は，「職業活動の部分領域 (Teilbereichen der Berufstätigkeit)」の名称を，適性を示す付加的表示の有無のいずれにおいても許容し，これにより，──少なくとも，都度適用のある要件の証明からなる要求に関し──次のような新たな3区分の段階制を確立した。

・適性を示す付加的表示をともなわない職業活動の部分領域

・適性を示す付加的表示をともなう職業活動の部分領域

・専門弁護士称号

弁護士職業規則7条は「職業活動の部分領域」の概念を定義することを試みていない。所管の規約委員会第2部会が弁護士職業規則7条（および6条2項）の改正を提案した「公式の (amtlichen)」理由[31]においても，定義はなく，「職業活動の部分領域」が何を指すと理解すべきかについての詳しい記述もない。ある箇所ではその概念は「部分法領域 (Teilrechtsgebiet)」の用語と同視されている[32]。そのほかでは，新規定は，それまで弁護士の広告を職業活動の部分領域に関連させるために余儀なくされていた「関心の重点」および「活動の重点」の概念の使用を断念させ，もはやその職業活動の部分領域およびこれに対応する表示を基礎とする資格を指摘することから職業規則がその点で数のうえまたは用語のうえでの制限を定めることなく弁護士を解放したとされており，旧弁護士職業規則7条による概念に立ち戻ることになる[33]。

「職業活動の部分領域」の概念は，弁護士職業規則7条において，一方では包括的かつ中立的にスペシャリストとしての表示を規定しつつ，他方では弁護

---

31) BRAK-Mitt. 2006, 212.

32) BRAK-Mitt. 2006, 212, rechte Spalte, 2. Abs.

33) BRAK-Mitt. 2006, 212, linke Spalte.

士職業規則 7 条 1 項 1 文において（職業活動の部分領域による）適性を示す付加的表示を限界づける叙述方法のための独自の概念を形作ることによって，二重の機能を果たしている。

　したがって，「職業活動の部分領域」は上位概念であるだけでなく，──「適性を示す付加的表示なく（ohne qualifizierende Zusätze）」との限定を考慮に入れる場合──同時に新たな資格段階の最下位でもある。すなわち，この場合，弁護士が，──明示的な──実際の重点形成ないし特別の資格を示すことなく，主としてまたは少なくとも強化して（または「並んで（auch）」）取り組んでいる法領域の単純な，すなわち，中立的な表示を意味する。たとえば，便箋に「弁護士 XY　労働法（Rechtsanwalt XY Arbeitsrecht）」と表示している者は，職業活動の部分領域を掲示していることになる。

　弁護士職業規則 7 条 1 項 2 文にいう「適性を示す付加的表示（Qualifizierende Zusätze）」は，資格段階の第 2 段階を意味する。この意味での追加は，たとえば，「スペシャリスト（Spezialist）」，「エキスパート（Experte）」，「専門家（Fachmann）」，または「専門領域：……（Fachgebiet:…）」もしくは「重点：……（Schwerpunkt:…）」などである。一部にはなじみのあったかつての「関心の重点」および「活動の重点」もまた，適性を示す付加的表示として引き続き使用することが許される。

　職業活動の部分領域の掲示における唯一の限界は，専門弁護士との混同の原因となるか，またはその他の権利保護を求める人々の誤導のおそれがある場合である。すでに──少なくとも最後のものは──不正競争防止法（UWG）により明らかであるから，こうした明確化の必要はなかった。どのような場合に誤導やさらには専門弁護士との混同のおそれがあるかという問題は，確かな答えはほとんどない。権利保護を求める人々がどのように弁護士の「スペシャリストの示唆（Spezialisierungshinweise）」を解釈するかについての経験的な調査はない。

　使用される概念の「専門弁護士」との言語上の近さは，確実に混同の危険につながるため，「専門……（Fach…）」という言語の構成要素は広く除外される。「……の弁護士（Rechtsanwalt für…）」との指示は，少なくとも，続きの文

言が専門弁護士と一致する場合には混同の危険をはらむ[34]。混同の危険のため，今日まで，多くの弁護士会は，専門弁護士称号にあてられる法領域について「スペシャリスト」の表示を使うことも不適法と考えている[35]。

部分領域掲示に専門弁護士との混同のおそれの原因となるか（またはその他の誤導を招くか）という問題に正しく答えることがいかに困難であるかは，さまざまに論じられている「専門弁護士研修 XY の修了者（Erfolgreicher Absolvent des Fachanwalts-Lehrgangs XY）」との表示の例から明らかである。ドイツの弁護士会のアンケートによると，繰り返し，その構図は，まったく統一がなく，さらに残念なことに変転してきている。すなわち，いくつかの弁護士会は，その指示は，問題となる取引圏からは，広告者が確かにすでに専門弁護士研修を修了している（したがって，当該専門弁護士称号の取得に必要な特別の理論的見識を証明できる）ものの，いまだ専門弁護士ではないというように，正しく理解されているものと思っている。他の弁護士会は，専門弁護士称号授与の方式をよく知らない人々には，教育措置の「修了者（erfolgreicher Absolvent）」は専門弁護士の通過点にいるのではなく，特に卓越した提供者の措置を通過したと表明しているようなものであるため，「単なる」専門弁護士を超えるものであるとの印象さえ生じる可能性があるとの意見である。

上述の解釈の困難さが示すように，新たな弁護士職業規則 7 条はあまり成功していない。規約委員会は，その間，同条項の補充のない削除もが可能となった後に，研修方式（*Lehr*formel）でありえた（かつ，そうなるべきであった）ものの，現在の形態では空虚な方式（*Leer*formel）であることが証明された規律を定めた。あらゆる考えうる個別事案を規律することはできないとの懸念から，規約立案者は，連邦憲法裁判所がスペシャリスト判決において（そして，すでに関

---

34) So OLG Bamberg, Urteil vom 29.07.2009 – 3 U 71/09 – „Rechtsanwalt für Bau- und Architektenrecht".

35) Vgl. z.B. die Grundsätze, die die Rechtsanwaltskammer Düsseldorf im Jahr 2006 als „Antwort" auf die Spezialisten-Entscheidung aufstellte – wiedergegeben bei *Offermann-Burckart*, BRAK-Mitt. 2006, 154, 156.

42　シンポジウム

心の重点についての 2001 年 9 月 12 日判決[36]において）定立したような比較的明確
な基準を採り上げようとははじめから一切試みなかった。どのように（特別の）
見識を取得し，証明することができるか，どの程度，どのような実務経験を集
めなければならず，どのように，たとえば，「スペシャリスト」を専門弁護士
から区別するかを具体的に表現する代わりに，さらにまた，少なくとも特定の
適性を示す付加的表示（たとえば，スペシャリスト）のために，数のうえでの上
限を確定することなく，規約委員会は，本質的に不明確な法律概念からなり，
それにより明確化よりもむしろ混乱につながる規定を創設した。

36）　BVerfG NJW 2001, 3324, 3325 = AnwBl. 2002, 60, 61.

ドイツ専門弁護士制度の枠組み
——オファーマン - ブリュッハルト（Offermann-Burckart）博士の報告の補完として——

ハンス・プリュッティング

訳　森　　　勇

I　ドイツ専門弁護士制度の現状

　ドイツ連邦共和国の成立以来65年の間，ドイツの専門弁護士制度は，ドラスティックに変動してきた。もっとも，1878年以来，統一的な職業法（弁護士法 = Rechtsanwaltsordnung = RAO）の制定によって，ドイツでは，弁護士制度は統一された。この時以降ドイツでは，弁護士という職業は一本化されたが，それは，法的問題処理機構の独立の一機関であり，同時に，すべての法的問題について，すべてのドイツの裁判所で代理人を務められるとされたのである。ここでの弁護士の独立というのは，まずもっては，国家からの独立である。弁護士は，国家からのコントロールを一切受けないし，また，国家からの指示に服することも一切ない。しかしこの弁護士の独立ということは，依頼者そして第三者との関係においても重要である。法的問題処理機構の一機関であるとともに自由かつ独立の職業としての弁護士は，営業法の諸制限に服さないとされるが，それがよって立つ基礎は，1959年に制定された連邦法すなわち連邦弁護士法（Bundesrechtsanwaltsordnung）により，（ナチの崩壊後）再び復活し，そして今にいたっている。もっとも，ドイツ弁護士は，この1959年の法律により，いまだなお，かなりな制約を受けていた。たとえば，弁護士に関しては，かなりの広告規制があった。単独弁護士として活動する他に，組織的に活動する可能性についても，民法の組合の性格を持つ業務共同形態（Sozietät）に限定され

44　シンポジウム

ていた。この状況をその根底から覆したのが，連邦憲法裁判所が 1987 年 7 月
14 日に下した複数の裁判（バスティレ裁判 = Bastille Entescheidungen）である。
この諸裁判（決定）は，弁護士の職業法には十分な法的基礎が欠けている（つ
まりは，当時弁護士会が定めていた倫理規定は，法的根拠を欠いているので違法）とし
たのであった。この諸裁判が引き金となって，1994 年に立法者は，連邦弁護
士法に非常に大幅な改正を加え，なかでも中心的な弁護士の諸義務を規定した
のであった。この 1994 年の改正法が作り上げた法状況が，その後もさまざま
な改正を受けたものの，今日でもなお，弁護士職業法の中心的な法的基礎とな
っているのである。

II　ドイツ弁護士の数一般

　ドイツの弁護士数は，以下のような増加をみせている。
　つまり，ドイツの弁護士数は，この 20 年間で倍増まで，少しではあるが届
いてはいない。30 年間で 3 倍である。次は，1990 年から今年までである。

年	弁護士数（人）
1950	12,800
1960	18,300
1970	22,800
1980	36,000
1990	56,600
2000	104,000
2010	153,000
2014	165,000

　以上からわかるのは，この 24 年間でドイツの弁護士は 11 万人増加している
ということである。今年のドイツ弁護士の数は，約 16 万 5000 人である。
　過去 65 年間におけるこのような展開は，まずは，弁護士数の爆発的な増加

と表現することができる。同時にまた，女性比率の変動も生じた。ドイツにおける女性弁護士の数は以下のとおりとなっている。

年	弁護士数（人）
1950	250 （約 2 ％）
1970	1,000
1990	8,500
2000	25,500
2011	50,000
2014	55,000 （約 30％）

　ドイツでは弁護士 1 人あたりの住民数は，1950 年では 5000 人であったが，現在その数は，弁護士 1 人あたり 500 人となっている。

　弁護士はすべて単位弁護士会に所属している。弁護士会は，通常は上級地方裁判所（Oberlandesgericht）ごとに置かれており，現在 28 単位会ある。最も弁護士の数が多いのは，ミュンヘン弁護士会とフランクフルト弁護士会である。

　ドイツの多くの州では，弁護士は本来の弁護士業務に加え，公証人の仕事をすることが認められている。このいわゆる公証人弁護士の数は，2013 年 1 月 1 日現在 6036 人である。2134 人が税理士，622 人が公認会計士（Wirtschafts-prüfer），そして 513 人が（小規模企業）公認会計士（vereidigte Buchprüfer）である。

　ドイツの弁護士には，単独弁護士（1 人事務所）が非常に多い。約 16 万 5000 人のドイツ弁護士中，約 4 万人がいまだなお単独弁護士である。弁護士業務共同形態という組織，つまりは民法上の組合の形をとるものは，ドイツでは約 1 万である。これに加え，資本会社（株式会社・有限会社）の形をとるものは約 600 である。

　約 16 万 5000 人のドイツ弁護士とならんで，約 750 人の外国法事務弁護士も認可登録を受けている。このほか，認可・登録を得ている有限会社形式の弁護士会社は約 600 社である。

III　専門弁護士の展開

　オファーマン氏の報告で示されたとおり，ドイツの弁護士には，かなり以前から税法専門弁護士のタイトルが認められていた。すでに1937年には，このタイトルが創設され，しばらく中断した後，1964年に再度導入された。 1986年に，労働法，社会法そして行政法専門弁護士のタイトルが，また1997年に家族法そして刑法専門弁護士が創設されたが，これにより，中核的な法領域については，すべてに専門弁護士がもうけられた。今年（2014年）までに，20種類の多様な専門弁護士が存在し，今年21番目として，国際経済法がこれに加わった。

　以下には，付与された専門弁護士タイトル数をあげてみるが，これをみると，今日1人の弁護士がタイトルを三つも取得できるかは，疑問である。全体的にみて，専門弁護士の数は，当初非常にゆっくりとしか増加していかなかった。1970年までは，税法専門弁護士の数は，1348人，1980年には，1641人であった。この数は，1986年以降実にはっきりと上昇する。1987年には2049人，1990年には，3553人，2000年には，1万1080人にのぼり，2005年には1万9879人，2010年には，3万8745人，2013年1月1日には4万6823人，そして2014年1月1日には4万9840人に達している。人数の点で群を抜いているのは，労働法，家族法そして税法が，専門弁護士表示の御三家である。この三つの領域が，全専門弁護士のほぼ半数を占めている。それに続くのが交通法専門弁護士，賃貸・住宅法専門弁護士，刑法専門弁護士，および建築・設計専門弁護士である。その他の専門弁護士の数は，はっきりと差をつけられている。

IV　広告禁止から弁護士としての広告へ

　弁護士からみると，特別の専門弁護士のタイトルを取得するという弁護士にとっての可能性は，まずは弁護士のスペシャライズと多様化という問題であ

る。これに対し，依頼者側からみると，専門弁護士のタイトルは，透明性をかなり高めることになる。もっとも，こういった立場・立場での見方を離れて一般的にみると，専門弁護士のタイトルは，広告にかかわる一つの重要な視点である。

　しかし，弁護士の広告は，非常に長い間，怪しげなものととらえられてきた。19世紀においては，弁護士の自由を求める闘争とあいまって，同時に，弁護士階層の尊厳と敬意に関するある考え方が形成されたが，それは，商人的な広告とは相容れないものであった。1878年の弁護士法は，なるほどこの点に関し何らの規定も置いてはいなかったが，すでにその当時おかれていた一般条項（現在の連邦弁護士法43条に相当する），つまりは，弁護士はその職業にふさわしいことを示さなくてはならないという一般条項に基づき，弁護士に関するいわゆる名誉裁判所の判例は，弁護士の広告を一般的に禁止していた。こうした厳格な広告禁止は，後に弁護士の分限に関する規程（Standesrichtlinien der Rechtsanwaltschaft）に取り込まれ，1987年の7月まで普通に維持されてきた。もっとも，1987年7月14日に下されたかの有名な連邦憲法裁判所により，広告禁止はその法的根拠がなくなったのである。そのため立法者は，新たに規律する必要があると考えた。1994年以降は，連邦弁護士法43条dが設けられ，これによれば，事に即したものであり，かつまた個別ケースにおいて依頼を受けることに向けられているものでない限りは，そうした広告は認められるとされている。専門弁護士のタイトルは，こうした広告の機会の解放というまでもなく調和するものであるし，そしてまた，ある専門分野にスペシャライズしている，自分の仕事の重点がどこにおかれているかとか，さらにはまた自分の関心がどこにあるかということを広告にあげることも，許される。

V　専門弁護士のアイデアと専門医との違い

　弁護士のスペシャライズ，公衆に対する透明性と広告という問題の狭間にあって，次に専門弁護士のタイトルというものの特殊性としてあげられるのは，弁護士会理事会だけがそれを付与できるという点である。授与は，特別の理論

上の見識と特別の実務上の経験の証明に基づいてなされる。これにより，専門弁護士のタイトルを授与されることは，格別の顕彰であり，そこには真の認証（Zertifikat）がはらまれている。

　この状況は，医学の分野に関してみると，専門医のタイトルを想起させる。いうまでもないが，両者の間には，非常に本質的な違いがある。専門医のタイトルの取得は，広範にわたる医学教育とスペシャライズの一部をなしており，当該領域での保険医の指定を受ける要件となっている。つまり専門医は，一定範囲では，医学的施術をする権限を得るのである。これに対して専門弁護士は，専門弁護士のタイトルを取得する前でも後でも，同じ権利を有し義務を負う普通の弁護士であり，つまり専門弁護士は，すべての弁護士と同じく，その専門領域外でも，すべての問題につき助言を与えかつ代理を務めることができる。このことは，専門弁護士のタイトルが，専門医とは比べものにならないまでに，純粋の広告的な側面のものであり，これは職業活動そのものを変えるものではないということを示している。

VI　展　　　望

　専門弁護士のアイデアは，ドイツでは 1986 年以降特に注目に値する成功を収めた。先に示した専門弁護士数の増大のみならず，専門弁護士の種類が常に増加していったこともこれを示している。今日なお，この専門弁護士の種類の増加は，2014 年 9 月 1 日からの「国際経済法」という専門弁護士の 21 番目のタイトルの創設をもって終わるものではない。むしろ，規約委員会の専門委員会においては，現在，犯罪被害者救済法専門弁護士，歳出法専門弁護士そして入管法専門弁護士の導入が議論されているところである。これらの具体的なアイデアについてどう考えるにせよ，こうした議論それ自体が，対象専門領域を拡大する方向に向かっているということを示している。

　専門弁護士制度のもう一つの傾向は，継続研鑽義務をより厳格に適用し，さらにはその拡大をはかろうとするものである。最後になるが，連邦通常裁判所

（弁護士部　BGH Anwaltsenat）は，2014 年 5 月に，次 の 点 を 強 調 し た（BGH, Beschluss vom 05.05.2014 – AnwZ 76/13）。すなわち，「弁護士は専門弁護士表示を用いることで，権利保護を求める市民から，当該領域での特別の資質を持っているとされてよいことになる。このことは，当該専門弁護士は，その特別の見識を最新の状態で維持しているという権利保護を求める市民が持ってしかるべき期待，したがって，公共の福祉という合理的な根拠に対応するものである。恒常的かつ持続的な継続研鑽をつうじてのみ，法律状態および判例の変動，そして新たな文献を，専門弁護士はその法律相談に反映させることを確保できる。継続研鑽は，この限りでは統一的な資質水準の確保に奉仕するものなのである」と。

専門弁護士制度の導入についての課題と
その解決策を考える
——市民，企業のニーズに応えるために——

上 原 武 彦

I 専門弁護士制度を考える上での専門的法律分野
　（民事関係に限定する）について

　(1)　専門弁護士制度とは，特定の法律分野についての一定の条件を満たした知識，業務取扱い経験を有する弁護士を日本弁護士連合会（以下，日弁連という）または第三者である認定機関（専門認定機関）が認定し，もしくは登録を認める制度をいう。

　弁護士が取り扱う法律分野は，広範囲であり，弁護士法第72条により，原則として法律事務全般を独占して行うことができるが，専門弁護士制度はその法律事務のうち，特定の法律分野について認定若しくは登録する制度である。専門認定制度は，専門分野登録制度に比して，特定の法律分野についての知識，経験の程度が高度なものとされている。

　現在，日弁連においては，弁護士の取扱業務などを表示した弁護士情報提供システムである「ひまわりサーチ」があるが，これは弁護士自らが特定の法律分野の業務分野について，自ら取り扱うことができること，または，日常業務において重点的に取り扱っていることを表示するシステムであり，その認定などを日弁連や第三機関が行った結果を表示しているものではない。

　「ひまわりサーチ」でいう取扱分野・重点取扱分野は，弁護士が取り扱って

いる法律分野について上げられているが，ほぼ日常的な業務の大半をフォローしている。

専門弁護士制度は，日弁連若しくは第三者機関による専門認定などが要件とされるが，その目的は，第1次的には弁護士の利用者である市民，企業その他の団体とりわけ中小企業に対して，特定の法律分野を限定して，知識，経験を高度に有している弁護士情報を提供することを目的とし，第2次的には，弁護士自身，他の弁護士あるいは他士業（司法書士，行政書士等）との差別化をはかり，弁護士自らが該当業務に長けていることを広告などで表示し，依頼者を募りやすくすることにあるといえる。

(2)　専門弁護士制度でいう特定の法律分野については，社会的，政治的，経済的な時代背景によって異なってくる。弁護士が日常的に取り扱っている法律分野においても，市民・企業などの団体のニーズすなわち適切・迅速に業務を処理するというニーズによって，それらの法律分野が専門弁護士制度の対象法律分野となる。

特に現代においては，社会が複雑化し，高度化し，法的諸問題も多岐にわたっている。したがって，たとえば家族関係といった法律分野においても後に述べるようにそのなかには，離婚，財産分与，慰謝料，年金分割，親権，子との面接交渉，婚姻費用分担，養育費，ドメスティックバイオレンス，内縁関係，ストーカーなどの専門的問題が包含されている。

専門弁護士制度を考える上では，専門とされる特定の法律分野をどのように考えればいいのか，そして，専門弁護士制度を構築するためにどのような問題点があり，それをどのように克服していけばいいのかを考えたい。

II　司法改革審議会意見書2001年（平成13年）6月12日について

専門弁護士制度に関して，司法改革審議会意見書（以下，意見書という）は，司

法界における特定の法律分野における専門性の強化を要求している。これは，利用者である企業，労働組合，消費者団体などの要求を受けての提言であった。

(1) 民事裁判の改革について次のことを提言している。本テーマとの関係を取り上げる。

① 民事裁判の充実・迅速化について

② 専門的知見を要する事件の対応強化

　i 専門委員制度の導入

　ii 鑑定制度の改善

　iii 法曹の専門化強化

③ 知的財産権関係事件への総合的な対応強化

④ 労働関係事件への総合的な対応強化

⑤ 家庭裁判所，簡易裁判所の機能強化

　i 人事訴訟などの家庭裁判所への一本化

　ii 調停委員，司法委員，参与員への多様な人材確保など

(2) 法曹人口の大幅な増員を提案し，それを支える基盤として法科大学院の設置，司法試験合格者の大幅な増加を提案した。

(3) 弁護士制度の改革の提言の中で，弁護士の執務態勢の強化，専門性の強化をあげている。

(4) 専門弁護士制度に関する上記意見書の提言を受けて，司法界において実行に移されることとなる。すなわち，次項以降で述べるとおり裁判所においては知財高裁の新設，東京地裁，大阪地裁などにおける専門部・集中部の増加，労働審判制度の設置である。

　そして法曹人口の増加については，2002 年（平成 14 年）3 月に，司法試験合格者を年間 3000 名程度とする閣議決定がなされ，2004 年（平成 16 年）4 月に法

科大学院が創設され，74 校が開講した。後に述べるとおり，その後着実に司法試験合格者が増化，それにともなって弁護士人口が飛躍的に増加していった。

　この意見書の各種提言，それにともなう弁護士人口の増加，さらには，後に述べるが，意見書に先立って行われた日弁連の広告の原則自由化などの要因が重なり，市民などからの専門弁護士制度への要求が高まり，弁護士自身も専門性を高める意識が強まっていった。

　以下では，まず，裁判所での専門部の設置状況，弁護士会での法律相談における専門相談の設置を見てみることとする。

III　我が国の司法，とりわけ裁判所における専門的法律分野の取扱いについて

　(1)　戦後新憲法の下で，裁判所機構が再構築され，地方裁判所とは別に家庭裁判所が設置された（裁判所法第 2 条第 1 項）。家庭裁判所においては，従来からの家事審判所と少年審判所が統合された。

　家庭裁判所は，民事関係では，家事審判法で定める家庭に関する事件を扱い，離婚を代表とする夫婦に関する問題，遺産分割を代表とする遺産・相続に関する問題を第 1 審として専属的に扱うこととなった。

　いわば，裁判所における専門裁判所であり，専門的法律分野を扱う裁判所として出発し，2004 年（平成 16 年）4 月 1 日からは審判だけでなく人事訴訟なども地方裁判所から移管されて取り扱っている。

　(2)　地方裁判所における特定の法律分野を取り扱う専門部については，交通事故が急増していた 1962 年（昭和 37 年）以降，東京地裁，大阪地裁で専門部が新設され，1978 年（昭和 53 年）には，労働災害事件も同部で取り扱われるようになった。

　1965 年（昭和 40 年）以前から，東京地裁，大阪地裁で倒産事件全般を取り扱う倒産部が設置されていた。

1961 年（昭和 36 年）に東京地裁，1964 年（昭和 39 年）には，大阪地裁で工業所有権部が設置されている。

その後，前述の意見書の提言を受け，2001 年（平成 13 年）には東京地裁，大阪地裁で医療事件を取り扱う医療部，建築紛争を扱う建築紛争部が設置されるとともに大阪地裁では，商事・非訟を扱う商事部が設置された。

さらに，2005 年（平成 17 年）4 月 1 日から東京高裁に知的高裁が設置されるとともに，2006 年（平成 18 年）4 月 1 日からは労働審判制度が新設された。

現在における裁判所の専門部・集中部の状況を東京地裁と大阪地裁についてみてみる。

東京地裁では，

行政部 – 民事第 2 部・民事第 3 部・民事第 38 部は，行政事件を扱う。

商事部 – 民事第 8 部は，商事訴訟（株主権確認訴訟，株主総会決議取消訴訟，取締役会決議無効確認訴訟，法人の役員に対する責任追及訴訟，株主代表訴訟）保全事件（取締役等職務執行停止・代行者選任仮処分，議決権行使禁止・許容の仮処分，新株・新株予約権発行差止仮処分），会社更正事件，非訟事件（特別清算，清算人選任，株式価格決定）を扱う。

保全部 – 民事第 9 部は，仮差押，仮処分（係争物に関する仮処分，仮の地位を定める仮処分），人身保護請求，配偶者からの暴力の防止及び被害者の保護に関する法律に基づく保護命令等の民事保全の事件を扱う。

労働部 – 民事第 11 部・民事第 19 部・民事第 36 部は，2003 年（平成 15 年）1 月から第 36 部が加わり，3 部体制となった。具体的には次の事件を扱う。

労働関係民事通常事件（解雇・雇い止め事件，賃金（残業代を含む）・退職金請求事件，損害賠償請求事件（セクハラ・パワーハラスメント，競業避止義務を含む），労働関係行政事件（救済命令取消等事件（不当労働行為に関する労働委員会の命令の取消しを求める事案を含む），公務員労働事件（国歌斉唱拒否を理由とした東京都教職員の処分をめぐる事件等），労働災

害事件）および労働審判事件を扱う。

破産再生部－民事第20部は，破産手続・民事再生手続の事件を扱う。

執行部－民事第21部は，2002年（平成14年）2月1日，目黒区の「東京地
　　方裁判所民事執行センター庁舎」へ移転した（ただし，代替執行係（代
　　替執行・間接強制を担当）は本庁）。民事執行に関する事件を扱うが，動
　　産執行と不動産引渡執行（引渡命令の執行を含む）は執行官室執行部が
　　取り扱う。

調停・借地非訟・建築部－民事第22部は，2002年（平成14年）4月，調停・
　　借地非訟に加え，建築関係事件を担当する建築事件集中部となる。

交通部－民事第27部は，交通事故に関する事件を扱う。

知的財産部－民事第29部・民事第40部・民事第46部・民事第47部は，特
　　許権・実用新案権，不正競争防止事件，著作権，商標権，意匠権等の
　　知的財産に関する事件を扱う。

医療部－民事第14部・民事第30部・民事第34部・民事第35部は，2001
　　年（平成13年）4月設置。医事事件全般を扱う集中部。

大阪地裁では，

保全部－第1民事部，仮差押，仮処分（係争物に関する仮処分，仮の地位を定め
　　る仮処分），人身保護請求，配偶者からの暴力の防止および被害者の保
　　護に関する法律に基づく保護命令等の民事保全の事件を扱う。

租税・行政部－第2，第7民事部，租税，行政事件全般を扱う。

商事部－第4民事部，商事訴訟（株主権確認訴訟，株主総会決議取消訴訟，取締
　　役会決議無効確認訴訟，法人の役員に対する責任追及訴訟，株主代表訴訟）
　　保全事件（取締役等職務執行停止・代行者選任仮処分，議決権行使禁止・許
　　容の仮処分，新株・新株予約権発行差止仮処分），会社更生事件，非訟事
　　件（特別清算，清算人選任，株式価格決定），手形・小切手事件を扱う。

労働部－第5民事部，労働関係民事通常事件（解雇・雇い止め事件，賃金（残
　　業代を含む）・退職金請求事件，損害賠償請求事件（セクハラ・パワーハ
　　ラスメント，競業避止義務を含む），労働関係行政事件（救済命令取消等事

件（不当労働行為に関する労働委員会の命令の取消しを求める事案を含む），
　公務員労働事件）および，労働審判事件を扱う。

倒産部－第6民事部，破産手続・民事再生手続，会社更生手続の事件および
　　　　特別清算事件を扱う。

建築・調停部－第10民事部，建築関係事件および調停事件を扱う。

執行部－第14民事部。

交通・労災部－第15民事部，交通事件，労災事件を扱う。

医事部－第17，第19，第20民事部，医事事件すべてを扱う。

知的財産部－第21，第26民事部，特許権・実用新案権，不正競争防止事
　　　　件，著作権，商標権，意匠権等の知的財産に関する事件を扱う。

　この他にも，他の裁判所においても専門部・集中部の設置は相次いでいる。
　これは，意見書の提言があったからではあるが，そもそもそのような特定の
法律分野に関する事件を専門的に取り扱う部があったほうが，審理の充実・迅
速化に資するとの考えがあるとともに，複雑化した社会において発生する特殊
な事件に裁判所として対応することが要請された結果でもあると考えられる。
　なお，「裁判の迅速化に関する法律」（平成15年法律第108号）は，第1審の
訴訟手続をはじめとする裁判所における手続全体の一層の迅速化をはかり，国
民の期待に応える司法制度の実現に資することを目的として，2003年（平成
15年）7月16日から施行されている。

　(3)　しかし，裁判所における裁判の専門化が促進されたからといって，裁判
官が専門家として育成された訳ではないと考えられる。
　現在においてもそうであるが，裁判官は，定期的に転勤，転部がなされ，専
門部に定着することはない。地裁，家裁間の転勤も常に行われている。
　それは，裁判官は専門部の審理に対応させるために技術的専門的な教養，研
修は受けるものの，裁判官は「判断」における専門家であり，裁判官に求めら
れているのは，特定の法律分野に偏らない，すなわち，スペシャリストではな

くジェネラリストとして円満でバランスのとれた人間像が想定され，「多様で豊かな知識，経験を備えた」判事である。渡辺千原（立命館大学法学部教授）「裁判の専門化と裁判官」（立命館法学 2011 年 5・6 号（339・340 号）647 頁以下）。

そこで，専門部における特定の法律分野についての裁判で求められるのは，訴訟代理人である弁護士の専門性であり，専門的知識，経験に裏づけられた主張，立証といった訴訟活動の展開であるといえる。

これは，訴訟当事者である弁護士の依頼者がまさに望んでいるところでもあるといえるのである。

そのために，弁護士は特定の法律分野において，専門的知識・経験を積み上げる努力をする必要があるとともに，積極的に研修を受講する必要がある。

これらの情報を，市民，中小企業などに対してよりわかりやすく弁護士の専門性として表示するものが，専門弁護士制度であるといえる。

IV 弁護士・弁護士会の専門的法律分野への対応について

(1) 弁護士は事件受任の反覆・継続されること，依頼者の特定法律分野での専門性の要求に応じられる形で，特定の法律分野の専門性を高めてきた。

たとえば，労働事件においては労働者側である労働組合，使用者側である企業の要求，医療過誤事件にあっては患者側または医師側の要求，交通事故においては被害者または加害者・損害保険会社の要求，海外との取引に関する契約書作成などにおける渉外事件への対応，知的財産における企業に対する対応，倒産事件に対する裁判所からの管財人選任などへの対応などである。

これらは，一般市民や，一般的な企業とりわけ中小企業に対するものでなく，特定の法律分野に関する法的問題が反覆・継続して処理される関係において，弁護士がこれに対応する形で，特定の法律分野の知識，経験を深めスペシャリストとなっていったものである。

とりわけ，意見書の提言に基づき司法試験合格者が多数輩出される以前においては，企業側は特定の弁護士との間で関係を強化し，弁護士として専門性を

高めさせていたこともあったといえる。

　(2)　ところで，法曹人口，とりわけ弁護士人口は，意見書の提言を受けて，2002 年（平成 14 年）3 月に司法制度改革推進計画の閣議決定がなされ，司法試験合格者の数が増加していった。

　1999 年（平成 11 年）は 1000 人であったものが，2004 年（平成 16 年）には約 1500 人，2006 年（平成 18 年）には 1558 人，2007 年（平成 19 年）には 2099 人，2008 年（平成 20 年）には 2209 人，2012 年（平成 24 年）には 2102 人と増加していった。

　これにともなって，新規の裁判官，検察官の数が増加しないために，弁護士の人口のみが増加し，1999 年（平成 11 年）に 1 万 7283 人であったものが，2004 年（平成 16 年）には 2 万人を超え，2011 年（平成 23 年）には約 3 万人となった。現在では，約 3 万 5000 人となっている。

　増加した弁護士は，東京・大阪といった大都市だけではなく，地方の法律事務所に就職することによって弁護士が日本各地に拡散して行っている状況である。さらに，大都市においては就職できずに，自宅などを法律事務所として即独立する弁護士や，法律事務所に席を置くが給料をもらえず独力で事件をみつけなければならない弁護士いわゆる軒弁が増大している。

　この結果，1993 年（平成 5 年）には，地・家裁支部の管轄区域に弁護士がゼロもしくは 1 人しかいないいわゆるゼロ・ワン地区が 74 地区あったが，2008 年（平成 20 年）6 月にはゼロ地区が解消し，2011 年（平成 23 年）2 月にはワン地区も解消した。

　このように，弁護士人口が飛躍的に増加するとともに，弁護士が日本各地で事務所を開設するなどして，いわゆるゼロ・ワン地区が解消することによって，従来，市民・中小企業が，法的問題に直面した際に，従来であれば「弁護士」を探していたものが，今日では「特定の法律分野に強い弁護士」を求めるようになってきている。

（3）　また2000年（平成12年）までは弁護士は，日弁連の規則により広告が制限され，媒体の限定，記載事項・時期・配布方法などが限定されていたが，2000年（平成12年）3月24日，日弁連の臨時総会において弁護士の業務広告に関する規定が改正され，一定の禁止される類型を除いて広告が原則的に自由化された。この広告の自由化のうち大きな影響を持ったものがインターネットを通じた広告の自由化であった。

　弁護士は，その人口が増え，若手弁護士が依頼者を獲得する手段としてホームページでの広告，弁護士紹介サイトへの登録などの手段に出ているが，その広告での重要なコンテンツが特定法律分野での専門性のアピールである。

　日弁連は2000年（平成12年）に広告を自由化したが，同時に広告についてのガイドラインを定めている。ガイドラインの中に専門性表示について，弁護士の専門性表示を担保する手段が確立されていないことから，禁止とまではいわなかったが，広告において専門表示をすることを自重するように求めている。

　しかし，専門表示の禁止ではなかったことから，弁護士は，新人，中堅，ベテランの階層を問わず，特定法律分野における専門家をうたった広告をインターネット上で行い，それが氾濫するにいたっている。たとえば，債務整理，交通事故，離婚，相続などである。弁護士になりたての若手弁護士が，たとえば交通事故の専門家であるといった広告がそれである。

　これは，弁護士の側からの依頼者獲得に向けたものではあるが，その背景には，市民，中小企業の側からの「特定の法律分野に強い弁護士」に対するニーズがあり，インターネットの普及にともなってエスカレートしていったものといえる。

　しかし，特に経験の浅い弁護士による専門家を名乗った広告には，市民，中小企業の弁護士選択についての判断材料が乏しく，専門性に長けていない弁護士に対して，その広告を信頼して事件を依頼したが専門的能力が足りないといった，弁護過誤を生むおそれがある。

　現に，弁護士会が設置している市民からの苦情などを受ける「市民相談窓口」には，弁護士の専門性の欠如についてのクレームが寄せられてきている。

⑷　このような個々の弁護士の専門性の表示によるインターネットなどを通じた広告とは別に，市民・中小企業からの「特定の法律分野に強い弁護士」を求めるニーズに応えるため，東京弁護士会，大阪弁護士会などは，弁護士会の活動としての市民法律相談センターのなかに専門法律相談（あるいは専門弁護士紹介制度）を設置してきた。

東京弁護士会　総合法律相談センターの専門相談では，

借金問題（債務整理，過払い金返還，個人再生自己破産等），離婚問題（調停離婚，財産分与，慰謝料，年金分割，親権，養育費，DV，ストーカー），遺言・相続，消費者被害，住まいの問題（借地・借家，境界，欠陥住宅，近隣紛争），労働問題，犯罪被害者，交通事故，医療過誤，知的財産，会社の経営，女性のために法律相談，民事介入暴力，成年後見，生活保護，高齢者，障がい者，子供の問題，外国人，公害・環境問題である。

大阪弁護士会　総合法律相談センターの専門相談では，

交通事故，労働，離婚，債務整理，借地・借家，中小企業，商事，消費者被害，医療事故，遺言・相続，住宅・建築関係，生活保護，外国人，知的財産である。

しかし，各弁護士会における専門法律相談を担当する弁護士の質については，当該法律分野での取扱い経験を問わず，一定の研修を受講するのみで相談員になれるとしている。そのため，市民からは相談担当弁護士の専門性についての欠如を指摘して，市民相談窓口にクレームをいってくることが出てきている。

V　専門弁護士制度設立についての問題点，課題について

⑴　以上みてきたさまざまな要因があり，市民，中小企業からの強いニーズのもと，弁護士会として，特定法律分野での知識，経験を高度に有している弁護士の認定もしくは登録する制度の構築に向けて，各種提言がなされてきた。

東京弁護士会では，弁護士業務改革委員会から東京弁護士会会長宛に，2002年（平成14年）11月，「弁護士専門認定制度に関する第2次意見書」，大阪弁護士会では弁護士専門認定制度検討協議会から大阪弁護士会会長宛に，2003

62　シンポジウム

年（平成 15 年）2 月に「専門認定制度に関する意見書」，2005 年（平成 17 年）
3 月には専門分野登録制度等検討協議会から大阪弁護士会会長宛に「弁護士専
門分野登録制度の導入について」と題する意見書，第二東京弁護士会では，
2003 年（平成 15 年）10 月に，弁護士業務委員会から第二東京弁護士会会長宛
に，専門認定制度の創設に向けた意見書が提案されている。そして，日弁連に
おいては，弁護士業務改革委員会から日弁連会長宛に，2005 年（平成 17 年）
に「弁護士の専門性の強化方策と『専門認定制度』の検討および弁護士会によ
る弁護士情報の公開開示の方策に対する答申」が出され，2011 年（平成 23 年）
9 月には「専門分野登録制度の創設について（提案）」が提出されている。

　いずれも，弁護士の利用者である市民，企業のニーズに対応して，特定の法
律分野に長けている弁護士情報を提供するために，専門弁護士制度（専門認定
制度，専門分野登録制度）の設置を要望するものである。

　しかし，これらの提案は，いずれも，後に述べるこれに対する消極的意見が
強く，制度設置にいたっていない。すなわち，日弁連では，日弁連の意思決定
をする機関である理事会の構成員である理事が各弁護士会の会長などによって
構成されているため，各弁護士会の大勢の意見に従った意見表明をし，これら
を否決した。また，東京弁護士会，大阪弁護士会などにおいても，その意思決
定機関である常議員会において，十分な賛同を得られず否決されてきている。

　(2)　2009 年（平成 21 年）10 月に日弁連の第 16 回弁護士業務改革シンポジウ
ムが開催され，そのシンポジウム第五分科会において専門弁護士制度に向けて
の提言が行われた。

　同分科会では，日弁連の弁護士業務改革委員会の研究や市民，中小企業から
のアンケート結果がまとめられ，弁護士の利用者である市民，企業とりわけ中
小企業において，弁護士の専門性を表示する制度の導入の要求が確認された。
このアンケート結果は重要なものであるので，ここでその要約を取り上げる。

　A.　中小企業の弁護士ニーズの調査（少しデータは古いが，2007 年《平成 19 年》
　　　の全国調査）の結果から，次のことが浮かび上がってきている。

① 調査に応じた中小企業のうち，「顧問弁護士がいる」と答えたものは約20％であったが，「顧問弁護士を選ぶ上で弁護士の専門性・力量を重視した」ものが55.5％であった。

② 「顧問弁護士以外の弁護士を活用する」について，「顧問弁護士では扱えない専門的分野について相談する」ものが全体の37.3％であった。

③ 「今後の弁護士人口増加により想定される弁護士像」の質問に対して，「特定分野に強い弁護士が増える」との回答が30.2％あり，「さらなる弁護士の活用のために弁護士にとって必要なこと」との質問に対して，「得意分野のわかりやすさ」が32.4％，「業界への知見」が23.8％，「専門性」が20.4％に上っている。

これらの点から，中小企業における弁護士の専門性への需要が高いことがわかるのである。

④ 広く企業に弁護士会が弁護士を紹介する制度をより利用しやすくするための要望について，「専門性の高い弁護士を紹介する制度」が全体の42％，「弁護士の実績や業界に詳しいことなどを踏まえて紹介してくれる制度」が40.2％と，圧倒的に高く，それぞれの企業が抱えている問題について的確に対応して貰えるよう，専門性の高い弁護士を紹介する方策をとることが求められている。

B. 次に2009年（平成21年）に実施された市民向けのアンケート調査結果についても，簡単に触れてみる。ここでも，弁護士の専門性についての要求が高いことがわかる。このアンケートは，全国の弁護士会での市民相談に来た方を中心に回答を貰い，合計3984名からの回答を得た。

① 「弁護士に相談するときに，何を重視しますか」との質問で，一番多かったものが「話をよく聞いてくれる」58％，「専門分野」46％，「親切」35％となっている。

② 「今後，弁護士が専門を表示する公的な制度が必要と思いますか」との質問に対して，「必要とする」ものが全体の59％に上り，「必要ない」とするものは6％であった。

64　シンポジウム

③　「専門表示の制度ができた場合，相談・依頼するときに専門弁護士かど
　　うかを重視しますか」との質問に対して，「重視する」とするものが全体
　　の56％，「ある程度重視する」とするものが39％となり，合計で95％が
　　専門弁護士に相談・依頼したいとしている。

④　「専門表示の制度ができた場合，専門弁護士の弁護士報酬が専門外の弁
　　護士より多少高くても専門弁護士に依頼しますか」との質問に対して，
　　「依頼する」が全体の30％，「依頼するケースによる」が19％となってい
　　る。これに対して，「報酬の額による」とするものが46％となっており，
　　「依頼しない」とするものは3％に留まっている。

　このアンケートは，各弁護士会の法律相談センターなどに来た市民を中心に
回答を求めたものであるので，現実に，自ら法的問題に直面している市民の切
実な意見が述べられているとみてよいと考えられる。

　この観点からみると，市民が何らかの専門弁護士制度の設置を求めているこ
とがよくわかるといえる。

(3)　専門弁護士制度設立に対する反対論，問題点の指摘について

A.　最後に，2011年（平成23年）から2012年（平成24年）にかけて，日弁
　　連の弁護士業務改革委員会が会長に対して専門分野登録弁護士制度を提案
　　するについて，日弁連の各委員会および各弁護士会に対してアンケート調
　　査を行った。この調査において，日本の弁護士が想起している専門弁護士
　　制度についての消極的な意見が見事に現れているので，これを紹介し，専
　　門弁護士制度構築に向けた課題，問題点をまとめてみたい。

　　　なお，このアンケートでは，専門分野登録制度を設置することを前提
　　に，パイロット分野として，市民からのニーズが高かった①離婚・親権，
　　②相続・遺言，③交通事故，④医療過誤，⑤労働問題の5分野を取り上げ
　　ているが，これについての問題点の指摘も多かった。

　　　端的にいうと，専門弁護士制度は，誰のために必要なのかの問題であ
　　り，現在，専門弁護士制度を採用しているドイツをはじめとするヨーロッ

パ，アメリカなどの諸国において，その導入時期に大いに議論がなされた問題が，まさに日本において行われているという感想を持つと同時に，諸外国がこれを乗り越えて，専門弁護士制度を構築した努力を，日本においても行い，専門弁護士制度の確立につなげたいと考えている。

B. 反対論の主なものは次のとおりである。多岐にわたるためランダムに上げる。

① 専門弁護士制度の設置は，日弁連，弁護士会がやるべきではなく，任意の団体が独自にやるべきである。専門性について問題があったときに，日弁連，弁護士会では保証できない。

② 弁護士が資格を有して職務を行っている以上，さらに専門登録は必要ない。弁護士はジェネラリストであり，すべての法律分野を取り扱うべきである。

③ 地方の弁護士会では，幅広く事件を扱うのが一般的であるため，専門分野登録をしてしまうと，専門分野以外については苦手だと思われてしまい，他分野の依頼が来なくなるおそれがある。

④ 専門分野登録の要件の設定が難しく，実体に沿わない，あるいは不公平な専門分野登録を招くおそれがある。

⑤ 医療過誤については，これを専門分野とみるかどうかは意見が分かれるところであるが，それ以外のものは，通常，弁護士であれば扱う分野であり，それらについて専門分野というのはおかしい。弁護士にとって最もスタンダードな取扱い分野であり，誰もが取り扱う分野について，専門分野登録制度を設けることには，意味がない。

⑥ 専門分野登録の要件を満たさなければ登録はできず，若手の参入障壁となる。また，若手でなくても，一定件数の処理が要求されると，たとえばこれまで何十件と処理してきていたが，対象となる時期には事件処理件数が少なかった場合，専門登録できなくなる。

⑦ 大規模弁護士会の会員と地方弁護士会の会員とで，取扱い事件数などの要件を充足するための実質的なハードルの高さが異なり，不平等とな

66　シンポジウム

る。

⑧　我が国の弁護士業務の現状においては，専門性評価を行うための適切
な基準の定立は困難である。「専門分野」における質を確保する方策が
未確立であり，専門性の資質を日弁連，弁護士会が担保できない。
　　「専門家」たるにふさわしい識見，能力を備えているかは，事案の内
容に踏み込まなければ判断できない。しかし，この客観的判断は大変困
難である。

⑨　取扱い件数が認定基準の主たる要素となると，大手・多数事務所と比
べて少数・単独事務所に不利で，偏った基準となりかねない。

⑩　小規模弁護士会で実施した場合，登録人数が限られ，利用者の選択の
幅を狭めてしまうおそれがある。また，市民が遠方の弁護士に依頼する
ことになれば不自由である。

⑪　小規模の弁護士会においては，専門分野登録制度を積極的に導入すべ
きニーズはない。他方で，事件処理数や研修だけでは能力の担保が確実
といえないのに，日弁連が「専門」と評することは市民にかえって不利
益をもたらしかねない。

⑫　「専門性」をはかる合理的基準を策定することは困難である。各分野
において「専門」というに必要な経験，知識は千差万別であり，単なる
事件処理数や研修受講だけでこれを満たしているか判断できない。

(4)　専門弁護士制度に対する批判，課題に対する反論，対策について

A.　弁護士はジェネラリストであり，スペシャリストを標榜する専門弁護士
制度は不要であるとの意見について。

　　この批判は，ドイツでも，アメリカにおいても，専門認定制度の構築の
初期に，大きな議論がなされたようである。

　　確かに，司法試験においては，憲法，民法，刑法，商法（会社法），民事
訴訟法，刑事訴訟法，行政法，労働法など多数の法律分野の試験を受験し
合格する必要があることからすると，弁護士に求められているのはさまざ

まな法律分野での法的処理であり，特定の法律分野だけを処理すれば良いというものではないことは，そのとおりである。

　しかし，専門弁護士制度を導入し，その資格を取得したとしても，当該専門法律分野以外の事件などを処理してはいけないことはなく，当然，さまざまな法律分野の問題を処理することができる。これは，医師が専門医として表示をしていても，当該専門分野以外の分野の治療を行える（整形外科を表示している医師が内科の診察・診療を行える）のと同様である。弁護士も，当該法律分野以外の法的処理を行うことが期待されているのであるが，それを行うか否かは個々の弁護士の判断によるものである。

　従前から，知的財産権，労働問題，交通事故問題など特定の法律分野しか対応しない弁護士は少なからずいたが，それが，ジェネラリストではないからといって非難されたことはない。専門弁護士制度が構築され，専門弁護士となったとしても，その弁護士の判断で，専門法律分野以外の法律分野の法的処理をするか否かが決まるのであって，それを非難するいわれはないといえるのである。

B.　家事，遺言・相続，交通事故など弁護士が通常扱っている法律分野を専門法律分野とすることはおかしい，との意見がある。

　しかし，これは，弁護士サイドからの見方であり，弁護士の利用者からすれば，専門弁護士制度がない現状において，何を基準として当該法律分野，たとえば離婚事件に長けている弁護士を探せばいいのか迷っている状況であるといえる。

　前述したとおり，離婚事件といっても，依頼者の抱えている離婚にまつわる法的問題は，離婚，財産分与，慰謝料，年金分割，親権，子との面接交渉，婚姻費用分担，養育費，ドメスティックバイオレンス，ストーカーなどの多くの問題が包含されている。すべての弁護士がこのすべての法的問題に長けていて，迅速かつ適切に対応できるのであれば依頼者は困ることはないが，現実にはそれができる弁護士は必ずしも多くない。自分の抱えている問題に対応して貰える弁護士を捜し求めているというのが実情で

68　シンポジウム

ある。離婚事件は，多分に心理的に解決すべき要因が多いなか，依頼者の心理的問題に対応し，カウンセリングなどにより適切に対応できる弁護士は多くはないといえる。

　カリフォルニア州弁護士会において，離婚専門弁護士となるためには5時間の心理学的研修を受講することが義務づけられている。

　依頼者の抱える問題に対する弁護士への要望と，弁護士の知識，経験のミスマッチが生じており，これが家庭裁判所における調停委員や裁判官の弁護士への苦情となって現れているのが実情である。

　これを解消するには，たとえば離婚問題の法律分野について専門弁護士制度を構築し，弁護士の利用者である市民，裁判官に対する信用を獲得する努力をするしかないと考えられる。

　また，たとえば離婚を専門法律分野とし，離婚専門弁護士にならなかったからといって離婚事件を扱ってはいけないというものではなく，非専門弁護士であっても離婚事件を扱えるのであり，離婚専門弁護士は離婚以外の法律分野の事件も当然扱えるのである。この点で，かかる批判をするものに誤解があり，その誤解から専門弁護士制度を批判しているものと考えられる。

C．専門分野登録をしてしまうと，専門分野以外については苦手だと思われてしまい，他分野の依頼が来なくなるおそれがあるとの心配がある。

　しかし，これは，専門弁護士となった弁護士の広報，広告の問題であり，専門弁護士制度が抱える問題ではないと考えられる。

　カリフォルニアでの調査においても，専門認定弁護士が専門分野以外の法律分野の業務を行っている例は多数あり，専門分野以外の依頼が来ないといったことはなかった。むしろ，専門認定を受けたことから，市民（コンシューマー）からの直接の依頼以外に，弁護士仲間からの事件紹介が多くなったとの意見があり，専門分野の業務が増加していっているとの意見が多数あった。

　要するに，弁護士のかかる心配は，適切な広告などによって回避できる

が，市民，中小企業からの特定の法律分野に長けている弁護士を探したいというニーズに応えるほうが重要であると考えるのである。

D. 専門弁護士制度を構築する上での，専門性認定の要件，認定主体についての疑問，懸念が多数寄せられている。

　これはもっともなことであり，専門弁護士制度を構築する上で，十分議論をし，弁護士間でコンセンサスを得ていかなければならない問題であると理解している。

　ドイツなどのヨーロッパの専門弁護士制度の専門性認定要件，イギリスにおける専門弁護士認定要件，アメリカにおける専門認定制の認定要件などを研究し，日本における専門弁護士制度の認定要件を検討する必要があると考えている。

　一般的には，当該法律分野における，取扱い経験，十分な時間をかけての研修受講，筆記試験，口頭試験，ピアレビュー，継続研修受講など，ドイツ，アメリカなどで実施されている専門性認定要件を考慮しつつ，検討をしていくことになると思われる。

　専門弁護士制度を真の意味で構築するのであれば，その認定要件を厳格にし，かなりの費用および手順をかけて認定することを考えなければならないとも考えられる。

　単なる研修受講と取扱い件数だけで専門弁護士として認定することは，市民，中小企業に対しても誤解を与えることとなり，採用は難しいと考えられる。

E. 経験年数の少ない若手弁護士にとって参入障壁となり，不利に扱うとの意見がある。これは，確かに専門認定の要件として当該法律分野の取扱い経験を加味する場合，弁護士となって年数の少ない弁護士は，すぐには専門弁護士として認定されないこととなる。

　しかし，たとえば知財事件のみを扱っている法律事務所に入所して，アソシエイトとして1年間に20件以上の知財事件に関わっているといった特殊な場合であっても，弁護士としての経験は年数と共に充実していくも

のであり，専門弁護士制度が特定の法律分野の知識，経験が豊富であるというだけではなく，ピアレビュー，口頭試験を含めることは，弁護士としての固有の事件対応経験を問うものともいえるのである。市民，中小企業からの信頼を得られる制度とするためには，３年位の弁護士経験は必要であるといえる。

　この場合，たとえば，３年間の特定の法律分野の経験がないと専門弁護士になれないということはあるが，これは，市民，中小企業に向けた弁護士の情報提供という制度の趣旨からしてやむをえないと考えられる。

　この若手弁護士に対する対策は，たとえば専門弁護士との共同受任制度を作るといった方策が考えられるが，今後の検討課題であるといえる。

　もちろん，弁護士である以上，専門弁護士の資格を有していなくても，当該法律分野の事件処理を行えることは当然である。

F．次に，専門弁護士の認定団体が，日弁連，弁護士会であることについて，日弁連，弁護士会に当該弁護士の専門性についての責任問題が生じるのではないかといった懸念が出されている。

　この懸念も確かにそのとおりであるといえる。カリフォルニアでの調査では，弁護士会の担当職員からは，専門認定制度が開始してから１件も弁護士会に当該弁護士の専門性についてのクレームが出されたことはないとのことであったが，その理由は，弁護士会は，一定の要件を充足した弁護士に対して専門認定しているに過ぎず，当該弁護士が訴訟などにおいて勝訴するといったことを担保しているわけではないからであるとしていた。

　しかし，日本において，この理屈がそのまま通用するかどうか不明であり，日弁連，弁護士会が市民，中小企業からクレームの矢面に立たされる恐れはあるといえる。これに対しては，最悪の場合に備えた保険制度の構築などを検討せざるをえないと思われる。

　現在でも，東京弁護士会，大阪弁護士会などで専門法律相談を実施しているが，相談担当弁護士の相談内容によっては，弁護士会に対して弁護士の誤った回答による損害賠償問題が発生することが考えられる。また，弁

護士会が，専門法律相談に対応する法律分野に関して，弁護士を紹介した場合の紹介弁護士の専門性欠如による損害賠償問題はより大きな問題としてでてくることが予想される。

　これらを含めて，日弁連，弁護士会が早急に対応を検討することが迫られているように思われる。

⑸　以上みてきたとおり，専門弁護士制度に関する批判は多く存在し，検討を要するものも複数存在する。しかし，専門弁護士制度として専門弁護士を認定するものは，当該弁護士の事件対応能力を担保するものではなく，一定の要件，すなわち，当該弁護士が特定の法律分野の事件を一定数以上取り扱っていたこと，要求された研修を受講したこと，各種試験に合格点をとったこと，ピアレビューで合格したことなどを形式的に認定するものである。

　その認定機関と研修，試験などを担当する機関とを分けることにより，当該弁護士の実質的な事件処理能力を担保するのではなく，認定資格を具備しているかどうかだけの判定をするといった仕組みを作ることができると考える。

　これは，アメリカでの専門認定制度の仕組みであり，それなりに成功しているものであり，日本でも導入できるのではないかと考えている。

　社会，経済の仕組みが複雑化し細分化している現状においては，市民，企業の専門弁護士に対するニーズに応えるためにも，一刻も早く日本版の専門弁護士制度の構築に取りかからなければならないと考える次第である。

コ メ ン ト

武 士 俣　　敦

　ただ今ご紹介いただきました，福岡大学から参りました，「武士俣」という
非常に変わった名前です。どうぞよろしくお願いします。

　今日はコメンテーターという役を与えていただきました。私は，法社会学と
いう分野を研究している研究者です。法社会学は現状認識とその説明を主たる
仕事としている分野です。弁護士という職業に関心を持ち，専門弁護士制度に
ついても関心を持っていて，多少の研究も行っています。そのような立場か
ら，今日の報告者からのお話を聞いて若干のコメントをしたいと思います。ディ
スカッションのよいネタが出せればよいのですが，必ずしもその自信はあり
ません。

　まず，コメンテーターとしてどのような立場からコメントするのかという前
提認識のようなことを簡単にいっておきたいと思います。

　専門弁護士はなぜ必要かというと，それが有益な機能を果たすからでしょ
う。では，専門弁護士制度の機能的意義は何でしょうか。二つにまとめました。

　1点目は，弁護士へのアクセス改善，つまりユーザー・ニーズへの応答とい
うことです。これは先ほどの報告においてもたくさん言及されました。ユーザ
ー・ニーズ，つまり需要サイドにとっては，専門化にともなう法サービスの質
の改善（quality improvement）がもたらされることです。また，専門弁護士制度
を通して弁護士の専門性情報が流通することにより，コンシューマーとしての
弁護士ユーザーの選択性を高めていく（choose the right lawyer）ことです。選択
性の高まりは，コンシューマーにとっては満足（consumer satisfaction）を生み
出す第一条件だろうと思います。

2点目は，市場形成ということです。これは，弁護士業務の専門化の「採算性」の側面です。砕いていえば，専門化によってペイするということです。ドイツでは専門弁護士制度によって弁護士はもうかっているのだという話が先ほどの報告にあったと思います。つまり，専門弁護士制度は弁護士にとって競争優位，顧客獲得のツールとなり，採算性を担保する機能をはたすということです。これは供給サイドつまり弁護士の側にとっての意義になります。さらに付け加えるならば，顧客紹介（referral）の機能が考えられます。つまり，専門弁護士制度は，専門性に即して適切な弁護士が適切な顧客に振り向けられていくという弁護士界内部での分業・協業体制の構築に寄与するだろうと考えます。

専門弁護士制度には今述べたような機能があるわけですが，それが現実に実効的な制度になるための重要な条件は何でしょうか。機能的意義とも関連するのですが，二つあげて，整理してみました。

1点目は，適格な弁護士へのアクセスを保障することです。別の言い方をすると，弁護士情報の開示と流通が不可欠の条件になってくるということです。これがともなわないとうまく機能しないでしょう。その関連で出てくる課題は，広告規制の仕方と，主体が誰になるにせよ弁護士情報提供制度の設計です。おそらく現在最も包括的なものとして，日弁連が「ひまわりサーチ」というオンライン弁護士検索システムをつくっています。それがどこまで有効に機能しているのかという評価の問題はひとまず置くとして，広告規制と併せて，そのような制度の設計が非常に重要なものになってくるでしょう。

2点目は，これは供給サイドに関係してくるわけですが，弁護士に対して採算性に関わるインセンティブを与えることです。専門弁護士制度が実効的であるためには，これがぜひとも必要な条件ではないかと思っています。弁護士へのインセンティブはどのようなメカニズムで付与されるのでしょうか。非常に荒っぽい指摘になりますが，一つは，市場メカニズムを通してインセンティブが働くということです。これはすでに多くの国で実際に行われているわけですが，専門性広告を一般的には禁止しつつ，制度上の専門弁護士には例外として広告を許すという形で競争優位に立てるというインセンティブを与えることが

あります。もう一つは，公的メカニズムを使ったインセンティブ付与です。たとえば，法律扶助事件を優先的に専門弁護士に配分していくようなメカニズムです。実例でいえばイギリスのソリシタ（solicitor）の専門弁護士制度がこれだろうと思います。それから，中間的メカニズムとして弁護士紹介サービスです。これにはいろいろなものがありうるかと思いますが，いずれにせよ専門弁護士に優先的に事件を紹介することになります。この対極にあるのがローテーション方式で，典型的な例でいえば，イギリスのバリスター（barrister）のcab-rank rule にみられるような，順番に，平等に事件を配分する形があります。そのようなやり方ではなく専門弁護士のパネルのメンバーに優先的に紹介するメカニズムが考えられるでしょう。

　非常に荒っぽいのですが，私なりの理解による専門弁護士制度の枠組みを図1にあらわしてみました。事実的な専門分化（de facto specialization）と専門弁護士制度とが常にサイクリカルな関係で動いていくことでうまくいくのだ，というのが私の基本認識です。これがうまくつながっていくためには，他の幾つかの付帯的な制度が必要になってきます。紹介制度，広報制度，広告制度が採

図1　専門弁護士制度の理解の枠組み

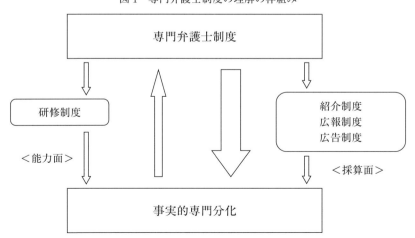

算面の条件を担保するようなもので，研修制度は能力面，質を担保するようなものです。事実的専門分化がこれらと密接につながりながら専門弁護士制度に反映され，逆に専門弁護士制度が事実的な専門化弁護士をつくり出していく，という循環があれば理想的な動き方ではないかと考えています。

先ほど上原先生がご報告で「日本では議論が緒に就いたばかり」だというお話をされましたが，そのような現状を私なりにどのように理解しているのかを図2にあらわしてみました。日本における専門弁護士制度をめぐる現状の理解を示すものです。

日本の現状の基盤には事実上の専門"未分化"があります。市場は非競争的（non-competitive market）な状態で，それは弁護士の間に競争忌避的な（competition-aversive）態度を生み出していきます。事実的専門"未分化"であれば，当然ですが弁護士に「専門弁護士とは，このようなものだ」という具体的なイメージが湧かないでしょう。そうすると，制度を設計しようと思ってもその仕様

図2　日本における専門弁護士制度をめぐる現状の理解

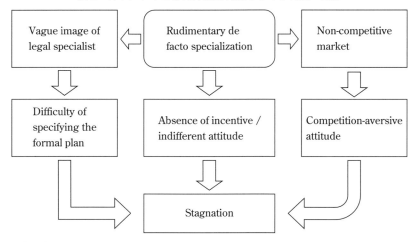

（出所）　Bushimata, Atsushi, Let's, Just Start Where We Can : Lawyer Specialization Plan of the Japanese Bar in Perspective, Fukuoka University Review of Law, Vol. 58, No. 3, 2013.

コメント 77

を策定することが難しくなってくるでしょう。事実的な専門分化がないところでは、専門弁護士を志向するインセンティブも湧かないし、無関心な態度が生まれてきます。結局、それらが専門弁護士制度に向かう動きの停滞をもたらしているのではないでしょうか。

私は、法社会学者ですから、専門弁護士制度をどのように作るかを研究しているわけではなく、日本の弁護士がどこまで専門分化しているのかを調査等を通じて調べることを今共同研究でやっています。参考までに、今の日本で業務分野からみた事実的専門化の状況がどのようであるかを示したいと思います。私たちは専門化を調べるのに全部で36の業務分野を設定しました。なぜ36なのかといわれるかもしれませんが、厳密な科学的根拠や理論的根拠があるわけではないのです。日本の弁護士業務において相互に区別しうる独自性を持つ分野はどのようなものだろうかと弁護士の方とも相談しながら、このように設定し、専門化がどの程度進んでいるのかをみました。専門化の定義やそれを測定するための指標もいろいろ考えてやっています。数値化した指標の数字が大きいほど専門化が進んでいる分野です。分析結果から、上位10分野のみを取り上げて表にしてあります（次頁）。

62期弁護士のコーホートを使った調査を2回行なっているので、第1波、第2波という言葉で表記してあります。多少ずれはあるのですが、大体、同じ分野が上位にあがってきていて、いわゆる企業法務です。1位から10位までの分野には、国際取引、独禁、M&A、一般的な企業法務、知的財産、行政事件の企業代理、それから一般市民向けの分野として、遺言・相続、刑事弁護、国内の家族法事件、個人破産、このようなものが出てきています。

このような研究結果は専門弁護士の制度設計と直接つながるものではないですが、私たちはこのようなことを行っていますので、参考資料としてお示しするしだいです。

それでは、このような私なりの認識の下で、コメントです。

オファーマン先生のドイツに関するご報告を聞かせていただきました。私は、アメリカについては勉強していたのですが、ドイツについては今まで勉強

78　シンポジウム

表　日本における業務分野の専門化（上位10分野）

第1波調査（2011年）　　　　　　　　第2波調査（2014年）

順位	業　務　分　野	人数	指標値	順位	業　務　分　野	人数	指標値
1	渉外・国際取引	81	0.698	1	渉外・国際取引	52	0.632
2	独　占　禁　止	54	0.615	2	独　占　禁　止	33	0.608
3	企業合併・買収	107	0.61	3	企業合併・買収	63	0.57
4	その他の企業法務	210	0.598	4	その他の企業法務	147	0.557
5	行政事件企業代理	16	0.597	5	知　的　財　産	40	0.518
6	知　的　財　産	73	0.578	6	行政事件企業代理	13	0.487
7	税金問題企業代理	12	0.561	7	遺言・相続	280	0.485
8	刑　事　弁　護	498	0.548	8	刑　事　弁　護	284	0.478
9	任意整理・個人再生等	431	0.528	9	家族・親族国内事件	313	0.477
10	家族・親族国内事件	431	0.521	10	任意整理・個人再生等	275	0.465

（出所）　共同研究「法科大学院修了弁護士のキャリア規定要因に関する追跡研究」。

したことがなく，とても参考になりました。時間がないので簡単に申し上げたいと思います。

　ドイツは成功モデルだ，成功したのだとおっしゃって，その点についてのいろいろな説明がありました。いろいろ問題もあるといわれたのですが，全体としてみれば，能力面でも採算面でもうまくいっていると述べられました。日本の私どもにとっては，なぜうまくいっているのだろうかというところに関心があるわけです。これから日本での専門弁護士制度の導入に関わってくる点は何だろうかということとの関連で，感じたことを申し上げたいと思います。

　ドイツでも当初は反対があったにもかかわらず，導入に成功したわけです。その理由を私なりに考えました。

　最初は租税法・社会法・行政法・労働法の4分野，すなわち，いわゆる特別管轄権を持つ専門裁判所の仕事にたずさわる弁護士から専門弁護士制度がスタートしたということがお話に出ました。これはどのような意味をもっているのだろうかと思って，考えました。周知のように，ドイツでは一般的には弁護士

強制主義が採られているわけですが，弁護士強制のない特別の裁判所のところで事実上弁護士による独占を確立することが意図され，この制度の導入が企図された。そのことに弁護士界における支持を一応取りつけることができたことによって，突破口が開かれた。その後，社会の変化にともなう事実上の専門化の進行とともに，特別管轄権以外の，家族法領域などの一般管轄権の裁判所における業務分野にも支持が広がりを持っていき，さらにコンシューマリズムの高まりなどを受けた連邦最高裁判所判決に後押しされて，結局弁護士会の公式の支持を取りつけることができて，今のような専門弁護士制度にいたっている。私は，このように理解しました。少し砕いた言い方をすると，市場の確保というインセンティブを武器として「小さく産んで大きく育てる」ことに成功したのではないかと理解したわけです。これは日本でもまねをしていってよい基本的な方向性なのではないかと感じました。

　もう一つ感じたのは，うまくいった理由といっても，より具体的なレベルのものです。

　ドイツでの弁護士サービスのマーケットのあり方を考えると，日本とかなり違います。弁護士強制主義があり，広告規制がきつく，報酬も法律で定められています。ということは，通常の意味での自由なマーケットという性格が非常に弱いのです。その一つの現われである広告規制は，プリュッティング教授のご報告にありましたように，1987年の連邦最高裁判決を受けて，1990年代半ばに緩和されているとはいえ，専門性広告に関しては依然として厳しい規制があります。逆にこの規制があるからこそ専門弁護士制度が有効に機能あらしめられていると感じました。

　この専門性広告について，日本に話を引きつけます。日本では，2000年に弁護士の業務広告を自由化しました。日弁連広告規程第4条で表示禁止事項を定めつつも原則自由になったわけです。仄聞するところによれば，表示禁止の第4条に何を盛り込むかについては最後までいろいろ議論があったようです。それは報酬や顧問先だと聞いていますが，最後まで残っていたのが専門性表示だったと聞いています。しかし，結果的には専門性表示は表示禁止事項から外

されました。実定規範のうえでは日本で専門性広告は自由なのです。私は，今日のドイツの話を伺って，結果的にみればこの選択は日本における専門弁護士制度の推進にとって失敗だったのではないかと感じました。

次に上原先生のご報告についてのコメントです。

ご報告では，裁判所の側での組織面，手続面での専門化の動き，弁護士数の増加，広告規制の自由化，専門相談や弁護士費用保険など弁護士業務改革の動きなどの日本の状況の変化を，日本において専門弁護士制度が必要な背景のなかに位置づけて整理していただき大変わかりやすく参考になりました。

そのなかで，市民あるいは弁護士ユーザーには専門弁護士制度へのニーズがあるのに弁護士界にはいろいろな反対論があり，日弁連では制度創設の動きが頓挫しているとの指摘にはいろいろ考えさせられるところがあります。たとえば，反対論の一つに専門弁護士の弁護過誤に関わる弁護士会の紹介責任を問われるおそれということがあげられました。しかし，原理的に弁護士紹介はアクセスや市場形成に不可欠のものであり，そうだとすれば，専門認定を通した紹介による弁護過誤責任と現に行われている専門性を配慮しないローテーション方式の紹介による弁護過誤責任は問題としては同じであるように私には思われます。

当面の課題として，反対論をひとつひとつ検討していくとのことですが，この根強い反対論の現実的基盤が何であるかは知りたいところです。これは学問的な課題であるともいえますが，日弁連業務改革委員会あたりでもその解明に取り組んでいただきたいという希望をもっています。

他方で，私は，今の日本において専門弁護士制度を否定しなければならない現実的基盤など存在せず，ことは弁護士界内部における政治力学の問題のように思ってもいます。そうだとすれば，専門弁護士制度はもはや決断の時期に来ているのではないかと思います。先ほどドイツについてのご報告に対するコメントで，ドイツは「小さく産んで大きく育てる」ことに成功したといいましたが，日本でもこうした戦略を用いて，どこかに突破口を開いて現実化する方向で努力していく必要があるのではないでしょうか。

コメント　*81*

　その障害の一つになっていると感じているのは，弁護士の世界での平等意識
です。事件を配分するにしても，ローテーション精神というのでしょうか，そ
のようなものが非常に強いような気がします。意識の面でそれを打破していく
ことは，かなり困難ですが，大事なことかと思っています。
　簡単ですが，以上で私のコメントを終わります。どうもありがとうございま
した。

コメント

佐　藤　雅　樹

　皆さま，こんにちは。今ご紹介にあずかりました佐藤と申します。

　私は，ご紹介にありましたとおり，そもそも専門弁護士について普段から研究している立場ではありません。その意味ではお席にお座りの皆さまのほうが知識や背景の情報は私よりもお持ちだと思うので，少し的外れなことをお話しするかもしれません。その点はあらかじめご容赦ください。

　ではなぜ今日，こうして演台の前に立っているのかというと，在独の専門弁護士ユーザーだったからです。ドイツに3年半滞在し，ヨーロッパ全般の法務の責任者をしていました。その仕事のなかでドイツの専門弁護士も含めて弁護士と仕事をすることがあったので，その経験を踏まえて，また今は日本で普段から各国の弁護士と一緒に仕事をしているので，専門弁護士という制度があるとどうなのかということをユーザーの立場でコメントしたいと思います。

　ユーザーといっても，弁護士とほとんどつき合いのないような人から，我々のように普段から弁護士と仕事をしていて，かなり専門的な案件をお願いするような人まで，幅があります。私がどのようなユーザーなのか，どのような立場で弁護士とつき合っているのかという背景事情，私自身の説明と私の組織の説明を簡単にした後に，経験を踏まえたコメントをしたいと思います。

　自己紹介です。2001年にアルプス電気に入社しました。その後，中央大学のロースクールで勉強する機会があり，それを経て，2007年に弁護士登録をしています。弁護士登録をする前からアルプス電気の法務部に在籍しており，弁護士登録をした後もアルプス電気の法務部で仕事をしています。2009年12

月，ドイツの Alps Electric Europe GmbH に異動しました。全ヨーロッパの地域ヘッドクオーターのような位置づけで，Chief Legal Officer 兼 Manager of Legal department として，先ほど申し上げたとおり全ヨーロッパの法務の責任者をしていました。そこに3年半在籍し，2013年4月に日本のアルプス電気に戻ってきて，今は法務部の「グループマネージャー」という立場です。

　アルプス電気といっても，皆さまが「ああ，あの会社」と思われるほど有名な会社でもないので，イメージを持っていただきやすいように，簡単に企業の説明をします。従業員数が全世界で3万7000名くらいおり，それなりに世界展開をしています。海外での売り上げが8割を超えていて，日本でのビジネスは全体の一部に過ぎません。ヨーロッパが全体の25％くらいになります。製品は，車のウインドーを上げ下げするスイッチ，スマートフォンの部品などです。世界中に拠点があって，私はヨーロッパの拠点の法務の責任者をしていました。

　ヨーロッパ時代も日本に帰ってきてからも普段から外部の弁護士とのやりとりがあるので，どのようなことをしているのかとイメージを持ってもらうために説明します。

　ヨーロッパで仕事をしていたときは，各国で法制度が違うため，ドイツだけではなくて各国のロイヤーと普段からつき合いを持ち，何かあれば仕事をお願いしていました。最近日本企業もいろいろと巻き込まれていますが，アメリカの独禁法の法執行が積極的にやられています。あれは，アメリカ・日本・ヨーロッパをまたいで，世界中でやっているような法的課題です。それに対応するために，ローカルの弁護士ではなくてグローバル対応ができる法律事務所の弁護士と普段からつき合っていました。

　日本に戻ってきてからも，していることは基本的に変わりませんが，ロケーションが変わっています。ヨーロッパにいたときはヨーロッパが中心でしたが，日本に戻ってきてからは日本国内の事務所です。それから，当社の組織の体制として，ヨーロッパ・アメリカ・中国に関してはローカルにリーガルの組織を置いており，そこが第一次的に対応していますが，それ以外の，東南アジ

ア・インド・台湾あたりは日本で面倒をみることになっているので，そのあたりの弁護士の選択を普段から行っています。

　ここからが専門弁護士の話です。

　私は，どのような視点で弁護士を選び，お願いしているのか。

　先ほど，中小企業のアンケートのところで，一番重要なのは話を聞いてくれることとありました。当社はそれなりに大企業ではありますが，それでもやはり重要なのはコミュニケーションです。1番目は，英語を話すかどうか。私は英語と日本語しかできないので，明確な英語を話してもらわないとコミュニケーションできないのです。かなりなまった英語をしゃべる人も多く，その時点で仕事をお願いする弁護士リストからはじいてしまいます。また，日本語でも要点を得ない話をする弁護士がいて，そのような人とはあまりつき合わないようにしています。そして，2番目が法的課題対応能力なのです。ユーザー側の視点として一番重視しているのはコミュニケーション能力で，そのうえで法的課題への対応能力のあることが重要だと思っています。

　法的課題への対応能力も，一緒に仕事をしてみないとわからないのが正直なところです。しかし，それをいってしまうと話になりません。

　まず，その弁護士が過去にどのような仕事をしてきたのかをみています。それでもよく分からなければ，会ってインタビューをしてみて，その感触で決めることもしています。あとは，知り合いの弁護士に紹介してもらうのもよくある手です。また，企業法務の同業者から「あそこの事務所は，どうだ」という情報を得ることもしています。また，セミナーなどを聞きに行って，「ああ，あの先生は，このようなことに強いんだ」という情報を普段から仕入れるようにしています。

　ドイツの専門弁護士資格について。

　3年半ヨーロッパの会社に在籍して，延べで25〜30名のドイツ弁護士と仕事をしましたが，労働法専門弁護士を意識したことがあります。

労働事件がありました。それまでは，労働事件があまりなかったので労働法でお願いする弁護士で決まった人がいませんでした。それで，先ほど話したように紹介を受けるなどして情報をピックアップした中で肩書に「Fachanwalt」というのがあって，何だろうと思いました。私の同僚にドイツ弁護士がいたので，その人にこれは労働法専門弁護士というような意味だと教えてもらい，「ああ，そうか」と思ったのです。

正直なところ，それがあったからその人を選ぶとか，それがないからその人を選ばないとかということはまったく関係がありませんでした。先ほどお話ししたとおり，コミュニケーション能力が第1で，その人が過去にどのような仕事をしてきたのかを第2にみて，判断しています。

先ほどオファーマン先生からも話がありましたが，私は3年半の間に30名弱のドイツの弁護士と話をする機会があったのですが，「私は労働法専門弁護士だ」など，「私は何々専門弁護士だ。だから，この部分は得意なのだ」といわれたことは記憶にありません。名刺を交換しますが，名刺のなかにそれを明確に書いていた人は記憶にありません。ユーザーとしてはそれほど意識することはなく意識させられることもなかったのが正直なところです。

労働法の弁護士のことで，もう一つ思いました。候補としてあがってきた弁護士のなかで，ほとんどの人に「労働法専門」という肩書があるわけです。そうすると，それだけでは選別の基準にならなくて，その人にコミュニケーション能力がどれほどあるのか，過去にどれほどの経験があるのかをみていかないと，判断できませんでした。「専門弁護士」という肩書があれば「ない人よりは，できるのかな」という推測は働きましたが，皆が皆，その肩書を持っていると選択するときの基準としては機能しませんでした。

もう一つ，専門弁護士を意識した機会に「専門弁護士の資格は，どのようにすれば名乗れるようになるのか」と，同僚に尋ねたことがあります。

もしかしたら，ドイツ人向けに出されているドイツ語の情報では十分あるのかもしれませんが，「このような基準を満たしているから，この人は「労働法専門」と名乗っている」そして「その資格を維持するためには，このようなト

レーニングを受けている」といった情報がないと，資格制度を判断基準として用いることにどれほど意味があるのかがわかりません。専門を称することの基準が公になっている，これはぜひ欲しい情報だと思いました。

　この後のセッションで意見が変わるかもしれませんが，私のような企業法務をやっている立場の人間からすると，「専門弁護士」という肩書は，ないよりはあるほうがよいとは思いますが，それよりも欲しいのはその人が過去にどのような仕事をしてきたのかという実績の情報です。今までの経験の中では，それ以外にあまり役に立つ判断材料はなかったのが正直なところです。

ディスカッション

司会（佐瀬先生）

　それでは，ディスカッションに移らせていただきます。

　報告は時間が制限されていたこともあるので，皆さまからの質問や報告者の言い足りなかったところ等については，このディスカッションで補充していきたいと思います。

　ディスカッションは，日本ですから，日本で今後は専門弁護士制度をどのようにしたらよいかを問題にしたいと思います。また，先ほど武士俣先生がおっしゃっていたように，なぜドイツでは成功したのだろうか，という疑問を解くこと，そして，オファーマン先生がおっしゃっていたように，成功した反面，問題点も幾つかあるわけですから，その両面を考えながら，日本ではどのようにしたらよいのかを考えていきたいと思っています。

　はじめに，ドイツの過去のことです。

　先ほど上原先生や武士俣先生から出ていましたが，弁護士情報の提供の問題があります。武士俣先生のコメントでいうと，弁護士がどのような分野を業務としてやっているのかという情報です。「自分は，このような分野に関心を持っていて，スペシャリストとしてこのような分野をやっている」という情報については，ドイツでは専門弁護士制度のほかに弁護士の職業規則第７条があって，その情報の開示・提供が認められている，と聞いています。第７条では自分が関心を持っている分野や主な活動分野の表示が認められていて，専門弁護士制度とは違った意味での広告が認められているわけです。この辺についてのドイツの現状，つまり，弁護士がこの条文をどのように使っているのか，市民がこれをどう感じているのか。オファーマン先生から，お話をお聞きしたいと思います。

スザンネ・オファーマン - ブリュッハルト先生（以下「オファーマン」と表記）

　この場で私に与えられた時間内で，この問題に詳しく立ち入るのは，そう簡単ではありません。というのは，この問題について私がお話しするとしたら，最低でも2時間は，皆さんをここに引き留めておかなくてはならないからです。連邦弁護士法の授権に基づいて，連邦弁護士会の規約委員会が定めている弁護士職業規則（Berufsordnung des Rechtsanwalts = BORA）第7条は，非常に複雑な規定の一つです。これを理解するためには，そもそも歴史をさかのぼらなくてはなりません。つまり，以前はどうだったのかを，みていかないわけにはいかないのです。何年か前，わが国ドイツの最上級裁判所である連邦憲法裁判所（Bundesverfassungsgericht）が，いわゆる［スペシャリスト裁判］と呼ばれている一つの重要な裁判を下し，それ以降に多くのことが変わりました。そこで規約委員会がこの点に取り組み，新たな第7条が作られました。

　ほんの少し皆さんにこの点を説明するために，ちょっとだけ歴史をさかのぼってみましょう。プリュッティング先生からお聞きになったように，かつてのドイツでは，厳格な広告禁止がしかれていました。しかし，長年かかってではありますが，この広告禁止は緩和され続け，そして新しい職業規則により，格段に緩和されました。当初，職業規則には，次のような内容の第7条がおかれていました。すなわち，この規定の下では，スペシャライズしていることを公衆に示そうとする者は，二つの道が開かれていました。一つは，特定法領域に自分はその「関心の重点（Interessenschwerpunkt）」をおいている，たとえば，労働法に自分の「関心の重点がある」という広告です。もう一つは，「労働法が活動の重点（Tätigkeitsschwerpunkt）」だという広告です。この二つのいずれかを使えました。

　関心の重点はどこにあるという広告は，すべての弁護士が弁護士になったとたん，つまり司法修習を終えて弁護士として認可されればすぐにすることができました。つまり，そもそものところ何の経験も積む必要はないのです。もちろん知識は持っていなくてはなりませんが，それは，大学での勉学や修習中でも得ることができたものですから，弁護士としての認可を受けるその日から

「関心の重点」を広告して差し支えありませんでした。これとならんで「活動の重点」がありますが，この広告は，最低2年間，当該法領域で，しかも継続的に活動していた場合にはじめて，この広告を打つことができます。

　そして次には，数の上限が決められていました。「関心の重点」としてあげられるのは，五つまでで，「活動の重点」としてあげることができるのは，三つまででした。

　いうまでもないことですが，専門弁護士制度がその上にのるかたちとなっていたわけです。

　こうしたなか，交通法にスペシャライズし，そして規約委員会が，新たな専門弁護士として交通法専門弁護士を導入することを望む弁護士が出てきました。しかし，交通法専門弁護士の導入は，先にお話ししたように，当初はうまくいきませんでした。わが国では，なんといってもその道のりは長く，そのうちに，この弁護士はもはや長い間待つ気を失い，彼が用いるレターヘッドやその他の情報発信手段に，さっさと「交通法スペシャリスト（Spezialist für Verkehrsrecht)」と表記したのでした。しかし，彼が所属する弁護士会は，これを禁止したのです。弁護士会は，この弁護士に「君に認められているのは，関心の重点か業務の重点の表示のみだ。」と伝えたのです。この弁護士は，こうした弁護士界の決定に対し不服を申し立て，これを受けた連邦憲法裁判所は，ついに，「彼のやり方は，全面的に許される」と判示したのでした。この弁護士は，そのすべての職業生活において，交通法以外の事件を扱ったことは基本的にないということを証明できたのでした。だからこそ，連邦憲法裁判所は，「そうした弁護士は，当然のこととして『交通法スペシャリスト』と表記して差し支えない」との見解に立ったのでした。

　しばらくして，「交通法専門弁護士」が創設されました。その後は，この分野に関してみると，このテーマはさして緊張感をうむものではなくなりました。しかし，いずれにしても，このスペシャリスト裁判の結果，規約委員会は，関心ないしは業務の重点に切り結んだ弁護士職業法旧第7条を改正せざるをえないことになりました。今日の第7条は，原則非常に開かれたものとなっ

92　シンポジウム

ています。この場でその詳細に立ち入ることは差し控えます。というのは，そうすると，この場では，結構ややこしいことになってしまいそうだからです。実に基本的なことだけをいうなら，今日では，すべてのドイツ弁護士は，自分がしたい重点領域を，好きなだけ広告することができます。もちろんそのために必要な見識を持っていなくてはなりません。さもないと，不正競争防止法に抵触する誤認を招く広告となります。もっとも，この点を実際に審査する者はおりません。これは，純粋に自己評価です。日本では別だと聞いていますが，たとえば，ある弁護士が，労働法のことがわかっていないのに，「自分は労働法の専門家（Fachmann）だ」という宣伝をするといった問題と取り組んできた弁護士会で，このことが問題とされたケースは一つもないのです。

　ドイツでは，権利保護を求める市民が，専門化した弁護士を見つけ出すのは，非常に簡単です。最近では，すべての弁護士会が，非常によくできたホームページを開いています。このホームページ上で，専門弁護士だけではなく，重点のみを示している弁護士も探すことができます。ほとんどの弁護士会では，このホームページ上に専門弁護士だとか重点をどこにおいているのかを記載してもらうのは，非常に簡単なことです。

　私は，現在デュッセルドルフの弁護士会に所属しています。その気があれば，この弁護士会のホームページ（WWW.Rechtsanwaltskammer-Dusseldorf.de）の「弁護士を探す（Anwaltssuche）」を開いてみてください。ここに，その得意とする領域とともに弁護士として記載してもらえます。専門弁護士として記載してもらいたいときは，もちろん，専門弁護士と名乗るのを認められていることを証明しなくてはなりません。そうでないときは，「重点」を選ぶことができます。「重点」表示の対象は，多数に上っています。現在のところ，130くらいだと思います。選択の余地は非常に大きく，その正確な数を示すことはできません。とはいっても，権利保護を求める市民が，どこを検索し，何を求めているかを調べてみると，ほぼほとんどといってよいくらい彼らは専門弁護士を検索しています。つまり，専門弁護士のタイトルは，わが国ドイツでは，格段に大きな意味を持っているし，非常に行き渡っているのです。

なお，佐藤先生がコメントのなかで述べたことを興味深く拝聴しましたが，「ある人が専門化しているか？」という質問の前に，言語能力を問題にしなくてはならない場合というのは，いうまでもないことですが，別の話です。なぜなら，この場合には，私がドイツの依頼者として，特定の法領域に関して弁護士を探す場合とは，まったく別のフィルターを用いることになるからです。

　話が長くなりすぎますので，ここまでにしておきましょう。

司会

　職業規則第7条における宣伝の仕方は，市民からの評判はいかがなのでしょうか。

オファーマン先生

　それは，専門弁護士が認められている法領域か，それともそうではない法領域かで大きく異なります。たとえば，労働法に関して弁護士を探す場合ですが，市民は，即この分野には専門弁護士があることを知っていますから，そうなると，現実には専門弁護士だけ探すことになります。弁護士が，労働法を重点領域として記載しているだけだと，その弁護士のチャンスは，専門弁護士とくらべ非常に低いのが常です。もちろん，そうではない法領域もあります。そうですね，たとえば，馬事法（Pferderecht）といった格別にエキゾチックなものです。この馬事法というのは，ドイツでは収益がよい領域です。もっとも，この法領域については，専門弁護士はありません。ですからこの法領域では，この点に重点をおいていることを示せば充分です。なぜなら，これを専門にしている弁護士には，弁護士としてはこうする以外の可能性がないからです。また，市民もほかの選択肢がありません。要するに，その利用域について，専門弁護士が導入されているかどうかにおおかたはかかっています。これが認められているなら，専門弁護士のタイトルを取得した者が，明らかに有利なカードを持っているわけです。

司会

　幾つか質問があります。質問者から質問していただく予定にしていたのですが，書面で頂いているので，時間の関係で私がまとめて質問したいと思います。

　今のことに関連する質問です。職務規則第7条の宣伝，それから専門弁護士自体の問題です。

　専門弁護士に頼んだが，その専門性がないのではないか，弁護士としてのやり方がおかしいのではないかということでクレームがあったり，それが訴訟になったりしたことはあるのでしょうか。

オファーマン先生

　今テーマとなっているのは，「責任」の問題ですね。ドイツでは，弁護士は弁護過誤保険加入を義務づけられており，保険加入を証明しないと弁護士として認可されません。つまりは，過誤を犯した弁護士は，相応に，保険されているわけです。普通の弁護士よりも，専門弁護士に対する弁護過誤訴訟の数が多いとか，あるいは不満が多いということは，まったくないと思います。依頼者が不平を述べているということは，ないと思います。まあ，なんといっても，専門弁護士であれば，他の弁護士と比べ，明らかによく知っているはずですから。もし過誤をおかしたら，普通の弁護士でも専門弁護士でも同じことです。この場合には，いずれにしても責任を負いますし，保険が働くことになります。

ハンス・プリュッティング先生（以下「プリュッティング」と表記）

　私からも一つ補足させてください。私も，ドイツで専門弁護士が，専門弁護士として十分な能力を欠いている，もっと多くを知っているべきだとして訴えられたというケースを聞いたことがありません。おそらく皆さんが本当にそうなのかという疑問をもたれるのは，ドイツの判例は，弁護士一般について，非常に高い職業上の義務，つまりは弁護士がその知見を磨く努力をすべき義務を課している事をご存じだからだと思います。つまり，弁護士の責任は，よく知

られるように，ドイツでは非常に厳格です。この点で，専門弁護士だからといって変わることはありません。責任に関しては，いわば弁護士は一体的です。

ご参加の中央大学の丸山秀平先生から，近時ドイツは有限パートナー社団（Partnergesellschaft mit beschränkt Haftung）——英米法のリミティッド・パートナーシップ（Limited Partnerschip）と同じような性格とみていただいてよいものですが——が導入されたが，それとの関係ではどうかという質問をいただいていますが，この新しい枠組みの導入によって，弁護士が負う責任の状況に変化はありません。

話を戻しますが，専門弁護士とかそれと同じようなタイトルをつけた，つけないで，弁護士の責任状況に変わりが生じることはありません。

司会

「ノー」ということは，専門弁護士制度を採るか採らないかにはパートナーシップはあまり影響がなかったと考えてよろしいのでしょうか。

プリュッティング先生

そうです。そのとおりです。

司会

それに関連したことではないのですが，もう一つ，質問がありました。これはプリュッティング先生に対する質問です。多くの専門分野のなかで，今，一番利用されている分野，利用されていない分野はどのような分野でしょうか。また，どのような分野が採算が合うのでしょうか。採算の合わない分野があるのでしょうか。

プリュッティング先生

まず，専門弁護士の収益力・収益性についてですが，この点について，専門分野をぬきにして，一般的・抽象的に語ることは難しい，この点についての採

算性については難しい問題です。特に注目を引く，そして私にはそれが決定的だと思われるのは，21 ある専門領域ごとその対象とする分野の範囲がかなり違うということです。ですから，抽象的，一般的にどうだということはまったく不可能なわけです。強いて一般的にいえば，たとえば家族法専門弁護士は，財政的にみてよい広がりを持っていると思います。このことはほかの専門弁護士にもあてはまると思います。ただ，この程度のことはいえても，それ以上全般的なことをいうのは難しいと思います。重要なのは，どの程度の需要があるかですが，翻ってこれは，各専門領域がどの程度の広がりを持っているかによることになります。各専門領域がその対象とする個別領域は，各専門弁護士ごとに大きく異なっています。先ほどのオファーマン先生の報告で取り上げられていましたが，行政法専門弁護士に関しては，これをいくつかの分野に切り分けて独立の専門弁護士とすることが，検討ないしは考慮されています。わたしは，今まで導入された専門弁護士に照らして，これはうまくいかないと思いますが，それはそれとして，はっきりしていることは，依頼数や収益性は，まったくもって各専門領域の広がりにかかっているということです。

　専門領域の広がりと各専門弁護士の数には，驚くほど大きな違いがあります。たとえば，税法や行政法の専門弁護士は，いずれも 3000 名以上ですが，農業法の専門弁護士は 100 名くらいしかいません。専門弁護士の数も，対象分野の広がりにかかっています。確かなところはわかりませんが，農業法専門弁護士の収入は非常によいものとなっている，それは，ひとえにその数が少ないせいだと思います。これ以上に具体的なことは，よくわからないところです。

オファーマン先生

　私からも申し上げたい。これは私ども委員会ではよく議論されることです。

　以前は七つの領域についてしか専門弁護士制度がなくて，どの分野に拡大していくのかという議論がありました。その状況で，次に拡大していったのは賃貸借法，交通法でした。これらの部分は，当然，依頼者が多く，収益性もよいということで，拡大の議論があったわけです。

それら以外でどのような分野が専門弁護士の候補分野になるのかを議論した
とき，本当にその分野の専門弁護士が生きていけるのかが検討されました。こ
のテーマは，交通法・賃貸借法等がつけ加えられた当時によく議論されました
が，それ以降はあまり議論されなくなりました。その分野に対する需要がどの
くらいあるのか，たとえば農業法の専門弁護士に十分な受任件数があるかどう
かに関しては，あまり議論されなくなっていきました。つまり，需要が多いか
どうかが基準となって専門分野がつけ加えられたわけではなかったのです。た
とえば労働法などの分野は難易度が非常に高いので，当然，需要の有無を検討
せずに専門弁護士の分野として必要になるわけです。

司会

なかなか難しい問題だろうと思います。

このあいだ，オファーマン先生に，儲かる分野としては家族法や労働法があ
ると聞きましたが，この辺の人数も多いですね。

オファーマン先生

もう一つ付け加えさせてください。質問の意図は推測がつきます。わが国で
は，7種の専門弁護士しか認めていなかった時代，それは一つのかなり大きな
論争の種でした。そして問題とされたのは，これから先にどう進めていくべき
かでした。このステージでは，たとえば交通法や賃借法についてかなり激しい
議論をしました。確かにこの二つの領域は，おそらく日本も同じだと思います
が，実際のところ収益性がさして高いところではありません。つまり，──ドイ
ツのことわざでは，「緑の小枝にたどり着く」というのですが──この領域で
成功をおさめるには，多くの依頼を受ける必要があります。そこで当時議論に
なったのは，そもそもこうした領域で専門弁護士になろうとする者があるだろ
うかということでした。なぜなら，専門弁護士となって，こうした領域での業務
を行っても，もしかしたら本当のところ生き残れないかもしれないからです。

しかしながら，時間がたつうちに，私が報告したように，この点については

別の決断をしました。そして，その後は，この点が問題とされることは一度もありませんでした。すなわち，私はその後，交通法専門弁護士そして賃貸借法専門弁護士（そのほかにもあるかもしれませんが，典型的に儲からないと考えられたのは，この二つの分野です）から，称号取得が収益面で役に立たなかったという話を聞いたことはまったくありません。つまり，後になって，このテーマがふたたび話題になったことは，まったくなかったのです。

　「（依頼者ではなく）たとえば，運送法（Transportrecht）あるいは農業法（Agrarecht）に関心を持っている弁護士からの需要がどの程度あるか？」ということもまた，問題外です。このことはさして重要な意味を持ちません。なぜなら，我々は，スペシャライズした弁護士は，このスペシャライズしたことを，専門弁護士称号を持って示すことができるようすべきだという意見だからです。

　この弁護士が，今需要が多い領域で業務するのか，それともさして需要が大きくない領域で業務するのかはどうでもよいことです。たとえば，ついには労働法弁護士よりもよりスペシャライズしているのは，運送法専門弁護士となっている人たちです。というのは，この領域の難しさは，労働法よりも明らかに大きいからです。それゆえ，我々からみてもまた，これに相応する専門弁護士がなくてはならないのです。

司会

　ドイツの制度について，もう少しお聞きします。

　先ほどから，専門弁護士になる要件として研修時間があげられていました。研修の費用はおおよそどの程度かかるのでしょうか。分野によって違うのかもしれませんが，おおよその費用をお聞かせ願えればと思います。

オファーマン先生

　ご推察のとおり，それがどのくらいかを，まったく一般的にいうことはできません。その費用は，皆さんが考えているほど，そう高くはありません。今覚

えているところでは，約1500ユーロから3000ユーロ，もしかしたら4000ユーロ（1ユーロは，100円～165円位）といったところでしょう。いずれにしても，そんなには高額ではありません。これに，弁護士会に支払う審査費用が加わります。この額は弁護士会ごとに異なりますが，私が所属しているデュッセルドルフ弁護士会では，現在400ユーロです。

司会

ドイツのことを聞く機会はそれほどないので，引き続きドイツの方からいろいろお聞きしたいと思います。

日本の日弁連で専門弁護士制度が2年前に否決された理由は，時期尚早ということでした。都市の弁護士に仕事を奪われるという危惧感があるという意見が多かったと聞いています。ドイツの歴史上，このような意見はあったのでしょうか。また，現在はどのように考えられているのでしょうか。

オファーマン先生

その点は，大きな問題です。私の報告でも，その点をとりあげようとしました。大都市の吸引力は，非常に強力です。新しい専門弁護士だと，この新たな可能性を利用しようとする人が多く集まります。そして，その専門弁護士が定着すると，専門弁護士ではない弁護士にとり，当該領域について依頼を受けることが，一般的にいって難しくなります。この点が，わが国ドイツにおいて現在最も厳しい議論となっているところです。ここでは，若干，円と同面積の正方形を作れというのと同じように，いわゆる説くことが不可能な問題に直面しています。

私が引用した弁護士認可等の問題の終審である連邦通常裁判所の裁判をみてください。この事件は，私の所属するデュッセルドルフ弁護士会の同僚が関わったものですが，彼は，労働法専門弁護士の申請を却下した弁護士会の決定に異議を唱えて訴えを提起しました。彼は，必要とされている事件数をこなしてはいなかった，必要とされる裁判所手続数に達していなかった，確か5件不足

していたと思いますが，不足しているということ自体は，はっきりしていました。つまり，「ある事件を，必要事件数の一つにカウントするかどうか」が争われたわけではなく，この弁護士自身も，満たしていないということは知っていました。彼はそこで，却下の決定に対して訴えを提起し，いくつか主張したのですが，その一つが，基本法12条違反，つまり職業の自由という基本権に弁護士会の却下決定は反すると主張したのでした。彼の主張は「自分には，もはや，以前のように事件を扱えるチャンスがない。」というものです。彼は，これを数字で示しました。つまり，「ドイツでは，いずれにしろ労働裁判所手続が減少していること，そして，そもそもすごい数の労働法専門弁護士が存在しているということです。そうこうするうちに，事件はついに連邦通常裁判所にかかったのです。連邦通常裁判所は，非常に明確に次のような判断を下しました。すなわち，「それは基本法12条違反ではない。ここでは，単に専門弁護士の資質が問題なのであり，この資質こそが決定的なものである。そしてまた，一定の実務経験を持つ者のみが，専門弁護士たりうるのである。」と。

　ではありますが，現在我々は，規約委員会において，こうした事態に何ができるかを議論しています。我々が議論しているのは，要件とされている処理した事件の数を減らそうということではありませんが，実務経験を，若干，理論的見識のなにがしかをもって代えることができないかは議論しています。現在我々が研修機関と議論しているのは，専門弁護士研修のなかに，あるいはそれに並ぶ形で，実務演習を導入できないかです。もっともこの議論は，わが国では非常に新規なものですので，そもそものところ私から申し上げられるのは，こうした議論が始まりましたということだけです。どうなるかお楽しみといったところです。ただ，我々は事件数をいじくる気はないというのが，規約委員会の一致した意見です。

司会
　ありがとうございました。
　その点について，幾つかの質問があります。そのような領域を弁護士がする

ことの障害になっているのではないか，他の弁護士との平等性について問題があるのではないか，という意見も出されています。日本では，たとえば家族法や交通法は一般的におおよそどの弁護士でもやれるような事件だと思っています。このような分野について専門弁護士登録をした場合に他の弁護士から「その分野は，自分たちができなくなるのではないか」という非難があり得ます。ドイツではこのような反対意見はあったのでしょうか。あったとすれば，弁護士会はそれについてどのような回答を持っていたのでしょうか。

オファーマン先生

　もちろん，ありました。こうした批判は，新しい専門弁護士が導入すべしと提案され，それについて議論するときには，必ずでてきます。というのは，いうまでもないことですが，これらの領域には，理論的な見識を得るのをいやがる，いわゆる「住み着いている諸兄姉（die alte Hasen）」がいるからです。ドイツには，理論的見識の証明を免除する制度は今はありません。かつて一度だけありました。それが，「住み着いている諸兄姉に関する規律」と呼ばれたものです。長年実務をやってきた弁護士については，事件数だけ証明すればそれでよかったからです。しかし，今日ではこうしたことは認められていません。傷つけるつもりは毛頭ないのですが，多くの同僚の弁護士，とりわけ年をとった同僚には，次のようにいう者が多くいます。つまり，「我々は，いまさら学校へは行かない。我々は，我々の活動している法領域についてよく知っている。このことはみんなわかっている。我々がそんな研修を受けなくてはならないなんて，お笑い草以外の何物でもない。」というわけです。

　しかし，経験に照らしてみれば，いずれにしても市場規模の大きな法領域では，現実問題として，専門弁護士の吸引力は強力で，したがって，専門弁護士称号取得の圧力は大きいということがわかります。ある同僚弁護士の話です。彼は，ケルン弁護士会の理事を務めた著名な弁護士であり，家族法をよく知る人物でもあります。その彼はいつも，「私は家族法専門弁護士には絶対になるつもりはない。そしてそんなものは，私には不要だ。なぜなら，誰もが私のこ

102　シンポジウム

とを知っているからだ。」といっていました。しかし，そうこうしているあい
だに，——現在——彼は家族法専門弁護士のタイトルを取得しています。いっ
たいなぜでしょう。考えてみる必要がありますね。

司会

　いずれにしても，ドイツの専門弁護士制度は皆さまが思っているような疑問
を乗り越えたうえでつくられたのだと思います。

　もう一つ，研修について質問があります。どのようなところで研修をしてい
るのでしょうか。そして，誰が研修をやるのでしょうか，また誰がやった研修
ならば認められるのでしょうか。

オファーマン先生

　専門弁護士研修を担っているのは，すべて私的な機会提供者の手に委ねられ
ています。つまり，研修を行っているのは，私的な機関であり，弁護士会では
ありません。弁護士会は，自身が研修を担当すべきではないという意見です。
研修の後に，専門弁護士のタイトルを付与するかの判断にあたるのは，弁護士
会だからというのがその理由です。二つのことが，同一の機関に握られてしま
うのは，よくないことではないでしょうか。もっとも——すべてではありませ
んが，多くの——弁護士会は，専門弁護士が毎年受けなくてはならない継続研
修を実施しています。

　とはいえ，前にも述べたとおり，研修は，ほぼすべて私的な機会提供者の手
に委ねられています。ハーゲン（Hagen）の通信制大学も，コースを提供して
います。それ以外，研修機会を提供している大学は，今のところはありませ
ん。この点が（質問を受けて，私もそういえばと驚いているのですが），問題となっ
たことはドイツではありません。つまり，しっかりした専門機関が存在し，そ
れがやっているのです。ただ，原則的には，すべての研修機会提供者そして継
続研修機会提供者が，専門弁護士研修を提供できます。いうまでもないことで
すがこれら提供者は，専門弁護士規則が定めているところを守らなくてはなり

ません。専門弁護士規則では，各領域ごとに，どのようなことが取り扱われるべきかが厳格に定められており，研修を行う者は，これをきっちりと守らなくてはなりません。ですから，専門弁護士研修を組織するのは，実に大仕事なわけです。

司会

　そうすると，弁護士会が研修機関に対して「あなたのところの研修であれば，よい」という許可を与えるのでなくて，研修機関が弁護士会が決めたルールにのっとった研修をすればよいということですか。

オファーマン先生

　これもとても重要な質問です。この論点，つまり研修機関の認証制はどうかという点は，いつもわが国で議論となっているところです。問題なのは，ドイツでは，これに関する法律上の規定がおかれていない点にあります。また，弁護士のなかでも，いつも問題となっています。今日の私の報告で，わが国では「どのようにして研修にあたり行われる試験の質を高めるか」が議論になっていると申し上げましたが，研修の質については，議論されることはありません。その質がよいからだと思います。研修では，実に著名な人が講師を務めています。弁護士もそうですが，裁判官や大学教授も講師となっています。そこでは，本当に質の高い講義がなされていると，私は思います。

　問題なのは試験です。というのは，研修機会提供者は，参加者が専門弁護士になるのをできるだけ妨げたくない，不必要に難しくしないのが自分たちの義務だと考えているからです。ドイツでは，こうした試験制度をどうやって改善していくかが議論の対象となっています。規約委員会がどのようなことを考えているか，申し上げましたが，しかし，実際のところ，そのほかにも，分けてもドイツ弁護士協会が提案しているほかの選択肢もあります。そこではまさしく，認証という問題が取りざたされています。つまり，「研修結果を認証する機関を設けるべきではないか」という問題です。それはおそらく難しいでしょ

うが，単位弁護士会がすべきなのか，それとも統一的な認証機関がすべきか，ということです。それもまた，我々が今議論しているテーマです。

司会

よくわかりました。

日本では，まだそのような制度ができていないのですが，研修はある程度先に進めようということでやっています。ただ，日本の弁護士会内部で今考えているのは弁護士会がやる研修です。日本は，法的な教育機関としてロースクールを持っているわけですが，ロースクールの利用はほとんど考えられていないのです。上原先生，日本では研修について現状をどのように考えられているのでしょうか。

上原先生

これについては，大阪大学の山下典孝先生からも質問票で質問を頂いています。

従前，日弁連弁護士業務改革委員会で専門分野登録制度を導入するときの研修をどうするか考えたことがあります。そのときは，日弁連なり弁護士会が研修をすることを前提に考えていました。ただし，一定の要件を備えた研修機関が行う研修について，その研修が当該分野の研修レベルに匹敵するものであれば日弁連がそれも認めてよいのではないか，と。日弁連なり弁護士会が行っても，日時によって受けられない場合があり，また，ホームページで動画を流して研修を行っていますがそのようなことだけではなくて，一定程度のレベルの研修がなされるのであればもっと広く考えてよいのではないか，という議論もしていました。

ただ，現在は，日弁連では研修機関の存在自体をあまりたくさん知らないのです。日弁連の関係では法務研究財団があり，かなりレベルの高い研修をされています。今はそのくらいしか思いつきません。日弁連なり弁護士会に限らず一定程度レベルの研修であればそれでよいのではないかとは考えています。

司会

　私もその議論に参加していますが，大変難しいのは，弁護士の研修は大学の講座のように講座を受けるだけでは研修にならないことです。実務がともなわなければいけないのです。どのようにして研修をすればよいのかをかなりよく検討しています。

　たとえば東京弁護士会の場合は，今「先輩の弁護士と若い弁護士とをペアにして，そこで経験を積ませよう。それをどのようにシステム化していったらよいだろうか」ということを考えています。実務経験から専門家をどのようにして育てていくのかが一つのアイデアになっています。また，私も属している，地方自治の行政法に関する研究会があるのですが，そこが同じような方式を採って，自治体の相談に応じているのです。若手と経験のある弁護士がペアになって，その相談に乗っています。そこから 2 ～ 3 年の経験の若手でもかなりの人が専門家になってきています。これはここ数年やっていますが割と評判がよく，成功事例だろうと思います。このような制度も一つのアイデアです。

　しかし，研修問題は大変難しい。そこで，私もドイツの関係で聞いてみたいのです。ドイツの研修制度では実務と講習との関係をどのように考えておられるのでしょうか。

オファーマン先生

　その点が日本でも議論されているのは，興味深いです。数年前，我々は，「専門弁護士になる者は，まずは経験を積んだ専門弁護士の教えを請うべきか」というテーマと取り組みました。これもまた，ドイツ弁護士協会が起案したものですが，その案文までも作られて，規約委員会でも，そしてまたほかの諸部会（Gremien）でも議論されました。しかしすぐに結論が出ました。つまり，クローズド・ショップと同じ状況が生み出される可能性があるから，当然のこととして，それは危険ではないかという結論になりました。

　いうまでもないですが，地位を固めた専門弁護士に，後進の弁護士を受け入れてそれ相応に教育する用意がなくては，これはできません。そしてまた，

106　シンポジウム

「たとえば労働法といった特定の法領域だけに限らず，そもそも供給過剰では
ないのか，専門弁護士は，もう十分ではないのか。」ということが，ドイツで
はいつもながら議論になっています。こうなると，地位を固めた専門弁護士
が，「いずれにしても，我々は，誰も自分の事務所には入れない。」というよう
になってしまう可能性があります。そうなると，この分野では，おそらく後進
が育たないことになってしまうでしょう。こうしたやり方は，理論的観点から
すれば，いうまでもなく非常によいやり方ですが，実際にこれをやるとなる
と，かなり難しいように私には思えます。

　というわけで，ドイツでは，今日まで理論的見識と実務経験の二元的構成が
とられています。この二元的な構成をやめるということを我々は考えてはいま
せん。実務経験を，一定範囲研修機関における実務演習といったもので学べな
いかが，現在議論されていることは，先にお話ししたとおりです。つまり，実
際に事件を受任し，その依頼者の事件記録で仕事をする必要があるのか，それ
とも，ある程度は，——その最終的な効果はおそらく違わない——模擬記録と
いったものを使ってやるということはできないかです。とはいっても，二元的
構成を原則とする点は，将来にむけても維持しなくてはならないでしょう。

プリュッティング先生

　私からも一つ付け加えさせてください。先ほどオファーマン先生がはっきり
おっしゃったことですが，まさにそのとおりです。実務経験取得の困難につい
ては，このことは本日配布されている「弁護士とジェネラリストとしての弁護
士」（本書221頁以下に収録）でも指摘されているところで，一定数の事件を処
理したことを専門弁護士タイトル取得の要件としていることが，専門弁護士の
対象となっているある特定の法領域では過大な要求となっています。たとえ
ば，倒産法はその例です。若くて経験のない弁護士が，倒産事件を処理する機
会を持ちたいと考えたとします。しかし，倒産事件の管轄裁判所——ドイツで
は区裁判所（Amtgericht）となっていますが——は，事件処理を委託する場合，
当該弁護士が事件処理の能力を持っていることをその前提としています。つま

り裁判所は，「この事件をよろしく」と依頼するだけですから，倒産事件の経験のない弁護士に，管財人などを依頼することはありえません。ですから，新人弁護士は，実務経験を獲得することができないのです。若い人が，倒産法に関し必要な実務経験を取得するには，倒産法を専門とする事務所に所属して，そこで経験を積むしかないのです。

司会

　日本でもスペシャリストになろうと思えば同じようなことだと思います。実務経験をどのように学ぶかという点は，どの世界でも共通している問題だと思います。

　そろそろ時間ですので，言い足りなかったことを，あるいは感想でも結構ですから，それぞれ4分くらいで皆さまからご発言いただきたいと思います。ドイツからの発言が続いたので，日本の上原先生から発言をお願いします。

上原先生

　先ほどの研修機関の話は，長引いてしまって途中で切れてしまっているのですが。

　さまざまな消極論があり，また課題があります。しかし，研修機関の制度設計については，すでに今までに考えているものがありました。トータルの研修を10時間にするのか15時間にするのか，実務経験を何年以上にするのか，取り扱い事件数を何件にするのか，さらに突っ込んで同僚からの評価書のようなものをもらうべきなのか，という議論をしていました。しかし，そのように制度設計としては一応考えていますが，日本で実際にそのようなことがやれるのかについては，ドイツの過去の経験も踏まえて検討したいと思います。

　ジェネラリストかスペシャリストかという問題について。確かにわれわれは，さまざまな法分野を扱うことを前提に司法試験の科目を勉強しているし，研修所でもそのように勉強してきました。特定分野について専門化していくことには，もちろん弁護士固有の問題もあります。しかし，責任を持って弁護士

の情報を依頼者に提供するという面でいくと，「何でもできる」のではなくて「この分野に特化した」もしくは「専門化した知識・経験を持っている」ことをアピールしなければいけません。そこのところの議論は乗り越えなければいけないでしょう。ただし，スペシャリストになって専門弁護士になっても，他の分野もできることが前提です。そのことについて自分が依頼者にどのようにアピールするのかという問題は残るのだろうと思います。

「若手の弁護士に対しては参入障壁になるのではないか。たとえば3年の実務経験が要ることになると，困るではないか」という意見もあります。しかし，やはり弁護士も3年くらいの実務経験を踏まないと。要するに，特定分野の知識だけではなく，法知識以外のさまざまな分野のことや社会常識，依頼者との関係を含めて事件処理をするわけで，どうしてもその経験年数は要るのではないでしょうか。「専門弁護士」という以上は，特定分野の法知識だけではなくて弁護士としての経験も必要なのではないかと，私は考えています。これについては議論があるかと思いますが。

それをフォローするために，先ほど言ったOJTの問題は当然考えていくべきだと思います。現に，ある法分野においてはそれをされているところがあります。医療問題研究会が医療問題に特化して，経験を積んだ弁護士が若手とタッグを組んで事件処理にあたっておられます。民事介入暴力の事件に関しては，その関係する委員会の方が若手と中堅の方とがタッグを組んで事件対応にあたっておられます。さまざまな専門化された分野でそのようなことができるのではないかと模索していきたいと思っています。

司会

武士俣先生にはあまり聞けなかったのですが，よろしくお願いします。

武士俣先生

時間がないので，一般的な話です。

私どもは弁護士に対する調査を結構行っています。非常に大ざっぱな言い方

ですが，果たして日本の弁護士のサービスについて市場があるのでしょうか。
ドイツは代理人を弁護士がしなければならないという強制主義があるので，市
場があると思うのです。日本は，確かに訴訟業務についてだけはあるのでしょ
うが，訴訟外では市場はないのではないでしょうか。データの分析からはその
ような印象を持っています。弁護士はどんどん増えているので，そこは変わり
つつあるとは思うのです。しかし，裁判外紛争処理の市場は非常に脆弱だと思
います。一般市民が購買意思を持った顧客としては存在していないのではない
でしょうか。それが私の認識です。

　日本でそのような状況を打開して弁護士が訴訟だけではなく広く進出してい
くためには，まず市場の拡大のみならず，市場を創出，形成していくことも必
要です。それが求められていると思うのです。

　専門弁護士制度をつくることで日本の弁護士に事実上の専門分化を促してい
く機能を期待しています。専門性情報が広く伝わることによって，市民や企業
が弁護士サービスを購入するようになるとともに，弁護士界の内部でもたとえ
ば事務所間のネットワークあるいはブティックファームのネットワークが発達
して，多様なサービスを展開していくような状況が専門弁護士制度を通じてで
き上がることを願っています。

司会

　では，佐藤先生お願いします。

佐藤先生

　私は，先ほどまとめのようなことで，専門弁護士制度はないよりはあるのが
ましだという表現をしました。

　今ずっと考えていました。ユーザー側としては透明性がいちばん求めている
ことではないでしょうか。専門弁護士制度は「ないよりはあるのがまし」で
す。それがあると，ユーザー側としては選ぶうえでの一つの指標にはなりま
す。では，その指標は本当に信頼に値するものになるのでしょうか。そのため

には，「このような研修制度に支えられている」「このような認定制度に支えられている」という情報が欲しいのです。また，実際に，家族法といっても離婚の問題が得意なのか相続の問題が得意なのか，租税法でも移転価格の問題が得意なのか所得税の問題が得意なのか，いろいろあります。レッテル，看板は「家族法」「租税法」でも構いませんが，「この人は過去にこのような事件を扱い，その経験がある。それに基づいて，このような看板を掲げている」という情報の透明性がより欲しいのです。それが私の思いです。

司会

では，オファーマン先生から，お願いします。

オファーマン先生

皆さんは，私がドイツの専門弁護士制度のファンだということをおわかりいただけたと思います。この制度により，我々は，弁護士からの需要もそしてまた依頼者からの需要をも非常に満足させていると考えています。弁護士は，一定の事件に集中し，専門的に仕事ができますし，そしてまたこのことを広告できます。依頼者は，彼の抱える問題にとり正しい弁護士を，非常に容易に探すことができますし，どんな難しいことがあったとしても，専門弁護士の質に信頼を寄せることができます。皆さんもご承知のとおり，あらゆる事件をあらゆる弁護士に任せられるわけではもちろんありませんが，私は，ドイツの弁護士は非常に良い教育を受けていると考えていますし，私がお話しした継続研鑽も，ここでは実に重要な点です。あと二つの事柄に触れておきたいと思います。いずれも，ここでの討論に出てきたものです。

一つ目は，佐藤先生が「情報の透明性」について触れたところです。この点はわが国ではそう簡単ではありません。佐藤先生が，コンタクトをとった弁護士に，彼の事件処理についてある程度の情報提供を求めたとき，佐藤さんがどうやったのかを考えてみました。日本も同じですが，弁護士は厳格な守秘義務を負っています。その点で，もし皆さんが，弁護士に，「ところで，ここ5年

間で，どんな依頼を受けて仕事をしましたか」と聞いても，この弁護士は，詳しい情報を示すことができません。依頼者がオーケーすればできますが，そもそもドイツで普通，弁護士は非常に一般的にしかできません。つまり，弁護士は，事件処理資料と一緒に一件記録簿をみせて，「これが私の依頼者でこれが私の処理した，事件です」というわけにはいかないのです。それゆえ，かなり詳しいことまでいうことは難しいのです。これをしようとする，たとえば，JUVEなどの刊行資料がありますが，これはいずれにしても，いろいろな角度から考えないといけない問題です。

　次に，日本では，ほんの一歩踏み出すことですら，それに意味があるのかと疑問視する人がいるということをうかがいました。私は，もうとんでもなく時機を失している，そう確信しています。この点については，世界中で話題となっています。個々でだけではありません，アメリカでも，ヨーロッパ全域でも，現実的には世界中に広まっています。日本が，一度列車をレールに乗せれば，つまりは専門弁護士制度を発足させれば，彼らの得意とする法領域には専門弁護士がまだ導入されていない弁護士の欲望が当然高まります。そうして彼らは，その領域についても専門弁護士をおくことを欲しますし，また，これを探している依頼者も，相応の領域で専門弁護士が設けられることを欲しています。同じくこれを欲することになります。ドイツではそうだったわけですが，日本が，やっと今頃からはじめて，ゆっくりと一つから二つそして五つの専門弁護士にたどり着くのに100年間の時間をかけることができるとは，とうてい思えません。日本の弁護士が，システム全体を自分で編み上げれば，より正しい理解をえられると私は思います。そして，それが重要なのであり，また，われわれがなぜドイツでことを前に進めることができたのか，その理由でもあります。皆さんは，それに準拠して「これが専門弁護士を導入するに適切な法領域だ」と確定できる基準が必要です。ドイツでいうように，皆さんは，頭割りでこれをすることはできませんし，偶然に委ねていては，これはできません。この段階ですでに，非常に構造的にことを進めなくてはいけません。構造的であればあるほど，より多くの成功を収めることができるのです。

112　シンポジウム

　ご清聴，ありがとうございました。

司会

　最後に，プリュッティング先生，お願いします。

プリュッティング先生

　まず第1に，私自身も，専門弁護士のファンだと自認しています。オファーマン先生と同様です。オファーマン先生が先ほどから，ドイツの専門弁護士制度は，大成功のモデルだといっていますが，まさにそのとおりです。困難もありましたが，これを克服してきました。私ども2人のドイツ人の視点からすると，これは経済的にも成功していると思います。具体的な統計は手元にありませんが，平均的にみて，専門弁護士の所得は，非専門弁護士よりも高いということははっきりとしています。つまり，専門弁護士として成功するかは，一方では，市場，つまり自由な市場の動向にかかっていますが，他方では，専門弁護士のタイトルを持っているかどうかにかかっていることも明白です。少なくとも，専門弁護士というタイトルがあれば，市場におけるチャンスが高まります。

　「日本でも専門弁護士制度を導入できるのか」という質問に関して，皆さんから，日本では需要がないのではないかという声を聞きますが，それに対しては，専門弁護士制度を導入すれば，そのとたんに市場は需要をもたらす，はばからずに申し上げればそうです。専門弁護士制度が生まれたら，市民はそのタイトルをよりどころにして，弁護士を探すようになります。要するに，専門弁護士制度を導入すれば，市場はついてくるのです。

　もう一つは，教育の問題です。理論的知見の教育はどうなっているのかです。すでにお聞きになったように，民間の研修機関がこれを行っています。その質についてですが，わかりやすくするため，一つの例をあげましょう。大変著名な法律関係書籍の出版社が複数あります。著名な著者の編になる著名な図書を出版しています。このような出版社が，専門弁護士の研修コースを提供し

ています。そして講師として，図書の著者・編者，わけても著名な著者・編者を講師として用いています。すでに，そのような著名な講師を用いていることで「質が」担保されていて，質については問題ありませんし，こういうやり方はうまくいっています。ちなみに，出版社も「よい」商売をしていることは，いうまでもありません。利益を上げているわけです。

　最後にもう1点述べさせてください。上原先生のお話ですと，日本においては以前から専門化が進められ，都会の裁判所には，さまざまな専門部が設置されているということです。本日のテーマとの関係でいうと，裁判所で専門化が進んでいるのであれば，弁護士においても専門化が進んでしかるべきでしょう。裁判所の専門化に関しドイツでも同じような議論がありました。しかし，進んだ方向は，まったく別でした。ご承知のとおりドイツでは，弁護士では比較的強い専門化があるのですが，独立官署としての専門裁判所は別に，一般民事事件と刑事事件を管轄する通常裁判所（通常裁判権 = ordentliche Gerichtsbarkeit）では専門化は驚くほどわずかです。ご報告ですが，先月（2014年9月）ドイツのハノーバーで開催された第70回ドイツ法曹大会（Deutscher Juristentag）で，裁判所の専門化をテーマとしたシンポジウムがひらかれ，大いに議論されたところです。そして立法担当者も，広くすべての地方裁判所に専門部，たとえば，建築事件部，医療過誤部あるいは著作権部やET部といったものを置くべきとの感触をえたようです。実際に実現できるかは別として，日本での議論とは逆方向の，裁判所の専門化が議論されているところです。

司会

　どうもありがとうございました。

　それでは，これをもって第1セッションを終わらせていただきます。

以上

114 シンポジウム

発言者（発言順）

　スザンネ・オファーマン‐ブリュツハルト（Susanne Offermann-Burckart）

　　　　　　　ドイツ弁護士

　ハンス・プリュッティング（Hanns Prütting）　ケルン大学教授

　上原　武彦　弁護士・日弁連弁護士業務改革委員会委員長

　武士俣　敦　福岡大学教授

　佐藤　雅樹　弁護士・アルプス電気（株）法務部 GM

司　会

　佐瀬　正俊　弁護士・元日弁連弁護士業務改革委員会委員長

第 2 部

企業内弁護士と弁護士法

——企業内弁護士の意義・価値との関係で——

ドイツにおける企業内弁護士
（Syndikusanwalts）の地位

ハンス・プリュッティング

監訳　森　　　勇

訳　春　日　川　路　子

I　は じ め に

　ドイツにおける弁護士職業法は，一つの業法がその形を作っている。それ
は，1994 年に根本から改正された 1959 年制定の連邦弁護士法（Bundesrechtsan
waltsordnung = BRAO）である。1878 年の弁護士法（Rechtsanwaltsordnung = RAO）
は，その前身である。1878 年の弁護士法も，そしてまた 1959 年の連邦弁護士
法も，自由職業を営む独立した弁護士という模範像によって立っていたし，現
在もまたしかりである（連邦弁護士法 2 条 1 項）。法律には，労働法上は依存関
係にある雇用されている弁護士に関して詳しく規定したものはない。しかしな
がら，ドイツでは，いつの時代にも，自身弁護士である者と雇用関係に立つ弁

116　シンポジウム

護士も，そしてまた弁護士として活動していない者に雇用されている弁護士の
いずれも，いつの時代にも存在していた。とはいえ連邦弁護士法46条そして
また連邦弁護士会規約委員会が定める弁護士職業（Berufsordnung der
Rechtsanwälte＝BORA）26条からは，労働法上は依存関係にある立場でも，弁護
士としての活動はできるということを読み取ることができる。しかし，弁護士
に雇用されている弁護士についてはまったく議論になってはいないが，ドイツ
では，弁護士でない者に雇用されている弁護士をどのように位置づける（捉え
る）べきなのかに関して，いろいろな考えがある。こうした法律家をギリシャ
語の言葉を借りて，シンディクスあるいはシンディクス弁護士と呼んでいる。

II　歴史的発展

　先にも述べたように，1878年の弁護士法は，シンディクスの地位について
何も触れていない。単に事実上の問題として，当時弁護士が企業内で働くとい
うことは非常に珍しかったのではないかと思われる。ある企業が法律相談を必
要としている場合，継続的な法律相談契約（法律顧問契約）をもって，顧問弁
護士（Hausanwalt；別してJustitiarとも呼ばれる）は，この企業に拘束されること
になるが，その法的地位についてみると，独立して自由職業を営む弁護士と同
様に，何らの制約を受けず活動し続けることができた。第一次世界大戦後にな
ってはじめて，展開がみられた。この時期，銀行や保険会社などの規模が比較
的大きな経済企業体は，自前の法務部を設立するようになり，その数を増して
いったが，その結果として，企業内にあって法的助言をする完全法律家（二回
試験を了した者）が必要となった。雇用されている弁護士が企業内でスペシャ
ライズすることで，特別の法的状況とか法的問題の複雑さとかを，それぞれの
勤務先企業内における相談をつうじて得られた知識により，カバーすることが
できたわけであるが，その知識は，外部の第三者がそれを得るには，企業内に
いる者と比べると，かなり多くの時間と費用をかけないと得られないであろう
ものである。

他方次のような各企業の関心も高まっていった。すなわちそれは，自社の法務部のメンバーが，交渉に際し，外部に対して弁護士のタイトルをかかげ，そして必要とされる（レターヘッドに弁護士と表示した）用箋をもってプレゼンスできることである。こうして，シンディクスも，弁護士だという考え方が徐々に浸透していったのであった。このことは，1934年にはじめて制定され，次いで（1949年に改めて制定され）1987年まで続いた弁護士倫理綱要（Standesrichtlinie）には，次のような規定がおかれていた。すなわち，「弁護士は，その職業上の独立性を脅かす恐れのある拘束関係に入ってはならない。特に，恒常的な雇用あるいはそれに類似の勤務関係にあって，その労働時間および労働力のおおかたを一人の依頼者に提供することになる弁護士は，この点に留意しなくてはならない。」と。確かにこの弁護士倫理綱要は，1987年7月14日のかの有名な連邦憲法裁判所の裁判の結果，失効したが，シンディクスがおかれている法的状況は——それ以降も彼らが弁護士の一部であると扱われてはいたものの——はっきりしないままであった。今日まで残っているのは，連邦弁護士法46条1項の規律である。これによれば，「弁護士は，……自分が，恒常的な雇用あるいはそれに類似の勤務関係にあって，その労働時間および労働力を提供することになる依頼者のため，裁判所もしくは仲裁裁判所において，弁護士として活動してはならない。」とされている。この規範をその言葉どおりに読むならば，真の弁護士ではあるものの，その雇用者に関しては，訴訟代理を禁じられるのがシンディクスだということになる。

III　その数の発展

ドイツにおいて，シンディクスの数がどう展開していったかに関する独自の統計といったものは，今までのところ一切ない。つまり，過去も現在も，推定値を頼らざるをえないところである。この推定値は，常に，ドイツの弁護士の15％から20％くらいがシンディクスとして活躍しているとしている。このシンディクス弁護士の範囲では，56％が企業で，44％が（非営利）団体で活動し

ているという調査結果になっている[1]。シンディクス弁護士は，大都市の弁護士会の所管地域に多くみられるのに対し，ローカルでは少ないということがわかっているが，これは，格別驚くに値するものではない。特に1980年から2010年にかけてドイツの弁護士は急増したのにともない，いうまでもなくシンディクスの数も明らかに増加した。今日多くは，ドイツでは現在約3万人のシンディクスがいると推定している。この際全体としてみてとれる傾向は，シンディクス弁護士の数は，弁護士全体の数よりもその増加率が高いということである。

この点は，比較法的にみてもおもしろい点である。というのは，日本から聞くところでは，2000年から2004年の間で，企業内弁護士の数は，ドラマチックに増加し，10倍以上になっているからである。

ドイツの視点からすると，どうも以前は，シンディクスの意義とその数を過小評価していたとして差し支えない。

IV　シンディクス弁護士が担当している 仕事（Erscheinungsform）と活動領域

シンディクスとしての活動がどうなのか，その詳細について，我々は1998年のアンケート調査から知ることができる[2]。これによれば，企業内法律家の活動の重点は，民事法，会社法（社団法），経済法，競争・カルテル法および労働法におかれている。（非営利）団体内法律家の活動の重点は，同じく民事法，労働法にあるが，これと同様に行政法にもおかれている。個別的にみると，契約の作成および当該企業独特の法律問題の処理が突出して多いことがこの調査でわかった。シンディクス弁護士が，どちらかといえばジェネラリストと理解すべきなのか，それともスペシャリストと理解すべきなのかという問題については，どちらともいえない。いずれの方向にも向いていることを多くが物語っ

---

1)　*Hommerich/Prütting,* Das Berufsbil des Syndikusanwalts, Bonn 1998, S. 108 ff.

2)　*Hommerich/Prütting,* Das Berufsbild des Syndikusanwalts, Bonn 1998.

ているが，企業法律家はどちらかといえばジェネラリストの方向にあり，団体に勤務する法律家は，どちらかといえばスペシャリストだとしてよい。この調査で，なぜシンディクス弁護士が必要なのかその理由に関し，興味深い結果が示されている。すなわち，そこでは，第1位が法的助言を迅速に受けられることがあげられている。それに続くのが，外部の弁護士を利用するよりコストの面で有利だということと内部のことすべてをよく知っていることがあげられている。

シンディクス弁護士のことを具体的に推し量っていくことが難しいのは，その活動分野が広範におよんでいることとならんで，次の点にもその原因がある。すなわち，シンディクスが実務ではどういった仕事をしているかもまた，同じく非常に多様だという点である。もっぱら雇用者のためにだけ，そしてまたもっぱら法律相談だけに活動するシンディクスがいる。これとならんで，その雇用者に法的助言をするだけではなく，法的な点以外のところ（人事政策，経営判断への関与）も活動しているシンディクスがいる。最後に，勤務する企業での活動とならび，真の第2の職業として，自由な弁護士としての活動を継続しているシンディクス弁護士も存在する。ごく最近において強く指摘されているのは，勤務先企業におけるシンディクス弁護士の活動が，コンプライアンスの観点から非常に大きな意味を持っているということである。

V　シンディクスを取り巻く法的問題

シンディクス弁護士についての規律が定められていないことにともない，次のような事実が生じている。すなわち，雇用関係の枠内でのシンディクス弁護士の活動のみで，それを弁護士としての活動といえるのか，それとも，勤務企業外での自由な弁護士活動の枠内でのみ真の弁護士活動を営んでいるのかという根本問題からして，大いに論争されているという事実である。この際，企業内での活動は真の弁護士活動なのかについて疑問が提起されているのは，わけてもドイツの判例が，いわゆる二重職業の理論（Doppelberufstheorie）によっていることがその原因である。この二重職業の理論は，シンディクス弁護士は，

120 シンポジウム

企業内と企業外で二つのまったく異なる職業を営んでいるのであり，企業外での活動のみが，弁護士としての活動だということを示そうとするものである。これに対し，企業では，弁護士としての独立性がないというわけである。この，シンディクス弁護士の独立性をめぐる論争が，長年にわたり，ドイツにおける問題点の核心部分をなしてきているのである。

VI シンディクス弁護士の独立性

シンディクス弁護士の法律上の地位をめぐる論争の中心は，シンディクス弁護士は雇用者に対して弁護士の独立性を失うという，絶え間なく繰り返されてきたまったく根拠のない主張をめぐるものであった。このテーゼは詳細に具体化されておらず，とりわけ，いかなる独立性が意図されているのか，その具体的内容が法律上も判例でも，明らかにされていないため，非常に議論しづらいものである。明らかなのはただ，ドイツ連邦弁護士法のなかで用いられている独立性の意味するものは，まず第1に，そしてまたその核心をなしているのは，いずれにしても国家からの独立ということである。このことが，シンディクスにもあてはまることは，疑問の余地がない。

これに加え，弁護士が，契約上の義務によって拘束されているその依頼者の利益のために活動している限りでは，独立性ということが問題となりえよう。そしてまた，独立性の危機は，（それはそれとしてよい）金銭的そして精神的成功という弁護士の利害との関係でも起こりえよう。そして最後には，依頼者の利益と弁護士自身の利益とならんで，法的紛争処理機構に関わる利益もまた問題となりうる。これらすべてのケースでは，依頼を処理するにあたり，事に即さない（sachwidrig）影響を可能な限り回避することが，法律の要求する弁護士の独立性の内容である。いうまでもなく，シンディクス弁護士と独立弁護士とを比べてみても，いずれの弁護士の依頼者の利益も，原則として同じ方向を向いており，かつ，同種類のものである。同様のことは，弁護士自身の金銭的な利益と精神的な利益についても当てはまろう。場合によっては，シンディクス

弁護士については，法的紛争処理機構に由来する利益に，同じように対処できるかという点に疑念がむけられることも考えられよう。いうまでもないことだが，詳しく調べてみれば，企業内弁護士も弁護士の基本的諸義務を負い，かつ，これらの義務を果たさなくてはならないということに疑いの余地はない。企業内弁護士は，連邦弁護士法43条aに応えて，特に守秘義務および事に即するという要請に反してはならない。企業内弁護士は，利益相反代理の禁止を遵守しなくてはならない。企業内弁護士は，法律によって義務づけられるところに従い，法律相談に従事しなければならず，かつ，代理する企業が，公開を義務づけられている文書を公開するよう尽力しなければならない。シンディクスがこうした義務を果たすに際しては，危険にさらされるということは，疑いの余地がない。しかしながら重要なのはこうした危険にさらされるということではなく，かえって，次のような状況におかれている独立弁護士との比較である。すなわち，独立弁護士は，依頼人に対する危険および司法に対する危険にさらされているわけであるが，これらの危険は，あらゆる点において（シンディクスのそれに）匹敵しているのである。弁護士がそのような危険に打ち勝つか否か，および，どの程度まで打ち勝つのかは，個人的な独立性の問題であり，すなわち弁護士の内面的な独立性の問題である。

　特に，金銭的な独立性を指摘しておきたい。というのは，もっぱらシンディクスと雇用者の金銭的なつながりが，弁護士の独立性を著しく損なうとの主張を目にすることが珍しくないからである。いうまでもないことだが，こうしたテーゼには根拠がない。なぜ企業内弁護士が雇用者から規則的に報酬の支払いを受けているということで，たとえば，たった一つの大口取引先からのみ報酬を得ている独立弁護士と比べ，より大きな拘束を受けることになるのか，その理由を理解するのは難しい。これに関係して，すでに1998年に公刊されたホミムリッヒ（*Hommerich*）の研究は，当時の企業シンディクスの平均収入は1年間に20万1000ドイツマルク[3]にのぼっていることを明らかにしている。こ

　3）　約10万2770ユーロ（1ユーロ＝1.95583ドイツマルク），1998年当時のレートで計算すると，日本円では約1396万円（1ドイツマルク＝69.45円）。訳者注記。

の平均値は，明らかに当時の独立弁護士の平均収入を上回っていたのであった[4]。この関係は今日まで何ら変わっていないと考えてよかろう。

シンディクスの独立性に関わる本来の中心的な問題は，労働契約上に基づく拘束のなかに存在していると考えられる。もっとも，これに対しては，弁護士のおかれている状況を顧慮すると，労働者がうける労働契約上の一般的拘束それだけで格別説明がつくものではないという反論が成り立つ。このことは，シンディクス弁護士と弁護士に雇用されている弁護士とを比較してみればすぐ明らかとなる。これに加え，自由な役務供給契約に基づいた依頼者の請求権と，雇用者の労働法上の指揮権を対比してみるということもどうであろうか。すなわちそれは，独立弁護士が，その契約の範囲内で指示を受ける可能性がある役務供給契約である。すでに 1996 年には，特にビッセル（Bissel）の掘り下げた研究が，労働契約と弁護士契約の法的性質が異なっているということだけが，シンディクスの独立性に特別の危険を増大させているわけではないことを明らかにしていた[5]。そもそも問題は，雇用者が労働法上保証されている指揮権に基づいて，シンディクスに指示を与えるということであり，そのような指示は弁護士の公法上の職業義務と相容れない関係となるかもしれないということである。もちろんそのような場合であれば，シンディクスの弁護士としての独立性が危険にさらされることになるのは明らかである。しかし，このような雇用者の指示は，ドイツ民法 134 条[6]に違反するし，おそらくはまたドイツ民法 138 条[7]にも抵触するから，結果無視されるということは，承認されている。したがってこのような労働法上許容されない指示という問題は，本当のところ

---

4) *Hommerich/Prütting*, Das Berufsbild des Syndikusanwalts, Bonn 1998, Schriftenreihe des Instituts für Anwaltsrecht Bd. 26, S. 156 ff.

5) *Bissel*, Die Rechtsstellung des Syndikusanwalts und die anwaltliche Unabhängigkeit, Bonn 1996, Schriftenreihe des Instituts für Anwaltsrecht Bd. 20, S. 68 ff.

6) ドイツ民法第 134 条（法律上の禁止）法律上の禁止に違反する法律行為は，無効である。法律にほかの定めのある場合は，この限りではない。訳者注記。

7) ドイツ民法第 138 条（良俗に違反する法律行為，暴利）1 項，善良なる風俗に抵触する法律行為は，無効である。訳者注記。

は，同じくまた，シンディクスの内面的および個人的な独立性，したがって一人の人間の堅実な人格に還元されることになる。

弁護士認可を申請する者が，たとえば保険仲介人，金融サービスの仲介人，または不動産仲介人として活動しているために，そのほかの活動が利益相反を引き起こす場合には，当該申請者には連邦弁護士法 7 条 8 号により弁護士職が認可されるべきではないが，こうした幾度となく裁判所等の判断が下されたケースは，いわゆるシンディクスの独立の問題とは別物である。なぜなら，周知のとおり，こうした問題の場合には，申請者は，一切弁護士認可が受けられないからである。このような状況は，シンディクスと雇用者との間に生じうる利益衝突と比較することはできない[8]。

最後に，シンディクスの独立性は個々の労働契約の内容をどうするか，これをつうじて保証することができるということを指摘しておくべきである。というのは，彼の被傭者がシンディクス弁護士として職務上関わってくることに関心を持つ雇用者は，当然のことではあるが，こうした被傭者に対外的な弁護士としての職業上の義務すべてを維持する自由を，労働契約上明確に保証することができるからである。それでもなお，この独立性に対して危険が生じるかもしれないが，それもまた，もはや法律上の問題ではなく，（すでに論じたように）個人的な独立性および内面的な独立性の問題であろう。

この章を終えるにあたり指摘しておくべきは，二重職業理論および独立性が欠けるようにみえるというテーゼを維持できないことは，たとえば大企業が，その法務部ないしは法務部の一部を，別の独立企業にアウトソーシングしているところでは，明白だということである。これが実務において可能なこと，および，どうしたらできるかを，ドイツの諸労働組合が最も鮮明に示してくれている。ドイツの諸労働組合は，そのすべての法律相談を，ドイツ労働組合総同盟権利保護有限会社（DGB-Rechtsschutz-GmbH）に外部委託したのである。

---

8) この第 2 の職業の問題性に関して近時では，*Reineke*, NJW 2008, 2881 が網羅的かつ詳しく紹介している。

VII 専門弁護士としてのシンディクス弁護士

ドイツにおけるシンディクス弁護士の展開のなかでも興味深いものの一つ
は、シンディクス弁護士もまた、過去 10 年から 15 年のあいだに、ますますそ
の範囲を増す形で、専門弁護士のタイトルの授与を求める申立てをしていると
いう点である。本日オファーマン – ブリュッハルト氏が詳細に述べられている
ように、専門弁護士のタイトル取得には、特別な理論上の見識とならんで、一
定の実務上の経験が必要とされており、この実務経験は、各分野ごとに処理し
た事件件数という形で示される必要がある。そのため、果たして申立人が、申
立てをする以前の 3 年間に、当該専門領域において、弁護士として、個人的か
つ指示を受けることなく、法律に定められている当該専門領域の事件件数を処
理したのかということが問題となる。この点についてドイツの実務とともに二
重の職業理論を真面目にとらえ、シンディクス弁護士は企業のなかでは弁護士
としては活動していないということを前提にすると、企業のなかでの仕事は専
門弁護士タイトル授与を求める申立てには何の意味も持たないことになる。そ
れゆえに、ドイツ連邦通常最高裁判所の判例が、2001 年 6 月 18 日の裁判以来
申立人の当該専門領域に関する実務上の経験には、企業で従事した仕事の枠内
のものも算入されるという見解をその数を増す形で繰り返している点は、非常
に重要である。このことは、連邦通常最高裁判所が 2006 年 3 月 6 日の裁判に
おいて以下の見解を採用するまでに広がっていったのであった。すなわち、雇
用されている弁護士が、専門に関し依存することなく、かつ、独力で、雇用者
の顧客をケアすることを任されていた場合には、企業の外での実務上の経験を
さらに補充的に証明する必要はいっさいないというものであった。もっとも、
連邦通常最高裁判所は、その後の 2011 年 2 月 7 日の裁判においてこのような
展開に巻き戻しをかけ、シンディクスはその企業の内部では弁護士として活動
していないとするかつての判例を持ち出したのである。今後も二重職業理論に
したがうとの原則的な見解と、専門弁護士タイトル取得のための事件件数のカ

ウントに関する連邦通常最高裁判所の判例とのあいだの矛盾は明らかである。この矛盾は，今日においてもいまだなお解消されてはいないのである。

VIII　現在の社会法（年金法）上の問題

　この問題の多い現状において，連邦社会裁判所は，2014年4月3日，同じような内容の複数の裁判を下した。その裁判は，シンディクス弁護士に対し，弁護士ではない雇用者のもとでの弁護士活動の可能性を一般的に否定し，かつ，同時にそれによって法定の年金保険加入義務の免除をうける権利を否定したのであった。この判例はシンディクス弁護士の実務にとっては極めて重大な意味を持つ。従来の見解に従えばシンディクス弁護士は，弁護士としての身分を持つことで，法定の年金保険加入義務を免除され，自分の老齢年金は，いわゆる弁護士の年金組織に一定金額を支払うことで確保できるとされていたからである。この可能性は，過去には法定年金保険の保険者〔日本流なら年金機構〕から，明示的に承認されていた。保険者は，免除申請者がその勤務する企業で，法律相談，法的な事項の判断，制約のような権利形成的な仕事，そして交渉のような権利仲介業務に従事しているかだけを審査するに止まっていた。過去においてこの，いわゆる四つの基準を満たすということであれば，免除を申し立てた者は，免除申請に基づき，独立して活動する弁護士と同じ扱いを受けていた。いまやこの長きにわたる年金保険の取り扱い実務は，2014年4月の連邦社会裁判所の裁判によって閉ざされてしまった。こうした現在の判例の展開は，2014年にドイツに大きな動揺を引き起こした。ドイツにおいてシンディクス弁護士として活動するすべての人に，自分自身の老齢年金について非常に大きな不安感が沸き上がった。そのうえに，この判例にしたがうと，おびただしい数の年金グループ分けの変更が必要になり，かつまた，雇用者が，各年金基金（Kasse）に莫大な金額の追加支払いをしなければならなくなる可能性も否定できない。この問題およびこれにともなうその他の問題によって，目下のところドイツでは，これらの問題を立法によって解決できないのかという

126　シンポジウム

ことが，非常に激しく議論されている。この議論の中心にあるのは，弁護士の職業像を法律のなかで明確にせよという立法者にむけた要請である。将来的には，法律のなかで以下のことが規定されるべきだというのが大方の意見である。すなわち，従属した活動をする被傭者もまた弁護士としての活動を行うことができるということ，および，それに結びつけられた弁護士としての認可が，弁護士の雇用者のもとで雇用されているのか，それとも弁護士ではない雇用者のもとで雇用されているのかに左右されないということである。将来において重要であるのは，かえって，免除申立人が，雇用者のもとで，主として弁護士たるものとしての活動を行っているかである。こうした新規定が法律により規定されない場合には，連邦社会裁判所の最新の判例は，おそらく，ドイツの弁護士職の分裂を導くことになってしまうであろう。これまで弁護士として認可されてきたシンディクス弁護士のかなり多くが，その認可を失う可能性は十分にある。なぜなら，これは公然の秘密となっているが，大部分のシンディクス弁護士は，もはや企業での業務外で自由職として活動していないからである。

IX　ま　と　め

ドイツには，非常に力が強い弁護士ではない雇用者のもとで，自立したとはいえない活動状況におかれながらその活動を行っている弁護士が多数存在している。このいわゆるシンディクス弁護士の法律上の分類は，長きにわたり今日まで，しばしば争われてきた。この論争の中心となる問題は，企業や団体のなかで活動する完全法律家は，典型的な弁護士の責務からみて，弁護士でありうるのか否か，または，これは不可能なのか否かにある。この点からすれば，最新の判例は弁護士認可をフレキシブルに運用する可能性を一つ閉ざしたのだった。これは広範にわたる影響をもたらすことになるため，現在ドイツでは，さまざまな異なる方面から立法者の介入を求める声が上がっているところである。

我が国における企業内弁護士とその問題点

本　間　正　浩

I　企業内弁護士の現況

本シンポジウムの事前打ち合わせの段階でまず問題提起として出てきたのが，「そもそも企業内弁護士というものが何をしているのかほとんど知られていない，そこから議論をしないと議論にならない」ということであった。ここではその問題意識に絞って，話を進めていく。

まず，企業内弁護士人口が増加したといわれているが，実際にどうかというと，2014 年の 6 月末の段階で企業内弁護士の総人口は 1179 名である[1]。これがどのくらいの数であるかというと，この数を上回る単位弁護士会は 6 会しかない。

次に経験年数による人口構成をみてみると，2001 年では弁護士経験 10 年超の企業内弁護士が 65％であった。ところが，2014 年になると，弁護士経験 5 年以内の弁護士が 66％を占めている[2]。これはほとんどが日系企業が司法研修所新卒者を採用している事例であると考えられる。こういうなかでは，企業内弁護士の意義，価値，リスク，陥穽といったものを整理することが必須の課題になっていくわけである。

---

1)　本書 339 頁。
2)　本書 339 頁。

II　企業内弁護士の意義

1．企業内法務を弁護士が担うことの必要性

「企業内弁護士の意義」というものは，これまでなかなか議論されていないところのもので今日の主要テーマであるが，これに関連して，本日冒頭の森先生のごあいさつのなかでの，「なぜ企業内の法務部員が弁護士でなければならないか」という問題提起について若干コメントをしたいと思う。

「企業内にいると『独立性』がなくなるから，これは弁護士の業務としてふさわしくない」という考え方がある。しかし，このような考え方は問題であると思う。なぜ「独立性」がないと問題があるかというと，これはしっかりとした職業倫理に規律されていない法的なサービスがなされてしまうという懸念があるからである。しかしながら，だからといって，企業内業務を弁護士の業務から外してしまうということは，まさに，企業内で法務を扱っている者を弁護士としての，プロフェッショナルとしての倫理の頸から外してしまおうという議論であって，これは背理に他ならないと考える。しかも，仮に，弁護士あるいは弁護士会が専門的な，あるいは職業倫理の裏づけのある法的サービスを社会の浦々まで及ぼすという責務を負っているとするならば，そこに法務サービスの必要がある以上，それは弁護士が担うべきである，というのは事の当然のように私には思えるのであり，「なぜ弁護士がやる必要があるのか」という問題提起自体が，問題であると考える[3]。

さて，弁護士の「意義」であるが，私は「入口」と「出口」という整理の仕方をしている。

---

3)　本間正浩「弁護士業務規程の実務上の問題点」本書 342 頁注 11）参照。

2.「入口」

⑴ 情報源の広範性，直接性

「入口」とは，執務時間のすべてを当該企業の業務に費やすがゆえに，企業内弁護士は企業内における法的問題を的確に認識することが可能である，ということである。

プライベート・プラクティス[4]の場合は，情報は依頼者の担当者に依拠する。依拠せざるをえないし，依拠することが「許される」。これに対して，企業内弁護士の場合，情報源は極めて広範である。

各部門から照会・質問が法務部に来るわけだが，これは企業内弁護士にとっては仕事の「きっかけ」に過ぎない。質問者が持ってきた問題を聞いたうえで，本当の問題はそこではなく別のところである，と検討対象を変える，というのはごく普通の仕事のしかたである。

また，私は執行役員として経営会議のメンバーである。その他，社内のさまざまなビジネス会議に出席する。それらを通して情報がいろいろ入ってくる。また，「ウォータークーラー・トーク」あるいは「なんちゃって相談」というが，要するに社内での「雑談」などのなかで社内の状況がつかめる。

もう一つ，企業内弁護士の情報は，プライベート・プラクティショナーの得る情報とは異なり，「一次情報」というべきもので，担当者による整理を経ていない「生」の情報である。また，企業内において社内の事情，なかんずく人のことをよく知っているので，どこに情報があるのか，誰に聞けばわかるのか，さらにその信頼性まで判断できる立場にある。これはプライベート・プラクティショナーが代替するには極めて困難なものであって，企業内弁護士の意義・価値の一つである。

---

4) その用語法について，本書 340 頁注 6)。

130 シンポジウム

(2) 問題の発見はむしろ「責務」であること

ここで注意すべきは，以上のように「可能である」ということの鏡の表裏として，法的問題の発見は我々の「責務」になっているということである。「知らなかった」「聞かされていなかった」ということでは通らない。それは職務の失敗でしかない。

これは企業内弁護士にとって非常に重いことである。前述のとおり，我々の耳に入ってくる情報は法的なスクリーニングを経ていない一次情報である。そのなかから法的に検討しなければならないものを抽出しなければならない。これを押し進めると，ある BBC のコメディーのセリフを借りると「私はすべてを知らなければならない。そうでなければ，何が必要な情報か判断できない」ということになってしまうわけである。そういうなかでは，どのような情報を知らなければならないかということが最初から決まっているわけではなく，具体的な仕事のダイナミズムのなかではじめて決まっていく，ということである。このことは，職務基本規程 51 条において，実務上の問題を生むことになる[5]。

3. 「 出 口 」

次に「出口」について述べる。

(1) 企業内弁護士の結論は「判断（Judgment）」である

企業内弁護士の結論は「客観的」な分析というよりも「ジャッジメント」という要素が極めて強い。

企業内弁護士も企業組織内の機関である以上，最終的にはその企業の行動，企業として何をするべきか，するべきでないか，というところまで落とし込まないと仕事をやっている意味がないのである。

しかし，ここで問題になるのは，常に正しい解答が出せるとは限らない，ということである。むしろ，出せない場合のほうが多いというのが現実である。

---

5) 本書 362 頁以下。

それでも何らかの結論がないと企業は動きが取れない。もし，法的に正しい答えが出せないということで，「客観的にはこうです。これにはこういうリスクがあります」ということで終わってしまったのでは，専門家である弁護士が，明確な答えを出すことが困難であるというまさにそのことをもって，非法律専門家であるビジネスに判断を委ねるということになってしまう。これは背理にほかならない。専門家として企業のなかで胸を張っている以上，困難なときにこそ，その存在理由があるはずなのである[6]。

　もう一つ，企業として考慮しなければならないのは，法的リスクだけではない。財務リスクやオペレーショナル・リスクもある。法的リスクだけを考えれば絶対に正しいことが，オペレーション上実行不可能であるということもある。結局，リスクの大小のバランスを考えざるをえない。しかも，先ほどあげた不明確性ということも考えると，「リスクを取る」という判断をしなければならないのある。むしろ，あらゆる選択肢に法的リスクがある，ということが極めて普通のことなのである。企業内弁護士としては，そのなかで企業としてはこのように動くべきである，ということまでいわなければならないのである。これを避けるのは企業内専門家としての責任の放棄であるといえる。

⑵　企業内弁護士は，その判断の「実現」についてまで責任を負う

　さらに重い話になるが，企業内弁護士は判断をするだけでは終わらない。企業の機関である以上は「答えは出しました。後は知りません」では通らないのである。企業として取るべき行動について結論を出した以上は，それを実現するところまで責任を負うわけである。この責任はシニアになればなるほど重くなる。

　そのためには法的知識だけでは足りず，関係機関との調整，広い意味での政治が必要になる。

　企業内弁護士の信頼はどういうところで得られるかというと，「これは法的

---

6)　本書 415 頁以下。

132 シンポジウム

に正しい結論です」ということで得られるわけではない。難しい問題に直面したときに，ビジネスの同僚と一緒になって汗を流す，そういうことで，企業として目的を法的に正しい方法で実現したという結果を出す，そういうところに企業は価値を見出すのである。そのような信頼があってはじめて，企業内弁護士が「NO」といったときに，「いつもあれだけ努力している彼／彼女がいうのだから，それは仕方ない」とそれを聞いてくれるのである。

III　企業内弁護士の「独立性」

さて，企業内弁護士というと，プリュッティング教授も言及されていたとおり，必ず出てくる問題が企業内弁護士としての「独立性」の問題である。しかし，「独立性」概念そのものが，かなり多義的だと思われる。ここでは，オーストラリアの研究者であるスザンナ・ラ・マイア氏の整理[7]を参考にしながら，検討するべき要素をいくつかあげてみたい。

1.「能力（capacity）」としての独立性

まずは，「能力（capacity）」として独立性というものが考えられる。これは，他から干渉を受けることなく，自律に基づいて判断する能力，と概念することができると思われる。

いうまでもなく，これはプロフェッショナルとしての弁護士の独立性の根幹である。ただ，プリュッティング教授も述べられたとおり，これは人の内面の能力／姿勢の問題といえる。それ以上にことを複雑にするのは，企業内弁護士は実務をやっているわけであるため，ある法的論点を考えるにあたり，その周囲の事情を具体的に勘案して，最終的にバランスのとれた判断をしなければならない。そのときに，そのバランスの取り方，関係要素の判断の仕方，その際に，それは自分が他から干渉を受けないで，「独立」して判断したものなのか，

---

7)　*Suzanne Le Mire* "Testing Times : In-House Counsel and Independence" 14.1 Legal Ethics 21 (2011).

それともそういう要素を考慮したこと自体が他からの干渉なのか，どこまでが独立性があるのか，どこからなくなるのか，その判断は極めて困難であり，自分自身でも判断ができないこともある[8]。

2．「立場（status）」としての独立性

それから，これはなかなか興味深い指摘であるが，「立場（status）」としての独立性ということがある。「独立」であると他から認識／理解され，そのように取り扱われることである。「観念」「ラベリング」と言い換えても良いかもしれない。

なるほど一面の真理かと思う。ミュージカル「マイ・フェア・レディ」のヒロインのセリフのように，「貴婦人と花売り娘の区別は，彼女がどのように振る舞うかということではありません，彼女がどのように取り扱われるかだと思いますの」ということである。

企業内弁護士の「独立性」ということについても，「独立性があるかないか」というよりも，「企業内弁護士は独立のものである」という観念を「刷り込んでいく」ということが案外重要ではないかと思う。

3．「力（power）」としての独立性

次に，ジョン・ロックの考えとしてラ・マイアが言及しているところのものであるが，「その選択を現実に実行できない力を持たない独立には価値がない」ということである。

この点は「アドバイザー」という性質から逃れえないプライベート・プラクティショナーの大きな脆弱性である。これに対して，企業内弁護士は，大なり小なりいろいろな形で企業の意思決定機構に組み込まれ，確かに一つの「歯車」であるが，それは機械を動かす歯車である。最終的な結果に責任を持ち，影響力を有する立場である。

---

8)　本書 398 頁，注 24）。

134　シンポジウム

これを「独立性」と呼ぶかどうかはともかくとしても，重要な指摘である。プライベート・プラクティショナーの方々と話をしていて，時々出てくるのだが，「何か問題があったら，言うべきことは言う。それが容れられなかったら辞任する」と。しかし，ここで辞任するということは，良い結果を導くことに対して寄与しているといえるのであろうか，という問題，これは「独立」なのか「孤立」なのかという問題である。

4．独立を阻む「障壁（relational barriers）」

さて，「独立性」という場合に，通常議論されるのが，独立を阻む「障壁」の存否ということである。この点，詳細は私の「組織内弁護士と弁護士の独立性」[9]という論考を参照いただきたいが，ここでは，1 点だけ述べる。よく議論されるのは，プライベート・プラクティショナーは依頼者との間が委任関係であって独立性がある，企業内弁護士は雇用関係であって独立性がない，ということである。しかし，プリュッティング先生がまさに述べられたように根拠のない議論であると思う。曲がりなりにも労働法の保護がある企業内弁護士と，そのような保護のない，いつでも委任者が自由に契約を解除できるプライベート・プラクティショナーのどちらが強い立場にあるかということは議論を呼ぶところであるはずである。

実際，こういうコメントすら出ている。「間違っても，経営者の不正を指弾するような行為は，依頼中止となる危険があるから，弁護士としては現に慎まなければならない」と[10]。このコメントを書いた方はロースクールでまさに「法曹倫理」の講座を担当してきた人で，そして，現在最高裁判所判事の職にある方である。

こういう現実は，企業内弁護士は独立性がない，したがって，特別な規律が必要である，という議論が根拠のないものであることの例証である。

9）　本間正浩「組織内弁護士と弁護士の『独立性』」，法律のひろば 2009 年 3 月号 56
　　頁，4 月号 68 頁，5 月号 62 頁。本書 387 頁以下。
10）　本書 351 頁。

そして，先にみてきたように，「入口」と「出口」という形で，企業内弁護士の独立性の議論を乗り越えるだけの意義・価値があると私は信じるものである。

もちろん，企業内弁護士特有の問題がないとはいえない。特に，客観的なプロフェッショナルとしての立場と，企業内で意思決定とその執行に責任を負う立場とは，一定の緊張関係があることは事実である。アメリカではこれを「Multiple Hatting（二足のわらじ）」という言葉で議論する。「外からの圧力」で意思を曲げられるということではない。むしろ，誠実に職務を尽くそうとするあまりにバランスが崩れてしまうということである。しかも，前に述べたように，「正解のない世界」で業務しているため，取るべきバランスがどこにあるのか，これを客観的に判断する方法はない。その意味では，問題はより深刻であるともいいうる。しかし，その解決は，一般的・抽象的に企業内弁護士には独立性がないと一刀両断するのではなく，企業内弁護士の意義，価値，リスク，陥穽を具体的にみつめて，「企業内弁護士のあり方，振る舞い方」を研究し，これを具体的な形でソフトローに落としていく，という方法で対応するべきであると考える。

IV　企業内弁護士に対する弁護士法の姿勢

最後に，企業内弁護士を巡る日本の法制上の問題について，ごく軽く触れておきたいと思う。

1．弁護士法 30 条

まず指摘したい問題点は，弁護士法は，企業内弁護士を正面から捉えていないということである。

弁護士法 30 条は企業内弁護士に対してその職に就くにあたり，届出義務を課しているわけであるが，そこでの規定は「営利業務に従事する者の使用人になる者」という捉え方としているわけである。すなわち，「イン・カウンセル」あるいは「イン・ハウス・プラクティス」をそれ自体として考えるのではな

く，あたかもそれは営利事業そのものである，という整理になっているわけである。これは要するに営利に関わることは汚いことだという時代遅れの考えからきているものであり，明らかに方法論的な誤りである。

2．弁護士職務基本規程51条

　これは，企業内弁護士が企業において違法行為をみつけた場合に「適切な処置」を取ること，——もっとも，その内容としては，経営陣に報告すること，としか議論がされていないわけであるが——を義務づけた規定である。

　これが現実的にワークするのか，特に，組織内弁護士の意義・価値を逆に損なうものではないかという疑いを私は持っており，これについての詳細は，私の別稿をご覧いただきたい[11]。

　ここで指摘したいことは，より初歩的なことで，規程51条を制定する時に，弁護士会は本当にきちんと研究・考察をしたのか，ということである。この点について，私は極めて疑問視している。

　職務基本規程51条の日弁連による解説を読むと，「アメリカではエンロン事件を機に，企業内における専門家責任に関する議論が活発となり，企業に属する弁護士の責任が問題となっていた。これを受けて，アメリカ法曹協会（ABA）はその模範規則を改正し，団体を依頼者とする場合の行為規範を定めた。本条はこれを参考にしている」と書いてある。これを素直に読むと，エンロン事件では，専ら企業内弁護士の責任が問題になり，そのために，組織内弁護士を対象としたルールができた，と読めるわけである。しかし，これはまったく事実に反する。

　まず，エンロン事件では確かに企業内弁護士の責任も議論されたが，それだけが取り上げられたわけではなく，法律事務所の責任も精密に議論されている。むしろ，エンロン事件における主要問題は，エンロン社の主要な外部法律事務所である，ヴィンソン・アンド・エルキンズがエンロンの経営陣と癒着し

11）　本書354頁以下。

てしまったことにあると理解するのが通常である。

　もう一つ，くだんの模範規則（Rule 1.13）であるが，これは英文が「Lawyers employed or retained by a corporation」となっているように，プライベート・プラクティショナーも含めた全弁護士に対する規定であり，組織内弁護士だけを特に取り上げた規定でないことは疑問の余地がない。この改正は，ABA に設けられた特命チームの報告が基礎になっているわけであるが，2 万 6711 語からなる最終報告書において，「In-House」の文字はわずかに 2 回しか現れていない。すなわち，企業内弁護士は，特有の問題としては特命チームにおいてまったく議論されていないのである。Rule 1.13 を「参考」にしたというのだが，弁護士会は，何をどのように調査・検討したのであろうか？

Ｖ　ま　と　め

　「企業内弁護士は弁護士の業務のうちで最も複雑でかつ困難な役割である」といわれている[12]。これに対して適切な対処をするには，抽象的・一般的な「思い込み」，あるいはプライベート・プラクティスの単純なアナロジーで割り切るのではなく，その意義・価値・リスク・陥穽を具体的かつ現実的に探究することが何よりも必要と考えるものである。それなしには我が国では企業内弁護士の健全な発展はありえないと，深刻な危機感を持っている。

---

12)　*Geoffrey C. Hazard, Jr,* "Ethical Dilemmas of Corporate Counsel", 46 Emloy L.J. 1011 (1997).

コメント

柏　木　　昇

　私は，本間先生と意見がほとんど変わりません。ドイツの傾向についても，ドイツ自身の特殊な状況は別として，プリュッティング先生がご報告されたことにまったく異論はありません。したがって私はあまりコメントすることはないので，別の角度から意見を申し述べたいと思います。まずは弁護士の専門表示の問題です。

　先ほどの上原先生のご報告にありましたが，なぜ弁護士の専門性の表示が必要なのでしょうか。これは明らかで，クライエントのためです。クライエントの中でも，アルプス電子のような大企業には，弁護士の専門性の表示は要らないのです。いみじくも佐藤先生がそのようにおっしゃっていました。大企業の法務部には，個々の弁護士の専門性に関する調査能力があるから，弁護士の専門性を表示されなくてもわかります。また，わかるように情報を集めておかなければならない。弁護士の専門性の表示が一番必要なのは個人です。たとえば，まだ少年の息子が事件を起こしたとか，若い奥さんが離婚したいと考えているとか，そのような問題を抱えている個人が弁護士を探そうにもこのような人には弁護士の専門性に関する情報がありません。今の日本の弁護士には，法律サービスのコンシューマーに必要な情報を提供しようとする視点がまったく欠落しているのです。これはなぜかというと，昔から日本の弁護士は訴訟しかやってこなかったからです。しかも弁護士数の制限によってサービスの供給を制限し，売り手市場を人為的に作り出して殿様商売をやっていた。だから，弁護士サービスのマーケティングなど考えなくてよかったわけです。この傾向は大都市では崩れはじめていますが，今でも特に地方の伝統的訴訟弁護士に強く

残っています。大都市の企業相手の弁護士で，訴訟以外の企業が抱える法律問題の相談を受けている弁護士には開明派が多く，意識も徐々にクライエント中心になってきています。　日本の企業は50年以上前から客が何を要求しているのかという顧客の要求に合わせるように態度を変え始めました。50年以上前の日本のメーカーは「良いものをつくれば，客は買うはずだ」「こんな良いものをつくったのに，この商品を買わないのは，客が悪い」という態度を取っていました。このサプライ・サイドのモデルが50年くらい前から大転換をしました。そのようにしていたのでは物は売れないことにメーカーが気づいたのです。そこで，企業の考えも「客が何を求めているのかをまず探さなければいけない。そして，客が求めているものを作る。」というように変わって，半世紀以上が過ぎています。しかし，弁護士にはいまだにサプライ・サイドの論理を維持しています。産業界からみれば，骨董品的な職業団体です。この化石のような人たちからみると企業内法務でやっていることなどはまったくわからないのは，仕方がないのでしょう。

　次は，企業法務の内容の問題です。説明のために，私が企業の法務部に配属されたときの戸惑いと経験をお話ししましょう。私は，1965年に大学の法学部を卒業しましたが，法律を飯の種にすることはまったく考えていませんでした。卒業試験が終わったときには，商社への就職が決まっていましたので，大学の前の古本屋に法律の本を全部売ってしまい，その金でスキーに行って，「商社だから，どこかの営業部に配属になるだろう。ああ，さばさばした。これで法律とは縁が切れた」と思って，入社式に臨んだわけです。あに図らんや，法務部に配属されて，上司には「青天のへきれきだ」と文句をいいました。

　ところが，だんだん面白くなってきました。商社の法務部はそのころから仕事のやり方が変わってきたのです。それまでは貿易から発生するトラブルの法律相談が多かったのです。しかし，そのころから，先ほどの本間先生のお話にもあったように，法律に関する意見をいうだけではない仕事のやり方が要求されるようになったのです。それは，商社が貿易売買中心の仕事から，合弁事業や投資のような複雑な取引を始めたことと関係があります。このような複雑な

コメント　*141*

取引では，企業法務の仕事は営業部や事業部など社内クライエントと一緒になって取引を設計し相手と交渉して取引をまとめていかなければいけません。法務担当者としては，取引交渉相手を説得できる意見をいわなければならないし，実際交渉にも参加して，相手方を説得しなければならない。自社に有利なことばかりをいっても，相手が合意してくれないような意見は，営業の足を引っ張るだけです。

　そのためには，営業部など社内クライエントと一体になって問題を考えなければなりません。大きなプロジェクトの場合ですと，レター・オブ・インテントを出すあたりから，営業・財務・法務の担当者たちがチームをつくります。主要な社内会議には全部出ます。銀行借り入れの交渉にも出ます。当然，海外の相手方との交渉にも出ます。そのようにしてチームの一員として取引を推進し，問題の解決にあたります。そうなると，営業担当も財務担当も法務担当も，それぞれが取引を推進し，問題を解決するための歯車の一つということになります。それぞれの歯車は，単に外からの力で回されるものではなくて，中にモーターを持った歯車です。お互いに影響を及ぼしながら，企業をある方向に持っていくわけです。したがって，万が一，営業部が怪しげなことを考えていれば，法務部にはそれを止めさせることができるのです。法務部が「駄目だ」といっただけでは営業部がいうことを聞かないのならば，財務部を動かす，企画部を動かす，常務取締役を動かす，果ては直訴して社長を動かすなど，いろいろな手段があります。

　そのようにして取引を作り出す企業活動に直接参加するというダイナミズムが企業法務部の一番の面白さだと思います。外部から意見だけをいう弁護士事務所の弁護士や，こじれて交渉ではどうしようもなくなった問題を扱う訴訟専門の弁護士の仕事と決定的に違う点ではないでしょうか。

　私は，営業をやるつもりで商社に入りましたが，何のことはない，営業・法務・財務は観点，専門性が違うだけで，ほとんど同じことをやっているということに気づきました。

　最近，後輩の若い女性の企業内弁護士に会いましたら，時々海外に一人で出

142 シンポジウム

張するといっていました。私もよくやりました。なぜ一人で相手企業と取引の交渉ができるのか。チームの一員として仕事をしていますから，営業部が何を考えているのか，財務部が何を考えているのか，官公庁や銀行などの関係者が何を考えているのかが全部わかっています。本来ならば法務部の担当者は，営業担当者と一緒に出張に行くべきなのですが，営業担当者が忙しいような場合には「この人は全部わかってくれている。間違いのない判断をしてくれる」と法務担当者に交渉を任せることができるわけです。

つまり，企業内法務の一番の面白みは，会社を動かし，新たな取引の創造や，リーガル・リスクの極小化や紛争の解決に直接参加できることです。これが外部の人にはなかなかわかっていただけないのです。これはある程度無理もない気がします。先ほどの本間先生のグラフにもありましたように企業内弁護士が2007年から急に増えたわけです。企業内弁護士の活動に光があたりだしてから，まだ歴史が非常に浅いので，一般の弁護士に企業内弁護士の活動のあり方がまだ知られていないことは致し方ない面もあります。

次の問題は，弁護士の独立性のドグマです。これもプリュッティング先生のレジュメにきれいに整理されていました。日本の議論をみていると，「企業内弁護士は，企業に雇われるのだから，企業の指揮命令に服する。したがって，独立性がない」という，非常に短絡的で抽象的な議論ばかりが横行しています。しかし，具体的にどのような現実的な事例で独立性が阻害されるのかという議論はまったくなされていません。

企業内弁護士の独立性と雇用関係からくる指揮命令権の問題に関しましては，私は，企業の法務部に29年いましたが，少なくとも会社の命令で私の仕事上の意見を変えたことは一度もありません。指揮命令は，たとえば「朝9時までに出社すること」とか，「4月1日から大阪支店に転勤を命ずる」ということです。毎朝9時に出勤することはかなりつらいことですが，このような指揮命令には服さなければいけません。しかし，私の考え方や意見を，雇用関係の指揮命令で変えさせられたことはありません。逆に，先ほど申したように，むしろ自分の意見で会社を変えられるのです。それを独立性というかどうかは別

として，自分の意見・主張が実現できるという意味では，唯我独尊の独立弁護士よりもはるかに面白く有意義で，かつ直接的な影響を企業に及ぼしています。

「企業内弁護士は指揮命令権のために独立性がない」と主張する弁護士に，ぜひお聞きしたい。机上の空論ではなく常識的にありそうな指揮命令権の発動で企業内弁護士の独立性が害されたという具体例があるのでしょうか。私は，会社の指揮命令によって社内弁護士の独立性が毀損されるような例で，現実にありそうな例を示した議論は聞いたことがありません。独立性についてはもう少し足が地に着いた議論をする必要があるように思います。

最後に，企業法務のスペシャリティーです。

企業内弁護士はスペシャリストです。独特のスキル・知識が必要です。昔つき合っていた偉い医者が「町医者は，大学病院の専門医になれなかった二流の医者ではない。町医者には町医者の専門性がある」と言っていました。たとえば，若い患者が診察を受けに来ます。長らくそこで医者をしているので，その患者の家族全員を知っています。つまり，ファミリー・ドクターです。だからその医者は「あの家系は糖尿病家系だ」「あの家系は高血圧家系だ」と，患者の健康上の問題に関連する周辺の事情をよく知っています。そこで診断が早く，正確になります。そして，自分で処理できる問題と，専門医に回す問題とをはっきり区別する必要があります。たとえば，患者の病気が癌であれば，自分で対応できる種類の癌かどうか，対応できなければ，その種の癌の専門医は誰で，すぐに患者をその専門医に紹介できる必要があります。まとめると，町医者の専門性は，①個々の患者（企業）がどのような病気にかかりやすいかということを良く知っている，②病気の全般にわたって初期症状を把握していて病気の早期発見ができる（リーガル・リスクの早期発見），③手に負えない病気であれば適切な専門医（外部の専門弁護士）を紹介できる，ということです。このように，企業内法務の仕事は，ファミリー・ドクターの仕事の専門性と非常に似ています。

ほかにも，本間先生がおっしゃったように，企業法務の特性としては，人を動かす技術が必要であるとか，意見を言いっ放しではなく結果まで責任を持つ

など，いろいろありますが，時間がきました。企業内弁護士は，決して，4大法律事務所に入れなかった弁護士がなるものではありません。

　コメントになったのかならなかったのかはよくわかりませんが，これで私のコメントといたします。

コメント

後 藤 康 淑

　後藤です。グローバル企業の法務の視点からコメントを申し上げます。

　そもそも「グローバル企業とは何か」が問題です。このことは，自明なようでいて，実はそうではありません。「「グローバル企業」と法務に関する仮説」と題する図1をご覧ください。IBM が提唱した三つのモデルがあるので，それを使って話をしようと思います。

　まず，「International」，国際企業です。

　人件費の安いところに工場を造って，そこでモノを生産しよう，自社商品を海外でも販売する拠点をつくろう，というかたちで外に出て行くパターンです。この意味での国際企業は，本社が業務の中心です。法務としての機能もほぼ本社だけに存在します。たとえば，現地では知的財産の保護の問題が複雑だとか，労務問題で現地固有の考慮が必要など，海外の出先機関固有の幾つかの法務が出てきますが，基本的には本社が中心です。このパターンにおける，本社法務によるコントロールを，まず中程度と考えましょう。このパターンに見合う外部の法律事務所のモデルは，たとえば日本の法律事務所が，クライアント企業が進出している国に支店を設ける，というものです。東京在住のパートナー弁護士が，東京の本社の法務の人と話をした上で，現地の出先機関の弁護士とつなぐという，非常にわかりやすいパターンです。

　海外進出に成功した国際企業は，徐々に「Multinational」，つまり多国籍企業になっていきます。いろいろな国に子会社を設立し，徐々に子会社に権限を移譲するようになります。法務の権限も現地の子会社に移譲するようになります。その結果何が起こるかというと，本社および各国の法人間で矛盾，無駄，

図1 「グローバル企業」と法務に関する仮説

出典 http://ja.wikipedia.org/wiki/Globally_Integrated_Enterprise

3つのモデル

	International 国際企業	Multinational 多国籍企業	Globally Integrated グローバル企業
	海外で売る・造る ・本社中心	海外への権限移譲 ・各国法人の自主性	地球でひとつの会社 ・全体最適化を繰り返す
法務	法務はほぼ本社だけ ・生産，販売拠点の限定的な法務（例 労務，流通，知的財産等）を外部に依頼	各国法人に法務 ・無駄・監視・矛盾	法務の全体最適化 ・IT化 ・人の柔軟な移動 ・内部・外部リソースの取捨選択をし続ける
本社法務によるコントロール	中	弱	強
外部法律事務所のモデル	海外に支店を有する日本の法律事務所が現地の弁護士との間をつなぐモデル	各国法人のすべての所在国に事務所を有する国際的大法律事務所	案件の進行管理や見積，請求管理をする依頼者の単一ITシステムに世界中の法律事務所が対応（リアルタイムで把握）し，外部弁護士法律事務所が常に取捨選択され続ける

重複が生じるようになります。同種の取引に使われる契約なのに国によって全然違う内容の契約書があり，国の数だけ標準書式があり，同種の問題についてどこまで例外を認めるかというポリシーについても各国でバラバラ，というのがその典型の一つです。このような企業では本社の法務によるコントロールは

弱いのです。それにぴったりくる法律事務所のパターンが，主要諸国に拠点を有するいわゆる英米系の大法律事務所で，そこを使おうということになります。賢い依頼者はよいのですが，あまり賢くない依頼者はそれで失敗します。いろいろな国の拠点の人が同じような質問を，そのような大法律事務所のいろいろな国のオフィスに，会社内での横の連絡のないままに出すのです。質問の仕方がよければまだよいのですが，法律家でない人は法的な問題に関する質問のしかたがよくないことが多いので，えてして，同種の質問に関する違う答えが違う国で返ってくることがあります。依頼者が賢くないと，そのようになるのです。

　多国籍企業は，徐々に，「Globally Integrated Enterprise」，グローバル企業を目指すようになります。これは，「地球全体で一つの会社」というイメージです。現実には，真のグローバル企業はまだ存在していないかもしれません。これにかなり近づいている企業もあれば，まだまだこれからという企業もある，というのがおそらく現実でしょう。グローバル企業で何がおこるのかというと，法務を含めてすべての部門が常に全体最適化を繰り返します。すべてが東京本社にあればよいという話ではありません。たとえば，法務の本部が違う国にあっても構いませんし，財務がそれとはまた違う国にあってもよいのです。各部門のトップが東京にいなければならない理由は全然ありません。常に全体最適化を繰り返します。そうなると，IT化が絶対必要になります。いろいろな国，いろいろな通貨，いろいろな言葉，そしていろいろな文化の人間が24時間，コミュニケーションしなければいけないので，IT化が必須です。人の柔軟な移動も必須になります。内部の法務の人間と外部の法律事務所も最適な組み合わせをし続けます。必然的に，新しい法律事務所を雇ったり，今まで使っていたところを使わなくなったりする，ということを頻繁にすることになります。そうすると，本社の法務によるコントロールが強くなります。これは決して本社の法務で全部をやるという意味ではありません。全体最適化をしつづける司令塔のような意味で，本社の法務のコントロールが強くなるのです。

　この結果何が起こるのでしょうか。案件の進行管理をしたり，「今日は，ど

の国のどの法律事務所の誰それが何時間何のために働いた」などということを本社でリアルタイムに，統計的に把握をする必要が生じます。そうしないと法律事務所に支払う費用の総額が膨大になってしまうからです。どのような案件をどこで誰が（内部の人間なのか，それとも外部の法律事務所に外注するか）処理しているかを常に見ておかないといけません。これを可能にする IT システムが必要になります。現に，アメリカでは，これを可能にするシステムがあります。「うちの仕事をしたければ，案件の進行管理も請求書の発行も，このシステムを通してください。そうでないと支払いができません」と，各国の法律事務所にお願いするのです。法律事務所のほうは，これを嫌がります。なぜかというと，依頼者ごとにシステムが違うことになりかねず，その法律事務所自身の会計処理，請求書発行のシステムとは別建てで，依頼者のためにいろいろなデータを依頼者指定のシステムに入力しなければならなくなって，それ専用の従業員を雇わないといけなくなってしまうからです。しかし，企業のほうは遅かれ早かれそれをやらざるをえないし，依頼者を獲得し維持したい法律事務所はそれに従わざるをえません。

　たとえば，アメリカには TyMetrix という会社があり，北米とヨーロッパと中東とアフリカで，このようなシステムに基づくサービスとユーザーサポートを提供しているはずです。日本は無関係かというと，そうではありません。日本でも，いわゆる大手法律事務所の多くや国際法律特許事務所といわれているところの多くは，海外の依頼者からの要求に応じて，このようなシステムを少なくとも請求書処理の関係では使っています。今後その数は増えていくでしょう。

　さて，私が具体的にどのような仕事をしているのかは，今日の趣旨から外れるので，あまり詳しくは申し上げませんが，簡単に，現在の私の職場がどのくらいグローバルなのかを説明します（図2）。

　私の勤務先の主力の製品やサービスは，簡単にいうと，非常に深い海のさらに深い地下にある油を吸い上げて，海の上に浮かんでいるプラントでその油を精製し，貯蔵して，それをタンカーに積み出す，そういうプラントを作り，それを販売するか，リースするか，または代わりにオペレーションもしてあげま

図2 三井海洋開発（MODEC）の法務とコンプライアンス

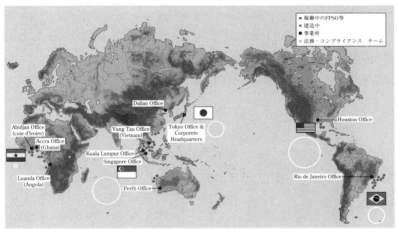

しょう，という会社です。

　この地図には，小さな丸で，その製品が実際にオペレーションしている場所と地上の拠点がある場所が示されています。国旗は法務・コンプライアンス関連の私の部下がいる場所を示していて，国旗の下の丸の大きさは，私の部下の人数の多寡を示しています。ご覧のように私の部下はガーナ，シンガポール，日本，アメリカのヒューストン，そしてブラジルのリオデジャネイロにいます。海底油田の場所として注目されているのが西アフリカとブラジルです。大

昔は西アフリカと南米がもっと近かったので，ブラジル沖に油があるということ西アフリカ沖にも油がある，ということです。従業員のほとんどが，日本の外にいて，日本国籍ではない人です。顧客も，すべて外国の会社です。典型的には，ガーナやブラジルの石油公社のような会社で，国営だったりします。契約上の義務の履行の場所も，ほとんど海外です。準拠法や紛争解決の場所も，95％以上は日本の外です。それから，社内倫理規定は英語・ポルトガル語・フランス語・スペイン語・中国語・ベトナム語・日本語の７カ国語で作られています。それくらいのグローバルな企業なので，日本の弁護士資格を有している，ということだけではまったく仕事になりません。そこが大変なところであり，エキサイティングなところでもあります。

次に，企業法務と弁護士の役割です（図3）。すでに，先生方からいろいろな話が出てきました。

法律事務所の仕事は，基本的には受け身で散発的です。依頼者にいわれては

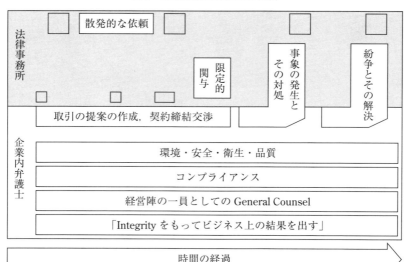

図3　企業法務と弁護士の役割

じめて動きます。いわれないで動くと報酬を払ってもらえないからです。ある
ビジネス上の提案の作成や契約締結交渉の始めから終わりまで関与すること
は，あることはあるのですが，多くはありません。いわれたときに必要な限度で
関与するだけです。何か事象が発生した場合や紛争が発生した場合には，その対
処や解決に雇われることがあります。その意味で非常に散発的で受動的です。

　先ほども先生方のお話に出てきましたが，企業内にいると，弁護士は会社の
業務を運営するほうにいなければいけません。法的な意見の言いっぱなしでは
なく，物事を実行する，進める仕事に携わっているのです。英米型のゼネラル
カウンセルとしての職責を担っている弁護士の場合には，多くは社長の直属の
部下ですから，経営陣の一員として活動しています。経営陣の一員として，イ
ンテグリティーを持ってビジネス上の結果を出すのが仕事です。先ほど，本間
さん・柏木先生のお話の中にも出てきましたが，基本的にはビジネス上の結果
を出すことが仕事なのですが，「インテグリティーを持って」という部分がミ
ソです。インテグリティーなくビジネス上の結果を出そうとすると，いつつぶ
れるかわからない会社になってしまいますから，必ず「インテグリティーを持
って」結果を出すのが使命なのです。「インテグリティーを持ってビジネス上
の結果を出す」というのは法務だけの責任ではなく，経営陣全員，そして全社
員に共通する責任なのですが，真実，社内のDNAがそうなるように，社内の
さまざまの部分でサポートするのが企業内弁護士の重要な仕事の一つだ，とい
うことです。

　次に「企業内弁護士と法の支配」です（図４）。ここまでに出てきた幾つか
の話を別の角度から書いています。

　弁護士は基本的人権の擁護と社会正義の実現をする職業です。被害が発生し
てしまった後の事後的救済に従事している弁護士の仕事が非常に重要であるこ
とは，言うまでもありません。「弁護士の独立性」という観点から考えてみる
と，そのような弁護士たちの多くは，仮にそれをビジネスと考えるのであれ
ば，「多数の依頼者から少額案件をたくさん受任する」いうビジネスモデルを
採用しています。依頼者の多くは個人です。ですから，１人や２人から解任さ

図4　企業内弁護士と法の支配

基本的人権の擁護と社会正義の実現	法律事務所		企業内弁護士
	主に被害発生後の事後的救済	？	法令遵守＝多くの人権侵害の未然防止
弁護士の「独立性」（弁護士職務基本規程第2条，第20条，第50条）	多数の依頼者から少額案件を受任	少数の依頼者から高額案件を散発的に受任	単一の依頼者の業務の全体
	依頼者の多くは個人	依頼者の多くは企業部門予算をもった部長が多くの場合窓口	CEO直属のGC（役員）企業内弁護士の上司はGCでありその上司はCEO
	辞任・解任の経済的影響は低い	重要依頼者を失う経済的危険（事務所経営）	辞任によるリスクの上限は自己の収入

・「他人の指揮命令に服」し，法の支配が実現できなくなる，という状況が存在する可能性があるのはどこか？
・企業内弁護士は，被害救済に従事する弁護士と少なくとも同程度は法の支配の実現に寄与している

れても，経済的な影響は少ないですから，それをビジネスとしてみた場合には，依頼者を1人失うことのリスクは高くないのです。

　ところが，企業を主な依頼者としていて，しかも，比較的少ない数の依頼者から多額の大型案件を受任することを中核としている法律事務所の場合には，状況はまったく異なります。依頼者の多くは企業で，しかも会っている人間は社長ではなくて，多くの場合，部門の予算を持ったたとえば部長クラスの人が窓口です。このような事務所で社長本人と会うことはそれほど多くないはずです。その意味で，弁護士の意見が会社経営に反映されることにはおのずと限界があります。このような弁護士のビジネスモデルは，重要顧客を失ってしまう場合の経済的影響が非常に大きいのです。「事務所の家賃をどのようにして払おうか」「勤務弁護士や事務員の給料をどのようにして払おうか」という悩み

に直結するからです。

　では，企業内弁護士はどうでしょうか。企業内弁護士は，自己が所属する会社の法令遵守に携わっています。成熟した国では，人権侵害は，多くの場合，国家権力ではなく企業の行動によってなされています。多くの企業が法令を遵守すれば，人権侵害の多くの部分がなくなるはずなのです。その意味で，企業内弁護士は，事後的な被害救済に携わっている弁護士と同様に，本人がそのように自覚しているか否かは別として，基本的人権の擁護と社会正義の実現に携わっている弁護士なのです。

　企業内弁護士にとって，依頼者は単一で，その業務の全体を見ています。これがゼネラルカウンセルであれば，直属のボスは社長ですから，自分の上司はもう社長しかいません。弁護士は，経営陣の一員として，会社が経営に直接の影響を与えることができる立場にあります。会社が仮に不正行為に関与しようとしていて，法務を担当する役員として進言したにもかかわらず，会社はやめようとしない。見て見ぬふりをして，違法かもしれない行為をしようとしているとします。そうすると，法務担当役員である弁護士は，最後はもう辞任するしかなくなります。その場合，家賃を払わなくてもよいし，給料を払う心配もしなくてもよいので，企業内弁護士にとって，リスクの上限は自分の収入になります。次の職がみつかるまでの間に自分の収入がなくなる。このようなリスクがあるだけです。

　そのように考えると，他人の指揮命令に服するがゆえに法の支配の実現が難しくなってしまうリスクがあるのは，一体どこでしょうか。企業内弁護士だけが例外でしょうか。そうではないでしょう。もしかすると，この表の真ん中あたり，少数の依頼者からの高額案件に依存している法律事務所の弁護士のほうが，家賃や従業員の給料を払えなくなるため，企業内弁護士よりもリスクが高いかもしれません。結局，企業内弁護士は被害救済に従事する弁護士と少なくとも同程度は法の支配の実現に関与しているのだ，と考えるのが正しいのです。

　次に，「企業内弁護士が培うべき能力」です。今日は参加者の中には若い世代の方も多くいらっしゃるので，企業内弁護士としてはどのような能力がある

154　シンポジウム

図 5　企業内弁護士が培うべき能力

少ない時間と資料で判断する力	ことの性質に応じて優先順位をつけたうえで，インテグリティを犠牲にせずにビジネス上の結果を出すのが仕事
日本語以外に少なくとも英語はできる。言語以前のそもそもの人間としての意思疎通能力が高い	日本だけで完結するビジネスはほとんどない 多様な人たちで構成されるチームを全体最適化し続けなければならない
「日本人 v 外国人」，「国内 v 海外」という二分法の発想をしない	「グローバル」とはそういうこと
諸国の外部法律事務所の弁護士の力量を見定めて取捨選択し，上手にコントロールする能力	法律事務所で諸外国の弁護士を部下として使った経験　依頼者に対する請求をするパートナーの立場の経験　内部と外部のリソースの最適な組み合わせのためには自分が使う法律事務所とのタフな交渉も必要　ベンダー（法律事務所）以上にスマートなユーザー（企業内弁護士）でなければならない
グローバルな組織におけるリーダーシップ	世界中にいるいろいろな背景を持った人たちで構成される人たちを育成し鼓舞し次世代につなげ後継者を育成しなければならない 自分1人では時間あたりの市場価値 × 年間労働時間分の価値しかない 有能な企業内弁護士ならその何百倍もの法的価値を社会全体にもたらすかもしれない

とよいのかをまとめてみました。

　まずは「少ない時間と資料で判断する力」です。本間さんの報告にも出てきましたが，企業内弁護士の仕事は，意見書を書いて依頼者に送って終わりではないのです。会社の業務を進めなければいけません。やらなければならない仕事はたくさんあるので，もちろん優先順位をつけなければいけませんが，使える資料はいつも限定されています。自分の知りたい事実が全部自分の机の上に

あることは，ほとんどないのです。少ない資料と時間的制約の中で結果を出さなければいけません。会社のインテグリティーを犠牲にしないで会社のビジネスを進めるのが仕事です。

次に，日本語以外に少なくとも英語ができなければいけません。今，日本だけでビジネスのすべてが完結する企業はほとんどないはずです。多様な人たちで構成されるチームを常に最適化し続けなければいけません。自分の上司，同僚，部下が同じ国の人間とは限りません。

また，日本人対外国人あるいは日本対外国，国内対海外という二分法の発想を絶対にしないことが必要です。基本的に，この二分法の発想は間違っています。日本人も一歩外へ出れば「外国人」の一人です。

諸国の外部法律事務所の弁護士の力量を見定めて取捨選択し，上手にコントロールする能力も必要になります。先ほどいいましたが，これからはどこかの大先生に会社の法務をずっと頼むというパターンはなくなります。国内外ともに，「この案件だったら，この法律事務所のこの人にこういう条件で頼む」ということになるでしょう。請求書の内容もチェックして，文句を言うべきときにはいう。いつもいわれるままに全額必ず払うわけではなく，仕事の内容について確認の質問がくる，そういう，法律事務所から見て少し難しい依頼者にならないといけません。そのためには，法律事務所で諸外国のロイヤーを部下として使った経験があると非常によいのです。

依頼者に対して請求するパートナーの立場を経験したことがある人は，自分が依頼者になった場合，「あのときは，ああだった」という経験が生きてきます。要するに，ベンダー以上にスマートなユーザーにならなければいけないのです。

最後に，「グローバルな組織におけるリーダーシップ」です。

世界中にいろいろな人間がいて，その人たちを育成し，鼓舞して，次世代につなげて，後継者を育成しなければいけません。企業にいる人間は皆それをやっています。当然，弁護士も例外ではありません。それをやるためにはリーダーシップが非常に大切です。実はこれが一番難しいのです。

156　シンポジウム

　自分一人でやっている仕事には限界があります。1時間あたり何万円の価値
があるのかはわかりませんが，自分一人ではそれ掛ける年間労働時間，以上の
価値は絶対に出ません。有能な企業内弁護士であれば，世界にいる自分の部下
をうまく使って，その何百倍の価値を生み出せるかもしれません。そのために
はリーダーシップが必要です。

　以上が，企業内弁護士が培うべき能力です。

　私のコメントは以上です。

ディスカッション

森先生

　それでは，ディスカッションラウンドに入りたいと思います。質問用紙を何枚かいただいていますが，内容は，質問より，応援をしてくださるものが多くあります。大変ありがたいことですが，質問のある方は遠慮なく，どうぞ。若い方には，日独の企業内弁護士の実態をあまりご存じない方が結構いると思います。せっかく本間先生，後藤先生という雄がいらっしゃるので，ぜひとも遠慮なくやってください。

　先ほどから申し上げているように，私はかなりの「ゆるキャラ」ですから，どのようなことでも構いません。なんでもありで，どうぞよろしくお願いします。

司会（トーマス・ウィッティー先生）

　それでは，ディスカッションに入ります。

　ディスカッションには，企業内弁護士について非常にお詳しいので，ドクター・オファーマン – ブリュッハルトにも参加していただきます。パネリストにご参加いただき，ありがとうございます。

　質問は紙1枚に本間先生に対してしか頂いていないのですが，途中でご質問があったら手を挙げて発言しても結構だと思います。

　まず，私からプリュッティング先生と柏木先生に学者としてのご意見を伺いたいと思います。

　ドイツでも日本でも非常に議論されているポイントだと思うのですが，独立性についてです。独立性についてはいろいろな定義ができると思います。経済的な独立性なのか，プリュッティング先生がおっしゃった精神的独立性（ドイツ語では「Innere Unabhängigkeit」）なのか，いろいろ考えられます。立法者が企

業内弁護士について定義するべきなのであれば，独立性の定義は立法者にとってはなかなか難しいと思います。そこで，学者または企業内弁護士からみて独立性はどのようなことなのか，もう少しご意見を伺いたいと思います。

では，プリュッティング先生から，よろしくお願いします。

プリュッティング先生

　私の報告をお聞きいただいておわかりいただけたところですが，ドイツでは，企業内弁護士の独立性が，一つの中核的な問題になっています。そのなかでもさらに中核的問題は，ここで「独立性」という場合，それはどのような意味なのかです。というのは，独立性の意義は多様だからです。

　歴史的にみてみると，そもそものところ立法者そして法は，国家からの独立を要求しました。つまり，弁護士は，国家によってコントロールされてはならず，弁護士は自由でなければいけないということです。これは弁護士がこの意味での独立性を獲得した19世紀においては，中心的な問題でしたが，今日では，当然のことで，問題となることはありません。いずれにしても，法律の枠組みのうちにあってはもはや問題とされることはありませんし，もちろん企業内弁護士に関係することではありません。

　それでは独立性に関して何が問題かといえば，それは，財政的な独立性，依頼者からの独立性あるいは裁判所からの独立という別の側面です。そして，これらすべてを検討してみると，企業内弁護士の独立性に関しては，次点に問題を集約できるのではないかと考えます。つまりそれは，労働法上の問題，具体的には，よく知られているように，使用者の労働契約上の指揮・命令権です。

　先にも述べましたように，私は，この指揮・命令権が必然的に企業内弁護士の独立性を侵害するものではないと考えています。

　ドイツでは，弁護士の職業は，ほかにも同様の職業がありますが，まったく意識的に自由職業（FreierBeruf）ととらえられています。こうすることで，通常の営業・稼業（Gewerbe）と区別しようとしているわけです。こうした区別は，まったく問題がないというわけではありません。というのは，自由業とは

何かについて正確な定義がないからです。ではありますが，この区別の核心部分は，次の点にあるとされています。すなわち，この自由業を営む者の特質は，一定の資質を備えていること，その知識を用いて仕事をすること，独立していること，自身でその仕事に対し責任を負うこと，そしてまたその人格および知識に対する信頼を前提に仕事をしているということです。このような考えを出発点にして，ドイツに関しても日本に関しても，今日提示された問題，つまり，企業内弁護士にどのような地位を与えるべきなのか，あるいは与えられて当然なのかという問に対する私の答えははっきりしています。すなわち，企業内弁護士が備えるべき独立性という意味での独立性を企業内弁護士は備えているというのが，私の考えです。企業内弁護士は，自由職業に従事している，つまり，本間先生が実にうまくいわれたように，自身の責任の下で仕事をし，自身の専門知識を活用して仕事をし，そして決断することができるのです。

　もちろん見落としてならないのは，弁護士登録をしつつ企業に所属している弁護士が担当している仕事のレベルは，実にさまざまだということです。これらの弁護士のなかには，法律事務に従事していない者，たとえばマネージメントの一員となっている者も非常に多くいますし，こうした者は，おそらく弁護士としての独立性を備えていない可能性までも否定するものではありませんが，私が報告したように，企業内弁護士は「企業内」の「弁護士」でありうるということができるとしても，いうまでもないことですが，一つ境界線を引かなければいけません。つまり，弁護士本来の業務に従事していない弁護士が多数いることを見落としてはなりません。彼らは，企業内「弁護士」ではないのです。そういうことで，まずは典型的な弁護士の活動は何か，その線引きをする必要があるわけです。

司会

　弁護士活動をしていない人がいると思います。それは組織内・企業内弁護士ではないという定義になると思います。たとえば，執行役員など役員になっている場合です。

今のお話を聞くと，企業の指揮命令または営業活動があるかないかによって
独立性が発達するかしないかがわかるということだと思います。まったくプリ
ュッティング先生のご意見のとおりなのですが，私から見て，組織内弁護士の
独立性は大手事務所の若いアソシエートの独立性と比べると，ほとんど変わら
ないと思います。そこにも結局，企業ではないのですが，大手事務所の指揮命
令という問題もあると思います。最終的には自分で法的な判断をするしかない
と思います。

　それについて先ほど柏木先生からご意見を伺ったのですが，もう少しコメン
トを頂けませんでしょうか。

柏木先生
　本間先生の論文のなかで弁護士の独立性の定義を書いてあるものがあったよ
うに思います。弁護士の独立性は多義的ですが，本間先生の資料のなかにオー
ストラリアの議論を踏まえながら多義的な独立性の定義が幾つか示されていた
ように思います。

本間先生
　〔本書132ページ〕に，独立性概念の多義性，ということでコメントがあり
ます。

柏木先生
　多義的な独立性の概念のなかで何が一番大切なのかというと，（一）の，キ
ャパシティーとしての独立性で，他から干渉を受けることなく自立に基づいて
判断し，その意見をいう能力，ということでしょう。私は先ほど指揮命令の解
釈で「朝9時に来い」とか「どこそこに転勤しろ」とか「出張しろ」とか，そ
のような例をいいましたが，このようなことは重要な問題ではありません。外
部の弁護士にとっても企業内弁護士にとっても自分が考えた法律意見がゆがめ
られることなく表明できることが独立性としていちばん重要なのではないか，

と考えています。

司会

　少しだけ見方を変えたいと思います。特に本間先生と後藤先生はプライベートプラクティスまたは大手法律事務所のご経験と組織内弁護士の両方のご経験があると思います。そこで質問です。

　平等性について，弁護士と組織内弁護士とはどこが違うのか。なぜ企業内弁護士は下に見られるのか，弁護士と同じではないのか。そのようなことがよくいわれると思います。私から見て，弁護士として企業と仕事をするときには，弁護士が相手になると非常に話しやすいところがあると思います。弁護士としてまた組織内弁護士としての実際の仕事のメリットやデメリットがあるのかないのか，そして，結果的には平等性がないのか，問題があるのかについて，何かコメントを頂けますか。

後藤先生

　ご質問の意味を誤解していないとすると，ですが，外部の法律事務所の弁護士と企業内弁護士との平等については，その観点で物を考えたことは今まで一度もありません。どちらもまったく同じ「弁護士」だと思っています。ただ，金曜日の夕方に「これをお願いします」と外部の法律事務所に依頼できる瞬間に，「あ，違うな」と思います。平等ではないかもしれないと思うのはそのときだけです。

本間先生

　後藤先生のおっしゃるとおりで，上か下かという議論ではなくて，単に役割が違うだけのことのように思います。

司会

　よく議論されているのは，企業内弁護士と弁護士の法的な扱いの違いでしょ

162　シンポジウム

う。もちろんそれは独立性のことにはなっていますが，そのような意味で平等ではないかと申し上げたかったと思います。

では，そこから離れます。

今頂いている質問はすべて本間先生宛てのものです。本間先生，お願いできますか。

本間先生

一つ，これは質問というよりも意見陳述だと思うのですが。「日弁連，弁護士会がその日常活動をどのように支援しているのか。自分の企業で悲壮になるのは誤り。弁護士として，組織的に行動し，個人でやらざるを得ない職場固有の事情を踏まえた活動を支援する方策を考えてほしい。まさに，そのとおりです。数える機会があったのですが，私の所属している日本組織内弁護士協会（JILA）では，JILA独自の企画だけで，昨年61回の研修会・研究会を企画しています。いろいろな形で組織内弁護士あるいは企業内弁護士としてどのような支援をするのかということをやっています。一方，残念ながら，日弁連ではその必要性に対する認識がまだ不十分です。

もう一つの質問です。「先ほど，少ない情報でも判断せざるを得ないというお話がありました。専門家の弁護士として，10の情報が必要なのに5の情報しかなくて経営判断をしたとすれば，それは情報を十分に得たうえでの判断といえるのか。経営の専門家として求められる情報収集は，その例で，10なのか，5で足りるのか。」このような質問です。これは後藤先生のおっしゃったことだと思うのですが，われわれの仕事の非常に大きな問題は「得られるかどうか」ではなくて「その時間の範囲内で得られる情報が物理的に限定されざるを得ない」ことです。

ちなみに，一つ申し上げておきたいのです。これはかなり個人的な感情の問題もありますが，「企業内弁護士と弁護士」という言い方は，できたらやめていただきたい。少なくとも日本の法制下では，企業内弁護士は「弁護士」であります。私は，そのような理由があって，殊更に「プライベート・プラクティ

ショナー」という言葉を使っているのです。

　それはともかくとして，話を元に戻すと，ここが非常に大きな違いです。プライベートプラクティショナーの場合は，判断するのに本来は10の情報が必要だが今は5の情報しかないということならば，「本来10の情報が必要だが5の情報しかないので，その限度において意見は不正確になることがある」という意見が客観的な意見なのだろうと思います。ところが，企業内弁護士の場合は，その時点で5の情報しか入ってこなければ，そこで判断せざるを得ないのです。まず，「10の情報が来るまで待つ」ことが許されません。逆に言うと，「10の情報が集まるまで待つ」というのはそれ自体が経営判断なのです。恐らく，その辺に根本的な違いがあるのでしょう。

　正直に言って，質問なさった方がそれを経営判断の責任の問題とどのように結びつけておられるのかがよくわからないので，その点補足していただければと思うのですが。

司会
　伊藤壽英先生，どうぞご発言ください。

伊藤先生
　中央大学の伊藤壽英です。
　質問自体が「学者のたわ言だ」と言われそうな気がしてちゅうちょしたのですが，一応「抽象的に考えてみて，どうなのか」ということで質問しました。後藤先生も本間先生も執行役員を務められているということで，執行役員と会社との関係は法律上は委任関係が適用されることになりますか。

本間先生
　執行役員は雇用関係です。会社法上の執行役ではないのです。

伊藤先生

　では，抽象的な話としてお聞きいただきたいのですが。

　現在の判例法理でいえば，執行役になって会社と委任関係にあるとすれば，そこで経営判断が求められたときに，意思決定の過程で十分な情報を集めたうえで意思決定に参画すれば，結果が失敗に終わったとしても会社としての損失が生じたことについては責任を負わない，という法理が形成されています。

　私の抽象的な質問は，大変だと先ほど先生もおっしゃった状況についてです。プライベートプラクティスのなかでは，クライアントに対して十分な情報を収集しなければならない，つまりたとえば10の情報がなければ，専門家としてのアドバイスができない。限られた会社内の状況では，どのようにしても5の情報しか手に入らない。そこでリスクのある判断をした結果，会社に何らかの損失が生じてしまった場合に，株主代表訴訟等で会社に対する責任を問われる場面があるのではないか。そこで判例法理における経営判断の原則が適用された場合に，弁護士資格を持っていることが何らかの影響を受けるのかどうか。これが質問の趣旨です。

　抽象的な話で大変恐縮なのですが，コメントがあればお聞かせ願いたいと思います。

後藤先生

　まず，多分，10の情報が必要なときに5しかないという前提が成立するかどうかが問題です。そのような前提ではない場合のほうが多いだろうと思うのです。

　もし知ることができたら有益だろう事実は無数に存在し得ます。皆はそれを入手できない状況で行動しているわけです。問題となっている事象が会社の株価に重大な影響を与えそうな事象，たとえば贈賄の疑いがあるとかカルテルの疑いがあるとかという事象であれば，業務をいったんストップしてでも事実の調査を尽くすわけです。そのような必要があるときには会社の業務が多少止まっても構わない，と。ただ，それをすべての案件でやっていたら，会社はつぶ

れます。問題は優先順位をどのようにつけるかという話だと思います。優先順位のつけ方さえ間違っていなければ，優先順位をつけたうえで，尽くすべき調査をしたうえで，経営判断をして，その結果として何らかのミスがあったとしても，それは大ごとにはならないでしょう。そのような図式でよいと思います。

伊藤先生

　しつこいようですが，たとえば，経理部長が粉飾決算に手を染めているというような，従業員の違法行為がある可能性のある場合に，会計士が入って，銀行まで行ってアテストするのかどうかという点が，会計士の責任事例では論点になっていたと思います。

　弁護士という職業の場合には，違法行為の可能性についてサインがはっきりあるのかどうかがわからない事象で恐縮ですが，仮の話として，従業員の違法行為を発見するところまでいかなければいけないのでしょうか。その結果，会社にとって重大な損失が生ずる場合もあると思うのですが，そのような場合には先生方はどのように対応なさるのでしょうか。内部統制のなかに入ってご判断される場合とそうではない場合とがあると思いますが，実際にはどのようになさるのかをお伺いできればと思います。

後藤先生

　粉飾決算をしている疑いがあるのなら，その疑いを晴らすためにすべきことは全部します。外部のオーディットファームを雇うなりして，本当に粉飾決算の疑いがあるのかどうか，その疑いを晴らすことは企業内弁護士の仕事の一つです。どなたもそこには異論はないだろうと思うのですが。

本間先生

　問題によりけりです。今は特にコンプライアンス部が非常に強くなっているから，問題が深刻であれば，たとえば今のお話の粉飾決算は大変な重要問題です。たとえば，有価証券報告書虚偽記載になりかねないし，その決算を承認し

た株主総会はどうするのかと，上を下への大騒ぎになります。これは経理部や
コンプライアンス部を総動員して調べることになるでしょう。

司会

　話は変わりますが，プリュッティング先生とオファーマン先生にお伺いした
いのです。

　先ほどプリュッティング先生が説明された，最新の連邦社会裁判所
（Bundessozialgericht）の判例，年金に関する判例によって，ドイツでは弁護士
と企業内弁護士の法的な扱いが分かれてきて，過去何十年のプラクティスに矛
盾していると思うのです。立法者がこれからどのようにするべきかについて，
コメントを頂きたい。

オファーマン先生

　それは，わが国ドイツにとって非常に厳しい問題です。皆さんもご存じかも
しれませんが，ドイツの弁護士は，弁護士年金共済（Anwaltsversorgungswerk）
に加入します。この共済は，弁護士のための特別の老齢年金で，被雇者が加入
する通常の老齢年金保険（以下，「法定老齢年金保険」）〔日本の厚生年金にあたる〕
に加入した場合の老齢年金より，有利です。すべての弁護士は，法定老齢年金
保険への加入を免除される，ないしは勤務弁護士として免除をえられます。申
請が必要ですが，当然そうします。わが国の社会法典（Sozialgesetzbuch）では，
ある規律が設けられています。実に複雑で，この場で詳しく立ち入ることはし
ませんが，その規律は次のようになっています。すなわち，この規律によれ
ば，免除を受けられるのは，本当に弁護士である場合，つまりは，実際に弁護
士として業務を行っている場合に限られます。今までドイツでは，シンディク
ス弁護士も，弁護士としての業務を行っているとされていました。そんななか
で，連邦社会裁判所は，はじめて，そうではないとの判断を下したのでした。
これはまた，将来シンディクス弁護士は，法定老齢年金保険制度の下での保険
加入を免除されないということをも意味しています。

それどころではなく，もっとひどいことになります。つまり，今まで弁護士共済に加入していたシンディクス弁護士は，法定老齢年金保険に戻らなくてはいけないことになります。連邦社会裁判所は，「ここでは信頼保護が働く」と判断しています。有効な許可決定を有している者，つまり免除を受けている者は，「免除を受け続けられます」，つまり，弁護士共済に加入し続けることができます。しかし，転職すると，直ちにこの免除がなくなります。つまり，ある企業から別の企業に転じたり，あるいは同一企業でも部局を代わったりすると，即刻この免除が受けられなくなるのです。現在これは，当然ながら多くのシンディクス弁護士にとって大きな問題となっています。というのは，彼らは，どうしようもないことではあるが，「瑕疵ある」年金保険に加入している状況におかれている。つまり，彼らはこれまでよい保険に入っていたが，今や，法定老齢年金保険に戻らなくてはならないのです。これがシンディクス弁護士の生涯プランにとてつもなく大きな問題であることは，ご想像いただけるでしょう。

　そしてまた，さらにもう一つの問題があります。今回の裁判では，三つのケースが判断されました。しかし，まだまだ多くの裁判が待ち受けていると考えられます。そしてこれは，場合によっては，企業内・団体内弁護士のみに止まらないでしょう。おそらく近い将来に，連邦社会裁判所は，法律事務所の勤務弁護士とも取り組むことになるのは確実です。そして，根本のところでは，勤務弁護士と企業内弁護士とに違いはありません。連邦社会裁判所が，「勤務弁護士は弁護士で，企業内弁護士は，弁護士でない」といいのけて，事をうまくおさめるなどとはとうてい考えられません。つまり，今後われわれは，もっともっと多くの問題を抱えることになるわけです。

プリュッティング先生

　私のほうから，一つ追加させていただきます。今，オファーマン先生がおっしゃったとおりです。

　この件に関して，連邦社会裁判所は，いくつかの判決を下したわけですが，

大変残念なことに，その理由づけは非常に粗雑なものです。それまでに下された諸裁判で，今回の自分の判断にマッチしないものは，すべて無視です。わが国にはご承知のとおり，たくさんの最上級裁判所，つまりは連邦裁判所があります。連邦通常裁判所，連邦労働裁判所，連邦行政裁判所，問題の連邦社会裁判所そして連邦財政裁判所といった具合ですが，たとえば租税事件の最上級裁判所である連邦財政裁判所の裁判には，まったく正反対のものがあります。事件は，主には税務に従事し，休みのときにだけ弁護士の仕事を少しする，あるいは弁護士認可だけは持っているつまりシンディクス税理士，つまり税理士をメインの業務としつつ弁護士認可を受けている者に関するものでした。先ほどの私の報告のなかで一つ矛盾しているのではないかと指摘したところですが，専門弁護士表示に関しても，企業内弁護士は「弁護士」かが問題となるところが多くあります。今まで，ここでは，裁判所もそしてまた行政も，企業内弁護士を，今まで普通の弁護士と同じに扱ってきました。今回の判決は，これらすべてを無視しています。そもそもわれわれが理解しがたいのは，社会（保障）法をつうじて，つまるところ弁護士の職業法が形成されてしまった点です。

　よりはっきりいえば，「誰が弁護士か」，それを決めるのは，連邦社会裁判所の役割ではありません。それは，連邦通常裁判所に設けられている「弁護士部」の役割です。この弁護士部が，弁護士職業法を解釈する権限を持っているのです。連邦社会裁判所は，その裁判理由の冒頭ではこれを認めてはいたのですが，にもかかわらず，「誰が弁護士として認められるか」を判断したのです。要するに，この判決にはつじつまの合わないことがあまりにも多すぎます。このことが，この判決に対する激しい批判を引き起こしているのです。しかし確定した判決なので覆すことはできません。それでわれわれは非常に困難な状況におかれてしまっているわけです。

司会

　この年金の問題などで判例が矛盾するのはドイツ国内だけの問題かもしれません。組織内弁護士をもう少し具体的に定義するべきなのか，つまり雇用され

ている弁護士の活動を規律するドイツ弁護士法の第46条あるいはしてはならない法律事務を定めている第45条の改正を求めるべきなのか，それについてコメントを頂きたいのです。

プリュッティング先生

　目下のところ，現状を打破する唯一の方法は，法律でもう少し弁護士としての活動とはどんなものかを規定すること，それしかないと思います。こうすることで，状況を変え，連邦社会裁判所の裁判を排除して，新たな裁判の基礎を作り出すことができるでしょう。

オファーマン先生

　この点についてですが，相互に関係する二つの問題があります。

　問題は社会（保障）法です。もちろん，社会法典を改正するということも有りえましょう。しかしこれは，立法者がしないと思われます。というのは，当然のことですが，立法者は，できる限り多くの人が法定社会保険に加入すること，つまり，できるだけ多くの人がこの法定社会保険の「年金の鍋」に支払うことをよしとしているからです。こうした年金共済は，弁護士だけではなく，医師やそのほかの職業についても存在しています。そしてこれらは，わが国の政治の一部からみると，かなり以前から「目に刺さった棘」でした。

　ということで，職業法を使ってこのテーマを解決するという，二つ目の方法しか残っていません。しかし，これは，非常に難しい。すでに指摘されたわが国の連邦弁護士法46条は，シンディクス弁護士が，雇用者の代理人として法廷に立ってはならないとしています。これが再び関門となります。「そうだろう，だからシンディクス弁護士は，絶対に正真正銘の弁護士ではないんだよ」といわれてしまうわけです。つまりこの調整ねじを回さないといけないわけですが，しかし，開業している弁護士は，これに反対です。なぜなら，開業している弁護士は，いうまでもなく企業の代理人となりたいわけですし，そして，この規定を何らかの形で変えると，企業内弁護士が，裁判所にかかる法律事務

の分野に乗り込んでくることを恐れているからです。それゆえ現在，考えられる利益グループそして討論グループのすべてが，この問題に関連して，再び，いわゆる解けない課題の解を見つけようと努力しています。もっとも，弁護士法を所管する連邦司法省は，この点に関し何らかの形で事態を変える非常に具体的な案があることを示唆しており，われわれとしては，緊張感を持って，何が起こるのか期待しているところです。

司会

　私が知っている限り，日本ではそのように矛盾する判例はまだないと思います。同じように組織内弁護士を法的に定義することについてのお考えは，いかがでしょうか。柏木先生，または後藤先生，本間先生。

本間先生

　幸運にして，日本の弁護士法上，組織内弁護士は「弁護士」なのです。したがって，率直に言ってご質問の趣旨がよくわからないのです。日本の弁護士法上では，組織内弁護士は完全な「弁護士」なので，その意味では法的な区別は，今の時点ではまったくありません。そこでこれを区別する定義は必要かどうかというのは，正直に言って質問としてよくわかりません。

　ただ，私の報告のなかでも少し示唆しましたが，プライベートプラクティスといわゆるインハウス業務とでは特色と意義と性質の違いがあるわけなので，その行動規範を規律する際には，共通の基盤に立ちながらも，その具体化としてはいろいろな形でのルールの違いは議論しなければいけません。どのようなことについて議論するのかという，その過程において，「これは，このような弁護士について，このような扱いをする」というなかで，必要に応じていろいろな形での定義が出てくる可能性はあるのだろうと思っています。あくまで抽象的，一般的に「およそ企業内弁護士」という議論の建て方は意味がなく，あくまで規律目的との関係で具体的に検討しなければならないということです。

司会

　他に何かコメントはありますか。

　特に質問はないようです。第1セッションと同じように時間が少し残りましたので，最後に発言なさりたいことがあったら，4～5分でお願いしたいと思います。

小島先生

　元ですが，中央大学の小島武司です。まさしく2010年代の先端の立ち位置からのいろいろな問題を伺い大変有益でした。日本の法律家の平均的な感覚としては未来論に近いようなところがあるかと思って，拝聴しておりました。そこで質問です。

　1960年代，そして90年代もそうですが，公害の問題や消費者の問題——たとえばアスベストは，アメリカでは60年代には大変な数の訴訟が起こっていました。そのころ日本では，大手の有名企業でも，アメリカで状況をチェックせず，また意識することもなく，アスベストを使用していて，中小企業もその生産現場にいたのです。このような歴史があります。当時は，社内弁護士はすごく少なかったのです。今は当時と比べ大変な数の社内弁護士がおります。しかも，コンプライアンスという問題が企業の基本課題とされるようになっています。

　そのような観点からみて，企業内弁護士として，歴史的な経緯を踏まえ，将来にかけて考えるべきところが何かあるのでしょうか。これから10年後，企業としてチェックすべきだったという大きな問題が顕在化するかもしれない。それに対して，企業総体としてどのような対処をすべきなのか。そのなかで高度化を期待される法務部はどのような役割を果たせるのか。そのような点に関心があります。

　もう一つ，小さいことですが。

　先ほどプリュッティング先生もおっしゃいましたが，日本のリーガル・マーケットはすごく小さいのです。ドイツなどは，日本とは隔絶した大きな法律マーケットを持っています。この違いは，論じだしたら切りがないと思います

が，日本で昔は，法意識や権利意識の問題として把握されてきましたが，最近は「どうも，そうでもなさそうだ」という感じがします。しかし，「なぜか」ということはよくわからないのが正直なところです。

この二つの質問に何か感想でもお持ちでしたら，お伺いしたいと思います。

司会

では，柏木先生から，お答えをお願いします。

柏木先生

最初のご質問について。

社会の法意識がものすごく変わりました。

昔，部下に教えていたことは「法律の表面だけを見るな。社会の意識の差をよく見ろ」ということです。

たとえば，昔々，私が就職したころは，警察官も検察官も賭けマージャンをやっていたと思うのです。証拠はありませんが，昔は間違いなくやっていたと思います。今は絶対にやりません。

それから，三菱自動車がリコール隠しをしました。1960年代に，ホンダとかトヨタの車について，ユーザーユニオンができて，車の欠陥を厳しく責め立てました。あのころはトヨタも日産も似たようなことを行っていた可能性があったと思います。日本の業界は大体，業界の大手の2～3社が行っているということはその業界全部が同じことを行っていることが多い。他社は社会の変化を見ながら欠陥隠しをやめていったのに，三菱自動車だけはやめなかったのです。オリンパスもそうです。バブル経済が終わった後，どこの企業も多大な損失を抱えて，皆が損失隠し，飛ばしをしていました。ところが，そのうちに社長が「俺の時代にうみを出してしまう」ということできれいにしたのです。きれいにしないで，それを温存していたオリンパスがユニークな存在となり，社会的制裁を受けたわけです。

企業の法務は，社会の価値観の変化に鋭敏に反応するように，自ら訓練して

いかなくてはいけません。昔はそのことを部下によく説教していました。

　答えになっているのかどうかはわかりませんが。

後藤先生

　私の個人的見解ですが，あと5年もすると，日本の企業の多くが人権擁護を語るようになります。すでに国連でGlobal Compactという組織があって，多くの企業が人権擁護のために新たなインシアチブにとり組んでいます。先ほど申し上げたように，成熟した社会では国家権力だけではなくて企業が人権侵害の主体です。それをどのように変えるかを企業が本気で語るようになってきています。

　報道された範囲で，差し支えない範囲でしゃべります。私が以前所属していたゼネラル・エレクトリックという会社では，手軽に持ち運びができる超小型超音波診断装置を開発し販売しました。それは，医療が行き届いていないところで人の命を救うためにつくったのです。ところが，それがある国で悪用されてしまいました。インドと中国です。何に使われたのかというと，おなかの中の赤ちゃんの性別を判定するために使われてしまいました。男の子を欲しがる文化的な背景があったのです。それで，悲劇的なことが起こってしまいました。女の子だとわかると，モグリの医者で堕胎し，母親の生命まで危険にさらすような事態がおきてしまったのです。もしかすると，その装置の販売そのものは現地では適法だったのかもしれません。しかし，企業としてそれをやってよいのかという話になるわけです。

　ゼネラル・エレクトリックは，その売り方を変えました。モグリの医者のところに行かないように，法律上要求されている以上のことをやるようになりました。そのようにしないと悲劇的な結末に企業が結果的に加担してしまうことになるからです。これからは同じようなことを語る企業がどんどん増えてくると思います。

　それをやれるのは企業内弁護士です。それを本気でやること，経営陣の一員として他の経営陣を説得して会社の方向を変えることは，弁護士だからこそで

きるのです。別に，日本の弁護士でなくてもよいのです。どこの国の資格でも
よいのですが，ロイヤーだからこそ，理屈を持って会社の業務を変えていくこ
とができるのです。

本間先生

　お二人の発言につけ加えることは，それほどありません。博士論文執筆の過
程で調べていてわかったことですが，アメリカのインハウスの盛衰をみていく
と，はじめは南北戦争の後くらいから第1期の企業内弁護士の「黄金時代」が
あります。しかし，20世紀のはじめに，企業内弁護士のバリュー，レピュテ
ーションが，どんと落ちてしまう時代が来るのです。それはなぜか。それまで
は，文科系の高等教育機関がロースクールしかなかったので，企業の経営者に
なりたい人がロースクールに入って弁護士になって，そこから企業経営者を目
指すことがありました。ところが，ビジネススクールの興隆期に合わせて，優
秀な人間が皆そちらに行ってしまって，企業内弁護士のクオリティーが下がっ
て評価も非常に低くなりました。

　それが，1970年代にまた爆発的なブームを生むことになります。それはな
ぜか。いろいろな理由があるのだと議論されています。

　小島先生が指摘されましたが，いろいろな社会問題が起きて，それが非常に
訴訟志向的な社会のなかで訴訟にまで発展した。そのようななかで，企業とし
ても，まず自己防衛の観点から，弁護士を中に入れて，会社の行動をチェック
しコントロールすることになっていった。それが雪だるま式にさらに大きくな
っていく。「これは，面白い，魅力がある。企業の行動に影響を及ぼすことが
できる」と，優秀な弁護士がプライベートプラクティスからインハウスにどん
どん入るようになり，ステータスがどんどん上がっていった。後藤先生が今お
っしゃいましたが，その結果，単にリスクを排除するだけではなくて，企業が
倫理的な行動をするように誘導していくという形になっていった。企業内弁護士
の発展とその企業の倫理的な行動への影響がどんどん大きくなっていった，い
わばポジティブなスパイラル状態が起きて，現在に至っている。

これが今のアメリカの研究者の分析です。

日本でも，きのうまでセーフだったことがきょうはアウトになるのが普通のことなので，シニアな企業内弁護士が経営レベルにどんどん入っていって企業の経営に影響を及ぼすことになると，似たようなスパイラルが起きるのではないでしょうか。そのように期待しています。

ただ，そこで一ついうと，そのような時代になったときの日本の企業の企業内弁護士が日本の弁護士資格者である保証は，どこにもありません。先ほども指摘がありましたが，日本の弁護士に対して，弁護士会等がその意義を理解し，その発展を進める方向にしっかりと施策をとっていかないと，企業で法務をコントロールする立場にあるのは，多国籍企業の一流の法務部で鍛えられた外国資格者，新卒で入社した日本の弁護士はその下で労働力として使われる，という事態になりかねません。

プリュッティング先生

小島先生の二つ目の質問，日独の間にみられる，リーガル・マーケットの需要とそれを取り巻く環境の違いについてですが，日独間で明らかな違いが生じているのは，三つの理由があると思います。まず第1には，小島先生も指摘のとおり，法意識の違いがあると思いますが，ここでは詳しくお話ししません。

2番目に，弁護士に対する市民の期待あるいは信頼の問題があると思います。ドイツは，ヨーロッパ全体に行き渡るかたちで，非常に緊密な司法システムを構築しています。まずこのことをご承知おきください。そして五つの裁判権の下，お聞きになったとおり，弁護士の密度も大変高い。そしてまた，多数の裁判官を擁していて，その密度も高い。その結果，地方裁判所あるいは区裁判所に民事の訴えを提起すると，ふつうは6カ月後に判決が下ることを期待できます。区裁判所ではもっと早いです。もちろんこれは，いうまでもありませんが平均的な期間です。ドイツの近隣諸国，たとえばイタリアやベルギーでは，判決までにかなりの時間を要しています。何をいいたいのかというと，ドイツの市民は，ドイツの裁判所では，非常によく構成された司法システムの下

176 シンポジウム

で，実に効率的かつ実にスムーズな手続が行われるという期待——これが裏切られることがないわけではありませんが——をいだいています。こうした期待あるいは司法制度が非常にうまく構成されているという事実が，裁判所に持ち込まれる事件の数にかなり影響を及ぼしていると私は考えています。民事事件だけをとっても，第一審裁判所に持ち込まれる事件の数は，年間 150 万件あります。それを，先ほど言ったように半年くらいの期間に処理しています。シンプルな手続である督促手続の申立は，平均で年間 600 万件くらいあります。また，世界中で，調停，メディエーションなどの ADR の普及に向けた努力が大いになされていますし，ドイツもその例外ではありませんが，にもかかわらず，ドイツの一般の市民は，裁判所において自分の請求を実現するという姿勢が強くみられます。これが重要な点だと思います。

3 番目は，これと関連していますが，ドイツの裁判権の構成・裁判組織が実に客観的・現実に即したものとなっているということです。つまり，どこの裁判所に行けばよいのかについて，今日では，よく知られていることですが，問題となることはありません。裁判を受ける権利は，憲法上保障された権利です。刑事裁判所・民事裁判所，労働裁判所，行政裁判所，社会裁判所そして財政裁判所に分かれているわけですが，これにより，裁判所サイドから，各権利追求に適切なパートナーつまり適切な窓口が提供されています。このように裁判所の構成・組織が客観的・現実に即して組み立てられているということも，リーガル・マーケットの成長を促しているのだと思います。この限りでは，いわば，ある種市場原理にかなったものだと思います。

オファーマン先生

　私のほうからも一言。

　ドイツの企業内弁護士はどんなところが違うのか，あるいは，何がドイツ特有なのかですが，まずは，プリュッティング先生がおっしゃったとおりだと思います。ドイツでは，いまだに，弁護士とは，裁判所において活動する者というイメージが非常に強い。これは，弁護士自身だけではなく，わけても市民に

あてはまります。ドイツでは，なんといっても，弁護士は，「法的紛争処理機構の一機関」と連邦弁護士法上されています。つまり，弁護士は，裁判官そして検事と同じ階層にあり，弁護士はこれらと同じように，裁判所に立つ法律家と考えられています。こうした弁護士像が支配的であるからこそ，企業内弁護士がおかれている状況や裁判所において雇用者の代理人をつとめることの禁止もまた問題化するわけです。「その依頼者のために，裁判所に代理人として出頭できない者は，正規の弁護士ではない」というわけです。

　そういうわけで，ドイツでは，1990年代のはじめに，困難な展開をみることになりました。実のところ，ドイツでは，「シンディクス弁護士」のみをテーマとしてことを論じるのは，そう多くはありません。かえって我々は，「第二職業を持つ弁護士」，つまり，別の職業も営んでいる弁護士という形で，ニュートラルにことを論じています。それは古典的にはシンディクス弁護士，つまりは企業内法律家ですが，何か営業（稼業＝Gewerbe）であったり，タクシーの運転手をしている弁護士もこのカテゴリーに入ります。1990年代初頭には，これらの大方は禁止されていました。つまり，他の仕事を何かしている者が，弁護士となれる，つまり認可を受けられるのは，彼が法律職として企業等で高い地位をえている場合に限られていました。こんななか，わが国の最上級裁判所である連邦憲法裁判所は，1992年に，いわゆる「二重職業裁判」あるいは「シンディクス裁判」と呼ばれている裁判をし，この問題について全面的に緩和することとしました。その結果今日では，現実的にはあらゆる副業が，弁護士という職業と両立しうるとされています。このようにして，また内側からも緩和・軟化がもたらされたのです。

　最後にもう1点。これはすでに取り上げられたことですが，わが国の弁護士の数は非常に多くなっていることをあげることができます。このことが，競争という大きな問題を引き起こしています。このことからも，個々の弁護士グループが，若干批判的な目で見るという結果をもたらしています。そして，実際のところ，開業している弁護士間では，「就業時間外弁護士（Feierabend-Anwalt）」という悪意ある表現が用いられています。つまり，「企業内弁護士

178　シンポジウム

は，せいぜい，就業時間外でのみ，真性の弁護士だ」というわけです。

　わが国ドイツで大きな意味を持っていることは，以上の3点です。ご清聴ありがとうございました。

司会

　どうもありがとうございました。

　ご質問のおかげで皆さまの最後のご発言になったと思います。時間になりましたので，第2セッションを終了したいと思います。

　どうもありがとうございました。

以上

発言者（発言順）

　ハンス・プリュッティング（Hanns Prütting）　ケルン大学教授

　柏木　　昇　中央大学法科大学院フェロー・公益財団法人民事紛争処理研究基金
　　　　　　　理事長

　本間　正浩　弁護士・日清食品ホールディングス（株）CLO

　後藤　康淑　弁護士・三井海洋開発（株）常務執行役員

　伊藤　壽英　中央大学法科大学院教授

　スザンネ・オファーマン‐ブリュツハルト（Susanne Offermann-Burckart）
　　　　　　　ドイツ弁護士

　小島　武司　桐蔭横浜大学学長

司　会

　トーマス・ウィッティー（Thomas Witty）　弁護士

シンポジウム：
リーガルマーケットの展開と弁護士の職業像

2014 年 10 月 18 日（土）　中央大学駿河台記念館　370 号室

スケジュール
　　　　開始　　　　終了
開会式
開会の挨拶
　　　9:40　　　9:45　　　日本比較法研究所所長
シンポジウムの趣旨
　　　9:45　　　10:00　　　森　　　勇　中央大学教授

1．Session：
　　　10:00　　　13:00　　　弁護士業務の専門化と専門表示
　　　　　　　　　　　　　　　──専門弁護士制度とそのあり方
　　　　　　　　　　　　　　司会：佐瀬　正俊
　　　　　　　　　　　　　　　　（弁護士・元日弁連弁護士業務改革委員会委員長）

報告 1
　　　10:00　　　10:30　　　スザンネ・オファーマン－ブリュッハルト
　　　　　　　　　　　　　　　（ドイツ弁護士・ドイツ連邦弁護士会規約委員会委員）

報告 2
　　　10:30　　　11:00　　　上原　武彦（弁護士・日弁連弁護士業務改革委員会委員長）
コメント
　　　11:00　　　11:20　　　武士俣　敦（福岡大学法学部教授）
コメント
　　　11:20　　　11:40　　　佐藤　雅樹（弁護士・アルプス電気（株）法務部）
休憩
　　　11:40　　　12:00

ディスカッション

　　12:00　　13:00　　司会：佐瀬　正俊

　　　　　　　　　　　　　　　（弁護士・元日弁連業務改革委員会委員長）

昼休み

　　13:00　　14:30

２．Session：

　　14:30　　17:30　　企業内弁護士と弁護士法
　　　　　　　　　　　　　　──企業内弁護士の意義・価値との関係で──
　　　　　　　　　　　　司会：トーマス・ウィッティー

　　　　　　　　　　　　　　　（ドイツ弁護士・外国法事務弁護士）

報告1

　　14:30　　15:00　　ハンス・プリュッティング

　　　　　　　　　　　　　（ケルン大学教授・ケルン大学弁護士法研究所共同代表）

報告2

　　15:00　　15:30　　本間　正浩

　　　　　　　　　　　　　（弁護士・日清食品ホールディングス㈱　チーフ・リー
　　　　　　　　　　　　　　ガル・オフィサー）

コメント

　　15:30　　15:50　　柏木　昇

　　　　　　　　　　　　　（元中央大学教授・公益財団法人民事紛争処理研究基金
　　　　　　　　　　　　　　理事長）

コメント

　　15:50　　16:10　　後藤　康淑

　　　　　　　　　　　　　（弁護士・三井海洋開発㈱　常務執行役員）

休憩

　　16:10　　16:30　　（コーヒーブレイク）

ディスカッション

　　16:30　　17:30　　司会：トーマス・ウィッティー

　　　　　　　　　　　　　　　（ドイツ弁護士・外国法事務弁護士）

閉会式

Anwaltsrechtliches Symposium
Programm

Veranstalter:

Institut für Rechtsvergleichung der Chuo Universität
In Zusammenarbeit mit dem Institut für Anwaltsrecht an der Universität zu
Köln und der JFBA
Unter Mitwirkung der DJJV

Thema:

Die Entwicklung des Rechtsdienstleistungsmarkts und
das Berufsbild des Rechtsanwalts

Datum:	18. Oktober 2014, 09:40 bis 17:30 Uhr
Ort:	Ochanomizu Tokyo (Surugadai Memory Hall der Chuo Universität, Raum 370)
09:40‒10:00	Begrüßung und Einführung in die Themen
10:00‒13:00	Teil 1: Spezialisierung der Tätigkeit des Rechtsanwalts und seine Außendarstellung
	– Gestaltung des Fachanwaltswesens
	Leitung: Herr Masatoshi Sase (jap. RA)
Vortrag 1	Frau Dr. Susanne Offermann-Burckart
	(dt. RAin und Vorsitzende des Ausshusses 1 (Fachanwaltschaften) der Satzungsversammlung)
Vortrag 2	Herr Takehiko Uehara (jap. RA)
Kommentar	Herr Prof. Atsushi Bushimata
	(Prof. für Rechtssoziologie an der Fukuoka Universität)
	Herr Masaki Sato
	(jap. RA in der Rechtsabteilung von Alps Electric Co., Ltd.)
Kommentar	

182

Diskussion

【Mittagspause 13:00‒14:30】

14:30‒17:30   Teil 2: Der Syndikusanwalt und seine Rechte und Pflichten
           – Berufsbild des Syndikus
           Leitung: Herr Thomas Witty
               (dt. RA in Japan, ARQIS Foreign Law Office)

Vortrag 1   Herr Prof. Dr. Hanns Prütting
           (Prof. an der Universität zu Köln)

Vortrag 2   Herr Masahiro Honma
           (jap. RA und Chief Legal Officer der NISSIN FOODS
           HOLDINGS CO., LTD.)

Kommentar   Herr Prof. Noboru Kashiwagi
           (em. Prof. an der Chuo Universität und Präsident der
           Stiftung zur Förderung der Forschung über
           Zivilstreitigkeiten)

Kommentar   Herr Yasuyoshi Goto
           (jap. RA und Executive Managing Officer von MODEC,
           Inc.)

Diskussion

17:30 -   Schlussworte

★ Mit freundilcherUnterstützung der Egusa Stifung zur Förderung der
Sozialwissenschaft und internationalen Zusammenarbeit

資　　　料

第　1　部

ドイツにおける特別裁判権と専門化した弁護士

マティアス・キリアン[1]

監訳　森　　　　勇

訳　應　本　昌　樹

Ⅰ　は じ め に

　基本法（Grundgesetz = GG）95条1項は，連邦の通常裁判権，行政裁判権，財政裁判権，労働裁判権そして社会裁判権の領域に関しては，連邦が，最上級裁判所として，それぞれ連邦通常裁判所，連邦行政裁判所，連邦財政裁判所，連邦労働裁判所そして連邦社会裁判所を設置すると定めている。こうして基本法は，こうした裁判権の制定を直接命じているわけではないが，五つの裁判権の存在を保証しているところである。これらの裁判権に関して，連邦が所管する最上級裁判所の下位に位置する部分の管轄は16の州にある。

　基本法95条において最初にあげられている連邦通常裁判所は，ここでは，いわゆる「通常裁判権（ordentlichen Gerichtsbarkeit）」を所管する連邦最上級裁判所であり，したがって，民事・刑事事件を管轄するこの裁判権の終審裁判所である。この裁判権は，区裁判所（Amtgericht），地方裁判所（Landesgericht）そして上級地方裁判所（Oberlandesgericht）からなっており，裁判所の数，裁判官の数そして年間審理にあたる手続きの数にてらすと，ドイツでは群を抜いてその意義がもっとも重い裁判権である。それと並び，基本法がその設置を定めている行政裁判権，財政裁判権，労働裁判権そして社会裁判権という四つの特別の裁判権が存在するわけである。

　本稿では，第一部として次のⅡ章において，まずはドイツにおけるこの四つの特別裁判権とはどのようなものかを明らかにする。具体的には，その歴史的発展，その管轄，その審級構成，そこで適用される手続法そしてこれらの裁判所においては誰が訴訟代理人ないしは手続き代理人となることが許されるのかを論じていく。これに加えて，各裁

---

　1)　本稿は2014年3月27日に東京の中央大学で行われた著者による講演の記録である。本講演の邦訳につき，森勇教授および應本昌樹弁護士に感謝する。

186 資　　料

判権についての統計的な情報を提供していくこととする。その上でⅢでは，第2部として，労働，行政，社会そして税法の各分野の専門弁護士（職）について説明する。これら四つの専門弁護士職には，この四つの特別裁判権において取り扱われる法資料に専門化した弁護士が集約されているのである。専門弁護士制度の概要をスケッチ後，どのような要件のもとに専門弁護士称号を取得できるのか，専門弁護士の数はどのくらいか，弁護士はどのような理由から専門弁護士資格（称号）を取得するのか，および資格（称号）取得は弁護士の経済状況や活動分野に対しどのような結果をもたらすのかについて論じて行くこととする。

Ⅱ　ドイツにおける特別裁判権

1．労働裁判権

⑴　概　　　観

　労働裁判権は，かつてのギルドの自治裁判権にかわり，19世紀初頭に生まれた。フランスにおける労働裁判所の発展に影響を受け，そしてまた，通常裁判所に労働法の専門知識が欠けていたことから，1808年にいわゆる営業裁判所（Gewerbegericht）が創設された。その成立の前提は，賃金労働者数の著しい増加であった。それは，労働法に関する手続きでの裁判を大幅に遅滞させるという形で顕れ，そしてその裏返しとして，一般的な民事訴訟の規律では不十分だということが確認された。注目すべきことは，1890年以来，中立の裁判長と使用者および労働者の各陣営からの2名の名誉裁判官からなる合議体が構成されていることである。第一次世界大戦後の1926年に労働裁判所法（ArbGG）が発効した。これにより，営業裁判所に比べて，労働裁判所の管轄は大きく拡張した。戦後の短期間の中断をへて，1945年，労働裁判権は，第二次世界大戦後も続いた。もっとも，ドイツの分割により，占領地区では当初統一的な上告審を欠いていた。ドイツ基本法の公布により，1949年，労働裁判権の設置は憲法上の地位を獲得した（基本法95条1項）。

　今日の労働裁判所は，三審制で構成されている。第一審では，訴額にかかわらず，個別的労働紛争または集団的労働紛争のすべてについて[2]，労働裁判所（Arbeitsgericht ＝ ArbG 労働裁判所法14条以下）が管轄している（労働裁判所法8条1項）。連邦労働裁

　2）　州労働裁判所が例外的に第一審となるのは，裁判所構成に関する事件である。ArGG §§ 21 Abs. 5, 27, 28 ArbGG 参照。また，連邦労働裁判所については，連邦情報局（Bundesnachrichtendienst）での障害者の権利に関する事件につき，第一審となる。SGB IX § 158 Nr. 5.

判所を，労働争議事件の第一審としようとしたが，失敗に終わっている[3]。州労働裁判所（Landesarbeitsgericht = LAG，労働裁判所法33条以下）は，第二審として，控訴（労働裁判所法64条以下）および抗告（労働裁判所法78条，87条以下）につき裁判をする。第三審においては，連邦労働裁判所（Bundesarbeitsgericht = BAG，労働裁判所法40条以下）が，上告（労働裁判所法72条以下）および法令違反を理由とする抗告（Rechtsbeschwerde）手続（労働裁判所法92条以下）を管轄する。長い伝統に従い[4]，労働裁判所法では，労働裁判所の合議体は，名誉職の裁判官（名誉裁判官）もその構成員となる。法壇に座るのは，職業裁判官である裁判長と使用者および労働者の各界からの2名の名誉職の裁判官である（労働裁判所法16条2項）。裁判官は，評決ではそれぞれ1票を持っており，このことから，名誉裁判官が職業裁判官を凌駕するということが起こりうる。州労働裁判所も同じ構成で裁判を行う（労働裁判所法35条2項）。そこでは，名誉裁判官は最低30歳でなければならず，少なくとも5年間継続して名誉裁判官としての活動を労働裁判所において勤めていなければならない。連邦労働裁判所の部は3名の職業裁判官と2名の名誉職裁判官とから成る（労働裁判所法41条2項）。連邦裁判官は，裁判官選任法により任命される。名誉裁判官は，これに加えて，特に労働法および労働生活の知識を持っていなければならず，労働組合および使用者団体の提案に基づいて，連邦労働社会省によって任命される。

(2) 管　　轄

　他の手続規則とは異なり，労働裁判権においては，管轄原因となる事件が列挙されている。労働裁判所法2条によれば，労働事件を担当するこれら裁判所は，私法上の紛争が，そこに列挙されている分野に該当する場合には，通常裁判権の例外としてその管轄を持つ。多くの場合，この裁判所に出訴できるかは，当事者間に労働関係があるかどうかにかかっている[5]。労働裁判所法2条aによれば，この労働法上の出訴の途は，さらに，事業所組織法（Betriebsverfassungsrecht）および管理職代表委員会法（Sprecherausschussrecht）に関する事件や企業共同決定上の選挙紛争および協約能力や協約管轄に関する紛争にも開かれている。

---

[3]　*Germelmann/Matthes/Prütting/Schlewig,* Arbeitsgerichtsgesetz, 6. Auflage 2013, § 1, Rn. 2.

[4]　*Germelmann/Matthes/Prütting/Schlewig,* a.a.O., § 16, Rn. 1 f.

[5]　この問題点については，vgl. Erfurter Kommentar zum Arbeitsrecht/*Preis*, 15, Auflage 2015, BGB, § 611, Rn. 182.

188 資　　料

⑶　手　続　法

　労働訴訟に適用される手続法は，第1に労働裁判所法であり，そこでは，一定の修正
をしたうえで，私法上の紛争に適用されるべき民事訴訟法が準用されている（労働裁判
所法2条）。特別の規律は，当事者が，通常社会的に異なる階層にあることを考慮して
いる[6]。第一審では，多くの場合，手続に先行して，和解弁論がなされることになって
いる（労働裁判所法54条）[7]。圧倒的な数を占めている解雇保護手続[8]における特徴は，
解雇後の法律状態を明確化すべく，解雇通知後3週間という短期間のうちに訴えを提起
しなければならないとされていることにある（解雇保護法（Kündigungsschutzgesetz）
4条1文）。また，その他の裁判権における手続とは異なり，勝訴当事者は，訴訟代理
や付添のための費用償還請求権を有しない（労働裁判所法12条a第1項）。これは，そ
うでなくとも軽減されている第一審裁判所費用に加えて費用リスクを軽減し，このよう
にすることで，法的審問の利用に躊躇することがないようにしようとするものである。

⑷　統　　　計[9]

　ドイツ連邦共和国には，138の労働裁判所，19の州労働裁判所および1999年よりエ
アフルトにある（かつてはカッセルにあった）連邦労働裁判所がある。州労働裁判所の
数は19で，連邦州の数よりも多いが，これは最も大きい連邦州であるノルトラインヴ
ェストファーレン州には三つの州労働裁判所があり，バイエルンには2つの州労働裁判
所があるためである。2012年には，労働裁判所は35万3778件の手続を，州労働裁判
所は1万9104件の手続を処理し，この数は，連邦労働裁判所では4230件であった。こ
の負担を裁判官当たりでみると，一人あたり983.3件となる。裁判官のうち女性が占め
る割合は，37.64％であり，その他の裁判権（約40.16％）よりもやや低い。

　手続の件数は，近年，大幅に減少してきている。すなわち，1998年に労働裁判所で
は58万4686の判決手続[10]の新件があり，さらに2003年にはいまだに63万666件に増

---

　6)　　*Schwab/Weth/Liebscher*, Arbeitsgerichtsgesetz, 4. Auflage 2015, §1, Rn. 4.

　7)　　2012年には，手続の47.675％が和解で終わっている。これに対し，争訟的判決
　　　が下されたのは，すべての手続のわずか5.897％のみであった。

　8)　　2012年では，解雇保護事件が全終結事件の49.234％であった。なおこの割合
　　　は，訴訟対象が単一の手続中に占める割合である。訴訟対象が複数の手続中では，
　　　雇用条件の変更を不服とする手続が，半数弱をしめた。

　9)　　この2012年に関するデータは，連邦統計庁（Statistisches Bundesamt）の発表
　　　したところによっている。

　10)　決定手続の件数は，ここ15年ほどは比較的同じであり，ほぼ1万2500件前後
　　　といったところである。

加する結果となっていたのに対し，2012 年には 10 年来の一貫した減少をへて，ついには新件として系属したのは，わずか 40 万 1411 件に過ぎなかった。原告となるのは，まずは労働者であり，平均するとすべての手続の 83％が労働者のイニシアチブで始まっている。

(5) 労働裁判所における弁論権

　第一審では，当事者は自ら訴訟を遂行することが認められているが（その結果，発生することのある弁護士報酬に関して費用償還は問題とならない），それより上の審級では，原則として訴訟代理人による代理が必要となる（労働裁判所法 11 条 1 項）。弁論権があるのは，弁護士のほか，労働組合および使用者団体，さらにはこれらの団体に従属する法人である。そのほか，第一審では，当事者は，その被用者，成年の家族，裁判官資格者〔弁護士もこれにあたる〕，共同訴訟人または社会・職業政策を目的としている独立の労働者団体に代理させることが認められている。

2．行政裁判権

(1)　概　　　観

　行政裁判権は，19 世紀後半に初めて今日の形態を持つようになった。18 世紀半ば，中世の人格主義的な国家観念および世襲思想を取り去った新たな国家概念が発展し，広まっていった後[11]，はじめて国家が，君主および国民との関係で独立した客体として捉えられることになった。いまでは，「国家（Staat）」は，国家の奉仕者としての市民により権利の擁護および福祉の増進を達成すべく形作られたものと捉えられたのであった[12]。法治国家を確実なものとすべく，行政と司法を分離し，そしてまた，行政法分野に関する独立かつ中立で，法的審査にその権限を限定した裁判権を設立したのであり，こうすることで，行政機構（機関）の処分に対してそれまで実践されていた請願手続は廃止されたのである[13]。制定にはいたらなかった 1849 年のフランクフルト帝国憲法の草案は，通常の裁判所による行政の司法国家的統制を定めていたが，これとは異なり，ドイツ帝国のほぼすべての邦は，国の行為に対する市民の権利保護を貫徹するために，特別の裁判所を設立するほうを選んだ[14]。最初のドイツの行政裁判所は，1863 年，バーデン大公国に設立され，1875 年には，プロイセン上級行政裁判所が設立された。この状

---

11)　*Mitteis/Lieberich*, Deutsche Rechtsgeschichte, 1992, Kap. 45 II.

12)　*Conrad,* Deutsche Rechtsgeschichte, Band II : Neuzeit bis 1806, Reprint 2011, S. 310.

13)　*Wunder,* Geschichte der Bürokratie in Deutschland, 2001, S. 24.

14)　*Sodan/Ziekow/Kronisch,* Verwaltungsgerichtsordnung, 4. Auflage 2014, §1 Rn 4 ff.

190 資　　料

態は，ワイマール共和国の時代，つまりは，ドイツのすべての邦が行政裁判所または上級行政裁判所を創設するまで存続した[15]。当時は，その下級審とか，帝国全土にわたって管轄権を有するそれ以外の審級はなかった。

　ナチスによる独裁下では，裁判所の管轄は，行政官庁にふたたび移管され，秘密警察（ゲシュタポ）の処分は，行政裁判所による統制から除外され，さらには裁判官の独立性がはぎ取られてしまったことで，行政裁判所による権利保護は一部では全面的に後退してしまった[16]。第二次世界大戦の後，基本法が制定されたことにともない，ドイツ連邦共和国では，三審制の行政裁判権が導入され，1952 年，連邦行政裁判所がベルリンに創設された[17]。行政裁判権は，行政裁判所の包括的な管轄を定めた 1960 年の行政裁判所法の制定により（行政裁判所法 40 条 1 項），ついに司法における非常に重要でかつ独立したひとつの構成要素となった[18]。

　三審制の行政裁判権の第一審は，連邦諸州の行政裁判所（Verwaltungsgericht）である。行政裁判所の裁判は，単独制，または，3 名の職業裁判官と 2 名の名誉裁判官から成る合議体による（行政裁判所法 5 条 3 項）。行政裁判所の控訴審および抗告審は，一定の事件では第一審となる連邦諸州の上級行政裁判所（Oberverwaltungsgericht）[19), 20), 21)]である。上級行政裁判所の合議体は，州法が 5 名の裁判官により構成すると定めていない限り，3 名の裁判官で構成され，裁判にあたる（行政裁判所法 9 条 3 項）。伝統的に，行政裁判所が行政および立法から独立していることを示すために，これらの裁判所の所在地は，各州都にはない[22]。連邦行政裁判所（Bundesvernaltungs-

---

15) *Sodan/Ziekow/Kronisch,* a.a.O., § 1 Rn. 5 ff.

16) *Sodan/Ziekow/Kronisch,* a.a.O., § 1 Rn. 11, 12.

17) 旧東独では，行政裁判権に代わり，請願制度（Eingabewesen）がもうけられた。1980 年代末期における民主的改革の動きの中で，行政裁判権の復活が議論されていた。

18) BGBl. I S. 17.

19) 上級行政裁判所は，戦後アメリカの占領地域となった州では，歴史的な理由から，行政裁判院（Verwaltungsgerichtshof）と呼ばれている。

20) 州であるベルリンとブランデンブルク州（Brandenburg）は，共同して一つの上級行政裁判所を設けている。その結果，ドイツ連邦は 16 州から構成されているが，上級行政裁判所の数は，15 である。

21) 行政裁判院と呼ばれているのは，バーデン＝ヴュルテンベルク，バイエルンおよびヘッセンの 3 州である。

22) 都市国家（ベルリン，ハンブルク，ブレーメン）のほかは，例外はバイエルンとザクセン＝アンハルトのみである。

gericht）は，第一審かつ最終の事実および法律審として活動する分野を除いて，上告審および法令違反を理由とする抗告審となる。連邦行政裁判所の部は，5名の裁判官で構成され，口頭弁論を開かない決定に関しては，3名の職業裁判官で構成される。ある合議体が，ある法律問題において他の合議体や大法廷の判断とは異なった判断をしようとする場合は，つねに連邦行政裁判所におかれる大法廷が裁判にあたる。

(2) 管　　轄

　行政裁判所への出訴の途は，法律により他の裁判権——例えば，社会裁判権や財政裁判権——に委ねられていない限り，憲法的な性質を持たない公法上の紛争すべてに対し開かれている（行政裁判所法40条1項）。行政裁判所法にこの一般条項が組み入れられていることにより，——行政行為の種類にかかわらず——あらゆる官庁の活動に，裁判所の審査がおよぶようになっている[23]。行政裁判所の手続きでは，通常原告は市民であり，官庁が被告である。上級行政裁判所は，——同じく事実審および法律審として——行政裁判所の判決に対する控訴，さらには，その他の行政裁判所の裁判に対する抗告につき判断する（行政裁判所法46条）。第一審として上級行政裁判所が管轄するのは，特に，州法の抽象的規範審査手続，結社禁止手続，あるいは，エネルギー供給や廃棄物処理そして交通の大規模な施設の設置に関わる訴えの場合である（行政裁判所法47条，48条）。連邦行政裁判所は，——純然たる法律審として——上級行政裁判所および行政裁判所の判決に対する上告およびこれら裁判所のその他の裁判に対する抗告についての判断にあたる（行政裁判所法49条）。連邦行政裁判所が第一かつ終審として裁判にあたるのは，連邦行政裁判所が，例えば，連邦と州との間の紛争についてである（行政裁判所法50条）。

(3) 手　続　法

　行政裁判権の手続は，民事訴訟法を一部準用する行政裁判所法によって規律されている。行政裁判所への出訴の道は，公権力による権利のあらゆる侵害に対して開かれている。制限といえるのは，原告は自分の権利が侵害されていることを主張しなければならず，民衆訴訟が認められないことだけである（行政裁判所法42条2項）[24]。行政裁判所の手続きには，職権探知主義が適用されるため，紛争の事実関係は——民事訴訟におけるのとは異なり——裁判所が職権によって調査する（行政裁判所法86条1項）。勝訴の場合，——事件の状況に従い——課された行政処分が取り消されるか，または有利な行

---

23)　*Sodan/Ziekow/Sodan*, a.a.O., §40 Rn. 33 ff.

24)　*Kopp/Schenke*, Verwaltungsgerichtsordnung, 20. Auflage 2014, §42 Rn. 59.

192 資　　料

為をすることが官庁に義務付けられる。訴訟手続では紛争が拘束的かつ終局的に解決される一方，仮の権利保護における行政裁判所の手続は，特に緊急性のある事件において，本案の裁判手続が終結するまでに既成事実が作られてしまうのを防ぐために，遂行されるものである[25]。

(4) 統　　　　　計

　ドイツには，52 の行政裁判所および 15 の上級行政裁判所がある。連邦行政裁判所は 2002 年以来，ライプツィヒにあるが，かつてはベルリンにあった。2012 年には，約 1950 名の裁判官が行政裁判権において任用されていた。

　連邦統計局の調査によれば，2012 年には行政裁判所では 23 万 9189 件の手続が係属した[26]。もっとも多いのは，経済法および経済行政法，亡命法，公租法，ならびに，警察・公安法の分野から生じる手続である。行政裁判所における新受件数の合計は，近年減少している。2003 年には未だなお 21 万 673 件の新件が係属していたが，この数は 2005 年には 15 万 4357 件に減少し，2009 年には 12 万 3183 件に減少した。上級行政裁判所には，2012 年に，2206 件が第一審として係属し[27]，上訴審としては，合計 2 万 7377 件が係属した[28]。ちなみに，上訴手続の審理の終結には，平均して 10 カ月かかり，第一審手続では，審理期間は平均 30 カ月に及ぶ。連邦行政裁判所には，上告審として，2012 年には 1999 件の手続が係属した[29]。新受件数は，ここ 15 年で半減した。連邦行政裁判所は，1998 年にはいまだなお，上告部において 3672 件の新受件数を記録したが，2004 年の比較対象となる数値は，2070 件であり，2009 年では，1548 件に過ぎなかった。

(5) 行政裁判所における弁論権

　行政裁判所では，関係人は，弁護士の代理なく，自ら手続きを遂行することができる（行政裁判所法 67 条 1 項）。上級行政裁判所および連邦行政裁判所では，これとは反対に，弁護士強制がある（行政裁判所法 67 条 4 項）。このことは，これら裁判所における第一審手続にも上訴手続にも適用される。弁論権があるのは，ここでは，弁護士および法学教員である。加えて，官庁および公法人は，裁判官になる資格のある，つまり 2 回の司法試験に合格したいわゆる「完全法曹資格者（Volljuristen）」であるその被用者，

---

25)　*Kopp/Schenke*, a.a.O., §80 Rn. 96 ff.

26)　このうち年末までに終結したのは，13 万 3421 件である。

27)　このうち年末までに終結したのは，969 件である。

28)　このうち年末までに終結したのは，1 万 5423 件である。

29)　このうち年末までに終結したのは，1304 件である。

または別の官庁若しくは別の公法人の被用者を代理人とすることができる。

3．社会裁判権

(1) 概　　観

　1954 年 1 月 1 日に導入された比較的新しい社会裁判権は，専門的かつ中立的に保険者と被保険者との間の紛争事案について判断する制度の必要性に由来する。その導入前は，被保険者の給付請求権についての法紛争は，第二次世界大戦後においてもなお，保険官庁によって判断されていた。法治国家的な権力分立原則を導入した基本法が公布された後は，保険官庁による執行機能と法定立機能の併有は，これを廃止せざるを得なくなった。

　ドイツ社会裁判権は三審制である。第一審としては，事物管轄としては，大部分を社会裁判所（Sozialgerichtsgesetz ＝ SG，社会裁判所法 7 条以下）が管轄している（社会裁判所法 8 条）。州社会裁判所（Landessozialgericht ＝ LSG，社会裁判所法 28 条以下）は第二審として控訴（社会裁判所法 143 条）および抗告（社会裁判所法 172 条）につき裁判を行う。社会裁判所法 29 条 2 項ないし 4 項によれば，州社会裁判所は，一定の列挙された事件，特に，社会保険者に対する監督に関わる事案を第一審として管轄する。第三審としては，連邦社会裁判所（Bundessozialgericht ＝ BSG，社会裁判所法 38 条以下）が，上告（同法 160 条以下）につき管轄する。第一審かつまた終審として，連邦通常裁判所が，第一審かつまた終審として裁判にあたるのは，憲法的性質のない連邦と州との間の社会法上の紛争についてである。

　社会裁判所の合議体は，職業裁判官である裁判長 1 名と 2 名の名誉裁判官によりその活動を行う。社会裁判所法 12 条 2 項および 5 項によれば，一定の事案は，特別部が管轄する。その名誉裁判官は特別の要件を満たさなければならず，社会保険に関わる事案においては，名誉裁判官は被保険者および使用者の中から選任されなければならない。州社会裁判所の合議体は，3 名の職業裁判官および 2 名の名誉裁判官から構成される（社会裁判所法 33 条 1 項）。そこでは，名誉裁判官は，社会裁判所法 35 条 1 項により，最低 30 歳でなければならず，社会裁判所において名誉裁判官として少なくとも 5 年の経験がなければならない。連邦社会裁判所の合議体の構成は社会裁判所法 40 条により，州社会裁判所に準ずる。

(2) 管　　轄

　社会裁判所は，次の紛争につき職分管轄を有する。すなわち，社会裁判所法 51 条により，社会保険および私的介護保険案件，ならびに，そのほかの連邦雇用庁の職務を含む雇用促進案件，求職者のための基礎保障（Grundsicherung）案件，社会的な補償案

194 資　　料

件，社会（生活）扶助および亡命申請者給付（Asylbewerberleistungsrechts）案件，そして，賃金支払継続案件における公法上の紛争，さらには障害認定につき，職分管轄を有する。

(3)　手　続　法

社会裁判所法は，大きく行政裁判所法と対応しているが，個別には，多くの規律が訴えを提起しやすいように構成されている。したがって，例えば，被保険者は，社会裁判所法 109 条 1 項により，ある特定の医師による鑑定を行うことを必要的なものとすることができる。そのほか，行政訴訟と同じく，職権探知主義が採用されている。被保険者，保険給付受取人および障害者のため，同法 183 条は，社会裁判所の手続きは裁判所費用は徴収しないとしている。

(4)　統　　　　計[30]

ドイツの社会裁判権には，68 の社会裁判所，14 の州社会裁判所[31]およびヘッセン州のカッセルにある連邦社会裁判所が属している。2012 年には，これらの裁判所には，862 名の女性裁判官および 1036 名の男性裁判官が勤務している。裁判官のポストは行政裁判権よりも 45 名分少ないだけであり，したがって，人員面では，社会裁判所はドイツで 2 番目に強力な特別裁判権である。2012 年，社会裁判所は，39 万 9479 件の手続きを処理し，州社会裁判所は 2 万 7138 件の控訴を処理し，連邦社会裁判所ではその数は 2689 件であった[32]。社会裁判所の手続きの件数は，ここ 15 年で著しく増加した。1999 年における 25 万 1500 件の新受件数から，2012 年には件数は新受件数は，39 万 5566 件に跳ね上がった。

(5)　社会裁判所における弁論権

社会裁判所法 43 条 1 項により，関係人は，社会裁判所および州社会裁判所における事件では，自ら追行することもできるし，弁護士または法学教員に代理させることもできる。そのほかの弁論権のある者の範囲は，社会法の広がりを考慮して，法 73 条 2 項により，考えられる限り広くなっている。すなわち，弁論権があるのは，関係人の被用

---

30)　この 2012 年に関するデータは，連邦統計庁（Statistisches Bundesamt）の発表したところによっている。

31)　ベルリンとブランデンブルク，そして，ニーダーザクセン（Niedersachsen）とブレーメン（Bremen）は，合同の州社会裁判所を設置している。

32)　そのうち 494 件が上告であり，1926 件が上告不許可に対する抗告（Nichtzulassungsbeschwerde）である。

者，成年の家族，裁判官になる資格のある者，共同訴訟人，年金助言士（Rentenbera-ter），税理士，納税士（Steuerbevllmächtigte），公認会計士（Wirtschaftsprüfer und ver-eidigte Buchprüfer），または社会・職業政策をその目的とした独立の労働者団体，農業に関する職業団体，労働組合および使用者団体，ならびに，定款に受給者に助言を与えたり，これを代理したりすることを掲げている団体である。連邦社会裁判所では，社会裁判所法 73 条 4 項により，代理強制となっている。すなわち，弁護士および法学教員に加え，上記の団体のみに弁論権があり，しかも，それは裁判官資格を有する者が担当する場合に限られる。

4．財政裁判権

(1) 概　　　観

　租税行政行為に対する権利保護は，20 世紀初頭まで，行政裁判所が担っていた。ドイツでは，1918 年になって初めて，最初の財政裁判所の設立および帝国財政裁判所（Reichsfinanzhof）の設立により，独立の財政裁判権が創設された。それにもかかわらず，財政裁判所は，財政官庁から分離されず，州財政当局（上級財政局（Oberfinanzdi-rektionen））に付置されていた。それゆえ，財政官僚が，財政裁判所の裁判官の地位を占めると同時に，行政事務を担当することがしばしばみられた。裁判官の人的な独立性は，ここにはなかった。ナチスの時代には，公租事案における異議および訴えはできなくなり，財政裁判所の活動は実質的には廃止された。基本法が公布されたことによって初めて，財政裁判所に関する規律は一新され，これによってまた，組織的にも人的にも財政裁判官の独立性が確保された。この関係で決定的な改革は，財政裁判所および財政裁判官と財政行政との間の組織上の関係を解消したことであった[33]。財政裁判所の二審制の構造は，第一審としての州の財政裁判所および第二審であると同時に最終審である連邦財政裁判所からなるが，これはワイマール共和国の時代から続いている。この点で，財政裁判権は，三審制が定められている他の三つの特別裁判権とは異なっている。

　財政裁判所では，合議体が構成されるが，そこでは，関税事件，消費税事件および専売（Finanzmonopol）事件の領域については，特別部が設けられている（財政裁判所法 5 条 2 項）。合議体は，3 名の職業裁判官および 2 名の名誉裁判官で構成され，裁判にあたる。口頭弁論を開かない決定については，名誉裁判官は関与しない（財政裁判所法 5 条 3 項）。加えて，合議体は決定を単独裁判官に委ねることができる（財政裁判所法 6 条）。連邦財政裁判所の合議体は，5 名の裁判官構成で裁判を行うが，口頭弁論を開

---

33)　*Ax/Große/Melchior/Lotz/Ziegler*, Abgabenordnung und Finanzgerichtsordnung, Rn. 3142.

196 資　　料

かない決定では，裁判官3名の構成で裁判にあたる（財政裁判所法10条3項）。加え
て，ある合議体が，ある法律問題において他の合議体や大法廷の判断とは異なった判断
を下そうとするときは，連邦財政裁判所におかれる大法廷が裁判にあたる。また，連邦
財政裁判所の裁判官は満35歳に達していなければならない。

⑵　管　　　轄

　財政裁判権の裁判所構成および手続きは，財政裁判所法（Finanzgerichtsordnung =
FGO)[34]において，規律されている。財政裁判所法33条1項は，どのような公法上の
紛争に対し，財政裁判所への出訴の途が開かれているかを規定している。これによれ
ば，管轄のあるのは，連邦の立法権に服し，連邦または州の財政官庁が管理している公
租に関する紛争（1号），公租法上の事案において財政官庁が他の官庁に執行援助（Voll-
ziehungshilfe）を提供したことから生じた紛争（2号），税理士の職業法上の紛争（3
号），ならびに，他の連邦法または州法上の規律により，財政裁判所への出訴の途が開
かれている紛争である。財政裁判所に委ねられていない公法上の紛争は，行政裁判権の
管轄となる。

⑶　手　続　法

　財政官庁の行政行為に対する権利保護は，まず，裁判外の法的救済手続——異議手続
——によって，財政官庁に対してこれを求めて行かなくてはならない。これが却下され
てはじめて，財政裁判所において訴えにより争うことができる。所管する財政官庁が訴
え提起に同意している場合にかぎり，前置手続は例外的に必要とされない（財政裁判所
法45条1項）。加えて，原告は，財政官庁の行為によって自己の権利が侵害されたこと
を主張しなければならない（財政裁判所法40条2項）。さらに，原告に，人的・物的不
服がなければならないが，たとえば租税を確定するに際し課税標準の査定が誤ってはい
たが，確定された税額が結果的には正しいとされた場合はこれが欠ける[35]。

⑷　統　　　計

　ドイツには，18の財政裁判所があり，現在約600名の職業裁判官が勤務している[36]。

---

34)　その公布は，1965年10月6日である。BGBl. I S. 1477.

35)　*Ax/Große/Melchior/Lotz/Ziegler*, a.a.O., Rn. 3215.

36)　財政裁判所の数は，州の数と対応していない。というのは，ノルドライン–ウ
　　エストファーレン州（Nordrhein-Westfalen）州には三つの財政裁判所があり，バ
　　イエルン州には（Bayern）には二つの財政裁判所が設けられている一方，他方で
　　は，ベルリン州とブランデンブルク州は，共同の財政裁判所を設置しているから

連邦財政裁判所はミュンヘンにある。連邦統計局の調査によれば，2012年には9万8678件の手続きが財政裁判所に係属し[37]，その51%弱が同年末までに処理された。この裁判権では，新受件数は，年々減少していることがはっきりわかる。新たな訴訟手続の件数は，1999年ではいまだ7万900件であったが，2005年には5万286件，2010年には4万2776件に止まっている。仮の権利保護の手続き件数も，近年継続的に減少している。財政裁判所における手続きの大部分は，「所得に基づく税」の分野に関するものであり，これに続くのは「流通税および消費税（Verkehr- und Verbrauchsteuern）」の分野，「課税標準の確認（Feststellung der Besteuerungsgrundlagen）」に関する手続きである。連邦財政裁判所では，2012年に合計5119件の手続が係属した。そのうち，同年末までに終結したのは2962件である（処理率：57%）。全既済事件事件中で，抗告手続が占める割合は65%で，最も高い。

(5) 財政裁判所における弁論権

財政訴訟の関係人は，連邦財政裁判所における手続きにおいてだけは，訴訟代理人に代理させなければならない（法62条4項）。財政裁判所法62条1項によれば，弁護士のほか，税理士，納税士，公認会計士（Wirtshaftsprüfer sowie vereidigte Buchprüfer）にも弁論権がある。これらの職業グループに属する者は，自ら手続き関係人になるときは，自身で訴訟行為ができる。官庁および公法人は，自己の被用者，または裁判官資格を有する別の官庁若しくは公法上の法人の被用者によって代理させることができる。これとは反対に，財政裁判所には，代理強制はない。もっとも，代理人を使うか，補佐人を使うかは，関係人に委ねられている。補佐人は関係人の地位で関与するわけではなく，口頭弁論において関係人の援助をするだけであるにもかかわらず[38]，補佐人が述べたことも，関係人が速やかに撤回するか，または訂正しない限り，関係人が述べたものとみなされる（民事訴訟法90条2項）。

5. その他の特別裁判権

基本法96条1項は，その設置が義務づけられている五つの裁判権とは別に，工業所有権保護事件につき，任意で連邦裁判所を設立することができる旨を定めている。この可能性を1961年に利用して，連邦は，連邦特許裁判所をバイエルンに設立した。営業上の分野において精神的創作の保護に関係する場合に限られるが，特許法，実用新案

である。

37) この値は，本案手続と仮の権利保護手続の合計である。

38) *Ax/Große/Melchior/Lotz/Ziegler,* a.a.O., Rn. 3213.

法，意匠法，商標法および競争法がその管轄対象である。特許法（PatG）が，連邦特許裁判所の管轄としなかった工業所有権保護の領域については，通常裁判権または行政裁判権が管轄する。連邦通常裁判所が，終審として，連邦特許裁判所にとっての最上級裁判所となる。連邦通常裁判所には，そのために，工業所有権保護に関する部が設立されている（基本法96条3項）。連邦特許裁判所の裁判官職は，職業裁判官および裁判官となる資格を持たない自然科学の知見を持つ者から構成される（特許法65条2項）。

　加えて，基本法96条2項により，連邦は，物的には防衛上の刑法（軍事刑法）に限定し，人的には，外国に派遣されるか，または戦艦の船内にいる軍人に限定して，軍刑事裁判所を設立することもできる。この権能は，これまで一切利用されたことがない。

　最後に，公法上の雇用関係にある者のために，連邦は，懲戒・分限手続きを担当する裁判所を設立することができる。連邦は，この権能をある部分は利用し，一部は引き続き行政裁判所に裁判権限を与えてきた。1951年，連邦懲戒処分裁判所（Bundesdienst-strafgericht）がはじめて設立され，その後，1967年に，統一的な連邦分限裁判所（Bundesdiszipliargericht）が，ヘッセン州のフランクフルト・アム・マインに設立されている。

III　特別裁判権における専門弁護士

1．はじめに

　四つの特別裁判権を管轄する裁判所における代理ができる地位にあるものについて説明したところから，一つには，これら裁判所においては，——通常裁判権を管轄する地方裁判所（Landgericht）および上級地方裁判所（Oberlandesgericht）での民事事件とは異なり——非常に限られた範囲でしか弁護士強制はとられていないということ，そしてその反面として，当事者が弁護士に代理を頼みたくないときは，自分でやる必要はなく，実にいろいろな別の人に，その人が法律の専門知識を持っていようがいまいが，裁判上の代理を頼むことができるということがわかった。この点に，法律に基づいて設置され，そしてこれに対応した法の独占が認められているこれら特別裁判権専属の弁護士がなぜいないのか，その理由がある。とはいえ，各特別裁判権が担当する法分野に対応したかたちで専門化し，公的な審査を経た弁護士は存在する。労働法専門弁護士，行政法専門弁護士，社会法専門弁護士そして租税法専門弁護士がこれである。本稿の第2部では，ドイツにおける専門弁護士を取り上げる。この際，非常に多様な専門弁護士同士を常にはっきりと分けることはできないことから，専門弁護士全体に関して確認できたところは，——もちろん，専門弁護士全体についての調査結果の平均値とは，若干は乖離することはありうるとしても——原則，労働法専門弁護士，行政法専門弁護士，社会法専門弁護士そして租税法専門弁護士にあてはまる。

2．専門弁護士制度のコンセプト

　労働法専門弁護士，行政法専門弁護士，社会法専門弁護士そして租税法専門弁護士が導入されたのは，1986年である。依頼者の法的問題すべてを扱うジェネラリストから，種々の法分野の専門家へと変貌していった弁護士がますます専門化してきたことに対するリアクションとして，これら専門弁護士は導入された。この専門化のプロセスは，わけても，法体系がますます複雑になり，それに伴い弁護士が，連邦弁護士法の定める「すべての法律問題における的確な市民の代理人」という弁護士像にかなうことがますます困難なものとなっていったことのあらわれであった。専門弁護士制度を導入しようというアイデアは，1920年代末葉のこれに相応したコンセプトを取り上げたものであり，そのときは短い期間であるが，六つの専門弁護士が存在した。当時存在した二つの特別裁判権に関しても，専門弁護士が導入されたが，さらに，特別裁判権がない法分野に関しても専門弁護士が存在した。ナチの時代，専門弁護士制度は廃止されたものの，1937年には，租税法専門弁護士が再導入された。それは，当時すでに存在していた税理士との競争に打ち勝つためには，弁護士に対し専門化する機会を与えようとするものであった。1986年までは，この租税法専門弁護士が唯一の専門弁護士として残っていた。この年，労働法，行政法および社会法専門弁護士制度が導入された。こうしてドイツでは，いまや28年にわたり，四つの特別裁判権が管轄する法分野をカバーする専門弁護士制度が続いているのである。さらに1990年代には，三つの専門弁護士が導入されたが，これは通常裁判所の特別部に対応したものである。通常裁判所には，刑事事件，家族事件および倒産事件のみを管轄する，刑事裁判所，家庭裁判所そして倒産裁判所がおかれている。これら裁判所は，独立した裁判権ではなく，ただ通常裁判所の特別の専門部として組織されているだけとはいえ，これらは特別裁判権に比較的似ている。21世紀になると，さらに14の専門弁護士が導入されたが，これはもはや裁判所の組織に準拠するものではなく，（民事法の中の）限定された法分野，たとえば，交通法，相続法，商法・会社法に準拠している。この分野で生じる紛争については，民事裁判所の通常部が管轄し，そしてまた，特別の裁判体が構成されているわけではない。弁護士は，民事法の分野の中でも，その一部分に専門化する傾向をますます強めていることから，1994年以降自らその導入の可否について決定権を持つことになった弁護士は，一部比較的狭い法分野（たとえば，情報テクノロジー法とか運輸法）に対応する数多くの新たな専門弁護士を創設していくことが正しいと考えた。そうこうするうちに，専門弁護士の数は，21種類に達している。そのうち，四つ（労働法，行政法，社会法そして租税法）は，特別裁判権に対応し，三つは通常裁判所の特別部（刑事法，家族法および倒産法）に対応し，14の専門弁護士は，（若干の場合には公法の一分野と組み合わされ

200 資　　料

た）民事法の個別法分野に対応している。

3．専門弁護士資格（称号）取得要件

(1)　そ の 概 要

　専門弁護士資格（称号）は，各単位弁護士会がこれを付与するが，その付与の要件
は，専門弁護士規則（Fachanwaltsordnung ＝ FAO）が定めている。この規則は，弁護
士からなる規約制定委員会，いわゆる弁護士議会が制定する規約の一つである。同規則
2条によれば，申請をした弁護士は，特別の実務上の当該専門弁護士の領域に経験を積
んだことを証明しなくてはならないとされている[39]。同規則2条2項によると，特別の
見識と経験は，それが職業教育と職についてからの実務経験をつうじて通常得られる程
度を大幅に上回っているときに認められる。この特別の見識と経験の存在およびその証
明が，専門弁護士と表示することが許されることになる中核的要件である[40]。このいわ
ゆる「専門弁護士の基準」なるものは，専門弁護士表示を認めるための実体的要件であ
り，専門弁護士のタイトルが，「看板倒れ」になってしまわないようにしようというも
のである[41]。

　特別の見識とは，とりわけ当該専門分野における法的な見識をいうが，これだけで
は，専門弁護士資格（称号）を得ようとしている者に課せられた要件を満たさない。か
えってこれに加え，隣接分野の重要な点についての見識，そしてまた，たとえば刑事専
門弁護士については犯罪学，倒産法専門弁護士については経営学といったいわゆる補助
的科学の重要な点に関する見識を有していることが求められる[42]。

---

39)　「理論的見識」と「実務に関する見識」とは何かについては，専門弁護士規則
　　（Fachanwaltsordnung ＝ FAO）2条2項で法定されている。専門弁護士規則4条
　　は，書面によるテストの回数時間・回数をふくめ，（専門弁護士規則4条 a 参照）
　　特別の理論的見識ありと認められる要件，同5条では特別の実務上の見識ありと
　　認められる要件，同6条では，それらの証明の仕方が規定されている。また，7
　　条では，「専門に関する口頭試問（Fachgespräch）」が規定されている。最後に同
　　8条以下では，個々の専門弁護士資格に求められる特別の見識の具体的科目が列
　　挙されている。

40)　*Henssler/Prütting/Offermann-Burckart,* Bundesrechtsanwaltsordnung, 4. Auflage
　　2014, § 2 FAO Rn. 6.

41)　*Quaas,* BRAK-Mitt. 2006, 265, 266.

42)　*Gaier/Wolf/Göcken/Quaas,* Anwaltliches Berufsrecht, 2. Auflage 2014, § 2 FAO
　　Rn. 8 ; *Henssler/Prütting/Offermann-Burckart,* a.a.O., § 2 FAO Rn. 19.

たとえば，専門弁護士規則8条は，行政法専門弁護士について，一般行政法，手続法，公法上の付加的給付に関する法（Recht der öffentlich-rechtlichen Ersatzleistung）の分野における特別の見識，および，特別行政法分野の内の二つについての特別の見識を有していることを求める。なお，後者の特別行政法については，一つは，建築公法，公課法および経済行政法（営業法，手工業法，経済振興法，飲食店法，鉱業およびエネルギー法），環境法（イミッション保護法，廃棄物法，水法，自然・景観保護法）または公務員法（öffentliche Dienstrecht）のいずれかでなくてはならない。

労働法専門弁護士に関しては，専門弁護士法10条が，まずは，個人労働法（Individualarbeitsrech）についての特別の見識を求めているが，より具体的に，労働ないしは職業教育契約の締結，内容，当該契約の変更，そして，解雇保護を含む当該契約の終了，企業年金の基礎，分けても妊婦，母性，障害者および未成年等の特別のグループの保護，雇用促進法と社会保険法の基礎について，特別の見識が求められている。集団的労働法（kollektiven Arbeitsrecht）に関しては，協約法（Tarifvertragsrecht），従業員代表・事業所構成法（das Personalvertretungs- und Betriebsverfassungsrecht）および争議・共同決定法の基礎を修めていなくてはならないし，加えてまた手続法についての見識も要求されている。

専門弁護士規則のコンセプトでは，特別の実務上の経験は，わけても実務における事件の処理から得られた経験知からなっている[43]。弁護士が，特別の実務上の経験を証明するために，どのくらいの数の事案を自ら，かつまた指示を受けることなく処理したかに関しては，専門弁護士規則5条が，各専門弁護士ごと詳細に定めている。

行政法に関しては，専門弁護士規則5条が次のように規定している。すなわち，3年間以内に80件，そのうち最低30件は裁判所での手続の処理でなくてはならない。最低60件は，3種の特別行政法に関するものでなくてはならず，また，その種ごと最低5件の処理が必要である。なおこの3種のうち一つは，建築公法，公課法および経済行政法，環境法または公務員法（öffentliche Dienstrecht）のいずれかでなくてはならない。その他については，自由に選べる。

労働法に関しては，専門弁護士規則5条が100件処理しなければならないと規定している。そのうち，50件は，——非技術的〔つまりは事務局マターとされるよ

---

43) *Gaier/Wolf/Göcken/Quaas,* a.a.O., §2 FAO Rn. 9;; Quaas, BRAK-Mitt. 2006, 265, 267.

202 資　　料

うなたぐいのものではない〕——裁判所手続，5件は，集団的労働法に関するもの，残りすべては，個別労働法に関するものでなくてはならない。

　専門弁護士規則5条が定めているよりも多くの事案を処理したことの証明をもって，特別の理論的知識の証明に代えることはできない。同様に，学術的に深められた卓抜した理論的知識をもって，実務経験に代えることも許されない。二つがそろって始めて，専門弁護士の称号を名乗ることによりしかるべしとされる信頼が正当化されるのである[44]。したがって，理論的知識と経験により得られた知識の間は，順位もなければ互換性もない。かえって専門弁護士は，権利保護を求める市民を保護する特別の資質基準は，特別の理論的見識が，最低限の数の具体的なケースに適用されて始めて満たされるということをその出発点としているのである[45]。

(2)　特別の理論的見識
　専門弁護士資格（称号）の付与に必要とされる特別の理論的見識は，専門弁護士法4条1項によれば，通常は，「専門弁護士資格（称号）取得準備のための弁護士のためだけの，すべての重要な専門分野をカバーする研修」を経ることで取得できる。規則4条1項2文によると，研修の全時間は，120時間以上とされている[46]が，専門弁護士規則4条aが規定する成果のチェック（試験）時間は，ここから除外される[47]。専門弁護士規則は，全時間数を基準としていることから，短時間のセミナーや，週末のセミナーとかその他何日にもわたる細切れの形の学修でも足りる。研修を了したとされるには，専門弁護士規則4条a1項により，「最低でも三つの異なる分野に関する筆記による成果のチェック（試験）に合格しなくてはならない。」成果のチェックを受けて合格することが求められている。こうすることで，当該弁護士が，単に受け身で授業を「受けた」

---

44)　BGH NJW-RR 1995, 1398; vgl. *Kleine-Cosack,* AnwBl. 2005, 593, 598; *Quaas,* BRAK-Mitt. 2006, 265, 266.

45)　BGH BRAK-Mitt. 2005, 188.

46)　近時批判されているのは，必要とされている研修時間が，すべての専門弁護士について一律に120時間とされている点である。これは，各専門分野の広がりに照らすと，正当ではないであろう。vgl. *Gaier/Wolf/Göcken/Quaas,* a.a.O., § 4 FAO Rn. 18.

47)　専門弁護士規則4条1項3文および4条によると，税法専門弁護士では，さらに40時間，倒産法専門弁護士では，さらに60時間の研修を受けなくてはならない。この時間は，税法では，簿記と会計学についてさらに見識をうるため，倒産法にあっては，経営学についての見識を取得するために当てられる。

のではなく，この弁護士が，学んだ知識を実際の事例に適用し，積極的に応用できることを担保しようとするものである[48]。資質を備えたかどうかを本当に確認することになるわけである。

(3) 特別の実務上の経験

　特別の理論的見識とならんで，専門弁護士になろうとする弁護士は，専門弁護士規則2条に基づき，弁護士会に対して，当該専門分野での特別の実務経験を有していることを証明しなくてはならない。特別の実務経験について求められるところは，専門弁護士規則5条に規定されている。すなわち，証明しなければいけないのは，当該専門分野における事案の処理を通じて取得した実務上の経験である。将来専門弁護士になろうとする弁護士は，申請の前3年以内に一定数の「事案」，自ら，かつまた誰からも指示を受けることなく処理していなくてはならない。その数は専門分野ごと50件（租税法）から160件（交通法）である。多様な専門弁護士の専門分野において，妥当な事案数を確定すべく，規約委員会は，いつもながら腐心してきた。とはいえ，新人専門弁護士が十分な経験を踏んでいることを確保するという関心事と，同様に保護に値する利益である，専門弁護士資格（称号）の取得につき克服することができないような制約をかけないという関心事をフェアな形で調整しなければならない。

　そうこうするうちに，専門弁護士規則5条は，20の専門弁護士のうちの15について，どの部分領域に，そしてまたどの範囲で必要とされる実際の案件数が配分されるのか（いわゆる事案の割合）を，詳細に定めている。さらに，おおかたの専門弁護士に関しては，処理した法分野に関する要件とならんで，弁護士の活動領域に関わる基準値（Vorgabe）が次のような形で設定されている。すなわちそれは，証明すべき事案のうちの一定割合は，裁判所手続[49]ないし何らかの法的形式を踏んでいる手続[50]でなくてはならないとされている。当該弁護士が実務で取り扱っていなくてはならないとされている部分領域は，専門弁護士法8条以下によれば，その点についての理論的知見も証明しなくてはならない法分野と対応している[51]。

---

48)　*Henssler/Prütting/Offermann-Burckart,* a.a.O., §4a FAO Rn. 3.

49)　税法，行政法，労働法および社会法といった裁判権に切り結んだ専門弁護士，あるいは，刑法，家族法および倒産法といった通常裁判権の特別部に切り結んだ専門弁護士に関しては（専門弁護士法8条以下と連動する5条において必要とされている専門に関する要件に照らすと，一つありうる考えではあるが）が，これらの裁判所における手続である必要はない。

50)　批判的なのは，*Schellenberg,* AnwBl. 2010, 399 である。

51)　ということで，たとえば専門弁護士規則5条1文a)の第2文は，行政法弁護

204 資 料

(4) 弁護士会に対する証明

特別の理論的見識と実務経験を取得したら，今度は申請人が，弁護士会にこの見識と経験を具体的に証明していくことになる。専門弁護士法6条1項および2項によれば，弁護士会でこれを所管する委員会に，専門分野における申請人が理論的見識を備えていることがわかる証明書や関係記録を提出しなくてはならない。特別の実務時用の経験については，申請人は，専門弁護士規則6条3項1文にしたがい，取り扱った案件のリストを提出しなくてはならなず，委員会が求めるときは，匿名としたうえでの取り扱い事件の抽出調査（anonymisierte Arbeitsproben）をもって補完しなくてはならない。ここで，案件リストとは，志願者が各法分野において裁判上・裁判外取り組んだ事案を文書化したものである。連邦通常裁判所は，この点に関しつぎのように判断している。すなわち，この案件のリストは，リストアップされている案件が必要とされる数に達しているか，そして，3年以内という期間に収まっているかのチェックを審査委員会ができるようにすることだけをもくろんでいるのではなく，これに加えて，処理された案件が，本当に資格（称号）の取得を目指している法分野に関するものであるのか，あるいは，関連する生活事実関係が，不当にも何件か分にカウントされていないかのチェックができるようにしようとするものである，と[52]。専門弁護士規則6条3項1文によると，案件リストは，そこから記録整理番号，対象，取扱期間，活動の種類とその範囲そして手続きの状況すべてがわかるものとなっていなくてはならない。

弁護士会は，証明書および事案リストが提出されそして審査を経た後，専門弁護士法5条3項3文に基づき，必要とされる特別の実務経験があるかどうかをより詳細にチェックするために，抽出するかたちで調査資料の提出を求めることができる。最後に，弁護士会の担当委員会は，専門弁護士法7条1項1文により，特別の理論的見識のみならず特別の実務経験の証明のために，専門的口頭試問（Fachgespräche）を行うものとされている。もっとも，実際には行わないことがしばしばある[53]。

士については，必要とされる80件中60件は，特別行政法のうちの相異なる三つの分野に関係していなくてはならず，「この際，この三つの分野ごと最低5件」の処理あたっていなくてはならないとされている。これに加え，全80件中30件は，裁判所での手続でなくてはならない。

52) BGH NJW 2004, 2748.

53) 専門的口頭試問の手続の進め方は，専門弁護士法7条2項と同24条5ないし7項に規定されている。まず担当委員会が専門弁護士規則24条5項にしたがい同法7条2項に照らしつつ申請者を専門的口頭試問に招請する。同法24条5項により，招請は，最低でも期日の1月前にしなくてはならない。申請者が，十分な弁明をすることなく2回出頭しなかったときは，記録に基づき判断する（専門弁護

すべてこれらの要件が満たされると，弁護士会は，「…法専門弁護士」という資格（称号）を名乗る権限を授与する。この専門弁護士の資格（称号）を継続的に用いていくには，弁護士は，最低年15時間この分野に関して継続研鑽を行わなくてはならない。職業法はそれ以外の要求を規定していない。特に専門弁護士が当該専門領域における事案を最低数処理することは必要とされていない。理論的には，専門弁護士の資格（称号）を与えられた後，この継続研鑽に参加しさえすれば，実際の事件処理に一切当たらなくとも，その資格（称号）を維持し続けることはできる。

4．専門弁護士を取得することの法的意味

専門弁護士資格（称号）を得たことで，外部へのプレゼンスという点で，他の弁護士に比較し，専門的な点で優位に立てる可能性があるほかは，法的に何らかのメリットがあるということは一切ない。わけても，特別裁判権にかかる法分野の専門弁護士資格（称号）を取得した者に，これら裁判権の面前で代理人となる権限が独占されているわけではない。労働裁判所，行政裁判所，社会裁判所そして財政裁判所の面前では，専門弁護士資格を有していようがいまいが，原則として弁護士はすべて代理人となれる。弁護士報酬法も，専門弁護士には資格（称号）のない弁護士より高額の報酬を定めているわけではない。訴訟費用救助を通じて裁判所が当事者に任設する弁護士も，問題の法分野の専門弁護士に限られない。法的視点からみた場合に，専門弁護士資格（称号）を持つことでえられるメリットは，これが弁護士名簿に記載される点と，このタイトルが法的に保護されている点のみである。したがって，専門弁護士でない者は，自らを「専門弁護士」と表示してはならない。こうすることは，職業法に反するのみならず，競争法（不正競争防止法←訳者）にも反することになろう。しかし，非専門弁護士が，たとえそれが専門弁護士資格（称号）の取得につながるような程度には（いまだ）なっていなくとも，求められれば証明できる平均以上の見識と経験を有しているときは，ある法分野の「スペシャリスト」と名乗ることはできる。このほかに，専門弁護士資格（称号）を得ることのメリットは，もっぱら規範的な領域外にある。

5．専門弁護士の数とその展開

2013年1月1日には，ドイツの専門弁護士資格（称号）保有者，約4万名，そのうちほぼ7500名は，二つの分野の有資格（称号）者であり，500名は三つの資格（称号）保有者である（弁護士は三つまで専門弁護士資格（称号）を名乗れる）。1990年代の中葉以降，弁護士の数は，倍増したが，これに対し専門弁護士は10倍になっている。も

士規則24条7項参照）。その限界に関しては，*Ollig*, AnwBl. 2010, 354. 参照。

206 資　　料

っとも，専門弁護士が好まれるのは，専門弁護士が認められる分野が 1997 年から 2008 年にかけ，4 個から 20 個まで 5 倍増加し，このようなかたちで，大幅な増加への拍車がかけられたことにもその原因がある（2013 年には，21 個の専門弁護士が認められている）。最も数が多いのが，労働法専門弁護士で，9425 名である。租税法専門弁護士が 4795 名で第 3 位，社会法専門弁護士が，1567 名で第 9 位です。単純に統計的にみると，ドイツ弁護士 17 名に 1 名が労働法専門弁護士，租税法弁護士については，34 名に 1 名，社会法専門弁護士に関しては，102 名につき 1 名，そして行政法専門弁護士では，102 名に 1 名の割合となっている。

　そのうち女性の割合はほぼ 27%，女性が全弁護士に占める割合より低い。また，2 ないし 3 の専門弁護士資格（称号）を持つ割合も少ない。

　マーケットにおいて弁護士としてリーガルサービスを提供しているスペシャリストの数は，言うまでもないがこの約 4 万名の専門弁護士に尽きるものではない。専門家のなかで繰り返しいわれてきたところによると，認可されている 16 万名の弁護士のうち，リーガルサービス市場での仕事に真摯に取り組んでいるのは，11 万名であり，残り，つまりは約 5 万名は，事業的活動を一切していないか，非常に限定された範囲でしかしていないいわゆるシンディクスないしは名目弁護士であるが，これを踏まえてみると，実態調査から分かったことは，ほぼ同じような形で弁護士が三分化していることである。すなわち，専門弁護士，専門弁護士資格（称号）を有しないスペシャリスト，そしてジェネラリストが，それぞれ弁護士の約 3 分の 1 ずつを占めている。弁護士資格（称号）を持たないスペシャリストが存在している理由は多様である。一部は，ある特定の法分野に切り結んだ専門弁護士制度がないことにその理由がある。また，専門化の種類によっては，ある法分野よりもある目的に指向したものがあり，それ故専門弁護士とするになじまないものがあることも，その一因である。同様に，専門弁護士資格（称号）を持たないで専門化する一つの理由として考えられるのは，現実には専門化してはいるものの，資格（称号）取得を取得する要件を満たすにはまだ不十分ということもある。当該スペシャリストは，すでに市場で十分な基盤を持っているので，専門弁護士資格（称号）がより多くのメリットもたらすことはあるまいと考え，専門弁護士資格（称号）を意識的に取得しないということもあり得る。あるいは，その活動が，専門弁護士としてのものに減縮されてしまうことにならないように，こういった資格（称号）はかえって有害だとして意識的に取得しないということもありえよう。したがって，この講演では，専門弁護士をスペシャリストとして紹介してはいるが，専門弁護士という形の専門化の他には，専門化の形態は存在しない，あるいはあってもその意義はわずかでしかないという印象を持たないようにされたい。

6. 専門弁護士資格（称号）を取得したことの効果

⑴ 期 待 感

弁護士が専門弁護士資格（称号）を取得しようとする中心的な理由は，専門的な関心とともに，市場での競争に際して有利な地位を取得することにある。すでに際立っている専門化のフォーマルな形での認証，そして，――そこまで強く際立ってはいないが，しかしなんといっても重要な――自分の売り上げが上昇する期待である[54]。事務所がそこで活動している弁護士に対して，専門弁護士資格（称号）の取得を勧めるのは比較的まれである。競争において不利な今の状況を克服しようと，専門弁護士資格（称号）を取得するのは，ほんのわずかの弁護士である。その他取得を目指した理由としては，依頼者からの求めがあったとか，「好奇心」があげられている。

マーケットでの競争上のメリットを得ることへの期待は，医事法専門弁護士，相続法専門弁護士，交通法専門弁護士，銀行法・金融市場法専門弁護士，そして建築・設計士法（Bau- und Architektenrecht）専門弁護士で非常に顕著に見受けられた。その他の専門弁護士でも，この期待はおなじく強く見受けられたが，全体としてみると，その顕著さの度合いは低いことが認められる[55]。自分の売り上げが上がることに対する期待は，3分の2をはっきり超える数の専門弁護士でみられた。もっとも，行政法専門弁護士，社会法専門弁護士および刑事法専門弁護士では，この期待の度合いは，他の専門弁護士と比べると明らかに低い[56]。

事務所の規模で分けてみてみると，専門弁護士資格（称号）を取得することに向けた経済的そして財政的な動機付けは，大規模共同事務所と比較すると，小規模事務所のほうが明らかに強力である[57]。その理由の一つは，おそらく小規模の業務共同にあっては，専門化しているのは個々人の弁護士である傾向が強いが，大規模の業務共同にあっては，特に特別の専門化に向けた事務所ないしはチームが存在し，専門弁護士資格（称号）は顧客獲得のためには必要がないということであろう。事務所が，私人からの依頼と事業者からの依頼のいずれに重点を置こうとしているのかもまた，専門弁護士になろうとするモティベーションに影響を与えている[58]。全体としては，多くが私人からの依頼でなっている事務所の弁護士は，専門弁護士資格（称号）を取得して競争上のデメリ

---

54) このような動機についての詳細は，*Hommerich/Kilian*, Fachanwälte, 2010, S. 92 ff 参照。

55) *Hommerich/Kilian*, Fachanwälte, S. 93.

56) *Hommerich/Kilian*, Fachanwälte, S. 93.

57) *Hommerich/Kilian*, Fachanwälte, S. 95.

58) *Hommerich/Kilian*, Fachanwälte, S. 96.

ットを克服する，あるいは競争上のメリットを得たいという希望が，その業務の中心を事業者からの依頼においている事務所の弁護士と比べると遙かに強い。

要約すると次のようにいうことができる。

全般的に，専門弁護士資格（称号）を取得することに，かなりの期待が込められている。そして，ここでは，たとえば自分の専門的資質を高めたいといった「内因的な」モチーフと，市場での成果によりもたらされる専門弁護士資格（称号）取得の外面的報酬（つまり収入増加）に向けた「外面的な」モチーフとが混じり合っている。

(2)　専門弁護士資格（称号）取得の一般的効果

専門弁護士の53％が，もっとも大きな成果としてあげたのは，その事務所の売り上げ増加である[59]。つまり，専門弁護士資格（称号）の取得は，経済的な観点から見ても，そしてまたまさしくこの観点においては，リーガルサービス市場における市場の飽和状態に対する意義のある反応である。専門弁護士と認定されることで，戦略的に目立つようにすることができるし，これは明らかに権利保護を求める市民に働きかける効果を持つ。これが妥当するのは，わけても，弁護士が提供するサービスへの需要が，はっきりと分かる形での専門化をますます強く思考するようになってきているからである。Soldan Instituts が数年前に行った調査においては，権利保護を求める市民にとり，弁護士の専門化は，直ぐに面談してくれること，そして話を聞いてもらう期日をすぐ入れてくれることに次いで，最も重要な弁護士選択基準の一つであった[60]。市民にとって，明らかに専門化は，たとえば価格とか弁護士の広告活動などとに比べ，より重要である。先に言及した調査では，「専門弁護士」とは何かをそもそも知らないのは，回答した市民の３％のみであった[61]。

専門弁護士資格（称号）取得前に，専門弁護士の多数，つまりは３分の２を超える専門弁護士は，特に際立って専門化した形で業務を行っている[62]。このことは，専門弁護士資格（称号）の取得は，多くの場合，すでにはっきりと専門化したことの事後的なリアクションだということを物語っている。

(3)　委任事務処理への影響

専門弁護士資格（称号）の取得に引き続き，当該弁護士の活動の中心が，各専門弁護

---

59)　*Hommerich/Kilian*, Fachanwälte, S. 195ff.

60)　*Hommerich/Kilian,* Mandanten und ihre Anwälte, 2007, S. 110.

61)　*Hommerich/Kilian*, Mandanten, S. 121.

62)　*Hommerich/Kilian*, Fachanwälte, S. 176.

士というものがカバーする専門分野の方向へとシフトしていることがはっきりと見て取れる。専門弁護士資格（称号）取得前では，この専門分野での活動の割合は，37％であったが，取得後は，64％となっている[63]。全体的にみると，選択した法分野の当該弁護士の活動に占める平均的割合は，専門弁護士資格（称号）取得後，27％上昇している。最も高い上昇率となっているのは，倒産法専門弁護士，租税法専門弁護士，相続法専門弁護士そして家族法専門弁護士である[64]。

　専門弁護士資格（称号）取得の効果を調査した際のある重要な質問の一つが，専門弁護士称号を名乗ることで，――これは実にしばしばいわれてきた懸念であるが――予期していなかった依頼の減少が生じたかというものがある。こうした依頼の減少があったとしたのは，専門弁護士のなかの少数のみであった[65]。減少したと答えた弁護士は，そのほとんどが主として個人の法律相談および代理にあたってきた者たちで，資格（称号）取得前すでに，明らかに手を広げすぎていたといってよい者たちである。しかし，全体としては，依頼を減少させる効果はほんのわずかしかみられなかったし，さらには，多くの弁護士が，それを困ったことだとは受け止めてはいない。つまり，専門化の進展は，弁護士間における業務分担の新しい形と結びついている。50％の専門弁護士は，依頼がその専門分野外であれば，これを同じ事務所の同僚弁護士に回しているし，35％は，こうした依頼を別の事務処の弁護士に回しているのである[66]。

(4)　獲得する報酬への影響

　専門弁護士資格（称号）取得は，得る報酬にはっきりと反映している。専門弁護士資格（称号）を持つ弁護士は，依頼を受けるにあたり報酬合意契約を結んでもらうことや，弁護士報酬法を報酬額の基準としないでおくことを明らかにより容易にできる。非専門弁護士の46％が，時間制報酬の合意は，「まれ」ないしは「一度もない」としているのに対し，専門弁護士ではその割合はわずか31％のみであり，まったく時間制報酬の合意をしないとする者は，9％のみである[67]。

　時間制報酬の合意がなされるときは，専門弁護士の時間制報酬の単価は，専門弁護士資格（称号）を持たない弁護士と比べると平均的にみて20ユーロ程度高い。

　もっとも，時間制報酬の単価の額への専門弁護士資格（称号）取得の積極的効果は，

---

63)　*Hommerich/Kilian*, Fachanwälte, S. 180.

64)　*Hommerich/Kilian*, Fachanwälte, S. 181.

65)　*Hommerich/Kilian*, Fachanwälte, S. 189.

66)　*Hommerich/Kilian*, Fachanwälte, S. 193.

67)　*Hommerich/Kilian*, Vergütungsbarometer, S. 30.

210 資　　料

専門弁護士ごと大きな差がある。たとえば，倒産法専門弁護士および相続法専門弁護士
では，おおよそ50ユーロで，ドイツでの全時間制報酬の単価に関する統計上の平均を
上回っているが，家族法専門弁護士と社会法専門弁護士では，専門弁護士資格（称号）
を有しているにもかかわらず，全ドイツ弁護士の平均のみならず非専門弁護士の平均を
も下回っている[68]。

　専門弁護士の報酬という点からみた専門弁護士資格（称号）のもう一つの効果は，多
くの専門弁護士資格（称号）では，当該弁護士が専門弁護士としてではなく活動する分
野においても，より高い時間制報酬の単価を請求できるということである。該当する専
門弁護士の64％，つまりはほぼその3分の2が，そのすべての弁護士活動につき，同
一金額の時間制報酬の単価を請求している[69]。

(5)　売り上げへの影響

　何とも答えられないと回答した全体の約3分の1は除外したうえで，残りのうちの3
分の2の専門弁護士が，専門弁護士資格（称号）を取得した効果として，その個人の売
り上げが上がったとし，3分の1が，そうとはいえないと回答した。売り上げが上がっ
たとした者についてみると，上昇率は平均で43％である[70]。売り上げが上がったと答え
た者は，相続法専門弁護士，労働法専門弁護士，刑事法専門弁護士，医事法専門弁護
士，行政法専門弁護士および社会法専門弁護士において平均よりも多い。それらの個人
的報酬売上高の平均的上昇率は，大まかにみて50％であり，これを超えているのは，
租税法専門弁護士，医事法専門弁護士，倒産法専門弁護士そして労働法専門弁護士であ
る。中間に位置するのが，行政法専門弁護士，家族法専門弁護士，相続法専門弁護士，
社会法専門弁護士，保険法専門弁護士，刑事法専門弁護士，交通法専門弁護士である。
これらの専門弁護士の平均的上昇率は，34％から44％である。そのほかの専門弁護士
では，上昇率は30％を下回る[71]。上昇率の低いこれら専門弁護士は，いまだ比較的「新
しい」ものであり，そのタイプとしては分野広がりが狭い専門弁護士である。このよう
な「新しい」専門弁護士に関して，信頼のおける評価は数年を経過しないとできないで
あろう。しかしながら，データから読み取れるのは，ここで問題となっている専門弁護
士は，当該専門弁護士職では，分野の広がりが狭いために，すでに大幅に専門化してお
り，その結果平均を超える収入を得ることができていたということである。そうである

---

68)　*Hommerich/Kilian*, Vergütungsbarometer, S. 74.

69)　*Hommerich/Kilian*, Fachanwälte, S. 218.

70)　*Hommerich/Kilian*, Fachanwälte, S. 196.

71)　*Hommerich/Kilian*, Fachanwälte, S. 197.

なら，経済効果が平均を下回っているのは当然のことである。

　高い売上上昇率を達成するには，専門弁護士がその専門分野に特化していくことが必要となる。専門弁護士資格（称号）を取得した後，もっぱらその専門弁護士の分野で活動する42％の弁護士は，58％を占める取得後も他の分野の依頼も受けている専門弁護士より，その個人的報酬売り上げの上昇率が高いことが多い[72]。前者のグループでは，平均的な報酬売り上げの上昇は，51％であるが，後者では，36％となっている。より顕著な差がみうけられるのは，専門弁護士が資格（称号）取得後も，ジェネラリストとして活動している場合である。その売り上げ上昇率は，16％から25％で，すべてのスペシャリストより低い。

(6)　顧客の獲得およびその評判

　ある興味深い問題は，弁護士が，自分でみたところ，専門弁護士資格（称号）を持たないと，そこでは競業関係にある専門弁護士が存在する法分野の依頼を獲得するのに困難がともなうか，あるいは，裁判官は，専門的な点について彼らをほとんど評価していないかというものである。2012年にSoldan Institutが何千人もの非専門弁護士の協力を得て行った研究が，この点を明らかにしている。専門弁護士資格（称号）を持たない弁護士は，専門弁護士に比べて，依頼を獲得するのが難しいかという問題を明らかにするため，この調査対象者に対してその経験がどうかを質問した。当然ながら，こうした評価は難しく，すべての回答者の3分の1超，つまり36％は，こうした評価をしろといわれても無理と回答した。27％は，依頼獲得に困難がともなうと考えており，37％は，そんなことはないと回答した。

　専門弁護士資格（称号）を持たず，またその取得に興味も持っていない弁護士に対しては，さらに次のような質問をした。すなわち，専門弁護士は，非専門弁護士と比べると，裁判官や他の弁護士から，専門に関しより多くの敬意が払われていることを，弁護士実務を行なっているなかで確認したことはあるか，というのがその質問である。回答は形式は，「しばしば」，「ときどき」，「まれにしかない」そして「一切ない」の四択である。これによると回答者の54％は，専門弁護士資格（称号）を持たない弁護士が，専門弁護士よりも尊敬されていないと考えたことは一切ないとし，32％は，まれにしかないと感じた，14％が，あったとしてもときどきだとした。しばしば専門弁護士は十分な敬意を払われているとしたのは，わずかに1％である。

　これをみると，専門弁護士資格（称号）を有しないことは，当該非専門弁護士の感じたところでは，一般に考えられているほどには，依頼の獲得を難しいものとはしていな

---

72)　*Hommerich/Kilian*, Fachanwälte, S. 198.

い。そう感じているのは，わずか4分の1を若干上回る非専門弁護士のみである。非専門弁護士の多くは，専門弁護士となる資質を備えているので，そう長くこの問題を経験することはなかろう。ネガティブなリピュテーション効果も同様に，どちらかといえばまれである。弁護士が主観的に感じた専門的な点からの評価からすると，弁護士が専門弁護士資格（称号）を有しないことで困っているのは，むしろ希である。すべての非専門弁護士の86％は，専門弁護士に比べてみて，自分たちは敬意を払われていないということは一切ないか，あったとしても滅多にないことと考えている。上記は，回答者が主観的に感じたところに基づいており，それは一般的にいって正確なところは分からない他の人たちの態度を解釈したものであることから，当然のことながら，調査結果は，ある程度控えめに受け止めなくてはならないし，また単なる全体的な印象と理解すべきものである。

弁護士とジェネラリストとしての弁護士
――重要な調査結果の要約――

マティアス・キリアン

訳　森　　　勇

Ⅰ　弁護士と専門弁護士――その特性

①　弁護士の多くは，専門弁護士のタイトルを持っていない。その割合は，77％と推定される。しかしながら，近年にあっては，専門弁護士のタイトルを持たない弁護士の割合は，減少し続けている。

②　「専門弁護士」つまりは専門弁護士のタイトルを持たない者の中で違いがあるのは主に，それまで専門弁護士のタイトルを取得しなかった動機にある。もっとも多いのは，タイトルの取得に関心が無い弁護士のグループ（58％）である。その次は，確かに，基本としてはタイトルの取得に関心はあるが，様々な理由から，現在のところ取得できないグループである（29％）。非専門弁護士の15％は，すでに専門弁護士タイトル取得の資質を持っている。現在の20の専門弁護士資格に，自己の資格として希望する者がないとしたグループは，3％であり，この数値は無意である。

③　専門弁護士と非専門弁護士の地域的な分布は，多様である。地方と小都市がその所管地区を占めている弁護士会では，認可を受けた弁護士に占める非弁護士の割合は，大都市圏に比べると，明らかに低い。たとえば，ハンブルクでは，弁護士100名中，専門弁護士のタイトルを持つ者はわずかに20名のみである。地方では，弁護士に占める専門弁護士の割合がかなり高い。専門弁護士のタイトルを持つ者とそうでないものの割合は拮抗している，たとえば，オルデンブルク（Oldenburg）の弁護士会では，弁護士100名中49名が専門弁護士のタイトルを持っている。

④　専門弁護士のタイトルを持たない者に占める女性の割合は，35％である。これに対して，専門弁護士に占める女性の割合は，わずか28％である。

⑤　専門弁護士のタイトルを持たない者の平均年齢は53歳であり，持っている者の平均が51歳であるのに比べると，わずかながら高い。非専門弁護士をさらにグループわけしてみてみると，はっきりとした違いがある。原則として専門弁護士のタイトル

214 資　　料

取得に関心のないグループでは，平均年齢は 59 歳であり，他のグループと比べると最高齢である。これに対し現在タイトル取得の資質をすでに備えている非専門弁護士の平均年齢は，42 歳と突出して若い。この結果は，多くの場合，専門弁護士のタイトルを取得する方向で行くのかそれともその道は歩まないことにするかの決断は，弁護士となった比較的早い時期になされていることを，再確認できる。

⑥　専門弁護士のタイトルを持たない弁護士の 70 ％ までが，単独（単独事務処（Einzelkanzlei）ないしは単に事務所施設を共用しあう合同事務所（Burogemeinschaft））で業務に従事している弁護士（Einzelanwalt＝以下「単独弁護士」）である。これに対し，組合の性格を有する共同事務所形態（Sozietät）は 30 ％ である。このことの理由は，主として，次の点に求められる。すなわち，単独弁護士は，多くではジェネラリストとして業務しており，その依頼者に対して法務全般にわたる助言者としての権能を失わないようにするため，専門弁護士のタイトルを取得しようと決断することは，原則稀有に止まるということである。これに対し，専門弁護士の 38 ％ が単独弁護士であり，62 ％ は共同事務所形態所属弁護士である。非専門弁護士のグループに照らし合わせてみると，専門弁護士のタイトル取得の資質を得ることになる弁護士は，比較対象とされるほかの弁護士と比べ，共同事務所形態で活動している弁護士のほうが明らかに多い。このことは，共同事務所形態が大きくなればなるほど，専門化の傾向がより強まっていくことを示している。　さらには，共同事務所形態にいることで，専門弁護士のタイトル取得が，一般的に容易となっていることがわかる。

⑦　専門弁護士のタイトルを持たない弁護士の 4 分の 1 弱（23 ％）は，弁護士としての業務以外の業務に従事している。このパーセンテージは，専門弁護士グループと違ってはいないが，従事している第 2 の職業の種類は異なる。非専門弁護士の場合，その圧倒的多数は，企業ないしは団体に勤務する法律家として業務している。これに対し専門弁護士の場合には，多くは公証人あるいはメディエーターである。

⑧　専門弁護士のタイトルを取得していない弁護士の 4 分の 1 は，職業に関連した別の資格を有している。約 11 ％ の非専門弁護士は，博士号取得を決断した。全体としてみると，専門弁護士のタイトルは，弁護士業に関係するその他の資格の競争相手とはみられていないことがわかる。こうした別の資格を取得しているのは，専門弁護士だからより多いとか，専門弁護士の資格を有しない者ではわずかであるということはない。

⑨　今までに専門弁護士のタイトルを取得していない者の依頼者は，企業より個人が多い。その業務の 90 ％ 以上を企業に向けている非専門弁護士は，わずかに 4 ％ のみである。過半数，つまり 55 ％ では，弁護士としての業務の 30 ％ が企業向けである。専門弁護士と比べて，差がまったくないということから，専門弁護士のタイトルが，一般的な依頼者の構成（誰が依頼者か）にまったく影響していないと考えられる。わけ

ても，個人依頼者を引きつける効果があるとか，企業の依頼者を引きつける効果があることを示すものは一切ない。

II　専門弁護士のタイトルを持たない弁護士
——専門家かそれともジェネラリストか？

①　弁護士の中で，自分のことをジェネラリストとした者とスペシャリストとした者のなかの分布は，専門化していることのフォーマルな表示である専門弁護士のタイトルを持っていることのみにはかかっていない。専門弁護士でも，特別のタイトルを持つにもかかわらず，その一部は，自分はジェネラリストだとしているし，逆に専門弁護士のタイトルを持っていないのに，一個の専門領域ないしはある目的でくくられた一群の法パッケージ（Zielgruppe）〔たとえばM&A〕のスペシャリストだと回答している。このことは，弁護士は，ほぼ同じ数から成る三つのグループかに分かれていることを示している。それは，「専門弁護士のタイトルを持つスペシャリスト」と専門弁護士のタイトルを持たないスペシャリスト」そして「ジェネラリスト」の三種である。

②　専門弁護士の資格を持たない弁護士の55％が，自分はスペシャリストだと回答している。33％が，ある特定の法領域のスペシャリストだと回答し，15％が，ある目的でくくられた一群の法パッケージのスペシャリストであると回答し，そして，7％が，一個の専門領域と同時にある目的でくくられた一群の法パッケージのスペシャリストだと回答した。注目すべきは，非専門弁護士の半数を下回る45％しか自分をジェネラリストだとしていないことである。その結果として当然のことながら，ジェネラリストとして業務している非専門弁士には，専門弁護士取得を原則として拒否している者が特に多い。専門弁護士では，ジェネラリストとした者は17％であり，83％はスペシャリストだと回答している。このことから，現在の弁護士は，フォーマルな弁護士としての認定にさらに加わる追加の資格認定，たとえば専門弁護士のタイトルといったものとは無関係に，明らかにその多くがスペシャリスト化しているということである。

③　非専門弁護士の専門化の原因の一部は，専門弁護士のタイトルを持たない弁護士が，法領域について専門化を進めていることのみではなく，ある目的でくくられた一群の法パッケージに志向していることにも求められる。

④　専門弁護士のタイトルを有しない者も含め，弁護士の専門化した業務は，近年ますます大きな意味を持つようになってきている。専門弁護士となる資質を有する弁護士，そして専門弁護士のタイトルを取得することに原則関心を持っている弁護士もまた，かつてと比べると，それぞれの領域に非常に大きく集中しそして専門化している。

216 資　　料

⑤　非専門弁護士の中で専門化した業務の割合が高いのは，自分に合った専門弁護士の
タイトルが存在せず，従ってタイトル取得に関心がない弁護士である。このことか
ら，専門弁護士のタイトルは，成功を収めた専門化の前提では決してないことがわか
る。このことはまた，専門弁護士のタイトルにまったく関心のない弁護士の中に，ジ
ェネラリストとならび，高度に専門化した業務を展開している弁護士が多数いるとい
う調査結果からもわかる。

⑥　サブ専門化（より細かな専門化）の傾向がかなりはっきりと見受けられる。最近専
門弁護士のタイトルを持っている者または少なくともそれを考えている弁護士は，10
年前に専門弁護士のタイトルを取得した者よりも，より強く専門化していることが多
い。ある目的でくくられた一群の法パッケージに志向していることもまた，当然のこ
ととして多くの弁護士の業務が，種々の古典的な部分法領域（teilrechtsgebiet）〔専門
弁護士の対象法領域〕をまたぐ種々の部分法領域〔専門弁護士の対象法領域の各個別
分野〕に限定されるという結果をもたらしていることが，かなりはっきりとみてとれ
る。種々の法領域のうちの一部の部分法領域での業務をつうじて，将来的には，古典的
な法領域をまたぐ「モダンな」専門弁護士というものが形成されていく可能性がある。

⑦　リーガルマーケットにおけるスペシャリストは，他方，専門弁護士の彼方にあっ
て，二つのグループに分断している。その専門化に対応した専門弁護士資格が認めら
れていないグループと，専門弁護士のタイトルを持つことに何ら関心を抱かないほど
にうまく専門化を果たしている弁護士のグループである。

III　専門弁護士資格を持たない者の弁護士としての職業活動

①　すでに現在でも専門弁護士の資質を有する非専門弁護士の一部と原則タイトル取得
に関心を持っているグループは，顧客獲得にあたって，タイトルのないことで不利と
なっていると考えている。タイトル取得に関心のない弁護士と自分の専門化にフィッ
トするタイトルがない弁護士では，このような不利益を感じているのは珍しい。

②　その自己判断によれば，専門弁護士のタイトルを持たない弁護士の大方は，裁判官
とか同僚から低い評価を受けているとは一切感じていない。タイトルを持たない弁護
士で，その評価にネガティブな影響があるとした者はほぼ皆無である。

IV　専門弁護士のタイトル取得に対する関心と無関心

1．タイトル取得に無関心である理由

①　非専門弁護士の半数を超える53％が，専門弁護士のタイトル取得に原則関心がな

い。その無関心の理由は，個々人ごと大きく異なっている。

② とはいうものの，その中心的な理由は次の四つのグループに特定できる。49％が，タイトルがなくとも現在の経済状況に満足しているというものである。同じくらいの割合の者が，タイトルを取得により特定の法領域に固定されたくないとする。47％が，いままでタイトルがなくとも不利とは感じたことはないとする。43％が，専門弁護士のタイトルがなくとも，自分の専門性をアピールできるからとしている。

③ その他のタイトルに無関心な様々な理由から，三つの上位グループを読み取ることができる。一つは，タイトル取得要件が，無関心を引き起こしている。二つめは，その弁護士業務のタイプにマッチする専門弁護士のコンセプトがないことである。三つめは，予想されるメリットとデメリットからすると，その取得はよいことだというわけではないとするものである。

④ 全体をながめると，専門弁護士制度の現在の有り様に基づくものがみられるが，タイトル取得に無関心な理由のうちで，どちらかといえば平均を下回る程度の意味しかない。

⑤ タイトル取得を放棄する理由のうち，突出してもっとも重要なのは，経済的な考慮である。すなわち，タイトル取得は十分な経済的メリットをもたらさないと考えているということを示す種々のモチーフである。

⑥ タイトル取得を放棄するその他の重要な理由は，タイトルが，そのコンセプトの点で，多くの非専門弁護士の職業実践とはマッチしていない点に求められる。彼らは，ジェネラリストか，ある目的でくくられた一群の法パッケージにかかる法律相談に専門化しているかのいずれかである。その結果，彼らは，その方向性からして，ある法領域の専門弁護士のタイトルを持つことで，そこに固まってしまうことに，何ら関心を持つことはないのである。

2．専門弁護士のタイトル取得に関心を持つ理由

① 専門弁護士の47％は，原則タイトル取得に関心を持っている。彼らはすでにタイトル取得の資質を備えていて，将来的にあるタイトルの取得に関心があるか，なるほど関心はあるが，その者の専門領域にマッチする専門弁護士がないかのいずれかである。

② 自分の関心がある専門弁護士の各部分法領域は，現実の職業実践を映し出しているとしたのは，関心がある弁護士の3分の1だけである。つまり3分の2は，現在の専門的内容は，フィクションだとしている。

⑴ 専門弁護士になる資質を備えている弁護士

① 専門弁護士の資質を持つ者の96％が，「（非常に）重要」としたのは，ある法領域

218 資 料

への関心であり，これが最も多いモチーフであった。マーケットでの競争上のメリットを得ようというのは，なぜそうしたのかの理由として2番目に多く，83％があげた。なったばかりの専門弁護士の70％が，個人売り上げの増加を期待している。

② 専門弁護士に関心を持ってはいるがまだなれなかった弁護士およびマッチする専門弁護士がないとした弁護士と比較してみると，専門弁護士の資質を持つ弁護士が，タイトル取得に最も高い期待を表明していた。

(2) タイトル取得に原則関心を持っている弁護士

タイトル取得を考えている弁護士の中心的な動機は，タイトルを使って，自分が専門化していることをよりうまく示すことができるということであった（73％）。72％は，該当の専門弁護士の専門領域に関する自己の見識を高められることが（非常に）重要と答えている。3番目は，マーケットにおける競争上のメリットを得られることがあげられている。

(3) マッチする専門弁護士分野がないスペシャリスト

① その専門にマッチする専門弁護士がないスペシャリストは，タイトルを取得しようとする頻度が特に高いが，これは，その専門化を外部に示すよりよい方法を得るためである（87％）。同程度の割合で第2位にあげられたモチーフは，特定の法領域において特に専門化していることをフォーマルに確定することができるというものである（84％）。マーケットにおける競争上のメリットを得られるという期待もまた，これらグループがタイトルを取得した中心的なモチーフである（80％）。

② 非専門弁護士であるほかのグループと比べてみると，マッチする専門弁護士がない弁護士では，すでに成し遂げている高度の専門化を認めてもらいたいという期待が前面に押し出されている。彼らの場合，専門的側面と経済的側面は，――専門弁護士規則が定める既存の20の専門弁護士のタイトルに関心を持っている弁護士とは正反対に――明らかにわずかな役割しか果たしていない。このことは主に，これら弁護士は，多くの場合すでに高度に専門化し，経済的にみて成功し，収益性の高い法律相談市場を自らのものとしているということに由来する。

(4) タイトルを取得しようとする理由に影響を与えている特別のファクター

① 年齢及び経験年数は，タイトル取得の各モチーフのどれを重要とみるかについて，少なからざる影響を与えている。若手の弁護士は，当該法領域における見識の向上ならびにマーケットにおける競争上のメリットが得られることを特にはっきりと前面に打ち出している。これに対し，年齢が高く経験を積んだ弁護士では，すでに実践して

いる専門化のフォーマルな確定ということに，より大きな意義を見い出している。弁護士間での評判に与える効果，そしてまた事務所内でのステータスに関連したリピュテーション効果については，経験を積んだ弁護士よりも若い弁護士のほうが，より重要視している。

② 依頼者の構成もまた，同じく，タイトル取得のモチベーションに大きな影響を与えている。主に個人の依頼者が過半数を占める弁護士の場合，専門弁護士のタイトルに，経済状況の改善と専門的な評判を特に強く結びつけている。このことから，タイトルは，個人顧客の獲得に非常に有効であるということを推論できる。

(5) 専門弁護士の動機との比較

① かつての弁護士世代と比較すると，今日では，タイトルの取得が，競争上の不利を克服する手段としてとらえられている頻度が明らかに高い。さらに，高い頻度で，タイトル取得が，所属事務所の要請でなされている。

② 若い弁護士がなぜタイトル取得に関心を持っているのか，その理由をかつての専門弁護士世代と比べてみると，次の点で動機付けの状況に変化があることがわかる。すなわち，専門弁護士のタイトルは，かなり強く経済的な財となっており，専門についての継続研鑽手段という意義は失われている。

3．取得希望の専門弁護士

① 専門弁護士の資質を持っている者の過半数が取得しようとしているのは，主には，家族法，労働法，相続法そして交通法である。現在，労働法，家族法そして税法専門弁護士が人数の点で上位を占めているが，近時この方向に進もうとしている専門弁護士志願者は，若干少なくなっている。このことは，市場が飽和状態にあること，そしてまた，顧客獲得にともなう困難がますます大きくなっていることを示している。

② 同じく，年齢，職業経験，性別あるいは所属事務所にいる既存の専門弁護士の数などの様々な因子が，どのタイトルを取得するかの判断に影響している。

③ 原則タイトル取得に関心を持っている弁護士の大多数が希望する専門弁護士は，専門弁護士の中でももっともポピュラーな領域である家族法，労働法，交通法，相続法の分野とそして賃貸借・区分所有法分野である。注目に値するのは，税法専門弁護士に対する関心が比較的低かった点である。

④ 将来の見通しとしては，個々の専門弁護士の相対的意義が変わっていくものと思われる。今まででもっともその人数が多かった，労働法，家族法そして税法専門弁護士は，その重要性を失っていく一方，賃貸借・区分所有法，相続法そして刑法といった中位に位置する専門弁護士が，将来的には多数を占めるようになると推測される。

V　専門弁護士の後進世代——研修過程にある専門弁護士

1．期待，研修期間とそのコスト

① 専門弁護士になりたいとする者の92％が期待しているのは，タイトルを取得することで，外部へ向けての発信のよりよい方法を得られることである。87％が，タイトルの取得により，市場でよりよい地位を占められるとか高い収入を得られるとしている。同じく専門弁護士候補生にしばしば見られる期待は，タイトル取得により，自身のクオリティーを高めることである。さらにはまた，専門化により効果的・効率的な業務という点，そしてまた，職業における満足度といった側面も，しばしば期待されているものとしてあげられている。

② 様々なファクターごとにわけて観察してみると，家族法専門弁護士になりたての者は，タイトル取得により，自分のクオリティーを高めたことがわかる（98％）。主に個人顧客を相手にしている弁護士は，多くは事業者をその顧客とする弁護士と比べると，効果的・効率的に業務を行えることに期待を寄せている頻度が明らかに高い（74％対63％）。これに加え，女性弁護士のほうが男性弁護士に比べ，専門弁護士のタイトルを取得することによる個人の職業上の満足度がより高まることを期待している頻度が高い。

③ なりたての専門弁護士がタイトル取得にトライし始めたのは，1ないし3年以内である。

④ まさにタイトル取得の段階にかかっている弁護士は，過半数を大きく超える割合で，自分の（個人的）財布から取得のコストを捻出している（58％）。大きな事務所では特にみられることであるが，所属事務所が費用を全部ないし一部出してくれている頻度が高いことが見受けられる（41％）。事務所の規模が小さければ小さいほど，専門弁護士志願者は，研修費用を自己負担している。

2．専門弁護士の研修課程

① 近年志願者の間でその意義を増しているのは，小規模の研修機会提供者である。これらの者により，研修市場は，かつてと比べ明らかにその厚みを増してきている。確かに多くの志願者が，いまだなおドイツ弁護士協会（DAV）傘下のドイツ弁護士アカデミー（deutsche Anwaltsakademie）を修了している（27％）。しかし，小規模の機会提供者や大学がその意味を増している。

② 志願者間における研修に対する満足度は，一般的にみると高い。57％が，自分の終えた研修に対して，「良い（秀）」さらには「非常に良い（優）」と評価している。テ

ストの難易度については，すでにテストに合格した者は，過半数が，難しすぎること
もないし優しすぎることもないとしている。8％は，「やさしい」とし，これに対し
31％がどちらかといえば「難しい」としている。採点評価の平均点は，5点満点で
3.3点である。

③　3分の1弱のケースでは，テストで取り扱われるテーマが示され，そして一部で
は，具体的な設問も告げられていた。その結果，場合によっては，「真の意味での」
テストは実際のところなされていない。もっとも，こういった課題の提示のあり方に
ついて，ネガティブな方向で突出している機会提供者はいない。

VI　専門弁護士となる際の障害

1．タイトル取得をあきらめる原因

①　専門弁護士タイトルをもたない者すべての32％は，タイトル取得に関心を持って
はいるが，いままで，様々な理由からトライしてこなかった。

②　調査対象となった非専門弁護士が，今までタイトルを取得しなかった理由としても
っとも多くあげたのは，実務上の経験を取得するにあたっての困難である。つまり，
3年以内に特定の専門について一定数の事件処理にあたったことが必要とされている
点である（41％）。その他の重要な原因としてあげられたのが，タイトル取得には労
力が必要で，事務所での仕事の負担に照らすと無理だというものである（38％）。裁
判事件を一定数こなすことが求められている点もまた，重大な障害になっている（37
％）。さらに指摘の頻度が高いのが，タイトル取得のために必要な労力は，あまりに
私的な生活にとって負担となる（30％）あるいは，タイトル取得がもたらすメリット
との関係からして，この労力は割に合わない（28％）というものである。

③　非常に多くが専門弁護士のタイトルを取得しない理由として挙げたものは，以下の
四つのグループに分類できる。特別の問題は，原則タイトル取得に関心がある弁護士
の一部にとっては，その専門化にマッチする専門弁護士分野がないという難点である
（9％）。

④　さらに，専門弁護士研修を受けることによる理論的見識の取得という要件も，一つ
の問題群として取り出すことができる（57％）。ここで，指摘の特に頻度の高いのは，
同時にかぶさってくる事務所での仕事の負担，私的生活への影響あるいは適当な研修
提供者を見い出すことが難しいことに関連した困難さである。

⑤　次の問題領域は，実務上の経験の証明にみることができる。ここでは，全体数，裁
判所手続数あるいは必要とされる事件の種類の構成が問題を引き起こしている可能性
がある（55％）。タイトル取得の要件とされている実務上の件数を3年間でこなした

222 資　　　料

ことを証明するのが難しいということである。

⑥　さらにもう一つの問題グループは，「経済的な疑問」という上位概念でくくることができる。これに当たるのが，多くの場合，タイトル取得のコスト・ベネフィット関係に対する疑念，タイトル取得費用の調達，あるいはまた，依頼者が専門は何かと決めてしまう可能性である。

⑦　最後に，まずは職業上の重要なプロジェクトを成し遂げなくてはならない，あるいは，まずは職業上の経験を踏まなくてはならないといった理由（18％）を一つのグループにまとめることができる。

2．専門弁護士領域が欠けている問題

①　タイトルを持たない弁護士のグループで，マッチする専門弁護士領域がないことを取得しない理由にあげた者は，わずかに3％のみである。

②　2009年，専門弁護士を拡大することは，専門弁護士の多数そしてまた非専門弁護士の多数からも拒否された。2013年におけるアンケートもまた，専門弁護士を増やすことに対する否定的な態度が続いていることを示しており，その傾向はさらに強まっている。

③　今はないが「創設されることが望ましい専門弁護士」については，「外国人・亡命法」（14％），「経済行政法」（12％），「福祉法」（8％），そして「国際（経済）法」（6％）があげられた。

④　まだ認められていない専門弁護士分野に関心を示した弁護士の74％は，もし創設されれば，そのタイトルをおそらくは取得すると回答している。

3．特別の理論的見識の取得に関しての問題点

(1)　関心があるにもかかわらず，今までトライしてこなかった弁護士

①　関心があるにもかかわらず，今までトライしてこなかった弁護士が恐れているのは，必要となる理論的見識の取得のため，しばしば事務所での仕事に影響が出てしまうのではないかということである。38％が，事務所での仕事量にてらすと，タイトル取得は無理としている。30％が，それにかけなくてはならない時間からして，私生活に影響が出ることを恐れている。23％が，理論的見識取得にかかる経費が高すぎるとしている。これに加え，若干の弁護士が試験に臨むことをいやがったり（9％），あるいは，同僚であるほかの弁護士からテストされるのをいやだとする（7％）。

②　種々の人口統計学的なファクターが，個々人がタイトル取得にあたり直面すると予想する問題点に影響している。事務所のオーナー（ないしはパートナー）弁護士は，タイトル取得をあきらめる理由として，事務所内での仕事の負担が高いことをあげて

いる。これは，事務所内でのマネージメントの問題に深く関わっていることによるものと考えられる。これに対し，勤務弁護士あるいはフリーランス弁護士では，タイトル取得のためにその私的生活が影響を受けると予想している者が多く見受けられる（45％）。

③　すでにタイトル取得の資質を備えた弁護士にあって資格取得と仕事の負担や私的生活がうまく折り合うかが問題だとした者は，実にまれである。

④　予期したとおり，性別は，タイトル取得にあたり直面すると考えられる問題の評価に影響している。女性弁護士は，男性弁護士に比べると，明らかに多く，私的生活への負担を危惧している。このことは，女性弁護士は，しばしば，仕事とともに，子供の面倒をも引き受けているという事実に起因していると思われる。

(2)　すでに専門弁護士になる資質を備えている弁護士の経験

①　実際のところ，当初危惧したほどには，専門弁護士の資質を取得することは難しくはない。専門弁護士予備軍のかなりの部分は，この調査の時までに，タイトル取得に際していかなる問題も経験したことはなかったと回答している（理論と実務双方の要件について（50％））。

②　主としては，資質を備えるために要した時間，タイトル取得のための資金の調達に困難があったこと，あるいは適した研修機会の提供者を探す点にある。

４．特別の実務経験取得に際しての問題点

(1)　タイトル取得に関心がある弁護士の期待

①　タイトル取得に関心を持っている調査対象者が今までトライしてこなかった理由にあげたのは，41％は，タイトル取得のために必要とされている（専門弁護士規則5条），3年の期間内に処理したことが必要とされている事件の総数（いくつかの種類に分類し，それぞれ一定事件数がさだめられ，それを合計した数）を証明することの困難さである。そして37％が，特に裁判所手続ないしは法形式にのっとった手続き〔仲裁・不服審査など〕について求められている件数を証明するのが難しいとしている。13％が，関心のある専門弁護士領域で必要とされる事件数については問題ありとしている。

②　必要とされる事件総数を証明する際に困難に突き当たるという危惧は，労働法専門弁護士に関心を持っている弁護士に特に強く見受けられる。しかしながら，すでにうまく資格を取得した専門弁護士では，この危惧はそこまでは強くはない。

③　特定の部分領域において必要とされている事件数を，計画どおりに達成できないのではないかという危惧もまた，労働法専門弁護士に関心を持つ弁護士に特に多くみら

224 資　　　料

れる。事件総数に関する疑念とは反対に，かかる危惧は，すでに専門弁護士の資質を
取得している弁護士も認めている。

④　専門弁護士のタイトル取得に際しては，特別の実務経験の取得の困難さに突き当た
るのではという予想は，事務所の規模に大きく左右されている。単独弁護士として活
動している弁護士は，合同事務所あるいは共同事務所形態で業務従事している弁護士
に比して，これを困難とした頻度が明らかに高い（割合は，45％対 40％対 31％）。

⑤　部分的に弁護士業務に従事している弁護士（シンディクス弁護士）も，フルタイム
で働いている弁護士に比べると，処理事件の総数を証明する際の困難を指摘する者が
明らかに多い。ここでは，専門弁護士規則（Fachanwaltsordnung = FAO）は，フル
タイムで働く弁護士に照準を定めて規定していて，部分的に弁護士業務に就いている
者に関する規律を欠いていることが大きな影響を与えていることは明らかである。

⑥　参入経験 10 年以内の特に若い弁護士では，必要とされる処理事件の総数，そして個々
では特に裁判所手続き数の証明に困難があると考えている者の頻度が明らかに高い。

(2)　専門弁護士となる資質を取得している弁護士の経験

①　資格取得の段階ですでにこれらの問題に直面した専門弁護士の候補生の 63％（す
べての新参専門弁護士の 31％）が，裁判所事件を必要な数まで達成するのが難しか
ったとしている。5 分の 1 超が特定の部分領域の証明に関わる問題をあげている。

②　ここ何年かに，実務経験の獲得についての困難が継続的に増大してきている。これ
は，専門弁護士が恒常的に増加していることの当然の帰結である。増加により，非専
門弁護士による顧客の獲得が，恒常的に難しくなっている。

③　専門弁護士の資質を取得した者は，彼らが単独弁護士として活動している場合，必
要とされる事件総数を達成する際の困難を指摘する頻度が高いことは注目に値する
（24％）。共同事務所形態で勤務する弁護士がこの問題をあげる頻度が，明らかに低い
（14％）。

④　ジェネラリストとして活動している弁護士も，スペシャリストとして活動している
弁護士に比べると，必要とされる処理事件総数を達成するのにより大きな困難に直面
している。同じくこのことは，半数を超えて個人を顧客とする弁護士，そして，人口
が 10 万人を下回る都市の弁護士にもあてはまる。

⑤　個々の弁護士に目を向けてみると，労働法専門弁護士になる資質を有する弁護士
が，部分法領域で必要とされる処理事件を集めるのに苦労する頻度が明らかに高いこ
とがわかる。これに対し，新参相続法専門弁護士は，裁判所事件の証明に際しての苦
労をほかの領域の新参弁護士よりも免れている頻度が，明らかに高い。新参の家族法
専門弁護士は，この点の問題を抱えるのは滅多にないというのは注目に値する。

5．経済的考慮に基づくタイトル取得の放棄

① 長く職業経験を積んだ高齢の弁護士が明らかに危惧している頻度が高いのは，専門弁護士のタイトル取得で，自分がある特定の法分野に固定されてしまうことである。これに対し，若年の――したがって通常は職業経験の浅い――弁護士は，タイトル取得資金の調達を問題として挙げる頻度が明らかに高い。

② 24％の弁護士が，資格取得のコストが，マイナス方向に働いているとする。2ないし5人の弁護士が働く共同事務所形態の弁護士では，この割合は，わずか14％である。

③ これに加え，単独弁護士では，次のような危惧が際立っている。すなわち，顧客の獲得という点でその対象範囲を狭め，その結果，専門弁護士の法領域に自分が固定されてしまうのではという危惧である（26％）。共同事務所形態では，この問題は，より頻度が低い（12％）。このことは，単独弁護士がしばしばジェネラリストとして活動していることに起因しているとみることができる。

④ 賃貸・区分所有法のタイトルに関心を持っている弁護士の43％は，タイトル取得に必要な経費・出損が，それに伴うメリットを上回ってしまわないかと危惧している。

⑤ これに対するのが労働法専門弁護士に関心を持つ弁護士の見方である。メリットが経費に引き合わないという疑念を持っているのはわずか16％だけである。

⑥ これに対し，家族法専門弁護士に関心を持っている者は，その10％がタイトル取得をしないとしている。この割合は明らかに高い。その理由は，この法領域にはすでに多すぎるまでの専門弁護士がいる，と考えているからである。これに対し，その他の専門弁護士に関心を持っている者では，こうした「過剰」だという心配は，まったく広まっていない。

⑦ 家族法専門弁護士，交通法専門弁護士に関心を持つ者は，多数の専門弁護士に関心を持つ者に比べると，タイトル取得資金調達の観点からその取得をあきらめている割合が明らかに高い。これは，家族法および交通法は，比較的小規模の事務所で扱われており，大規模事務所に比べ，その収益状況に問題があることにその原因がありそうである。

6．その他の理由に基づく専門弁護士のタイトル取得の放棄

① 専門弁護士に関心がありながらも，これまでタイトル取得にトライしてこなかった弁護士の12％は，その就業環境からの支援がなかったことに不満を述べている。これは主として，その同僚から一切仕事を減らしてもらえなかったとかあるいは十分なまでに仕事を減らしてもらえなかった弁護士，および，その雇用弁護士（ボス弁）から，専門弁護士をトライする機会を一切与えてもらえなかったためである。

226 資　　料

② これとならんで，原則専門弁護士のタイトル取得に関心がある者の一部が取得をあ
きらめた理由としてあげられたのは，彼らが現在より重要な職業上のプロジェクトと
取り組んでいること，彼らが現在職業に関わる追加の資格（博士号・修士号）取得を
目指していること，あるいは，まずはもっと職業経験を積みたいといった理由が挙げ
られている。

VII　非専門弁護士による専門的権能のプレゼンス

① 専門弁護士のタイトルを取得することで，外部へのプレゼンスが改善されているの
をみてとれる。とりわけ非専門弁護士の中のスペシャリストからすると，彼らの顧客
が競合するときは，専門弁護士との競争にあっては，この点が問題だとしている。

② スペシャリストの宣伝方法としてもっとも頻度が高いのは，自分の得意分野を事務
所用箋あるいはホームページに示すことである（44％）。36％が，イエローページの
それ用の欄に，その専門を記載している。27％が，ある特別の分野の専門化として
プレゼンスするために，出版物や講演を利用している。これに対し，古典的な紙媒体メ
ディア（新聞・雑誌類＝訳者）での公共交通機関のつり下げ広告といったものは，あ
まり用いられていない。

③ 「……法専門弁護士」という人にからめた表示は，特に単独弁護士の間では広まっ
ている。これに対し，「……法専門事務所」という事務所にからめた表示は，主とし
ては，企業を過半数の顧客とする（6人以上の弁護士がいる）比較的大きな事務所が
用いている。しかし，これら個人ないしは事務所にからめた表示の利用は，どちらか
といえば珍しい。

④ イエローページあるいは同様の業種別名簿で専門の表示をしているのは，個人をそ
の顧客としている割合が比較的高い，比較的小都市の小規模の事務所が多い。こうし
たメディアの利用は，主には私人に向けられている。

⑤ 出版物や講演をつうじての専門化していることのマーケティングは，ある目的でく
くられた一群の法パッケージ（Zielgruppe）を専門としている弁護士が用いている頻
度が高い。事務所が大きくなればなるほど，また所在都市が大きくなればなるほど，
こうしたプレゼンス手段の利用頻度が高まっている。

⑥ 自分に合う専門弁護士がないとした非専門弁護士は，イエローページへの搭載によ
る広告手段を用いている頻度が特に高い。さらに，ほかの弁護士に比べ，出版物や講
演をつうじた広告をする頻度も明らかに高い。

VIII 専門弁護士に変わる選択肢としての証明書の取得

① 弁護士全体にあっては，専門弁護士を補完するものとして，専門化の認証というものを導入したらどうかというアイデアがあるが，これに賛成する者は，かなり少ない。2011年度の弁護士センサス（Berufarechtsbarometer）では，こうした可能性を，アンケート調査対象者の79％が拒絶している。最近の調査では，こうした認証を取得する資質を潜在的に備えており，かつこのテーマについて意見を形成している非専門弁護士の50％が，こうした専門化認証の導入に賛成している一方，50％は反対であった。

② 自分の専門化にマッチした専門弁護士がないとした者の57％が，自分の専門とする分野からして可能なら，こうした専門化認証を取得すると答えている。

③ 原則タイトルに関心を持っているが今までトライしたことがない弁護士中，52％が，一つの選択肢として専門化認証を目指すとしている。

④ すでに専門弁護士の資質を持っている弁護士グループで，4分の1超が，こうした認証に関心があるとしている。

⑤ 共同事務所形態の弁護士よりも，単独弁護士のほうが，どちらかといえばこうした認証を得ようとしている。このことは，主として，専門弁護士になるのに必要とされる実務経験の取得につき，単独弁護士は，大きな問題をかかえていることに起因している。

⑥ 専門弁護士となっている者だけをみてもその多くは，必ずしも確たる信念をもって専門弁護士のタイトルを取得したのではなく，別の認定コンセプトがないからというものである。たとえば単独弁護士のように，特別の理論的見識および実務上の経験の取得には困難がともなうとした弁護士では，「専門化の認証」を，もしその可能性があるなら得たいとする者が増えそうである。

IX 普通の弁護士——ジェネラリストとして活動している弁護士

① 普通の弁護士は，通常では，すべての法律事務をやっているわけではなく，ある一部の法分野の処理にあたっている。多数は，一般民事法（99％）であり，次は，労働法（78％），刑法（60％）である。

② ジェネラリストの60％は，そのジェネラリストとしての活動を，「一般民事法，労働法，刑法，社会法，税法そして公法」分野のなかの，最高でも2ないし3の分野でしているだけである。その法律相談業務が，これらすべての法分野を網羅していると

228 資　　料

答えたのは，5％のみである。

③　共同事務所形態で活動している弁護士および高齢の弁護士は，単独弁護士および若手弁護士に比して，その処理事件を限定する方向にある。事務所とその所在都市の規模に照らしてみると，小都市の弁護士は，大規模の都市ないしは事務所の弁護士より，取り扱い事件の法領域が広いことをみてとれる。

④　特定の法領域にかかる依頼を断った頻度では，「しばしば」とした者が13％，「時には」とした者が50％，「滅多にない」としたのが30％である。「断ったことはない」というのは，7％だけである。一般民事法のほかにできる領域が少なければ少ないほど，依頼を断る頻度が高くなっている。

⑤　調査対象となったジェネラリストの78％が，特に自分はジェネラリストだと示すことはないと答えている。これに対し，22％は，この点を表示している。この表示がなされる頻度が高いのは，半数超の事件の依頼者が個人である弁護士である。

⑥　「一般弁護士」という専門弁護士を導入することに対しては，反対が過半数を占める。調査対象のジェネラリストのわずか4％のみが，この資格取得に関心を示しただけである。74％は，自分は関係ないとし，19％は決めていないと回答した。これに相応する専門弁護士の導入可否に，（専門弁護士に関する規律を定める権限を有している）規約委員会は取り組むべしとの強い声があるとは認められない。

⑦　一般弁護士は，裁判官，専門弁護士そしてまた顧客に対し，専門的な面でのデメリットがあるなどとは一切考えていない。

⑧　トータルでみると，確かに一般弁護士ないしジェネラリストは，スペシャリストに比べて，自らがおかれている職業上の状況にはおおいに不満ということはない。しかし，その活動のタイプあるいはその収入状況に関しては，その職業を専門化して行っている弁護士に比べると，満足度は低い。

Ⅹ　結論の総括

①　専門化する弁護士がますます増えているが，それは〔専門弁護士のように〕法領域ではなく，ある目的でくくられた一群の法パッケージ（Zielgruppe）に切り結んだ専門化である。弁護士職業法は，新たな専門弁護士を創設する際には，こうした展開を十二分に考慮するか，マーケットに根ざすかかる展開を考慮した，選択肢となる資格認証コンセプトを創設すべきであろう。

②　自分にあった専門弁護士がないことで，そのタイトル取得を妨げられている弁護士の数は，どちらかといえばわずかである。新たな専門弁護士の創設が有意義と思わせるクリティカルな数にそれが達しているのは，ほんのわずかの法領域である。

③　専門弁護士のタイトルを持たず困惑している弁護士の多くが主張するところによれば，専門弁護士の類型は，（もはや）弁護士業務の現実とマッチしていない。規約委員会は，時代遅れとなっている各専門弁護士の専門的内容〔認定の要件〕を，批判的に検討し，場合によっては，適合させることをその任務と自覚すべきであろう。

④　専門内容をどう構成するかに関して規約委員会が負っている重要な任務の一つは，裁判所での活動が職業実践の現実においてその意義を失っていることを考慮することである。多くの非専門弁護士にとり，タイトル取得のために必要とされる裁判所での実務経験は，これを満たすことができないか，できたとしてもなりの困難がともなっている。

⑤　課題の難易度がまちまちであることを理由とする専門弁護士研修の中でのテストの有り様の改革は，研修機会提供者ごとに具体的な課題設定の準備の程度がまちまちであることに照らすと喫緊ではない〔まずは，課題設定の仕方等のほうから直せということ。訳者注記〕。

⑥　性別に関係する変化だけによるものではないが，専門弁護士の資格を得るための3年という期間（要件は3年以内に満たさなくてはならない）は，短すぎる。特に女性弁護士が増加していること，そして，家族と仕事の両立ということに照らすなら，専門弁護士規則5条3項（育児等の場合は，3年を上限とする期間延長を認める）により認められている現在の状況の先を行く解決方法を考えるべきである。

⑦　その専門弁護士領域にかかる事件が不均衡な形でタイトルを持つわずかの一部弁護士に集中していくという，専門弁護士のダイナミックな吸引効果により，多くの弁護士にとり，専門弁護士規則5条1項が3年の期間内に処理したことを求めている一定事件数の処理というハードルは，ますますその高さを増してきている。それ故，この問題に対する適切な対処方法を議論すべきであろう。この際，重要だと思われるのは，タイトル取得の要件の構成（何をどのくらい処理していないといけないか）およびその維持の要件〔現在は，1年に一定時間の講習の受講〕を再考することだと思われる。

付記　ここに訳出したのは，ケルン大学弁護士法研究所講座教授マティアス・キリアン博士（Dr. Matthias Kilian）が行った専門弁護士に関する実態調査の報告書「スペシャリスト弁護士とジェネラリスト弁護士（Rechtsanwalt als Spezialist und Generalist, 2013）」（Soldan Institut 研究報告 第15巻 編集 Dip.-Kfm. Rene Dreske/Dr. Mattihas Kilian）の末尾にある全体の総括部分（255頁以下）である。専門化が進むなか，専門化とは何をさすのか，そしてドイツ型専門弁護士制度がかかえる問題を端的に示す資料として訳出・掲載させていただいた。

　　　訳出に快く同意してくれたキリアン氏およびSoldan Institutに感謝する次第である。

ドイツにおける専門弁護士制度の展開[*]
──その歴史と展望──

森　　勇

I　は じ め に

　(1)　その当否はどうであれ，法化・法制化（Ligalization）は，我が国においてももはや避けてとおれない道筋である。このことは衆目の一致するところであろう。そしてこの流れは，今まで傍観者のごとき風情すらあった我が国においては，そのテンポをより加速させていくであろうことは，想像に難くない。そしてこのような法制化，つまりは，法律による規律の密度の上昇は，一方では，法体系全体の複雑化，そしてまた，（その枠組みをどのようにとるにせよ）各法分野の可視性・透明性の低下を招来し，もはやリーガル・サービスの担い手としての弁護士が，すべての分野について十分な知識ないしは見識を持ちえない状況が生まれつつある。そしてこれは，法的サービスの需要者である市民からの，その専門分野ないしは得意分野を開示してほしいという要請を惹起するはずである。このような要請が起きるのがいかに必然的なものかは，もし仮に，我が国の医院が「内科」とか「外科」といったその診療対象を掲げていなかったとしたらどうなるか。そして，医学の進歩の結果か，あるいは新たな疾病（ないしは治療の必要）の発生・増加にともなうものかはさておき，10年前には見られなかった診療科目が医院の看板に掲げられ，（少なくとも筆者の目には）今後もますます増え続けると思われることを考えてみていただければ，分明であろう。

　他方では，リーガル・サービスに対する需要の増大は，そのテンポをいまだ国がコン

---

　*　本稿は初出一覧にあるとおり2005年までの状況を報告したものであり，専門弁護士の対策領域が拡大していったその後についてはフォローしていない。筆者のみるところ，本稿の脱稿までにその基本姿勢は確定していたといってよかろう。現在どのような法領域について専門弁護士制度が導入されているのかは本書に資料として付した「専門弁護士規則」を参照されたい。また現在の状況については本書に収稿した，オファーマン-ブリュッハルト（*Dr. S. Offermann Burckart*）氏の報告にゆずることにする。

232 資　　料

トロールしている点はかなり問題ではあるが，いずれにしても弁護士人口を必然的に増加させる（ないしは，国として増加させざるをえない）。そして，その原因が幕末の「蒸気船」にもたとえられる「外圧」にあるにせよ，リーガル・サービスのいわゆる「自由化」もまた，世界的傾向に照らすなら，今までの「自由化」でその仕上げは終わった——と信じたい者はたくさんいようが——わけではない。すこしく過激に表現させていただくなら，これは，リーガル・サービスの「弁護士による独占」と，「弁護士内部における市場分割」から，「競争」への転換，つまりは「市場原理」への帰依である。このような「競争」の時代における生き残り戦略の基本は，まずは，市場の要請に適合したサービスの提供である。もし成功を収めたいのなら，弁護士は，市場のニーズに的確に応えられる能力・資質を備える努力をおしんではならない。しかし，市場原理がはたらくためには，これだけでは足りない。すなわち，マーケティングがともなわなければ，自由な競争にはならない。弁護士が，自分が高い知識・見識を持っている分野（専門分野・得意分野）を，顧客獲得のため，外部に表示（広告）することが認められなくては，市場原理ははたらかない。

　⑵　この専門分野・得意分野の広告につき，ドイツにおいては，現在，弁護士が自分が関心を持っている分野（Interessenschwerpunkt）および主な活動分野（Tätigkeitsschwerpunkt）を一定数外部に表示することが認められているが[1]，さらに，一定の法領域に関し「専門弁護士（Fachanwalt）」と名乗り，またこれを認められた広告媒体に表示することが認められている（連邦弁護士法 43 条 c ）[2]。この専門弁護士という呼称ないし表示は，そもそもは，ある特定の法領域について特別の見識と経験を持つことを示そうとする，いわゆる自称（Selbstbezeichnung）として用いられたのがそのはじまりである。しかし，まもなくそれは，認証（認可）制度の導入とあいまって，専ら，認証機関（単位弁護士会理事会）からこのような資質を持つと認定されて，認証を受けた法領域を冠に付し（何々法）専門弁護士という称号を名乗ることを許された者（認証を受

---

　1)　弁護士職業規則（Berufsordnung）7 条。ただし，掲げられるのは最高五つまでで，そのうち主な活動分野については，二つまでに限られる。また，特段の審査が前置されるわけではないが，弁護士認可後少なくとも 2 年間，その分野での活動を継続して行ってきたことが要件とされている。

　2)　「ドイツ連邦弁護士法（Bundesrechtsanwaltsordnung）」の邦訳については，森勇訳〈私訳〉「ドイツ連邦弁護士法（一）（二）（三）」獨協法学 52 号，53 号，54 号（日本弁護士連合会／第一二回弁護士業務改革シンポジウム運営委員会編「ドイツ弁護士事情調査報告書」186 頁以下に再録（2000 年 3 月以降の改正付き））を参照されたい。

けた者）を意味するものとなった。以降ドイツにおいて専門弁護士といえば，少なくとも法的には，このような者のみをいう。ひるがえって，ドイツにおいては，このような認証をえていない者が，専門弁護士と名乗ることは，不正競争防止法が禁止する誤解を招く宣伝（irrefuhrende Werbung）となり，許されない。

　この，専門弁護士制度については，どの法領域に関してこれを認めていくかについて，ここ 20 年来，華々しい議論がなされてきた。もっとも，今日の専門弁護士の制度までの道のりは平坦なものではなかった。そしてその波乱に満ちた道のりで繰り返された，リーガル・サービスの受け手（ユーザー）である市民に対する情報提供の必要性をめぐる議論は，表立っては，伝統的な弁護士の職業像に大きく関わる理念的な色彩を帯びたものであった。すなわち，それは，ドイツの諸弁護士法が一貫して，「弁護士は『あらゆる』法律問題に関する依頼に基づいた独立の助言者および代理人である。」とその職業像を規定する中，果たしてそれは時代の要請にかなったものなのかという問いかけであった。しかしこれは，同時に，当初から「競争」をにらんだもの，つまりは顧客獲得を目指す「広告」がその眼目と，実のところはなっていたのであった。

⑶　本稿は，ドイツの専門弁護士制度がたどってきた道のりと現状を紹介し，加えてそれが今かかえる問題を示そうとするものである。それは，自己の専門領域を「専門領域」として外部に表示（広告）するのを許す場合，ユーザー自身がサービスの善し悪しを判断できない弁護士業務にあっては，これをドイツのように認証をえた者に限るのが，制度としては最善であると考えるからである。そしてまた，その制度設計に際しては，何を基軸に据えた法政策的判断が求められるのか，ドイツの専門弁護士制度の発展と現状は，少なくともその一端を示唆してくれると考えるからである。

II　その誕生と中断の歴史⑴──第一次世界大戦から第二次世界大戦まで

1．その萌芽

⑴　連邦弁護士法 59 条 b に基づき，弁護士の自治的規律として定められる職業規則（Berufsordnung）の権威的コンメンタールは，ドイツの専門弁護士の発端について，次のように記述している。すなわち「すでに第一次大戦が終わるとすぐに，弁護士に関する文献においては，もはや個々の弁護士が，すべての法領域において，広範にわたるその法的ケアの任務を果たすことができる時代は終わったという意見が強くなってきていた。『弁護士にとっては，特定の法分野をその専門とするよう努め，加えて，自分の専門化を，専門弁護士と表示するやり方でも外部に表示できるようにすることが，時代の

234　資　　料

要請』なのである」と[3),4)]。興味深いのは，自己の専門について，これを事務所に掲げる弁護士の名を記した表札（以下「弁護士表札」とする）名表やレターヘッドに記載したり，広告等に表示することを認めるべしという要求が，第一次世界大戦に出征した弁護士が経済的に行き詰まりを見せている中での打開策の一つとして（も），取り上げられていたことである。大戦終了から1年後の1919年には，（筆者の調べた限りでは最初の）専門表示を認めるべしとする見解が，Juristische Wochenschrift に発表されているが，その記事のタイトルは，「出征した者の問題について・経済的困窮の救済」である。そしてそこでは，3人の弁護士が分担する形で，第1部では，弁護士がいかに窮状にあるかが地下鉄料金を引き合いに出してまで具体的に述べられ，ついで第2部として，出征兵士，わけても戦地に赴いた兵士であった弁護士に対し，再教育機会を十分提供し，加えて，裁判所が代理人・管理人等の選任に際し，出征兵士を優先的に指名するといった優遇措置の必要性が説かれ，そして，第3部として，異業種との競争力を高め，仕事を増やすために，専門表示を認めるべしという提言がなされていたのである[5)]。

---

3)　*Hartung/Holl*, Anwaltliche Berufsordnung, 2. Aufl. (2001) FAO Einführung Rdz. 2.

4)　*Henssler/Prütting (Henssler)*, Kom. zur BRAO, 2. Aufl. § 43c Rdz. 1.

5)　Zur Frage der Kriegsteilnehmer. Abhilfe wirtschaftlicher Not, JW 1919, 172 ff. 著者は，第1部が *Oppenheim*，第2部が *Ortweiler*，そして専門表示に関する3部は *Jacobsohn* である。ただし，法分野との関係で専門表示をどこまで認めるべきかについて，*Jacobsohn* が明確に許容すべしとしているのは，行政法のみにとどまっている。たとえば，刑法，特許法，取引市場法など，通常裁判所の裁判権に服するものについては，許容対象となりうるとしつつも，具体的な結論はさけている。このことは，どの法領域に専門弁護士を認めるべきかについての現在の議論をうかがわせている。彼が許容すべしと提言したのは，弁護士表札，レターヘッド，住所帳ないしは弁護士名簿において，専門を付加した形で表示すること，開業ないしは移転広告に際して表示すること，そしてまた，既に開業している者については，新聞等のメディアを使って表示することである。もっとも，広告は「一度きり」としているが，その理由は定かではない。
　　ちなみに，第一次世界大戦に出征した弁護士は，実にその約半数に及んでいた。そして，たとえば1913年には9775件あった破産事件は，1916年には，なんと2258件に激減したと報告されている。新たな業務分野，たとえば財産管理や税務といった部分の開拓が焦眉の急となっていたことをうかがわせる。なお，1913年のドイツの弁護士の数は，1万2297名（人口5280名あたり1名）である（*Hartung*, Der deutsche RA, S. 27）。第一次世界大戦後（1918年頃）もそう変わってはいまい。

（2）　この年の 3 月 13 日，ベルリンの弁護士協会（Anwaltsverein）により，スペシャリスト弁護士（Anwaltsspezialist）と外部に表示することが許されるべきかをその一つのテーマとした，「法律学および弁護士の専門家弁護士の専門化」[6]と題するフォーラムが開催された。そこでは，1 人の報告者から，いわゆる顧問弁護士（Hausanwalt）と専門弁護士（Fachanwalt）の分業という観点の下，「刑事事件のみ受任，特許事件のみ受任，あるいは租税事件のみ受任する旨の表示を，弁護士事務所に掲げる弁護士表札およびレターヘッドに表記する（ただし，提案者は広告はだめだとしている）ことは，分限違反（Standeswidrig）にならないとする。」というスローガンが打ち立てられ，議論に供された。もっともここで議論された専門弁護士なるものは，その表現からもわかるとおり，たとえば刑事事件に特化した弁護士のことであり，その他の事件も受任する現在の専門弁護士とは異なり，専門とした法領域以外受任することは許されない。そこでは，報告者の 1 人からは，「市民がよりよい選択をできることになる」という利用者のメリットをあげて，一定範囲の法領域については，専門であることを外部に表示することが認められてもよいとする賛成論が述べられていたが，もう 1 人の報告者は，専門化は独占化をもたらすものであってはならないという理由から，否定的な意見が述べられていた。ちなみに，特化をともなう専門化については，いずれも否定的であった。興味深いのは，（話が反対方向に向いてはいるが）ここでも，「戦争で負傷した弁護士にとり」広告を認めることは不利になるという発言が，フロアからなされていたことである[7]。

　その後も，専門表示については，活発な議論が展開されていた模様である[8]。そして，以下に取り上げる弁護士名誉法院の判決によれば，ドイツ弁護士協会（Deutsche Anwaltsverein）の理事会は，1922 年に，自分だけではなく同じ事務所所属の他の弁護士もまた一般実務は行わないとの条件の下，事務所にかける弁護士表札およびレターヘッドに，専門法領域を表示することが認められるべきとの見解を示していたとのことである。

　（3）　もちろんこのような議論がなされた背景には，懲戒裁判所で（も）ある弁護士名誉裁判所（Ehrengericht für deutsche Rechtsanwalt）は，これを分限違反（Standes-

---

　6)　*Gorres/Alsberg/Flechtheim*, Das Spezialistentum in Rechtswissenschaft und Rechtsanwaltschaft, JW 1919, S. 279 ff.

　7)　JW 1919, S. 293.

　8)　たとえば，XXII Deutsche Anwaltstages zu Leipzig am 10 u. 11 9.1920, JW 1921, S. 921 ff. (S. 929 ff. ; S. 936 ; S. 950 ff.), *Feuchtwanger*, Die freie Beruf 1922. など参照。

widrig），つまり許されないととらえているという認識があったわけであるが[9]，この問題についての上級裁判所の判例が公表されたのは，実際のところは1923年になってからであった。この年の2月29日，ドイツ弁護士名誉法院（Ehrengerichtshof für deutsche Rechtsanwalt）は，はじめて専門化の問題と取り組み，そして「税法弁護士（Steueranwalt）」との表示は認められないとの判断を下したのであった[10]。もっともその理由は，それまでの専門表示を認めよという主張が，特に異業種，わけても税務相談を業とする事務所との競争を強調してきたことをとらえる形で，弁護士は法務を独占しているのであるから，競争の必要はない。そしてまた，弁護士の職は，公的なもの，公的職務の担い手であるから，宣伝（Reklame）を認めることは，職業の品位を汚すという素っ気ないものであった。この判決は，弁護士の専門化と専門表示を熱心に説いてきた *Friedlaender* から，他業種との競争を勝ち抜くことが問題なのではない。市民は，弁護士を法廷弁護士としてしか理解していないし，また，専門家を探そうとしても，どう探してよいかわからない。専門表示の目的は，このような市民に対して，情報を提供することだ。また，品位の問題は，宣伝の可否自体ではなく，どのような形で宣伝するかであり，たとえば「弁護士（専門「税法」）」とか「行政裁判所弁護士」という表示が，どうして市民の弁護士に対する尊敬（敬意）を損なうのか，と批判されたのであった[11]。とはいっても，市民への周知ということは，いずれにせよ異業種との競争をにらんだものでもあることに変わりあるまい。

　(4)　もっとも，すでに1925年には，*Benkard* が，より具体的に，最低でも，行政法，行政裁判権，税法，財政裁判権，保険法，労働法，社会法，工業経済・資本経済法，会社法，鉱業法，刑法，外国法そして工業所有権法に関しては，専門弁護士表示を認めるべきであり，これを事務所に掲げる弁護士表札およびレターヘッドに記載することを認めるべきであると主張していた[12]。そして，1929年頃には，「専門弁護士（Fachanwalt）」という言葉はモードになったとさえいわれている[13]。このことは，専門

　　9）　JW 1919, S. 175 注5）；JW 1919, S. 280 注7）参照。もっとも，*Friedlaender* は，以下にあげる弁護士名誉法院が下した判決の注釈JW 1923, S. 609 ff. (609 f.) で，本判決が，専門表示に関する名誉法院のはじめての判断であり，だとするなら，事の重要性に鑑みると，下級審である弁護士名誉裁判所（Ehrengericht für Rechtsanwalt）の判例もなかったであろうと推測している。

　10）　JW 1923, S. 609 ff.

　11）　*Friedlaender*, Anmerkung, JW 1923, S. 609 ff. なお，*Friedlaender* については，注32）参照。

　12）　*Benkard*, Arbeitsgebiet des Anwalts und Spezialisierung, 1925, S. 28 ff.

弁護士表示をめぐる議論が，表示を認める方向で沸騰していたことがうかがえる。しかし，ドイツ弁護士協会（Deutsche Anwaltverein）は，1929 年に作成したガイドライン（Richtlinien für die Ausübung des Anwaltsberufes）において，いまだなお，専門弁護士を名乗ることは，分限違反であるとしていた。もっとも，その際，近々これは改められることを示唆していた[14]。

2．その認知と実情

(1) 1929 年 9 月 11 日，ついに，ハンブルクで開催されたドイツ弁護士協会の代議員大会において，登録後一定の年限をおくことを条件に，ほぼ満場一致で[15]，専門弁護士と名乗ることを認めるべしとして，次のような決議がなされた[16]。すなわち，

1．専門弁護士と外部に表示をすることは認められる。

2．その専門法領域での活動とならんで一般弁護士としての実務を行うことができる。

3．専門弁護士が，他の弁護士と業務を共同することができる。同一専門法領域の専門弁護士と共同してもよい。

4．専門弁護士として活動するには，その外部への表示に先立ち，その能力を証明しなくてはならない。

5．外部への表示は，当該弁護士の認可から一定の期間が経過した後にはじめてこれをすることができる。

6．この決定の具体化および実施のために，ドイツ弁護士協会は，各ドイツ単位弁護士会理事会連合会とともに，直ちに委員会を招集する。この委員会には，必要な最終的決定を可及的速やかに行う権限が与えられる。

7．代議員大会は，各地域の単位弁護士会に対して，各単位会が，弁護士の業務範囲に関する適切な広報を通じ，公衆に対し，多様な特別法の分野についても説明することを推奨する。

(2) これを受けて，上記 6 に基づいて招集された合同委員会は，1930 年 2 月 8 日に

---

13) *Höklein*, Fachanwalt AnwBl 1929, S. 256. 1928 年には，各地域弁護士会に専門弁護士についての意見照会がなされ，かなりの単位会から回答が寄せられたという報告がなされている。AnwBl. 1929. S. 6. これもまた，専門弁護士表示に対する関心の高さを示しているといえよう。

14) AnwBl. 1929 H. 6.

15) *Ficher*, Fachanwalt, AnwBl 1929, S. 311.

16) AnwBl 1929, S. 245.

238 資　　料

専門弁護士の「ガイドライン（Richtlinie）」として，次のように定めることを決議したのであった。

Ⅰ　専門弁護士が認められる法領域

　専門弁護士の称号は，共同専門弁護士委員会（Ⅴ。以下委員会という）が承認した分野のみに許される。委員会は，個別地区について特別の法領域を認め，あるいは，この地区内において専門化を認めることができる。

　委員会は，まず次の専門法領域を承認する。

　　1．税法

　　2．著作・出版権法および工業所有権

　　3．国家・行政法

　　4．外国法

　　5．労働法

Ⅱ　待機期間および資質証明

　a）専門弁護士の広告は，弁護士名簿に最初に登録されてから5年を経過した後にはじめてこれをすることができる。委員会は，弁護士会理事会の同意を得て，個別地区につき，この待機期間を3年に短縮することができる。待機期間の免除に関して，個人的理由は，これを考慮してはならない。

　b）広告は，弁護士会理事会が申請者に対し，広告することにつき疑義がないことを通知した後にはじめてこれを行うことができる。弁護士会理事会が，申請人には専門弁護士として業務にあたるに必要な資質を有しているとの確信を得ないときは，疑義を提起しなくてはならない。疑義が提起されたときは，1年が経過した後はじめて同一の専門領域について，弁護士会理事会の新たな判断を求めることができる。

手続の詳細は，弁護士会理事会に委ねる。

Ⅲ　表示と広告

広告は，弁護士という職業表示に次の文言を付加してこれを行う。

　「（専門分野の表示）専門弁護士」

　広告は，その他の点では弁護士業において通常とられている方法のみによって行う。特も，専門弁護士となったことの広告は，弁護士会理事会が定めるフォームでのみこれをすることができる。

Ⅳ　多数の専門法領域の選択・共同事務所形態

　広告は，認められた専門法領域の一つのみについてこれを行うことができる。しかしながら，委員会は，二つを上限に，特定の専門法領域を連結することを認めることができる。委員会が，ある一つの専門法領域の範囲内で多数の専門を認め，あるいは

同一の専門法領域内においてある一つの専門化しか認めないときは，この場合に限り，弁護士は，該当する多数の領域を広告することができる。「外国法」という専門法領域を選択したときは，広告に際し，当該専門弁護士がその法を取り扱う国を明記しなくてはならない。

　専門弁護士は，非専門弁護士，または，同一法領域の専門弁護士ないしは本号前段落の趣旨にかなうと考えられる法領域を専門とする専門弁護士とのみ，業務を共同することが許される。

　V　共同委員会

　当分の間，現在の委員会は，その活動を継続する。ある委員が委員会から欠けたときは，その委員を選任した部署が，欠けた委員に代わる委員を選任する。

　委員会は，その事務の執行を事務規則によって行うことを留保する。

　委員会は，以上のガイドラインが維持されているかを審査し，またさらなる拡大を検討し，場合によってはこれを変更しなくてはならない。わけても，専門領域のリストを拡大すべきかを，適時検討しなくてはならない。委員会は，最低年1回開催する。

(3)　ドイツ弁護士大会とドイツ弁護士協会は，先の代議員大会で，この委員会に派遣した委員会メンバーに対し，専門弁護士の規律を一任する権限を与えていたが，合同委員会を構成するもう一方の当事者である弁護士会理事会連合会は，そこまでの権限を派遣した委員会メンバーには与えていなかった[17]。そこで弁護士会理事会連合会は，1930年2月9日に，先のガイドラインにつき審議し，ガイドラインⅡ号b）の二文に，一言「わけても」という文言を加えた上で承認した。すなわち，「弁護士会理事会が，［わけても］申請人には専門弁護士として業務に当たるに必要な資質を有しているとの確信をえないときは，疑義を提起しなくてはならない。」と改めたのであった。そしてこれが，日付をさかのぼらせて，2月8日の合同委員会の決議として発表されたのであった[18]。たった一言ではあるが，ここに「わけても」という文言が挿入されたことの意味は大きい。というのは，こうすることで，各単位弁護士会理事会が疑義を提起できる理由は，申請人の資質に問題がある場合に限られなくなったからである。つまり，各単位弁護士会理事会は，たとえばその管轄地区内には当該専門分野の専門弁護士に対する需要が少ないという理由でも，疑義を提起できることとなったわけである。問題は，地域的特殊性に配慮して，専門弁護士を認める分野を各地域ごと別に定めることができるようにな

---

17)　以下は，*Fliedlaender*, Fachanwalt (der gegenwärtige Stand des Spezialistenproblem, AnwBl 1932, S. 81 ff. (82 ff.) によった。

18)　AnwBl 1930, S. 50 f.

240 資　　料

った点にあるわけではない。このことは，すでに合同委員会の決議 I 号 1 項 2 文にはっきりと示されているように，委員会自体の構想でもあった。問題なのは，それが各単位弁護士会理事会の手にもゆだねられることとなってしまった点である。強いていえば，単位弁護士会理事会は，「恣意的に」，ある特定法領域の専門弁護士認証申請すべてに対し疑義を提起して，当該法領域の専門弁護士認定を一切排除することができることとなったのである。そして，*Friedlaender* によれば，たとえば労働法に関しては，多くの弁護士会理事会がこのような態度をとったとされている。とまれ，単なる自称ではなく，何らかの認証をへた上での専門表示という現在の専門弁護士制度の基本的な制度設計は，この時点でできあがったのであった。

　(4)　すでにこの年の 12 月 14 日，専門分野についての見直しが行われ，この際かなりな数の専門法領域を，対象分野にすべしという声が寄せられていた。しかし，加えられたのは，社会・保険法のみにとどまり，その他については，専門弁護士制度の発展をみまもりつつ判断するとの決議がなされていた[19],[20]。またこの際，ガイドラインⅣの 1 項が認める専門分野の併記がどの領域につき許されるかが明定されたが[21]，それは明らかに，専門の併記を限定しようとするものであった。さらに，新分野を認めるときは，出席委員の 4 分の 3 を超える賛成が必要とされた。

　その後 1932 年 10 月 30 日に合同委員会が決議した新たな「専門弁護士ガイドライン（Richtlinien für Fachanwalthaft）」[22]をみると，1930 年 12 月のガイドラインとは次の点に違いがみられる。

1．専門領域の「国家・行政法」専門弁護士に加え，「国家法」でも「行政法」でも専門弁護士と表示できるとされたこと。
2．必要とされる継続的な認可期間が，5 年から 3 年に短縮され[23]，また，中断があっても，半年以内であればかまわないとされたこと。
3．登録替えの際，従前の専門弁護士称号を新登録地でも使える（新登録地の弁護士会は，専門表示申請を拒絶できない）とされる一方，他方では，新登録地で認め

---

19)　AnwBl 1930, S. 355.
20)　AnwBl 1931, S. 12 なお，*Dittenberger*, Die Fachanwalt, AnwBl 1930, S. 211 参照。
21)　著作権法・出版法は工業所有権法とのみ，また労働法は社会保障法とのみ，併記できるとされた。
22)　AnwBl 1932, S. 343 f.
23)　待機期間の短縮については，この決議に先立つ委員会の期日（1932 年 6 月 5 日）において，事実上すでに決まっていた。

られていない専門表示はできないことが明確化されたこと。

4．二つまで連結できる専門領域につき，連結できる専門領域が追加されたこと[24]。

5．共同できる専門弁護士の範囲が撤廃された（どのような弁護士とも共同事務所を営める）ことである。

(5)　単なる自称ではなく，何らかの形の認証制度を伴った専門弁護士制度は，議論が活発化してから10余年をへて，いわば鳴り物入りで発足したわけであるが，それでは，どのくらいの専門弁護士が当時いたのかをみると，惨憺たる状況といっても過言ではあるまい。発足した年，つまり1930年の10月25日の時点では，総計53名[25]，また同年12月14日に開かれたドイツ弁護士協会の理事会での報告によれば，専門弁護士として認められた弁護士の数は，なんとわずか68名[26]のみであった。そして，1932年10月25日の時点でも，いまだ140名強でしかなかった[27]。なぜこのようにわずかな専門弁護士しか誕生しなかったのか。騒ぎのわりには，弁護士全体としては意外とクールであったのか，それとも，経済事情が悪く，稼ぐのが精一杯で，それどころではなかったのか。その理由ははっきりしない[28]。

---

24)　併記が，国家法および行政法（ないしはそのいずれか）と税法についても認められた。

25)　AnwBl 1930, S. 272. 内訳は，税法21名，工業所有権法7名，国家・行政法8名，外国法10名，労働法7名であり，著作権法および出版権法はなんと皆無である。なお，外国法の内訳は，はためからみるとおもしろい。英米法3名，デンマーク法1名，チェコ・オーストリー法1名，フランス・ベルギー・ルーマニア法1名，ポーランド法2名に加え，なんと，ブラジル法および南アフリカ法が，各1名となっている。

26)　AnwBl 1930, S. 355. 内訳は，税法27名，工業所有権法12名，国家・行政法8名，外国法13名，労働法8名であり，著作権法および出版権法は，やはり皆無である。

27)　AnwBl 1932, S. 344. 内訳は，税法61名，著作・出版権法と工業所有権法9名，工業所有権だけ22名，著作・出版権法だけ1名，国家・行政法8名，外国法16名，労働法25名である。税法が全体の5分の2と突出しているのは，税務事務所との競争が激しかったせいであろう。なお，新たに加わった外国法に，ハンガリー法のほか，近アジア法というのがみうけられる。7月にはいまだ140名以下だった。*Dittenberger,* Fachanwalt. AnwBl 1932, S. 211 f. (211).

28)　*Hartung/Holl,* BO 2 Aufl. FAO-Einführung, Rdz. 9 参照。

242 資　　料

3．ナチスの時代と専門弁護士

　専門弁護士が，わずかながらであっても，徐々に増加していく中，専門弁護士の歴史
は，突然その歩みを中断する。ナチスの時代の到来である。ヒンデンブルク大統領の死
後，ヒトラーが全権を掌握した後の 1935 年 12 月，ナチスは突然，専門弁護士を名乗る
ことを全面的に禁止したのであった[29]。以下は，ナチスの影を色濃く映した帝国弁護士
法（Reichsrechtsanwaltsordnung. 1936 年 2 月 21 日施行）のあるコンメンタールの記述
の内容を要約したものである。すなわち，専門弁護士の表示というものは，「国家社会
主義における法の番人（Nationalsozialistische Rechtswahrer）という，弁護士について
の分限法上の理解とマッチしない。わけても，非アーリア〔つまりは主にユダヤ人〕の
弁護士が，取引上の理由から専門弁護士のタイトルを取得する機会を与えられてはなら
ない」と[30]。弁護士間では，専門弁護士制度が必要という点では，共通の認識が形成さ
れていたにもかかわらず，なぜ突然禁止となったのか。その理由は定かではないし，ま
た，その原因究明も不可能とされている[31]。しかしながら，このいまわしい記述から，
専門弁護士には，非アーリア，つまりはユダヤ人が多かったことを推測しても，大きな
間違いではあるまい[32]。もっとも，その 2 年後には，再び，税法については，税法専門

29）　Anordnung des Präsident der Reichsrechtsanwaltskammer vom 23. 12. 1935. そ
　　　の会長が，この命令を発した帝国弁護士会（Reichsrechtsanwaltskammer）は，
　　　1933 年 3 月 18 日の帝国大統領の緊急命令に基づき，分限問題の中央機関として
　　　設立された公法人である。*Hartung/Holl*, BO 2 Aufl. FAO-Einführung, Rdz. 2 参照。

30）　*Noack*, Kommentar zur Reichsrechtsanwaltsordnung § 31, Anm. 14 I. *Hartung/
　　　Holl*, BO 2 Aufl. FAO-Einführung, Rdz. 10 によった。

31）　*Henssler/Mälzer*, Der Fachanwalt für Familienrecht, FuR 1994, 334 ; *Harstang*, An-
　　　waltsrecht, 1991, S. 121.

32）　そもそものところ，弁護士に占めるユダヤ系の割合はかなり高かった。*Landau*,
　　　Juristen jüdischer Herkunft im kaiserreich und in der Weimarer Republik ; in her-
　　　ausg. v. *Heinrichs u. A*, Deutsche Juristen jüdischer Herkunft (1993) S. 150（森勇監
　　　訳『ユダヤ出自のドイツ法律家（訳森勇）』「ドイツ帝国及びワイマール共和国に
　　　おけるユダヤ出自の法律家」204 頁）によれば，1890 年代においては，プロイセ
　　　ンの弁護士の 4 分の 1 以上がユダヤ系で占められており，また，1933 年には，全
　　　体の 28.5％の 3370 名がユダヤ人であった（ユダヤ系弁護士は，主に大都市に多か
　　　ったようであるが，それでも，当時，全ドイツ弁護士の 4 分の 1 程度は，ユダヤ
　　　系であったと推測してさしつかえあるまい。）。そしてまた，彼らは，法律雑誌の
　　　編集あるいは出版に大きく貢献していたのであった。

弁護士（Fachanwalt für Steuerrecht）を認めるとしたのであった[33]。ただし，その称号を名乗る要件として，国税局長（Oberfinanzpräsident）に対し特別の税法に関する見識を示して，その認証を受けることが求められたのであった。すなわち，それまでの，「弁護士会理事会に届け出て，異議のない場合」という弁護士自治に拠って立った専門弁護士制度が復活したわけではない。なぜ税法についてだけ専門弁護士の呼称が復活したのか。その理由についてふれるものも，筆者の知る限りない。これもまた，あえて推測するなら，税法分野での税理士との競争が激しかったことがその原因ではあるように思われる。つまり，ナチスが目の敵にした非アーリア系以外の弁護士にとっても，この分野での専門弁護士の呼称の禁止は，税務相談所といった異業種との競争にとり，大きな損失となったからではあるまいか。もっともこれも，1941年になると，税法専門弁護士という表示ではなく，税理士（Steuerberater）と表示するよう再度改められたのであった[34]。そして，専門弁護士という呼称が再びよみがえるのは，第二次世界大戦の終結を待たなくてはならなかったのである。

　　専門弁護士制度の強力な擁護者（のみならず，広く，自由職業像の擁護者として弁護士制度の発展に大きく貢献した）*Max Friedlaender* はユダヤ系であった（専門表示の必要を，1920年代初頭にその著書「Die freie Beruf, 1922, S. 209」で説いた *Feuchtwanger* もそうだったようである）。西プロイセンの裕福な家庭に生まれた彼は，ミュンヘンにおいて弁護士として活躍した。そして，1901年に，兄弟の *Adolf Friedlaender*（1942年，フランクフルトで自殺）と共に著した，1877年弁護士法（Rechtsanwaltsordnung）のコンメンタールは，その唯一のコンメンタールであるが，さらにその2版（1919年刊）では，ドイツではじめて，弁護士職業倫理（Ehrenkodex）の項が設けられた。そしてそこには，実に60年後，ドイツ弁護士法の大改正に当たり，激しく議論された問題点と同じものが取り上げられているだけでなく，さらには，そこに示されている解決策は，今なお一つの方策として妥当する，いわば今日性をも備えたものであった。
　　ちなみに彼は，1938年，悪名高い Dahau 強制収容所送りを，まさに間一髪で免れ，スイスをへてイギリスに亡命したのであった。戦後は，ドイツ弁護士会等の求めに応じて意見書などを提出し，ドイツ弁護士界の発展に寄与することはあっても，ドイツに戻ることはなかった。1965年5月28日，Twickenham-London で死亡。享年82歳。*Haas-Ewig, Max O. Friedlaender*, in Heinrichs u. A, a. a. O., S. 555 ff.（前出森勇監訳『ユダヤ出自のドイツ法律家』（森勇訳）マックス・オー・フリードレンダー「弁護士法の開拓者にして先見の明を備えた人物」829頁）参照。

33)　Regierungserlaß vom 10. 11. 1937, Deutsche Justiz, 1937, S. 37.

34)　Reichssteuerblatt 1941, S. 359.

244 資 料

III その誕生と中断の歴史(2)——第二次世界大戦後におけるその認知への道のり

1. 専門弁護士の復活と 1959 年連邦弁護士法の制定

(1) 大戦の嵐が過ぎてまもなく，自らを専門弁護士と表示することが認められはじめた。議会資料によれば，いくつかの弁護士会の理事会は，国サイドの関与なしに，専門弁護士表示を認めたとされているが[35]，それは，おそらくのところ，イギリス占領地区の各単位弁護士を指していると思われる。そこでは，1949 年 3 月 10 日，英国占領地区弁護士法（Rechtsanwaltsordnung für die britische Zone）が施行され，その 55 条 2 項 1 文は，工業所有権，税法および行政法について専門弁護士表示を認めていた[36]。そして，同日付けで，英国占領地区弁護士会理事会連合会（Vereinigung der Vorstände der Rechtsanwaltskammern der Britischen Zone）は，弁護士業務ガイドライン（Richtlinie für die Ausübung des Anwaltsberufes）を定めたが，その 55 号は，まずもっては専門弁護士と表示することを原則として禁止とする一方で，他方では，弁護士会理事会から専門弁護士として認証を受けた者が，「弁護士」という職業表示とならべて，「……専門弁護士」と表示することができるとしたのであった。これにより，まずもっては，税法専門弁護士が，唯一の専門弁護士として復活したのであった[37]。これは，専門弁護士というものは，専ら分限法の問題であるとの認識に立ったものであった。専門弁護士，特に税法専門弁護士の表示は，英国占領区に止まらず，1949 年にはバイエルン州（3 単位弁護士会）においても認められることとなった。もっとも，そこでは，なるほど認証機関は弁護士会理事会とされてはいるが，認証に先立ち，国税局長の意見を聞くことが求められており[38]，必ずしも弁護士自治が貫徹されていたわけではなかった。同じことは，ハム（Hamm），ケルン（Köln）およびデュッセルドルフ（Düsseldorf）弁護士会が認証するとした税法専門弁護士についてもあてはまる。ここでは，まず，その州（Nordrhein-Westfalen）の法務大臣および財務大臣と，「税法専門弁護士」の認証に関する合意がはかられ，これに基づき認証がなされることとなったが，バイエルンと同じ

---

35) Der Entwurf einer Bundesrechtsanwaltsordnung, BT-Drucks. II/1014, S. 131.

36) *Henssler/Mälzer*, a. a. O. 注 31)，S. 334.

37) *Hartung/Holl*, Anwaltliche Berufsordnung 2 Aufl. FAO-Einführung, Rdz. 12. なお，*Holste*, Fachanwaltschaften, AnwBl. 1956 S. 33 によると，イギリス占領地区の弁護士会理事会連合会は，すでに前年の 1948 年には，税法と行政法について，専門弁護士を認めることとしたとされている。

38) *Führnrohr*, NJW 1949, 59 f.

く，専門弁護士であることの証明書を付与するに先立ち国税長官が関与するとされていたのであった[39]。

(2) 1949 年 5 月ドイツ連邦共和国が成立したものの，ドイツ連邦衆議院に連邦弁護士法第一草案が提出されたのは，1953 年になってからであった。つまり，共和国成立から 3 年余も要したわけであるが，その第一草案 54 条は，なんと，「専門弁護士と名乗ること・表示することは，これを全面的に禁止する」と規定していたのであった。その理由は，次のように説明されている。すなわち，「この〔専門弁護士の〕問題は，いまだなお議論が成熟していない。したがって，当面これを禁止しておくのがベストである。現在，専門を表示することが，もはや許されないからといって，今後，異なった方向への展開が排除されるものではない。」と[40]。1920 年代の後半に振り返れば，もはや，「いまだ議論が熟していない。」との措辞に納得する者は，まずいまい[41]。その本当の理由は，後々まで続いた弁護士会内部の消極的意見，わけても地方の弁護士の専門化への抵抗感が強く反映したということであろう[42]。

いうまでもなく，これに対する反発はものすごかったようで，第二会期に入った 1954 年に連邦衆議院に提出された第二草案には，専門弁護士を名乗ること自体を禁止する規定はなかった。しかしながら，第二草案は，その 250 条において，今度は，専門表示自体の可否を含め，その要件は，司法大臣が定めるとし，司法大臣にすべて丸投げ

---

39) *Feuerlich/Weyler*, BRAO-Komm. 6 Aufl. § 43c Rdz. 6. その結果，専門弁護士の数は，税法については 1955 年 10 月 1 日現在で 744 名，また，行政法についてはハンブルクとブラウンシュバイクを除き，約 100 名程度と報告されている。*Holste*, Fachanwaltschaften, AnwBl. 1956, S. 33 ff. (36).

40) *Friedlaender*, Frage des anwaltlichen Standesrechtes, JZ 1954, S. 20 (21) によった。

41) *Friedlaender*, Frage des anwaltlichen Standesrechtes, JZ 1954, S. 20 (21).

42) 専門弁護士制度に対する反発は，専門化が進むことで地方の弁護士が都市の弁護士に顧客を奪われるのではないかという危惧を反映するものであるが，その理論的な裏付けが，ドイツ連邦弁護士法 3 条 1 項の弁護士像，すなわち「あらゆる法律問題の助言者」であることに求められていることも，指摘しておく必要があろう。もっともこれは，専門弁護士制度というものが，専門医制度とは異なっていることを見落としている。すなわち，専門医は，その職業活動を専門とする分野に限定されているが，専門弁護士では，当初議論はあったものの，すでに 1920 年代から，一般実務にたずさわることができる点については，コンセンサスができあがっていた。したがって，先のような弁護士像からみた問題は，少なくとも理論的にはないといってよかろう。

246 資　　　料

してしまったのであった[43]。そしてその理由もまた，第一草案と，あまり変わり映えの
するものではなかった。すなわち，理由書は，1922年以降の専門弁護士制度の展開を
綿々とつづった上で，その理由を次のように述べている。「……〔略〕……しかしながら，
医師という職業にあっては，専門性の問題は，主要な部分についてみると，解明されて
いるが，弁護士業についてみると，申請者が，自らを専門弁護士と表示することを求め
られる要件ははっきりしていない。さらには，本草案3条により，弁護士は，包括的
（一般的）に活動できることとなるが，このことから，果たして専門弁護士というもの
が合目的的かについては，いまだ見解がわかれている。

　すなわち，専門表示の問題について，意見の一致はみられていない。そもそも，専門
弁護士制度および専門表示なるものは，分限法に止まらず法的紛争解決機構
（Rechtspflege）という一般的視点の下でも，重要な問題であることからして，今まで
の状況がどうだったかを解明する必要がある。法律の規定をもってすれば，もっともよ
くこの問題を秩序付けることができる。しかし，このような法律による規律を，つとに
本草案において定めることはできない。というのは，いまだこの問題の展開は完結して
いないからである。これに加え，専門弁護士というものについての包括的な規律を，一
般的な性格の弁護士法の中におくのは，適切ではなかろう。以上の理由から，250条
は，連邦司法大臣に対し，所管大臣の意見を聞き，加えて連邦参議院の同意の下，政令
をもって，専門表示に関するより詳細な定めをする権限を与えようとするものであ
る。」[44]と。確かに，全面禁止をとった第一草案とは異なり，連邦司法大臣が政令を定め
れば，専門弁護士を名乗れることになってはいるが，ひるがえせば，それまでは，専門
弁護士と名乗ることは禁止される（分限処分の対象になる）わけである。そして，後に
述べるように，当時の弁護士サイドの動向は，専門弁護士に対し消極的であった。した
がって，（少なくとも，新たに）専門弁護士表示をすることが，当分の間許されなくな
ることは，第一草案の場合と，なんら異なるところはなかったのである[45]。このように，

---

43)　Einer Entwurf der BRAO, § 250 BT/Drucks. II/1014. S. 40.
　　　「司法大臣は，当該専門分野を担当する大臣の意見を聴取した上で，連邦参議院
　　の同意の下，弁護士が，その職業表示に，ある専門分野で主に活動している，あ
　　るいは，その分野につき特別の見識を有していることを示すものを付加すること
　　ができる要件を，政令をもって定める権限を有する。」

44)　Der Entwurf einer BRAO, BT/Drucks. II/1014. S. 131.

45)　なお，後述するように，1990年5月14日の連邦通常裁判所弁護士部の判決が，
　　新たな専門弁護士表示の認可の道を閉じたのち，まずは，同様の規定が設けられ
　　たが，両者の状況は，質的に異なっている。すなわち，後者の場合には，連邦司
　　法大臣は，政令を発布せざるをえない状況にあったし，また実際にも発布しよう

問題の規律を連邦司法大臣にゆだねるやり方はまた，当然のことながら，弁護士サイドからの反発を招くものでもあった。それまでの専門弁護士は，ナチスの狂った年輪の時代をのぞけば，弁護士自治に委ねられていたし，また，それによって発展してきた。これを一気に突き崩し，司法大臣の手に委ねてしまうことに対して猛反発が起きたことは想像に難くない。このような規定は，特段の手当なしに削除せよ，というのが弁護士サイド（というより，専門弁護士制度擁護派）の反応であった[46]。

　第二草案の審議は，第二会期が会期切れにより廃案となったようで，1958 年に第三草案というべきものが上程された[47]が，その中身は，理由付けも含め，ほとんど第二草案と同じである。ただし，専門弁護士ないしは専門表示に関する規定は，そこからは姿を消している。形の上では，弁護士サイド（専門弁護士擁護派）の求めたとおりになったのであった。

　もっとも，各州の代表からなる連邦参議院は，法案に対する意見書において，第二草案の 250 条とほぼ同じ規定の復活を求めていた。その理由は，明快である。すなわち，それは，最低限，司法行政の関与権が確保されなくてはならないということであった[48]。もちろん，このような姿勢が，弁護士サイドから受け入れられないことははっきりしている。連邦政府は，次のように答えている。すなわち，「専門表示の問題を，政令で規律する必要性はない。」と[49]。この素っ気ない答えは，専門表示を禁止しようとするものではない。要するに，意見がまとまらない[50]ことから，後は弁護士にまかせようとしたのであろう。こうして，「専門弁護士」という文言を連邦弁護士法中にみることができるようになるまでには，その制定より 30 有余年，すなわち，1991 年まで待たなくてはならなかったのである[51]。

───────────────

　としたのである。この点の詳細については，後述Ⅳ参照。

46)　*Friedlaender*, Die Fachanwaltschaft im zweiten Entwurf einer BRAO, JZ. 1955, S. 414 (415).

47)　Der Entwurf einer BRAO, BT-Druck., III/120.

48)　Stellungnahme des Bundesrates zum Entwurf einer BRAO, Nr. 11, BR-Drucks. Nr. 461/57, S. 4 = BT-Druck., III/120 Anlage 2 (S. 128). バーデン・ブュルテンブルク州の提案である。Feuerlich/Weyler. BRAO-Komm., 6 Aufl. § 43C Rdz. 10

49)　Stllungnahme der Bundesregierung zu der Stellungnahme des Bundesrates, Nr. 2d), BT-Druck., 3/1014 Anlage 3 (S. 130).

50)　*Feuerlich/Weyler*, BRAO-Komm., 6 Aufl. § 43C Rdz. 10 ; *Henssler/Prütting, (Henssler)* Komm. zur BRAO § 43C FN 11. 第二草案理由書でも，この点が指摘されている。S. Der Entwurf der BRAO, BT/Drucks. II/1014. S. 131.

51)　後述Ⅴ参照。

248 資　　料

2. 弁護士サイドの動向——変遷するその態度と立法への動き

(1)　ドイツ連邦共和国が建国された翌日，すなわち，1949年5月24日，すべての州の単位弁護士会の理事会は，後に連邦弁護士法に基づき設立されることとなる連邦弁護士会の前身ともいえる単位弁護士会理事会協議会を結成した[52]が，すでに，1955年8月27日にバンベルク（Bamberg）で開かれた会合において，行政法専門弁護士制度を維持していくことおよびさらに別の分野について専門弁護士制度を拡張していくことに反対する旨の決議を行い，そしてこの決議は，ゴスラー（Goslar）における1956年10月28日の会合においても，再度確認されていた[53]。もっとも，連邦弁護士法が，専門弁護士についてなにも規定しなかったことから，単位弁護士会理事会協議会が1957年3月11日に，バート・ソーデン（Bad Soden）で定めた，弁護士倫理綱要（Standesrichtlinien）の68条が維持されることとなったが，それは，先に述べた英国占領地区弁護士会理事会連合会（Vereinigung der Vorstände der Rechtsanwaltskammern der Britischen Zone）が定めた，弁護士業務ガイドライン（Richtlinien für die Ausübung des Anwaltsberufes）の55号にならったものであった。つまりその68条は，専門表示が許される専門分野については，連邦弁護士会がこれを定めるが，個々の弁護士に対し，専門を表示することを許すかどうかの認証は，各単位弁護士会に委ねるとしたものであった[54]。

---

52)　Arbeitsgemeinschaft der Vorstände der Rechtsanwaltskammern. Hartung/Voll Anwaltliche Berufsrecht, 2 Aufl. Einf. Rdz. 4. なお，Arbeitsgemeinschaft は，ワーキンググループと訳すのが常だが，ここではその性格を明確にすべく，あえて「協議会」とした。

53)　バンベルクでの会合でなされた決議は，次のとおりである。すなわち，「さらなる専門弁護士は，これを認めるべきではない。なぜなら，専門弁護士なるものは，すべての法律問題の助言者とされる弁護士の地位と相容れないからである。それゆえ，行政法専門弁護士制度は維持されるべきではない。……〔略〕……」と。*Feuerlich/Weyler*, Komm. zur BRAO, 6 Aufl. § 43c Rdz. 8. 専門弁護士に対する根強い反対の理論的根拠が，ここでも前面に押し出されているところである。格別税法についてのみ，専門弁護士制度が許されたのは，長きにわたり続いてきた「税法に関わる異業種」との激しい競争のせいであることは，ここでもかわらない。BVerfG 57, S. 121 ff. (138), *Henssler/Mälzer*, a. a. O. 注31), S. 335. 参照。

54)　*Hartung/Voll*, Anwaltliche Berufsrecht, 2 Aufl. Einf. FAO Rdz. 15. そもそものところ，この弁護士倫理綱要自体，英国占領地区弁護士会理事会連合会が定めたガイドラインに，大幅に依拠したものであった。*Hartung/Voll*, Anwaltliche Berufsrecht, 2 Aufl. Einf. Rdz. 4. なお，以下の記述は，特に断りのない限り，*Hartung/*

その後，1961 年 1 月 27 日と 28 日にフランクフルト（Frankfurt am Main）で開かれた連邦弁護士会総会においては，税法以外の分野に専門弁護士を拡大しないとの決議がなされていた。なお，税法専門弁護士については，1964 年 5 月 4 日と 5 日にデュッセルドルフで開かれた連邦弁護士会総会において，「「税法専門弁護士」表示の認証に関するガイドライン（Richtlinien für die gestattung der Bezeichnung 'Fachanwalt für Steuerrecht')」が定められているが，これは，ドイツ弁護士協会が 1929 年に定めたものと，（認証前に行政庁の意見を聞かなくてはならないとされている部分を除けば）基本的には同じであり，そしてまた，現在の専門弁護士規則（Fachanwaltsordnung）と，核心部分では同じである[55]。

(2)　ただ，弁護士サイドのこのような消極的な態度は，さして長くは続かなかった。すでに 1960 年代の後半には，他の分野に専門弁護士制度を導入することを求める声が高まっていた[56]。

Voll, Anwaltliche Berufsrecht, 2 Aufl. Einf. FAO Rdz. 15 以下，および *Feuerlich/ Weyler*, BRAO-Komm., Aufl. 6 § 43C Rdz. 11 以下によった。

55)　その内容は次のとおりである。
　　1．認証機関は，所属弁護士会理事会。
　　2．要件は，a) 3 年以上の弁護士実務経験。b) 簿記および会計の問題も含め，税法の分野に関し，かなりな（eingehendes）専門的知識を有していること。c) 税法の分野で，最低 3 年以上の実務経験を有しているか，同様の期間，学術的な研鑽を積んだことの証明。
　　3．提出された資料等では，理事会が判断できないときは，審査会を開く。
　　4．審査は，理事会が作る審査会により行う。
　　5．却下の判断に至らないときは，理事会は，所管財務行政庁の意見を聞かなくてはならない。
　　6．認証についての判断は，理事会の専権である。
　　7．所属弁護士会をかえても，認可に影響しない。
　　8．認証要件が，そもそも備わっていなかった場合，あるいは後に失われたときは，認証を撤回できる。
56)　*Henssler/Mälzer*, a. a. O. 注 31），S. 335 によれば，専門弁護士制度の拡大が叫ばれはじめたのは，1960 年代の末であり，その嚆矢を切ったのは，弁護士制度について幅広い著作を発表してきた *Konrad Redecker* だとされている。ちなみに，彼は，後に取り上げる，行政法についての専門弁護士を認めなくとも違憲ではないとした連邦憲法裁判所の決定（BverfGE, 57, 121 ff.）に際しての，憲法抗告人代理人である。

250 資　　料

これを受ける形で，1970年になると，連邦弁護士会は，専門弁護士を他の分野にも導入することを宣言したのであった。ドイツ弁護士協会（Deutsche Anwaltsverein）も，1977年には，これに同意した。もっとも，1975年9月に，連邦弁護士会は，行政法専門弁護士の再導入を総会の決議にかけたが，必要な票数に達せず，否決されている[57]。確かに専門弁護士の拡大を求める声が大きくなってはいったが，消極的な評価も依然根強かったあらわれであろう。1976年に出版されたあるコンメンタールにおける，専門弁護士の拡大問題に関するコメントは，これを如実に物語っている。そこでは，次のように述べられている。すなわち，「基本法制定前から今日までの一般的な理解としては，『唯一の例外である税法専門弁護士をのぞき，』専門弁護士は，原則的に否定されていると考えられる。」……〔略〕……「〔1973年に制定された〕弁護士倫理綱要（Grundsätze des anwaltlichen Standesrecht）の76条は，（1957年の綱要68条と同じく＝筆者注）連邦弁護士会に対し，専門弁護士を名乗れる専門法領域をさらに定める権利を与えている。しかしこれは，もし将来，全体的な意見が変わったときには，特定専門法領域につき，意見が変わったことを確定できるとしているにとどまる。」と[58]。

1978年，ようやく，その10月24日におけるバート・デュルクハイム（Bad Dürkheim）における第44回連邦弁護士会総会において，専門弁護士を行政法，労働法および社会法にも拡大することが，ほぼ全会一致で決議された[59]。そしてそれに引き続

---

57)　再導入の提案がなされた1975年9月29日のノルディルナイ（Norderney）における第38回の総会では，専門弁護士の拡大に対する単位弁護士会（連邦弁護士会の構成員は，日弁連と違い，単位弁護士会のみである）の賛否は，14単位会対8単位会と，過半数は超えていたものの，当時決議に必要な3分の2（連邦弁護士法旧第190条第3項第1文参照）には達しなかった（BVerfGE 1981, S. 134）。なお，*Henssler/Mälzer*, a. a. O. 注31），S. 335は，再導入が否決されたのを「3月」としている。

58)　*Isele*, Komm. zur BRAO 1976 Anhang zu § 43 "Werbung" Anm. CIII C1, 2. *Hartung/Voll*, Anwaltliche Berufsordnung 2 Aufl. FAO Einf. Rdz. 18 の引用によった。

59)　*Schardey*, Fachgebietezeichnungen–Zwischenbilanz, in 25 Jahre Bundesrecht-san-waltskammer (1984), S. 37 ff. (38 f.). この決議では，行政法，労働法および社会法以外にも，連邦弁護士会が，専門表示のできる分野を定めることができるとされていた。要件等は，より概括的であるが，基本的には，「税法専門弁護士表示の認証に関するガイドライン」と同じである。なおこの決議の際に，特に，専門とした分野のみしかあつかわないという誤解をさけることが強調されていたことは，従来からの専門弁護士の構想を再確認したものである。*Schardey* によると，このような決議がなされる背景としては，ひとつには，当時連邦司法省側の動きとし

ドイツにおける専門弁護士制度の展開　*251*

き，連邦弁護士会は，一般的には専門知識の公示，つまりは「専門弁護士」表示として
求められてきたものを導入するための連邦弁護士法改正法準備草案（Vorentwurf）を作
成し，その年の 11 月 18 日付けで連邦司法大臣に呈示したのであった[60]。

　(3)　しかし，連邦司法省の動きは鈍く，連邦弁護士会の準備草案をふまえた参事官草
案（Referentenentwurf）が発表されるまでには，それから 5 年もの間，つまりは 1983
年まで待たなければならなかったのであった。政府サイドがやっと重い腰を上げたの
は，連邦弁護士会サイドからの働きかけもあったが[61]，むしろ決定的だったのは，1981
年 3 月 13 日に下された連邦憲法裁判所の決定[62]が，立法者に対し，専門弁護士制度と
の積極的な取り組みを求めたことであろう。このことは，1983 年の参事官草案を受け
て提出された法案に掲げられているその「目的」からうかがうことができる。すなわち
そこでは，専門弁護士の法的基礎を明確化することを草案は目指すものであるとし，続
けて，「これにより，1981 年 3 月 13 日の連邦憲法裁判所の決定に基づく結論が導かれ
ることになるはずである。」と述べられているところである[63]。
　この連邦憲法裁判所の決定は，行政法専門弁護士を認めないことは，基本権として憲

　　　て，最上級裁判所である連邦行政・労働・財政・社会裁判所の訴訟代理人を，連
　　　邦通常裁判所と同じく特定の弁護士（および隣接異業種）に限定しようとする参
　　　事官草案が討議に付されていたことがある。草案の目的である，質の高い代理人
　　　確保それ自体については，私は賛成であるが，やり方としては不適切である。専
　　　門弁護士制度の拡大を求める決議は，その（よりよい）対案としての意味も持っ
　　　ていた。
60)　*Schardey*, a. a. O. 注 59)，S. 40.
61)　1981 年には，当時の連邦弁護士会会長 *Vigano* は，同年 5 月 8 日の第 49 回総会
　　　で，次のように述べ，立法者にせまっている。
　　　　「法はますます複雑化している。裁判権は，以前から分岐し，通常裁判権となら
　　　び，行政・労働・社会そして財政裁判権が存している。これらにあっては，専門
　　　化した裁判官が法適用にあたっている。それゆえ，市民が自分のかかえる事件に
　　　つき，同じく専門化した弁護士をみつけることが，簡単でなくてはならない。そ
　　　のために，弁護士には，特別の裁判権に専門化していることを広告することが認
　　　められるべきである。連邦弁護士会は，1978 年に行ったその立法提案を想起する
　　　ことを求める。この立法提案は，立法者に対し，専門表示の導入を無用に遅らせ
　　　ないことをも求めるものである。」*Schardey*, a. a. O. 注 59)，S. 40.
62)　BverfGE, 57, 121 ff.
63)　Entwurf eines Gesetz zur Änderung des Berufsrecht der Rechtsanwälte, der Pa-
　　　tentanwälte und der Notare, BR-Drucks. 256/82. S. 1, 20.

252　資　　　料

法上保障されている職業実践の自由（基本法12条）を侵害するし，また，税法につき専門弁護士制度を認めていることとの関係で，憲法上保障された平等原則に反するとするある弁護士の憲法抗告を棄却したものである。そこでは，専門弁護士を拡大すべきかにつき，意見が対立・拮抗し，ある種混乱がみられるにもかかわらず，これを放置している立法者の怠慢が，間接的ながら手厳しく指摘されていたのであった。この決定は，専門弁護士を取りまく問題状況をはっきりとさせてくれるものでもあることから，少し長くなるが，その判断理由の骨子部分を引用しておこう。

連邦憲法裁判所第1部　1981年3月13日決定
「……〔略〕……
C

抗告人は，不服を申し立てた弁護士会の判断およびこれを支持する裁判所の諸判断により，その基本権を侵害されていない。

I

不服を申し立てられた上記諸判断は，12条1項に反しない。

1　問題は，弁護士の職業実践に関わるものであり，したがって，ボン基本法12条1項2文に照らして判断しなくてはならない。職業選択の自由の侵害はない。専門弁護士と表示をしようとする弁護士は，12条の意味での別個独立の職業をはじめようとする者ではなく，今までの弁護士業を，特別の専門化・資質を示して続けようと考えている者である。専門弁護士という表示は，専門医と異なり，表示されている法領域にその活動を制限するものではない。かえって，独自の判断で，すべての法領域でその職業活動を展開できる（連邦弁護士法3条1項）。専門弁護士と表示することが認められないのなら，外国の学術称号の表示の場合（BverfGE 36, 212〔216〕）と同じく，職業実践の自由に対する侵害が問題となる。

2　職業実践の自由の制限は，法律または法律に基づいてのみできる（基本法12条1項2文）。さらにまた，憲法前からの慣習法（BverfGE 34, 293〔303〕; BverfGE 36, 212〔216〕）あるいは，──定範囲では──職業団体の自律的な規約によっても制限できる。（BverfGE 33, 125〔15〕）

a）連邦弁護士法12条3項は，法的根拠にはならない。本条からわかるのは，認可を受けた者が「弁護士」と（のみ）名乗れるということだけで，弁護士がその他の付加的文言を表示してよいという法規範は，いずれにしても出てこない。どちらかといえば，この規定からは，付加的表示は，原則不適法という結論さえ出てこよう。もっとも，従来から，税法専門弁護士を名乗ることが，分限法上適法とされていることは，そうではないとするものである。立法者は，この昔からの分限理解とその実践

を，連邦弁護士法 12 条 3 項を定めるにあたり，知っていた。この規定が，職業実践の規律に関する唯一の法律上の根拠であるとしたなら，この規定は，果たしてすべての付加的資格文言を法律上禁じたものと解すべきかが，憲法という観点からすると，重要となる。しかし，そうではない。

　b）すでに連邦憲法裁判所が示したように，弁護士の分限法の一般条項は，──連邦弁護士法 12 条 3 項とならび──法律上の規律として適用される。連邦弁護士法 43 条は，形式的には，職業実践の自由に対する規制の十分な根拠となる。同条が一般条項的な授権をしている点に対する疑念は，ここでは生じない。というのは，専門表示は「分限」とは関係ないからである。専門弁護士の諸要件の規律は，……〔略〕……，専門医とは異なり，法律による規律を必要とする「分限のあり方を定める」規範ではない。というのは，専門弁護士表示は，独占・排他請求権を伴う職業表示ではないからである。このことは，分限法により定められている税法専門弁護士にも妥当する。「行政法専門弁護士」もまた，その活動分野を，行政法の分野における法律相談および代理に，限定されるものではなく，すべての法分野で活動できる。したがって，専門弁護士の認証・不認証は，専門医認定の場合と同じように，弁護士の職業上の生存に関わる，基本的な問題についての判断をなすものではない。

　c）一般条項である連邦弁護士法 43 条は，連邦弁護士会の権限を定めた同 177 条 2 項 2 号に基づき発布される倫理要綱により具体化されている。これ自体は，職業実践の自由に対する介入の規範的根拠としては十分でない。かえって，それは，個々の場合に，敬意を受けかつ経験豊富な弁護士の見解によれば，どのようなことが，規律正しくかつ正義にのっとった思考をめぐらすすべての弁護士の意見，そしてまた分限の尊厳にかなうかを知ることができる源泉である。わけても，……〔略〕……。

1973 年 6 月 21 日の「弁護士倫理綱要」において確定されている分限理解は，抗告人に対して専門弁護士表示を許す，あるいは，このような表示が適法であることを確認せよという抗告人の要求の根拠とはなりえない。反対に，その 2 条 1 項では，広告禁止が規定されている。……〔略〕……学説においては，次の点についてかなり広範な意見の一致がみられる。すなわち，法的な形式にのっとった手続において認められたものではない専門的知見の表示は，不適法な広告にあたる。なぜなら，こうすることで弁護士は，自分の資質を判断し，これを公表することになるからである……〔略〕……。確かに，すべての広告がだめということはない。一般的な見解によれば，分限法上，広告禁止にかかるのは，「顧客誘因的（Reklamehaft）で，同業者から自分を際だたせる」ものである……〔略〕……。すでに当部が専門医についての決定で示したように，法形式にのっとって取得した専門的資質の表示は，何ら不適法な広告ではない（BverfGE 33, 125〔170〕）。しかし，今のところ行政法専門弁護士という資格を，連

邦弁護士会が定める要綱中に規定される法形式にのっとった手続で取得することが，抗告人にはできないのであるから，自己評価に基づき，この種の表示を用いるのは，不適法な広告ととらえられることになろう。

　d）分限法上の見解が，変わったということはない。……〔略〕……。1978年におけるバード・デュルクハイム（Bad Druckheim）での第44回総会の決議も，その証左とはならない。この決議は，1978年11月18日の連邦弁護士法改正法準備草案〔連邦弁護士会が連邦司法省に提出した「準備草案」を指す＝筆者〕にみられるような，連邦弁護士会の法政策的希望がなにかを示すだけのものである。

　e）職業実践規律に関する法律上の授権として形式的には十分な授権の根拠となる連邦弁護士法43条とならび，前憲法的慣習法もまた考慮される（BverfGE 34, 293 [303] m. w. N.; 36, 212 [216.219]）。しかしながら，行政法専門弁護士を名乗ることが許されていた期間が比較的短かったことに照らすと，行政法専門弁護士について前憲法的な慣習法があったとすることはできない。前憲法的慣習法が成立するのは，長期，継続，均質，普遍的，しかも関係者から拘束的な法規範として認められている慣行がなくてはならない……〔略〕……。

　3　職業実践の自由に対する介入は，連邦憲法裁判所の判例が職業実践を規制するために必要とした実体法上の諸要請を満たす場合にのみ許される（BverfGE 30, 292 [316]; 36, 212 [219]）。相当性の原則は，次のことを求める。すなわち，基本権への介入は，公共の福祉（Gemeinwohl）を，ことにかない，かつまた理性的に考慮した上で正当化されるものであること，そして，用いられる手段が，目的達成のために適切かつ必要であること，さらに，介入の程度（重み）と介入を正当化する事由の重要性の考量に際しては，受容可能性の限界を超えてはならないということである（BverfGE 30, 292 [316]）。

　果たして，（税法をのぞき）専門弁護士と表示することを禁止することが，公共の福祉にかなうのか，それとも認めることが，それにかなうのかについては，弁護士内部でも争われている。このことは，わけても1975年のノルディルナイ（Norderney）における連邦弁護士会総会が示すように，長年にわたり連邦弁護士会の総会で議論となっていることが示している。

　行政法専門弁護士を認めよという意見は，次のような公共の利益の考慮をあげている。すなわち，専門弁護士という形で専門領域を示すことは，権利保護を求める市民が，専門知識を備えた弁護士をさがすのに有用である。若干の弁護士が専門化することは，わけても上級審においては，専門弁護士としての十分な実務を踏んだという証明とあいまって，1978年11月18日の連邦弁護士法改正法準備草案が示すように，全体的には有益である。というのは，訴訟が，専門知識を備えた弁護士によって遂行

されるからである。そして，最後に『弁護士職内におけるさらなる専門化（これは，大きな共同事務所形態ではすでにはじまっている。）は，専門医制度においては長きにわたり認められてきたように（BverfGE 33, 125〔167〕），弁護士からしてもまた，望ましいものである。」と，主張されている。

　同じく，行政法専門弁護士制度の導入に反対する見解もまた，賛成論に比肩する根拠をあげている。すなわち，連邦弁護士法は，統一的な職業像（連邦弁護士法3条）から出発しているが，それを特徴づけるのは，弁護士は，原則として，すべての司法裁判所で活動できるということである。専門化していることを示すのは，法律相談と代理に関しては，すべての分野に開かれている弁護士の活動を，制限することになる可能性がある。特別な弁護士の認証は，大都市と地方，そして，すでに認可されている弁護士と新人との間の格差をさらに広げる可能性がある。さらに，形式が整った承認手続がないので，現在のところそうせざるをえないわけであるが，自己評価によって専門弁護士と名乗ることは，権利保護を求める一般の人を誤解させる危険がある。この際，考慮しなくてはならないのは，誤解のおそれは，職業上の資質について求められるところが，低ければ低いほど，大きくなるという事情である。逆に，資質要件が高ければ高いほど，認証された専門領域の事実上の独占が，とりわけ上級審で進むことが予想される。さらに，どのようなタイプの専門弁護士表示が，専門化を示すものとして導入されるべきかも，問題のところである，というのが，反対論の説くところである。

　いずれにしても，それなりの論拠がある状況に照らすと，立法者の判断を先取りするのは，連邦憲法裁判所の任務ではありえない。このような法政策的な判断が下されていない限り，自己評価による表示が必ずやもたらす危険を回避することが，公共の福祉という優越的理由にかなう。受容可能性という限界も，守られていると考えられる。なぜなら，介入の程度は，介入を正当化する公共の福祉という利益に比べ，軽微だからである。

　もっとも，立法者が，弁護士の社会において長きにわたり争われてきたこの問題に取り組み，認可に対する賛否の根拠を相照らしつつ考量した規律を定めることには，多くの人が賛成している。この際立法者がどう判断するかを，憲法の観点からあらかじめ決めておくことはできない。……〔略〕……」

　以上が，連邦憲法裁判所の決定に付された理由の骨格である。

　もっとも，1983年に公表された先の参事官草案が，草案として議会に提出されたのは，1985年5月14日になってからのことであり，ここでもまた，2年の歳月を要したのであった。

256 資　　料

⑷　この草案（85年草案）は，専門弁護士に関する規律として，以下の42条aから42条dまでの4ヶ条を，連邦弁護士法に新設しようとするものであった[64]。

　42条a　［専門領域表示］
　⑴　第2項にあげた法領域における特別の見識を有する弁護士は，専門領域を表示することにより，これを示すことができる。専門領域の表示は，第2項に規定する分野のうち最高二つまでを「専門領域」として，職業表示に付加することによる。
　⑵　専門領域の表示は，行政法，税法，労働法および社会法につきこれを認める。
　⑶　弁護士は，その所属弁護士会が認証した場合に，専門領域を表示することができる。弁護士が，その特別の見識を証明したときは，許可しなくてはならない。弁護士会の規約（専門分野規則）をもって，弁護士が一定期間その職業を行っていたことに，認証をかからせることができる。ただし，その期間は3年を超えてはならない。
　42条b　［認証の付与］
　⑴　弁護士会が設ける委員会が，弁護士が提出した，特別の見識を得たことに関する証明を検討した後，弁護士会理事会は，認証付与を求める弁護士の申立てにつき，弁護士に送達されるべき決定をもって，判断を下す。委員会または弁護士から求められたときは，委員会の面前における専門口頭試問（Fachgespräche）を行う。
　⑵　弁護士会理事会は，各専門領域ごとに委員会を設け，その委員を任命する。一つの委員会は，最低3名の弁護士をもって構成する。弁護士は，複数の委員会の委員を兼ねることができる。第75条および76条は，これを準用する。
　⑶　同一州内にある複数の弁護士会は，共同して委員会を設けることができる。
　42条c　［許可の撤回と取消し］
　⑴　もしその事実が知られていれば，認証が与えられなかったはずの事実が後に判明したときは，弁護士会理事会は，将来に向け，許可を撤回することができる。弁護士会理事会の求めにもかかわらず，第42条d第1項により政令をもって定められる継続研修を怠ったときは，認証を取り消すことができる。撤回および取消しは，理事会がそれを正当化する事実を知ったときから1年以内のみ，これをすることができる。
　⑵　撤回および取消しは，その判断が下される当時弁護士が所属する弁護士会の理

────────────

64)　参事官草案のオリジナルは参照できなかったが，*Schardey*, a. a. O., S. 42 f. に引用されているその内容からすると，議会に提出された政府草案は，参事官草案と少なくとも内容的にはまったく同じである。なお，*Schardey*, a. a. O. 注59), S. 43では，政府草案42条dと同じ内容のものが，参事官草案42条eとして紹介されているが，42条dという条文に言及していないことからすると，誤植だと思われる。

事会がこれを管轄する。

(3) 判断を下すに先立ち，弁護士を聴聞しなくてはならない。決定には，理由を付さなくてはならない。決定は，弁護士に送達しなくてはならない。

42条d ［授権］

(1) 連邦政府は，連邦弁護士会の聴聞をへた上で，連邦参議院の同意の下，法的紛争処理機構の利益のため，特別の見識を証明する要件および専門分野につき必要な継続研修の要件を定めた諸規定を，命令をもって定めることができる。

(2) 弁護士会は，連邦弁護士会が作成する範例を参考の上，規約として，専門分野規則を定める。規約とその変更は，州司法行政の認可を必要とする。規約においては，次の事項を定める。

1 認証の付与に先立ち，弁護士がその職業を行わなくてはならない期間。

2 委員会の構成，委員の任命と退・解任および委員の補償請求権

3 委員会の手続

ここで定められようとした専門弁護士の規律が，その用語使いも含め[65]，その後の立法の基本的枠組みとなっていることは，専門弁護士の基本規定である現行の連邦弁護士法43条cと対比してみれば，一目瞭然であろう。そして，第二次世界大戦後におけるそれまでの規律と決定的に異なっているのは，次の点である。すなわち，戦後においては，先の税法専門弁護士ガイドラインにも見受けられるように，個々の資格認証に際し，関係官署の意見を聞くことが求められていた。しかしこの政府草案は，認証の要件が政令により定められ，また，認証手続の制定・改正には州司法行政の認可が必要とする一方，他方では，個々の認証を付与するに際し，関係官署の意見を聞くことを求めていない。これは，弁護士自治の下での専門弁護士制度に向けた第一歩と評価して良いであろう。さらに特記すべきは，専門弁護士として備えるべき特別の見識の程度が，理由書において，明確な形で定義されていた点である。すなわち，専門弁護士として備えるべき見識は，「その職業教育および実際上の経験を通じて，職業上得ることができる程度をかなり超える（erheblich）」ものでなくてはならないとされている[66]。そして，以

---

65) このほか，たとえば，特別の見識（besondere Kentnisse）とか，専門口頭試問（Fachgespräche）という，今日用いられている表現は，筆者の知る限りでは，この政府草案ではじめて用いられ，現在に引き継がれているものである。もっとも，専門表示については，「……専門弁護士」ではなく，「専門分野……」という表記の仕方を採用している。これは，本政府草案のみが採用したものであるが，その由来はわからない。

66) BR-Drucks. 256/82. S. 1, 27.

258 資　　料

降これが，備えるべき特別の見識の程度を示す基準として通用することとなる[67]。

　もっとも，この草案は，連邦衆議院（Bundestag）の法務委員会で店ざらしの目にあってしまった。そして，そこでは，専門知識の公示を求める市民の正当な要求に応えようという正当な弁護士の関心事を挫折させるべく，言い古された議論が蒸し返されたのであった。わけても，連邦衆議院の法務委員会での審議に際し，弁護士から，繰り返し持ち出されたのは，次のような議論であった。すなわち，それは，「地方の弁護士にとって不利だ。このような資格を持った弁護士を雇えるのは，大事務所だけではないか」，というものである[68]。そして，法案は，1986年秋，ついに廃案に追い込まれたのであった[69]。

　このような議会の手痛い仕打ちを受けた連邦弁護士会は，専門弁護士制度の拡大を求める弁護士界の大方の意見（Opinio communis）を確定し，現実化する必要があるとし[70]，さっそくに行動を起こす。この際，専門弁護士認証手続を定める必要性を強く感じさせる背景となったのは，次のような連邦憲法裁判所の態度である。すなわちそれは，不適法な広告として許されないのは，「法形式にのっとった手続（Rechtsförmliches Verfahren）」にしたがって付与されたものではない専門資格を示す場合に限られる，とするものである[71]。要するに，専門弁護士を名乗ることが，違法な広告にあたらないとするためには，どうしても認証手続を定める必要があったのである[72]。

---

67)　現行の専門弁護士規則（Fachanwaltsordnung）2条2項。

68)　*Feuerlich/Weyler*, BRAO-Komm. 6 Aufl. § 43 c Rdz. 12 ; Anwaltsgesprächemit *D. Kleinert*, AnwBl 1986, S. 517 ff. (526).　そこでの議論がいかに不毛であったかは，*Henssler/Mälzer*, a. a. O. 注31）．S. 335 が，「まず賞賛には値しない審議」と批判しているところからもうかがえる。

69)　*Henssler/Mälzer*, a. a. O., S. 335. Kleinern, Anwaltsgesprächemit mit D. Kleinert, a. a. O., S. 526. Kleinert は，自由民主党（FDP）の代議士であり，法務委員会の委員でもあった。彼によれば，FDP は賛成に回ったが，当時の連立与党であったキリスト教民主同盟（CDU）とキリスト教社会同盟（CSU）の委員が反対にまわったとされている。

70)　*Lingenberg/Hummel/Zuck/Eich (Zuck)* Komm. zu den Grundsätzen des anwaltlichen Standesrechts 2 neubearbeitete und wesentlich erweiterte Auflage 1988, § 76 Rdz. 19 ; *Hartung/Holl*, Anwaltliche Berufsordnung 2 Aufl. FAO Einführung Rdz. 22.

71)　BverfGE 33, 125 (170) ; 57, 121 (133).

72)　なおこの際，連邦弁護士会は，専門弁護士に関する規律は，BverfGE 33, 125 にいう「職業像を定める規範（statutbildende Normen）」ではないと考えていたようである。*Lingenberg/Hummel/Zuck/Eich (Zuck)* Komm. zu den Grundsätzen des an-

1986 年 10 月 10 日，つまりは，廃案が決まると直ちに，連邦弁護士会は，フライブルクにおける第 60 回総会において，その構成員の圧倒的多数をもって，その弁護士倫理綱要[73]76 条を改正し，それまでは，単に，「弁護士は，それが，連邦弁護士会が定めた特定の法領域に関するものであり，加えて，管轄弁護士会がその弁護士に対し認証したときに限り，『……専門弁護士』という表示を用いることができる。」とのみ定めていた同条に，次の文言を付け加えたのであった。すなわち，それは，「連邦弁護士会は，行政法，税法，労働法および社会法を，特定の法領域と定める。専門弁護士の表示は，最高二つの法領域までに限る。詳細は，連邦弁護士会が定める専門弁護士ガイドラインによって規律する。」という文言である。そしてまたこの総会においては，弁護士倫理綱要の改正をふまえて，「行政法・税法・労働法・社会法専門弁護士表示の許可に関するガイドライン（Richtlinien für die Gestattung der Bezeichnung Fachanwalt für Verwaltungsrecht/ Steuerrecht/ Arbeitsrecht/ Sozialrecht）＝専門弁護士ガイドライン」が制定されたのである[74]。

　この専門弁護士ガイドラインは，廃案となった 1985 年の草案の内容を取り込むと同時に，専門弁護士として備えるべき特別の見識の対象法領域を，それまでのように，たとえば「税法についての特別の見識」といった包括的・概括的な形ではなく，対象法領域を，より細かく，たとえば「所得税・人頭税・事業税」といったように具体的に列挙し，その上で各法領域について，先に 85 年草案の意味における特別の見識を求める形をとっている。これは，現在の専門弁護士規則（Fachanwaltsordnung）8 条以下と（例えばあげられている税の種類ないしは分類は異なるが）同じスタイルである。加えて，現行の専門弁護士規則 4 条が定めている一定期間の研修が，必須の要件とされたのも，この専門弁護士ガイドラインがはじめてである。

　こうしてみると，現在の専門弁護士の規律内容，そしてまたそのスタイルについても，その基本的骨格は，すでにこの段階（85 年草案ないしは専門弁護士ガイドライン）において，ほぼ固まっていたといってよい[75]。ただし，ひとつ，現在の専門弁護士の認

---

　　waltlichen Standesrechts 2 neubearbeitete und wesentlich erweiterte Auflage 1988, § 76 Rdz. 19 参照。もっとも，これが誤りであったことに気づかされるまでに，そう時間を要しなかったことは，後述するとおりである。

73）　連邦弁護士法旧 117 条 2 項 2 号に基づき，連邦弁護士会が 1973 年 6 月 21 日付けで定めた弁護士倫理要綱の日本語訳については，ペテル・アレンス（霜島甲一／福井厚訳）『弁護士倫理と懲戒手続［第三章　西ドイツ弁護士倫理綱要］』（1986 年）参照。

74）　NJW 1987, S. 308 f.

75）　もちろん，（85 年草案に規定されている部分をのぞく）専門弁護士ガイドライ

証要件の規律と大きく異なっているのは，実務経験についてのそれである。ちなみに，専門弁護士ガイドライン（そしてまた，85年草案）では，専門弁護士の認証要件「特別の見識（besondere Kentnisse）を得た」者としかなっていない。これに対し，連邦弁護士法43条cでは，「特別の見識および経験」となっているが，これは，専門弁護士ガイドライン（そしてまた，85年草案）が，実務経験を一切不要としていたということでは決してない。専門弁護士ガイドラインと現行の専門弁護士規則間の実務経験に関する規律の違いは，次の点である。すなわち，専門弁護士ガイドラインでは，税法専門弁護士ガイドライン[76]の規律と同じく，特に弁護士としてであることを要求せず，一般的に，当該専門分野における3年（うち1年は，申請に直近）の経験を求めるに止まっている。これに対し，現行専門弁護士規則（5条）は，事件の種類とその数を具体的にあげて，これを弁護士として処理したことを要件としている点である。さらに専門弁護士ガイドラインは，高等教育機関での活動，すなわち，教員としての活動でもよいとしている。現行の専門弁護士規則が，弁護士としての実践的経験に比重をおいているのに対し，専門弁護士ガイドラインまでは，いってみれば「実務についての見識」があれば足りるとしていたということであろう。

3．専門弁護士制度の定着——つかの間の休息？

(1) 弁護士が自治的に立ち上げた，今日に連なる新たな専門弁護士制度はどう受け止められたか。*Feuerlich/Weyler*[77]によれば，おもしろい光景が展開したようである。すなわち，新聞等の論評は，一様に非常に好評であり，弁護士の利益擁護団体である弁護士協会（DAV）の会長もまた賛意を表していたが[78]，かなりの数の単位弁護士会においては，（たとえば，ハム，ベルリン，シュットットガルト，ハンブルクといった大規模弁護士会でも）慎重な対応を求める声が大きくなっていった。このような状況の下，いくつかの弁護士会では，会員の賛否を問う投票が行われた。そのうち，たとえば，会員数2650名のベルリンの弁護士会が行った投票結果では，投票総数1700名中，専門弁護士

ンの規律は，もし仮に85年草案が可決されていれば，草案42条dに基づき，連邦政府が制定することとされていた「特別の見識を証明する要件」等に関する政令の内容となっていたはずのものと考えてよいであろうし，さらには，その基本的コンセプトは，1978年末，連邦弁護士会が連邦司法省に提出した準備草案（Vorentwurf）の段階でできあがっていたと推測してもよさそうである。

76) 注54）参照。

77) *Feuerlich/Weyler*, Kmm. zu BRAO 6 Aufl. § 43c Rdz. 14 ff 以下の記述は，これによっている。

78) *Koch* (Präsident des DAV), Zum Jahreswechsel 1986_1987, AnwBl. 1986, S. 1.

制度の導入に賛成したのは，わずかに 3 分の 1 にとどまっていたのであった。

このような事態を受けて，連邦弁護士会は，1987 年 5 月 22 日にワンゲルーゲェ（Wangerooge）で開いた第 61 回総会において，前年のフライブルクでの決議を再確認する評決を行った。もっともその結果は，23 単位弁護士会中 20 単位弁護士会が賛成，保留 1，つまり，反対は，わずか（というか，いまだなおというか）2 弁護士会であった。

これにより，新たな専門弁護士制度自体の導入の可否には，一応の決着がつけられることにはなった。しかし，次の新たな火種は，果たして，さらに他の法領域についても，専門弁護士制度を導入すべきかであった。すでにこの段階において，弁護士の一部は，刑法および家族法についてもまた専門弁護士を認めるべきであると，新たな法領域への拡大を求めていた。しかしながら，他方には，これ以上専門弁護士の分野を拡大することは連邦弁護士会の権限を超えるとする意見がこれに対峙する形となっていたのであった。なお，各弁護士会における認証手続を統一的なものとするために，1978 年末にボーフムで開かれた専門委員会によって，専門弁護士ガイドラインに関する勧告が作成され，これによって，各弁護士会における認証手続が平準化されることとなった。

(2)　弁護士の間でも，なお意見がわかれていたものの，専門弁護士としての認証を得ようとする弁護士の意欲はかなりなものだった。1986 年のフライブルクでの決議の約 1 年後には，行政法・労働法そして社会法の専門弁護士の数は，総計 500 名にのぼったとされているし[79]，1989 年には，1096 名に達していたのであった[80]。

(3)　もっとも，平穏な時間は，そう長くは続かなかった。すでに，ある政治家は，連邦弁護士法旧 177 条 2 項 2 号に基づく弁護士倫理綱要により，専門弁護士制度を規律することに対し，疑問を呈していた[81]。そして，1987 年 7 月 14 日には，連邦憲法裁判所

---

79)　*Feuerlich/Braun*, BRAO-Kmm. 5 Aufl. § 43c Rdz. 14, そして *Feuerlich/Weyler*, BRAO-Kmm. 6 Aufl. § 43c Rdz. 16 のいずれにおいても，50 名となっているが，その文脈や，1989 年の統計に照らせば，誤植で，正しくは 500 名であろう。

80)　この時点での内訳は，全弁護士数 5 万 4108 名中，税法 2097 名，行政法 258 名，労働法 692 名そして社会法 145 名，計 3193 名であり，全弁護士に専門弁護士が占める割合は，5.90％である。なお，この割合は，1960 年には 4.79％，1970 年には，5.89％，そして，1980 年には 4.45％であった。

81)　*Kleinert*, Anwaltsgesprächemit mit D. *Kleinert*, a. a. O.（注 68），S. 526. *Kleinern* は，「自分は，連邦弁護士会に，こうした教育法上の権限，つまりは試験規則を制定する権限があるとは，思わない」と警告している。　なお，弁護士サイドにおける議論として，連邦弁護士法旧 177 条 2 項 2 号が予定するガイドラインは，弁護

が，1959年の連邦弁護士法制定以来安穏としてきた弁護士の世界を揺るがす二つの決定を下したのであった[82]。Bastille 裁判と名付けられているこの二つの決定は，簡単にいえば，連邦弁護士法旧177条2項2号により，連邦弁護士会が定めた弁護士倫理綱要には，いかなる効力もないとしたものであり，約30年の長きにわたり鉄壁を誇った弁護士の砦を，一撃の下に突き崩したとすら評価されている[83]この二つの決定は，傍目からみても，連邦弁護士会が定めた弁護士倫理要綱のみにその基礎をおいた専門弁護士制度の行く末をうかがわせるに十分なものであった。にもかかわらず，実にのんびりとしたもので，弁護士サイドからの速やかな対応といったものはなかった。そして，1990年5月14日に，連邦通常裁判所弁護士部が，弁護士倫理綱要に基礎をおく専門弁護士制度に対し，まさに「死亡宣告」とも呼ぶべき決定[84]を下すまで，専門弁護士としての認証手続は，少々の混乱はあったようだが，続けられ，専門弁護士の数は，1990年1月の時点では，全弁護士の6.27％にあたる3553名に達していたのであった[85]。

士の総意を集約したものでなくてはならないから，全弁護士のアンケートの実施ないしは各単位弁護士会の決議がない限り，これにより，専門弁護士については規律することはできないという批判がありうることが紹介されていた。*Lingenberg/Hummel/Zuck/Eich (Zuck)* Komm. zu den Grundsätzen des anwaltlichen Standesrecht 2 neubearbeitete und wesentlich erweiterte Auflage 1988, § 76 Rdz. 19.

82) BverfGE76 171；76, 196.

83) *Hommerich/Prütting (Prütting)* Das Berufsbild des Syndikusanwalt, AnwBl. 11/1997 Beilage S. 5. 森勇訳「シンディクス弁護士の職業像」，本書429頁以下参照。

84) BGHZ 110, 228.

85) 1990年1月時点の全弁護士数は，5万6638名であり，そのうちの専門弁護士認証を受けた者の内わけは，税法2145名，行政法307名，労働法911名，そして社会法190名であった。

なお，それまでの専門弁護士の問題点として指摘された都市の偏在とか大規模事務所に集中する，あるいは若い新規参入弁護士にとって不利といったことが，実は単なる予断にすぎなかったことは，認証実務を通じてはっきりすることとなった。すなわち，*Feuerlich/Weyler*, BRAO-Komm. 6 Aufl. § 43c Rdz. 18 以下によれば，小都市の弁護士のなかでも，専門弁護士が増えており，1989年9月の時点で，1万人以下の都市にその事務所を構えている専門弁護士は，行政法・労働法および社会法については，26％，税法については，29.7％に達している。次に，1988年から89年にかけて，単独（一人）事務所の弁護士も，専門弁護士認証をかなり受けており，認証を受けた弁護士の約3分の1は単独事務所経営弁護士であり，反対に，5名以上の事務所に所属している専門弁護士の割合は，1988年7月現在には，22.2％であったが，1989年9月では，18.88％に低下している。

ドイツにおける専門弁護士制度の展開　*263*

IV　いわゆる Bastille 裁判——倫理綱要に基づいた専門弁護士認証終焉への序章

1.　Bastille 裁判の概要

　ドイツの弁護士の世界を震撼とさせたいわゆる Bastille 裁判とは，1987 年 7 月 14 日連邦憲法裁判所第一部が下した二つの決定をさす[86]。そのうちの一つ[87]は，その行動が，「ことに即し（sachlich）」[88]ていないとして，弁護士会（理事会）から，連邦弁護士法 74 条に基づく警告（Rüge）の処分[89]を受けた 2 名の弁護士からの憲法抗告を，併合して下されたものである（以下，第 1 決定という）。そしてもう一つの決定[90]は，広告禁止に違反したとして，同じく弁護士会（理事会）から警告を受けた弁護士からの憲法抗告に対する判断である（以下，第 2 決定とよぶ）。なお，事件の時期という点では，第

　　　さらに，1988 年から 1989 年にかけて，認証申請が拒絶された割合は，23%で，他の試験と比べてたいして高くはない（1988 年の司法試験，一次試験では，27.22%　二次（二回）試験は，11%，公認会計士については，35.4%，経営診断士では，43.2%）。特定の弁護士会での不許可率が特に高いということはない。若い人には出さないという傾向もみられない。不許可事由は，ほとんどが専門に関する理由によるものであった，とされている。

86)　なお，この決定が公表されたのは，その年の 11 月 19 日であるが，これは，通常と比べると，かなり遅いことが指摘されている。Hartung/Voll.BO 2 Aufl. Einf. BerufsO, Rdz. 9.

87)　BverfGE 76 171.

88)　ドイツ語の翻訳にあたる者からすると，「sachlich」ないしは「Sachlichkeit」に，単一ですっきりと対応する日本語の単語はないというのが，正直なところであろう。ドイツ弁護士法に関し，ペテル・アレンス（霜島甲一／福井厚訳）『弁護士倫理と懲戒手続』「訳者はしがき」一丁目裏では，感情的ではないことの意義だとして「冷静さ」と訳出されている。しょせん言葉の問題といえばそれまでだが，弁護士法に関して「sachlich」といえるには，なるほど冷静であることは必要だが，これだけではかならずしも足りない。むしろ，「筋をはずれない（平たくいえば脱線しない）」ということが必要である。そこで「ことに即した」（「ことにかなった」でもよかったかも知れない）という訳をあてることにした。

89)　ドイツにおける弁護士単位会の「警告権（Rügerecht）」の概要については，森勇『ドイツ弁護士法の新たな展開』日本弁護士連合会編「21 世紀弁護士論」198 頁参照。

90)　BverfGE 76 196.

264　資　　　料

　1決定は，憲法裁判所の係属が1981年と1987年，第2決定は，1979年（2月末から
3上旬）であり，第2決定のほうが先であったが，なぜか，係属がおそかったほうが先
に判断されている。
　ちなみに，第1決定が取り扱った，弁護士は「ことに即して」行動しなくてはならな
いことは，現在では，連邦弁護士法43条a3項が直接求めているところであるが，1994
年における連邦弁護士法の大改正までは，連邦弁護士法それ自体には，これを規定した
ものはなかった。それは，連邦弁護士法旧117条2項2号に依拠して定められていた弁
護士倫理綱要（Richtlinien des anwaltlichen Standesrechts）の1条，9条および10条に
おいて，規定されていたのであった。なお，この「ことに即して」ということを，積極
的なかたちで定義するのはかなり難しく，第1決定にあるドイツ弁護士連協会の意見書
も指摘するように，かなりカズイスティックにならざるをえない。そのために，現在の
連邦弁護士法43条a3項も，それを次のように消極的なかたちで規定している。すな
わち，

　　「ことに即さないとは，わけても，故意に真実に反することを伝播させる行為，あ
　　るいは，他の関与者もしくは手続経過からして，なんらその契機がない名誉を毀損す
　　る表明となる行為をいう。」

　なお，このような定義は，後にみられるように，実は，第1決定によったものである。
　規律が連邦弁護士法ではなく，当時は弁護士倫理綱要においてなされていたという点
は，第2決定の事案で問題となった広告にもあてはまる。広告について，現行の連邦弁
護士法は，その43条bで，その許される態様を規定しているが，1994年の大改正まで
は，弁護士倫理綱要2条において，「実務（Praxis）の宣伝は分限違反」と規定され，
原則的には全面禁止となっていたのであった。
　以下では，この二つの決定がどのようなものであったか，その事実関係も含め，詳し
くみていくこととしよう。その事実関係は，ドイツ弁護士の「生き様」といったものを
垣間見せてくれるものであるし，また，弁護士という職業が憲法裁判所によりどのよう
に把握されていたか（そして，また把握されているか）を知ることができると考えるか
らである。なお，両決定において，弁護士倫理綱要に対する死亡宣告の根拠となった基
本法12条1項は次のように規定している。

　　「すべてのドイツ人は，職業，就業場所および教育機関を自由に選ぶ権利を有する。
　　職業実践は，法律あるいは法律に基づいてのみこれを規律することができる。」

2．第1決定──「ことに即していること」について

（1)a）ここで取り上げられた二つのケースの一つは，弁護士が，医者に対する告訴にからんで提出した書面における記載が，「ことに即していない」とされたものである。憲法抗告をした弁護士（以下，A弁護士という）は，その妻（以下，S夫人という）が，血せん症のため心筋梗塞で死亡した夫の代理人として，血せんの予防措置をとらなかったとして，治療にあたった医師を告訴した。しかし，検察は，法医学委員会が鑑定意見を提出したのを受けて，捜査手続を停止した。もっとも，この鑑定意見は，特段の理由付けをしないまま，血せんの予防は，激しい兆候があらわれないとできないが，本件ではその兆候はなかった，また，仮に予防措置がとられていたとしても，患者の死は免れなかったとしたものであった。A弁護士は，捜査手続の停止に異議をのべ，委員会の鑑定意見を，次のように皮肉を交えて酷評したのであった。

　　「〔さらに意見書は〕，S夫人の死は，予防的な措置をとったとしてもさけられなかったとのべている。私は，私の長い弁護士生活のなかで，ここまで常軌を逸した，ばかばかしいものを読んだことはなかった。そういわざるをえない。これらご立派な紳士方のご主張は，つまるところ，自分らは，透視能力を持っているのだということに帰する。
　　実際のところは，これらご立派な紳士方には，専門的にみると，荷が重すぎたとしか思われない。」

　b）このような発言に対し，弁護士会は警告を加えたのであった。A弁護士の異議を受けた弁護士会は，概略次のようにのべて異議を却下した。すなわち，A弁護士は，弁護倫理綱要に定められている「ことに即して行動するべし」という要請を無視した。Aが批判した鑑定書に誤りがあるかどうかは関係ない。A弁護士としては，この鑑定は「間違い」あるいは「あたっていない」としていたなら，「ことに即した」という要請にかなっていたのであると。A弁護士は，名誉裁判所（現在の「弁護士裁判所」）にさらに不服を申し立てたが，名誉裁判所も概略次のようにのべて，これをしりぞけたのであった。すなわち，A弁護士は，弁護士倫理綱要1条1項ほかに規定されている「ことに即していること」という要請に反している。……〔略〕……もちろん，専門家による鑑定中でなされている判断が，誤っていると考えるときは，依頼者のためにこれと対決し，そして批判することは，弁護士の権利であるとともに義務でもある。この際決定的に重要なことは，批判の「仕方」がどのようだったかである。A弁護士はかなり間違ったやり方をとってしまった。A弁護士が，法医学委員会の判定を，常軌を逸したばかばかし

266 資　　料

いものと指摘したこと，および，委員会のメンバーを「ご立派な紳士方」と指摘したことは，「ことに即した」批判として許される度合いを著しく逸脱していると。

これを受けてA弁護士は，ボン基本法が定める人間としての尊厳の侵害や基本法12条が定める営業自由を理由に憲法抗告を提起したのであった。

　⑵a）もう一つのケースは，和議・破産管財人として活躍している弁護士（以下，B弁護士という）の発言をめぐって，「ことに即している」かが問題とされたものである。B弁護士は，その破産管財人としての報酬を決定した区裁判所（Amtgericht）判事とは，個人的ないさかいがあった。B弁護士の申立てのとおりに報酬が定められなかったことから，B弁護士は，報酬決定に対して抗告をしたが，その理由中において，「もし，担当区裁判所判事は，裁判を自分のために利用しようとしているということを自分Bが知っていたなら，この判事の忌避を申し立てていたはずである」とし，これに続けて，次のように論じたのであった。すなわち，「報酬についての裁判を下した裁判官と本書面作成者（B弁護士）は，約2年前までは仲がよかったが，それ以降不仲になったことは，裁判所，巷，そしてまた専門家の間では，全ドイツに知れわたっている。このような不仲の関係は，この裁判官が，第三者の面前で本書面作成者を差別することに躊躇しないまでにいたっている。報酬決定はこの裁判官によってなされることを本書面作成者が知っていたならば，民事訴訟法44条2項にしたがい，個々の点を疎明することができたはずである。

　もはやこの裁判官が判断を下してしまったわけであるから，和議裁判所は，抗告を認容し，そして，この限りで，当該裁判官は，司法補助官法5条2項2文にしたがい，事件を司法補助官に再回付するか，あるいは，別の補充裁判官により裁判がなされることを求める。」

　b）問題の裁判官は，これを受けて，B弁護士所属弁護士会に苦情を申し立て，弁護士会（理事会）は，B弁護士の措辞は，当該裁判官が法をまげたと非難するものだとして，B弁護士に対し，その行為を「不適切（Missbilligung）」であるとの警告をした。これに対するB弁護士からの抗告を受けた弁護士名誉裁判所は，その点にはふれず，いずれにしても，B弁護士が提出した書面の最初の2節は，中立的な第三者をして，裁判官が法をまげたという印象を起こさせるものである。決定的なのは，「この裁判官が，第三者の面前で本書面作成者を差別することを躊躇しない」と表現している点である。これにより，かなり犯罪的なエネルギーが描かれてしまっている。……〔略〕……問題の表現は，偏頗であるとするにつき度をこえており，裁判官に対する敬意を損なうものであるとして，抗告を棄却したのであった。

　c）これを受けたB弁護士は，憲法抗告を起こした。その理由の要旨は，警告にと

もなう職業実践の自由や表現の自由への介入には，明確性という要請をみたしている法的根拠はない。弁護士の義務を一般的に定めている連邦弁護士法43条を根拠とするのは，この一般条項が，弁護士倫理綱要中の解釈の余地が広く，かつ明確性を備えていない規律によって「具体化されるのだ」というのであれば，法治国家原則からみて疑問があるというものであった。

(3)　AおよびBのいずれの弁護士の抗告理由も，弁護士倫理綱要を連邦弁護士法の解釈の助けに使うこと自体を争うものではなかった。そして，連邦司法省，連邦弁護士会およびドイツ弁護士協会からよせられた意見もまた，弁護士には，「ことに即した」行動が求められる根拠は，連邦弁護士法43条に求められるとするとともに，弁護士倫理綱要により，それが（どの程度かは別に）具体化されるということを前提としていたのであった[91]。ただ，決定文には直接は出てこないが，第2決定に関する意見書の引用というかたちで示されている自由弁護士同盟（Der Bund der Freier Rechtsanwälte）の意見は，実は，唯一綱要を連邦弁護士法43条の解釈の補助とすることは許されないと指摘するものであったし，また，後にみるように，第2決定の抗告理由も，この点を指摘していたところではある。

いずれにしても，連邦弁護士法43条の解釈の補助材料としてよいという連邦憲法裁判所が繰り返し承認してきた中，弁護士に関わる三大勢力とも目してよい連邦司法省，連邦弁護士会およびドイツ弁護士協会からの問題提起がなかったにもかかわらず下された本決定[92]は，それまでに，倫理綱要の取扱いについて問題ありとの指摘がなされてい

---

91)　ただし，A弁護士およびB弁護士の行為が「ことに即して」いなかったかどうかについては，連邦司法省および連邦弁護士会は，これを肯定していたのに対し，ドイツ弁護士協会は，これを否定していた。

92)　第1決定の判旨は，以下のとおりである。

1　弁護士倫理綱要は，弁護士の職業上の義務に関する一般条項（連邦弁護士法43条）の解釈および具体化の補助資料として用いることができるという見解を維持しない。綱要は，弁護士の職業法に関する新秩序が打ち立てられるまでの経過期間についてのみ，法的紛争処理機構の機能を維持するには，それに依拠することが不可欠である場合に限り，名誉裁判所の手続において法的な意味を認められる。

2　刑事上罰すべき侮辱，故意に真実に反することを伝播させる行為，あるいは，他の関与者もしくは手続経過からして，なんらそれがなされる契機のない名誉を毀損する表明となる行為が問題となった場合に限り，名誉裁判所は，倫理綱要中に規定されていることに即した行動という命令に違反したことを理由とする

268 資　　料

た[93]ことからすると，青天の霹靂とまではいえないにせよ，大きな驚きであったことは間違いあるまい[94]。以下，その判断内容をみていこう。

(4)　「適法になされた憲法抗告には，理由がある。

　憲法抗告人に対して加えられた警告は，同人らの弁護士としての職業実践の自由を侵害している。そもそも，名誉裁判所がよしとしたこのような介入は，基本法12条1項2文により必要とされる法律上の基礎を欠いている。

Ⅰ

　1　弁護士会理事会の決定においても，そしてまた名誉裁判所の決定においても，問題の警告は，明らかに弁護士倫理綱要に依拠してなされている。しかしながら，この綱要は，弁護士の職業実践を制限するにつき，十分な基礎となるものではない。

　(a)　基本法12条1項2文によれば，職業実践については，法律によるか，あるいは法律に基づいてのみこれを規律することができる。……〔略〕……。

　憲法は，立法者あるいは立法者から授権された国の執行機関が命じた場合のみ，職業の自由を制限できるとしているわけではない。かえって，一定の範囲内では，自治権を持った団体が定める規約というやり方で，この規律をはかることも許される。しかし，このような場合，立法者は，……〔略〕……職業諸団体による法の定立には，規律対象となった者および一般公衆（Allgemeinheit）にとって特別の危険をともなうということを考慮しなくてはならない。すなわち，職業諸団体は，その仕事の新規参入者および部外者の不利益となるかたちで，団体の利益が優越するようにし，あるい

処分をしないままであってはならない。

93)　*Kleine-Cosack*, antiquierte Standesrichtlinie AnwBl 1986, S. 505 ff. は，それまでの批判を集約するかたちで，「骨董となった倫理綱要」というそのプロボカティブな論文のタイトルが示すように，綱要により分限が規律されることを徹底的に批判している。そして，そもそも，綱要が，信望のある経験を積んだ弁護士の考えを示すものであるとされているが，このようなものにより，基本権を制限できないことは争う余地がないなどと論じ（S. 511），倫理綱要による分限の規律は，憲法に照らし問題があることを強く指摘していた。いわゆる Bastille 裁判は，この論文に触発されたとみて，まず間違いなさそうであるが，これに，弁護士の世界は耳を傾けることはなかったとされている。*Hartung/Voll*, BO 2 Aufl. Einf. BerufsO, Rdz. 9.

94)　1987年11月19日は，ドイツ弁護士の世界にとって「歴史的な日」だとされるゆえんでもあろう。Neuordnung des Standesrechts aus eigener Kraft, AnwBl 1987 S. 574 参照。

は，必要とされる職業像の変更や緩和を妨げることになる偏狭な分限理解を擁護することができる。最高でも，職業団体に授権してよいのは，次のような職業上の義務を定めることである。すなわちそれは，職業上おかれる地位（身分）を形作るという性格を持たず，加えて，その団体の構成員のみの職業実践の自由を制約するだけの義務である。……〔略〕……。

（b）　通説および名誉裁判所の判例は，正当にも，弁護士倫理綱要は，基本法12条1項2文の意味での法規範ではないとされている（……〔略〕……）。すでに連邦憲法裁判所が詳論した（BverfGE 36, 212 [217]）ように，わけても医師の職業規則とは異なり，自治的な規約（約款）法という法的性格を持つものではない。というのは，連邦弁護士法には，このような規約法の制定に向けた制定立法者による授権が，……〔略〕……一切定められていないからである。確かに，連邦弁護士法草案（BT-Druck. Ⅲ /120）192条は，当初，連邦弁護士会は，弁護士業務の実践に関する綱要を「定める」義務を負うものとすると定めていた。しかし，連邦衆議院においては，この綱要には，なんら規範的な性格はない，加えてまた，綱要には，同業者の意見・見解のみを総括してのせるものにすぎないという点で，意見が一致していた（BT-Druck. Ⅲ /778, S. 10）。そのため，連邦弁護士法177条2項2号は，連邦弁護士会に対し，単に，弁護士業の実践という問題についての一般的な理解を綱要において「定める」という任務のみを与えているにすぎない。これ以上の権限を認めることは，団体を構成員とする組織である連邦弁護士会は，職業従事者をその構成員として結成されているのではなく，各単位弁護士会をその構成員として結成されていること，そしてまた，各単位弁護士会は，その構成員の多寡にかかわらず会長のみにより代表されている（連邦弁護士法175条，188条）ということとも，平仄があわない。このように，綱要には規範的性格がないということは，すでに連邦憲法裁判所が，これにつき下した第一番目の重要な裁判において，特記していたところである。

（c）　倫理綱要は，このように，法規範ではありえないということであっても，これまでの名誉裁判所の判例は，綱要に，法的に重要な意味を，一定範囲付与してきた。名誉裁判所は，次のような困難に直面していたのであった。すなわち，立法者が職業上の義務についてその大方を一般条項により規定していること，および，この一般条項をもって，形式的には，職業実践に対する介入の十分な基礎となると判断されてきた（Vgl. BverfG 26, 186 [204] ……〔略〕……）ことがそれである。したがって，名誉裁判所が，それに課せられた解釈と一般条項の適用にあたり，綱要を指向したのは，理解にかたくない。このことは，連邦憲法裁判所の判例においても認められてきた。論文や文献中において支配的な見解と連動して，綱要は，個々の場合に，信望がありかつまた経験をつんだ同業者の意見によると，ふつうの，そして物事を適正に判断で

きるすべての弁護士の見解および弁護士たる分限の尊厳にかなうのは何かを認識するためのひとつの重要な源とされてきた。倫理綱要は，同業者の考えでは，弁護士は，その職業実践にあたり，どこに指向すべきか，その点の情報を与えてくれるはずのものであった。わけても，綱要は，弁護士の職業上の義務に関する連邦弁護士法 43 条の一般条項を適用し，これを解釈により具体化すべきときには，その補助手段として使えるとされてきた（BverfGE 36, 212［217］……〔略〕……）。

倫理綱要のこのような理解は，これを維持しない。綱要は，それが分限のエトスを反映している点に，そのよろしき意味がある。しかし，この綱要に，それ以上の法的に重要な機能を付与するとなると，次のようなかなり深刻かつ憲法的にも重要な疑念に直面することになる。それは，近時において，弁護士会の規約制定権限をもって，綱要の規律に代えるべしという要請を引き起こすことになったものである（……〔略〕……）。わけても批判されているのは，倫理綱要が，規範的性格を欠いているにもかかわらず，——本件の場合と同じく——弁護士会理事会および名誉裁判所の判断実務において，常々法規のごとく扱われている点である。綱要を，よろしき行動基準以外のものと位置付けることは，そもそものところ困難であるが，さらに，一般条項を具体化するための補助というその性格付け，その成立の仕方，そしてまた，命令と禁止というかたちとなっているその規範類似の形式は，この難しさをより高める。綱要は，既存の分限理解の発現にすぎないと理解しても，それは，法の明確性をもたらすこともなければ，法的安定性をもたらすものでもない。わけても，綱要は，それが固定的（Immobilität）であることから，議論が展開されている領域において，問題を解決し，あるいは，受け継がれてきた分限法を変化した政治的，経済的諸条件にそうよう，法を形成するかたちで継続的に発展させ，そしてまた，これを，たとえばヨーロッパの統合の枠組みのなかで，異なった考え方と調和させるには，適していない。

民主的な共同体にあっては，すでにこのようなデメリットがあることは，憲法判断にとって，重要な意味を持つ。これに加えて重要なのは，立法者が，職業上の義務を規定するに際し，進んでそれに連動させていないときは（連邦弁護士法 43 条の文言を参照されたい），単なる分限についての理解は，基本権の制限を正当化するに十分ではないということである。職業自由への介入は，民主的な判断を通じて成立し，加えて，実体法的にみてもこの基本権を制限するにつき求められる要件をみたす「規律」があることをその前提としている。ちなみに，自由な弁護士という原則により特徴付けられる弁護士の職業実践は，基本法の下，個々の弁護士の自由かつ規制を受けない自己決定に服するものである（……〔略〕……）。すでに存している共通の意見（comunis opinio）を宣言的に確定しても，これは決して——憲法後の慣習法と同じく（……〔略〕……）——この意味での規律となるものではない。つまり，これは，信

望のある経験を積んだ同業者の意見に切り結んだものというのであるから，なおのことである。ここでは，規範定立者が，はたして，職業の自由の制限が，共同体の幸福という合理的理由により正当化されているのか，そしてまた，相当性の原則に基づく限度内であるのかを検討し，その上で判断する余地などはない。共通の意見を宣言的に確定したものは，立法者に留保される職業像についての規律と，職業団体に授権することが許される規律をなんら区別しないために，そもそものところ，規約法に課せられる要請をみたすものではない。

　2　このように，将来的に倫理綱要は，弁護士の職業上の義務に関する規範的性格を持った規律としてはいうにおよばず，一般条項を具体化するための法的に重要な補助材料としても考慮されることはないということになると，前憲法的な慣習法とともに，弁護士の職業実践を制限するための基礎として残るのは，この一般条項と名誉裁判所の判例によるその解釈のみである。これにより，職業上の義務を単に一般条項的に規定したことによってもたらされたデメリットをこれまで緩和してきた重要なエレメントが欠けることになってしまう。そうなると，元々は憲法上疑問なしとされてきた諸処置が，法の考え方が変わったために憲法上疑問ありとされた場合と同じ状況が生じることとなる。この点については，連邦憲法裁判所は，それまでよりも憲法にかなった秩序から離れてしまう状況を回避するために，繰り返し，例外として経過期間の必要性を認めてきた（……〔略〕……）。本件についても，この必要がある。わけても，従来の見解が，連邦憲法裁判所の判例において，最近までよしとされていたことからして，なおさらである。

　もちろん，このような必要性を承認するからといって，経過期間中においては，従来の法実務を，それがあたかも憲法上問題ないかのごとく続けてよいということを意味するものではない。かえって，憲法上保護されているポジションに介入する弁護士会と裁判所の権限は，その機能をはたしうる運営を粛々と続けていくためには欠くことができないところまで減縮されることとなる（……〔略〕……）。弁護士に対する信望ということは，単なるその職業者達の関心を超えて，一般公衆の利益に関わる場合のみ，問題となる（……〔略〕……）。それゆえ，法的紛争処理機構の機能を維持するのに必要な限度でのみ，今後も，一般条項を具体化するために倫理綱要によることができるが，この際，綱要にある各命令が，基本権を制限するにつき必要とされる実体法的な要件をもみたすことが，当然のことながら求められる。これは，名誉裁判所が，承認された判例において，一般条項から導き出してきた各種の職業上の義務，あるいは，争われることなく今まで妥当してきた前憲法的な慣習法から導き出してきた各種の職業上の義務と大筋では同じものである。たとえば，守秘義務，利益相反の禁止，手数料計算に関する諸原則（……〔略〕……），あるいはまた，それが，慎重かつ

272 資　　料

その中核部分にしぼって依拠される限りではあるが（広告禁止につき，第2決定参照），倫理綱要にあげられている種々の義務がこれにあたる。」

　連邦憲法裁判所は，以上のように，弁護士倫理綱要に引導を渡す一方，他方では，基本法12条1項2文の求める体制が整うまでの間，最小必要限度で倫理綱要に依拠できるとしたわけであるが，これを受けて，本件で問題となった，「ことに即して」ということの意味と本件AおよびB弁護士のとった行動について次のように判示する。

「　　　　　　　　Ⅱ

　倫理綱要中に定められている，ことに則して行動すべしという命令もまた，一般条項を具体化するための補助資料として，今後も用いることができる。しかしながら，経過期間中においては，本件抗告人が責任を負うとされる行動は含まれないとする限定された範囲においてのみ，これに依拠することができる。

　　1　……〔略〕……

　もっとも，倫理綱要中においては，ことに即して行動すべしという命令は，仮にそれが，明確かつ規範的な基礎によって立つものであるとしても，その命令を憲法に照らし判断すると，疑念を引き起こさせるまでに，その幅を広くとりすぎている。すでに，「明確性」という法治国家原則の観点からして疑問がある。……〔略〕……。

　倫理綱要が定めている，ことに則して行動すべしという幅広い命令を，実体法の観点から審査すると，さらなる憲法上の疑念が生じる。職業実践を規律することは，それが公共の福祉という理由から正当化され，相当性の原則をみたす場合にのみ許される（……〔略〕……）。加えてその適用は，表現の自由という基本権により画される限界内でなくてはならない（……〔略〕……）。ことに即して行動せよという命令に違反したことを理由とする弁護士に対する分限上の処置が，憲法上の要請をみたしているかの審査に際しては，弁護士の職業活動は，原則として，自由かつ規制を受けない個々人の自己判断に委ねられているということから出発しなくてはならない（……〔略〕……）。弁護士は，法的紛争処理機構の独立の一機関として，そしてまた，権利保護を求める市民の委任に基づく助言者・代理人として，次のような任務を負っている。すなわち，正しい裁判の発見に奉仕し，裁判所や検察そして官庁が，その依頼者の負担となる誤った判断をしないようにし，そして，依頼者を，憲法に反する侵害行為ないしは国家権力の乱用からまもるという任務がそれである。……〔略〕……。この任務を完遂しようとすれば，弁護士は──そして裁判官もまた──，手続関与者と，彼らがその人格を害されたと感じないように，いつもうまくやっていくことなどできるわけがない。一般的な見解によれば，弁護士は，「権利のための闘争」において，

強い調子の迫力ある表現や意味深長なスローガンを用いてよいし、さらには、ありうる裁判官の予断または鑑定人の知見を批判するべく、判決を酷評し、「個人に向けて」議論をふきかけてもよいとされている。弁護士が、別の表現もできたかどうかは重要ではない。というのは、意見表明の仕方もまた、基本法5条1項により保護される自己決定の問題だからである（……〔略〕……）。弁護士会と名誉裁判所が、弁護士の表明を、それが他の手続関与者から、作法をわきまえない、失礼である、あるいは言い方がよろしくない、または思いやりを欠くと受け止められるであろう、あるいは、弁護士に対する信望を損なう可能性があるという理由で、分限違反だと非難するとしたら、これは、職業実践、そしてまた意見表明の自由の受任しうる制限の限界を超えている。このような規制は、まさに意見の表明をその任務とし、言論とペンをその重要な「職業上の武器」とする職業に関して設置されている分限上の機関の任ではない。……〔略〕……。

　本件は、ことに即して行動することという命令が、どの範囲で憲法上の要請をみたすかについて、突き詰めて審査することを必要とするものではない。この命令の適用は、上記の理由から、経過期間については、いずれにしても、法的紛争処理機構の機能を維持していくのに不可欠なところに制限しなくてはならない。すなわち、弁護士がその職業実践およびこの際許される批判との関連で、人をけなすような表明を行った場合でも、特段の事情がない限り、分限法上の介入の契機をなすものではない。けなし（揶揄）が、正当な利益の擁護ということでカバーされることなく、その内容または形式からして、刑事上罰すべき侮辱と判断されるべきときにはじめて、それは職業上の義務違反として非難されることとなる。これに加え、経過期間中については、ことに即した行動という命令違反を理由とする分限法上の介入は、たとえば、故意に真実に反することを伝播させるか、あるいは、他の関与者もしくは手続経過からして、なんらその契機がないような、事案を外れた侮辱により、権利のための闘争をおとしめることで、弁護士が、専門家の道を外れたというような場合に絞り込まれた範囲内でのみ認められる。ドイツ弁護士協会の意見書にそって、ことに即していることという命令の適用を、このような場合に絞り込めば、憲法上も許される職業実践の制限となるし、ここでは、明確性の欠如という視点の下でも、なんらの疑念も認められない（……〔略〕……）。立法者が、将来分限法を新たに定めるに際し、ことに即した行動という命令の射程をより広く定めてよいか、そしてまた、職業の自由のこれ以上にわたらない制限も、その地位を定める規律として立法者自身が答えなくてはならないものなのかについては、ここではふれない。

　　2　……〔略〕……」

274 資　　料

　連邦憲法裁判所は，以上のような「ことに即して」ということの位置付けの下，Aおよび B 弁護士が記載した文章は，事案の全体像からすれば，刑事上罰すべき侮辱等にはあたらず，両弁護士の行為は「ことに即して」行動すべしという弁護士の義務に違反するものではないとしたのであった。

　それでは次には，第2決定をみていくこととしよう。

3．第2決定——広告の禁止

　(1)　本件は，弁護士（以下 C 弁護士という）が，広告禁止を規定する以下のような弁護士倫理綱要2条2項に違反するとして，警告を受けたケースである。

「倫理綱要2条

　1　弁護士が，その実務について宣伝するときは，これを分限違反とする。弁護士は，それに禁じられている広告を第三者がする場合でも，これを許してはならない。

　2　弁護士が，裁判所への出頭に際し，あるいは新聞，ラジオおよびテレビと接するにあたっては，自らまたは自分が取り組んでいる事件をセンセーショナルに取り上げたいと思っているという印象（Anschein）を与えてはならない。」

　事実関係は以下のとおりである。

　(a)　憲法抗告をした C 弁護士は，1977 年の秋，2 人の刑事上級公務員から，その日の午前に C 弁護士の事務所を訪れた依頼者（女性）の名前を聞かれた。目撃者の推測によれば，彼女は，有名なドイツ赤軍による経営者協会会長シュライヤー（*Schleier*）氏誘拐の関係者として追跡されている女性に，よくにているということであった。抗告人 C 弁護士は，自分が知っているところによれば，依頼者の女性について，その犯罪活動をうかがわせる依り所がなかったことから，その守秘義務をたてに，名前を明かすことを拒否した。C 弁護士は，州刑事局の上級公務員が，電話で彼に対し，連邦検察に召喚するぞとおどしをかけたときにも，当初は，なおこのような拒絶の態度を維持した。しかしその後，よく考えたすえ，依頼者がそんなに大きな問題をかかえることにはならないだろうという確信を持つにいたり，同僚と相談の上，依頼者の名前を検察に知らせた。さらなる捜査がなされた後，この依頼者と追跡されている者の間には何の関連もないことが判明した。

　1 カ月後，抗告人 C 弁護士は，このような事件を理由に，その所属する弁護士会に自己告発をし，依頼者の名前を教えたことを理由に，自分が職業上の秘密保持義務違反を問われるかの審査を求めた。これに加えて，州刑事局が事件について文書を持ってこ

の事件を確認した後，直ちに，州刑事局の上級公務員を，職権を使った強要罪で告発した。C弁護士は，この事件を正確に記述した自己告発状および刑事告発状を，コメントをつけず，地元の新聞，地域の通信社および南ドイツ放送に送った。これにより，地元新聞の記事となり，所管弁護士会の会長の協力の下，C弁護士による反論も取り入れたラジオインタビューがなされ，さらには，全国に多くの購読者を持つ雑誌「シュピーゲル」の記事となった。そしてこの際，C弁護士の氏名そのものが，一部では何度も取り上げられ，「シュピーゲル」では，C弁護士の事務所の表札がはっきり写っている写真が掲載されていた。

　(b)　所管弁護士会理事会は，C弁護士に対し「不適切」であるとの警告をなし，これに対するC弁護士からの異議を棄却した。その理由では，次のように指摘されていた。すなわち，依頼者の名前を教えたことは，守秘義務違反にならないが，自己告発状および刑事告発状を新聞やラジオに流したことは，先にあげた広告禁止を定める倫理綱要2条2項に反する。「1ヶ月すぎた後で，事件を明らかにしたことの目的は，唯一，自分および告発に示されている事件を，新聞やラジオにセンセーショナルなやり方で示そうとしたところにある。また，分限法上の機関のみが，倫理綱要違反を審査し，警告を発する権限を与えられている。州刑事局の公務員の行動は，刑事訴追機関または上司のみがこれを判断する。異議申立人があて先とすることが許されるのは，これらのみである。本件が，例外的に公衆の目にさらすことを正当化するほどに，公衆を揺り動かす重要なものとは思われない。倫理綱要2条2項は，単に広告禁止を示したにとどまるものではなく，弁護士がまじめに公衆の前に出て行くことを確保すべきものでもある。異議申立人は，マスメディアにその評価が委ねられているわけではない，その職業実践の枠内における個別的な出来事を，公衆の目にさらし，このようにして，自らの職業実践のこの部分を『ショービジネス』とすることで，倫理綱要2条2項に著しく反した。」と。

　(c)　C弁護士は，弁護士名誉裁判所に不服を申し立てたが，名誉裁判所は，次のように理由付けて，C弁護士の抗告を棄却した。すなわち，

　「弁護士倫理綱要2条2項の下，弁護士は，自分を，顧客を誘因するやり方で示し，そしてセンセーションを巻き起こそうとしているという印象を生じさせないようにする義務を負っている。自己告発および刑事告発について，新聞やラジオに知らせることは，このような印象を引き起こすものである。抗告人は，公衆に情報を提供してよい合理的な理由を何ら有しない。この際，弁護士が，その告発に理由ありと考えてよいかどうかは関係がない。この問題の解決は，弁護士会および刑事訴追機関の問題である。抗告人はまた，彼の告発が，担当機関によって，合理的かつルールにのっとって処理されることを期待できないこと，そこで，彼の権利が侵害される危険に対し，公衆を動員する必要があったことを明らかにしていない。どのような要件が整えば，その権利侵害の

危険をさけるべく，弁護士は公衆に訴えかけることが許されるのかは，これを論じなく
ともよい。というのは，本件では，これに対応する利益衝突の状況を認めるべき何らの
より所もないからである。弁護士会の認定によれば，抗告人の行動により，少なくと
も，次のような印象が必ずや生じる。すなわち，抗告人は，その人柄とその職業実践を
センセーショナルな形で示すべく，経営者協議会会長シュライヤー氏の誘拐と殺害に関
心を抱いているかなり多くの公衆に，すり寄ろうとしているという印象である。」と。

　⑵　C弁護士は，基本法12条1項に基づく基本権侵害を理由に，憲法裁判所に憲法
抗告を提起した。「分限法上の『不適切』という警告は，抗告人の職業実践の自由をダ
イレクトに侵害するものである。抗告人には，不当にも，公衆に訴えることが禁止され
てしまった。このような禁止に関しては，基本法12条1項2文の意味での法律上の根
拠を欠いている（筆者傍点）。」と。すでに述べたように，実は，事件としては第1決定
に先行するこの第2決定の憲法抗告の理由中において，いわゆる Bastille 裁判の関心事
である，果たして倫理綱要は，基本法12条1項2文が求める法律上の根拠を有するか
という疑念が，抗告理由とされていたのであり，そしてまた，自由弁護士同盟（Bund
Freier Rechtsanwälte）の意見書においても提起されていたのである。以下，その判断
内容をみていくこととしよう。

　⑶　「適法になされた本憲法抗告には，理由がある。
　　　　　　　　　　Ⅰ
　　弁護士会理事会がした警告は，抗告人の自由な職業実践に対する介入である。名誉
裁判所が指示したこのような介入については，そもそものところ，基本法12条1項
2項により必要とされる法律上の基礎を欠く。
　　弁護士会理事会の決定および名誉裁判所の決定のいずれにおいても，なされた警告
は，倫理綱要2条2項がその根拠とされている。しかしながら，この綱要は，弁護士
の職業実践を制限するための明確な根拠とはなりえない。この綱要は，なるほど従来
は，弁護士の職業上の義務に関する連邦弁護士法43条の一般条項を適用し，これを
解釈を通じて具体化するための，補助手段と認められてきた。しかしながら，もはや
このような判断を維持することはできない。その理由の詳細は，ことに即した行動を
とるべしという命令に関して本日下された決定（第1決定）に述べられているところ
である。倫理綱要には，経過期間に関してのみ，限られた範囲で，法的な意味を持つ
機能が認められるだけである。経過期間内においては，──先の決定において詳論し
たとおり──基本権の制限に際し求められる実体的要件を満たす場合，および，法的
紛争処理機構の機能を維持するのに不可欠な場合に限り，この綱に依拠することが

できる。

　綱要に定められており，連邦弁護士法43条から導くことができる，顧客獲得にね
らいを定めた実務についての広告と，そしてまた，いうまでもないが，誤導的な
（Irreführende）広告の禁止は，広告禁止の核として，いままで争われることなく自
由業者の義務とされ（……〔略〕……），加えて，連邦憲法裁判所の判例においても，
繰り返し，この禁止は，弁護士の義務でもあるとされてきたが（……〔略〕……），こ
の禁止もまた，今後も一般条項具体化のための補助資料として用いることができるも
のの一つである。

　綱要に定められている広告禁止を，経過期間中は，続けて用いることができる限度
内においては，非難されている抗告人Ｃ弁護士の行為は，これにふれない。この行
為は，Ｃ弁護士が，自分のした仕事を自画自賛するものではない。かえって，弁護士
が，自分または自分が担当した事件をセンセーショナルに示そうとしている（綱要2
条2項）という「印象を与えるものではない」，本来の宣伝の手前にある部分である。
この，印象を与えるような広告の禁止とはどのようなことかについては，実にはっき
りしていない（……〔略〕……）。弁護士の行為が公衆にどう受け止められたかのみで
判断することを，この禁止が目指しているとしたなら，それは，独自の意味を持たな
い。なぜなら，このようなことは，すでに職業に違反する広告の禁止の対象となって
いるからである。しかし，質の悪い（böse）印象をさけるべきかなり広範な義務が
考えられていると思われる（……〔略〕……）。この限りにおいて，そもそものところ，
このような義務が，法的紛争処理機構の機能維持のために不可欠なのか，という疑問
が生じうるであろう。少なくとも経過期間中は，この義務の適用は慎重でなくてはな
らず，倫理綱要2条2項が禁止している「センセーショナルに示す」ことにのみ限定
すべきである。しかし，不服を申し立てられた裁判はこれをしていない。反対に，印
象を与えるような広告の禁止を，次のような職業上の義務を立てて，拡張している。
すなわち，自分が担当した事件において，自己告発および刑事告発を新聞に知らせる
ことは，原則として禁じられる。ただし，公衆を揺り動かすような重要な事件である
とき，または，差し迫った権利侵害を回避するために，弁護士が公衆に訴えかけるこ
とが許される利益衝突状況となっているときはこの限りではないとしている。知る限
りでは，いままで，名誉裁判所が，一般条項であれ，倫理綱要に依拠したものであ
れ，弁護士が公衆の前に登場することを，ここまで広く制限したものはない。現在も
その効力が認められる前憲法的な慣習法というものも，すでに以下の理由から，介入
の根拠とはなりえない。すなわち，問題の弁護士の行為は，民主主義の下で，公衆の
意見の形成にあたり弁護士が活動する権利に関係するものであり，したがって，基本
法の支配の下では，前憲法の時代とは異なった基準によることとなるからである。法

278 資　　料

的紛争処理機構の機能を確保するために，問題となっている制限が不可欠でないことは，以下の内容についての検討が確認してくれている。基本権侵害と判断される諸処分は，経過期間に関してもまた，これを不可欠と認められないことは，明らかである。

Ⅱ

　自由な職業実践への介入は，法律上の根拠を必要とするだけではない。確定した判例によれば，それは，公共の福祉という十分な根拠により正当化され，かつまた相当性の原則を満たし，加えて，選択された手段が追い求められている目的に合致するとともに，それによることが必要であり，さらには，介入の深刻さとそれを正当化する事由の重大性を総合評価するにあたり，受容できる限界をいまだ超えていない場合に限り，基本法12条1項に反しない（……〔略〕……）。

　1　不服を申し立てられた裁判が定立した職業上の義務を正当化する，合理的かつことにかなった事由がないことは，つとに明らかである。いずれにしても，本来の広告禁止に関して持ち出される正当化事由を，本件につき持ち出すことはできない。

　分限違反の広告を禁止するのは，自由業について，利潤を追求する経済では常々用いられているような広告のための諸方策が用いられることで，職業像が偽造・変造されてしまうのを防止しようとするものである（……〔略〕……）。確かに弁護士もまた，それに課せられた任務の遂行に際し，利潤に向けた活動をする。彼らは，その活動を通じて名声をはせるのであり，そしてまた，彼らに禁止されているのは，職業的にみて違法な広告のみであり，情報の公開を通じての広告すべてが禁じられているわけではない。顧客誘引的に自分をほかの弁護士と比較して示し自分の資質を自賛するのをさけることで，評価でしかなく，検討を加えることができない広告によって誤った期待が生じるのを回避することができる。そして，権利保護を求める市民が，弁護士がなす給付を評価するのは難しいことから，この誤った期待がたやすく生じることは，想像に難くない。分限違反の広告の禁止により，利潤を目的とした活動と区別することは，純粋にビジネス的な考え方を防止し，そして，市民の次のような点に対する信頼を強化するにも適しているとも思える。すなわち，弁護士という者は，収益を上げようとして訴訟につき助言し，あるいは，事件の処理を，報酬がどのようになるかにあわせて行っているのではないという点に対する信頼がこれである（……〔略〕……）。

　このような考えからすれば，本件の出発点となった手続〔弁護士会の警告処分に対する異議手続およびその異議を棄却したことに対する名誉裁判所での抗告手続〕において想定されていた次のような職業上の義務が正当化されないことは明らかである。すなわちその義務とは，刑事告発および自己告発を通じて公衆に情報を提供してよい契機と認められるのは，差し迫った権利侵害の回避のみとし，あるいは，公衆へのこのような情報提供を，最大でも，公衆の利益に大きく関わる場合における例外として

ドイツにおける専門弁護士制度の展開　279

認めようとするものである。このような分限上の義務に関しては，そのほかの正当化事由もない。すなわち，このような義務が，法的紛争処理機構がその機能を円滑に果たすためには必要だということは，不服を申し立てられた裁判においても論じられていない。かえって原則としては，自由業者として活動する弁護士は，すべての他の市民と同じく，公衆に情報をもって訴える権限を有しているということから出発しなくてはならない。倫理綱要についても，明らかにこのような見解が基礎となっており（……〔略〕……），その結果綱要は，一定の広告効果をやむなしとし，そしてまた，弁護士を公衆に知りわたらせるに適したと考えられる弁護士のすべての行動に対し，無差別に広告禁止を適用しようとはしていないのである。意見の自由がそのために憲法上規定されている，自由を基本とし，民主主義によって立つ共同体制度においては（……〔略〕……），公衆に情報を提供できる原則的権限が，例外におとしめられることがあってはならない。そしてまた，不服申立てがなされた裁判がいうように，公衆を揺り動かすような重要な事件であるとき，あるいは，利益衝突状況下において，差し迫った権利侵害を回避するためだけに制限されることがあってはならない。ここでは反対に，この種の情報が，それに結びついた広告効果を理由に，例外的に許されないとされるのは，この情報につき，公共の利害関係が一切ないか，あっても，それに比べると広告効果のほうが明らかに大きい，わずかな公共の利益しかない場合に限られる（……〔略〕……）。

　本件の出発点となった手続についてみると，自己告発と刑事告発をメディアに伝えたことには，明らかに重要な公共の利益が存した。ことの経緯が，新聞，ラジオにより取り上げられたこと，さらには，次のようなラジオのインタビューにまでなされたという事情が，すでにこれを物語っている。すなわち，このインタビューにおいては，弁護士会長自身が，弁護士の守秘義務が非常に大きな意義を持つことを強調し，そしてまた，このインタビューでは，テロの克服との関連における過剰反応の危険が指摘されていたのである。この種の大捜索に際しての嫌疑なき市民に対する国家官署の権限とその限界について議論することは，公共の関心事であることを，民主的な法治国家においては否定できない。このことは，ある弁護士が，その見解によれば違法な国家機関の行為に対して反応したのかについての公共の関心にもあてはまる。

　2　不服を申し立てられた裁判が定立した分限上の義務を，なお何らかの公共の福祉という利益によって正当化されるべきものであるとしても，——先のような考慮からつとに導かれるところであるが——，いずれにせよ介入の重大性とそれを正当化する理由の重さを総合的に考量すれば，抗告人の行為は義務違反だとして警告を加えることは，受認可能性の限界を超えているという結論にいたる。弁護士会理事会だけではなく名誉裁判所も，検証できる形での総合的考量をしていない。両者は，その警告

280 資　　料

が，基本権という観点からいかに重要かをみる限りでは，まったく認識していない
し，いずれにしても論じていない。両者は，刑事告発および自己告発を知らせたこと
がどのような宣伝効果を生じさせうるのか，これに加え，抗告人が公衆に訴えかける
ことで，抗告人はどのようなその関心事を追い求めようとしたのか，そしてまた，告
発において摘示された問題がいかに深刻なものかを考量していない。両者が，この点
に取り組んでいたなら，次のことを見逃したままでは終わらなかったはずである。す
なわち，一方では，弁護士の守秘義務をおかした可能性があるとして行った自己告発
の公開は，多くの市民にとって直ちに宣伝の効果を持ちえたとはいえないこと，他方
では，刑事告発にみられる職権を利用した強要がなされたという非難は，まったくあ
り得ないことではなく，このような場合における守秘義務の限界は，確かに議論に値
すると思われるということである。このようなわずかな宣伝効果が，自由業の一員と
しては，公共の関心事であるにもかかわらず，検察および弁護士会理事会に訴えるべ
きであったという，抗告人に向けられた無理難題を正当化することは決してない。商
業的な広告方法により変造されることがあってはならない弁護士の職業像は，議論と
なっていることをメディアに公開したとしても，損なわれることはまずない。ここで広
告禁止を適用することで成果が得られるとしても，それは，広告禁止がもたらす職業の
自由および意見表明の自由にとっての損失とバランスがとれたものでは決してない。」

４．Bastille 裁判後における専門弁護士認証の継続

⑴　以上のように，連邦憲法裁判所は，Bastille 裁判と呼ばれる二つの決定をもって，
倫理綱要の法的価値を，あっけなく否定されてしまったのであった。こうして，連邦弁
護士会により定められた弁護士倫理綱要（Richtlinien des anwaltlichen Standesrechts）
にかわる分限法＝職業法を，至急策定しなくてはならなくなった。そして，そのために
は，まずは弁護士自治の下で定められるべき分限法に法律上の根拠を付与することが必
要であり，そしてまた，連邦憲法裁判所から直接法律により規律すべきものだとされた
弁護士の職業像を示す諸規範を定立するためにも，そもそものところ，連邦弁護士法自
身も相当な改正が必要となったのであった。一方でこの点については，共通の認識がか
なり早い段階でできあがっていたことは，連邦弁護士法の改正が，（実際に成立するま
でには７年近い歳月を要しはしたものの）早くから立法スケジュールにあがっていたこ
とから十分うかがうことができる。しかし他方では，専門弁護士の認証が，すでに述べ
たように，あたかもなにごともなかったかのごとく営々と続けられ，専門弁護士はその
数を増していった。その理由は，専門弁護士認証の可否につき，弁護士裁判所の裁判例
がまっぷたつに割れていた[95]ことに端的に示されているように，倫理綱要に基づく認証
制度が，Bastille 裁判の射程外にあるかどうかについて，必ずしも意見の一致がみられな

かった（本音からすれば，弁護士サイドとしてはできるだけ続けたかった）ためである。

　(2)　まずもって，倫理綱要に準拠してはもはや専門弁護士の認証はできないとする見解[96]の根拠は，法律の留保を定める基本法12条1項2文である。専門弁護士の規律も，基本法12条1項2文の対象であるから，法律ないしは法律上の基礎がない限り，その認証はできないとする。例えば，この立場に立つある論者は，綱要に基づく認証ができるとするために，弁護士会が正規の（ordentlich）認証手続を続行するのは，広告禁止を緩和するものであり，したがって，これは介入ではないから法律上の根拠を要しないとする見解[97]を批判して，次のように述べている[98]。すなわち，「しかし，このような見解は，サービスの提供あるいは法領域の拡大が，広告禁止に関係し，それと密接に関わっていることを見落としている。いずれにしても，専門弁護士ガイドライン〔弁護士倫理綱要76条に基づき専門弁護士の認証資格・手続を定めたもの〕においては，試験に関する規則にならって，特別の見識を証明すべき領域が列挙され，そしてまた，これをどのように証明すべきか，すなわち，証明書，確認書やその他適切な書類の提出，わけても，弁護士組織が開催する最低2週間のコースに参加・合格したこと，やむをえない場合には，専門口頭試問（Fachgespräch）によって証明すべきことが定められている。「単に基本権の拡大」に過ぎないという先のような構成は，遅くとも，認証を拒否された弁護士による訴訟の場で，かなりな困難に直面する。例えば，プライベートな研修コースに参加したことをもってするその他の証明，そしてまた，（綱要が認める）四つの分野以外についても，もしかしたら同じ効果が認められないのであろうか。だとすると，現在の手続は，なお〔適正（ordnungsgemäß）〕なのであろうか。
　問題は単に広告禁止の緩和だからという理由のみから，このような内容的・手続的諸問題を，基本権にとって重要なことではなく，したがって法律上の基礎を要しないとす

---

95)　*Kleine-Cosack*, Vorzeitige Ende des Fachanwalts, AnwBl 1089, S. 536 ff. 注1）参照。この時点で，継続を可とするもの5件，否定するもの3件であった。

96)　なお，*Prütting/Henssler*, Kom. zur BRAO § 43 c FN 19. は，もはや認証はできなくなったとする見解が支配的だったとしているが，倫理綱要に基づく専門弁護士認証にとどめを刺した連邦通常裁判所が下された後の反応をみると，「支配的」の定義にもよろうが，必ずしも大多数の論者が，認証は続けられないとしていたとは思われない。

97)　*Quaas*, Verfassungwidriger Fachanwalt? AnwBl 1988 S. 25 ff. 弁護士名誉裁判所の裁判例にも，同旨の論法をとるものがある。EGH Nordrhein-Westfalen, Beschlu. v. 2. 9. 1988, AnwBl 1988, S. 644 f.

98)　*Pietzker*, Neuordnung des anwaltlichen Berufsrechts, NJW 1988 S. 513 ff. (520).

282 資　　料

ることは，法律の留保に関する連邦憲法裁判所の判例に沿うものでは決してない。そもそも，弁護士倫理綱要なるものの悩みは，その形成的な要素が，（綱要の役割である＝筆者注記）〔分限理解の確定〕ということとはかけ離れている点にある。時折，経過期間中にあっては，認証は，行政の性格を持った規律ではなく，認証は，現下の状況にあっては，次のような疑似公権的（Schlichthochheitlich）（おそらくはむしろ私法的というべき）宣言ととらえることができるとの提案がなされている。つまり，それは，証明をした上で専門弁護士称号を名乗ることは，分限違反とされる広告の禁止に反しないとの宣言だとするものである。しかし，このような提案もまた，連邦憲法裁判所が下した判例に沿うとするのはかなり難しい。」と。

　⑶　しかし他方では，当初から，大方は慣習法の問題だから，弁護士倫理綱要の内容のほとんどは，引き続き適用される（現行法である）とする主張がなされていた。この主張は，綱要に定められていることは，基本法前からの慣習法（Vorkonstitutionale Gewohnheitrecht）だとするものであるが[99]，それでは，こと専門弁護士制度については，どうだったか。Bastille 裁判から 2 年以上もたった 1989 年 10 月に下されたある裁判（決定）は，この論法をとる。ちなみに，この決定は，弁護士名誉ないし名誉法院のものではなく，上級地方裁判所の決定である。名誉裁判所ではなく，上級地方裁判所がこの問題に取り組むことになったのは，その事案が直接専門弁護士認証の可否を問題とするものではなかったことによる。すなわち，税理士でもある弁護士が，認証を受けた税法専門弁護士と名乗ったが，これは，公的に（amtlich）付与されたもの以外の称号を「税理士」の称号と併用することを禁止している税理士法（43 条 1 項）に反するとして，地方裁判所の税理士・税務代理人（Steuerbevollmächtiger）部に懲戒手続開始申立てが検察官よりなされた。この部は，専門弁護士称号の併用は，指導的なコンメンタールでは許されるとされていることを理由に，この弁護士には，少なくとも，有責性がないとして申立てを棄却した。これに対し検察官より上級地方裁判所に抗告がなされたのが本件である[100]。その論法をみてみよう。

99）　*Hommerich/Prütting (Prütting)*, Das Berufsbild des Syndikus–Kurzfassung–, AnwBl11/1997 Beilage S. 5 f.　森勇訳「シンディクス弁護士の職業像」本書 431 以下参照。

100）　Schlewig-Holstein OLG Beschluss v. 9. 10. 1989, AnwBl 1991 S. 214 f. 判旨は，以下のとおりである。
　　　1．弁護士会は，公法上の法人として，「税法専門弁護士」の称号を名乗ることを許す権限を有している。
　　　2．税理士の資格も有する弁護士が，同時に彼に与えられた「税法専門弁護士」

「……〔略〕……税理士法43条2項によれば，その他の職業称号は，それが公的に付与された場合のみ，これを名乗ることができる，とされている。「税法専門弁護士」というその他の職業称号は，シュレービッシュ・ホルシュタイン弁護士会から，……〔略〕……該当者に，公的に与えられたものである。

　1．……〔略〕……公的な付与とは，国家官署により行われる必要はなく，国の任務の遂行を委託された機関もこれをなすことができる。国の監督の下，公権的手段に国の任務を行う公法人もまた，この機関にあたる。

　2．弁護士会は，公法人である（連邦弁護士法62条1項）。弁護士会は，委託された国の任務の枠内で（連邦弁護士法43条，117条），「税法専門弁護士」の称号を公的に付与できる（……〔略〕……）。詳細は，以下のとおりである。

　a　すでに1920年代には，特定分野への専門化を，多くの人々がわかるように示す必要性が生じていた。このことから，1929年9月11日におけるドイツ弁護士協会第24回代議員大会は，職業実践法の定立につき，各弁護士会に与えられた権限を具体化し，相応の能力があるときは，分けても「税法専門弁護士」の称号を名乗ってもよいとすべきだという決議をした（……〔略〕……）。この確固とした法的見解は，唯一ナチスが支配した時代に制限されたにすぎず，これと対応する形で，すでに1947年には，イギリス占領地域の弁護士会理事会連合会は，再度「税法専門弁護士」の表示を導入した。……〔略〕……。その後，弁護士会は，おそらく一度たりとも裁判上異議申立てを受けることなく，恒常的に，専門弁護士称号を名乗ることを認めてきた。立法者もまた，このような実務を知りつつ，1959年8月1日の連邦弁護士法制定を機に，この慣行を変更することはなかった（……〔略〕……）。したがって，*Hartung*および*Braun*（……〔略〕……）と同じく，当部は，この限りにおいては，前憲法的な慣習法が成立していたと解する。

　b　相応の資質を備えた弁護士が，専門弁護士の称号を名乗ることを認める弁護士会の権限は，1987年7月14日の連邦憲法裁判所のふたつの裁判（……〔略〕……）によって廃止されていない。後者の裁判〔第2決定〕では，次のように述べられている。すなわち，

　　『倫理綱要には，経過期間に関してのみ，限られた範囲で，法的な意味を持つ機能が認められるだけである。経過期間内においては……〔略〕……基本権の制限に際し求められる実体的要件を満たす場合，および，法的問題処理機構の機能を維持す

　　の称号を名乗っても，顧客獲得をねらった実務についての広告あるいは誤導的な広告の禁止に反しない。

284 資 料

るのに不可欠な場合に限り，この綱要に依拠することができる。綱要に定められて
おり，連邦弁護士法43条から導くことができる，顧客獲得にねらいを定めた実務
についての広告と，そしてまた，いうまでもないが，誤導的な広告の禁止は，広告
禁止の核として，いままで争われることなく自由業者の義務とされ……〔略〕……て
きたものであるが，この禁止もまた，今後も一般条項具体化のための補助資料とし
て用いることができるもののひとつである。』と。

　専門弁護士の称号を名乗ることは，顧客獲得をねらった実務についての広告となる
ものでもないし，誤導的な広告とみることができるものでもない。かえって，専門弁
護士称号の形で専門化していることを表示することは，権利保護を求める公衆が，識
見を備えた（sachkundig）弁護士を探す際に役立つ。そしてまたこれは，まさに，司
法の機能の維持という利益にかなうものでもある（……〔略〕……）。弁護士会による
認証は，自由な職業選択および職業実践という基本権を何ら制限するものではない。
なぜなら，専門称号の付与（verleihen）は，行政法の表現方法によれば，介入的・制
限的な行政行為ではなく，許可的（Gewhärend）な行政行為とされるものだからであ
る。法形式にかなった形で取得された専門についての資質判定結果を示すことは，稼
業ではないとされる自由業者がそのサービス内容を示す，伝統的な方法である。真実
にそってこれを示すことは，決して不適法な広告ではない（……〔略〕……）。……
〔略〕……。」

　(4)　一般的に，このような前憲法的な慣習法という論法は，そもそもそれ自体に問題
ありとされている。すなわち，慣習法として認められるためには，基本法が成立する
1949年以前に，継続的，恒常的で，一様かつ一般的な慣行が存在していなくてはなら
ないが，（上記決定は無視するが）やはり10数年にわたるナチスの時代に切り結んでみ
れば，多くについては，こういったことはありえないと批判されているところであ
る[101]。なるほど専門弁護士認証，特に，最初から認められていた税法専門弁護士認証に
ついては，仮に前憲法的な慣習法だとしても，果たして，各弁護士会が行っているその
他の分野の認証手続についてはどうかといえば，認められたのがごく最近のことである
から，前憲法的な慣習法とはなかかいいにくい。
　この点をふまえてか，Bastille裁判の趣旨に照らしても，綱要に基づく認証を続けら
れるとする論者のひとりは，もはや認証はできないとする見解を批判しつつ，次のよう
に説いている[102]。すなわち，「これらの見解は，基本法12条1項2文に基づいた各弁護

_____

101)　*Hommerich/Prütting (Prütting)*, a. a. O. 注99），S. 5 f.

士の権利の考慮が十分ではない。〔弁護士〕というその法律上の職業称号（連邦弁護士法 12 条 3 項）とならべ，〔……専門弁護士〕という称号を名乗る弁護士は，これによりその専門知識を示し，こうして，公衆に対して広告しているのである。このような弁護士は，彼が自分の示した法分野において特段の専門的な知見を有していることへの期待を，権利保護を求める人々に広めようとしているのである。しかし，弁護士の広告は，ほかのすべての職業に関する広告と同じく，職業実践，ここでは特に弁護士としての職業実践の一部でもある。基本法 12 条の職業の自由は，原則として，その職業を実践する者の職業活動について広告をする部分的自由を含む。……〔略〕……基本法 20 条 3 項および民主国家・法治国家原則から導かれる法律の議会への留保という原則がはたらくのは，わけても基本権に関わる領域における重要な判断に限られるから，専門弁護士称号の付与は，これが特に法律によって規定されていなくとも，できなくなることはない。このような特別の規律は，必要ない。特定の法分野について特別の見識を有している弁護士は，基本法 12 条により，原則としてはこれを示すことができ，そして，不適法な自己評価および自画自賛を回避するために，このような弁護士は，あらかじめこの見識を証明しなくてはならないだけなのだから，専門弁護士の称号を名乗る権限の付与は，単に宣言としての意味しか持たず，そしてまた，決して職業像を形どるような性格のものではない。このことは，専門弁護士の称号を名乗る権限により，その活動分野が法的に広がるわけでも，また限定されるわけでもないことからして，なおのことあてはまる。」と。

　なおこの論者も，今までどおりで何も問題ないとしているわけでは決してない。従来の綱要に準拠した認証手続には，つとに 1981 年 3 月 13 日の決定がいうところの「法形式にかなった手続」という観点から問題があることをみすえつつも，弁護士の職業実践の自由を確保するためには，新たな手続が作られるまでの過渡期，どうしても今までの手続を使うしかないとしていることは指摘しておくべきであろう。

　(5)　とまれ，このような混乱状況は，次に取り上げる連邦通常裁判所の決定により，

---

102)　*Feuerrich*, Fachanwaltsbezeichnungen und der Hinweise auf Tätigkeitsbereiche, AnwBl 1990, S. 184 ff. (185 ff.). なおこの論文は，後に取り上げる綱要に基づく専門弁護士認証にストップをかけた連邦通常裁判所弁護士部の判決後に刊行されたものであるが，時間が接着していることからみて，連邦通常裁判所弁護士部の判決以前の議論を集約したものとみてよい。否定論に対するより詳細な反論は，*Kleine-Cosack*, a. a. O. 注 95)，S. 536 ff. 参照。倫理綱要に対し，強烈な疑問を投げかけた者が，この段階での専門弁護士認証の強力な擁護者となっていたことは，興味深い。

286 資　　料

終止符を打たれることとなる。こうして，理由はどうであれ，のんびりと構えていた立
法者は，まずは専門弁護士についての規律を早急に定めるようかりたてられることにな
るのである。

V　倫理綱要に基づいた専門弁護士認証の終焉とその対応

1．連邦通常裁判所弁護士部 1990 年 3 月 14 日決定

⑴　上記Ⅳでみたように，Bastille 裁判以降も，倫理要綱に基づいて専門弁護士認証
を続けられるかについては，学説にとどまらず裁判例もまた，ほぼ真っ二つに割れる
中，1990 年 3 月 14 日，連邦通常裁判所弁護士部[103]は，ついに，現状の下で専門弁護
士の認証を行うことは不適法，つまりはできないとの判断を示し[104]，これをもって，倫

---

103)　弁護士としての認可や懲戒事件に関する不服申立てについての裁判には，弁護
士裁判所（Anwaltsgericht）が第一審として，弁護士法院（Anwaltsge-richshof）
が第二審として，そして連邦通常裁判所弁護士部（Bundesgerichtshof Senat für
Anwaltsachen）が最上級（上告）審としてこれにあたる。弁護士裁判所は，各単
位弁護士会に設けられ，また，弁護士法院は上級地方裁判所（Oberlandsgericht）
に付置されるが，いずれも，通常の国家裁判所とは別系統の裁判所であり，複数
の部を設けることもできる。これに対し，連邦通常裁判所弁護士部は，通常の国
家裁判所に設けられる特別部であり，ひとつしかない。次に，その部（狭義の裁
判所）の構成であるが，弁護士裁判所は，弁護士のみから任命される 3 名の裁判
官からなり，弁護士法院では，上級地方裁判所長または裁判官有資格者（簡単
にいえば，二回試験合格者で，職業裁判官に限らない）から任じられる裁判長と
2 名の職業裁判官および弁護士 2 名の計 5 名により構成される。そして，連邦通
常裁判所弁護士部は，連邦通常裁判所長官（支障ある時はその代理）を裁判長と
して，2 名の連邦通常裁判所裁判官と 2 名の弁護士をもって構成される。我が国
と対比してみると，確かに，一方では，弁護士会がその委員を任命するわが国の
懲戒委員会に相当する弁護士裁判所をふくめ，いずれの裁判所の構成員（裁判官）
についても，形式的であれ，司法行政が任命権を握っている（詳細は，拙稿・ド
イツ弁護士法の新たな展開　日本弁護士連合会編『21 世紀弁護士論』（2000 年）
183 頁（198 頁以下）参照。）。しかし，他方では，我が国の場合，問題が裁判所
（高等裁判所）に移ったとたんに，すべて職業裁判官の手に委ねられてしまうこと
になる。弁護士自治をより貫徹するには，このあたりも問題としていく必要があ
りそうである。

104)　判旨は以下のとおり。
「弁護士会による専門弁護士表示の認証には，十分に特定された法律上の基礎が

理綱要に基づいた専門弁護士認証は，その終焉をむかえることとなった。

（2）　まずもって，事案は，Bastille 裁判以降に専門弁護士認証に関して下されてきた諸裁判例とは，その様相を異にしていた。すなわち，本件では，倫理綱要に列挙されていた法領域について専門弁護士認証等が申請されたのではなく，そこに列挙されていなかった法領域（刑事法）について，専門弁護士の認証等が求められたケースであった。すなわち，ベルリンのA弁護士は，1986 年に，その所属弁護士会理事会に対し，首位的に，自分が当時は認められていなかった「刑事法専門弁護士（Fachanwalt für Strafrecht）」を名乗る権限のあることの確認を求め，予備的に，刑事法専門弁護士の認証を求めた。これに対し，理事会は，1987 年 1 月 14 日，「弁護士会理事会としては，A弁護士の専門的資質については，なんら疑問はないが，弁護士倫理綱要は，刑事法の分野については，専門弁護士の称号を認めていないために，申立人の請求は，これを認めることができない」として，A弁護士の請求を棄却した。

A弁護士の抗告を受けて，弁護士名誉法院は，弁護士会理事会の決定を取り消し，そして，理事会に対し，弁護士名誉法院の法的見解をふまえて，再度判断を下すことを命じた。その理由は，次のとおりであった。すなわち，「弁護士会理事会は，確かに，自治機関としてのその機関の地位に基づき，原則として，専門領域の表示を認可する権限を持っている。しかしながら，この際に，理事会は，弁護士倫理綱要にあげられている四つの専門弁護士の表示に限られるわけではない。弁護士会理事会は，平等原則という視点の下，それ自体で完結した法領域であり，独自の手続法が用意されている刑事法についても，弁護士専門表示を認可する義務を負っている。したがって，理事会は，A弁護士が，刑事法の分野において，特別の経験と能力を有しているかを審査しなくてはならない。」と。

弁護士会理事会は，これに対して即時抗告し，この即時抗告を受けた連邦通常裁判所弁護士部は，弁護士裁判権の最上級審として，次のような理由付けの下，連邦弁護士会が定めた弁護士倫理綱要に基づく専門弁護士認証を違法としたのであった。

（3）「　　　　　　　Ⅱ

　1．1986 年 10 月 10 日の第 60 回総会において——弁護士倫理綱要 76 条の改正という形で——決議された，一定の専門弁護士表示の導入にその基礎をおいた専門領域表示の認証は，充分な法律上の基礎を欠いている。

　　必要であるが，目下のところこれを欠いているので，このような認証は，不適法である。」

288 資 料

a) 確かに，専門弁護士表示の認証に関する弁護士倫理綱要は，──弁護士名誉法院が正当にものべるように──何ら弁護士の職業像を示すといった性格のものではない。この種の認証は，連邦弁護士法3条1項により，すべての法律問題に関しての独立の助言者および代理人とされている弁護士に認められている活動領域に影響を与えるものではない。専門弁護士称号を与えることは，弁護士に対し，他の法領域において活動することを制限するものではない。さらには，弁護士は，倫理綱要がその表示を認めることとした法領域においては，自らがその分野の専門表示をする許可を受けなければ，その分野での法的ケアを行うことを妨げられるというものでもない。それ故，当部は，その確定した判例において，専門表示の不認証を，その意味内容と影響にかんがみ，連邦弁護士法42条1項1号ないし5号にあげられている場合〔弁護士としての認可自体に関わる場合〕とは同視してこなかったところである（……〔略〕……）。

b) それぞれの法領域について専門弁護士と名乗るというのは，その意味内容からして，専ら，当該弁護士が持っている特別の見識を，権利保護を求める市民に対して示すことに限定される。したがって，専門弁護士表示は，弁護士の広告禁止と直接関わってくる（……〔略〕……）。それ故当部は，弁護士が，特別の能力についての自己査定に基づき，付加的な職業表示をすることは，不正な広告の禁止に反するととらえてきた（……〔略〕……）。

(1) 広告禁止は，その中核部分についてみると，連邦弁護士法43条の一般条項によって規定されている。かつての連邦憲法裁判所の判例（……〔略〕……）および当部の判例（……〔略〕……）によれば，連邦弁護士会が，連邦弁護士法177条2項2号に基づいて確定すべき弁護士倫理綱要には，連邦弁護士法43条の一般条項を適用すべきであり，そしてこれを解釈によって具体化しなければならないときの補助材料としてこれを用いることができるという機能が認められていた。この判例を背景として，弁護士倫理綱要76条の規律は検討されなければならない。各専門法領域の表示を許すことによって，弁護士倫理綱要の2条1項において規定されている全面的な弁護士の広告禁止は，次の限りにおいて修正を受けることになる。すなわち，弁護士は，その特別の見識の確認を受ければ，それに相応する専門法領域を表示し，こうして，これに関連する特別の見識を，広告の形で示すことができるとされている限りにおいてである。

(2) 本件においては，当部が次の点について判断する必要はない。すなわち，それは，連邦弁護士法177条2項2号によって連邦弁護士会に認められた，弁護士という職業の実践という問題に関する一般的な見解を，弁護士倫理綱要において確定する権限には，このように広範にわたる──法規範のような表現の──規律もふくまれるの

かという点である。近時変更された連邦憲法裁判所の判例（……〔略〕……）に当部は拘束される（連邦憲法裁判所法 31 条）が，これによれば，弁護士倫理綱要には，もはや，法的に意味のある直接的な効力は一切認められない。せいぜいのところ，弁護士倫理綱要は，それが基本権の制限に関して実体上求められる条件をみたし，かつまた，それが法的紛争処理機構の機能維持にとって不可欠である場合に限り，過渡期間は，なおこれを適用することができる（……〔略〕……）。

　(3)　しかしながら，専門弁護士表示をするために，弁護士倫理綱要を過渡的に適用する要件は備わっていない。弁護士倫理綱要 76 条について定められた諸原則を適用することは，法的紛争処理機構の機能維持のために不可欠なものではない。連邦弁護士法は，統一的な弁護士の職業像をその前提としている。連邦弁護士法 3 条 1 項によれば，弁護士には，すべての法律問題に関し，広範にわたり，権利行使の代理等を務める権限が与えられている。弁護士となる者が受ける広範にわたる教育は，弁護士に開かれているこのような活動領域に対応している。その教育は，これを成功裏に終了すると，裁判官の資格を取得するとともに連邦弁護士法 4 条によって弁護士としての認可を受けることができるものである。当部は，各種の専門弁護士表示を導入することによって，権利保護を求める市民にとっては，わけても専門的な事柄に関して，適切な代理人弁護士の選択が容易になるということを無視するものではないが，そうだとしても，専門弁護士表示の導入は，無視できないデメリットと結びついている。すなわち，各種の専門領域の表示は，原則としてみると，大都市と地方の格差，そしてまた，すでに認められている弁護士と弁護士になりたての者との間の格差をより拡大するものである。専門弁護士表示の導入については，賛成理由と反対理由が拮抗しているこのような状況に照らすと，弁護士倫理綱要 76 条の規律を廃止したときは，専門領域表示の認証を今後も維持した場合よりも，憲法上の秩序によりそぐわない状態が生み出されるとすることはできない。それぞれの理由付けは，憲法的にみるならばイーブンととらえられるし，そしてまた，憲法という観点からして，なんら異なった評価を必要とするものでもない。

　c)　弁護士会は，専門領域表示の認証に関する諸原則を規律する権限を，──名誉法院の見解とは異なり──公法人としての目的設定から導くことはできない。確かに，弁護士会の任務の範囲は，法律または規約によって明確にその任務とされているものだけに限られない。むしろその任務は，さらには次のような領域にもおよんでいる。すなわち，この団体がその効力をおよぼすことができると考えられた領域，そしてまた，法律によって認められたその構成員の結合により明らかに追い求められている目的に照らすと，確定しておくべき領域である（……〔略〕……）。たとえ，弁護士会には，一般的に，その構成員に対する一定程度の監視機能ないしはコントロール機

能が認められるとしても，法律上連邦弁護士法 60 条以下，177 条および 178 条に規定されている諸任務および諸権限からのみならず，一般的に，弁護士会あるいは連邦弁護士会の目的設定からもまた，次のことを導くことはできない。すなわち，弁護士会あるいは連邦弁護士会は，特定の広告を行うことが許されるための要件を，一般的拘束力をもって定め，そしてこれにより，個々の弁護士に対する職業法上の規律を定める権限を有しているはずだということである。この種の規定を発布するには，少なくとも，法律上規約制定権限が定められている必要があるということ（vgl. BverfGE 76, 171, 186）を無視するとしても，法律の規定から引き出すことができるのは，次のことである。すなわち，連邦弁護士会は，せいぜいのところ，同僚の支配的見解をまとめる権限を有するにとどまり，個別的に，職業実践に関する独自の規定を定める権限は有するということはない（BGHZ 64, 301, 309）。

　2．専門領域表示の認証は，違法である。

　基本法 12 条 1 項 2 文によれば，職業実践は，法律または法律に基づいてのみ，これを規律することができる。連邦弁護士会が定める弁護士倫理綱要は，それが専門弁護士表示の認証を規律する限りにおいては，――すでに述べたように――それ自体においてのみならず，他の法律上の諸規定とあわせみても，十分な規範的基礎となるものではない。もっとも，このことは，専門領域表示の認証が，すでにこのような観点からして違法であるという結果をもたらすものではない。官庁が行う職業実践に関係するすべての処分が，直接的に法律上の基礎を必要とするわけではない。給付行政の領域に関しては，そしてまた，一方的な利益の保障が問題となる限りにおいては，次のことは承認されている。すなわちそれは，基本法 20 条 3 項による法治国家原則のみならず，基本法 20 条 2 項 1 文に基づく民主主義原則のいずれからも，法律によって規律することは求められてはいないということである（vgl. BverwGE 48, 305, 307 ff.）。むしろ，先にあげた憲法上の諸規定，そしてまた基本法 12 条 1 項 2 文は，ある特定の意味内容をともなったケースにおいてのみ，立法者による判断を求めているのである。連邦憲法裁判所の確定した判例によれば，この点に関して基準となるのは，――介入という基準は別として――立法者は，基本的な規範領域においては，本質部分については自ら判断を下す義務を負うというものである（……〔略〕……）。どのような規律領域が，先にあげた限界付けの意味で，本質的なものとされるのか。これは，まずもっては，その規律によってもたらされる基本権への介入の度合いを基準として判断されるが，しかしまた他方では，必要とされる諸規定の基本的意義により判断される。すなわち，立法者は，原則として，規律すべき法領域の規範的基礎を自ら確定し，こうして，これらを行政の手に委ねてはならないのである（……〔略〕……）。ここでは，次の点についての判断を，当部は留保する。すなわちそれは，そもそも専

門領域表示の認証に関する判断は，それが，不認証の場合には，不認証とされた者にとって競争上の不利益をもたらす可能性があり，あるいは，専門領域表示を認証なく行う場合には，名誉裁判所における制裁を受ける可能性があることから，基本権への介入という性格を有するかどうかである。いずれにしても，このような規律の意味内容は，立法者がこの点について自身で規律をすることを放棄できないまでに広範にわたっている。専門領域の表示を認めることは，顧客獲得を目指した実務について広告の一般的な禁止の，弁護士法中における積極的に広告を許している唯一の例外となろう。したがって，これに対応する認証は，弁護士業を行う者の間に存在している競争関係に相当な影響をおよぼす。この限りにおいては，専門領域表示の認証は，状況によっては弁護士の職業活動にかなり関係することになるし，その結果，弁護士の基本権行使全体にも影響することとなる。つまり，専門領域表示を認めた上での認証の実務は，弁護士に次のことを強いることとなる。すなわちそれは，弁護士は，競争上の理由から彼にとって必要な専門弁護士の表示を許されるようにすべく，その実務を，認証を受けるために必要とされる担当事件数を証明できる方向に向けることである。さらに，専門弁護士表示の認証を一般的に認めることは，個々の弁護士に対して，間接的ながら，他の弁護士と共同して職業実践にあたるため手を組むよう働きかける圧力ともなりうる。なぜなら，規模の大きい業務共同体は，さまざまな専門弁護士表示をすることによって，高度に専門化していることを，宣伝となるようなかたちで，外部にはっきりと示すことができるからである。これらの理由から，若手が，弁護士として独立の道を歩むのをためらうということもありえよう。

　専門領域表示の認証はまた，弁護士と，権利保護を求める市民との関係にも関わる。権利保護を求める市民は，専門弁護士表示を目にして，当該領域における法律問題は，まずは相応する専門弁護士表示をしている弁護士にまかせようと考えるであろう。権利保護を求める市民の保護ということは，弁護士に対する広告禁止を正当化する重要な根拠であるが（……〔略〕……），これは，立法者が，次のような規律を定めることを求めるものである。すなわち，それにしたがえば，権利保護を求める市民が誤った期待をいだく危険を，実際にできるだけわずかなものとすることができるという前提の下でしか，専門弁護士表示の認証はなされないことになるような規律である。

　順次形成されていく権利保護を求める公衆の取引観ならびに需要行動の下，各専門領域は，かなり広い範囲にわたり，各法領域の専門弁護士に保留されることになると考えられることからもまた，専門弁護士表示制度の導入に関する判断は，重要な意味を有している。すなわち，権利保護を求める市民は，主には，相応する専門弁護士表示の認証を受けた弁護士のみを利用するようになるという事態も，実際問題として起こりうる。このことは，連邦弁護士法３条１項において立法者が定めた弁護士の職業

292 資　　料

像にもかなりな影響をおよぼすと考える。連邦弁護士法 3 条 1 項によれば，弁護士
は，すべての法律問題に関する代理人とされているのである。したがって，専門弁護
士表示の認証は，立法者のみがその導入について判断できるとされるほどの，かなり
な法政策的影響をおよぼすものなのである。立法者は，この関連において本質的な基
本的判断を下さなければならない。この基本的判断というのは，果たして専門弁護士
表示の認証を許すのか。また許すとして，いかなる法分野についてか。認証のために
は，どのような要件が本質的なものとして必要とされるのか，そしてまた，この要件
は，手続法上どのように確定されなければならないかである。

　目下のところ，法律上の規律が欠けているところであるから，専門弁護士表示の認
証は，現時点では不適法である。なぜなら，認証は，必要とされる法律上の基礎なく
して行われるものであり，したがって，基本法 12 条 1 項 2 文および基本法 20 条 3 項
に定められている法治国家原則に反するからである。これに対応する認証実務は，弁
護士倫理綱要 76 条に基づいたその根拠となっている規律と同じく，過渡的にもこれ
を維持することはできない。認証実務を停止しても，憲法上重要なデメリットが生じ
るとは認められない。これ以上の認証実務が許されないとされるのは，連邦弁護士会
の綱要によって認められている 4 種の専門弁護士表示のみにとどまらず，さらにはす
べての専門弁護士表示についても許されない。本件においては，果たして，すでに弁
護士会から付与されている専門弁護士表示認証を撤回すべきか，あるいは，その限度
では，信頼保護の原則という観点から，既になされている認証はそのままにしておく
ことが求められるかについて，判断することを要しない。」

　⑷　以上のように，弁護士倫理綱要 76 条に基づいた専門弁護士認証は，弁護士の職
業法に関する終審裁判所である連邦通常裁判所弁護士部が下した本決定によって，あっ
けなくその終焉をむかえることとなったのである。なお，同日，連邦通常裁判所弁護士
部は，別事件において，「専ら自己評価に基づいて専門弁護士を名乗るのは，誤導的広
告として弁護士には許されない」との判断を示した[105]。これにより，いわば表裏一体と

---

105)　BGH Beschl. v. 14. 5. 1990, NJW 1990. S. 2130. 事件の概要と決定の要旨は以下の
　　とおりである。本件では，ベルリンのカンマーゲリヒト（Kammergericht. 他州の
　　上級地方裁判所に相当する裁判所）での認可を受けていた X 弁護士が，ベルリン
　　弁護士会に次のような書面を送ったことからはじまった。すなわち，「自分は，
　　1988 年 3 月 1 日より，『税法専門弁護士』を付加的に名乗ることとする。1987 年
　　7 月 14 日の連邦憲法裁判所の判例（……〔略〕……）に照らすなら，専門弁護士を
　　名乗るのに，もはや認証は不要のはずである。」と。これに加えて X は，予備的
　　に，税法専門弁護士の認証もあわせて申請した。もっとも，何も証明書類等を出

して，いかなるかたちであれ，（既に認証を受けている者は別に）専門弁護士表示の新たな認証は，もはやできないことが確定したのであった。

　ちなみに，この決定に対しては，職業選択の自由を定める基本法12条1項，法の下

さなかったことから，認証は拒絶された。Xは，弁護士名誉法院に不服を申し立てたが棄却され，連邦通常裁判所に即時抗告したのが本件である。連邦通常裁判所弁護士部は，次のように判示して，これを棄却した。

　「1．弁護士は，手続をふんだ認証のないまま，自己評価に基づいて，専門弁護士を名乗る権限を有しているとする抗告人の見解を弁護士名誉法院はしりぞけたが，これは正しい。

　連邦弁護士法12条3項によれば，弁護士の認可を受けることで，弁護士という職業表示をすることができることとなっている。この，法律によって規律されている表示は，職業としてすべての法律問題に関する独立の助言者および代理人たる者として，連邦弁護士法3条において弁護士に開かれている全活動領域を包摂するものである。連邦弁護士法は，これとならんで，職業活動と結びついたその他の付加的表示を行う権限を予定していない。もっとも，連邦弁護士法は，明確にこれを禁じているわけでもない。連邦弁護士法12条3項において規定されている職業表示とならんで，弁護士の活動に結びついた（その他の）付加的表示を認めることができるかは，連邦弁護士法上に定められている法律上の規律の解釈を通じてのみ判断されなくてはならないひとつの職業法上の問題である。弁護士広告の禁止は，このような解釈を通じて探知され，以前から承認されてきた職業法上の原則のひとつであり，その根拠は，連邦弁護士法43条にみいだされる（……〔略〕……）。活動と結びついた付加的表示を行うことが許されるかは，わけてもこの原則に照らして判断されなくてはならない。弁護士による広告禁止の非常に限定された例外とされてきたのは，弁護士がまずはその資質の許容性を証明した上で，所管弁護士会が認証したことに基づいた，特定の専門弁護士の表示，わけても長きにわたっている税法専門弁護士表示のみである。職業法上の広告禁止の本質的部分は，かねてから次の点にあった。すなわち，弁護士は，――単にその資質の自己査定に基づいて――自ら，特別の見識を示すものと理解されるような付加的な職業表示を勝手にしてはならいという点にある。1987年7月14日の連邦憲法裁判所の裁判は，このような法状態の変更をもたらすものではなかった（……〔略〕……）。確かに，連邦弁護士法177条2項2号に基づいて連邦弁護士会が定める弁護士の分限法に関する諸原則が，果たして今後も専門弁護士認証の基礎となりうるのかという問題が投げかけられている。しかしながら，これは，専門弁護士を名乗るには，認証をもはや必要としないという見解をよしとするものではない。これに呼応するかたちで，複数の弁護士名誉法院の判例もまた，一致

294 資　　料

の平等を定める基本法 3 条 1 項および特別裁判所の禁止等を定める基本法 101 条違反を
理由として憲法抗告がなされたが，連邦憲法裁判所は，1991 年 11 月 19 日の決定[106] を
もって，この憲法抗告を棄却している。その理由は，次のとおりである。

　「1．不服を申し立てられた裁判は，抗告人の職業実践の自由を制限するものでは
あるが，基本法 12 条 1 項には違反しない。
　a）不服を申し立てられた裁判によれば，認証なくして「専門弁護士」という職業
表示を行うことが禁止される法律上の根拠は，連邦弁護士法 43 条の一般条項である。
この条項から，顧客獲得を目指した実務に関する広告の禁止，わけても，誤導的な広
告の禁止が導かれる（……〔略〕……）。職業上違法な広告を行わないことは，常に自
由業の義務である。
　b）そのためのフォーマルな認証手続が存在していない専門弁護士表示を行うこと
は，これを，憲法に反することなく，誤導的広告と評価することができる。〔……専
門弁護士〕という表示は，最低限の基準を保証するフォーマルな手続において認証さ
れた資格だという印象を引き起こす。単なる自己評価は，このような要請に照らすと
十分ではなく，権利保護を求める市民の目からすると，〔専門弁護士〕と表示するこ
とを正当化するものではない。
　抗告人は，資格の付与が法律上規定されていないために，現在のところ，法にかな
った手続において，〔刑法専門弁護士〕という表示の認証を受けることができないの

────────────

　して次のことをその出発点としている。すなわち，現在においても弁護士は，勝
　手に専門弁護士表示を行う権限を有してはいないということである。そのような
　次第であるから，当部は，すでに，認証なくして〔税法専門弁護士〕の称号を名
　乗ることは許されないとの裁判を下しているところである。この際当部は，いか
　なる者も，勝手に付加的な職業表示を行ってはならないということを，はっきり
　とさせた（……〔略〕……）。事前に認証を得ることなく，自己評価に基づいて専門
　弁護士表示あるいはそれと類似する職業に関連したその他の付加的表示は，誤解
　を招く宣伝として，今後も弁護士は，これを行ってはならない。
　2．結論において，被抗告人および弁護士名誉法院が，抗告人に対し，〔税法専
　門弁護士〕と表示することを認めなかったのは，正当である。本件抗告は，次の
　点においても，これを認めることができない。すなわちそれは，──当部が今日
　別の事件において，決定をもって判断したように──弁護士会による専門弁護士
　認証なるものは，そのために，十分に特定した法律上の根拠を必要とするが，こ
　れが現在欠けているために，現在のところでは認められないということである。」
106）　NJW 1992, S. 493.

で，抗告人は，自己評価に基づいてしか，この専門弁護士表示を行うことができない。したがって，このような広告を禁止することには，共同体の利益という正当な根拠がある。また，これに対応した広告制限を課しても，権利保護を求める市民の保護に値する期待という観点からするなら，抗告人にとって受け入れ難いものでもない。

　c）立法者は，刑法専門弁護士として認証を受けることができるフォーマルな審査手続を導入すべき義務を，憲法上負っているわけではない。果たして立法者が，特定の職業について特定の資格を作るかどうか，そしてそれによって，すべての法律問題に関する代理人という弁護士の職業像を変更しようとするのかは，立法者の職業政策上の裁量事項である。専門弁護士表示をさらにより広く認めていくかという問題それ自体についても，弁護士の間で激しく争われているところであるから，この限りにおいてはすでに生じている職業像の変化を前提に考えることはできない。

　２．〔刑法専門弁護士〕という表示を認めないことは，基本法３条１項に反するものでもない。一般的平等原則の侵害となるのは，両グループ間には，異なった取り扱いを正当化することのできるような種類の違いおよび比重の違いがないにもかかわらず，規範の名宛人のあるグループが，他の規範の名宛人と比して別異に扱われている場合のみである（……〔略〕……）。

　〔刑法専門弁護士〕という表示を行いたいと考えているが，これを妨げられている弁護士のグループは，認められている四つの専門弁護士表示のうちから認証を受けたいと考えている弁護士のグループに対峙するかたちとなっている。後者は，特別の専門裁判権が存在している法領域に関するものである。民事法および刑事法は，法学教育の中核をなしているし，そしてまた，弁護士の一般的な実務でもあるのに対し，税法，社会法，労働法および行政法は，弁護士の一部のみがこれをインテンシブに取り扱っているだけである。それ故，あらゆる弁護士が取り扱うものではないこれら法領域についてのみ，専門弁護士表示を規定することは，事の本質からして正当である（……〔略〕……）……〔略〕……。」

２．立法者の対応

⑴　この連邦通常裁判所弁護士部の決定に対する評価は，先に述べたようなそれまでの議論を引き継いで，賛否わかれたことはいうまでもないが[107]，いずれにしても，もはや単位弁護士会は，専門弁護士認証をできない状態に追い込まれたのであった。しかしながら，専門弁護士の認証を求める勢いは，無視することもできない状態にあったし，加えてまた，すでに専門弁護士の認証を受けている者が，今後専門弁護士と名乗ること

107）　*Prütting*, Anmerkung zu dem Beschluss, NJW 1990, S. 1022 f. 参照。

296 資　　料

ができるかについては，はっきりしない状況におちいってしまったのであった。そこ
で，立法者は，連邦通常裁判所弁護士部が指摘した法律の根拠の欠如を埋めるべく，早
急に立法に取りかかることをせまられたのである。もっとも，この時期は，Bastille 裁
判を受けた連邦弁護士法の全面的な改正が議論されているときであるが，連邦弁護士法
の全面改定をその内容とする改正法案は，審議予定上，1990 年 12 月からはじまる次の
会期（第 12 会期）において提案される予定となっていた。そこで立法者は，当時審議
が係属していた政府提案にかかる連邦公証人法の改正案[108]にのせるかたちで，専門弁
護士制度を法律上規定し，専門弁護士認証を継続できるようにしようとしたのであっ
た。すなわち，連邦衆議院の法務委員会の担当委員は，早くも先の連邦通常裁判所弁護
士部の裁判が下された日の二日後の 1990 年 5 月 16 日には，連邦弁護士会およびドイツ
弁護士協会の担当者などからの意見聴取を行うといった迅速な対応をみせ，そして，
1990 年 10 月 26 日に公表した委員会報告において，専門弁護士制度を連邦弁護士法中
に明定することを提案したのであった[109]。

　(2)　もっとも，その提案内容は，1985 年に提出された改正草案（85 年草案）[110]と，
その各条項の構成とその表現の仕方等のいわば形式面は別として，内容的にはほとんど
同じであった[111]。大きく異なっていたのは，85 年草案と同様に，必要とされる特別の
見識等を証明する要件，つまりは資格要件の詳細に関しては，連邦政府の政令に委任す
る旨を定めた規定（42 条 d）であった。この規定中，連邦政府が発するこの政令は，
連邦参議院（Bundesrat）の同意が必要とされている点は，85 年草案と同じである。も
っとも，85 年草案が，いわば政府によるコントロールをもくろんでいた節があったの
に対し，この，（少なくとも形式上は）連邦衆議院法務委員会の発議にかかる草案にあ
っては，発議主体が法務委員会だということもあってか，すでに，資格要件についての
規律は，これを弁護士の自治に委ねることが既定の方針とされていた。政令により規律
することとしたのは，一方では，（連邦弁護士法の全面改正は次会期とされているよう

---

108)　Entwurf eines zweiten Gesetzes zur Änderung des Bundesnotarordnung, BT-
　　　Druck. 11/6007.

109)　Beschlußempfehlung und Bericht des Rechtsausschusses, BT-Druck. 11_8307. こ
　　　れにあわせて，法案の名称を "Entwurf eines Gesetzes zur Änderung des Berufs-
　　　recht der Notare und der Rechtsanwälte" と改めるよう提案されている。

110)　Ⅲ 2 (3)。また『比較法雑誌』38 巻 2 号 262 頁以下参照。

111)　特に注意しておくべきことをあげるとしたならば，政令に委任される資格要件
　　　につき，85 年草案では「特別の見識」となっていたが，ここでは，「特別の見識
　　　および経験」となっている点である。

に）Bastille 裁判を受けた新たな連邦弁護士会の組織構成についての弁護士界の意見が煮つまっておらず，他方では，各単位弁護士会の規約に委ねることは，統一的な規律が不可欠であることからして論外とされたことによる[112]。問題は，法務委員会の提案にかかる 42 条 d は，これに加えて，連邦衆議院が，この政令をコントロールできるとしていたことである。すなわち，

「……〔略〕……この政令は，その公布に先立って，ドイツ連邦衆議院に上程されなければならない。この政令は，ドイツ連邦衆議院の決議をもって変更し，あるいはこれを拒絶することができる。ドイツ連邦衆議院のこの決議は，連邦政府に送付される。連邦政府は，その公布に際し，この決議に拘束される。ドイツ連邦衆議院が，政令の上程より開会期間中三週間経過後もこの政令を審議しないときは，政令は，公布のため，変更のないまま連邦政府に送付される。ドイツ連邦衆議院は，議員団を構成するのに必要とされる数の議員の申立てがあるときは，この政令を審議する。」

このような規律を設けることとした理由として，法務委員会報告は，次のように述べる。「委員会は，この事項の重要性の故に，そしてまた，予定されている弁護士の職業法の新規定の一部の先取りであることにかんがみ，立法者が政令の内容に影響力を行使できるようにする必要があると考える。このような関心事を考慮したのが 1 項 2 文から 7 文である。」と。あくまで推測の域を出ないが，85 年草案が葬り去られたときのことを考えると，これは（本来は弁護士自治にまかせられるべきであるという発想の下），連邦衆議院の名を借りて，連邦政府の意のままに資格要件が定められることを弁護士サイドからチェックし，さらにはその意向が反映されるようにしようとしたものと思われる。そしてこれが，その後のドタバタ劇を生むことになったのであった。

とまれ，この法案はなんらの修正もなされないまま成立し，1991 年 1 月 29 日，官報に公布され，その日から 6 ヶ月後，つまり，8 月 1 日をもって，この改正法に基づいた専門弁護士制度がスタートするはこびとなっていた[113]。

（3）イ）そして，連邦政府は，改正法 43 条 d の授権を受けて，資格要件の詳細を定

---

112) Beschlußempfehlung und Bericht des Rechtsausschusses, a. a. O., S. 20 (zu § 42d).

113) Gesetz zur Änderung des Berufsrechts der Notare und der RA vom 29 Jan. 1991, BGBl. I. S. 150. 具体的な施行の仕方としては，政令への委任を定めた規定（42 条 d）を即時施行とし，政令を制定できるようにして，政令の制定をまって専門弁護士認証をはじめられるようにしたのであった。

298 資　　料

める政令を策定し，連邦参議院の同意を求めた。ところが，連邦参議院は，1991 年 9 月 27 日[114]，同意を拒否したのであった。その理由は，同意を求められた政令の内容に問題があるということではなかった。理由は，先にあげた改正法 42 条 d の 1 項 2 文から 7 文が定めている連邦衆議院の変更・拒絶権である。連邦参議院が行った報道発表の要旨は次のようにその理由を説明している。すなわち，

「本件について，連邦参議院は，特に卓越した弁護士が，行政法専門弁護士，税法専門弁護士，労働法専門弁護士そして社会法専門弁護士と名乗ることに対してなんら異議をのべるものではない。しかしながら，連邦参議院は，連邦政府から上程されたそれに対応する政令に同意しなかった。その理由は，連邦参議院は，その基礎となっている連邦弁護士法の授権規定が，憲法上認められるものではないと考えるからである。重大な憲法上の疑念を引き起こしたのは，政令の制定に連邦衆議院の介入を認めている点である。授権の仕方からすると，最終的には，連邦衆議院が，政令の内容を判断することとなっている。しかしながら，政令の発布およびその具体的内容についてこのように幅広い影響力を行使できるとしていることは，連邦参議院の見解によれば，基本法と適合しない。基本法は，規範の定立に関して，こういった混合形態を予定していない。権力分立原則に照らすと，立法手続および規範の定立権限の付与，つまり，政令制定権に関する基本法上の重要な諸規定は，これを厳格に維持しなければならない。基本法は，通常連邦参議院の同意を必要とするが，政令の発布を，原則としては連邦政府に委ねている。基本法 80 条 1 項が定めている具体化〔授権の内容，目的および範囲を，授権規範の中で明確にすること〕の必要性は，憲法の立法者が，政令の内容をどう定めるかについて，連邦衆議院が関与することを認めようとしなかったことを示している。議会が，授権規範の中で定めたことをこえて，政令の中に，規律の内容，目的およびその広がりについての自己の考えを，他の方法で持ち込むことができる権限を持つとしたならば，この具体化の必要性というものはその意義を失うこととなろう。

旧西独地域における専門弁護士表示に関するこの政令の同意を拒否したことにかんがみ，旧東独地域における同様の表示に関する政令についての審議は，これを延期す

114）　NJW 1991, S. 3204. なお，改正法では，8 月 1 日に施行とされていたのに，9 月 27 日になっても，資格要件についての政令が連邦参議院に係属していたことの理由は定かではないが，やはり，そもそも専門弁護士というものを認めるべきではないといういわゆる保守派の勢いがまだ根強かったと推測して良さそうである。その勢いは，ごく最近まで続いていたのである。

ることとした。連邦参議院は，その決議において，連邦衆議院に対し，連邦衆議院が，連邦参議院の憲法上の疑念を考慮した上で，専門弁護士表示を，全ドイツにおいて統一的に規律することができるように改めるよう，再度求める次第である。」と。

なお，この報道発表に出てくる旧東独については，東西ドイツ統合後（1994年改正まで）は，特別の弁護士法（Rechtsanwaltsgesetz）が定められていたが，この法律の15条は，専門弁護士制度をすでに明文をもって定め，政令により資格要件の詳細を定められる体制が整えられていた[115]。したがって，東独地域については，上程された政令に同意することで足りた（政令として公布することができた）のであるし[116]，後にまたそのとおりに処理されているところである[117]。

ロ）いったんは改正法に同意していた連邦参議院が，その延長線上にあるといってよい政令への同意を，改正法には違憲の疑いがあるという理由で，手の裏を返したように拒絶したことは，まさに，驚天動地と評されてもしかるべきものではあった。もっとも，その火種は，すでに法案審議の段階でくすぶっていたのであった[118]。すなわち，連

115）　旧東独地域に適用されていた弁護士法（Rechtsanwaltsgesetz = RAG vom 13 Septmber 1990 (GBl-DDR I S. 1054)）15条は次のように定めていた。

【弁護士法15条】専門弁護士

⑴　労働法，税法，行政法または社会法の領域における弁護士活動において，5年以上にわたり特別の経験と見識を得たものは，その申立てに基づき，先にあげた領域の最高ふたつまでについて，「……専門弁護士」と名乗ることを，弁護士会から認めてもらうことができる。

⑵　その要件の詳細および弁護士会における手続は，司法大臣が政令によりこれを定める。

　　※2項の司法大臣とは，もともとは旧東独司法大臣を指すものであったが，東西統合後は，連邦司法大臣と読みかえられている。Anlage II, Kapitel III, Gäschfts-bereich des Bundesjustziminister, Sachgebiet A: Rechtspflege, Absch-nitt III 1d) zum Ergänzungsvertrag 参照。

116）　のちに，提案されたとおりの政令が，公布されている。Verordnung über Fach-anwaltsbezeichnungen nach dem Rechtsanwaltsgesetz vom 23. Feb. 1992, BGBl I S. 379.

117）　以上は，*Feuerich*, BRAO, 2 Aufl. § 42 d Rdz. 2 f. および *Feuerich*, BRAO, 4 Aufl. § 43 cRdz. 25 f. によった。

118）　Gesetz über Fachanwaltsbezeichnungen nach der BRAO und zur Änderung der BRAO vom 27. Feb. 1992, BGBl. I S. 369. なお，旧東独地域については，注116)参照。

邦参議院での審議において，バイエルン州政府は，法案42条dは，連邦衆議院が，連邦参議院の同意をえた政令を，勝手に変更することを可能とするものであり，したがって，政令には原則連邦参議院の同意が必要と定めている基本法80条2項に反する恐れがあると指摘し，違憲審査を求める可能性を留保していたのであった。違憲の疑いがかなり濃厚であったにもかかわらず，法案に連邦参議院が同意したのは，廃案となってしまうことを恐れたからであったとされている。

ハ）こうして，1994年の大改正までのつなぎのはずであった改正法は，いわゆる店ざらしにあってしまったのであった。そして，この問題の決着は，翌年の2月まで待たなくてはならなかった。すなわち，すったもんだのあげく，連邦参議院から同意を拒否された政令案の内容を取り込む一方，他方で改正法43条cの削除を盛り込んだ法律（連邦弁護士法に基づく専門弁護士表示に関するとともに連邦弁護士法を改正するための法律）がやっとのことで公布されたのは，連邦通常裁判所が弁護士倫理綱要に基づく専門弁護士認証を違法としたときより2年近くもたった（改正法が成立してからでさえ1年以上もたった）1992年2月27日になってからのことであった[119]。

こうして，法律にその根拠をおいた専門弁護士制度が出発することとなったが，この改正法は，すでに立法理由に述べられているように，いわば経過措置であり，その寿命もさして長いものと想定されてはいなかったといってよかろう。現にその約2年半後の1994年9月2日には，専門弁護士制度の法的根拠となるべき連邦弁護士法現行43条cおよび専門弁護士表示に関する規約制定権を弁護士自治に委ねる59条bをふくんだ1994年の（大）改正法が成立したのであった。もっとも，実際に1994年の改正法の枠

119）　ちなみに，連邦憲法裁判所は，この法律による認証制度は，職業実践の自由を定める基本法12条1項に反しないとの判断を下している。BverfG Beschl. vom 12. 2. 1998, AnwBl 1998, S. 277 f. この決定は，確かに認証拒絶は職業実践の自由への介入となるが，拒絶の原因となった，専門弁護士認証を申請した弁護士が一定事項についての事件を取り扱ったことを証明しなくてはならないとしている点は，権利保護を求める市民の保護という公共の福祉という観点から是認できるとしたものである。したがって，この法律と同じく，具体的に事件を処理したことの証明を求める現行法についても，（一部の弁護士にとって有利となり，相当性の原則（Verhaltnismäßigkeitprinzip）に反しない限り）もはや職業実践の自由権侵害（違憲）が問題となることはない。ただし，連邦憲法裁判所は，本件については，専門弁護士認証委員会が拒絶の根拠とその審査基準を開示しなかったことおよび弁護士法院がこれをチェックしなかったことにより，申請人（憲法抗告人）は，基本権に関する自己の見解を主張する機会をえられなかったのは，申請人の職業実践の基本権を侵害すると判断しているところである。

組みに基づく現行の専門弁護士制度がスタートするまでには，なんと 1997 年 3 月まで待たなくてはならなかったのであった。

VI　1994 年改正連邦弁護士法における専門弁護士制度の規律

1．連邦弁護士法改正案の提出とその審議

⑴　連邦憲法裁判所がいわゆる Bastille 裁判を下した 1987 年 7 月 14 日からほぼ 6 年，さらにはまた，連邦通常裁判所が，明確に，専門弁護士認証は，「法律上の根拠」なくしては行いえないとした 1990 年 3 月 14 日から 3 年余も経過した 1993 年 5 月 19 日，上記の裁判に応える連邦弁護士法の改正法案，すなわち，「『弁護士および弁理士の職業法の新たな規律のための法律』草案（Entwurf eines Gesetz zur Neuordnung des Berufsrecht der Rechtsanwälte und der Patentanwälte）＝ 1994 年連邦弁護士法改正法」[120] が，やっとのこと，政府草案として連邦衆議院に提出された。もっとも，遅れた責任は，全面的に政府側にあるわけではなく，かなりの部分は，連邦弁護士法改正の主導権を与えられていた弁護士サイドにあるといってよかろう。確かに，たとえばドイツ弁護士協会は，すでに 1988 年 1 月 23 日の理事会において，「新たな職業法」委員会を立ち上げていた。もっとも，連邦弁護士法改正案および専門弁護士規則案を公表したのは，1990 年 3 月のことであった[121]。そして，これらの案を公表するに際して行われたドイツ弁護士協会理事会内における表決に際しては，全員一致というものばかりではなかったし，1990 年 11 月における総会で，これらの案に賛否を表明した会員の意見は，ものによっては賛否拮抗した状態であった[122]。連邦弁護士会も改正案を発表したが，これもまた 1990 年 8 月であった[123]。たとえば，弁護士有限会社の導入問題についてみると，ドイツ弁護士協会の理事会決議では，賛成 14 に対し反対は 7 票（保留 2 票）であったが，同年 11 月の総会における投票では，賛否はほぼ拮抗状態（賛成が反対を 2 ％強上まわる程度）であった。さらに，両弁護士団体の改正案が出そろった後（1991 年 5 月）に開かれた連邦弁護士会の総会における決議では，この弁護士有限会社の問題に対する賛否は 8 弁護士会対 20 弁護士会と，そこでは反対が圧倒的多数を占めていたの

120）　BT-Drucks. 12/4993.

121）　AnwBl 1990 Heft 4 Beilage.

122）　AnwBl 1990 Heft 12 Beilage.

123）　AnwBl 1991 S. 624 (Aus der Arbeit des DAV ; Neues Berufsrecht, Stand des Geetzgebungsverfahren). BRAK-Mitteilung Gelber Beihefter として，公表された連邦弁護士会の案は，残念ながら参照できなかった。

302 資　　料

である[124]。ここに，弁護士の利益擁護団体として自由化の騎士をつとめようとするドイツ弁護士協会と，弁護士の監督機関として伝統を保持していこうとする連邦弁護士会の対立という図式の一端を垣間みたとしても，まったくの間違いだとはいえないであろう。しかしながら，このような一見内部矛盾とも思える表決結果の落差は，弁護士の職業像なり職業観といったものについての意見が，弁護士内部において大きく割れていたこと，つまりは，意見がまとまらなかったことを示す以外のなにものでもあるまい。これが，立法の遅延をもたらした一つの大きな要因であることを，まずは指摘しておこう。

(2)　とまれ，1991 年 7 月 8 日，改正の主導権を与えられていた弁護士を代表する団体である連邦弁護士会およびドイツ弁護士協会は，連邦司法大臣に対して，弁護士職業法の改正に関する提案と迅速な政府草案作成を求める旨の文書（提案文書）を連名で送付したのであった。もっとも，この文書は，先にあげた両団体の改正試案を並行的に資料として添付し，両改正試案公表後に開かれた協議会を受けて行われた連邦弁護士会総会およびドイツ弁護士協会の決議を付記しただけのものだったようである。そしてそこには，いくつかの点で両団体の意見が一致しなかったことが明記されているが，これは，後は政府に任せるということなのであろう。この文書を受けた連邦司法大臣は，1992 年の夏休暇（7 月）までには弁護士職業法（連邦弁護士法）の政府改正草案を上程すると，1991 年 8 月 2 日付文書をもって回答した。

政府の連邦弁護士法改正草案の議会への提出が，1993 年 5 月 19 日と，連邦司法大臣が通知した予定よりも 1 年近くずれ込んでしまった理由は定かではないが，1990 年におけるドイツ統合の実現にともなって生じた膨大な立法作業を迅速にこなしていかなくてはならないという事情が，その原因の一つであったことは容易に想像されうるところではある。

(3)　連邦弁護士法の改正法[125]が公布されたのは 1994 年 9 月 2 日であるから，法案の提出から改正法の公布されるまで，その審理に 1 年 4 ヶ月強を要したことになる。筆者は，ドイツ議会における審理が，通常どの程度のスピードで進むかは知らないが，審理にかなり時間がかかっているという印象を持たれたとしてもおかしくはあるまい。もっ

---

124)　両草案がそろった後，両団体の協議会がもたれ，いわゆるすりあわせが行われたが，すべての点については合意にいたらなかった。その一つが弁護士有限会社であった。AnwBl 1991 S. 624 f. 参照。

125)　Gesetz zur Neuordnung des Berufsrecht der Rechtsanwälte und der Patentanwälte vom 2. September 1994, BGBl 1994 I S. 2278.

とも，専門弁護士制度を定めた連邦弁護士法 43 条 c に関しては，特に議論があったわけではない。専門弁護士に関しては，1992 年の既に解決済みという認識があり[126]，政府草案には，連邦衆議院法務委員会において，かなり多くの修正が加えられたが，この規定自体は何らの修正を受けることもなく政府草案どおりに可決されていたのである。ここでむしろ注目すべきは，弁護士団体が提案した以上に，幅広い弁護士自治が認められることとなった，すなわち，弁護士自らが定める規約への委任事項が広がっている点である。以下にみておこう。

2．1994 年改正法の専門弁護士制度とドイツ弁護士協会試案

⑴　1994 年法は，専門弁護士を明定するにあたり，これを 43 条 c 一本にまとめ上げた。

43 条 c〔専門弁護士〕
　⑴　ある法領域につき特別の見識と経験を取得した弁護士に対しては，その所属する弁護士会は，専門弁護士の称号を名乗る権限を与えることができる。専門弁護士の称号は，行政法，税法，労働法および社会法に関して付与される。この権限は，最高ふたつの法領域について付与することができる。
　⑵　この権限の付与を求める弁護士の申立てについては，弁護士会の設置する委員会が，当該弁護士から提出された特別の見識と経験の取得についての証明を審査した後，弁護士会理事会が，当該弁護士に対し送達さるべき裁決をもって，これを判断する。
　⑶　弁護士会理事会は，各専門領域毎に委員会を設け，その構成員を任命する。ひとつの委員会は，最低三名の弁護士により構成される。この弁護士は，複数の委員会の構成員を兼ねることができる。75 条および 76 条は，これを準用する。複数の弁護士会は，共同の委員会を設けることができる。
　⑷　後に，それが分かっていれば許可は拒絶されていたはずの事実が判明したときは，弁護士会理事会は，専門弁護士の称号を名乗る権限を，将来に向けて撤回することができる。職業規則に規定されている継続して自らの教育を図ることを怠った場合には，これを取り消すことができる。

　そして，43 条 c 1 項にあげられている四つの法領域以外，いかなる法領域につき専門弁護士制度を導入するか，また，専門弁護士としての認証要件，つまり特別の見識と経験の具体的内容および認証（撤回・取消等）の手続きについては，すべて規約委

---

126)　注 123），S. 625.

304 資　　料

会が職業規則としてこれを定めるとし（59条b2項2号），弁護士自治に委ねている。

(2)　これに対し，ドイツ弁護士協会が，試案として司法省に提出した1990年の試案はどうだったか。そこでは，連邦弁護士法12条以下に，次のように規定することが提案されていた。なおこれは，内容的には，1989年7月2日に開催された連邦弁護士会の第65回総会の評決にしたがったものとされていることから[127]，連邦弁護士会の案も，基本的な点では同様であったと思われる。

12条a［専門弁護士］

(1)　通常最低3年弁護士として職業活動を行った後は，弁護士会理事会は，申立てに基づき，その専門領域が規約委員会により定められたものであり，加えて，弁護士が，その職業活動の種類と範囲を通じて，特別の見識と経験を有していることを証明したときは，「……（専門分野）……専門弁護士」の称号を名乗ることを認めることができる。

(2)　「……専門弁護士」の表示は，最高二つの専門領域についてこれを認めることができ，かつこれを名乗ることができる。

(3)　規約委員会は，権利保護を求める市民の利益を図るために一般的必要性が存する限りにおいて，職業規則において専門領域を定め，そして職業規則は，特別の見識と経験の証明につき，どのような条件を課すかを定める。

12条b［専門弁護士認証の申立］

(1)　専門弁護士と名乗る許可を求める申立てについては，弁護士会理事会が，各専門領域ごと弁護士会に設けられる委員会の意見に基づいてこれを判断する。複数の弁護士会は共同の委員会を設けることができる。委員会の委員の任命および委員会がその意見を作成する手続については，職業規則をもってこれを定める。

(2)　申立てを却下するときは，弁護士会理事会の採決に理由を付さなければならない。

(3)　後に，それが分かっていれば許可は拒絶されていたはずの事実が判明したときは，弁護士会理事会は，弁護士を聴問しかつ委員会の意見にしたがい，理由を付した採決をもって専門弁護士の称号を名乗る許可を撤回することができる。撤回は，撤回を正当とする理由を委員会が知ったときから1年以内のみこれを行うことができる。

12条c［専門弁護士の継続教育］

---

127)　Entwurf eines Gesetzes zum Berufsrecht der Rechtsanwälte nebst Entwurf einiger Bestimmungen einer Berufsordnung, AnwBl 1990 Heft 4 Beilage, S. 12.

⑴ 「……専門弁護士」の称号を名乗ることを許された弁護士は，許された専門領域につき，継続して自らの教育をはからなくてはならない。

⑵ 規約委員会は，職業規則において当該専門分野に関し特別の見識と経験の証明のために求められている要件にしたがい，必要とされる継続教育の範囲を職業規則において定める。おなじく職業規則においては，既存の各継続教育の可能性を基礎として，どのような形式において弁護士が継続教育に参加したことの証明をすべきか，また，それをどのような時間的間隔ですべきかを定める。

⑶ 職業規則によって定められた継続教育の証明がなされないときは，弁護士会理事会は，弁護士を聴問しかつ委員会の意見にしたがい，理由を付した採決をもって「……専門弁護士」の称号を名乗る許可を取り消すことができる。待機期間を待たずに 12 条 a に基づき新たな申立てをすることは，許可の取消しによって妨げられない。

⑶ 政府草案をそのまま取り入れた連邦弁護士法 43 条 c とドイツ弁護士協会の試案を比べてみると，一方がすべてを 1 ヶ条にまとめ上げ，スリムな感じとなっているのに対し，試案は，3 ヶ条にわけて規律しているものの，その基本的コンセプト自体は変わらないということは，すぐに見て取れる。もっとも，いくつかの点で，両者には温度差といったものが筆者には感じられる。一つは，ドイツ弁護士協会の試案は，専門弁護士認証の申立てを棄却する場合，事後的に認証を拒絶すべき事由が判明したことを理由として認証を撤回する場合，あるいは継続教育義務を怠ったことを理由に認証を取り消す場合には，本人の聴問と（認証）委員会の意見にしたがうこと，そしてまた，弁護士会理事会がこれらの裁決するときには理由を付さなくてはならないことを，法律それ自体で規定しようとしていた。これに対し，政府草案どおりの連邦弁護士法 43 条 c は，先にみたように，これらについては規定していない。これは，おそらく，連邦弁護士協会の試案作成にあたり，基本法 12 条が定める職業実践の自由との関係から，ここまで（規約ではなく）法律で規定しておかないと，規約等への授権が認められるとしても，重要な事項は法律によれとの原則（Grundsatz der Wesentlichkeit）に照らし，そしてまた，分限（つまり職業）像をかたちどる規範（Statutbildende Berufsbildende Normen）は法律によれとした 1987 年のいわゆる Bastille 裁判に照らし違憲とされることを恐れたのであろう。連邦弁護士法 43 条 c の簡略な規律は，そこまで必要はないとするものである[128]。

もう一つは，条文の位置である。政府草案，そして現行連邦弁護士会では，専門弁護

---

128) 注 120)，S. 29. 分限（職業）像をかたち作る規範は，法律によれという点は，単位弁護士会が専門弁護士表示の認証を行えると法律に規定しておけば足りるとする。

士を規定する 44 条 c は，連邦弁護士法第 3 章，つまりは，「弁護士の職業上の権利と義
務および業務共同」を規定する章のなかに，しかも，弁護士広告のあり方に関する規定
（43 条 b）の次におかれている。これに対し，ドイツ弁護士協会が提唱したように，12
条 a および 12 条 b とするということは，連邦弁護士法第 2 章第 2 節，つまりは，「弁
護士の認可」を規定する章のなかの，「弁護士としての認可の付与，消滅，撤回および
取消し」の節（この後に，「裁判所における認可」を定めた第 3 節が続く）のなかで，
弁護士それ自体の認可にからめて専門弁護士を規定しようとするものである。しかも，
12 条は，弁護士の認可証書の授与に関する規定である。このような規定の位置は，法
体系のドグマチックな整序性を大切にするドイツの立法のあり方からすれば，大胆かも
しれないが，次のように推論することも許されよう。すなわち，政府草案は，それまで
の連邦憲法裁判所や連邦通常裁判所の判例とおなじように（そしてまた現行法とおなじ
ように），専門弁護士表示を広告の一環と位置づけて[129]規律しようとした。これに対
し，ドイツ弁護士協会の試案は，弁護士が，そのような表示の前に「……専門」という
修飾語を付すことそれ自体，分限（つまり職業）をかたちどる規範（Statutbildende
(Berufsbildende) Normen）ととらえていた（ないしは，とらえようとしていた）。換
言すれば，ドイツ弁護士協会の試案は，専門弁護士を，専門医とおなじように，いわば
「別格の」弁護士と位置づけようとしたと考えてよいように思われる。翻ってみると，
政府草案に比べ，ドイツ弁護士協会の試案のほうが，法律自体で規律していることが多
く，また専門弁護士認証申立人の審問請求権（手続保障）への目配りがより行き届いて
いるが，これは，問題が弁護士の分限（職業）像に関わるからこそ，「重要な事項は法
律によれ」との原則に特に意を配したものと考えれば，納得がいこう[130]。

　⑷　いずれにしても，専門弁護士に関する規律は，弁護士団体自らが提案した以上

---

129)　注 128)。

130)　このほか目につくのは，政府草案では，専門弁護士表示が認められる四つの法
　　　領域（行政法・税法・労働法・社会法）が既にあげられ，その他については規約
　　　によるとされているが，ドイツ弁護士協会の試案では，すべてにつき規約で定め
　　　るとなっていた点である。ドイツ弁護士協会も，これら四つの法領域について専
　　　門弁護士を認めることを当然の前提にしており（Entwurf einesGesetzes zum Be-
　　　rufsrecht der Rechtsanwälte nebst Entwurf einiger Bestimmungen einer Berufsord-
　　　nung, a. a. O. (Fn 127), S. 13）実質的には何の差異もない。推測するところ，専門
　　　弁護士をどの法領域に認めるかにつき，規約（専門弁護士規則）を定める場での
　　　議論の沸騰が予想されることから，今まで認められてきたものについては明確に
　　　しておこうとしたのであろう。

に，自治的な規律，すなわち規約（Satzung）に委ねられることになった。そこで，次には，Bastille 裁判において，非民主的と批判されたこの弁護士自治を象徴する規約制定の仕組みがどのようになっているのかと，専門弁護士規則（Fachanwaltsordnung）の制定はどうすすめられたか，これをみていくこととしよう。

VII　規約委員会の構成と専門弁護士規則の制定

1．ドイツ弁護士協会のコンセプト

すでにみたように，Bastille 裁判において，ドイツ連邦弁護士会が，連邦弁護士法 177 条 2 項の旧 2 号に基づいて定めた弁護士倫理綱要が，規範としての意味を持たないばかりか，弁護士の権利・義務に関する一般的規定である連邦弁護士法 43 条を解釈する際の資料ともなりえないとされた大きな理由は，次の点にあった。すなわち，連邦弁護士会が，弁護士もまたその構成員（会員）とするわが国の日弁連とは異なり，連邦弁護士会は各単位弁護士会のみをその構成員としており，その結果，いってみれば個々の弁護士という視点からみると，いわゆる「一票の格差」が生じていることであった[131]。簡単にいえば，法律の根拠がないことに加え，弁護士ではなく単位弁護士会を構成員とする団体であるドイツ連邦弁護士会が，個々の弁護士の弁護士活動を直接規律する規範を定立することは，自治ではない。というのが，Bastille 裁判において連邦憲法裁判所がいわんとしたところである。これに応えるべくドイツ弁護士協会が構想した規約委員会のコンセプトの概要は，列挙すると次のようなものである[132]。

1）　各単位弁護士会総会において，選挙により選任された代議員制

2）　代議員となる資格は，同一単位弁護士会に 3 年以上所属している会員（外国法弁護士等ドイツ弁護士資格を有しない者でもよい）

3）　選挙は，（会員 10 名または全会員の 5 ％に相当する会員の支持を取り付け，かつ総投票数の 5 ％以上の得票をえた）候補者名簿に基づく比例代表制

4）　代議員数は，弁護士 500 名につき 1 名とし，会員数に応じて各単位弁護士会に

---

131)　本稿Ⅳ 1（『比較法雑誌』38 巻 3 号）169 頁参照。ちなみに 2003 年について，各単位弁護士会のうち会員（外国法事務弁護士（連邦弁護士法 206 条参照）をふくむ）数がもっとも規模の大きい弁護士会は，ミュンヘン弁護士会であり，会員数 1 万 4640 名である。これに対し，（特殊な地位を持つ「連邦通常裁判所（BGH）弁護士会（会員数 31 名）」を除いて）もっとも規模の小さなザールブリュッケン弁護士会の会員数は，1214 名であり，およそミュンヘン弁護士会の約 12 分の 1 といった具合である。

132)　注 127），S. 27 ff.

308 資　　　料

割り振る。

5）　職業規則に関する決議については，規約委員会構成員の過半数による[133]。

2．政府草案と改正法

⑴　それでは政府草案のコンセプトは，どうだったか。まずもって，単位弁護士会総会で選出される代議員制によること自体は，政府草案（そして改正法）もドイツ弁護士協会の試案と同じであるが，試案とは異なり資格制限を設けていない。ドイツ弁護士協会の試案が，評議員は「ことをわきまえた（Sachkundig）」でなくてはならないということから制限を加えたとしているが，弁護士会への登録自体ではなく，選出母体である同一単位弁護士会での登録年数が問われていることからすると，帰属単位弁護士会の利益代表のための制限とされてもしかたがないということなのであろうか。次に，代議員の数であるが，政府草案（改正法）では，会員1000名あたり1名とされており，半減となっている。ドイツ弁護士協会の試案は，弁護士の多様性からして，それを委員会，ひいては職業規則に反映させるためには，代議員の規模はある程度大きくなくてはならないとし，当時（1990年）の弁護士数5万5000人をもとに，代議員120名程度と試算していた。政府草案（改正法）が，これと異なるスタンスをとったということではなく，その後の弁護士人口の爆発的増加（草案が提出された1993年当時ですら，毎年3～4000名程度増加しており，2003年の弁護士数は，12万1420名となっている）をみて，代議員120名程度の規模とするには，1000名ごととしておくのが妥当としたのであろう。

⑵　ドイツ弁護士協会の試案と政府草案（改正法）との差異のうちで特に注目すべきは，代議員の選任方法である。前者は，単位弁護士会の会員が作成する候補者名簿に対し投票させる名簿式比例代表，つまりは，わが国の公職選挙法95条の2と同じく，各名簿の得票数をそこに搭載されている候補者の人数に満つるまで順次数をふやして割っていき，えられた商が大きい候補者名簿に当選人を割り振り，名簿の上位順から当選者，つまりは評議員とするやり方である。これに対し，政府草案（改正法）は，（後に述べるように，候補者の要件の規律につき両者に違いがあるが）単純に得票数の多い者から評議員としていくというやり方である。この違いはどのような意味を有しているのであろうか。ここでは，代議員の数に関連してドイツ弁護士協会が弁護士の多様性を指

---

133)　このほか目につく違いとしては，ドイツ弁護士協会の試案では，代議員等の要請に基づく委員会の招集につき，「3単位弁護士会または代議員の20％」が求めたときとされていたのに対し，改正法（政府草案）は，「5単位弁護士会または議員の5分の1」とされている点があげられよう。

摘していることに注目すべきであり，これをふまえて少しく図式化してみれば，次のようにいうことができるのではあるまいか。すなわち，ドイツ弁護士協会の試案がとる選挙方法は，弁護士といっても，たとえば勤務弁護士ないしはフリーランス弁護士か経営者である弁護士か，１人事務所の弁護士かそれとも大規模事務所弁護士か，あるいは，企業内弁護士か否か，はたまた，専門弁護士かそれともいわゆる町弁かにより，利害状況が異なる点に着目して，いわばそれらの代表者の選挙という色合いを持っている。これに対し，政府草案（改正案）は，確かにその理由書において，弁護士の多様性に言及はしているものの[134]，その利害状況の違いを反映させる必要性までもはないとし，あえていえば，かつての弁護士倫理綱要が弁護士の基準とみた人望ある経験を積んだ弁護士が代議員となることを目指したといってよかろう。翻ってみると，政府草案（改正法）が，（規約委員会）「構成員（本稿でいう代議員）は，指示に拘束されず，」（連邦弁護士法191条ｂ３項）と，当たり前とも思われることを規定している。特にこれを規定したのは，選出母体，つまりは，利益状況を異にする上記のような各種の弁護士グループからの指示を意識したからだというのは，牽強付会に過ぎようか。

　もう一つ，ドイツ弁護士協会の試案と政府草案（改正法）とに，弁護士自治の象徴である規約制定権との関係で注目すべき違いがみうけられる。それは，この問題につき監督庁（Staatsaufsicht）となる連邦司法省（連邦弁護士法176条２項参照）に対するスタンスが，三者三様となっている点である。この点は，次の政府草案と改正法との対比の場で取り上げることとしよう。

3．政府草案と改正法との違い

　最後に，規約委員会に関する政府草案の構想と改正法，つまりは連邦衆議院法務委員会の修正案の構想との違いについてふれておこう。

　⑴　まず第１には，規約委員会の代議員の選挙方法である。政府草案は，単位弁護士会の総会で選任するとなっていた。これは，詳細は各弁護士会に委ねる趣旨と思われる。これに対し，法務委員会は，一方では，直接・秘密選挙であること，および候補者には会員10名以上（特に小規模の連邦通常裁判所弁護士会については，３名以上）の推薦がいることを規定し，他方では，書面投票によると修正した。前者は民主的選挙の基本原則だけは，法律によって規定しておくべきという態度であろう。後者については，より多くの弁護士が評議員の選出に関与できるようにし，これにより，規約委員会の決議ができるだけ多くの弁護士から受け入れられるようにするものと説明されている。

---

134)　注120)，S. 37.

310 資　　料

　2点目は，規約委員会の構成である。ドイツ弁護士協会の試案では，規約委員会の議長とされている（連邦弁護士法191条 c 1 項）連邦弁護士会会長は別にして，各単位弁護士会会長を職務上の代議員とすべきではないとされていたが，政府草案は，これらの者も議決権を持った構成員として規約委員会に加えることとしていた。単位弁護士会会長を加える理由は特に示されていない。これに対し法務委員会は，一方で，連邦弁護士会と単位弁護士会の会長を職務上の代議員とするが，他方では，これらの者には，決議権を与えないこととした。要するに，代表民主制が濁ってはならないということである。

　(2)　もう一つは，先にあげた監督庁である連邦司法省との関係である。ドイツの弁護士会および連邦弁護士法は，公法人として，司法行政ないしは連邦司法省の監督（Staatsaufsicht）を受ける（連邦弁護士法62条，176条）[135]。規約委員会は，異論がないわけではないが，連邦弁護士会の付置機関であり[136]，そもそも規約として定められる職業規則に関する監督については，それが連邦全体におよぶものであることからすれば，連邦司法省が監督庁となる。この監督庁との関係につき，ドイツ弁護士協会の試案は，まったくふれていない。連邦弁護士会に対する監督権の枠内の問題と考えていたのであろう。これに対し，政府草案は，その191条 e として，［規約委員会の決定の無効および取消しの確定］というタイトルのもと，「連邦通常裁判所は，規約委員会の決定が法律に反してなされ，あるいは，その内容が法律に適合しないときは，連邦司法大臣の申立てに基づき，これを無効その効力なしと宣言することができる」と規定することを提案していた。法務委員会はこれを修正し，［監督官庁による規約委員会の決定の審査］とのタイトルのもと「規約は，連邦司法省が規約またはその一部を取り消さない限り，連邦司法省にそれを通知したときより 3 カ月経過後に発効する」と修正したのであった。政府草案は，規約を連邦弁護士会理事会ないしは総会の選挙および決議になぞらえて処理しようとしたのに対し，法務委員会における聴聞会において，憲法違反の疑いがあるとの意見が述べられ，これを取り入れたのが，修正案と説明されている。すなわち，規約は，自治に基づき定立される法であるが，これはその上位法，わけても憲法と適合するものでなくてはならない。このような規約に胚胎する制約からして，監督庁が連邦通常裁判所に対して司法審査を求められるとするだけでは，監督権の行使としては

---

135)　監督を受けるといっても，法的側面からの監督つまり合法か否か（Rechtsaufsicht）に関してのみであり，業務執行の妥当といった側面からの監督（Fachaufsicht）を受けるものではない。*Feuerich/Weyler*, BRAO-Komm. 6 Aufl. § 62 Rdn. 6 ; § Rdn. 4.

136)　ドイツ弁護士同盟の試案では，明文で規定されている。FN127, S. 27.　試案191条 a 1 項。

足らない。やはり監督庁に——法的安定の観点からして一定期間に限り——規約を取り消す権限を認めるべきとしたのであった。（その当事者については議論があるが）連邦司法省による規約の取消しに対しては，連邦通常裁判所にその処分の取り消しを求めることができるから，単に攻守を取りかえただけともいえなくはないが[137]，やはり，自治についての理解の温度差が感じられる修正ではある。

4．専門弁護士規則の制定

⑴　とまれ，1987 年 7 月の Bastille 裁判から 7 年余，ドイツ弁護士の職業法に大変革をもたらした 1994 年の改正法は，同年 9 月 2 日に公布され，一部を除き即日施行されることとなった。もっとも，改正法に基づく専門弁護士の認証のためには，まずは認証要件・手続きについて規約（連邦弁護士法 59 条 b2 項 2 号参照）を制定する必要がある。そのため，経過規定をもって，1992 年に連邦弁護士法にはじめて専門弁護士の規定を設けた際に制定された「連邦弁護士法に基づく専門弁護士表示に関する法律」および「連邦弁護士法に基づく専門弁護士表示に関する政令」[138]は，これを専門弁護士に関する規約が成立するまでその適用を続けると定められていた[139]。

⑵　それでは，専門弁護士に関する規約，つまりは専門弁護士規則（Fachanwaltsordnung）は，いつ規約委員会で決議されたのであろうか。それは，1994 年の改正法成立から 2 年余，既に述べたように Bastille 裁判が下されたときから実に 8 年余もたった1996 年 11 月 29 日のことであった。そして，それが発効したのは，1997 年 3 月 11 日のことである。

その理由は，もちろん意見が分かれ，まとまらなかったことによるものである。権威的な（専門弁護士規則も含む）職業規則のコンメンタール[140]によれば，専門弁護士規則は，規約委員会における議論が最も沸騰した対象であった。専ら専門弁護士規則を審議する 2 回にわたる専門小委員会，そしてまた，専門弁護士規則が審議対象となった全

137）　*Feuerich/Weyler*, BRAO-Komm. 6 Aufl. § 191e Rdn. 3. ちなみに，規約委員会の議長（連邦弁護士会会長）が，それでも規約を広告してしまったときには，今度は逆に，連邦司法大臣がその取消しを連邦通常裁判所に請求することになる。

138）　注 118）注 116）これらについては，本稿 V 2⑷，『比較法雑誌』39 巻 1 号 172 頁以下参照。

139）　注 125）Artikl 21 (11).

140）　*Hartung/Holl*, Anwaltliche Berufsordnung, 2. Aufl. FAO Einführung Rdz. 34 ff. 「専門弁護士および継続教育に関する小委員会」のほか四つの小委員会が設けられた。

312　資　　料

部で 5 回にわたる規約委員会総会において，長時間にわたり集中的な討論が行われたとのことである。なお，規約委員会の起草小委員会からは，専門弁護士規則を職業規則（Berufsordnung）の一部とする（つまりは 1 本にまとめ上げる）よう提案がなされたが，規約委員会総会は，これをかなりの多数で否決し，連邦弁護士会会長が提案した，規約として別個のものとする案を採用し可決したのであった。

　⑶　もっとも，ここで可決された専門弁護士規則が，すんなりそのまま施行されるにはいたらなかった。すなわち，連邦司法省は，1997 年 3 月 7 日，連邦弁護士法 191 条 e に基づくその権限を行使し，規約委員会が決議した次のような専門弁護士規則 15 条を取り消す裁決を下したのであった[141]。

「⑴　連邦弁護士法 206 条および 207 条に基づき弁護士会の会員となっている者には，1 条から 8 条および 10 条から 16 条までを準用する。税務相談法 11 条が適用されるときは，9 条もこれを準用する。
　⑵　連邦弁護士法 209 条の意味における会員については，専門領域表示をすることの認証を受けられるとして，1 条から 8 条および 10 条から 14 条までを準用する（連邦弁護士法 209 条 1 項 4 文）。」

　この規定の第 1 項は，外国に於ける弁護士資格を有する者についても，専門弁護士認証ができるとするものであり，第 2 項は，法律相談法により法律相談にたずさわることを許された者（Rechtsbeistand。以下「法律相談士」）で弁護士会員となっている者に，連邦弁護士法 209 条 1 項 4 文は，最高二つまでの「専門領域」の表示を許していることから，これを専門弁護士に見立てて規律しようとしたものであった。もっとも，このような規定の趣旨はそもそものところ矛盾だらけであった。まずもって第 1 項については，リップサービス以外の何者でもない。なぜなら，外国資格の弁護士は，ドイツ法の分野での活動は禁止されているから，そもそも専門弁護士の認証要件を満たすことなどできようがないからである。次に，第 2 項であるが，これは，一方では，連邦弁護士法 209 条 1 項 4 文により，専門領域として表示することが許されている「税法」をはずしてしまう結果になるとともに，他方では，専門弁護士認証の対象として新たに加えられる法領域についても，法律相談士がこれを専門領域として表示する道を開くものとなっている点で，連邦弁護士法に反している。このように，矛盾に満ちた規定がなぜそんな

---

141)　以下は，*Hartung/Holl*, Anwaltliche Berufsordnung, 2. Aufl. FAO § 15 Rdz. 3 ff. によっている。

り特別決議に必要な絶対過半数の賛成をえられたのか，不思議でならないが，この矛盾を連邦司法省から指摘されたのは，当然であろう。3月7日に連邦司法省が取消しの裁決を下すのに先立って，2月25日，同省事務次官は，この規定には先のような疑問点があると指摘した書簡を規約委員会に送ったのであった。これに対し規約委員会の議長，つまりは連邦弁護士会会長は次のように返答した。すなわち，15条1項は，事実間違ってはいるが，現実に照らすと，実際に適用されることがないままに止まる。また，起案に際しての見落しに由来する15条2項の文言は，明らかな過誤として，次の連邦弁護士会公報（BRAK-Mitteilung）において更正することで修正できると答えたのであった。かなり言い訳がましいとも思えるこの説明に連邦司法省が満足せず，その権限を発動して15条を取り消したことに対しては，残念とか，あるいは，弁護士の世界に，不安や法的不安定をもたらし，さらには専門弁護士規則の発効がいつかをめぐる議論を引き起こしたといった非難が加えられている[142]。しかし，部外者からみると，何とも自業自得の感があるというのは酷であろうか。

VIII　専門弁護士拡大のあゆみ——曲がりくねったみちのり

1．家族法と刑事法専門弁護士の認知——拡大への序章？

⑴　1994年改正連邦弁護士法は，すでに述べたように1994年9月2日の公布と同時に施行されたが，改正法が職業法定立の機関とした規約委員会（Satzungssammlung）が組織・招集されるまでにほぼ1年を要し，選挙により選出された88名の代議員と職務上の構成員である連邦弁護士会会長および各単位弁護士会の会長（すでに述べたようにこれら職務上の構成員は議決権を持たない）を集めた第1回委員会総会がベルリンで開かれたのは，1995年9月7日であった。そしてこの総会においては，専門弁護士規則をめぐる議論にかなりの時間が割かれる一方，他方では，この時点ですでに，連邦弁護士法43条cにあげられてはいなかった「家族法専門弁護士（Fachanwalt für Familienrecht）」[143]および「刑事法専門弁護士（Fachanwalt für Strafrecht）」[144]の導入が

---

142)　*Hartung*, AnwBl 1997, S . 65.

143)　*Willutzki*, Familie Recht und Partnerschaft 1995, S. 175 によれば，「家族法専門弁護士」の導入を求める声は，ドイツが家庭裁判所制度を導入（1977年施行）して数年しかたっていない1980年代のはじめには，ドイツ家庭裁判所学会大会ですでにあがっており，1987年10月の大会では，会長が，家族法専門弁護士の導入は不可避と明言していた。もっとも，そのころ，家庭裁判官は，専門弁護士導入に大いに賛成であったが，会員である弁護士サイドでは，どちらかといえば賛成派が多いとはいえ，意見が分かれていた。そしてまた，1987年に家庭裁判所10周

314 資　　料

決せられていたのであった。

　もっとも，代議員が諸手をあげて賛成したというわけではなかった。刑事法専門弁護士についても，賛成 57 票に対し，反対 27 票と議決権者の約 4 分の 1 が反対にまわっていた。さらに家族法専門弁護士にいたっては，賛成 47 票に対し反対 36 票と，賛成が可決要件（連邦弁護士法 191 条 d3 項 = 全議決権者の過半数）の 45 票をわずか 2 票しか上回っていないという惨憺たる状況であった。

　(2)　ともかくも，こうして新たな専門弁護士が誕生することになったわけであるが，一つ指摘しておくべきは，それは，次のような意味で，今までの裁判権の枠組みをすこし踏み出したということである。すなわち，それまで専門弁護士が認められてきた専門領域（行政法，税法，労働法および社会法）は，なるほど官署としての裁判所をも異にする法領域である。刑事法（刑事裁判権）も，たしかに，官署としては通常裁判所がそれをつかさどってはいるものの，民事裁判権（民事裁判所）とならぶ独立の裁判権（刑事裁判権）とされている。これに対し，家族法についていえば，一般的には家庭裁判権（Familiengerichtsbarkeit）とよばれるものの，民事裁判権とならぶという意味での独立の裁判権を構成するものではない。この意味では，今までの裁判権の枠組みを一歩とび出したものと評してもさしつかえあるまい。もっとも，特別の裁判官（家庭裁判官 = Familien-richter）により構成され，家庭裁判所（Familiengericht）と特に呼称される裁判所が管轄し，それ故か，一般には「家庭裁判権（Familiengerichts-barkeit）」と呼称

　　年を記念する講演を行った，当時のドイツ弁護士協会会長（*Ludwig Koch*）は，はっきりと反対と述べていたとのことである。なお，家族法専門弁護士導入の必要性の詳細については，*Henssler/Mälzer*, a. a. O. 注 31），S. 337 ff. 参照。

144）　*Barton*, Fachanwalt für Strafrecht, AnwBl 1989, S. 473 ff. によれば，「刑事法専門弁護士」の導入を求める声は，すでに 1970 年代の初頭にはあがっており，1986 年には，ドイツ弁護士協会の「刑事法部会（Arbeitsgemeinschaft für Strafrecht）」が，総会にこの問題を上程していたとのことである。なお，刑事法専門弁護士導入の必要性については，必要的弁護事件についても（それをいわば飯の種にしている弁護士層の質の確保が必ずしもはかられていない実情があることから）質の高い刑事弁護人を確保できるようにすること，および，かなりの弁護士が刑事をメインフィールドにしていることがあげられている。ちなみに，すでに弁護士数が約 3 万 7000 名の 1981 年当時，ほぼ 5000 名から 6000 名の弁護士が，刑事弁護をそのメインの弁護士活動としているとの調査結果があり，また，*Barton* 自身の評価によれば，弁護士数が 5 万 2392 名となった 1988 年では，7000 名から 8000 名の弁護士が，刑事弁護を主な仕事としていると推定されている。

されており[145]，そして独自の手続法とよんでもさしつかえないほどに固有の手続規則が形成されている分野であり，その意味では，小さな一歩ではある。

2．倒産法専門弁護士の認知——新たなるカテゴリー？

(1)　とにもかくにも，1997年3月11日，専門弁護士規則は，(弁護士) 職業規則とともに発効し，こうして，1990年3月に下された連邦通常裁判所の決定[146]により引導を渡されたかたちとなっていた弁護士自治 (自律) に立脚した専門弁護士認証は，新たに家族法と刑事法を加えた，六つの法領域について再スタートすることとなったのである。もっとも，専門弁護士制度を，その他の法領域にも拡大していくことを求める声は，ドイツ弁護士協会がその旗振り役となるかたちでますます強くなっていった。この声を追い風にし，専門弁護士規則制定後における専門弁護士制度の拡大への動きが活発化していった。そして1998年11月5日，規約委員会は，次の専門弁護士として，「倒産法専門弁護士 (Fachanwalt für Insolvenzrecht)」の導入を早々と決めたのであった[147]。もっとも，これもまた，すんなりと決まったわけではなかった。かなり激しい議論が展開されたことは，次のことからも十分うかがうことができる。すなわち，規約委員会に設けられた専門弁護士小委員会から提案されたのは，倒産法専門弁護士を導入することではなく，その導入の見送りだったのである。間近 (1999年1月1日) にせまった「倒産法 (Insolvenzrecht)」の施行にあわせて，それまで弁護士でない者 (税理士・公認会計士など) がにぎっていた倒産マーケットに，弁護士が参入できる体制を急ぎ整えよう。導入推進派の主なねらいの一つはこれであった[148]。そしてそのための一番

---

145)　*S. Rosenberg/Schwab/Gottwald*, ZPO 16 Aufl. S. 48.

146)　本稿Ⅴ 1。『比較法雑誌』39巻1号158頁以下。

147)　倒産法専門弁護士の導入をはじめに説いたのは，*Schick*, Der Konkursverwalter — berufsrechtliche und steuerrechtliche Aspekte, NJW 1991, S. 1328 ff. (1330) であるとされている。要約すると，(仮) 破産 (現在では「倒産」) 管財人の選任基準が明確ではなく，裁判所の裁量に委ねられているのは不適切であり，管財人候補者の能力をチェックしたうえで，候補者リストによった選任体制を確立すべきである。その一方策として，「倒産法専門弁護士」の導入も考えられる，というのが彼の説くところである。ここでは，権利保護を求める市民に対する情報提供という，専門弁護士制度の一つのスローガンがみあたらず，かえって，適切な管財人確保という観点から専門弁護士制度の必要が説かれているところは興味深い。

148)　*Hartung/Holl*, Anwaltliche Berufsordnung, 2 Aufl., FAO § 1 Rdn. 19 参照。なお，1998年11月5日に決定されたのは，倒産法専門弁護士の導入のみで，その要件等を含む専門弁護士規則改正の正式決定は，1999年3月22日である。BRAK-Mit-

316 資　　料

の策は，弁護士でない競争相手との差を際だたせる特別の資格だとする議論をもって，規約委員会における多数を獲得したのであった[149]。

(2)　倒産法専門弁護士の導入は，「新」倒産法の施行という「一大イベント」に後押しされたことは否めないとしても，様々な法領域につき，専門弁護士の拡大を求める声が数多くあがるなか，それらをいわば出し抜くことができたのはなぜであろうか。おそらくは，倒産法が，それまで専門弁護士制度が導入された各法領域と共通性を持っているからであろう。すなわちそれは，固有の手続法が形成されていることである。その意味では，それまでの延長線上に位置するといえる。しかし，倒産事件は，家庭事件とは異なり，特別構成の裁判所が管轄するものではない。この点で，「裁判所→固有の手続法→専門弁護士」という構図から一歩踏み出したと評しえよう。

(3)　ちなみに，新たな倒産法専門弁護士のコンセプトは，その認証要件中の「実務上の経験」に関する規律にもみられるように，倒産管財人を念頭においたものとなっている。そこで，一方では，倒産管財人市場がいわゆるクローズド・ショップになっており，ここでの新たな市場参入はあまり期待できない。そしてまた，（バブルの後遺症などで，倒産が「異常に」激増し，その結果市場が拡大したわが国とは異なり）倒産件数が通常の推移をみせるドイツでは，新倒産法下での市場拡大は期待できない。むしろ，倒産前のステージでの再生こそがこれからの新しいマーケットだとする批判がある[150]。他方，現実的にも，倒産専門弁護士の認証要件中，実務上の経験に関する規律，特に，五件の倒産手続において「管財人」をつとめたことが求められている点（専門弁護士規則 5 条 g1）については，これでは，新規参入は無理だと批判されている[151]。

---

　　　teilung（連邦弁護士会公報），1999, S. 121. また施行は 9 月 1 日である。

149)　*Bühren*, Fachanwalt für Versicherungsrecht, AnwBl 2000, S. 232.

150)　*Arens*, Fachanwalt für Insolvenzrecht, AnwBl 2000, S 91 f. Arens によれば，当時（2000 年頃）ドイツ全国レベルでみても，裁判所が管財人によく任命しているのは，せいぜい 600 名程度とのことである。そして彼は，倒産担当裁判官に聞くと，ほぼ一様に，管財人の仕事の重要性・困難性に照らし，現在活躍している者以外から倒産管財人を任命する気はない。たとえ倒産法専門弁護士として認証を受けた者であっても，任命に際し特に有利にはならないという答えが返ってくると述べている。

151)　*Hartung/Holl*, Anwaltliche Berufsordnung 2 Aufl., FAO § 5 Rdn. 60.

3．ドイツ弁護士協会の動き──さらなる拡大への挑戦

(1) 常に専門弁護士の拡大を唱えてきたドイツ弁護士協会は，この時期，その急先鋒としての活動を活発化させていた。ただ，倒産法専門弁護士の導入に際しては，ドイツ弁護士協会は，実のところ，蚊帳の外におかれていたようであり[152]，倒産法専門弁護士の導入の可否に加え，そのような事態もまたドイツ弁護士協会の内部で物議をかもすこととなった。そこで，1999 年の初頭，ドイツ弁護士協会は，その理事会およびそこに設けられている交通法と建設法のワーキンググループメンバーからなる作業部会を設置し，弁護士協会としての専門弁護士の基本コンセプトの策定に取り組んだのであった。そしてこの作業部会が作成した「ドイツ弁護士協会の新たな専門弁護士のコンセプト」[153]と題する案が，新たな専門弁護士の「道しるべ（Eckstein)」（案）として 1999 年 9 月 4 日，討議に付されたのであった。その概要は，以下のとおりである。

1．市民にとってのオリエンテーションのための専門弁護士

まず第 1 に，専門弁護士制度は，権利保護を求める市民にとってのオリエンテーションに奉仕するもの，つまり，どの弁護士に相談したらよいかがわかるようにするものとし，したがって，どの法領域に新たに専門弁護士を認めるかは，その領域に専門化した弁護士に対する需要見通しがどうかにより判断されるべきである。

以上をふまえると，既存の，手続規則ないしは法領域によりカテゴライズされている専門弁護士とならび，将来の新たな専門弁護士は，（生活事実関係に指向した）相談領域あるいは依頼者グループ（たとえば，職業グループ）によりカテゴライズされなくてはならない。

2．既存の，そしてまた将来の弁護士の新たな業務範囲の確保

この「新たな専門弁護士のコンセプト」は，現在認められている弁護士による法律事務の独占が，わけてもヨーロッパ法の観点からいつまで維持されるか楽観を許さない状況の下，弁護士に，既存の，そしてまた将来生まれる新たな業務を確保するものである。

3．市場に指向した専門弁護士としての専門化の区分

---

152) AnwBl. 1999, 668.

153) Neues Fachanwaltskonzept des DAV, AnwBl. 1999, 668 ff. なお，このコンセプトの概要を報告する，*Mattik*, Tätigkeitsbericht 1999/2000 der Gäschaftsführung des DAV, AnwBl. 2000, 421 は，これに加え，将来の専門弁護士のシステムは，絶対に，一般弁護士（Allgemeinanwalt）の特殊性とその利益に配慮したものでなくてはならないとしているが，決議されたコンセプトには，そのような措辞はみられない。

318 資　　料

　　専門弁護士が認められる専門領域または事実領域（Sachgebiet）は，他の領域と
　はっきり限界づけられるものでなくてはならず，また，専門領域として法的または
　事実的に一定の深まりのあるものでなくてはならない。
 4．わかりやすい専門弁護士（専門領域）の表示
　　専門弁護士称号の専門領域表示部分は，簡明ないし連想がしやすいものとする。
　その表示から，公衆が，その専門弁護士の担当する全分野をはっきりわかるものと
　すべし。
 5．将来の専門弁護士の水準
　　専門弁護士の水準は，いわゆる「クローズド・ショップ」を作り出してしまうほ
　ど高度であってはならない。しかし，その水準は，理論的見識および実務経験のい
　ずれについても，一般的水準から際だったものでなくてはならない。

　以上を前提とし，作業部会は，「6.」として，（他を排除するものではないとしつつ，）
以下の 10 種の専門弁護士の導入を提案した。すなわち，「民事建設法」，「ファイナンス
サービス法」，「不動産法・賃貸借法」，「医事法」，「環境法」[154]，「運送法」，「企業法・会
社法」，「交通法」，「ニューメディア法・情報技術」および「保険サービス法」の 10 種
である[155]。
　この決議案をもとにくりひろげられた討論では，新たなビジネスチャンスに目を向け
る専門弁護士拡大賛成派と，専門弁護士が増加することで一般の弁護士（All-
gemeinanwalt）との競争格差，ひいて大都市弁護士と中小都市弁護士の競争格差の拡
大，および，新しく弁護士となった者の市場への参入が難しくなることを危惧する（あ

154）　Neues Fachanwaltskonzept des DAV, AnwBl. 1999, S. 670 では，「行政法」となっ
　　　ているが，すでに行政法については専門弁護士が認められているし，その専門分
　　　野をみると「環境」が中心となっている。後の議論もあわせみると，誤植で，「環
　　　境法」あるいは「環境行政法」のいずれかでしかあるまい。
155）　このほかにも，専門弁護士を認めるべしとの提案がなされていた専門分野は，
　　　憲　法（Verfassungsrecht : *Zuck*, Anwaltszwang im Verfassungsbeschwerdever-fah-
　　　ren und Fachanwalt für Verfassungsrecht, AnwBl 1986, S. 609 ff.），経済法（Wirt-
　　　schaftsrecht : *Leissle*, Plädoyer pro "FA für Wirtschaftsrecht, AnwBl 1988 S. 707 ff.），
　　　控訴（上訴）法（Berufsrecht : *Koch*, Fachanwalt für Berufsrecht. Welche
　　　gesetzlichen Legelung empfehehlen sich für das Recht der rechsberatende Berufe,
　　　insbesonder im Huinblick auf die Entwicklung in der Europänischen Gesellschaft?
　　　AnwBl 1990, S. 577 ff.（582. 注 46）），ヨーロッパ法（Europarecht : *Kappus*, "Euro-
　　　pänische" Wege zur Fachanwaltsschaft, NJW 1990, S. 963 ff.）などである。

るいはこれを旗印に掲げた）反対派ないしは慎重派が対立するという，いつもながらの図式が展開されたのであった。

　そして，ドイツ弁護士協会の理事会は，これを受けるかたちで，上記「1.」から「5.」まで，つまりは，新たな専門弁護士に関する基本方針のみを，将来の専門弁護士制度の「道しるべ（Eckstein）」とすることとし，これを規約委員会委員長におくり，規約委員会での審議を要請する旨を決議したのであった。もっとも，その後2000年の2月（23／24日）に開かれた理事会において，まずは交通法と保険法に関して専門弁護士の導入を推奨する旨の決議がなされていた[156]。

　(2)　この「道しるべ」，つまり新たな専門弁護士を認めるに際しての指針について一つ注意しておくべきは，専門弁護士が認められるべき専門領域についての考え方である。すなわち，ここでは，「（生活事実関係に指向した）相談領域あるいは依頼者グループ（たとえば，職業グループ）」によりカテゴライズされ」る専門領域についても，専門弁護士が認められるべしとされている。これは，裁判権を異にする，あるいは独自の手続規則を持っているという今までの専門領域の考え方から脱却し，伝統的な専門分野の枠組みを乗り越える（Fächerübergreifend）[157]，新たな，いわば専門の垣根を越えたスキームについても専門弁護士を認めていこうとするものである。そして，先の「道しるべ」（案）⑥にあげられている10種の専門領域は，まさにこれである。生活関係ないしは事実領域から，専門弁護士が認められるべき専門領域をとらえていこうというこの「道しるべ」の考え方は，連邦弁護士法43条cが，専門弁護士は一定の「法領域」につきこれを認めるとしていることからすると，現行法の解釈としてそのまま受け入れられるかは，ひとつ問題となりうることは別としても[158]，専門弁護士が認められる専門領域についての考え方を一変させるものといっても過言ではあるまい。そしてこれは，実践的には次のような結果をもたらす。すなわち，従来のように，専門領域を確定する基準を裁判権なり独自の手続規則の存在に求める限り，つまり，それが専門弁護士を認める（少なくとも形式的には）根拠とされる限り，もはや新たな専門弁護士が認められる専門領域は，いずれにしても近い将来種切れになってしまう。これに対し，「道しるべ」が描く専門領域は，「法領域」にまで成長することは必要だとしても，社会・経済生活の展開にともない，（果たして専門弁護士を認めるまでに需要がふくらむかは別に）そ

---

156)　AnwBl. 2000, S. 290. *Mattik*, a. a. O. 注153），S. 421.

157)　*Van Bühren*, Fächerübergreifende Fachanwaltschaft, AnwBl. 2002, S. 21.

158)　*Prütting/Henssler*, Kom. zur BRAO § 43c Rdz 8. Van Bühren, a. a. O. 注156）は，できるとする。

320 資　　料

れ自体は，恒常的に新たに生み出されてくるものであり，いってみれば新たな専門弁護士の「種」は，つきなくなるわけである。その意味で，「パンドラの箱」を開ける[159]というのも，あながち大げさとはいえまい。

4．規約委員会の動き（その1）——停滞する足取り

(1)　それでは，専門弁護士規則制定権者，つまりは，新たな専門弁護士を導入するかにつき決定権を有する規約委員会の動きはどうだったのであろうか。一言でいうと，規約委員会は，まずは，ドイツ弁護士協会，少なくともその理事会の傾向とはまったく反対の方向へと走りだす。すなわち，規約委員会は，2000年6月20日の総会において，新しい専門弁護士を認めていくという基本方針案を否決したのであった。もっとも，その票差はわずか6票，つまり，賛成44票，反対50票そして保留2票であった[160]。この票数が示すとおり，今後まったく新たな専門弁護士を認めないという意見が圧倒的というわけではなかった。そのことから，総会は，委員会を設け，2001年に開かれる次の総会までに，専門弁護士のコンセプトを策定し，加えて，新たな専門弁護士を認めるべきか，また認めるべきとしたらどのような専門領域についてかを検討するよう，この委員会に付託したのであった。

(2) a)　それから8ヶ月近くたった2001年2月15日と16日の2日にわたって開かれた次の規約委員会総会では，いくつもの新たな専門弁護士を導入することが決議にかけられたが，議論が紛糾する中，結果は，すべてが否決される，つまりは全滅という惨憺たるものであった。すなわち，「医事法」，「民事建設法」，「企業法・会社法」，「保険サービス法・保険法」，「交通法」，「環境法」，「ヨーロッパ法」，「ニューメディア法・情報技術」，「運送法」，「ファイナンスサービス法」および「不動産法・賃貸借法・区分所有法」について専門弁護士の導入が決議にかけられたが，いずれも必要とされる多数（議決権を持つ委員総数の過半数。連邦弁護士会法191条d）を獲得することはできなかった。いうまでもないが，「ヨーロッパ法」以外は，名称について若干の変更はあるものの，いずれも1999年9月4日にドイツ弁護士協会理事会で討議に付された「道しるべ」案に掲げられていたものである。各専門領域についての投票結果についてみると，医事法については，賛成43票，反対47票と，可決までには大きく20票程度足りないものの，賛否はほぼ拮抗するかたちとなっていたが，そのほかについては，濃淡はあるものの，賛成は，わずかに25票（可決要件の半分未満）程度と低く，将来に望みをつなげ

---

159)　*Van Bühren*, Die Büchse der Pandra, AnwBl. 2001, S. 333.

160)　*Hartung*, Brauchen wir mehr Fachanwaltschaften？, Anwalt 3/2000 S. 6.

るのは，医事法のみとさえいわれたほどであった[161]。

b）一方，前回の総会で，その策定が求められていた「専門弁護士のコンセプト」については，専門弁護士を認めるべきかの「判断基準（Kriterienkatalog）」として，総会の承認を受けたのであった。この判断基準は，質問形式の以下の四つからなっている[162]。その概要は以下のとおりである。

1．当該専門領域が，その守備範囲からして十分に広くかつ多様であり，そして，独立した法領域として，ほかの法領域，わけても，既存の専門弁護士と十分区別されうるか。

2．当該専門領域は，潜在的なクライアントの幅広い需要を十分包摂しているか。

3．当該専門領域では，法的な難易度のため，そしてまた，生活事実関係が錯綜しているため，たとえば学際的な処理が必要となる，あるいは，そのほか「横断的領域」であることから，適正な処理およびクライアントの代理には，専門家が必要か。

4．専門領域の拡大は，第三者との競争において，弁護士の活動領域の維持と拡大にとって有益か。

先に取り上げたドイツ弁護士協会が策定した「道しるべ」と比較してみると，一つ違う点は，「道しるべ」では，専門弁護士が認められるべき専門領域は「市場」が決めると，その要件には詳しく立ち入らないのに対し，この「判断基準」は，特にこの点に切り結んでいる点である。もっともこれは，「道しるべ」があまりこの点に頓着していなかった，つまりは「道しるべ」に不足していた部分といってもよく，そのほかの点につき「道しるべ」に異を唱えるものではあるまい。

161）　*Fischedick*, Keine neue Fachanwaltschaft, AnwBl. 2001, S. 219.

162）　なお，この基準のいわば生みの親といわれている *Quaas* は，2000 年 6 月の総会に後に発表した論文（Empfehlen sich die Einführung neuer Fachanwaltschaft? BRAK-Mitt. 2000 S. 211 ff. (213)）で，自らの考える「判断基準」の骨子を示している。内容的には，「判断基準」と大きく異ならないが，そこには，異業種との競争を意識した，ここで示した「判断基準 4」はない。興味を引くのは，判断基準にない，いわば一般弁護士の保護条項があることである。すなわち，「当該専門領域は，伝統的な基準によれば，一般弁護士が主にとりあつかう仕事またはその伝統的な活動領域に属すものであってはならない。」と。彼はこの基準をもとに，「交通法」，「民事建設法」，「賃貸借法」，「経済法」および「企業法・会社法」の専門弁護士は認めるべきではないとしていた。

(3) ここまで強烈な拒絶の理由は，いうまでもなく，専門弁護士を名乗れない「一般弁護士（Allgemeinanwalt）」の利益である。わけても中小地方都市の弁護士あるいは1人で事務所を経営している弁護士が，大都会の大規模事務所に所属している専門弁護士に，顧客を奪われるのではないか。ドイツ弁護士制度の特徴をなしていた分属性（Lolkalization），つまり，民事裁判所における代理は，当該地方裁判所・高等裁判所での認可を受けた弁護士のみに限られるとする制度が1999年に廃止され，大都市の弁護士が地方の裁判所でも代理人となりうる状況が生まれたことも[163]，特に地方の弁護士のこうした不安に拍車をかけたものと思われる。そしてこの弁護士の不安感が，いわば地方区選挙で選出される規約委員会の代議員への圧力となっていたことは，想像に難くない。もちろん，いうまでもないことだが，この機会にも，いつもながらの議論がくり返された。すなわち，専門弁護士を認めることは，連邦弁護士法3条1項が定めている「あらゆる法律問題」の助言者であり代理人という弁護士像からはずれるという議論である。もっとも，このような反対論は，そもそも弁護士の現実，つまり，個々の弁護士があらゆる法律問題を十分こなしきれる状態にはもはやないという現実を無視したものである。そのためか，かつてのように，大きなスローガンとして掲げられることはなく，いってみれば「付け足し」程度でしかなくなっていたようである。

　そしてその後における賛成・推進派と反対派の論戦は，紙上でくり広げられたものをみても相当加熱しており，「舌戦」にいたっては，かなり激しかったことがうかがえる。両者の主張は，水掛け論といった様相であり，その言い分をうまく要約するのは，なかなか難しいが，誤解を恐れずあえていえば，次のように要約できよう。すなわち，反対派は，その背後に，一般弁護士の利益があるのはもちろんだが，たとえば，専門弁護士と表示することで，普通のクライアントがこなくなる。そもそも，専門弁護士の拡大推進派は，専門家になろうとしているのではなく，すでに専門家になっており，それを広告できることに利益を感じているのであって，成り立ての若い弁護士が同じく専門弁護士の拡大に反対している理由は，一つにはここにある。専門弁護士拡大賛成・推進派が，自己の利益擁護に走っていると非難する[164]。これに対し賛成・推進派は，もはや1

---

163)　分属性および弁護士の認可については，拙稿「ドイツ弁護士法の新たな展開」日本弁護士連合会編・21世紀弁護士論 注89）194頁以下参照。なおこのほか，区裁判所・地方裁判所で認可を受けた者は，上級地方裁判所（Oberlandesgericht）通常民事事件では，原則代理人となれない（逆に，上級地方裁判所で認可を受けた弁護士は，区・地方裁判所では代理人になれない）という意味での分属性もとられていたが，連邦憲法裁判所から違憲の宣告を受け，すでに廃止となっている。ドイツ民訴法（ZPO）78条参照。

164)　*Brandt*, "Ist die Satzungssammlung ein "Anwaltsverhinderungsparlament", AnwBl.

人，2人の弁護士からなる事務所で執務する「いなか弁護士（Rechtsanwalt auf dem Land」を念頭において弁護士のあり方を議論する時代は終った。また，地方弁護士や1人で事務所を経営する弁護士にとっても，専門弁護士となることは，いわば「ブティック」弁護士事務所として売り出せるし，こうすることで大事務所に対抗できるといううまみがある。また，かかりつけの医者（Hausarzt）と同じく，日々の相談役，「かかりつけの弁護士（Hausanwalt）」として，一般弁護士の活動の場，つまりは市場がなくなることはない。加えて，クライアントから，たとえば知らない分野の問題が持ち込まれ，他の弁護士と組みたい（紹介したい）と考えているときに，専門弁護士の認証を受けた者と組んでいれば間違いがない。いわば分業を通じ，質の高いサービスを効率的にクライアントに提供することができるなどと反論したのであった[165]。ちなみに，この時期，一般弁護士の利益擁護の観点から，一般法専門弁護士（Fachanwalt für Allgemeinrecht）を認めるべきか検討すべしという，まったくの部外者には，皮肉とも冗談ともとれるような提案さえなされていたのであった[166]。

2001 S. 336; *Netzband*, Keine neuen Fachanwaltschaften, AnwBl. 2002 S. 96 f.; Ders. Fachübergreifende Fachanwaltschaft? AnwBl., 2002 S. 217; *Dobke*, Büchse der Pandra, AnwBl., 2002. S. 662.

165) *Van Bühren*, a.a.O., 注 157). Fächerübergreifende Fachanwaltschaft); ders. a.a.O. 注 159). Die Büchse der Pandra); *Kleinrahm*, Ist die Satzungssammlung ein "Awaltsverhinderungsparlament"?, AnwBl. 2001 S. 557; *Feller*, Fachübergrei-fende Fachanwaltsschaftrn ?, AnwBl. 2002 S. 401. さらには，専門弁護士を名乗ることは，極端にいえば「専門馬鹿（Fachidiot）」と市民から受け取られ，当該専門の事件についてのみしか依頼がこない可能性がある。その意味では，（自分が専門弁護士であることを表示しない弁護士もいるほど）リスキーなものであり，一般弁護士に比して一方的に市場の優位性を保てるわけでは必ずしもないなどと論じたのであった。

166) *Hartung*, a. a. O. 注 160), S. 8; *Hartung/Holl*, Anwaltliche Berufsordnung 2 Aufl., Einführung FAO Rdz. 47. 一般医（Allgemeinarzt）にならったものであり，決して一部の冗談ではないことは，*Quaas*. a. a. O. 注 162), S. 213 が，「一般法／民事法専門弁護士は認めるべきではない。このような専門弁護士は，専門弁護士のコンセプトをもって追求されているもののカリカチュアである。」と，きびしく非難していることからうかがえる。なお，*Netzband*, a. a. O. 注 163). Fachübergreifende Fachanwaltschaft?) は，たとえば，交通法については，民事・刑事そして行政法と，伝統的な枠組みを輪切りにしたかたちとなることに焦点を合わせて，これも一般弁護士（の亜種）だとするが，その意味が異なることはいうまでもない。

324 資　　料

5．規約委員会の動き（その2）——新たな足音

　⑴　賛成・促進派と反対派の応酬が，「ああいえば，こういう」といったぐあいの水かけ論の様相を呈し，弁護士の間ではなかなか意見のまとまらないなか，専門弁護士拡大の先鋒といってよいドイツ弁護士協会は，専門弁護士拡大の支援者をユーザー側にも求める手にでる。すなわち，ドイツ弁護士協会は，2001年の秋，ユーザー側が，弁護士の専門ないしは専門指向表示にどのような関心を抱いているのかの世論調査・マーケッティングを実施したのであった。いうまでもないが，明らかにユーザー側は，専門表示を求めているというのがその結果であった。そして次の規約委員会の開催を3ヶ月弱後にひかえた2002年2月1日と2日の両日にわたり，「専門弁護士『弁護士の未来——専門弁護士は市場の要請か？』」と題するフォーラムを開催した[167]。このフォーラムの紙上報告[168]からは，いわば気勢を上げる集会でもあったことをうかがうことができる。そしてこの報告には，ドイツ弁護士協会としては，「建設法」，「医事法」，「賃貸借法」，「交通法」および「保険法」につき，専門弁護士を認めることを求めていく予定であること。そして，同協会内にもうけられている各専門領域に関するワーキンググループ事務局は，専門弁護士規則改正案を策定し，（この報告が収録されている号が4月号であることからすると，遅くとも3月には）すでに規約委員会事務局に送付しているとのことが報告されている[169]。

　⑵　それでは，2002年4月25日と26日の両日にわたって開かれた規約委員会はどう動いたか。その姿勢は，基本的には従来のままであった。すなわち，そこでは26日に，「医事法」，「交通法」そして「保険法」について，専門弁護士の導入が議題とされたが[170]，あいも変わらずいつもながらの激しい議論が，拡大賛成・推進派と反対派の間

---

167)　Anwaltliche Qualifikationsmerkmale in der Wahrnehmung des potentielen Anwaltskunde, AnwBl 4/2002 Beilage.

168)　Frorum Fachanwaltschaften, AnwBl, 2002, S. 220 ff.　そこに掲載された報告者の写真は，大方が賛成・推進派で占められている。

169)　余談だが，この報告に続く頁（225頁）には，ドイツ弁護士協会の理事会として，一般弁護士のためのワーキンググループ（Arbeitsgemeinschaft für Argemeinrecht）結成の呼びかけがなされている。同同盟は任意団体であり，一般弁護士が離反しないように，一般弁護士の利益団体をつくろうとしたのであろうか。ちなみに，「一般弁護士ワーキンググループ（Arbeitsgemeinschaft für Allgemeinrechtsanwalt）」は，2003年初頭に立ち上げられたと思われる。その活動については，ドイツ弁護士協会のホームページ上で知ることができる。

で交わされ，医事法については，賛成 34 票，反対 48 票，保留 2 票と，欠席（棄権）が多かったとはいえ，2001 年 2 月の総会よりもその賛成票（43 票）を減らしてしまった。そしてまた，交通法にいたっては，賛成 27 票，反対 43 票，保留 9 票と，いずれも可決要件（57 票）にはおよそほど遠い状態であった。もっとも，保険法だけはかろうじて生き残った。といっても，可決されたわけではなく，次回継続審議とされたのであった。

ドイツ弁護士協会の反応はどうだったか。その落胆ぶりは，会長の談話，「これ〔否決〕により，規約委員会は，弁護士の未来を形成し，そして市場の要請に応えるチャンスを再度逃した。」[171]から，十分うかがえる。

(3)　しかし，しばらくすると，風向きは一変する。4 月 26 日において継続審議となった保険法については，なんとその年の 11 月 7 日に開かれた総会において，これを認める（その方向で専門弁護士規則の改正案を次回審議する）旨を，必要な賛成票（57票）を明確にクリアーする多数をもって可決したのであった。そして 2003 年 3 月 20日，正式に保険法専門弁護士を導入すること，つまりは，それにそった専門弁護士規則の改正案を可決したのであった[172]。投票結果は，賛成 69 票に対し，反対 14 票と，驚くほどの変貌ぶりである。なぜ風向きがこうも急に変わったのか。筆者は，その理由をしめしてくれる文献に接することができなかった[173]。まったくの推測ではあるが，保険法専門弁護士を認めることのメリットが大きいこと，つまりは弁護士にとって魅力ある新たな市場だということ[174]が認知された結果ではあるまいか。いずれにしても，このよ

---

170)　ドイツ弁護士協会（内に設けられている各ワーキンググループ）が提案したとされている「建設法」および「賃貸借法」（注 168），221 頁参照）については，そもそも議題とされなかったようである。

171)　AnwBl. 2002, S. 341.

172)　BRAK-Mitteilung, 2003, S. 125.

173)　なお，後掲注 177）参照。

174)　2000 年 4 月に発表された *Van Bühren*, a. a. O.（注 149）. Fachanwalt für Versicherungsrecht）によれば，ドイツにおいて保険市場は，最も大きい市場の一つであり，保険料は年 250 億マルク（約 20 兆円），保険契約は，個人保険だけでも 5 億件以上，そして保険事故は，約 5000 万件にも上っている。また，権利保護保険だけでも，保険料支払額は，約 2.5 兆円である。にもかかわらず，この分野で活動している弁護士の数は比較的わずかであり，多くの弁護士は，たかだか損害査定にのみ関連しているに過ぎず，専門知識すら欠いている。そして，ほとんどすべての保険関係の相談は，契約数と保険料によりその報酬が決まる，保険代理店（人）が引き受けているとされている。このような市場は，その数が急激に増加

326 資　　料

うな結果は，ドイツ弁護士協会から歓迎されたことはいうまでもない。しかし，ドイツ
弁護士協会の目からすれば，いわば道半ばだということもまた事実である。2002 年 11
月 7 日に，規約委員会が保険法専門弁護士の導入を認めたときに発表された半分は恨み
節ともとれるドイツ弁護士協会会長の以下の談話[175]は，これを如実に物語っている。
すなわち，「残念ながら，これは，正しい方向への小さな一歩でしかない。交通法，医
事法，建設法，賃貸借法のような非常に重要な分野について，なぜ専門弁護士が存在せ
ず，そしてまた，あいも変わらず規約委員会がこれを拒否するのか。その理由が理解で
きるものではないし，また，それを理由づけることもできるものではない。専門弁護士
というものの拡大は，市場の要請に適うものである。なぜなら，ドイツ弁護士協会が行
った抽出調査がしめすように，消費者は，多くの種類の専門弁護士を望んでいるからで
ある。」と。

　6．規約委員会の動き（その 3）――その総仕上げか？

　⑴　2003 年秋，規約委員会は第 3 回目の選挙で選ばれた代議員をもって構成される
第 3 会期にはいる。その翌年（2004 年）の連邦弁護士会広報第 1 号の巻頭言
（Akzente）は，専門弁護士をそのテーマとして取り上げた。そのタイトルは少しく刺
激的である。すなわち，「専門弁護士：我々は隘路からぬけられるか？」と題打ったこ
の巻頭言[176]は，間近にせまった法律事務の非弁護士への開放により，弁護士がそのマ
ーケットを失わないよう対処するには，弁護士の資質の向上こそが求められるが，特別
の教育と，それを怠ると制裁が科せられる専門弁護士制度の充実こそ，これに応える唯
一の道であるとして，規約委員会が，いわばもたついていることを叱責し，早く結論を
出すことを求めたのである。そして，同年 2 月 16 日に，専門弁護士についてのシンポ
ジウムをハンブルグ弁護士会とともに開催することを告示して，この問題，といって
も，連邦弁護士会も専門弁護士が拡大されることに多大な関心をいだいていることをア
ピールしたのであった。このことは，非常に大きな転換を意味していると考えられる。
なぜかといえば，単位弁護士会の連合体である連邦弁護士会では，専門弁護士のマー
ケットが大きいないしは専門弁護士が多くいると考えられる大都市弁護士会は，少数派で
しかなく，そこでは，専門弁護士の拡大により不利益をこうむるとされる地方の弁護士

　　　し，従来の市場だけでは飽和状態となることが予想されるなか，弁護士にとって
　　　は非常に魅力あるものだったのである。

175)　Becklink 78171.
176)　*Dombek*, Fachanwaltschaften Finden wir den Ausweg, BRAK-Mitteilung, 1/2004
　　　(Akzente). なお，この巻頭言においても，保険法専門弁護士が認められたことは，
　　　当時の規約委員会の流れからすると，少し驚くべきこととされている。

をその会員とする地方単位弁護士会が多数を占めている。このことからすると，従前，専門弁護士の拡大に，積極的だったとは思われないからである。たかだか一個人の書いた巻頭言でしかないといえばそれまでではあるが，それではなぜシンポジウムまで開こうとしたのかを説明できまい。

　⑵　2月16日に開かれたシンポジウムの様子はどうだったか。このシンポジウムでは，いうまでもないことではあるが，単に専門弁護士の拡大の是非だけではなく，2001年2月15日16日に開かれた規約委員会総会において決議された専門弁護士を認めるべきかの「判断基準（Kriterienkatalog）」の適否，専門弁護士表示のあり方なども取り上げられていたが[177]，専門弁護士の拡大の肯定という問題自体については，専門弁護士の拡大は市民の利益そして弁護士の利益に資するとする賛成・促進派が大勢を占めていた[178]。先にも述べたように，連邦弁護士会が，どちらかといえば，地方の弁護士ないしは弁護士会の意向を強く反映していたことからすると，大都市中の大都市ハンブルグの弁護士会との共催とはいえ，賛成・推進派の論客を報告者として集めたことは，もはや専門弁護士の拡大が，いわば時代の「勢い」となっていたことを物語る[179]。

---

177)　BRAK-Mitteilung, 2/2004, S. 46 ff.

178)　一般法弁護士の利益という観点からの反対論も，むやみに拡大することには反対というものである。*Trautmann*, Ist Vielzahl neuer Fachanwaltschaften im Interess der Allgemeinanwälte ? BRAK-Mitteilung, 2/2004, S. 60 f..

179)　このシンポジウムでの報告には，いくつかの面白いデータや指摘がみられる。筆者の関心を引いたのは，一つには，実は弁護士の間では，専門弁護士に対する関心がさして高くなかったという統計結果である。たとえば，2003年に実施された調査では，専門弁護士のマーケットと目される大都市ケルン（2003年実施。回答率24.83％）ですら，拡大賛成は47.39％，反対はなんと49.94％といった状態であったし，中都市といってよいニュールンベルク弁護士会が保険法専門弁護士導入後に行った調査では，さらなる拡大に賛成は，33.31％なのに対し，反対がなんと64.83％にもおよんでいたのであった。*Offermann-Bruckart*, Liegt die Einführung im Interess der Rechtssuchenden und Anwaltschaft selbst? BRAK-Mitteilung, 2/2004 S. 61 ff. (63). このような統計に照らすと，弁護士全体が諸手をあげてその方向に流れていったというものではなく，一般法弁護士にはもはや抗しきれない（止めるに止められない）「時代の勢い」だったことがうかがわれる。

　もう一つは，裁判官の報告である。*Nöhre*, Vor- und Nachteil von Fachanwaltschaft aus richterlicher Sicht, BRAK-Mitteilung, 2/2004, S. 66 f. 報告をしたカンマーゲリヒト（Kammergericht）所長は，専門化が裁判官についても進んでいることからも，弁護士が専門化することは望ましいとする一方，他方では，専門弁護

328 資　　料

(3)　その後，次の規約委員会の総会に先立ち，ドイツ弁護士協会会長は，2004年11月18日，交通法，賃貸借法，私的建設法および医事法について専門弁護士を認めることを求める談話を発表し，「これら重要な法分野について専門弁護士が認められていないことにはついていけないし，そしてまた根拠もない。」と酷評したのであった[180]。彼は一方では，これらについて専門弁護士を認めるべきは市場の要請であり，また，弁護士の資質の透明性を高めるし，これらの法領域は，多くの国民にとって重要な，法的にも事実の点でも他と明確に区別できる独立の領域となっているとして，その意義を強調する。しかし他方では次のような指摘も行っていた。すなわち，「弁護士のための広告における〔スペシャリスト〕との概念について最近連邦憲法裁判所が下した裁判に照らしてもまた，専門弁護士の拡大は必要である。」と。このあたりに，全体の勢いが，推進・拡大の方向へと急激に流れていった底流がありそうではある。これについては本稿の最後のテーマとして取り上げることとしよう。

(4)　ともかくも，全体の論調が専門弁護士の拡大・推進に向かうなか，2004年の11月24日，規約委員会はついに，なんと6種類の専門弁護士を一挙に承認したのであった。すなわちそれは，医事法，賃貸借法・区分所有権法，交通法，建設法・建築士法，相続法および運送法・運輸法であり，これで専門弁護士の種類は，14種類となったのであった。そしてその際の投票結果は，ほんの数年前とはまったく様変わりし，賛成が反対を圧倒したのである。もっとも，すべてについてほぼ同様の投票結果が得られたというわけではなく，やはりそれぞれの専門領域についての温度差はかなりあったといってよかろう。すなわち，相続法については，賛成102票，反対10票，保留6票，また医事法については，賛成100票，反対10票，保留6票であったが，建設法・建築士法については，賛成95票，反対14票，保留4票，賃貸借法・区分所有権法については，賛成91票，反対23票，保留5票，交通法については，賛成89票，反対22票，保留6票，そして，運送法・運輸法になると，必ずしも圧倒的多数とは言い切れない賛成72票，反対34票，保留9票といった具合である[181]。こういった温度差はどこからきたのかについてその理由を示してくれるものに接することはできなかったので，推測の限り

　　　　士をどの領域につき認めるかは，弁護士間だけで議論すべきではなく，裁判所との間でも議論すべきと提案する。市民に対する良質の法的サービス提供を目指す専門弁護士制度については，司法の一翼を担い弁護士と協働関係に立つ裁判所（分野によっては検察）との協議が不可欠であろう。われわれとしても，専門弁護士制度を検討するにあたり，見落としてはならない視点である。

180)　Becklink 131309 参照。
181)　DVA-Depesche Nr. 46/04, 25 November 2004.

ドイツにおける専門弁護士制度の展開　*329*

でしかないが，規約委員会の代議員が，その選出母体の意向を反映させているとすれ
ば，たとえば交通法は一般法弁護士の職域との関係，そして運送法・運輸法は，需要な
いしはそれについての認識の地域差によるものではなかろうか。なお，もう一つ指摘し
ておくべきは，今までほとんど登場してこなかった，「相続法」がこの段階で突然浮上
してきたことである。その理由なり背景なりについては，筆者にも，推測しがたいとこ
ろである。

　いずれにしても，もはや，専門弁護士の拡大如何は，いつに社会の需要にかかること
が，これにより確認されたといってよかろう[182]。

IX　「専門弁護士」と「スペシャリスト」表示
——今後の展望にかえて

1．「スペシャリスト（Spezialist）」表示の可否

　(1)　以上では，専門弁護士の展開をおってきた。そして専門弁護士表示は，公衆に対
する情報開示であり，広い意味での「広告」にあたるものであることは確認できたと思
われる。ところで，ドイツの弁護士職業法である職業規則7条は，先に述べたようにそ
の1項で，専門領域・専門分野を示す広告を認めている。まず第1が，「主に関心を持
つ領域・分野（Interesseschwerpunkt）」であり，第2が，「主たる活動領域・分野
（Tätigkeitschwerpunkt）」である[183]。これらを広告するについては，特に認証などは不

---

182)　Aktuelle Pressmeldung der BRAK vom 24 November 2004 掲載の連邦弁護士会会
　　長談話参照。

183)　業務に関する一般的な広告を許容する連邦弁護士法43条bは，以下のとおり定
　　めている。
　　「第43条b〔広告〕
　　　弁護士の広告は，それが，業務の形態およびその内容をことに即して報告し，
　　かつ，個別事件の委任を受けることに向けられていないものに限りこれをするこ
　　とができる。」
　　　そしてこれを受けて職業規則は，その6条においてこの原則をより具体化し，
　　さらに7条において，法領域の表示について定めている。
　　「第6条〔広告〕
　　(1)　弁護士は，その表示がことに即してなされており，かつ職業に関係する限り，
　　　その業務内容および人となりを外部に示すことができる。
　　(2)　事務所のパンフレット，ニュースレターおよびこれと同種の伝達媒体を用い
　　　ることができる。これらにおいては，第7条により認められている以上の摘示

要であり，第1の「主に関心を持つ領域」については，まったく主観的で足り，第2の「主たる活動領域」についても，規定上は，2年以上続けてその領域において活動していることが必要とされているが，専門弁護士の場合のように，処理した事件数が具体的に定まっていないことから，やはり主観的な要素が働く。たとえば，現在では，「かなり多く（im breiteren Umfang）活動してきた」ことと，より要件が厳格化された職業規則7条旧2項のいう「継続的（Nachhaltig）に活動してきた」ということの意味についてみても，一件でも，非常に複雑なものであれば，ルーティンな事件10件に相当するとされている[184]。以上の二つを加え，ドイツの弁護士職業法は，明文上は，合計三つの専門領域の表示を認めてきた。そしてこれ以外は認められないというのが，職業規則の立法者意思だったと思われる。しかしながら，2004年7月，連邦憲法裁判所は，そ

　　（Hinweis），そしてまた，主に関心を持つ領域および主たる活動領域についての解説をすることができる。

⑶　勝訴および収入に関する数値は，これを摘示してはならない。依頼および依頼者の摘示は，依頼者が明示の同意をしたときに限り，第2項にあげる情報媒体においてか，もしくは問い合わせがあった場合のみ，これを行うことができる。

⑷　弁護士は，第三者が弁護士に禁じられている広告を行うことに協力してはならない。

第7条［主に関心を持つ領域および主たる活動領域］

⑴　専門弁護士表示は別に，主に関心を持つ領域または主たる活動領域のいずれか，ないしは双方を，その職業活動の一部として示すことができる。示すことができるのは，あわせて最高5領域に限り，主たる活動領域については，最高3領域までとする。

⑵　主に関心を持つ領域は，当該領域について，学業，以前の職業活動，刊行物あるいはその他の方法で獲得した特別の見識を証明できる者のみ，これを示すことができる。主たる活動領域は，認可後少なくとも2年，当該領域においても，かなりな範囲活動してきた者のみ，これを示すことができる。

⑶　9条の意味における共同での職業実践にあっては，構成員の内の1名ないしは数名が，第1項および第2項によりこれを示すことができるときは，主に関心を持つ領域および主たる活動領域を，職業実践共同体自体のためにも示すことができる。」

　　当初2項は，「主たる活動領域は，認可後最低でも2年以上その領域において，持続的に活動してきた者のみこれを示すことができる。」と規定されていたが，2002年に上記のように改められ，また3項は，2003年に新設されたものである。BRAK-Mitt. 2002, S. 219；2003, S. 67.

184）　*Hartung/Holl*, Anwaltliche Berufsordnung 2 Aufl. BerufsO § 8 Rdz. 93.

れまでの職業規則 6 条の広告規制に対してなされてきた批判，特に「スペシャリスト」という表示の可否および広告媒体の制限（弁護士職業規則 6 条 2 項）に対する批判[185]に応えるかたちで，交通法のスペシャリストとして知られている弁護士は，レターヘッドに，「交通法のスペシャリスト（Spezialist für Verkehrsrecht）」と表示してよい（これを禁じるのは違憲）との判断を下したのであった。結論から先にいえば，これは専門弁護士認証の一種空洞化ととらえられてもよいものである。そして，実はここに，専門弁護士の対象法領域が一挙に拡大された（あるいは拡大を余儀なくされた）大きな理由の少なくとも一つがあるとしてよかろう。これから紹介しようとする連邦通常裁判所の決定はそうではないというが，弁護士のタイトルをともなった「……スペシャリスト」との表示は，「……専門弁護士」との表示と，少なくとも市民の側からするとなんら異ならない[186]。したがって，いくら「専門弁護士」という表記は認めないといっても，あまり意味がないからである。以下では，専門弁護士の今後の展望を占うに最適なこの裁判を紹介して，本稿を閉じることとしよう。

　(2)　事案は，以下のとおりである。すなわち，憲法抗告の抗告人である弁護士 X は，弁護士経験 40 年以上のベテランであり，共同事務所形態の構成員である。当初から，交通法の領域に取り組んできた。X は，ドイツ弁護士協会の交通法ワーキンググループの執行委員会の委員をその創設以来 25 年間つとめ，ここ数年は，委員長代理をつとめている。このほか，X は，数十年来ドイツ弁護士協会の交通法立法委員会，ドイツ交通学アカデミーおよび道路制度に関する連邦機構専門委員会の委員をつとめ，さらに，"Zeitschrift für Schadensrecht" および "Spekturm für Versicherungsrecht" という雑誌の編者でもある。これに加え，交通法の領域において，多くの論文があり，また，報告を行ってきた弁護士である。

　このように専門化していることを公衆に対しはっきりさせることができるように，X は，所属弁護士会に，交通法専門弁護士が今のところ認められていないので，自分は，今後「交通法のスペシャリスト」と名乗る旨を通知した。要するに，交通法専門弁護士が認められないことに，業を煮やしたのである。当該弁護士会の担当部局は，最初は，X が，レターヘッドにもこれを記すことを認めた。しかし，他の弁護士会から批判を受けたのを機に，X 所属弁護士会理事会は見解を変え，X に対し，連邦弁護士法 73 条 2 項 1 号に基づき X に対し，決定をもって，レターヘッドに自分をスペシャリストと表

185）　*Hellwig*, Überlegungen zu anwaltlichen Spezialistenbezeichnung, AnwBl 2003, S. 613 ff. 参照。

186）　*Van Bühren*, Spezialist = Fachanwalt ? AnwBl 2004, S. 557.

332 資　　料

示するのをやめるようにとの教示をした。このような裁決に対し，当然のことながらX
弁護士は，「主に関心のある領域や主たる活動領域の表示では，Xが事実専門化してい
ることを外部に示すには十分ではない」として，レターヘッドに自分が望む自己紹介を
する許可をうるべくツェレ（Celle）の弁護士法院にその判断をあおいだ。

ツェレの弁護士法院は，申立てを棄却し，連邦通常裁判所への即時抗告を許可しなか
った。そこでXは，（もちろん満を待して）憲法抗告を提起した。憲法裁判所はこれを
入れて，弁護士法院の裁判を取り消した。その理由は以下のとおりである[187]。

「　　　　　　　　　　　　　Ⅱ

　当部は，当該裁判に対する憲法抗告は，連邦憲法裁判所法91条1項にあげられて
いる権利の貫徹のためになされていることから（連邦憲法裁判所法93条a2項b
号），これを受理する。その他の要件（連邦憲法裁判所法93条c1項）も具備してい
る。不服を申し立てられた裁決および弁護士法院の裁判は，抗告人の職業実践の自由
（基本法12条1項）の点で，抗告人の権利を侵害している。

　1．本件憲法抗告は，憲法に関する原則的意義を持つものではない（……〔略〕
……）。弁護士の広告に関する法の憲法上の問題については，すでにくり返し判断さ
れている（……〔略〕……）。自由業を営む者には，法的交渉および事務交渉において，
妥当かつ誤解を招かない情報提供が認められる（……〔略〕……）。これを制限する国

187）　NJW 2004, S. 506. 判旨（編集者によるもの）は以下のとおり。
　　「1　交通法の専門家として知られている弁護士が──まさにこの領域に関して
　　専門弁護士が認められていない場合であっても──，そのレターヘッドに，「交通
　　法のスペシャリスト」と表示することを妨げることはできない。このような禁止
　　は，基本法12条の意味での職業実践の自由を侵害するものである。
　　　2　広告法上の規律により保護されている財産およびその限りで立法者が追求
　　する目標は，行っている活動をより特徴づけることとなる表示や付加文言を，そ
　　の目的と意味あるいはその第三者への情報提供価値を考慮することなく禁止する
　　ことを正当化するものではない。
　　　3　弁護士の特別の資質が，ことに即したかたちで正しく表示され，かつ，そ
　　の表示が誤導的でない限り，このような自己紹介（「専門家」との表示）の禁止
　　は，憲法に照らすと正当化されることはない。
　　　4　特定の広告媒体の選択もまた，通常は，自由業としての活動を外部に紹介
　　することが許される限界を狭く画することを正当化しない。連邦憲法裁判所は，
　　自己紹介のために選択された広告媒体それ自体，広告の不適法性を理由づけるこ
　　とはないと，すでにくり返し判断してきたところである。

（州）の処分は，職業実践の自由に対する介入である（……〔略〕……）。このような介入は，基本権を制限する法律に求められる憲法の要請を充足する法律上の基礎を必要とする。

　２．憲法抗告の受理は，連邦憲法裁判所法91条１項にあげられている権利の貫徹のためである（連邦憲法裁判所法93条ａ２項ｂ号）。

　a）問題とされた判断は，連邦弁護士法59条b2項２号３号に基づき定められた弁護士のための職業規則中の広告に関する規定に基づき下されたものである。弁護士職業規則６条１項は，弁護士が，その仕事内容と人となりについてのあらゆる情報の提供を，その表示がことに即してなされ，かつ職業に関連するものである限りにおいて，認めている。このような規律は，憲法上問題ない。これは，基本法12条１項の射程に関する連邦憲法裁判所の判例に即している。

　b）しかし，弁護士職業規則７条１項および６条２項は，一部これを制限している。これらの規定によれば，主に関心を持つ領域および主たる活動領域ならびに専門弁護士以外については，事務所パンフレットおよびニュースレターならびにこれと同種の業務のある分野について広告するための情報媒体においてのみ，これを公表することが許される。

　aa）その文言によれば，このような規律は制限列挙として定められている。これは，その規律によって追求される公共の福祉目的を達成のために必要でもなければ，相当性の原則を遵守したものではない。

　⑴　弁護士職業規則中の広告に関する規定は，法的問題処理機構の一機関としての弁護士の独立を確保しようとするものである。権利保護を求める市民の利益に照らすと，顧客誘引的な自画自賛を前面に押し出した広告，そしてまた，当該弁護士の本来の仕事や依頼者との関係において欠くことのできない信頼関係とは関係がない広告は，弁護士という地位にそぐわない（……〔略〕……）。したがって，禁止できるのは，このような広告方法とならんで，純粋にビジネスライクに，専ら収益を目指した行動の表現，わけても，権利保護を求める市民を惑わす危険のある広告である（……〔略〕……）。

　競争法上の規律により保護される権利そしてまたこの限りで立法者が追い求める目標というものから，行っている活動をより詳しく性格付ける表示や付加文言を，その意味，目的および第三者に対するその情報伝達価値を顧慮せずに禁止することが正当とされることはない。連邦憲法裁判所は，つとに自由業として活動する医師の広告法との関連で，はっきりとこのことを述べた（……〔略〕……）。連邦通常裁判所もこれに追随している。……〔略〕……弁護士に関しても，この限りにおいては異ならない。弁護士の特別の資質についての適切な表示が，ことに即したかたちでなされ，表示が

334 資 料

誤導的なものでない限り，このような自己紹介の禁止は，憲法上認められない。

(2) 特定の媒体の選択もまた，自由業者の活動を外部に紹介することが許される限界を狭く引くことを，原則的に正当化するものでもない。連邦憲法裁判所は，すでに何度となく，自己紹介のために選んだ媒体それ自体から，広告が不適法とされることはないとの判断を示してきた（……〔略〕……）。自由業者の広告法に関するヨーロッパ・スタンダードからみても同様である。ヨーロッパ裁判所，そしてヨーロッパ人権裁判所もまた，この限りにおいては，厳格な基準を立てていない。

bb) それゆえ，弁護士職業規則 7 条 1 項および 6 条 2 項の規律が憲法に適合するのは，弁護士職業規則 6 条 2 項にあげられている媒体以外のものとの関連においても，許されないのは職業違反の広告のみであるとこれを解釈した場合のみである。

(1) 職業規則にあげられていない概念の利用は，……〔略〕……法律による授権の射程を考慮し，消費者の誤導を回避するという，これによって追求されている目的に照らし，必要かつ適切な限度で，確かに禁止できる。しかし，事実の確定は，この限りにおいては疑念を起こさせるものであってはならないし，そしてまた，当該職業従事者の身内の視点を，主たる基準としてはならない（……〔略〕……）。

(2) これらにより求められる考量にあっては，権利保護を求める市民の情報利益と，法的問題処理機構の関心とを調整しなくてはならない。この限りにおいては，職業規則が提供する基準および概念が，需要者と供給者側の情報利益からして妥当かどうかということもまた問題となる。

この点についてみると，本件では，連邦弁護士会の意見書が示すような，主に関心を持つ領域，主たる活動領域そして専門弁護士という段階付けは，そもそものところ，専門弁護士が認められている領域においてのみしか説明がつかないということからして，すでに，疑問である。また，専門弁護士は必ずしもスペシャリスト（Spezialist）ではない。このことは，つとに連邦弁護士法 43 条 c1 項が，二つの専門弁護士表示を許していることからわかる。専門弁護士がそこに向けて制度化されている活動分野が広いことに照らすなら，この限りにおいては，スペシャリストであることがその要件とはされていない。自分をスペシャリストと表示する者は，彼が，全面的ではないにしても，その職業の全対象領域の一部での活動を優先しているということをも示している。弁護士が，（主に関心を持つ領域とならんで）三つまであげることができる主たる活動領域に関しては，そもそものところ専門化（特化）は問題外である。

弁護士が，大きな広がりを持つ法律相談中のうちの狭い領域に実際に専門化（特化）しているときは，この弁護士は，専門化（特化）という外部への表示により，同時に，その他の事件の受任を相当程度できなくなる。この弁護士が，このような情報

をえた権利保護を求める市民から他の分野についての法律相談を持ち込まれるのは，特別の事情がある場合に限られる。このような情報と結びつけた長きにわたる職業活動の限定は，重点という概念とか専門弁護士表示では，表現できない。

　c）個々のケースにおいて，職業実践の自由という基本権と広告禁止の目的とを考量して，許される行為形式と許されないそれとの間の限界を引くことが，専門裁判所の責務である。恣意の禁止違反を除き，連邦憲法裁判所は，単純な法の諸規定の解釈と適用については，次のような解釈の誤りがあるかどうかのみを審査することができる。すなわち，その解釈の誤りが，問題の基本権の意義，わけてもその保護範囲について，根本から誤っている見解に基づいている場合である。専門裁判所が採用した規範の解釈が，基本権の射程を十分考慮していないか，あるいは，結果的に，基本権たる自由を，相当性を欠いて制限している場合はこれに当たる（……〔略〕……）。

　aa）ツェレ弁護士法院は，「交通法のスペシャリスト」という表示の利用を，一般的にではなく，レターヘッドに使うことを不適法とした。『この表示は，職業違反である。というのは，この概念は，誤解を招くものであるし，これに加え，法律が予定している概念規定とはずれているからである。』と。このような見解をもって，弁護士法院は，判断に供された事実関係に，基本権を制約する結果に照らすなら求められるようなやり方で，正しく答えることをしなかった。不服を申し立てられた裁判における事実認定によれば，抗告人が，レターヘッドに，そしてまたこうした一枚紙だけではなく，インターネットや事務所のパンフレットにおいて，自らを交通法のスペシャリストと表示したとしても，権利保護を求める市民が，誤導されることはありえない。

　(1)　弁護士が自分を「交通法のスペシャリスト」と表示することは，権利保護を求める市民にとり，原則的には，利益に適いかつまた事柄に適した情報の提供である。専門弁護士表示との混同の危険は，そもそもない。というのは，交通法専門弁護士は存在しないからである。この限りにおいて誤導が問題となるのは，抗告人が，本当は一般的な言葉の意味でのスペシャリストではない場合のみである。この点は，本件では弁護士会からも，そしてまた裁判所からも主張されていない。

　連邦弁護士会は，『とはいっても，スペシャリストの概念は，十分具体的ではないし，そして，その内容は，かかる表示をもって広告を行う者の自己解釈に強く依存しているから，誤導の危険がある』とする。しかし，抗告人の交通法の領域における法理論および実務に関する広範な経験は，権利保護を求める市民に，抗告人の場合の概念を誤って理解させ，あるいは，その相当な知識に対する何らかの過度の期待をもたらす危険はない。

　(2)　連邦弁護士会が恐れるような，法律が他の概念を用いていることに基づく誤導の危険もない。理をわきまえた権利保護を求める市民は，重点とか専門弁護士とかの

336 資　　料

法律中にあげられている概念を，たとえばスペシャリストといったその他の概念と同置することはないとしてよい。連邦通常裁判所と同じく（……〔略〕……），広告行動は，それが伝えられる範囲の人の観点から，判断しなくてはならないとするなら，この場合には，当該職業者がいつスペシャリストとなったかの理解は，彼が，自己評価で，主に関心を持つ領域および主たる活動領域を表示してよいかの理解よりやさしいということを前提としてよい。

　bb）しかしながら，本件ではこのことは決定的ではない。混同の危険を実際に恐れなくてはならないなら，そこで誤導的な表現が用いられるメディアが問題なのではない。もっとも連邦弁護士会は，一枚紙にあっては，そこで補充的な解説がなされれば，誤導の危険は少ないということを認めている。しかし，職業規則はこれを義務づけていない。インターネットや一枚紙そして事務所のパンフレットにおいても，個々の弁護士または事務所の独自性を，スローガン的に記載できる。この限りにおいては，簡略表示に関し，レターヘッドと事務所パンフレットとを区別することは，説得力がない。

　cc）抗告人には，連邦弁護士法（「職業規則」の誤植と思われる。）6条2項により，一定の広告手段では，彼がその範囲でスペシャリストと名乗ることを認められるという事実も，広告制限の憲法上の意義を限縮することはない。確かに制限の程度は緩和されてはいるが，基本法12条1項に照らすと，不当であることに変わりはない。というのは，重要な公共の福祉という関心事は，原則認められている提供者と受け手の情報の自由を制限するにいまだ十分たりるものではないからである。レターヘッドは，事務所とその所属弁護士の重要な表看板である。したがって，レターヘッドから，弁護士としての活動の広がりすべて，あるいは法との取り組みの深みや専門化を読みとることができるのは，広告権の重要な一部をなしている。この限りにおいて，禁止するには，具体的にあげることができる公共の福祉の関心事に奉仕するものでなくてはならないのである。本件ではこれが欠けている。

　3．不服を申し立てられた裁判は，先に述べた基本法12条1項に違反している。職業実践の自由の意義とその射程に鑑みるなら，抗告人がそのレターヘッドに，交通法スペシャリストと自己紹介するのを禁止する余地は一切ない。　　　　　　　　」

⑶　以上が，スペシャリスト（Spezialist）という表示をレターヘッドにすることは禁止されないという連邦憲法裁判所の決定である。この決定は，一つには，主に関心を持つ領域および主たる活動領域ならびに専門弁護士以外の自己紹介的な付加文言を付すことのできる広告媒体に制限を加えてはならないとするものであるが，本稿の関心事からいえば，「……法スペシャリスト」という付加文言が認められたことである。なるほ

ど連邦憲法裁判所は，スペシャリストという者の概念について，かなり高度な資質を備えていることを要件とし，「……法専門弁護士」と「……法のスペシャリスト」とは異質であり，一般人もこれを区別できるとしてはいるが，すでに述べたように，元来英語のスペシャリストとは，その道の専門家（Fachman）を指す。スペシャリストという表示は，専門弁護士より，より高度の資質をそなえていることを示すものであるとするのであれば，専門弁護士との関係でも誤導的ではないとはっきり断言できないように思われる[188]。もし，交通法専門弁護士が認められていたなら，連邦憲法裁判所は，異なった判断を下していたかもしれない[189]といわれるゆえんであろう。

　いずれにしても，この決定が，専門弁護士を推進・拡大する方向へと規約委員会の背中を押したとみて，まず間違いあるまい。そうだとするなら，今後も，先にみたような基準の下，専門弁護士が認められる法領域が拡大していく傾向が続くと予想してよさそうである。もっとも，この決定は，ひとつの大きな問題を提起したことは指摘しておかなくてはならない。すなわちそれは，専門弁護士が認められる分野においても，スペシャリストという表示が認められるのか。また，両者の限界付けはどのようになされるのかという問題である[190]。

2. 次 の 課 題

　その議論が始まったときからすでに 80 年，ドイツの専門弁護士（認証）制度の歴史は，かなり長い。もっとも，一方では，専門弁護士に対する弁護士の関心が高まり，弁護士 7 人につき 1 人が専門弁護士認証を受けるまでになり[191]，他方では，新たな専門弁護士が陸続と認められるようになったのは，すでにみてきたとおり，ここ 10 年のことである。それは，一つには，急激に弁護士が増加するなか，弁護士同士のいわば生き残り戦略として，専門弁護士認証を受けようという弁護士のモチベーションの高まりがあったこと，そしてもう一つには，ヨーロッパにおける法律事務の自由化，つまりは弁護士以外のものに対する法律事務取扱の解禁がその足音を高めつつあることに促されたものだということは想像に難くない。近い将来，同じような状況になると確実に予測でき

188）　不正競争だとして，交通法のスペシャリストという表示の差止めを求めたケースにつき，LG Regensburg, NJW, 2004, S. 1044 f. 参照。

189）　*Van Bühren*, a. a. O. 注 187）．

190）　*Offermann-Bruckhart*, Der Spezialist - ein besserer Fachanwalt? NJW, 2004. S. 2617 ff. (2619).

　　　さらにまた，スペシャリスト表示を認めるとして，その要件と，この要件を満たしているかを誰が確定するのかということも問題であるとされている。

191）　Aktuelle Pressmeldung der BRAK vom 24 November 2004.

338 資　　料

る我が国においても，「専門弁護士」の制度は，弁護士がその職域を確保し，そして個々の弁護士が競争を勝ちぬいていくための一つの選択となりえよう。そしてこの際の一つの大きな関心事は，それでは，専門弁護士のいわゆるレベルはどの程度なのか，換言すると，どの程度の資質（特別の理論上の見識・経験）を備えれば，認証を受ける適格を備えているとされるのかであろう。別の角度からいうと，専門弁護士の認証を受けるために受講が必要とされる学修課程そしてまた能力検定試験のレベルはどうなのか。専門口頭試問で審査される事項とそのレベルはどうなのかであろう。いわば，専門弁護士認証の「実態」ともいうべきこの問題が，筆者の次の課題であることを確認して，本稿を閉じることとする。

第　2　部

弁護士業務基本規程 51 条の実務上の問題点

本　間　正　浩

Ⅰ　はじめに──企業内弁護士の行動準則についての議論の必要性

1．企業内弁護士の人口激増

　我が国において，企業内弁護士は急激な増加の傾向を示している。日本組織内弁護士協会（Japan In-House Lawyers Association，以下，本稿において「JILA」という）の調査によると[1]，2001 年の 9 月末時点において，企業内弁護士人口は 66 名でしかなかった[2]。その後，企業内弁護士人口は増え続け，2014 年 6 月の時点において 1179 名に達している。この増加傾向がとまるという兆候は全くない。一方で，我が国における単位弁護士会で会員数が企業内弁護士を超える弁護士会は 6 会でしかない[3]。良かれ悪しかれ，好むと好まざるとにかかわらず，企業内弁護士は，その規模において，もはや，我が国の法律実務に有機的かつ不可分に組み込まれた一要素として確立しているのである[4]。

---

1)　http://jila.jp/pdf/transition.pdf
2)　2001 年設立。企業内弁護士を含む組織内弁護士（元職を含む）を会員とし，組織内弁護士の普及促進を目的とする。2014 年 10 月 31 日時点において会員数 937 名（なお，JILA の会員には企業のほか，行政機関に勤務する弁護士が含まれており，また，かつて企業内弁護士であったが現在は法律事務所等に転身した者も含まれているので，企業内弁護士人口と単純な比較はできない）。http://jila.jp/about/index.html#menu4
3)　東京 3 会と大阪弁護士会，それに愛知県，横浜弁護士会（それぞれ 1693 名，1436 名）（2014 年 9 月 1 日現在）である。http://www.nichibenren.or.jp/jfba_info/membership/about.html
4)　日本における企業内弁護士人口の推移とその背景をスケッチしたものとして，本間正浩 "Development of In-House Practice in Japan-A Chronological Observation"，June, 2014 ACC Docket 27（英文）。

340 資　　料

　しかし，企業内弁護士の内実であるところの，その意義・価値，「あり方」，そして，その鏡の反面に付随するところの企業内弁護士のリスク・陥穽が広く認識されているかというと，残念ながら，議論自体がほとんど行われていないというのが現実である。

　その背景には，企業内弁護士の拡大があまりに急激であり，これを考える基礎的な考察がとても追いついていなかったことがある。

　また，折しも，弁護士人口の急激な拡大を背景にして，司法研修所新卒弁護士の就職先の確保の必要という要請から，弁護士会の企業内弁護士に関する関心・活動も，いきおい新人弁護士の就職先の確保という観点に過度に集中し[5]，その中で，残念ながら企業内弁護士のあり方といった基礎的・理念的な問題の探求に光が当てられてこなかったことが，議論が未発展であった原因をなしていることは否定できない。

2．企業内弁護士の多様性

　単に人口が激増しているばかりではない。その多様性も拡大し，その業務の内実をみるとき，全ての企業内弁護士を一律にくくること自体が妥当なのか，あるいはそもそも可能なのかというところから検討の必要がある状況である。

　10 数年前，10 年のプライベート・プラクティス[6]の後に，筆者が外資系企業の日本法人に入社した時には，企業内弁護士といえば，金融機関を中心とした外資系企業がプライベート・プラクティス経験程度 10 年以上の，いわば「できあがった」弁護士をジェネラル・カウンセル（General Counsel）あるいはチーフ・リーガル・オフィサー（Chief Legal Officer）といった法務部門の総括者的地位，あるいはこれに準じたシニアなポジションで採用することが主流であった。2001 年時点において，66 名の総人口のうち，弁護士経験 10 年以上（すなわち司法修習 42 期以上）の弁護士は 31 名と半ばを

　5）　弁護士会のかかる姿勢を象徴的に表しているのが，山岸憲司日弁連会長（当時）が 2013 年 10 月 15 日に主要企業に発信した，「企業内弁護士の採用に関する御案内」と題する書簡である。（新卒修習生を）「企業法務の即戦力として執務することが可能（傍点引用者）」として採用を〈依頼〉する姿勢からは，企業内弁護士のあり方，特に，本稿で論じるようなその業務の特質に対する理解は見られない。マスコミ報道を見ても，企業内弁護士を「就職難の受け皿」視する姿勢が目に付く。

　6）　おそらくは組織内弁護士が従前極めて少数であったという事情を反映して，組織内弁護士業務（in-house practice）に対応するものとして，法律事務所における弁護士業務を積極的に指す述語が日本語に存在しない。そこで，本稿では，日本ではいまだ定着していないことを承知の上で，法律事務所における業務を「プライベート・プラクティス（private practice）」，これに従事する弁護士を「プライベート・プラクティショナー（private practitioner）」という。

占めている[7]。本国の例に倣い，その多くは現地法人における経営チームの一翼を担い，またマトリクス（Matrix）という組織原理のもと，本社の法務部に直接の指揮系統を繋いでいる者も多かった。そのようなポジションでは，プロフェッショナルであることが当然の前提とされ，大きな権限と権威，そして責任が付帯している[8]。経営に対して大きな影響力を持つ場合も少なくない。いきおいその人口も多いものではない。2014年で弁護士経験10年以上の企業内弁護士の総数を見てみると，それ自体228名と，総数の20％弱となっているところ[9]，法務部門の総括者的地位に立つものは実際にはそれよりはるかに少ないはずである。228名の中には司法研修所新卒で企業に入り10年のキャリアを積んだ者も含まれ（通常，新卒10年では部門総括者になることはできない），また，供給が増大したことにより採用側の要求水準が上がり，中途採用であっても経験10年程度では法務部門総括者に就任するのは難しくなってきているからである。

　一方で，現在では弁護士経験4～5年までのジュニアな弁護士が圧倒的多数を占めていることが見て取れる。その多くは日系企業が司法研修所の新卒者を採用したものである。2014年時点においては，弁護士経験5年まで（61期以下）の弁護士が693名と全体の60％を占めている。

　その内実は様々である。「プロフェッショナル」として社内規定上あるいは事実上特段の扱いを受けている者もいるが，法務部門に配属され，非法曹資格者と同じ権限と責任の下で執務している者も多い。非法務部門へ配属された者も存在する。そこでは，弁護士であることに企業の組織上特定の意味づけはなく，弁護士であることは，その能力を示す「個人の属性」でしかない。さらに，弁護士登録を直接的に禁じたり，あるいは企業が会費を負担しないことによって間接的に抑制する企業がじわじわと増えている感がある。また，むしろ採用者の方から弁護士登録をする必要を認めず，弁護士登録をし

---

7)　JILA調べ。前掲注1)。

8)　アメリカにおいて，ジェネラル・カウンセルの役割を論じた論考は枚挙に暇がないが，鳥瞰図的なものとして，*Sarah Helene Duggin*, "The Pivotal Role of the General Counsel in Promoting Corporate Integrity and Professional Responsibility", 51 St. Louis U. L. J., 989 (2006)，*Deborah A. DeMott*, "The Discrete Roles of General Counsel", 74 Fordham L. Rev. 955 (2005)，*Marc C. Daly*, "The Cultural, Ethical and Legal Challengers in Lawyering for a Global Organization : The Role of General Counsel", 46 Emory L. J. 1057 (1997)，*Carl D. Liggio*, "A Look at the Role of Corporate Counsel : Back to the Future-Or is it the Past?", 44 Ariz. L. Rev. 621 (2002)，*Carl D. Liggio*, "The Changing Role of Corporate Counsel", 46 Emory L. J. 1201 (1997) など。

9)　JILA調べ。前掲注1)。

342 資　　料

ないことを選択する者も出始めている。ちなみに，JILA では，弁護士登録の資格を持ちながら登録することを選択しなかった者を「非登録会員」というカテゴリーで会員資格を認めているが，その人数は 58 名である[10]。

　一方で，ここ数年，プライベート・プラクティショナーとして 7，8 年から 10 年以上の経験を有する弁護士，すなわち，プロフェッショナルとして一応「できあがった」弁護士が企業内弁護士に転身する例がかなり見受けられるようになった。企業が弁護士を即戦力として，その専門能力に注目した証左であり，積極的に評価するべきであろう。しかし，このような採用傾向は，企業新卒で入社した弁護士のキャリアに影響をもたらす可能性がある。中長期的に企業内弁護士の発展にどのような要素となっていくか，注視すべきところである。

　以上のように，我が国における企業内弁護士は極めて多様化しており，その意義，価値，そしてリスクおよび陥穽をどのように把握し，規律していくかが喫緊の問題である。

3．企業内弁護士の行動準則についての議論の必要性

　このような状況のもとで，企業内弁護士をプロフェッショナルとしての「弁護士」の中に取り込んでいくという発想を取るのであれば[11]，企業内弁護士をプロフェッショナ

---

10)　JILA 調べ。前掲注 2)。なお，この数字は一応の参考でしかなく，他の統計資料との比較はできない。非登録者は弁護士会の統計には出てこないし，JILA の集計では会員しか把握できない。一方で，JILA の統計では企業以外に行政庁等に採用された弁護士も含まれている。なお，注 107) 参照。

11)　かかる方向性を取らないのも一つの選択である。筆者の知る限り，フランス，ドイツ，イタリア，スペイン，スイス等の欧州主要国では，企業内弁護士は弁護士会への登録が認められておらず，弁護士として認められていない。「被用者であること」が「弁護士としての独立性」と矛盾することを理由とする（ドイツでは弁護士登録は可能であるが，それはプライベート・プラクティスを行っている限りのことであり，企業内弁護士業務それ自体は弁護士業務として認められていない）。ドイツの状況について，ハンス・ブリュティング「1994 年の弁護士職業法改革後におけるシンディクス弁護士の法的地位」，日弁連第 12 回弁護士業務改革シンポジウム運営委員会編「ドイツ弁護士事情調査報告書」105 頁以下，114 頁以下。我が国においても，須網隆夫教授は，同様の理由で企業内弁護士を「弁護士」として認めないという選択肢がありえたのではないかという見解を示唆する。須網隆夫「弁護士の独立性と企業内弁護士─弁護士法 30 条の改正をめぐって─」大阪弁護士会編「企業に進出する弁護士の未来」(2003 年) 8 頁。しかし，このような立場は，企業内弁護士を職業規律から解き放つことになり，企業による弁護

ルならしめるための条件整備を考える必要があるのは自明のことである。そして，プロフェショナルをプロフェッショナル足らしめている重要な要件は，それが独自の職業上の規律（professional code of conduct）[12]に拘束されていることであることは異論のないところであろう[13]。

　しかし，一言に職業規律といっても，効果的に機能するためには，業務の実態に適合していることが必要である。この点，企業内弁護士は，その業務のあり方において，プライベート・プラクティスと異なる面があることは否定できない。プロフェッショナルたる弁護士の一翼を担う者として，企業内弁護士に対して，プライベート・プラクティスとの比較において，特別な規律が必要であるのか，必要であるとすればどのような内

―――――――――――――――――――

　　士の「拘束」を正面から認めることになる。論者の懸念が企業内弁護士の独立性であれば，このような対応は論理的に背理である。また，かかる見解は，要するに問題を弁護士会の外に出してしまえば弁護士会の問題ではなくなるということで，「目をつぶれば世界はなくなる」という考えに他ならず，専門的法的サービスを社会の隅々まで浸透させる責任の放棄の議論と言わざるをえない。実際，欧州でも，欧州企業内弁護士協議会（European Company Lawyers Association, ECCA）のような団体が組織され，「企業内弁護士」（in-house lawyer）として行動準則を作成し（" European Company Lawyers Association Code of Ethics", http://www.ecla.org/files/files/Profession/European%20Company%20Lawyers%20Association%20code%20voted%20May%2030%202014.pd　参照），これに所属する専門家は社会的にはプロフェッショナルという扱いを受けるという結果になっている。また，企業内弁護士についてもっとも発達している米国の弁護士が，これらの国を代表する大企業のいくつかにジェネラル・カウンセルとして迎えられるという結果を招いている（同様の事象は我が国でもみられる）。結局，企業内弁護士を弁護士と認めないという議論から来るものは，弁護士および弁護士会の社会的な矮小化という結果でしかない。

12)　同じことを議論するのに「弁護士倫理」あるいは「Professional Ethics」という用語法もある。ただ，これは著者の語感上の趣味の問題にもなるのだが，「倫理（ethics）」というとどうしても個人としての主観的な心持の問題と取られてしまい，その結果として「弁護士だからといって倫理的に優れているとは限らない」「非資格者の倫理が低いというのか」といったとりとめもない議論，感情論になってしまいがちというのが筆者の感覚である。なお，注42）参照。問題は個人の心情の問題ではなく，弁護士がプロフェッショナルとしてその任務を遂行するために必要な行動規範（discipline）という客観的な問題であると明確にするためにも，本稿では「行動規律」という語を用いることとする。

13)　加藤新太郎「コモン・ベーシック弁護士倫理」（有斐閣，2006年）11頁参照。

容であるべきかを研究することは極めて重要である。特に，研修所新卒で入社した弁護士が多数を占め，その多くは勤務先に弁護士としてのあり方について指導に当たることができるシニアな弁護士を持たず，したがって弁護士であることの自覚を身に着けるのに難しい環境にあることを考えると，その研究は喫緊の要請であるということができよう。

現状，企業内弁護士に対する規律としては，日弁連が制定した弁護士職務基本規程（以下「基本規程」という）において，50条および51条の2か条が置かれているのみである。本稿は，この2か条，特に，具体的な義務を定めた51条について，これを企業内弁護士の実務上運用することについての問題点を検討しようとするものである。

なお，本稿では，企業内弁護士のみについて検討を行う。企業内弁護士に加えて，行政庁や地方公共団体等の公的機関で業務する弁護士を加えて，「組織内弁護士」という把握をするのが通常であり，基本規程50条および51条も組織内弁護士全体を規律対象としている。しかし，筆者の知見が企業内弁護士に限られていること，官公庁での業務は公権力作用の一部として，私企業とは異なった視点からの考察も必要になる可能性があることから，本稿では直接的には検討の対象としないものとする[14]。

II　基本規程50条および51条の趣旨とその問題点

基本規程50条は「［組織内弁護士］は，弁護士の使命及び弁護士の本質である自由と独立とを自覚し，良心に従って職務を行うように努める」とされ，これに続けて，同51条は，「組織内弁護士は，その担当する職務に関し，その組織に属する者が業務上法令に違反する行為を行い，又は行おうとしていることを知ったときは，その者，自らが所属する部署の長又はその組織の長，取締役会若しくは理事会その他の上級機関に対する説明又は勧告その他のその組織内における適切な措置を取らなければならない」とする。

このうち，基本規程50条は組織内弁護士の業務姿勢に関する一般論を述べたものであり，努力規定とされているが，51条については，組織内弁護士に対して特定の状況について特定の行為義務を定めたものである。その違反については懲戒処分の対象となる。

基本規程50条および51条の特徴は，プライベート・プラクティショナーとは別に，組織内弁護士だけを適用対象としたことにある。

1．基本規程50条

弁護士全般について，依頼者との関係における自由と独立について，基本規程20条

14）　ただし，本稿の記述のかなりの部分は官公庁で執務する弁護士にも同様にあてはまることになろう。

において，「弁護士は，事件の受任及び処理に当たり，自由かつ独立の立場を保持するように努める」という一般規定を置いている。また，違法行為の助長その他不正な行為への加担を禁止したものとして，基本規程においても，14条（違法行為の助長の禁止），21条（正当な利益の実現）そして31条（不当な事件の受任の禁止）が置かれている。企業内弁護士を含む組織内弁護士にも，当然これらの一般的規定の適用がある。

弁護士が「プロフェッション」であるとすれば，その職務遂行において「独立性」が必須の要素であることは，異論をさしはさむ余地がないところであろう[15),16)]。企業内弁護士においても，「当該組織に弁護士の身分を持ったまま入っていく以上，自分が弁護士であるという自覚をもって当該組織に入り，組織内に法の支配を徹底していく責務を履践することが期待されているというべきである」[17)]。

しかし，弁護士一般に該当する原理・原則ということであれば，ことさらに基本規程50条は必要でないはずである。しかも，20条の一般規定に対する特別規定として，その規律内容に差異があればともかくとして，日弁連逐条解説においても，規律内容そのものは基本規程20条および21条と同一であることが確認されている[18)]。

かかる疑問に対するに，日弁連逐条解説の説明は，「組織に所属する弁護士と当該組織の結びつきは，個々の事件における弁護士[19)]と依頼者との関係に比べて相当に強固な

---

15)　ただし，「独立性」という概念が具体的にどのような意味内容を持つかは，それほど明確ではない。企業内弁護士における「独立性」の多義性を分析したものとして，*Suzanne Le Mire* "Testing Times : In-House Counsel and Independence" 14.1 Legal Ethics 21 (2011)，拙著「組織内弁護士と弁護士の『独立性』」，法律のひろば2009年3月号56頁，4月号68頁，5月号62頁（本書411頁）。

16)　もっとも，「独立」については，不当な干渉を受けずに法と良心のみに拘束されるという趣旨として理解できるが，これと「独立」と対になって使われる「自由」については，その意味は必ずしも明確ではない。それが基本的人権としての「自由」権という意味と同じ意味で，あるいは弁護士が「自由」業であるという意味で，個人の望むところをなすことができるという趣旨とは考えられない。問題は職業としての行動規律であるから，その受益者が当の弁護士本人であるということはありえないからである。

17)　日本弁護士連合会倫理委員会編「解説『弁護士職務基本規程』（第2版）」（2012年）（以下「日弁連逐条解説」として引用する）127頁。

18)　日弁連逐条解説128頁。

19)　組織内弁護士も「弁護士」であるので，この記述は論理的ではないが，ここでいう「弁護士」はプライベート・プラクティショナーのことを指していると考えられる。

346 資　　料

ものがあり，自由と独立の立場を貫徹することが難しい環境にあることが少なくない
（傍点引用者）」との理由づけがなされている[20]。

　企業内弁護士は，組織との間の関係がプライベート・プラティショナーに比して「強
固」（それが具体的にどのような意味を持つかは別として）であるのは事実である。し
かし，具体的に見れば，企業内弁護士もプライベート・プラクティショナーにおいて
も，それぞれの独立性の問題を抱えているのであって，その差は相対的なものと言いう
るのである[21]。実際，企業との関係が「強固」であるということは，企業に対する影響
力が強いということにもなり，「強固」であることが無媒介に独立性が脆弱であること
につながっていくわけではない[22]。

　加えて，日弁連逐条解説は「少なくない」との記述をもって，それが単なる論理では
なく，事実認識に基づくものという示唆をしているが，少なくとも我が国にあって，企
業内弁護士の業務環境と「独立性」との関係について，依拠することができるような調
査が行われたという事実を少なくとも著者は認識していない[23]。

　もちろん，実証的に証拠付けができないからといって，企業内弁護士の独立性に懸念
はなく，企業内弁護士について特別な規律を考える必要はない，ということはできな
い。その業務環境において，プライベート・プラクティスと企業内弁護士業務が大きく
異なることは顕著な事実であり，むしろ筆者も企業内弁護士業務に関する特別な規律の
検討は非常に重要な課題であると考えている。企業内弁護士に「独立性」の問題がある
ことについて，実証的な根拠に乏しいという論者でも，問題が存在することを否定して

---

20)　日弁連逐条解説 127 頁。

21)　　本間正浩「組織内弁護士と弁護士の『独立性』」前掲注 15)，2009 年 4 月号 68
　　頁。須網前掲注 11)，4 - 6 頁。また，山浦善樹「民事手続と弁護士の行動指針」
　　問題提起」民訴雑誌 52 号 57 頁（2006 年）は，「リピーター」となる依頼者を確
　　保するというプライベート・プラクティショナーの姿勢がその業務にいかに影響
　　を与えているかを赤裸々に活写する。後述 351 頁参照。

22)　*Le Mare,* 前掲注 15) at 34-35 参照。

23)　　海外においても，企業内弁護士についての実証的な研究が少ないことが問題で
　　あるという指摘がある。Duggin, 前掲注 15) at 1021。むしろ，Gunz and Gunz は，
　　企業内弁護士が，その所属する組織の利益とプロフェッショナルとしての倫理と
　　の衝突とが現実に生じているとの実証的な証拠はないとする。*H.P Gunz and S. P.*
　　Gunz "Ethical Implications of the Employment Relationship for Professional
　　Lawyers", 28 U. Brit. Clum. L. Rev. 123 at 130 (1994). もっとも，Gunz and Gunz は，
　　多くの企業内弁護士がその業務においてかかる衝突を意識していないこと自体が
　　問題だとする。Ibid. at 132. なお，後掲注 95)。

いるわけではない。欧米においては，企業内弁護士の独立性や行動倫理について，膨大な数の論考が存在する[24]。

　しかし，その場合，規程を作るのであれば，企業内弁護士における問題点を具体的に踏まえたうえで，一般規定に対する特別規定として，的確に問題性に対応する規定を考えるべきであろう。

　「相当に強固」という，それ自体は具体的内容を持たない説明をもって，結果として全弁護士に適用される規定と同一の規定を置いたのでは，企業内弁護士を，プライベート・プラクティショナーと同一の規律も守ることのできない，いわば二級市民であると頭から決めつけてかかっているとの誹りを免れない[25]。

2．基本規程 51 条の趣旨の問題点

　さて，50 条については，その規定ぶりが的確であるか否かの問題は残るとしても，内容的には，プライベート・プラクティショナーに比較して格別の差異はなく，書かれた内容それ自体については首肯できるものがある。また，同条は努力規定であり，業務への影響は直接的ではない。

　これに対して，基本規程 51 条は，具体的な義務を組織内弁護士に課するものである。その違反については，懲戒の制裁を伴う。一方で，プライベート・プラクティショナーを含む弁護士全般に適用されるものとしては，これに対応する規定は存在しない。一部の者に区別した取扱いをする以上，違法行為の助長その他不正な行為を禁止した規程 14 条，21 条，31 条等ではなぜ足りないのか，その必要性および合理性について，具体的な検討がなされていなければならない。はたして，規程 51 条の制定にあたり，十分な検討がなされたのであろうか。

　結論から言えば，筆者はこの点に非常に懐疑的である。

(1)　規程 51 条についての日弁連の説明

　まず議論されなければならないのは，本条の趣旨である。日弁連逐条解説によれば，本条の趣旨につき，「企業不祥事がなかなか根絶されないなか，企業の違法行為を防止するため，コーポレートガバナンスの問題や，コンプライアンスが議論されている」と

---

24)　比較的鳥瞰図的な論考として，例えば，注 15）に挙げた諸稿のほか，*E. Norman Veasey and Christine T. Di Guglielmo*, "The Tensions, Stresses, and Professional Responsibilities of the Lawyer for Coârporation", 62 Bus. Law 1 (2006) 25.

25)　なお，森際康友「組織内弁護士の自治と倫理」自由と正義 63 巻 10 号（2012 年）29，30 頁。

348 資　　料

し，「これらの団体に所属する弁護士には，その組織の違法行為の防止のために一定の役割が期待されている」とされる[26]。この記述からすると，基本規程51条は，企業の違法行為の抑止を目的にしているように思われる。

　たしかに，企業内弁護士が企業内で業務することにより，企業の違法行為を抑止する機能を期待することは首肯できる。しかし，そのことをもって，組織内弁護士だけに，規程51条のような「義務」を課すことを正当化できるであろうか。

　(2)　「不祥事防止」が目的なのか？
①　違法行為を抑止することは，弁護士としての責務の最も重要なものであることは言うまでもない。しかし，それは弁護士一般に該当するものであって，特段組織内弁護士のみに適用されるべき責務ではないはずである。

　むしろ，弁護士による違法行為の抑止責任を議論するのであれば，本来は，同様に，まず，弁護士一般についての行動規範を議論するべきであり，そのうえで，組織内弁護士の「独立性の脆弱性」を手当てする「特則」という形ではなく，弁護士としての一般論たる違法行為の抑止義務の「具体化」として，プライベート・プラクティショナーと組織内弁護士それぞれについての規律が「枝分かれ」する，という形になるべきであろう。

　実際，米国においては，エンロン事件等において，関与した法律事務所の責任について，詳細な事実調査と分析と批判が行われている[27]。そして，かかる議論を踏まえ，米国法曹協会（American Bar Association）では，弁護士業務模範規則（Model Rules of Professional Conduct，以下，「ABA規則」という）を改正し，違法行為の報告義務を規定した（ABA規則1.13条）。（この規定はプライベート・プラクティショナー，組織内弁護士を区別することなく，弁護士全てに適用されるものである）[28]。

　我が国においても，例えばオリンパス事件においては，不正とされた取引に関与した法律事務所が実名で取りざたされた。もし，弁護士による違法行為の抑止責任に真に関心があるのであれば，当然関与した事務所についての事実関係が調査・評価されるべきであった[29]。しかし，弁護士会が調査に乗り出した事実を筆者は認識していない。これ

---

26)　日弁連逐条解説129頁。
27)　高柳一男「エンロン事件とアメリカ企業法務」（中央大学出版部，2005年）165頁以下。
28)　なお，後述353頁。
29)　誤解のないように付言するが，筆者は，名前が挙げられた法律事務所に責任があったと主張しているものではない。筆者は判断をするだけの事実・資料を有していない。実際，依頼者からの依頼により業務し，依頼者の提供する情報・資料に依拠する法律事務所として，入手できる情報・資料に限界があるのも確かであ

は，弁護士会が違法行為の抑止に関する弁護士の役割を，プライベート・プラクティスとの関係において考える意識が薄いことの現われである。

それにもかかわらず，職務基本規程が組織内弁護士だけを対象に規定を置いたのは，結局，「組織に所属する弁護士［は］（中略）自由と独立の立場を堅持しにくい環境にあることが少なくない」との認識[30]のもと，組織内弁護士は違法行為の抑止の責務を貫徹しえないと考えられたと考えるほかはない[31]。日弁連弁護士倫理委員会委員も「組織内弁護士は，一般的な弁護士の執務形態とは違い，弁護士の独立性と衝突する部分があることから，これに必要な規定を設けた」と説明している[32]。ことは違法行為抑止のために規程が検討されたのではく，むしろ逆の順序で，まずは組織内弁護士の独立性が「脆弱」であり，何らかの規制が必要であるという考えが先にあって，その規制内容として，違法行為の抑止というテーマが「後付け」で「選ばれた」ということである[33]。

ろう。

しかし，それだからこそ，これら法律事務所が実際にどのような情報・資料を有していたのか，そして，それを基礎として，それではどのような情報・資料を入手するべきだったのか，はたしてそれが入手可能であったのか，法律事務所としてはどのようにふるまうべきだったのか，ふるまうことが可能であったのか，具体的かつ詳細に調査することで，企業不祥事に対する弁護士の役割について，計り知れない有益な情報／議論が可能であったはずであった。

弁護士を中心とした第三者委員会はその事実関係および原因・責任の究明において，功績を残したが，会計監査人の責任を詳細に論じている一方で，法律事務所および法務部の関与に対する調査・考察がほとんどなされていない。これは，千尋の憾みを残したと言わざるをえない。また，弁護士の関与について，弁護士会としてコメントしたり，自ら調査に乗り出した事実はない。弁護士会および弁護士界は，千載一隅の機会を逃すこととなったと言わざるをえない。

なお，弁護士会が調査に乗り出さなかったことについて，弁護士会内では守秘義務の存在が妨げであるという声がある。しかし，米国であれだけ詳細な調査が可能であったのであるから，問題を真剣に捉えていたのであれば，対応を真剣に検討することはできなかったものか。なお，規程51条との関係でも同じ問題があることについて，後述376頁。

30) 加藤前掲注13），187頁。　かかる認識に実証的な根拠はないことにつき，前述346頁。

31) 加藤前掲注13），194頁。

32) 岩井重一ほか「座談会　弁護士倫理の課題と展望　解説第2版の刊行を契機として」自由と正義63巻10号（2012年）9，14頁（松田豊治発言）。

33) 実際，筆者の私的経験であるが，当時規程制定作業に深くかかわっていた複数

350 資　　料

　しかし，「独立性」といっても，結局は相対的なものでしかない[34]．それだけでプライ
ベート・プラクティショナーに課されていない義務を企業内弁護士に課すということを
正当化するには不十分である。

②　そして，違法行為の抑止といっても，全てのプライベート・プラクティショナーが
規程51条で規定するような行動をとっているかと言えば，現実の問題として常に
「Yes」とは言えないであろう。

　ここで回答されるべきなのは，次の質問である。

　ア）　依頼者である企業が違法行為を発見したときに，担当者に指摘したにもかかわ
らず，それが是正されない場合，プライベート・プラクティショナーは必ずこれを代表
取締役なり取締役会に報告しているか，

　もう一つ，答えられるべきは，

　イ）　当該法律事務所において，所長弁護士が当該行為を適法だと判断し，あるいは
違法であるがその旨依頼者の担当者，あるいは代表取締役ないし取締役会に報告しない
と判断した場合，あくまで当該行為が違法であると信じたその事務所の勤務弁護士は，
所長弁護士や担当パートナー弁護士を飛び越して依頼者の担当者，さらにはその代表取
締役ないし取締役会に報告しているか，

　という問題である。

　重要なのは，企業内弁護士の問題とのコロラリーで言えば，その二つの設問共に，当
該弁護士がその代表取締役なり取締役と面識がなく，仲介者もいないという前提が必要
である。なぜなら，一部のシニアな企業内弁護士を別にして，大部分の企業内弁護士
は，企業の組織上，取締役や代表取締役と面識をもたないからである。

　この二つの問いに「Yes」と答えることができてはじめて，プライベート・プラクテ
ィショナーには規程51条のような規定は必要ないことを正当化できる。

　しかし，筆者の知る限り，そのような答えをする弁護士が多数存在するとは考えられ
ない。特に，「当該弁護士がその代表取締役なり取締役と面識がなく，仲介者もいない」
という前提を置いた場合には，「Yes」と答えられる弁護士は多くはない，というのが，
筆者自身の経験および多くのプライベート・プラクティショナーとの議論を通した筆者
の知見である。まして，後者の課題，すなわち勤務弁護士として所長弁護士等を差し置
いて規程51条のような行動をする，あるいはできると回答する弁護士はほとんどいな

　　の弁護士から，「ともかくも組織内弁護士について何らかの規制が必要であるとい
　　う考え方が強くあって，そのためにどのような規制ができるかを議論していた」
　　というコメントを聞いている。

34)　前掲注15) の各論考参照。

いであろう。

むしろ，ロースクールにおいてまさに「法曹倫理」を担当したころがあり，弁護士会から推薦されて現に最高裁判所判事の職にある山浦善樹判事は，「『まちがっても』経営者の不正を指摘するような行為は，依頼中止となる危険があるから，弁護士としては厳に慎まなければならない（傍点引用者）」と論じている[35]。しかも，この発言は，山浦判事個人の意見ではなく，「弁護士の実態を検証」したものとして論じられているのである[36]。山浦判事の指摘は，51条で要求されるような行動を，すべてのプライベート・プラクティショナーが当然に行っているとは言えないという例証である。

③　この点について，むしろより重要なのは，この論点がプライベート・プラクティショナーと企業内弁護士との業務の本質の違いにかかわるものであることである。

筆者としては，全てのプライベート・プラクティショナーが違法行為の指摘を「慎まなければならない」とまで思っているとは思わない（思いたくはない）[37]。しかし，ここで，通常のプライベート・プラクティショナーのとる行動は，面識のない経営陣にエスカレートすることではなく，辞任することであろう。辞任により，プライベート・プラクティショナーは汚いことから手を引き（washing the hands），違法行為に加担しなかったという一定の満足を得ることになろう。プライベート・プラクティショナーの案件からの辞任は，企業内弁護士にとって「辞任カード」を切ることが収入の途を断つことを意味するのに比較して，これより容易である[38]。

ここで重要なのは，プライベート・プラクティショナーと企業内弁護士との業務の本

---

35)　山浦前掲注21），63頁。山浦判事は同様の講演を司法研修所の裁判官研修における講演でも行った由であるが，これに対して「聴講した裁判官の多くから『弁護士の本音を聞くことができ，目からうろこが落ちた』との感想が寄せられた」と加藤判事は述べている。加藤前掲注13），198頁。

36)　「私が申し上げることは，弁護士山浦善樹あるいは山浦法律事務所がふだん思っていること，あるいは実行していることを述べたものではないということです。」山浦前掲注21），57頁。「なかには『私はそのような弁護士活動はしていない』，『弁護士の活動はそうあってはならない』，『弁護士の舞台裏を誇張しすぎて，けしからん』など，言わば建前論をお話になられる方がいるかもしれませんが，今日は，そういった立場は排除していただきたい」同58頁。

37)　このようなことを長老弁護士から公然と言われ，それに裁判官が納得してしまうという事実は，弁護士として恥というべきである。

38)　芦原一郎「社内弁護士という選択」自由と正義65巻4号（2014年）70頁，拙著「組織内弁護士と弁護士の『独立性』(1)」前掲注15），3月号59-60頁。もっとも，結局はそれも相対的な問題ではあるが。同(2)4月号71頁。

質の違いである。すなわち，企業内弁護士の本質的意義は単なる「アドバイザー」にとどまらず，企業の行動に直接的な影響を与え，企業が合法的に活動するという「結果」を現出することにある[39]。したがって，辞任は最後の手段であるにとどまらず，それはむしろ使命の放棄，「逃げ」に他ならず，責任を全うできなかったという結果を残すことになるのである。

　これら二つの点を勘案すると，規程51条で企業内弁護士に課せられた義務は，プライベート・プラクティショナーが案件について辞任するよりもはるかに重い行動であるということができる。

④　以上からして，規程51条は，まさに危惧されるところのもの，すなわち「組織内弁護士は独立性が脆弱である」などの抽象論，観念論をもって，プライベート・プラクティショナーですら遵守できない義務をことさらに組織内弁護士に課したものというほかない。

　いみじくも，加藤新太郎判事は，規程51条の解説において，山浦判事の説明に裁判官が納得したというエピソードの紹介[40]に続けて，「弁護士が，単発で大企業の案件を受任する場合であっても，『経営者の不正を指摘する』ことは（中略）『厳に慎まなければならない』というのであれば，いわんや組織内弁護士においてをや，となるのであろうか。（中略）そうではないであろう」と続けている[41]。かかる記述姿勢で特徴的なのは，組織内弁護士に対して独自の規律を課すにあたり，プライベート・プラクティショナーが同様の規律を遵守しているかについての意識が見られないことである。むしろ，山浦判事の発言を肯定的に紹介していることからすれば，加藤判事はプライベート・プラクティショナーが遵守できていないことを認識しつつ，それにもかかわらず敢えて組織内弁護士に対しては規程51条の義務を負わせているという意見を有しているようである[42]。

---

39)　後述 368 頁以下。

40)　前掲注 35)。

41)　加藤前掲注 13)，198 頁。

42)　なお，されにそれに続けて加藤判事は「独立性を保持することが困難な状況にあったとしても，保身を図ることなく清々しく，潔く行動する弁護士も少なからず存在する（傍点引用者）」と続ける。これが直前の山浦発言についての肯定的な記述とどう関係するのか，不明である。
　　いずれにせよ，かかる議論は規程51条の正当化にはならない。ここで現れている認識は，あくまで個人の心情としての「清々しさ」であり「潔さ」であり，プライベート・プラクティショナーがかかる行動を弁護士一般的が遵守するべき「規範」としているという認識ではないからである。ここで議論しているのは，弁

弁護士業務基本規程 51 条の実務上の問題点　*353*

　このような姿勢では，企業内弁護士に関する議論が生産的・現実的に発展するのか，深刻な危惧を禁じえない。そればかりか，本来の目的である（はずの）「違法行為の抑止」の議論も生産的に行うこともできないであろう。

3．規程 51 条と ABA 規則 1.13 条に関する日弁連の説明

①　ところが，日弁連は，基本規程 51 条は，当の ABA 規則 1.13 条が基礎となっていると説明するのである。

　すなわち，日弁連逐条解説においては，「２．沿革」という項を設け，「アメリカでは，エンロン事件を機に，企業内における専門家責任に関する議論が活発となり，企業に属する弁護士の責任が問題となっていた。これを受けて，ABA は，弁護士業務模範規則（Model Rule of Professional Conduct）を改正し，その 1.13 で団体を依頼者とする

　護士としての「心構え」ではなく，懲戒を背景として「法的に強制」することの是非である。
　このように，心情ないし心構えといった「主観」の問題と弁護士の独立性といった「客観的・法的」な問題を混同し，結果として，組織内弁護士とプライベート・プラクティショナーの間に「ダブル・スタンダード」を適用しようとするかのごとき論理は，他にも見ることがある。例えば，森山文昭教授は，組織内弁護士の「従属性」を問題視し，プライベート・プラクティショナーが委任契約の下で業務を行い，「プロフェッションとしての裁量の範囲もかなり幅広く認められるし，（中略）弁護士としてはその中でいかに依頼者を説得しているかということを常に考えて行動する（傍点引用者）」と述べる。森山文昭「弁護士制度改革と弁護士像―新しい人権モデルの提唱」日本弁護士連合会　弁護士業務改革委員会 21 世紀の弁護士像プロジェクトチーム編「いま弁護士は，そして明日は？」（エディックス　2004 年）247 頁。
　しかし，考えなければならないのは，「依頼者を説得しようとしているか」という弁護士側の「主観」の問題ではなく，組織内弁護士が組織内において，現実にどの程度の独立性と従属性を持つかという客観的な問題なはずである。
　しかも，この記述が論理的に意味を持つためには，反対解釈として，組織内弁護士は組織を「説得するかを常に考えて行動しているわけではない」，という前提が必要である。かかる論法が，一方的かつ乱暴な独断であり，与えられた立場で努力している多数の組織内弁護士の努力を顧みず，これを貶めるものであることは言うまでもない。もっとも，筆者は森山教授が意図的に組織内弁護士を貶めようとしたとは思っていない。ことを具体的に熟慮することなく書いてしまったというだけのことであろう。しかし，それ自体が，組織内弁護士の問題が真剣に取り上げられてこなかったことの証左である。

場合の弁護士の行為義務を定めた。本条は，これを参考にしている。」と記述する[43]。すなわち，前述の50条に関する記述とあいまって，アメリカにおいて組織内弁護士の独立性に対する懸念があり，かかる懸念に対する対応として，ABA規則1.13条が制定されたという説明となっている。

しかし，かかる説明は事実に反するものである。

まず，エンロン事件では，確かに，企業内弁護士の責任も議論されたが[44]，それだけが特別に取り上げられたわけではなく，法律事務所の責任も詳細に調査，分析され，批判されている。むしろ，調査と批判の中心は法律事務所の責任であった。そして，数代にわたりエンロン社のジェネラル・カウンセルをエンロン社の主要法律事務所であるヴィンソン・アンド・エルキンズ（Vinson and Elkins）の元パートナーが務めていたことや，過去10年間に20名以上のエンロン担当のアソシエイト弁護士がエンロン社法務部に転職していることでも象徴されるように，「弁護士の責任」の問題は，「法律事務所とエンロン社との癒着」の問題として認識されることが多いのである[45]。

そして，ABA規則1.13条は法律事務所で業務する弁護士を含め，弁護士全体に適用される規定であることに疑問を容れる余地は全くない[46]。同規定においては，企業内弁

---

43) 日弁連逐条解説129頁。

44) エンロンにおいて問題を認識した企業内弁護士が少なくとも2名いたとされている。高柳前掲注27），36-37頁。なお，同事件において同時に取り上げられるアーサー・アンダーセンの企業内弁護士の問題は，違法な文書破棄であり，違法行為の抑止とは別の問題である。同113-120頁。

45) 高柳前掲注27），14頁，169-188頁など。

46) ABA規則1.13条の適用対象になる弁護士は「A lawyer employed or RETAINED by an organization *(emphasis added)*」と規定されている。

　　そして，ABA内に設置された「企業責任に関する特命チーム（Task Force on Corporate Responsibility）」の最終報告書には次のような端的な記述がある。ちなみに，ABA規則1.13条の改正（案）は，同報告書の結論の一つであり，同報告書はABA規則1.13条を理解するうえでもっとも基礎的な資料のひとつである。

　　「公開企業のために業務する弁護士は，その責任は企業に対してのものであり，企業を代理する企業の取締役，役員あるいはその他の者ではないことを肝に銘じなければならない。これが模範規則1.13条(a)において示されている根底的な原則である。企業から依頼を受ける外部弁護士と企業により雇用される企業内弁護士の双方は，依頼者である企業のために，企業の役員や従業員とは独立して専門家としての判断をしなければならない（傍点引用者）」

　　原文：「[L]awyers for the public corporation must bear in mind that their responsibility is to the corporation, and not to the corporate directors, officers or other

護士に対して特段の注意が払われているわけではない[47]。したがって，同条は，企業内弁護士の特殊な立場を反映したとか，企業内弁護士の独立性に対する懸念に対応する規定ではありえないのである。

---

corporate agents with whom they necessarily communicate in representing the corporation. This is THE BEDROCK PRINCIPLE recognized in ABA Rule1.13(a) of the Model Rules. OUTSIDE LAWERYS RETAINED BY THE CORPORATION LAWYERS AND EMPLOYED BY THE CORPOATION BOTH must excise professional judgment in the interests of the corporate client, independent of the personal interest of the corporation's officers and employees. (emphasis added), Task Force on Corporate Responsibility, ABA, "ABA最終報告書，Task Force on Corporate Responsibility" (2003) at 23（以下，「最終報告書」として引用）．

なお，ここで「独立（independent)」という言葉が使われているが，文章から明らかなように，これは企業を構成する役員や従業員などの個人の利益からの独立を意味しており，その趣旨は，弁護士の依頼者は個人ではなく法人としての企業そのものであるという考え方を示しているのであり（いわゆる「法人理論（entity theory)」），「依頼者」から独立して，「公益」ないし「正義」のために働くべきであるという趣旨で議論される我が国における「独立性」の議論とは局面を異にすることに留意する必要がある。

また，高柳「エンロン事件とアメリカ企業法務」前掲注27）は同書はエンロン事件を巡る社外弁護士および企業内弁護士の役割・責任をまとまった形で分析している。特にABA規則1.13条と規程51条については，次のような記述があり，両者の間で組織内弁護士の扱いについて基本的な姿勢の違いがあることが明確に指摘されている（211頁）。すなわち，

「後年のABA規程のプロトタイプとなったABAモデル規程（1983年版）の制定時，社内外の弁護士について別々の規定ぶりを設けようとの議論があったが，結局一本化された経緯がある。

日弁連（日本弁護士連合会）は，2004年11月に制定した弁護士職務基本規程において，組織内弁護士が企業による法令違反行為を知った場合に，組織内の階層に沿って上部機関への報告義務を明記する（第50条（ママ））。他方，ABAモデル規程（1.13条）の報告義務は，上述のように組織内外の弁護士を区別していない。日弁連の規程が組織内弁護士のみを明記したことで課題（解釈上，組織外弁護士が含まれるか）を残す」。

47）　実際，全体で89頁，単語数で2万6711語から成るABA最終報告書において，「In-House（企業内弁護士)」という語は2回しか使われていない。前述した1カ所（at 23）の他，もう1カ所は「企業のために業務する弁護士，特に企業内

356 資 料

　ABA による解説書によれば，ABA 規則 1.13 条は，弁護士の依頼者は団体そのもので
あり，取締役，従業員等，団体を運営する自然人ではないこと，したがって，弁護士は
構成員から切り離された団体そのものの利益を代理する立場にあることを明示したもの
とされる[48]。つまり，一種の利益相反に関する規定なのである[49]。その文脈の中で，構成
員の違法行為について，団体自体の利益を守るために，団体の経営者等への通報義務が
課されるという論理になる[50]。

　このことからしても，規程 51 条は基礎的な調査すら行わないまま，不十分な理解に
基づいて，一般的・抽象的な思い込みのまま制定されたものと言わざるをえない。弁護
士の一部をことさらに取り出し，これに懲戒を背景とする重い規律を課する規程の制定
としては，あまりに不十分な経緯である。

② 　これに対して，森際康友教授は「『関係者から』，規則 1.13 について誤解はなく，
引用のポイントは，英米の規範が組織内にある弁護士に独立性を認めているところにあ
り[51]，（中略）組織内で独立たろうとがんばる弁護士を支援すべく，困難な状況で何をな

　　　弁護士は，企業の上級の経営陣に対して，法律面に加え，倫理的な側面からのア
　　ドバイスを提供することをしばしば期待される（傍点引用者）。」（原文）[L]
　　awyers for a corporation, IN PARTICLUAR IN-HOUSE COUNSEL, frequently
　　expected to provide an ethical, as well as a legal, perspective in their advice to senior
　　executive officers.(*emphasis added*)」という記述である，at 61。ともに，企業内弁
　　護士をプライベート・プラクティショナーを同様に考えているという内容であり，
　　まして，前者が後者に比して「独立性」に懸念があるなどという方向性はまった
　　く示されていない。
　　　むしろ，61 頁の記述は，前者が企業の倫理の向上のためにプライベート・プラ
　　クティショナーよりも積極的な役割を果たしていることの示唆である。これだけ
　　見ても，規程 51 条の制定時に，その制定者において，ABA 規則 1.13 条の意味の
　　基礎的な調査が不十分であったことは明らかである。

48)　Center for Professional Responsibility, American Bar Association (2007),
　　"Annotated Model Rules of Professional Conduct (6th eds.). pp. 199-212（以下，
　　「ABA 解説」として引用），ABA 最終報告書，supra. note 49 at 23.

49)　ABA 解説，at 203，もちろん，その背景には，エンロン事件をはじめとする企
　　業不祥事の発生という状況の下で，違法行為抑止のための弁護士の責任の議論が
　　あったことは事実である。ABA 最終報告書，at 2.

50)　ABA 解説，at 209.

51)　それ自体が誤った認識である。ABA 規則 1.13 条の制定において，「組織内弁護
　　士の独立性」の有無の議論は全く意識されていない。前掲注 49)，また 50)。

すべきかを明示したものである，と伺っている」とする[52]。51条において何をなすべきかが「明示されているか否か」は本稿の主要テーマであって，後に詳論するところであるが[53]，解説がABA規則1.13条について誤解をしていないこと，および森際教授の言う関係者の有していたという「意図」があったことを「解説」中に読み取ることは不可能である[54]。

　事実認識としても，51条制定当時の議論においては，主として組織内弁護士の独立性に懸念があることという点に焦点が当てられたというのが筆者の理解であり，森際教授のような認識での説明がなされたという記録は，筆者は発見できていない。しかも，ここで論じられるべき問題の本質は，組織内弁護士に独立性が認められるかではなく，なぜ，組織内弁護士だけに懲戒の制裁を伴った規律を課すべきであるのかという点である。制裁を科すことがいかなる意味で「支援」になるというのであろうか[55]。

③　一方で，ABA規則1.13条を無媒介に規程51条に結び付けている論考はいくつも存在する。

　職務基本規程の制定過程に深く関与されていた須網隆夫教授は，日弁連の弁護士倫理委員会で進んでいる議論（2003年当時）として，次の通りの説明をしている。「ABAの模範規則の1.13条は，会社の違法行為をやめさせるために弁護士はどのように行動しなければいけないのかということをこと細かく規定しています［。］（中略）そもそもこういった企業内弁護士に対する特別の規定を置くべきなのかということがこれ以前に議論になっております。（中略）私は，やはり一般的な規制だけでは十分ではないだろうと考えています。企業内弁護士に対してあなたはどう行動すべきなのかということを可能な限り具体的な形で示してあげることが必要だろう。アメリカのルール[56]ほど具体

---

52)　森際前掲注25)，30頁。

53)　後述372頁以下。

54)　「解説には規則1.13への言及があるが，この規定が組織内弁護士だけに適用されるかのように扱っている点は誤解を与えうる」森際前掲注25)，30頁。もっとも森際教授は「50条を規定した趣旨は（中略）決して組織内弁護士を特別扱いして規制するものではない。その姿勢は（逐条解説）5章の随所に現れている」という。しかし，筆者にとっては，逐条解説のどの部分にかかる「姿勢」が現れているといえるのか，理解が困難である。

55)　この点，後述367，372および374頁参照。

56)　須網前掲注11)にはABA規則1.13条以外に「アメリカのルール」についての言及はなく，文脈上からは「アメリカのルール」とはABA規則1.13条を指していると考えるほかない。もっとも，本文にも引用したように，須網教授は「アメ

358 資　　料

的に，まず事案の再考を求めろとか，次に別の法律意見をとれというところまで詳しく
書くべきかどうかについては，日本の社会の風土，会社の文化に照らしていろいろ議論
があってしかるべきだと思いますが，やはりある程度具体的な規定を置くことによって
初めて，これから企業内に入っていこうという人たちにも，自分は会社の中でこう行動
すればいいんだなということが分かっていただけるんだろうと思います。」[57]と，組織内
弁護士に対する特別の規律の必要性を論じる中でその例証として ABA 規則 1.13 条を引
用しているのである。ABA 規則 1.13 条がプライベート・プラクティショナーも含めた
弁護士全体に適用される規定であることの意識があったとすれば，このような説明にな
ったとは思えない。

　また，加藤判事は組織内弁護士の違法行為に対する処置に関する解説のなかで，やは
り ABA 規則 1.13 条が組織内弁護士に限られる規定でないことを説明せず，「（規程 51
条）は（中略）組織内弁護士が組織に属しているという特殊な立場が考慮されたもので
ある。」とした上で，「（組織の違法行為への対応）の問題については［ABA 規則 1.13
条］が規定している」と ABA 規則 1.13 条を紹介し，すなわち，「『組織の弁護士』[58]は
（中略）必要な措置を講じなければならない（傍点引用者）」としたうえで，「これは
［規程 51 条］と同様の考え方に立脚している」と説明している[59]。

　そして，職務基本規程の制定に主導的役割をはたし，日弁連逐条解説の改訂にあた

　　リカのルール」では，「まず事案の再考を求めろとか，次に別の法律意見をとれと
　　いうところまで詳しく」規定されているという説明をされているところ，ABA 規
　　則 1.13 条にはかかる規定はない。したがって，須網教授のいわゆる「アメリカの
　　ルール」が何を指しているかは，その記述からは実のところ判然としない。

57)　須網前掲注 11)，9 -10 頁。一方で，須網教授は，ほぼ同時期に公にした論考中
　　で，ABA 規則 1.13 条が弁護士一般に適用される規定であることを意識している。
　　これと須網前掲注 11) との関係は不明である。須網「企業内弁護士と弁護士倫
　　理」「グローバル社会の法律家論」（2002 年，現代人文社）84，89 頁。

58)　かかる表現も，ABA 規則 1.13 条が組織内弁護士を対象としているという印象を
　　与える。日弁連逐条解説も，「組織の弁護士」という翻訳をしている。原文は「a
　　lawyer FOR an organization *(emphasis added)*」であり，前段落の「A lawyer
　　employed or retained by organization 」を指していることは明らかである。ここで
　　「retain」とは，法律実務用語としては，プライベート・プラクティショナーが依
　　頼を受けるという意味である。したがって，これは誤訳，少なくとも誤解を招く
　　不適切な翻訳というべきであり，本来は「組織の『ために』業務する弁護士」と
　　でも翻訳すべきである。

59)　加藤前掲注 13)，194 頁。

っては座長を務めた高中正彦弁護士もまた，その著書において，エンロン事件とサーベンス・オックスレイ法の説明から始めて同法（ちなみに，これも組織内弁護士とプライベート・プラクティショナーを区別していない）および ABA 規則 1.13 条の説明を行い，そこから全くの媒介的説明なしに組織内弁護士の説明に移行している[60]。

　ちなみに，本書が執筆されていた時期には，ABA 規則 1.13 条についての解説の問題点，特に ABA 規則 1.13 条の対象は組織内弁護士に限定されていないことが日弁連業務改革委員会等で繰り返し指摘されていた[61]。高中弁護士自身も規程 51 条についての批判を念頭においた記述をしている[62]。しからば，もし規程 51 条が ABA 規則 1.13 条を正確に理解したうえで制定されているというのであれば，当然，ABA 規則 1.13 条を理解していないといった根本的な批判を排除するため，これに正面から反論するべきであったし，可能であったはずである。

　あるいは，釈明があるかもしれない。ABA 規則 1.13 条は，組織内弁護士に対する「規律の仕方」の面において参考にしたのであって，組織内弁護士に対する規定の「必要性」についての議論ではないと。上記の解説・説明は規程 51 条の存在を前提としたうえで，その説明をしたものであって，規程 51 条の必要性そのものを積極的に説明しているわけではないといわれるかもしれない[63]。後述[64]の発言はそのような趣旨とも受け取れる。

　しかし，例えば前述の須網教授の説明をそのように読むことができるのかは一応置いておき，百歩譲ってその説明を受け入れたとしても，やはり根本的な問題に突き当たる。すなわち，その前提に立ち，エンロン事件の事例や ABA 規則 1.13 条（これは，つまり，立法事実や前例の存在の主張である）を棚に上げたとすると，日弁連逐条解説か

---

60)　高中正彦「法曹倫理」（2013 年，民事法研究会）262-263 頁。

61)　岩井ほか他前掲注 32)，14 頁。また，拙著「独立性」前掲注 21)，3 月号 62 頁，梅田康弘ほか座談会「企業内弁護士」自由と正義 58 巻 5 号（2007 年）24 頁，46-47 頁（大村多聞氏および筆者の発言部分）。

62)　高中前掲注 60)，264 頁。ちなみに，日弁連法務研究財団が主催した「法曹倫理国際シンポジウム 2012（2012 年 3 月 11 日）」においては，高中弁護士が「日本における弁護士人口の増加と専門職倫理の展開」と題する報告を行っているが，同シンポジウムにおいて，筆者は高中弁護士の報告に対するディスカッサントとして参加しており，規程 51 条の制定過程について，本文と同旨の批判を行っている。拙著「弁護士業務基本規程 51 条の問題点」，日弁連法務研究財団「法曹倫理国際シンポジウム 2012」資料集（2012 年）115 頁。

63)　岩井ほか前掲注 32)，14 頁（松田豊治発言）。

64)　後述 360 頁。

360 資　　料

ら規程51条の趣旨・必要性の具体的な説明が一切姿を消してしまうことである[65]。後には，「企業内弁護士には独立性に問題がある」という，一般的・抽象的な観念，あえて言えば「思い込み」以上のものが存在しなくなってしまうのである。

　以上からして，規程51条制定時に制定者が本当にABA規則1.13条をそもそも理解していたかどうか，強い疑いが残る。まずは，組織内弁護士の独立性に対して疑念が（一般的，抽象的に）存在し，何らかの規律を行うことが最初から決まっていて，その説明のために，その根拠を探していたところが，「米国では組織内弁護士について規定があるそうだ」という程度の情報で安易に飛びついたとしか説明ができないように思われる[66]。もしそうでないというのであれば，制定経緯における議論の過程を具体的に説明するべきであろう[67],[68]。

　しかし，51条の制定経緯の説明が間違いであるという指摘をしているとの日弁連業務改革委員会の問題提起[69]に対して，「エンロン事件では，組織内弁護士も含めて関与弁護士の行為が問題とされていたので，必ずしも間違いでない[70]」といったコメントがなされるだけで，具体的な説明はなされていない。

　しかも，次の二つの理由で，かかるコメントは正当性を欠く。

　第1に，そもそも，提起された問題は，なぜ組織内弁護士だけに特別な規定を置くことが必要ないし正当化されるのか，言い換えれば，プライベート・プラクティショナーにはかかる規定を置くことがなぜ不要ないし正当化されないのかということである。このコメントはこの問題に対する回答を放棄したところに成立している。

　そして，ABA規則1.13条に関して言うのであれば，かかるコメントは事実認識としてすら誤りである。前述のように，ABA最終報告書の段階においては，企業内弁護士を区別するという発想は全くなかったのである。しかも，ABA弁護士模範規則制定の

---

65)　日弁連逐条解説128頁「沿革」の部分を削除した場合，記述がどうなるかを想像されたい。

66)　前述349頁。

67)　森際前掲注25），30頁。

68)　むしろ，ABA規則1.13条の内容を十分理解していたというのであれば，日弁連の立場からすれば，規程51条の制定経緯を具体的に説明することは，是非とも必要なことであるはずである。もし，理解していたという前提をとるのであれば，ABA規則1.13条が組織内弁護士を区別していないことを承知の上でABA規則1.13条の存在をもって規程51条を基礎づけるような説明を行ったということになってしまい，意図的な誤導を行ったという批判を招きかねないからである。

69)　岩井ほか前掲注32），14頁（安西愈発言）。

70)　岩井ほか前掲注32），14頁（松田豊治発言）。

初期の段階においては，社内外の弁護士について別々の規定を設けようとの議論があったが，結局一本化された経緯があるというのであるから[71]，ことさらに In-House とプライベート・プラクティスを区別せず，一つのものとして扱うことは，ABA の意図的な選択であったのである。したがって，いったん両者を区別するという発想自体が ABA 規則 1.13 条の理解としては誤りなのである。

4．規程51条の制定経緯を検討することの意義

さて，このように議論を進めていくことについて，筆者は当然の批判を予期している。過去の経緯をあげつらっても生産的ではなく，未来へ向かって建設的な議論を進めるべきではないかと。

かかる指摘には正鵠を射るものがあると言わなければならない。しかし，それでも敢えて経緯にこだわるのは，ここに我が国における企業内弁護士に対する議論の根底にある重大な問題が典型的に表れているからである。

すなわち，企業内弁護士の実態につき，十分な知識を持たず，しっかりとした調査をしないままに，一般的・抽象的な観念だけでことを論じようとすることである。そして，このような態度は，規程51条を現実に運用しようとするとき，各種の問題が生じる直接の原因になっているのである。

ここで本稿の結論を先取りすることになるが，筆者としては，決して企業内弁護士に対してその所属企業の違法行為を抑止する義務を課すことを一概に否定するものではない。むしろ，それは必要であると考えるものである。しかし，同時に，企業内弁護士については，企業内弁護士の業務の性質，特にその意義・価値との関係において，企業内弁護士の意義を十全に発揮しつつ，違法行為抑止の効果を上げるためには，現実を見据えた，細心の工夫が必要であると考えるものである。

これと対峙するのが，安易に一般的・抽象的な観念で企業内弁護士は独立性に問題があると断じ，プライベート・プラクティショナーにさえ遵守することのできない義務を課し，あるいは現実の知識・理解なく観念だけで運用する結果として，無理な規律を課すことである。そして，残念ながら，それが現状であるというのが筆者の考えるところである。

71）　前掲注46）。

III　規程 51 条の各要件を現実に運用することの問題

以下，規程 51 条の各要件ごとに，その問題点を検討する。

1．「その担当する職務に関し」

規程 51 条によって企業内弁護士が対応する義務を負うのは，当該弁護士が「担当する」職務に関しての違法行為に限定される。「担当外のことがら」についてたまたま知ったときにまで義務を負うものではない」とされる。

その意図は，巨大な組織において全てのことを知らなければならないといった，過大な義務を課することを避け，規程 51 条による義務の範囲を適切に限定することにあるとされる[72]。

その意図は了とするものの，かかる限定を現実に機能させるのは極めて困難である。しかも，銘記するべきことは，その困難性は，他でもなく，企業内弁護士業務を，プライベート・プラクティスと区別し，これに独自の意義を与えている本質から生じることである。

(1)　企業内弁護士の職務は現実には最初から定まっているものではなく，業務の「結果」として定められるものである。むしろ，積極的にその範囲を広げることこそが企業内弁護士の職務と言ってよい。

①　プライベート・プラクティスにあっては，依頼内容が依頼者によってあらかじめ定められている。さらに重要なこととして，そのアドバイスのための情報／資料は，最終的には依頼者（より正確に言えば，依頼者にあって，当該弁護士に対する依頼を担当している担当者）に依拠することが「許される」。弁護士の説得にもかかわらず，必要な情報／資料を依頼者が提供できなかったために訴訟において敗訴したとしても，代理人弁護士が責任を負うことはない[73]。

規程 51 条もこれと同様の感覚で，おそらくは「営業」とか「知的財産権」とか「製造」といった分野あるいは「契約書審査」「訴訟」といった業務内容を「担当」することを想定して，その「担当業務」をもって責任を限定することを意図しているのであろう。

---

72)　加藤前掲注 13），196 頁。

73)　本間正浩「組織内弁護士と法律事務所の弁護士」日本弁護士連合会弁護士業務改革委員会編「組織内弁護士」（2009 年，商事法務）291，293 頁（本書 411 頁以下に再掲）。

しかし，現実には，プライベート・プラクティスに比して，企業内弁護士の情報／資料収集活動はより動態的である。企業は大規模で複雑である。企業の構成員は猛烈な勢いで動き回っている。そのうえ，状況は刻々と変化する。このような状況の中で，特定の案件について的確な法的対応を行って企業活動を助けるためには，当該案件に必要な情報を確実に入手する必要がある。

一方，もともと，企業内弁護士が扱うのは「第一次的情報」と呼ぶべきものである。特定の案件のためにその担当者から提供される情報だけではなく，各種の社内委員会等から入ってくる情報もある。人間関係を通した非公式な情報も少なくない。それらの多くはビジネス情報であり，直接法的問題に供するために整理されたものではない。その精粗・信頼性もさまざまである。かかる情報から法的意味のある情報を取捨選択するのは，まさに法的業務である。企業内弁護士の出番であり，それにとどまらず重要な任務でもある[74]。

何が当該案件／業務に必要な情報／資料であるのかという判断それ自体，その案件／業務の当該企業にとっての意味，重要性等を十分に把握する必要がある。それだけではなく，必要な情報の入手が企業内弁護士の任務であるとすれば，単に集まってくるのを待っているだけではなく，積極的・能動的に探しに行くことも必要になる。どの部署がどのような機能を持ち，どのような情報・資料を持っているか，当該案件には誰がどのように関わってくるのか，情報がどのような形で誰に集約されるのか，それらの者がどのような目的と思惑で動いているか，その能力や信頼性はどうか[75]，別の角度でものを見ている者はいないか，特定の情報を獲得するためには，誰にどのような手順でもっていかなければならないか，等々，公式／非公式，清／濁を問わず，企業のダイナミズムの現実を把握すればするほど，正確で十分な情報／資料を入手できる。さらに言えば，法務以外の各部署もそれぞれの機能を発揮するため同様の必要の下に情報収集に努めるのであって，情報の流れは一方的に企業内弁護士に向かうわけではなく，常に双方向であり，対等の立場での協力，相談，駆け引き，貸し借りも含め，やりとりはインタラクティブなものとなる。

つまり，企業内弁護士は，積極的に情報の収集に努めるとともに，取捨選択していくこと自体が業務であり，責務である。また，そのことが，まさにプライベート・プラクティスと一線を画す企業内弁護士の価値である[76]。したがって，企業内弁護士

---

74)　本間正浩「組織内弁護士と法律事務所の弁護士」前掲注73），293-295頁。

75)　現実の問題として，意図的であるかは別として，その担当者にとって都合のいい事実のみが提供されるということもまま見られることである。

76)　逆に言えば，「担当する職務」で企業内弁護士の責任を画することができるとい

が入手する情報が「担当」に関わるものなのか限定をつけることは極めて困難である[77),78),79)]。皮肉な言い方であるが，この意味では，ある英国の風刺コメディー[80)]の台詞を借りるのであれば，「I should know everything. How else can I judge whether or not I need to know it?（私は全てを知る必要がある。そうでなければ，私はその情報を私が知る必要があるものなのか，どうして判断できるんだ？）」ということが，企業内弁護士に課されていくのである。もちろん，全ての企業内弁護士が会社の全ての情報にアクセスする権限を有しているわけではないし[81)]，また，それが望ましいことでもない。第一，一人の個人が企業の全ての情報を把握して理解するなど，物理的に不可能である。したがって，具体的な事案において，企業内弁護士が情報収集においてどのような責任を負い，どの範囲でどのような対応をするべきかを検討する必要がある。そのためには，当該企業の具体的事情やその企業内弁護士の立場等，種々の要素を総合判断しなければ妥当な結論を導き出すことはできない[82)]。「担当職務」という一般的概念ではとても対応しきれないのである。

う考え方は，企業内弁護士の価値・責務を過小評価するものであるといえよう。

77) 加藤判事は，担当職務外の違法行為を偶然知ったという場合であっても，規程51条は適用されるとする。加藤前掲注13)，196頁。そうなると，本文中で見たような企業内弁護士の職務の性質からして，規程51条の規定範囲は際限なく広がることになる。

78) 本間正浩「組織内弁護士と法律事務所の弁護士」前掲注73)，294頁。本間正浩「多様な実態と期待—企業の意思決定への参加」自由と正義62巻8号（2001年）79頁。

79) なお，筆者は，「組織内弁護士と法律事務所の弁護士」を執筆した当時においては，このような積極的機能は「カウンセル」と呼ばれる，外資系において比較的シニアな地位にある弁護士等，組織内弁護士として「できあがった」弁護士に特有の現象であると考えていた。同旨後藤康淑「職務基本規程51条」，日弁連業務改革委員会編「組織内弁護士」前掲注73)，146，151頁参照。しかし，その後幾多の組織内弁護士との意見交換を深めるにつき，現在では，ジュニアな組織内弁護士，例えば日系企業にあって新卒採用される弁護士も，現実にカバーできる深浅／広狭はあるものの，性質論としては同様であるとの認識を有している。考えてみるとこれは当然のことかもしれない。積極的な情報収集は企業（日系，外資を問わず）にとって，ごく普通の仕事の仕方でしかないからである。

80) "Man Overboard", episode 9, "Yes, Prime Minister", BBC（1968年）。

81) 多国籍企業のジェネラル・カウンセル級になると，かなりこれに近い権限を有している。

82) なお，後述372頁。

②　また，企業内弁護士としての特色として挙げられるのは，単に法的解釈を行い，「法的アドバイス」するところでは終わらないことである。

　問題に対応するための対応策を考え，それを実現しなければならない。当然のことながら，かかる対応は，組織内の業務において，特定の部門だけで完結するということはむしろまれであり，さまざまな形でいろいろな部門／機能間の関係が生じてくる。その関係はインタラクティブなものである。特定の案件にどの部署のどのような業務が関係するか，企業内弁護士がどこまで手を広げなければならないかは，そのような過程を通して形成される，むしろ「結果」であり，最初からア・プリオリに決まっているわけではない。この意味でも，「担当する職務」という概念が企業内弁護士の義務を限定する機能を果たすことは極めて困難である。この点は，企業内弁護士にとって「適切な処置」は何かという問題とも密接な関係を持つところのものであるので，改めて議論する。

　(2)　「担当する職務」によって，当該弁護士の義務の範囲が画されるという論理そのものが本当に機能するのかも問題である。

　現実の企業活動にあって，特定の行為が一見して明々白々に違法であると判断できるような場合は実際にはそう多くはない。違法・合法の判断のためには，事実関係であれ，法律分析であれ，一定の調査・分析活動が必要になる。複雑な企業活動の中にあって，一人の企業内弁護士が関係する全ての法律問題に精通していることはありえないのであって，法律事務所の専門家の意見を求める必要があることも少なくない。

　しかし，問題は，事実調査にあっても，法律調査にあっても，一定の労力と時間，そして（外部弁護士に分析を依頼する場合など）費用が必要な点である。

　業務の過程において違法行為の可能性を感じたとき，規程51条により，当該企業内弁護士としては，それが違法か否かの判断をすることを迫られる。

　しかし，だからと言って，それに必要な調査活動のために，それ以外の業務を放擲するような状態になったり，本来担当とされている職務と直接関係のない部署に対して聞き取り調査を大々的に行ったり，法律分析のために外部の法律事務所に多額の弁護士費用を支払うようなことになったりということを，その雇用する全ての弁護士に――それも各個々人の判断において――行う権限を与えることを企業に要求するのは無理がある。企業がこれを管理しようとしたとしても，それが直ちに不当であるとは言えない。（この点については次の「法令に違反する行為」の要件とも密接に関わることであるので，次項で改めて検討する。）

　一方で，特段の事実調査や法律調査なしに違法であると断言できるような場合にのみ規程51条を適用するとするときには，本条で問題になりうる違法行為は事実上ほとんど認識することはできないであろう。それでは，企業内弁護士はどこまでのことを行え

366 資　　料

ばよいのであろうか。「職務に関し」という要件では，それは明確にならない。

　結局，このような視点から見ても「職務に関し」との要件は企業内弁護士の義務を画するのに有益な概念となりえないのである。

2．「法令に違反する行為」

　規程51条の適用対象は，「対象の行為は『法令に違反する行為』を現に行っているとき，または行おうとしているときに限定される」とされ，「違反するおそれのある行為」は含まれない，とされる。その趣旨は，「後日，結果的に違法行為であったと認定されるに至ったことがらについてまで結果責任を問われるのは妥当でないからである」と説明される[83]。（規則の草案にあっては，この部分は「違反するおそれのある行為」とされており，強い批判を受けて現行の文言に落ち着いたといういきさつがある。）

(1)　方法論上の問題

　しかし，かかる説明は，論理的に整合性を欠いていると言わざるを得ない。「現に行っているとき，または行おうとしているとき」，すなわち，「行為のタイミング」の問題と「違反するおそれ」まで含むかどうか，すなわち「違法性の明確性」の問題とは別個の問題であり，前者をもって，後者に答えたことにはならないのである。

　もし，企業内弁護士に「結果責任」を負わせることを避けるのであれば，その当時に当該企業内弁護士が置かれた具体的状況を問題にしたうえで，その状況下で企業内弁護士がどのように振る舞うべきであったのかを問題にしなければならないはずである。しかるに，規程はかかる考慮をせず，「法令違反」をもって要件をしてしまった。その判断はその企業内弁護士が置かれた状況下と関わりなく，「客観的」に判断せざるをえない。これを手続的に言い換えれば，弁護士会の懲戒手続なり，訴訟手続において判断されるということであって，その点において「事後的に」判断されるものとなってしまうのである[84]。

(2)　「違法・適法」判断の困難性

　しかもなお，現行文言によって企業内弁護士の行為義務が明確にされているとは言い難い。

　贈収賄事件や総会屋への利益提供事件等，法令違反の事実が比較的明確な場合であれ

---

83)　逐条解説86頁。

84)　このようなことも，規程51条が熟慮をもって規定されたのか否かの懸念材料である。

ば，判断の不明確さというリスクは恐らく懸念する必要は少ない。しかしながら，企業内弁護士が，日々企業法務の最前線において直面している問題には，このような容易でかつ法令の適合性の有無が簡単に見分けられるようなものは，むしろ少数である。「企業内弁護士が，日々企業法務の最前線において直面し，格闘している問題には，このような容易でかつ法令の適合性の有無が簡単に見分けられるようなものは，まずほとんどないと言ってよい。むしろ，企業内弁護士が直面している多くの問題は，新しい論点であって，実務家や学者の間で十分議論されておらず，参考となる法律文献もほとんどない問題である。企業内弁護士は，そのような問題を，自らの法的思考力及び法律家としての常識等を駆使しつつ，法令の文言を解釈し，自らの頭脳及びリスクで分析・判断し，社内の担当部署にアドバイスを与えている。いわば海図のない世界で航海し，明確な答えのない世界で答えを求めて日々奮闘しているのが第一線で働いている多くの企業内弁護士の姿なのである」[85]。

　加えて，企業内弁護士は常に時間の制約の中で判断することを強いられる。判断をするに十分な資料がそろっていることはむしろ例外的である。しかも，企業としては必ず何らかの判断をしなければならない。したがって，企業内弁護士には「資料不足」，「事実関係不明確」であるとか，「事実がこれこれであったならば」といった「ディスクレーマー」をつけることも，「判断困難」といった「判断の留保」を行うことも，許されないのである[86]。

　したがって，行為の時点では合法と判断していたとしても，裁判等で結果として後になって違法と判断される結果，規程51条により結果責任を負うことのリスクに絶えずつきまとわれることになる。

　かかる結果を避けるためには，文理から直接出てくるものではないが，当時における当該弁護士の判断を問題にし，違法ではないと判断したことについて，合理性があった場合にはこれを免責するという解釈をすることが一つの選択肢であろう。

　しかし，ここで前述の1(2)で提起した問題が関係する。企業内弁護士個人はある行為が違法である可能性が高いと主観的には思っていたとしても，同時に，それを違法と客観的に判断するために必要な事実関係や法律調査が不十分であることをも認識していた結果，違法であると断言できず，したがって規程51条に従った対応をしなかった場合，

---

85)　企業内弁護士有志による，日弁連倫理委員会あて意見書「弁護士職務基本規程第50条（ママ，同意見書が作成された当時の草案の条文番号）（違法行為に対する適切な行為の義務）について」（以下「有志意見書」として引用する）（1996年）4頁。

86)　本間正浩「企業内弁護士と法律事務所の弁護士」前掲注73），304-305頁。

368 資　　料

その企業内弁護士としては，弁護士としての責任ある判断をもって適法である，あるいは違法ではないと判断したといえるのであろうか。この場合には，結果的に裁判等の公権的判断により当該行為が違法であると認定された場合，規程51条のもとではやはり責任は発生すると判断されざるをえないのではなかろうか。少なくとも，この基準をもって，企業内弁護士の義務の範囲が合理的に明確になるとはとても言えない。

　⑶　企業内弁護士の業務は「違法・適法」を宣言して終わるものではない

　企業内弁護士の業務は特定の行為が違法であると認識し，宣言することでは終わらない。むしろそこから始まるといっても過言ではない。なぜなら，企業内弁護士は「法的に正しい答えを出すこと」を自己目的としているわけではなく，企業における業務執行機関の一翼を担っているのであり，企業が法的に正しい行動をしたという「結果」に対して責任を負っているからである[87]。ある行為なり企画が違法の要素を含むのであれば，それを避けるための企業としての対応策を考え，それを実行しなければならない。

　つまり，企業内弁護士としては，必ず何らかの回答を用意しなければならない。「[プライベート・プラクティショナー]であれば，法令や判例あるいは文献を精査の上，法や判例の立場は明確でないと判断された場合には結論を留保することは許されるし，また，客観的な法律意見としてはそれはそれで正しい仕事のしかたともいえよう。しかし，企業内弁護士のアドバイスにはそれは許されない。期待されるのは，まさにこのようなときに，企業の取るべき方向を指し示すことである」[88]。

　説明の便宜上，一つの例を考えてみる[89]。

　ある金融機関で，ある金融商品を開発するとする。この商品は各種の高度のファイナンス・リスクを含むものであるがゆえに，通常の商品説明程度では，該当する規制法令上，違法とされる可能性が高く，また，顧客との紛争を惹起するおそれが高いと判断された。

　かかる場合，「違法となる可能性が高い」と法的分析の結果を語って終わり，ということでは企業内弁護士はつとまらない。それではどのようにすればよいか，そこまで踏み込んでいくことが期待されている。

　この事例においては，リスクを十分に理解した顧客にのみ，販売するということになる。しかし，それでも不十分である。これを運用のレベルまで具体化しなければならない。

　87）　本間正浩「企業内弁護士と法律事務所の弁護士」前掲注73），266-300頁，拙著「組織内弁護士と弁護士の『独立性』」前掲注15），（1）60-61頁。

　88）　本間正浩「多様な実態と期待」前掲注78），79頁。

　89）　本間正浩「企業内弁護士と法律事務所の弁護士」前掲注73），296-297頁での説明を本意見書の目的に照らして再構成した。

商品説明について，販売員に対するトレーニングとか，販売資格制度とか，説明文書の交付とか，同意書の徴求，さらには販売する顧客の範囲の制限も検討する必要があるかもしれない。加えて，それらのルールがきちんと守られているかどうか，モニタリングの仕組みを作る必要があるかもしれない。

ここで問題になるのは，解決策の策定は，法務なり企業内弁護士だけで策定することはできないことである。

実のところ，現実に発生する問題は，白黒はっきりしている場合はむしろまれである。（もちろん，「黒」や「黒に近いグレー」であれば論外であり，その場合には企業内弁護士は他の考慮をすることなく「No」を言わなければならない。それだけでなく，違法行為を阻止するべくあらゆる手段を尽くさなければならない。それがうまくいかなければ究極的には職を辞する必要がある場合もあろう)[90]。ほとんどの場合は「リスク」の大小という相対的な問題である。

もしリスクをゼロにしたいのであれば，当該商品を販売しないというのが最も確実な方法である。どのような工夫をしたとしても，販売する以上は一定のリスクを取ることになる。商品について十分な理解ができない販売員が出るかもしれないし，きちんと説明をしたにもかかわらず，理解できなかった顧客がいるかもしれない。会社のルールに従わない販売員が現れる可能性もある。きちんとした説明がなされているか，モニタリングシステムがうまく機能しないかもしれない。ここに，リスクの議論は all or nothing ではなく，法的リスクの「程度」が「許容」できるかということになる。言い換えれば，バランスの問題である。そればかりか，想定しうる選択肢のすべてに法的リスクがともなっていることすら珍しくはない。

そこで秤の反対側に置かれるのは，一つにはビジネス上の考慮である。例えば，当該商品の生み出す収益が小さなものであれば，たとえ小さな法的リスクであっても取る必要はなく，「No」と言ってしまえということになるし，企業の成長戦略の要になるようなものであれば，より真剣にリスクを最小化する方策を追求しなければならない[91]。企業内弁護士としては，ビジネス部門との綿密な折衝により，当該案件／業務の企業にと

90）　ただし，それは企業内弁護士として，客観的には職務の失敗であり，辞職で得られるものは当該企業内弁護士の保身という結果でしかないことは，わきまえなければならない。

91）　違法性の問題や顧客（消費者）に対する責任の問題を「リスク」として相対化したり，それを許容する余地を考えるなどおよそけしからんという考え方もあるかもしれない。一つの立場ではあろうが，リスク（「不確実性」と言い換えてもよいかもしれないが）とリターンのバランスこそが経済活動の一つの本質であるという事実を無視した考え方である。

370 資　　料

っての意味を正確に把握する必要がある。

　もう一つ。企業が抱えるリスクは法的リスクばかりではない。オペレーショナル・リスクもあれば，システム・リスクもある。法的リスクだけを論理的に追求すれば最善の選択が，大きなオペレーショナル・リスクを生むこともある[92]。つまりは，その対応が当該企業の現実のなかで運用可能でなければならないということである。企業の人的，物的資源，費用，そしてなによりも時間は常に有限なものであり，その枠の中で現実的に可能なものでなければならない。商品説明なら商品説明で具体的にはさまざまなやり方がありうる。トレーニングといっても，その企業の組織や地理的広がり，あるいは従業員や管理職の能力・意識等を考慮しなければならない。また，例えば説明文書の作成・交付がオペレーションとして機能するのか，あるいはその記載内容が顧客ごとに異なりうるとすれば，そのような文書を作成することがシステム的に対応できるかということも問題になりうる。特別な対応をすることでコストをかけたり，顧客層を絞りこんだりすることは，その商品の収益性に影響を与え，商品設計の見直しなり，収益計画の修正につながることも考えられる。

　こうして，ことがらは企業内弁護士による法的判断だけで進めることはできず，関係他部門もまた，舞台に上がって発言することになる。

　しかも，ここは企業としての一つの対応を組み立てていく場面であり，組織の意思決定は結果として一つに収斂されなければならない。「営業部門は営業のこと，財務部門は債務のこと，製造部門は製造のこと，調達部門が調達の視点からだけで物を言い，組織全体のことを考えなくてよいということでは組織体としての適切な意思決定はできないのが自明であるように，法務部門，あるいはさらに［企業内］弁護士だけが例外で，法務面（圧倒的な比重がそこにあるとしても）だけを考えて［行動］してよいというわけにはいかないのである」[93]。

　かくて，それぞれがそれぞれの思惑と優先順位を持ちながらも，一つのコンセンサスを目指して，各部門間で情報交換，説得，調整，根回し，広い意味での「政治」が行われていく。これこそが企業の意思決定のダイナミズムであり，企業内弁護士もその重要

---

92)　極端な例を挙げよう。例えば，クレジットカード会社でシステム問題が発生し，支払期日までに正確な利息計算が実行できなくなったとする。この場合に，「契約にしたがって，利息計算を行い，引き落としを実行するべきである」という結論が法的に絶対正しい回答であることに異論はなかろう。しかし，そのために「なにがなんでも引き落としを実行せよ。システム対応ができなければ手書き伝票を起こすなり，電卓をたたいてでもマニュアル対応せよ」と机上で叫ぶことにどれほどの意味があるのかということである。

93)　本間正浩「組織内弁護士と弁護士の『独立性』」前掲注15），61頁。

なプレーヤーとしてその過程に参加する。こうして，企業内弁護士は企業の意思決定の中に組み込まれると共に，これに影響力を与えることで，企業活動に対して特有の役割を果たしうるのである[94]。そのことは，法令遵守や違法行為の抑止の場面においても，単なる「アドバイス」や「説得」でない，その結果に対するより積極的・能動的な貢献として現れるのである。

また，心情の問題としていえば，企業の企業内弁護士に対する信頼は，このようにチームのメンバーとして彼らと苦労をともにし，最終的に，合法にしてかつビジネス上の目的を達成できるように共に努力することで得られるのである。第三者のように振る舞い，「自分は法律を語るのが仕事である。これは違法である。そこから先は自分の仕事ではない」などと言っていては，決して信頼を勝ち得ることはできない。責任を分かち合おうとしない者の言葉を，誰が尊重するであろうか。むしろ，企業内弁護士が自分たちのために日ごろから一生懸命努力しているという信頼を築き得て初めて，万一の場合に企業内弁護士が「No」と言ったとき，ビジネスはそれに従うのである。

さて，企業内弁護士がこのように業務するとなると，一定の（いろいろな意味で）法的リスクを十分認識したうえで，その「リスクをとる」ことが必要になってくることがありうる。否，それが普通のことと言っても過言ではない。

その場合に，結果として当該行為が法令に違反していたと判断された場合に，規程51条が適用されるとすれば，企業内弁護士は，前述のような企業に対する意義ある機能を果たせなくなる恐れが大である。結果として法令に違反していたとされ，したがって規程51条違反の責任を果たそうとすれば，あたかもプライベート・プラクティショナーのように，当該行為を「違法」と宣言する，あるいはさらに悪い対応として「違法となるリスクがある」と宣言してあとは身を引くことが必要になってしまう[95]。

---

94) そのような場面において，自分の信ずる方向にいかに人を説得するか，リーダーシップを発揮するか，つまり人に動かされるのでなく，人を動かしていることができるのかが企業内弁護士としての能力開発にとっての最大の課題の一つである。

95) 繰り返しになるが，それは企業内弁護士としては，客観的には「逃げ」である。前掲注90)。前述のとおり，Gunz and Gunz は，企業内弁護士が企業との間で倫理的な衝突の問題を感じていない，という調査結果について疑念と懸念を示すものであるが（前掲注23)），かかる状況の説明の一つとして，企業内弁護士が問題を法技術的に対応することで，企業を取り巻く実質的な問題に対応することから身を避けているからではないかという仮説を提示する。Gunz and Gunz, 前掲注23) at 134-135。

「客観的には法はこうです。あとは知りません」と身を引いてしまえば，本人は「客観的に正しい答えを出した」と満足を得られるかもしれない。そして，「意見

372 資　　料

3．「適切な処置」

「適切な処置」とあるが，想定されているのは，結局当該行為者に対する説得のほか，上級機関への報告である。一般論としては，「適切な処置」は総合的，能動的に考慮することが相当であるとされているものの，是正がされなかった場合に最終的に想定されているものは，上級機関への報告である。それには，「常務会，執行役員会，監査役等」が想定されている。しかし，かかる義務を個々の企業内弁護士に負わせる，あるいは負わせることができると考えることは，企業における組織の動態からして非現実的な考えである。

　企業内弁護士といっても，現実の姿は多様である。それに応じて，その能力，経験，社会人またはプロフェッショナルとしての「成熟度」あるいは「器量」が異なるのは当然であって，その機能や企業側の期待値も全く異なる。これらを十把一絡げにして，弁護士資格を有するという一事をもって，規程51条のような懲戒処分を背景とした行為義務を負わせるのは非現実的である[96]。

　問題をエスカレートするに当たり，組織のヒエラルキーのなかで一定の手順を踏ませ

　を述べる」ことで足りるとし，それを企業内において実現することに関心をもたなければ，企業との間での衝突は回避できるであろう。しかし，そこから先に踏み込むことに，企業内弁護士の苦悩，そして，それを乗り越えて企業に正しい行動を取らせたときの喜びがある。

　　弁護士倫理の問題を議論すると，特にプライベート・プラクティショナー間では，往々にして「弁護士の意見が容れられないときには辞任するべきである」との議論になりがちである。それを安易に企業内弁護士に適用するときには，企業内弁護士の価値を没却することになりかねない。一つ間違えれば，「独立」は「自己満足」につながりかねない陥穽があることを警戒する必要がある。この点，本間正浩「組織内弁護士と弁護士の『独立性』」前掲注15），2009年3月号58頁。

96)　これに対して，柏木俊光弁護士は，「規程36条は，事件処理につき依頼者と協議することを弁護士に義務付けているが，社内弁護士にとって依頼者は会社であり会社内で該当事項に決定権を有している者（重要事項については最終的には取締役会）との協議が前提とされている。」とする。柏木俊彦「会社の違法行為と社内弁護士の弁護士倫理上の諸問題（2006年1月23日研究会報告）」207頁。http://www.win-cls.sakura.ne.jp/pdf/6/13.pdf かかる「前提」がほとんど漫画的なまでに非現実的であることは他言を要しまい。もし，これが規程の立場であるとするならば，いわゆるチーフ・リーガル・オフィサーあるいはジェネラル・カウンセルといった役員クラスの地位以外には弁護士は就任してはならないことになろう。

弁護士業務基本規程51条の実務上の問題点　　373

ることそれ自体を否定することはできない。組織の階層を上がるほど，その業務の範囲
が広くなっていき，判断しなければならない問題の重要さ，深刻さも増していく。一方
で，人一人の時間は限られている。その限られた時間の中で上級者が重要な問題に集中
することが可能になるよう，上級へ持ち上げられていく問題の量を適切に調整すること
は，組織として当然のことである。また，組織の階層を上がるほど，入手しうる情報の
質量は飛躍的に増加し，また，より総合的でバランスの取れた視点を有することが可能に
なる。法律問題に限らず，部下が問題を相談してきた場合に，上司の有しているより
広い情報ないし企業全体の理解から，問題になるものではない，という情景は，しばし
ばみられることである[97]。

　たとえば，従業員数万を数え国際的にもプレゼンスの高い大企業に，司法研修所新卒
で，非弁護士資格者とともに同じ待遇と職種（法務部以外への異動の可能性も排除して
いない企業もある）で入社した弁護士が，入社数か月後に，たまたま見聞きした行為を
違法と断じ，適法であるという意見を有している上司や同僚を振り切って，社長に面会
を求めるという情景を想定されたい。規程51条は企業内弁護士に対してそのような行
動を義務付けるのである。

　現実の問題として，弁護士資格を有している限り，上記のようなジュニアな弁護士
が，かかることが可能であると考えているならば，それは全くの夢想でしかない。

　彼らジュニアな弁護士が，その知識，能力，経験，前述のような意味での成熟度や器
量が発展途上であるのは当然のことである。一方企業においては弁護士資格をもたない
ながら，その企業を法律問題に対して深い経験を有する法務部員もいる。社会人として
の経験・成熟度という点からすれば，企業内で働く人々は彼らジュニアな弁護士が及び
もつかない人々である。そのような人々に，本来の法律業務さえ発展途上である社会人
になって経験間もない者が，ある行為を違法であると高飛車に言っても全く相手にされ
ないのは明らかであり，当然のことでもある。

　弁護士資格を有するという一事で，社長や取締役会まで意見を通すことが可能であ
る，あるいは通さなければならない，というのはとても現実的ではなく，「ひいきの引
き倒し」とでも言うほかはないものである。逆に，もし，そのようなことが可能な能力
と器量がなければ企業内弁護士になるべきではないという立場に立つのであれば，――

---

97)　もっとも，現実にはその逆のことが起こることの方が多い。すなわち，ジュニア
　　な企業内弁護士が見聞きするような現場の状況を一つ一つ見ていけば，問題にな
　　るようなことと思えない事象が，シニアな弁護士のところに届けられ，そこで得
　　られるより広い範囲の情報と，高い視点から見るとき，問題が見えるということ
　　がしばしば発生する。

374 資　　料

それはそれで一つの立場ではあるが——，現実に企業に入り，その与えられた立場において努力しているこれら若手企業内弁護士を切り捨てることになる[98]。

　なお，筆者は非常の場合に組織の階層を跳躍したエスカレーションの道を設けることの必要性を否定しているわけではない。それはむしろ必要である。ここで筆者が強調しているのは，組織のルールや規律を離れて，弁護士資格を有しているということでかかるエスカレーションを想定するのは非現実的であるということである。

　(1)　ここにおける最大の問題は，組織体にあって，組織の通常のルールや手続きを無視して上級者へ問題をアピールすることは，問題を解決するために最善の方法ではなく，効果的な方法ですらなく，多くの場合はむしろ最悪の方法であることである。

　前述の通り，企業内弁護士の一つの特色は，「結果を出す」ことを求められることにある。違法行為を避けるとしても，単にある行為をやめればよいという単純な場合は少ない。どのように違法行為を避けるか，その方法が問題である場合が多い。単に「No」というだけではなく，具体的な方策をビジネスとともに考えることに，企業内弁護士が企業内にいることの意味がある。

　しかし，このような活動は，当然のことながら弁護士が一方通行で法を語れば片がつくものではない。繰り返しになるが，ビジネス部門との共同作業である[99]。

　このような現実にあって，人の頭越しに上級者，さらには社長にエスカレートするのは百害あって一利なしと言うほかはない。しかも，ことがらの性質上，上記のような「根回し」のような活動は，微妙な行動であることが多く，それが違法行為を避けるた

---

98)　古田健弁護士は，「常時上層部にという要求は，そのような［研修を終えたばかりといった］若年弁護士には過酷であろうし，またそのような弁護士を雇用する組織についてもそのような行動を期待しているとも言い難い」ことを認めつつ，最後はそれでも「その組織の長」に説明もしくは勧告をしなければならないと解釈している。古田健「法務部勤務弁護士の違法行為に対する措置」東京三会有志・弁護士倫理実務研究会編著「弁護士倫理の理論と実務（改訂版）」203-204 頁（日本加除出版，2013 年）。また，高中弁護士も義務は義務であって，立場の違いにかかわらず，遵守しなければならないと主張する。高中前掲注 60)，264 頁。また，柏木前掲注 96)。これでは，司法修習所新卒弁護士をはじめとするジュニアな弁護士のほとんどは規程 51 条を遵守できる立場にないので，即刻職を辞するべきであるという帰結になってしまう。このような解釈，いな，このように人を突き放すようなことを公言する姿勢のどこが「組織内で独立たろうとがんばる弁護士を支援すべく，困難な状況で何をなすべきかを明示したもの」なのであろうか。

99)　前述 368 頁以下。

めに「適切な処置」であることを立証するのは容易ではあるまい。実際のところ，規程51条違反が問題になる局面においては，ことがらの性質上，こうした努力が功を奏せず，結果として企業が違法行為を犯すに至っている。後になって，企業内弁護士実務の実態，企業内の意思決定のダイナミズムに精通していない人々が判断する場合には，企業内における行動の機微を理解することができず，結局のところ，規程51条の条文だけが頼りとなり，評価されるのは上級者へのエスカレーションだけになってしまうことになりかねない。

　特に，本稿の各所で見てきたように，現状では，弁護士会側に企業内弁護士の意義および価値，そしてそのあり方について知識・理解が不十分であることを考えれば，かかる危険は大である（ちなみに，前述の通り，これが本稿の根底にある主題である）。

　⑵　なお，規程51条は現実に機能させるよりも，その存在自体に意味があるという文脈で，企業に対する「牽制効果」として「企業内弁護士の場合には，たとえば，上司からの圧力に抗しながら，違法行為を進めようとする社内を説得するために，違法行為を加担又はそれを容認することが懲戒手続きの対象となることを主張できる」ことに意味があるとの見解を聞くことがある[100]。

　かかる想定は非現実的である。ある行為に反対している者が「規定を示して，これに賛成すると『私が』不利益を受ける」といったところで，その行為の賛成者にその意見を転換させるいかなる効果があるとは考えられない。「どうぞご自由に」と言われて終わりであろう[101]。「かえって，『この期に及んで保身に走るとは』と好意的な仲間や中立的な人からも反感を買い，軽蔑されてもしかたなかろう」[102]。このような想定を弄ぶところに，組織というもの，組織内弁護士の実相に対する弁護士会の理解不足と規程51条の問題が現われているのである。

4．規程51条を現実に適用するにあたっての手続等における問題点

　さて，規程51条が現実に問題になるのは，企業において不祥事が発生し，それに関連した組織内弁護士が同条に違反したとして，ことが弁護士会に持ち込まれた場合であ

---

100)　例えば，須網前掲注11)，8-9頁。

101)　かかるものの言い方が効果を呼ぶとすれば，当該弁護士がその企業内において高い評価を得，強い信頼を勝ち得ている場合である。しかし，かかる信頼は上記のように，問題を解決するのに企業の同僚と一体になり努力している姿を示すことで初めて得られるものであって，ここで想定されるような言動は，そのような姿とは正反対のものである。

102)　森際前掲注25)，31頁，有志意見書前掲注86)，3頁。

る。弁護士会の紛議調停ないし懲戒手続等の申し立てもありえようし，その前段階で苦情がもちこまれたりする場合もあろう。さらには，オリンパス事件がインターネットをにぎわせたように，企業不祥事が公になり，関与した弁護士（組織内弁護士であると，プライベート・プラクティショナーであるとを問わず）の責任が公の場で議論されることもあろう。

この場面にあっても，51条を運用するにあたり，検討するべき課題がある。

(1)　まず，懲戒手続における懲戒対象弁護士の守秘義務，あるいは企業秘密をどのように考えるか，ということである。

この点，企業不祥事に対して，その不祥事とされる活動に関与したプライベート・プラクティショナーの責任を検討することを議論する際に，それが困難であるという往々にして持ち出されるのが弁護士の「守秘義務」である。守秘義務があるために，弁護士会として事実関係を把握できないというのである。

プライベート・プラクティショナーについて守秘が問題なのであれば，企業内弁護士については，その困難さは一層複雑かつ深刻である。

前述したことであるが，プライベート・プラクティショナーの場合には，その行為の適否を判断するにあたり，検討の基礎となる事実の範囲は自ずから限定されうる。プライベート・プラクティショナーは依頼者の提供した事実および資料に依拠しているし，原則としてそれが許されるからである。

これに対して，組織内弁護士の業務範囲は無限定であり，むしろ事実・問題を見つけてくることが仕事である。このような中で，規程51条に違反するか否かの判断は，現に何を知っていたかというよりも，その環境の中で何を知りえたか，知るべきであったかの判断になってしまい，その外延を確定することは容易でない。

さらに，これも前述のとおり，組織内弁護士が扱う情報は一次情報たるナマの情報であり，必ずしも法的に意味のあるものばかりではない。したがって，審査をする側としては，純粋なビジネス情報から必要な情報を選び出すという作業をしなければならず，組織内の事情に精通していない者がかかる判断をすることは極めて困難である。

そして，これらの過程においては，当該事案に関する情報だけではなく，それとはまったく関係ないビジネス情報が大量に紛れ込むことになり，その多くは当然のことながら当該企業の秘密情報である。これらの情報の守秘をどのように扱うのかが困難な問題として残る。

(2)　これまで繰り返してきたように，筆者の懸念を一言でいえば，規程51条は組織内弁護士の業務の実態，意義・価値，リスク・陥穽について知識も理解も不十分な人々

によって制定され，運用されることである。したがって，懲戒手続にあたっても，業務について理解のない人々の思い込みにより裁かれてしまうという懸念（恐怖）を拭い去ることができない。

このためには，懲戒手続にあたる人々が組織内弁護士についてしっかりと理解を深めることが不可欠であることは言うまでもないが，手続保障の観点から言うならば，組織内弁護士を審査する懲戒手続については，その委員に組織内弁護士を必ず含ませるといった工夫が必要になろう。

IV　規程51条が与える企業内弁護士の活動に対する障害およびこれを迎える企業側の困惑

規程51条は，前述のとおり，各要件を現実に運用させるには多くの困難が伴う。これはさらに企業内弁護士と企業側の双方に深刻な問題を生じさせる。これは企業内弁護士に対する弁護士会の対応姿勢とも密接に関わってくる。

1．企業内弁護士のジレンマ

繰り返し説明するとおり，企業内弁護士がその真価を発揮するのは，まさに「組織内」にいる者として，積極的な問題の発見とその解決に取り組み，その団体の行動へ影響をおよぼしていくことが期待されるからである。

しかし，規程51条の立場は，そのような姿勢に対する障害となっていくものである。

企業内弁護士は積極的に活動して情報を取得すればするほど，「疑いのある行為」を発見する可能性が広まっていく。しかし，その外延を広げれば広げるほど，その外延部分において当該弁護士の権限は狭くなっていき，その企業内弁護士にとって違法・合法の十分な調査・分析ができなくなり，しかもその企業内弁護士自身がそのことを自覚しているという状況になる。

かかる場合，企業内弁護士は判断根拠が不十分であることを知りながら，自己のリスクにおいて次の二つのどちらの行動を取るかを迫られる。

第1は，規程51条の義務違反となることを避けるため，発見した行為を「違法行為」であると断じて，上司さらには経営陣にエスカレートすることである。違法性・合法性の判断が困難であることを知れば知るほど，懲戒処分を恐れるならば，少しの疑いでもあれば安全策をとろうとし，何でも報告するということになりかねない。また，本来，経営陣への報告など違法行為の阻止のためには最後の手段でしかないのであるが，それ以外に「適切な措置」を取ったことの理解が得られないことを恐れれば，根回し・調整をおこなうよりも，規程51条の観点からすれば明確な上部への報告という方向をとる

378 資　　　料

ことを過早に選ぶことになるおそれが多分にある。

　しかし，本来より有効なやり方があるのに経営陣への報告という方法を選んだがために違法行為の抑止にも失敗するということになりかねない。

　また，結果として合法だった場合，企業の手続違反なり規律を乱したとの批判を浴びることになる。しかも，違法・合法の判断に十分な自信がないことを当該弁護士が自認している状況である。最悪の場合には人事評価につながりかねない。さらに，かかる行動はともに仕事をする同僚，上司，部下との信頼関係にひびを入れることになり，その企業内弁護士の意義を全うすることは困難になる。前述のように，企業が上部への報告やエスカレーションに対して一定の規則を設けることそれ自体は不合理ではないのであるから，かかる反応をそれ自体として批判はできない。一方で，「違法行為」ではなかったということになると，規定51条の義務に迫られた行動ではないことになり，したがって，それを抗弁にすることもできない[103]。

　もう一つは，違法であるという判断ができないことをもって，経営陣への報告の措置を取らないことである。企業の手続を無視した上層部，特に経営陣への報告など組織のなかでは極めて特異なアクションであり，また多くの場合に有効ではないことを考えれば，有能な企業内弁護士であるほど，それ以外の手段を選ぶことになる。しかし，結果として違法行為が行われたということになると，規定51条の下で懲戒処分を覚悟する必要がある。

　もし，上記のようなジレンマを避けようとするのであれば，企業内弁護士としては収集する情報をなるべく制限して，「余計なこと」が耳に入らないようにするしかない。しかし，これは企業内弁護士の意義を没却するものであり，また，違法行為の抑止のために否定的な効果しかもたらさないことは言うまでもない。

2．企業側からの問題

　以上考察するところの問題は，結局のところ，違法行為の報告，あるいは措置を取ることを組織の枠組みから離れて，企業内弁護士個人の義務として構成し，リスクを個人に押し付けていることそれ自体の無理に起因しているといわざるをえない。規程51条のような責任を企業内弁護士に負わせ，これをワークさせるのであれば，企業内弁護士が規程51条にしたがって，企業上層部，経営陣へ違法行為を報告することのできる権限規定を置くなど，企業側の対応は不可欠である。しかし，それは容易なことではない。

　この点，例えばアメリカのようにジェネラル・カウンセル以下，法務部門の基幹要員

---

103)　この点を「コンプライアンス」の観点でみたときには，「違法行為」のみを報告させるという発想は妥当でない。

の全員が弁護士であるという組織であれば，弁護士倫理と組織構成の間で論理的整合性を取ることはそれほど困難ではない。違法行為のおそれを発見した法務部員（＝弁護士）は法務部の上司に報告する。その上司も弁護士で同様の義務を負っているので，その権限内で必要な調査を行って判断し，判断にあまればさらに上司である弁護士に報告し，ということで，最終的にジェネラル・カウンセルを頂点として，法務部門として全社的に統合された違法行為対応の義務が課されているという構成が可能である[104]。

実際，サーベンス・オックスレイ法に伴う SEC 規則では，関係する複数の弁護士に職責上の上下関係がある場合，上司である「Supervisory Attorney」に SEC や取締役会等への報告等の責任を負わせ[105]，その部下である「Subordinate Attorney」は上司である Supervisory Attorney へ必要な報告等をすることで原則として免責される[106]。

しかしながら，我が国の現状では，法務部員を全員弁護士で構成するということを望むのは現実的でない。企業内弁護士を雇用する企業のほとんどにおいて，弁護士であることそれ自体は組織規定や権限規定において特段の扱いがされているわけではない。そのような企業にあっては，弁護士資格を有することは「個人の属性」でしかない。「現在において某法務課長は「たまたま」弁護士かもしれないが，その上司，同僚，部下は弁護士でないかもしれない。その弁護士のポジションの前任者は弁護士でないかもしれないし，後任には非弁護士が異動してくるかもしれない。しかし，非弁護士であるからといって，法務能力において弁護士に必ずしも劣るとは限らない[107]。

かかる状況にあって，弁護士だけに，弁護士であることを理由として組織の通常のレポーティング・ラインを飛び越した報告，まして経営陣への報告をするといった組織原理上極めて例外的な重い権限を与えることは組織としての整合性が保てない。「たまたま」企業内弁護士を担当とした部署からは社長まで違法行為の報告があがってくるが，他の部署からはそれはなく，それも当該弁護士が異動したとたんに報告がなくなるとい

---

104) Villa, John K. (2009), "Corporate Counsel Guidelines", Thomson Reuters/West, at 3-70 参照。

105) SEC Rule 205. 4.

106) SEC Rule 205. 5.

107) 余談になるが，このような見地から，弁護士資格を有していることは不要であるとして，弁護士登録を禁止したり，弁護士会費を負担しないという形で弁護士登録をすることに消極的な企業が存在する。弁護士の側でもその自主的な選択として登録をしない者もじわじわ増えてきている感がある。弁護士および弁護士会としては，弁護士登録をしていることの意義を具体的・実質的に考える必要がある。弁護士は「法律専門家」であると抽象的・一般的に言うばかりでは不十分である。

ったことでは組織は極めていびつなものになってしまう。

また，これも現実の問題として，ここ数年企業内弁護士として就職する者の多数が司法研修所新卒か，あるいは経験数年のジュニアな弁護士であることである。そのような弁護士が当該企業で雇用した最初の弁護士であるという例も非常に多い。そのような知識，能力，経験，成熟度や器量は発展途上である者に，重い権限を与えることに企業が躊躇するのを批判はできないであろう。

3．弁護士会のジレンマ

上記のように規程51条が弁護士と企業側に困難を強いることにおいて，弁護士会としても容易でないジレンマに置かれることになる。

根本的な問題として，企業は弁護士ではないから規程の適用を受けず，規程51条の義務を所属する弁護士に全うさせる義務はない。したがって，弁護士会としてできることは，企業側にこれを要請することでしかない。

あたりまえのことであるが，企業側でこれを受け入れることができるとは思われない[108]。そうすると，弁護士会として，その要請に応じない組織について，弁護士会として雇用されることは望ましくない旨何らかの方法で公示し，そのような組織で弁護士が業務することを防ぐ必要がある。さもなければ，規程51条の義務を果たしきれるだけの経験・器量に達していない者は企業内弁護士になるべきではないという立場[109]を取り，その旨司法修習生や若手弁護士に呼びかける必要が生じる[110]。

---

108)　かつて企業に入社することが許可制だった時代に，企業に対して「弁護士法その他の適用法令を遵守する」旨の誓約書を徴求していたことがあった。現在でも類似のことは行われているかもしれない。しかし，企業において，違法行為を発見した場合，最終的に社長に報告する権限を与える具体的な意思があるとは到底考えられない。規程51条の存在自体が知られていないだけである。

109)　これが，古田弁護士や高中弁護士の見解（注90））の論理的な帰結であろう。

110)　いずれにせよ，弁護士会の一部で根強い，企業内弁護士の問題を「就職対策」と捉えて，新卒者を大量に採用させようという動きは放棄することになる。「企業をはじめとする組織において，組織内弁護士に組織内是正に必要な広範かつ強力な権限を与えることは現在の日本では困難である。このようなことを方針とするときは，組織内弁護士を増やし，職域の拡大を図り，弁護士人口増に対して建設的に応答しなければならない個々の弁護士とその自治組織（著者注：弁護士会）にとって，目下の課題に逆行するように受け止められかねない」森際前掲注25)，34頁。

Ⅴ　結　　語

1．規程 51 条をめぐる基本的問題点

　これまで縷々述べてきたが，これを総合すると，その根本にある問題は次の二つに尽きるように思われる。

　一つは，規程 51 条（およびその起案者）が，企業内弁護士の業務の実態およびその意義を具体的に把握し，これに対応しようとせず，法律事務所の業務から安易に類推して，企業内弁護士の業務に対応しようとしていることである。

　これまで述べてきたことから明らかなように，法律事務所の業務が与えられた事実・資料に基づいて法律を調査・解釈し，法的なアドバイスを与える立場であり，その意味において受動的・静的（「切り取られた一こま」，あるいは「スナップショット」）[111]な性質をもつのに対して，企業内弁護士のそれは大規模・複雑な組織が転々変化していく動態の中での仕事なのであり，その業務を「違法行為の発見」―「報告」といった単純な図式に落とし込み，その図式の中でこれを規制することは極めて困難なのである。

　もう一つは，――実は最初のポイントと同根であるのかもしれないが――，企業内弁護士の仕事が「組織を現実に動かす」仕事であり，単に「法を語る」というアドバイザーの仕事の枠で捉えきれない点が看過されていることである。

　問題は個人が違法／適法かという判断をするだけで完結するものではない。いな，その判断はむしろ出発に過ぎないのであって，それを組織としての判断にどのように落とし込んでいくか，違法行為を避けるためにどのような行動を取るべきなのか，その仕組み，体制，組織論が重要なのである。違法行為を発見した場合の通報手段もかかる組織論の中で，組織の枠組みの中に組み込んで初めて機能するものであって，個人としての弁護士に報告義務を課せばそれで解決するなどというものではない。

　法令遵守のために，どのような組織作りを行い，（企業内弁護士も含めて）どのような人員を配してどのような権限を与え，違法行為の通報制度も含めてどのようなモニタリング・プロセスを形成し，それをどのように動かしていくか，組織を動かすには組織論を抜きにしては語れない。それこそが「コンプライアンス」と呼ばれる活動である[112],[113]。

---

111)　本間正浩「法律事務所の弁護士と組織内弁護士」前掲注 73），295 頁。

112)　この関係で，安易に「弁護士はコンプライアンスの専門家である」と任ずることに警鐘を鳴らすものとして，池永朝昭「コンプライアンスと内部統制」前掲「企業内弁護士」注 73），64，82 頁。

113)　その点から言うと，「違法行為のおそれ」ではなく，「違法行為」のみに報告義

この点の理解を抜きにして違法行為の抑止を語ったとしても実効性はない。規程51条は，この点を看過して問題を企業内弁護士個人に還元するという錯誤を犯している。

そして，結局，このような不十分な理解のもとに制定された規則は，まさにそのことゆえに，現実性を欠いた運用をされることになることになり，その結果として企業内弁護士としての真価を発揮するべき活動に無用の萎縮効果を与えることになり，違法行為の抑止という点からは逆効果であると言うほかはない。

一方で，もし，現実的には規程51条が現実に適用されないのであれば，それこそ，企業内弁護士は独立性が脆弱であるという一般的な観念を満足するためだけ，すなわち企業内弁護士に二級市民であるというレッテルを貼るだけのために規程が作られたというそしりを免れないであろう。

なお，森際教授は，本稿のように規程51条の問題点を検討することは，「それが的を射ていればいるほど，組織内において弁護士の「自由と独立」を維持することがいかに困難であるかを訴えるものとなる。（中略）この批判が当たっていればいるほど，50条，51条が組織内弁護士を差別的に扱うものとするという非難や両条文からなる5章を廃棄するべきであるとするとの見解はその力を失う。このような見解が力を得るためには，分けて規定するのが不適切であることを指摘するだけでは足りず，分けない方がよりよく組織内弁護士を支援することを明らかにしなければならない」と批判される[114]。

しかし，かかる批判は正鵠を得た批判とは言いがたい。第1に，そもそも，筆者は組織内弁護士をプライベート・プラクティショナーと全く同じに扱うべきであるなどと主張しているわけではない。むしろ，組織内弁護士とプライベート・プラクティショナーとの業務・性質・意義の差異を正面から認めつつ，それらを具体的に検討することで，「違法行為の抑止」の観点からその実効性を万全とする具体的方策を考えるべきであるという立場に立つものである。もし，「違法行為の抑止」が眼目であるとすれば，単に組織内弁護士に対してこのような規程を置くだけでは全く不十分で，プライベート・プラクティショナーの行動規律も検討する必要があり，総合的に「弁護士」としての任務が奈辺にあるかの議論が必要であると主張するものである。

むしろ，現状に対する筆者の批判の焦点は，まさにこの点にある。規程51条の制定

務を課している規程51条の立場はコンプライアンス活動の観点からは失格である。違法かどうかの判断はそれ自体容易な作業ではないので，まず，その懸念を挙げ，企業におけるしかるべき部署が検討する機会を作るのがコンプライアンスの基本的な考え方である。規程がそのような考え方を取れないのは，ことを経営陣への報告という極端な行為義務と結びつけたために，入口を限定せざるを得なかったためであろう。

114) 森際前掲注25)，32頁。

過程として疑問を呈した事情および具体的な条文の組み立て方から判断する限り，その制定者なり解説者が組織内弁護士の実態を具体的に検討し，その意義・価値を十分に生かそうとする一方で，そのリスク・陥穽を具体的に分析し，その軽減のために的確に対応しようとしたという形跡を見出すことはできない。そこにあるのは，「弁護士の自由と独立」が組織内弁護士においては脆弱であるという一般的・抽象的な「思い込み」だけで事を決しようとしている姿勢，むしろ，「企業の違法行為を抑止するための何が必要か」ではなく，「組織内弁護士の自由と独立の『脆弱性』に対する規律」から出発するという逆立ちした発想である。筆者の批判はこの点である。このような発想からは積極的・生産的な成果が生み出されることを期待するのは困難である。

そして，具体的にみていくと，前述の通り，規程51条の具体的要件に関する問題のほとんどは，組織内弁護士が組織内においてまさにプロフェッショナルとして効果的に機能するための障碍なのである。弁護士の「自由と独立」の維持の困難性というようなものではない。

障碍は障碍であり，マイナスである。代替策が存在しようがしまいが，マイナスはマイナスであり，それ以上のものではない。したがって，代替策がないことが，現行規程を存続させる根拠にはなりえない。

それに，教授は，この批判が当たっていればいるほど，批判はその力を失うと言われるのであるが，批判が当たっているということは，規程51条が組織内弁護士に対して実現困難な義務を課すものであるということに他ならない。それを認めたうえで，規程の存続が必要であるというのは，実行困難な義務を課することが組織内弁護士に対する「支援」になるということになってしまう。これは論理的に矛盾している。組織内弁護士の存在そのものが弁護士の「自由と独立」にとって有害であり，困難な中でも規程51条の義務を文字通りに履行できるという自信を持つ者を除き，組織内弁護士はその職を辞するか，弁護士登録を抹消するべきであるという立場を取るのであれば別であるが。

この一節において，森際教授は規程50条，51条が組織内弁護士に対する「支援」であるように理解しておられるようである。しかし，これらの条文のどこがどのような「支援」になるのか，具体的な説明はない。そもそも，組織の動態を看過して，個人たる弁護士に懲戒を背景にした義務を課することが，いかなる意味で，当該弁護士に対する「支援」になるのか，理解しがたい。森際教授自身，「51条を規定して組織内弁護士の組織内是正の義務を課し，他方で，その義務履行に必要な支援を与えず，「強くあれ」と論じ放置するのでは，それはできる相談ではないとする組織内弁護士の悲痛な訴えには多くの場合，理由がある」とされるのである[115]。しかも，前述の通り，教授が51条

---

115) 森際前掲注25)，34頁。

384 資　　料

の「牽制効果」の主張に対して否定的なのであって，これを考えるとき，教授の批判は
奇異の感を一層強くする。

　組織内弁護士に対する「支援」というのであれば，むしろ，組織内弁護士の意義・価
値そしてリスク・陥穽に対する具体的な研究，そしてそれを基礎としたトレーニング・
研修等のサポートを考えるべきであろう[116]。

　この点，JILA では，極めて多種多様な研究／研修活動を精力的に行っている。2013
年，JILA は独力で組織したものだけでも（つまり，日弁連，経営法友会等の団体との
共催を除く），実に 60 回を超える研究会／研修会を開催している。平均すると 1 週間に
1 回以上の頻度である。特に，毎年初めの月例研究会は，その数回を新人組織内弁護士
向けの組織内弁護士としての基礎・姿勢，心構え等を研修する講座とすることが慣例化
しているし，そのほかにも種々の同種の研修会が企画されている。企業内弁護士のあり
方に関する研究活動についても，「GC/CLO 研究会」や「政策委員会」「海外事情研究
会」等で活発な活動が行われている。むしろ，規程 50 条や 51 条を作ったことで満足
し，具体的な支援活動を看過してきたのは，弁護士会である。

　以上から，森際教授の批判は当を失していると言わざるをえない。

2．あるべき方向性

　さて，いやしくも弁護士にとって違法行為の抑止はその最大にして最も基本的な使命
であることには疑いはない。しかし，それは弁護士全てが負うものである。その解決
は，いたずらに「企業内弁護士は独立性に問題がある」として，これに遵守することが
困難な義務を課して，ひとり企業内弁護士に不合理なリスクを負わせ，企業内弁護士お
よび企業を困惑させることでは達成しえない。

　その基本観念から見るとき，行うべき方向は，やはり規程 51 条（その際には実際に
は位置を変えることになると思われるが）の適用範囲を拡大し，全弁護士を対象とする
ことであろう。まさに，ABA 規則 1.13 条が選んだ方向である。

　かかる規定を実際に運用するにあたり，企業内弁護士側には解決するべき実務上の諸
問題が多いことについては，本稿で述べてきたとおりである。プライベート・プラクテ
ィショナー側でもいろいろな問題があるであろう。

　それについては，抽象的・観念的に考えるのではなく，具体的・現実的な問題として
一つ一つ現実的な対応策を考える必要がある。

　その中には現実に規程に落とし込めるものもあるであろうし，中には一般的な規定に
落とすのは困難であり，運用上の問題として解決せざるをえないものもあろう。そし

---

116)　森際教授も，このような支援の必要性を強調される。森際前掲注 25），34 頁。

て，そのさらに外延として，規程違反の問題ではないが，弁護士として行うべき，さらにその外に実行した方が望ましいものとして，ソフトローとしての「ベスト・プラクティス」を工夫する必要があろう。それを倫理研修その他の場でトレーニングし，フィードバックを受け議論を発展させていくことが大切である。それは継続的な議論の過程になろう。

　これらの研究を行う際にはABA 規則 1.13 条や SEC　Rule の実際の運用を調査・分析することにより，有益な示唆を得られるであろう。

　その過程においては，企業内弁護士の実態および意義を具体的に理解するとともに，脆弱性があるのであれば，それがどのようなものであるのかを具体的に把握し，企業内弁護士の意義を危殆ならしめない形でどのように解決できるのかを具体的に討議していくことが必須である。

組織内弁護士と弁護士の「独立性」

―――「独立性」概念が組織内弁護士を律するのに
有意義な思考ルーツたり得るのか―――

本　間　正　浩

I　は じ め に

近時，弁護士会内において，弁護士の職域として「組織内弁護士」がようやく注目をされるようになった。この数年，その数も急速に増えつづけている[1]。しかし，不幸なことながら，一方で，弁護士会内にあっては，依然として弁護士の大量増員時代を迎えて，その「就職先確保」という視点で組織内弁護士を考えるという近視眼的な態度が根強く残っている。他方では，弁護士業務規程51条（組織内弁護士の組織内における違法行為を上司等へ報告する義務）の議論にみるがごとく，「組織に所属する弁護士と当該組織の結びつきは，個々の事件における関係に比べて相当に強固なものがあり，自由と独立の立場を堅持しにくい環境にあることが少なくない」[2]と抽象的に断罪し，これに特別の規制をかけようとする見方も払拭はされていない[3]。とはいうものの，このよ

---

1)　企業内弁護士についていえば，2006年12月段階で165人であったものが，2007年12月には242名，2008年12月には346名に達している。日本組織内弁護士協会調べ。（追記：2014年6月現在で1179名）

2)　日本弁護士連合会（2005年），解説「弁護士職務基本規程」，自由と正義2005年臨時増刊号56巻6号86頁。

3)　前掲注2）解説「弁護士職務基本規程」では，American Bar Association（ABA）のCodeof Conductの規程を参考にしているとしている（87頁）（Model Rule of Professional Responsibility 1. 13）。しかし，同条は「retained or employed by（a corporation）」としており，組織内弁護士に限らず，法律事務所で働く弁護士にも同様に適用されるものであるという本質的な相違がある。つまり，同条は「組織内弁護士の自由と独立の脆弱性」に対応した規程ではまったくないのである。同「解説」ではこの違いについて，明確な説明をしておらず，あたかもABAでも「組織内弁護士」の「自由と独立」に懸念をもっているかのような印象を与えてし

388 資　　料

うな動きに対して，偏見を捨てて組織内弁護士を正面から見据えようとする動きも確実
に強まってきている。

　組織内弁護士を取り上げる際に，これに批判的な立場からしばしば指摘されるのが，
「企業内弁護士には弁護士としての『独立性』に欠けるところがある」という議論であ
る[4]。組織内弁護士を頭から second class citizen と決めつけるような主張は論外である。
しかし，法律事務所における弁護士と組織内弁護士との間には，その在り方において
諸々の相違があることは否定できないのであるから，「独立性」の問題を客観的に議論
することは，組織内弁護士を健康的に発展させるにあたって，避けて通れないことは否
定できない。

　本稿は，この「企業内弁護士の『独立性』」の問題を巡る諸要素を提示し，議論の土
台作りを試みることを目的とする。敢えて「土台作り」という表現を用いたのは，二つ
の理由がある。一つは，残念ながら，日本において組織内弁護士を巡る本格的な研究は
まだまだこれからというのが現実であり，筆者自身の考察もまだまだその狭い経験を基
にした「観察」の域を出ず，客観的・理論的な議論を行う基盤ができていないと思われ
るからである[5]。第 2 には，実務的にも，組織内弁護士の業務形態はきわめて多様であ

───────────

　　まっている。

　4)　「プロフェッショナルとしての思考と行動自体が，被用者としての従属性と矛盾
　　　することがあり得る。これが，組織内弁護士の独立性に関する根本的かつ本質的
　　　問題である」森山文昭「弁護士制度改革と弁護士像─新しい人権モデルの提唱」
　　　日本弁護士連合会　弁護士業務改革委員会　21 世紀の弁護士像プロジェクトチー
　　　ム編『いま弁護士は，そして明日は？』（エディックス，2004 年）248 頁。

　5)　そのため，本稿はその考察の多くを海外，特に米国の文献に拠っている。ただ
　　　し，それらは筆者の経験からしてもまったく違和感がない。なお，本稿で引用し
　　　た文献を含め，米国では本稿で議論する問題の多くが「ジェネラル・カウンセル」
　　　のそれをして議論されることが多い。しかし，その議論の多くは，適切な注意─
　　　特に程度問題について─を払いつつも，「組織内弁護士」一般の議論として捉える
　　　ことができる。トップ・ダウンの米国式の組織の作り方からすれば，法務部はジ
　　　ェネラル・カウンセルがその責務を遂行するために構築・運営する「ルーツ」で
　　　あり，したがって，法務部内の弁護士も結局はジェネラル・カウンセルの機能を
　　　分掌しているといえるものだからである。*Sarah Helene Duggin*, "The Pivotal
　　　Roleofthe General Counsel in Promoting Corporate Integrity and Professional
　　　Responsibility", 51 St. Louis U. L. J. 989 at 1013 (2006-2007) 参照。実際，これらの
　　　文献でも，「in-house Counsel, in particular, general counsel」というように，他の
　　　法務部員たる弁護士との違いをことさらに意識しない形の記述になっていること
　　　がしばしばである。本稿での引用にあっても，文脈上適切な範囲内において，カ

組織内弁護士と弁護士の「独立性」 *389*

り，むしろ試行錯誤を繰り返しているという現状があり[6]，はっきりした対象設定（こういう形態であればこういう問題があり，こういう解決をすべきだといった）をしにくいという現実があるからである。以上から，本稿では種々の要素が示され，筆者なりの考察がなされるが，多くについては問題提起にとどまり，結論が出されないことになろう。しかし，本稿が提示する諸要素が今後行われるべき実証的研究の縦糸・横糸の一部となり，その発展に資することがあれば望外の幸せである。

　前記の目的のため，本稿では，まず，組織内弁護士において，なぜ「独立性」が問題にされるのか，「独立性」を阻害する要因を提示する。確かに，組織内弁護士においては法律事務所の弁護士（英語では「Private Practitioner」。以下本稿では「外部弁護士」という。）にはない問題点があることが認められるであろう。続いて，それら要因がどの程度妥当するものであるのか，いわばその「相対化」を試みたい。問題点があるとしても，それは絶対的なものであって，組織内弁護士——特に外部弁護士との比較において——の本質的な弱点として把握するべきものであるかの検討である。第3に，第2の議論を「内在的」な要因の評価とするならば，今度は「外在的」な視点として，問題が仮にあったとしても，それを超越して，組織内弁護士の積極的価値を認識する要素があるか，検討する。

　前述のように，組織内弁護士といっても，その実態は多種多様である。法務部員は原則として弁護士であることが前提であるが，少なくとも，弁護士を想定したポジションを用意している企業もある一方で，組織上は弁護士であることが予定されていないポジションに採用されたのが「たまたま」弁護士資格を有している，ということもあろう。また，外部弁護士として10年以上のキャリアを経て法務部長なりそれに準じたシニアなポジションに就いている者から，研修所新卒で採用される者もいよう[7]。本稿ではなるべく組織内弁護士の多様性に配慮するつもりであるが，筆者の経験の制約から，記述に濃淡が出てしまうことがあり得ることをご了承願いたい。これはあくまで筆者の執筆能力上の限界によるものであり，その優劣を論じているものでないことをご理解いただきたい。

　なお，本稿中，意見にわたる部分は筆者の個人的な見解であり，筆者が所属するいかなる団体・組織の見解を反映したものでもないことをお断りする。

　　ッコ付きで「組織内弁護士」と置き換えをしている。

6)　本間正浩「組織内弁護士について」前掲注4)『いま弁護士は，そして明日は？』134頁。

7)　ちなみに，いわゆる外資系企業の場合は，法律事務所における経験者をジェネラル・カウンセルを含むシニアなポジションに迎えるのに対して，日系企業の場合は研修所新卒者を採用するというかなりはっきりした傾向がある。

II　組織内弁護士の「独立性」を脅かすもの

　論理的には，まずはじめに「弁護士の独立性」とは何かを議論するのが筋かもしれない。しかし，本稿ではあえてその定義を行わない。何をもって「独立」と評価するのか，どのような「独立性」が弁護士にとって必須とされるのかという問題そのものが議論の対象であると考えるからである。むしろ，この問題は本稿の主題の鏡の裏表であり，本稿全体を通して常に意識され，繰り返し議論されるであろう。さしあたり，稿を進める便宜上，ここでは，抽象的に「業務にあたり，その勤務する組織からの干渉を受けない」，と観念しておく。

　組織内弁護士に対してその独立性が懸念されるところの理由は，一言でくくってしまうと，組織内弁護士はその組織に「従属している」という点であろう。この懸念は的外れではない。いくつかの観点からして，組織内弁護士はそのいわゆる「従属性」の懸念があることは否定できない。以下，分析する。

1．組織の指揮監督権

　多くの場合，組織内弁護士の所属組織との法律関係は雇用契約である。その性質上，被用者は雇用者の指揮監督を受ける立場にあり，雇用者は法律上当然の権利として被用者に対して指揮命令をすることができる。その意味においては，組織からの「干渉を受けない」ということ自体が論理矛盾とさえ言い得る。

　これについて，雇用契約であることが問題なのであって，委任契約とすることにより，問題は克服ないし軽減できるという考え方があり得る[8]。しかし，筆者はこの区別はほとんど意味がないと考えている。一般的な観念からいえば，確かに委任契約の場合は受任者に裁量権があるということになろう。しかし，それはまさに「イメージ」でしかなく，委任契約という法形式として決まっているものではない。委任契約にあっても，委任者は受任者に対して指示をする権利を有しているのである。結局は個々の契約の内容の問題でしかない。

　問題は契約の形式ではなく，実質である。そして，最終的に，組織がその中に迎え入れる個人に対して，指揮監督権を放棄し，常に干渉しない，ということは事柄の性質上，あり得ない（「被用者」ではなく，「使用人」という概念を用いている弁護士法30

---

　8)　やや異なる角度からの指摘であるが，組織内弁護士が雇用契約であるがゆえに組織に従属しているのに対して，法律事務所の弁護士は委任契約であるがゆえにそのような問題から免れていると主張するものとして，森山・前掲注4) 247頁。

条の立場はこの意味で正しい。）。

　もっとも，米国における法務部のように，その長であり弁護士資格者であるジェネラル・カウンセルを最高経営責任者（CEO）の直属とし，以下，法務部員を基本的に弁護士で構成するのであれば，実際上は比較的整理しやすいかもしれない。法務部全体を一つの弁護士集団と捉えて，そこに弁護士であることを前提とした権限を与えるという構成が可能だからである[9],[10]。しかし，その場合もあくまで社内のルール上，かかる権限を「与えられて」いるに過ぎない。社内ルールや運用の変更により，かかる状況を変更することは論理的に完全に可能である。また，CEO がジェネラル・カウンセルを指揮するという問題は残る。また，弁護士であったとしても，法務部の中における上位者と下位者との関係の問題も消え去るわけではない。

　これが，もともと弁護士を想定する組織を構成せず，ある法務部員がいわば「個人の属性」として弁護士資格を持っているというような組織であると，問題の整理はもっと難しい。そのような法務部の場合，弁護士である法務部員の上司は弁護士でないかもしれないし，その同僚は弁護士でないかもしれない。また，その前任者や後任者が弁護士であるという保証もない。このような中で，「たまたま」弁護士資格を持っているがゆえに，その「個人」に対して，「弁護士として」他の法務部員にない権限や責任を与えてしまうと，組織として非常にいびつなものになってしまうおそれがある。

　さらにいえば，「独立性」＝「他から干渉を受けない」ということの意味を，「弁護士の意見にしたがうこと」とまでいってしまうならば，そのような「独立性」を，「弁護士資格」を有するという一点をもって，組織体が特定の個人に与えることはできない（一方で，発言の自由がありさえすればよく，それを組織が一切無視しても「弁護士の独立」は保たれているとしてしまうのでは，「独立」なるものを議論する意義はどこにあるのかということになりかねない。）。「枠組み」の問題としてみるならば，これ自体

　9）　前掲注 5）参照。

　10）　米国証券取引委員会（SEC）の規則では，企業内弁護士はその企業につき「重大な違反」をジェネラル・カウンセル（SEC 規則では「chief legal officer」という用語を用いている）へ報告しなければならない。そして，ジェネラル・カウンセルはこれを取締役会内に置かれた法務／コンプライアンス委員会（Qualified Legal Compliance Committee, QLCC）へ報告する一方で，かかる「重大な違反」を抑止するための手段を講じなければならない（17C. F. Rss 205. 3-4, Dugginop. cit. at 1027 el. esq.）。なお，「Chief Legal Officer」という用語法について，ibid at 991 Note 2。もっとも，この SEC の規則の解釈及び評価を巡っては，肯定的／否定的なそれぞれの立場で激論が交わされている。米企業を巡る弁護士業務についての最もホットな論点の一つであるが，ここでは立ち入らない。

を不当と考えることはできない。

第1に、弁護士といっても、その経験、能力は多種多様であり、資格を持っているという一事で、一般的に弁護士のいうことを聞かなければならないというのは極端であろう。第2に、あきらかな違法行為に踏み切るというのは論外としても、現実には組織を巡る多くの問題は、それに対して常に一つの法的な「正解」を出せるとは限らない。法令や判例が明確でない場合もあるし、学説に争いがあることもある。実務的にはより重要なこととして、事実関係が100％解明できない場合も多い。取り得る行動の選択肢にも一つの「正解」があるわけではないことが多い。つまりは、リスクの大小の「程度問題」になってくることが非常に多い。そのリスクも、リーガル・リスクとビジネス・リスクの両側面があり、それも明確に分かれているわけではないばかりか、定量化することも多くの場合は不可能である。その中では、組織としての意思決定をするにあたり、法的考慮以外の要素を考慮することは正当化され得ることであり、その意味において、弁護士の意見もまた、絶対的なものとするべきものではない。

以上、組織との法律上の「枠組み」の問題としてみる限り、組織内弁護士の「独立」には本質的な限定がかかっているとみるほかない。

2. 「辞任」カードの現実性

外部弁護士の独立性なり倫理について議論をするとき、弁護士として問題を回避する選択肢として、非常にしばしば「辞任」が議論される。

その性質上、組織内弁護士は「辞任カード」を簡単に切ることができない。辞任をためらわせる要素はいくつもある。

(1) まず、組織内弁護士にとって、ことがらの性質上、辞任は all or nothing である。外部弁護士のように、案件ごとに辞任することは不可能であり、これは両者の本質的な相違である。

しかし、実際には、多くの点では満足しているが、特定の問題について、所属組織のやり方に問題を感じるといった場合が多いであろう。

また、組織内弁護士の勤務する組織自体が、あるいはこれが所属する業種が種々の法律問題を抱えているのが現状だとする。その法律問題を看過するのであれば論外であるが、企業全体としては、それを意識し、真剣に改善の努力をしようとしている姿勢があるものの、法的対応を完全実施するためには種々の障害があり、それを克服するために時間を要するという場合がある[11]。その場合に、組織内弁護士としては、即刻の完全対

---

11) たとえば、現代の金融業務は何十万何百万という業務処理を可能にするため、巨大なコンピュータシステム産業と化しており、システム変更なしには業務の変

応を要求し[12]，それができない場合にその組織の関係業務をすべて停止せよと言い張り，それが受け入れられない場合には辞任しなければならないのであろうか。

さらにいえば，たとえば，伝統的にコンプライアンス上の問題を内包した業界があったとして，その中の一企業の経営陣が問題に目覚め，その企業における改善を志したとしよう。多くの幹部はその業界の慣行に慣らされており，法律を守れと一言いっただけで動くわけはない。「トレーニング」といったきれいごとだけで済むわけでもない。ことを実現するためには，駆け引きや妥協といった政治的な動きも必要になろうし，最後には問題社員の解雇といった荒療治が必要になるかもしれない。一企業の文化を変えるのは多大な努力と時間を要する。その間，残念ながら100％のコンプライアンスが実現できていないという状態が続く。それでも経営陣なり企業幹部なりが努力しようとしている場合に，問題が今すぐ解決できないことで，あるいは，「妥協」が行われたということをもって組織内弁護士は直ちに辞任しなければならないのであろうか。組織にとどまり，その努力に力を貸すという選択をしてはいけないのであろうか（もちろん，この場合，後述のとおり，その組織内弁護士は極めて深刻なジレンマとリスクを抱え込むことになるのであるが。）。

⑵　また，いうまでもなく，その行動により，その収入や地位が脅かされることがあるか否かは，その独立性の確保の可否に大きく影響する。組織内弁護士は，基本的に，その執務時間の100％を所属組織のために費やし，その収入のすべてを組織に依存する。言い換えれば，業務についての集中リスク（concentration risk）は極大であるといえる[13]。辞任は少なくとも一定期間収入の道が断たれる可能性を意識しなければならない。

ところが，転職はそう容易でないこともある。他の組織へ移籍することを考えても，適切なポジションの求人があるとは限らない。組織内でシニアになればなるほど，ポジションの絶対数が限られてくるから，他組織への転職は難しくなってくる。一方で，法律事務所に転職するといっても，組織内での業務と法律事務所でのそれとの性質上の相違から，転職が容易でない場合もあり得る。一般論であるが，組織内にあっては，その

更は事実上不可能な場合が多い。そして，システムは複雑な網目構造をなしているために，一つプロセスの変更を加えるのも，それが他の部分にどのような影響を与えるのか，膨大な検証が必要になり，それには膨大な人員と時間と費用が必要である。

12)　たとえば，「システム対応ができないのであればすべてを人手で（マニュアル）対応せよ」というがごとし。

13)　*E. Norman Veasey and Christine T. Di. Guglielmo*, "The Tensions, Stresses, and Professional Responsibilities of the Lawyer for the Corporation", 62 Bus Law 1 (2006) at 14.

組織固有の実情に適合する知識・理解が求められるのに対して，法律事務所ではより汎用的な能力・経験が求められる。また，シニアな組織内弁護士であれば，管理的な仕事が多くなっており，書類の作成や法律調査といった外部弁護士に求められる職人的な仕事をする能力が低下しているかもしれない。一方，あるいは法律事務所経験の乏しい，あるいはまったくないジュニアな組織内弁護士を，法律事務所は外部弁護士としての基礎が不十分であると考え，採用に消極的になるかも知れない。実際，米国企業では外部弁護士から組織内弁護士への転職はむしろ普通のコースであるが（法律事務所の経験のない者を採用しないという方針を取っている組織も少なくない）[14]，その逆はそれほど普通のことではないとされている。

辞任が容易でないことは，組織の意思に逆らって行動しにくいという可能性を生じさせる。

3. 業務の性質論として

ここでは，やや観念的な問題を議論する。組織内弁護士の業務の性質上，その業務が所属組織から「独立」と観念できるかという議論である。

外部弁護士は文字どおり組織の「外」側に位置し，組織に対する関係では「アドバイザー」であることは疑いない。「アドバイザー」の立場である以上，その責任は適切な「アドバイス」をすることにとどまるのであって，組織としての意思決定を決定できる権限があるわけではない。意思決定をどうするかはその組織の排他的な権利であり，かつ，責任である。これを裏側からみると，仮に組織が外部弁護士のアドバイスにしたがわなかったとしても，外部弁護士はなんらの責任をも負うものではない。さらに，アドバイスにしたがったこと，あるいはしたがわなかったことによりもたらされた結果について（その法律分析が適切であった限り）外部弁護士は一切の責任を負わない。

この点で，組織内弁護士と外部弁護士との本質的な相違の一つが存する。組織内弁護士は，多かれ少なかれ，組織体としての意思決定に参加し，その一過程を形成するのである。

このことは，ジェネラル・カウンセルあるいは法務部長といった高位のポジションを考えてみれば理解が容易であろう。このようなポジションになると，取締役会や経営委員会といった高次の意思決定機関の構成員となっていることが多く，その議論に参加するばかりか，表決に参加することもある。

「経営判断」というと非常に高次のものを連想してしまうが，そのようなものでなく

---

14) *Ronald P. Klein,* "The Corporate Law Department Layer as an Employee" 34 Bus Law 845 (1979) at 848.

組織内弁護士と弁護士の「独立性」　395

とも，たとえば一定の取引や新商品の投入，契約書その他の文書の調印等について，社内規定上あるいは運用上法務部の承認が必要とされていることは珍しくない。この場合，承認であれ，否認であれ，当該組織内弁護士は単なる「アドバイス」の域を超え，組織内の意思決定そのものを行っていることになる。そこには組織と自分とを対置するという意味での「独立性」を観念すること自体が困難である[15]。

　このことは，少なくとも観念的には，組織内弁護士の判断は，その結果に対しても無責任ではいられないことを意味する。そして，組織体の目的は——営利企業であれば営利活動であろうし，その他の組織にはそれぞれ目的があるが——それがなんであれ，「法的に正しい解釈をすること」が自己目的であるわけではない。これを要すれば，組織内弁護士の評価も，また，その法的見解が正しかったか否かだけで評価されるわけではなく，その結果として組織体の目的達成にどのように貢献したかという基準でなされるのである（もちろん，組織内弁護士にとって実現するべき基本的にして最も重要な「結果」とは「その組織に法的問題が発生しないようにすること」，あるいは「法的リスクをコントロールすること」なのであるが）。

　法的な正しさだけで評価がされるわけではない，ということは，法律専門家としての弁護士の業務を踏み越えるという考え方もあろう。しかし，組織体の意思決定に参画させるのであれば，組織体としては，弁護士には法的問題だけ考えてもらえばよいという姿勢をとるわけにはいかない。営業部門は営業のこと，財務部門は財務のこと，製造部門は製造のこと，調達部門が調達の視点からだけで物をいい，組織全体のことを考えなくてよいというのでは組織体としての適切な意思決定はできないのが自明であるように，法務部門，あるいはさらに組織内弁護士だけが例外で，法務面（圧倒的な比重がそこにあるとしても）だけを考えて権限行使してよいというわけにはいかないのである。比較的下位の，ビジネスに対して直接的なインパクトの少ないポジションにいる者に比較して，高位のポジションに上り，会社の高位の意思決定に関わるようになればなるほど，法務のことだけで完結できなくなっていく[16]。

　逆説的な見方をすると，組織内において，組織内弁護士が評価され，その判断が尊重されるようになり，枢機な意思決定に関与する度合が深まるほど，この問題は深刻にな

---

15)　*Gunz and Gunz*, op. cit. at 136. なお，米国では，この議論は「弁護士は取締役となるべきか」というテーマとの関連で取り上げられることが多い。さしあたり，*Veasey and Di Guglielmo*, op. cit. at 17.

16)　米国でも，ジェネラル・カウンセルが取締役を兼ねることについては慎重な見解も強い。この問題を扱った文献は多数あるが，簡単なまとめとして，*Veasey and Di Gulielmo*, op. cit. at 15 et. esq. また，*Duggin*, op. cit. at 1016.

ってくる。その声が参考程度のものであり，誰かがそれを超越できるのであれば，逆に容易にものをいうことができるといえよう。その意見と最終的な結果についての関連性が強くなく，責任も軽いからである。しかし，意思決定に直接参加できる権限，さらに拒否権のようなものまで持つに至ると，その責任は重くなる。その一声で，本当に当該組織が動いてしまうのである。これまで多大な時間とエネルギーと費用と人手をかけてきた一大プロジェクトが本当にご破算になるとき，その者にかかる責任は重くなってくるであろう。

4. 実際上のインパクト

3.で検討したことは，組織内弁護士に対して実際上もジレンマを生じさせる。

まず自明な問題として考えられるのは，当該組織における上司，同僚等からの圧力である。組織体としての業績，あるいは自分の業績を上げたいがために，組織内弁護士に対してその好むような見解を出させるように説得を試みることは十分にあり得ることである。さらには，その組織内弁護士の見解を変えさせようと，圧力をかけてくるかもしれない。

組織内弁護士の意見を変えさせようとするような干渉がなかったとしても，すなわち外部的な圧力よりも，むしろより深刻な問題といえるのが，組織内弁護士自身の内部的な圧力である[17]。組織内弁護士も，その所属する組織体の目的追求と無関係ではいられない。そして，組織内弁護士の日々共に働いている非法務部門の同僚たちは，組織の目的追求のために日々働いている。また，その組織特有の考え方，風土，文化に浸ることで，社会の認識との乖離も生まれてくるかもしれない[18], [19]組織内弁護士をどのように

---

17) *Hershman, Mendes*, "Special Problems of Inside Counsel for Financial Institution", 33 Bus. Law, 1435 (1977) at 1436 and 1448.

18) Gunz and Gunz は，企業内弁護士がその所属する組織の利益とプロフェッショナルとしての倫理との衝突が現実に生じているとの実証的な証拠はないとする。しかし，同時にかかる状況は，企業内弁護士が「技術的な」法律業務に自己規制して，その結果に目をつぶっているか，あるいは，過度に会社と一体化している可能性があるとして，かかる状況そのものが生理的なものではないのではないかと留保を示している。Gunz and Gunz 自身は，多くの企業内弁護士がその企業でのキャリア形成（特に法務部外でのキャリア）を考えているという調査をとりあげており，かかる意識の結果として，（プロフェッショナルであることの意識に優先して）その組織へのコミットメントを強く感じている結果であるという考えに傾いているようである。*Gunz and Gunz*, op. cit. at 130 et. esq. 特に at 137 なお，*Veasey and Di Guglielmo*, op. cit. at 25.

扱うかは，組織内弁護士の振る舞いに影響され，その逆もまたしかりであるという観察がある。「組織内弁護士は，事柄を成就させるにあたっての障害物とされるよりも，会社の一員と見られることを希求している」と指摘される。ビジネス側の人々が組織[20]。特に，その幹部が組織内弁護士の価値に懐疑的であるような組織では，なおさら，その組織内弁護士としてビジネスにブレーキを踏むことを躊躇するおそれがある[21]。

このような環境の中で，誠実につくそうとすればするほど（ことによると知らず知らずのうちに）[22]，判断にバイアスがかかるようになる可能性は否定できない[23]。

さらに事情を複雑にするのは，前述のように，しばしば一つの「正解」が存在しないという環境下で一定の結論を出していかなければならない組織内弁護士の意見は，しばしば客観的な分析・評価にとどまるものではなく，主観的な「判断」という性格があることである。

そのような問題では，なおさら，自分の判断が「諸要素の適切なバランス」の結果なのか「不当なバイアス」に影響された判断なのか，自分自身ですら明確に区別し得ない場合すらあり得る。そこでは，何をもって「独立性を持った判断」ができたといえるの

---

19)　近時，特に日系企業を中心として，研修所新卒の弁護士を採用するという傾向が顕著である。企業側からは「当社の社風に染まる者が欲しい」という趣旨の言がある場合がある。このような考え方で採用するのであれば，これは懸念すべき傾向である。

20)　*Robert L. Nelson and Laura Beth Nielson*, "Cops, Counsel, and Entepreneurs : Constructing the Role of Inside Counsel in Large Corporations" 34 Law & Soc'y Rev. 457 (2000).

21)　*Versey and Di Guglielmo*, op. cit. at 26.

22)　意図的ではないこと，あるいは悪意はないことは，一面で始末が悪い。筆者が常々考えていることだが，コンプライアンスの観点からみるとき，故意犯より過失犯のほうが対応が難しい。故意犯であれば，それが正しくないことを認識しているから，「それを止めよ」ということができるが，過失犯の場合，何が悪かったのか意識がないだけに，二度とやらないという保証がないからである。

23)　そのような傾向があることを否定することは「社会的な力が行動に影響を与えるということを否定することである」*Gunz and Gunz* op. cit. at 137，また，*Sarah Helen Duggin*, "The Pivotal Role of the General Counsel in Prompting Integrity and Professional Responsibility", 51 St. Louis U. L. J. 989 (2007) at 1003 は，「（ビジネス側との）関係が過度に緊密になることは（組織内弁護士の）客観的なリーガル・アドバイスができなくなるような内在的な（inherent）リスクがある」とする。なお，Ibid. at 1021-1022 参照。

398 資　　料

かということ自体が，不明確になってくる[24]。

　また，前に述べたように，当該組織のコンプライアンスを改革していこうとする努力の過程にあっては，100％のコンプライアンスを実現することが物理的に不可能な場合や，あるいは，組織内政治の中で妥協をせざるを得ない場合もあろう。そのような場合，組織内弁護士としては問題を認識していながら，少なくともその時点においては問題状況の存在を甘受せざるを得ないという状況に置かれる。

III　「独立性に対する脅威」の相対化の可能性

　前述のとおり，組織内弁護士には，その独立性を脅かす要素が種々存在することを認識したとしても，それらは，組織内弁護士の価値を絶対的に脆弱ならしめるほどのものなのであろうか。特に外部弁護士との対比において，検討する。

1．組織の指揮監督権

　法律上の指揮監督権を基礎として，その組織が設定した枠組みの中でしか行動できないという点は，確かに組織内弁護士特有のことであるようにみえる。

　しかしながら，次の諸点において，実際上には外部弁護士にも一定の範囲で同様の制約が認められるのであり，その意味で，絶対的なように見える外部弁護士の独立性も，程度問題であると考えられる。

　確かに，組織内弁護士は組織分掌・権限規程等，組織内の規律に拘束されている。これに対して，外部弁護士と依頼者たる組織との契約の相手方は，法律的には法人（あるいは団体たる）その組織そのものであって，そこに組織内部の規律の入り込む余地はない。

　しかし，現実の問題として，右のような法律関係であることを盾に，（組織内外の適

24）　組織内弁護士への期待なり責務の一つとして，単に「No」というだけではなく，「どのようにしたらそれが可能になるか」を検討することが多くの論者により指摘される。たとえば，*John J Creedon*, "Lawyer and Executive-The Role of General Counsel", 39 Bus Law 25 (1983-1984) at 27, Versey and Di Gulielmo op. cit. at 23, Rast, op. cit. at 813-815, Hershman op. cit at 1436, Klein, op. cit. at 851. 実際，問題を正面から受け止めつつ，「ブレーキを踏まずに」，「ハンドル操作で」切り抜け，法的問題を起こさずにビジネス目的を実現することができれば，組織内弁護士としては満足であるし，ビジネスからも感謝される。しかし，どこまでならブレーキを踏まずにハンドル操作で切り抜けられるのか，どこからはハンドル操作だけではカーブを曲がりきれずに崖から落ちるのか，その一線がどこにあるのかを客観的に知る方法はない。

当な紹介ないし手続を踏むことなしに）外部弁護士が代表者に面会を求めたら，常識を
疑われるであろう[25]。当然のことながら，どの組織にも弁護士やその他の外部アドバイ
ザーに依頼する場合，その決定および窓口・担当に関してのルールがある。これを無視
して任意の組織内の者に接触したり，ものを述べたりしようとしても，組織のほうで相
手にしないし，立派な解任の理由になるであろう。

　結局のところ，外部弁護士であったとしても，その活動は，あくまで依頼者たる組織
の内部規律の下でしか，行い得ないのである。

　しかも，外部弁護士は理由もない一片の解任通知で容易にかつ完全に合法的に解任さ
れ得る[26]。この点でいえば，組織内弁護士の場合，雇用形態であって，曲がりなりにも
労働諸法の適用を受け，不当な扱いは不当配転・不当解雇等として争う余地がある[27]
（むしろ，追求すべき方向性は，組織内弁護士（あるいはより広く企業内法務部）の活
動に対する不当な干渉，そしてそれを基礎とする不利益な取扱いは労働法上の問題を生
じさせるという理論を構築すること，そしてその中で何が「不当な」干渉にあたるの
か，具体的な判断基準についての分析を積み重ねていくことであると考える。これは決
して非現実的とは思われない。たとえば生産現場において，ある製品の安全性の問題を
指摘した者に沈黙を命じたり，指摘したことを理由として不利益な扱いをすれば，労働
法上も問題とされる。それと同根である。）。

　外部弁護士も組織の規律の中でしか行動し得ないという一つの例として，弁護士職務
基本規程 51 条で想定する状況を考えてみる。同条は，組織内弁護士に対して，法的な
問題が生じた場合に組織上層部への報告を義務づけた規程であるが，その趣旨は組織内
弁護士が組織に縛られ，その独立性が脅かされる状況にあり得ることを考慮し，組織内
弁護士に対して独立性をもって行動することを義務づけたもの，と考えられている[28]。
この論理を逆に考えれば，外部弁護士は「独立性がある」ゆえに，そのような義務づけ

---

25)　もっとも，弁護士会内ではそうでもないかもしれない。旧聞に属するが，企業
　　内弁護士となることが許可制だった時代，某東証一部上場企業に入社すべく，某
　　弁護士会に許可申請をしたところ，その弁護士会は，日時を指定した上で，「その
　　企業の代表取締役をともなって面接に来ること」という指示をしたことがあった
　　という。

26)　解任が依頼者側のかつ不当な理由（たとえば，依頼者が不当ないし違法な訴訟
　　追行を要求したのに対して，外部弁護士がこれを拒絶した）に基づくものであっ
　　てとしても解任そのものは有効であろう。報酬支払請求や損害賠償請求の問題は
　　残るとしても，たとえば特定の訴訟に代理人としてとどまる権利はないであろう。

27)　*Veasey and Di. Guglielmo*, op. cit. at 11.

28)　解説「弁護士業務基本規程」自正 2005 年臨時増刊号 56 巻 6 号 86 頁。

400　資　　　料

がなくとも，担当者の問題行動を依頼者である組織の任意の適切な部署に報告できるし，必要があればそうしている，ということになる。しかし，そのような現実が存在しているとは到底いえないのではないか[29]。

　第2に，法律事務所内部での問題がある。法律事務所において，複数の弁護士が同一案件に従事する場合，その中で意見の一致をみなかった場合には，何らかの方法で依頼者には一つの意見のみを示すのが当然である。まさか，そこで決まった法律事務所としての意見に反対だからといって，弁護士が自分も直接依頼者から委任を受けているとして，依頼者に対して少数意見の提示をする権利はないであろう（そんなことをすれば，依頼者から相手にされなくなる。）。一つの訴訟を共同受任している場合も同様である。その意味では，外部弁護士も，法律事務所に在籍する限りは，「法律事務所」という組織体としての枠組みの中で行動することが必要になり，自分の意見を「独立」して常に提示できるわけではない。

　第3に，指揮監督権の枠をはめられているといっても，その命題それ自体としては，組織が組織内弁護士の行動を規律することが「可能である」，というに過ぎない。その規律の内容は別の問題である。

　この点，法務部門の価値を評価する外資系企業では，法務部門に強力な権限と独立性を与えているものが多い。その長はジェネラル・カウンセル（General Counsel）と呼ばれ，字義どおり，弁護士であることが当然の前提である。ジェネラル・カウンセルはほとんどの場合CEO（最高経営責任者）あるいはCOO（最高執行責任者）などの直属である（もっとも，外資系企業の海外拠点においては，必ずしもその国の資格者でなく，当該企業の母国の資格者であることもままみられる。特に，日本の場合には，供給が限られていたこともあり，日本法人の法務部門長が日本の弁護士でないことも多い）。

　「独立性」という文脈の中でみてみると，ジェネラル・カウンセルは，新採用から順次昇進してくるということはなく，法律事務所や他の企業・行政機関等で有力と目される者が直接ジェネラル・カウンセルとして採用されるか，あるいはシニアなポジションに採用され，そこから昇進することが多い[30]。

---

29)　この点，個人的な狭い体験であるが，「依頼者である自分の担当者に問題行動があると察知したとき，その上司，さらには社長（これらの人々に面識がないと仮定して）に報告できるか，あるいはするか」という形でさまざまな外部弁護士に質問を投げかけているが，これまでのところ，これを行うと回答した弁護士は皆無である（ちなみに，注3）で述べたとおり，ABAのルールでは組織内弁護士と外部弁護士とを区別していない）。

30)　もっとも，米国においては，これは組織内弁護士の独立性確保を「目的」としたものとはいえない。転職を繰り返しながらよりシニアなポジションに上ってい

また，法務部門それ自体が基本的に弁護士をもって構成されている。それらの組織内弁護士も，法律事務所からの転職組が多く，ロースクールからの新卒採用は少なくとも普通の形態ではない[31]。言い換えれば，そのキャリアのアイデンティティを，その特定組織の構成員であるという以前に，「弁護士であること」に求めるという契機がある。それらの者がそれぞれ弁護士としての弁護士倫理などの職務上の規律（原資格国／法域により多少の相違はあるかもしれないが）に拘束されることにより，法務部門全体として，弁護士としての職務規律にしたがった行動が取られるという構図になる[32]。不正行為を発見した場合の報告義務の問題でいえば，発見したのが下級の組織内弁護士としても，その発見を報告するべき上司が弁護士であり，その弁護士としての規律にしたがって，順々に法務部門内のヒエラルキーを遡ってジェネラル・カウンセルまで到達し，そこで企業の最高幹部に伝えられるということで，弁護士の倫理と法務部門という組織上の機能が整合する仕組みになっている[33]。弁護士としての職務規律にしたがわなければ弁護士としての懲戒を受けることになり，最悪，職業人としての生命に危機が生じることになる。これはある意味組織を解雇されるよりも深刻である。

さらに，外資系企業の多くで取り入れられている組織原理として，「マトリックス（matrix）」と呼ばれるものがある。これは，日本子会社の法務部門員が日本法人の社長の指揮命令下にあるばかりでなく，これを独立・平行して，本社の法務部門とも指揮系統を持つということである。これにより，ビジネス部門に対する法務部門の独立性を高め，牽制機能を実効あらしめるのである[34]。

　　くというのが，キャリア形成のむしろ通常の習慣だからである。

31)　*Gunz and Gunz*, op. cit. at 126. 組織内弁護士の世界的な団体である Association of Corporate Counsel の機関誌などを見ても，キャリアへの言及の場合など，ほとんどの場合，外部弁護士の経験のあることを念頭において記述がなされている。なお，企業内弁護士は外部弁護士経験者から採用するべきであると積極的に主張するものとして，*Ronald P. Klein*, "The Corporate Law Department Lawyer as an Employee", 34 Bus Law 845 (1979) at 848.

32)　*Gunz and Gunz*, ibid.

33)　*Duggin*, op. cit. at 1031–1033 参照。この点，日本においては，法務部長あるいは法務部における上司が弁護士でない場合が多い。その場合，上司は同様の規律に服しているという保証はなく，組織内弁護士が職務基本規定 51 条に基づいて問題点を報告しようとしても，上司においてかかる報告を受ける義務を負担していないわけである。

34)　これは法務部門独特のものではなく，財務，人事，リスク管理等の法務部門以外の組織も同時にその機能ごとのマトリックスを採用している場合がほとんどで

402 資　　料

　また，各種契約やプロジェクト，商品開発などの意思決定について，法務部門の担当者の承認が必要であることは外資系のみならず日系企業でもままみられることである[35]。

　このように，抽象的に組織内弁護士が組織の指揮監督下にあるといっても，その指揮監督権の一環として，組織内弁護士なり法務部門に独立性を付与する建付けは可能であるし，その実例も少なくはないのである[36]。

　さて，どのように組織を作ったとしても，上司が部下に対する指揮命令権を有している以上は，上司が組織内弁護士の意見を採用しない，さらには，特定の意見を述べるように指示することはあり得ることである。前記のような独立性をもった強力な法務部門を組織したとしても，法務部門の内部にあってはそのようなことが起きる。

　第5の論点は，このような場合，弁護士の「独立性」が侵されたといえるのか，特に，それは外部弁護士と比べてどのように評価するべきかという問題である。

　この図式を外部弁護士と依頼者の構図に当てはめるとき，外部弁護士のアドバイスに依頼者がしたがわない，という構図と，「独立性」というコンテクストの中で，どこまで本質的な相違があるのであろうか。

　「独立性」をもって「弁護士の意見にしたがうこと」とまでいってしまうのであれば，組織体としては受け入れられないし，それは正当なことである，と述べた。しかし，外部弁護士であっても，そのような権利を持っているわけではない。確かに，外部弁護士に対して特定のアドバイスをするよう，依頼者が指示をすることはできないかもしれない[37]。しかしながら，依頼者が外部弁護士のアドバイスにしたがわないことは法的には

　　ある。しかしその目的が機能ごとの独立性を高め，牽制機能を発揮させようとするものであることには異ならない。

35)　「意思決定」という語感が強いのかもしれないが，筆者がこのようにいうとき，高次の「経営判断」と呼ばれるような重要なもの，大きなものだけを指しているわけではない。「拒否権」というような決定的なものだけを指しているわけでもない。その組織の規程上，あるいは運用上，ある事項について法務部の判断が必要とされるとき（それが短い1ページの契約書だったとしても），それも立派な意思決定への参加である。

36)　この点に関連し，Gunz and Gunz は，組織内弁護士の独立性への懸念を軽減する手段として，組織の規程において，組織内弁護士への期待される役割と権限及びその責任，特にプロフェッショナルとしての責任について明確に規定し，その評価にあたってもその基準を適用することを推奨する。*Gunz and Gunz*, op. cit. at 138. 筆者も同感である。

37)　まともな弁護士であれば，自分の意に反してそのような指示を受けることはない。しかし，敢えてさらに追求すれば，これもまた事実上の問題に過ぎない。一

完全な自由である。また，ある外部弁護士がその組織（多くの場合，正確にいえば組織内の担当者）の意向にしたがったアドバイスをしない場合に，他の外部弁護士に「セカンド・オピニオン」を求めること（実際には自分の気に入る意見を出してくれる弁護士を探すこと）も，まったく依頼者の権利に属する[38]。

このような場合に，外部弁護士は「独立」していると論じるとき，そこでいう「独立性」とは，どのような意義をもっているのであろうか。少なくとも，その組織に影響を与えることができないという意味では，その差は所詮は程度問題なのではないだろうか。

このように考えると，問題を雇用か委任か，あるいは組織内か組織外かといった抽象的，一般的な形式論で捉えようとすること，つまり，およそ組織内弁護士は独立性があるとかないとかという議論はあまり意味のあることではないということになる。問題は，実質的にその組織が弁護士の活動をコントロールしようとしているか，という実態論であるべきである。その意味においては，問題は組織内弁護士に限らず，外部弁護士に対しても同様に考察されなければならない問題である。さらには，この議論は「独立性」があるかないかという二者択一の議論ではなく，程度問題を含んだ議論ということ

定の見解を出すことを依頼者が求めたとき，その弁護士がそれにしたがわないということが制度的あるいは法的に保障されているわけでもなければ，事実問題としても，そのようなことは100%起こり得ないとは誰も断言できまい。「少なからずの法律事務所が，疑問のある取引をサポートしたり，『過度に保守的な』社内弁護士を回避しようとする（ビジネス側の）試みを助けたりするために過度に思い切った（overly aggressive）意見を提供してきた」。*Duggin,* op. cit. at 1035.

38) 組織内弁護士の「従属性を」問題視する議論として，外部弁護士が委任契約の下で業務を行い，「プロフェッションとしての裁量の範囲もかなり幅広く認められるし，（中略）弁護士としてはその中でいかに依頼者を説得しているかということを常に考えて行動する」という指摘がある。森山文昭「弁護士制度改革と弁護士像―新しい人権モデルの提唱」日本弁護士連合会　弁護士業務改革委員会21世紀の弁護士像プロジェクトチーム編『いま弁護士は，そして明日は？』（エディックス，2004年）247頁。しかし，これは「雇用―従属」vs「委任―裁量」という極めて図式的な「論理」（それ自体妥当とは思われないが）を無媒介に「現実」と置き換えたものしかない。また，考えなければならないのは「依頼者を説得しようとしているか」という弁護士側の主観の問題ではなく，依頼者が説得されるかという結論の問題である。さらにいえば，論者の趣旨が組織内弁護士の場合は（組織）を説得するかを常に考えて行動「していない」ということにあるのだとすれば，それは多数の組織内弁護士の努力を顧みない，あまりに乱暴で一方的な独断という他はない。

になる。

2.「辞任カード」

これまた，外部弁護士との関係においては，相対的な問題でしかない。

確かに，組織内弁護士に比較すれば，外部弁護士の concentration risk は相対的に低いであろう。しかし，依頼者との関係を弁護士側から切り離すのもまた現実的にはそう容易なことではない[39]。

また，法律事務所間の転職あるいは独立も現実はそう容易ではない場合もある。特にタイミングのコントロールは難しいであろう。これを組織内弁護士の転職の難易と比較すること自体なかなか容易なことではない。結局は個別の弁護士ごとの事情ということになってしまう。

他方では，組織内弁護士の場合，専門資格──それも独立開業が現実的にあり得る資格である──を有している分，組織内の他の従業員に比べれば，組織内弁護士ははるかに転職は容易であり，その意味で，組織内においては辞任カードを切りやすい立場にいるといえるのである。

視点を変えて，組織の側からの視点で見てみると，前述のとおり，解雇は容易でないのに対し，組織内弁護士への依頼を打ち切ることは，これと比較してはるかに容易である。

3．業務の性質論として

Ⅱでは「独立性」を脅かすものという視点で整理するという姿勢から，組織の意思決定過程の中に組み込まれているということ，その帰結として，その意思決定の結果に対する責任が生じるということで，その業務が組織から「独立」していると観念できなくなるという見方をした。

しかし，これは鏡の片面である。組織の意思決定に参加し，さらに承認権や拒否権を持つということは，その権限の行使が直接的に組織の意思決定，行動への影響力を持つことができる，言い換えれば，他に頼らないという意味での「独立性」を有しているという見方も十分可能である。

結局，組織論の観点からしても，組織内弁護士の「独立性」の存否・程度について，

---

39) しばしば法律事務所においては，その事務所の維持のために極めて重要な「カギ」となる依頼者を，その収入の多くを単一か少数の依頼者から得ているのが現実であると指摘される。*Klein,* op. cit. at 845. *Veasey and Di Guliemo,* op. cit. at 12 Note 29. また，ABA (2003), "Report of American Bar Association Task Force on Corporate responsibility, http://www.abanet.org/buslaw/coporateresponsibility/final_report.pdf at 15

明確な結論を出すことはできないということになる。

4．実際上のインパクト

事実上，あるいは実態上の問題として，組織内弁護士が「独立性」を発揮できているという問題は，事柄の性質上，個別事情による。

会社規程上の指揮監督権限を行使しないまでも（実際は行使することによって，自分の責任を明確にしないために），事実上の問題として，上司や同僚が組織内弁護士に圧力をかけ，その意見に干渉したり，さらには沈黙を強要したりすることもある。

また，前項で検討したように，結果に対する責任が，自覚的に，あるいは非自覚的に弁護士の判断作用に影響を及ぼすことも当然あり得ることである。

しかしながら，外部弁護士にとっても，大なり小なりこれらの圧力や影響があることは否定できない。その意味で，これも程度問題である[40]。

一方で，上司や同僚が圧力をかけ得るとしても，非専門家が専門家に対してそのようなことをするのはそれほど容易ではない。能力的な問題もさることながら，「専門家に異を唱えた結果，あるいはこれを沈黙させた結果，失敗した」という批判がされる可能性を覚悟しなければならない。これは保身上のリスクをとることになる。それが取締役であれば，代表訴訟リスクにも発展しかねない。

事実上の問題であるというならば，結局は当該組織体が組織内，外部を問わず，弁護士に対してどのような地位・権限・責任を与え，これを組織化していくか，その中身の問題が決定的である。外資系企業でみられる試みについては前述した。これは観念的には，当該組織体の枠の中で決まってくるものであり，いわば「鳥かごの中の自由」かもしれない。しかし，一旦組み上げた組織は，往々にしてそれ自体として一人歩きをし，むしろ個別の構成員の意識をも拘束し得るのであるから，過小評価すべきではない。

IV　独立性に対する脅威をのりこえる（override）もの

IIでは，弁護士の「独立性」に対する脅威となる要素を検討した。これに対してIIIでは，これらを相対化し，IIでみた脅威は決定的とはいえないのではないかという議論を試みた。

しかし，いくら相対化したとしても，脅威がゼロになるわけではない。そこで，これらの脅威が存在するとしたとしても，そのリスクを取るに足るだけのものが脅威の外に

40）　アソシエイトが意見を述べるにあたり，法律事務所内でどのように受け取られるか気にしがちであることを指摘するコメントとして，*Duggin*, op. cit. at 1039.

存在し得るかを検討する必要がある。

筆者は，次の諸点において，組織内弁護士は外部弁護士で代替できない価値を提供すると考えている。以下検討する。

1．組織内弁護士は生の情報に触れる

企業内弁護士は，その執務時間のすべてを当該企業のために，その企業の事業所内において過ごしている。このような執務形態は，外部弁護士が一人の依頼者（たとえそれが重要な顧問先であっても）に対して行うことは不可能である。このことからしても，企業内弁護士が社外弁護士に比して，事実関係についての情報が豊富であることは論を俟たない[41]。

これは情報の「量」ばかりの問題にとどまらない。その「質」においてもしかりである。社外弁護士がその依頼者から提供される情報・資料は，事柄の性質上，社内の者の手で収集され，整理されて提供される。社外弁護士が自ら探索的に調査を行うことは例外的な場合[42]を除けば行われない。その意味で，外部弁護士の資料収集は受動的である。

これに対して，企業内弁護士の扱うものは，第一次的情報とでも呼ぶべきものである。日常の業務を通して，企業内弁護士は社内の意思決定や業務プロセス（公式なものばかりでなく非公式なものも含めて）[43]さらには，ビジネス部門の担当者の能力，性格等を知悉する機会が多い。したがって，どこにどのような情報・資料があるか，あるいは誰に何を聞けば何がわかるかを自ら判断し，積極的かつ能動的に情報・資料の収集にあたることが可能である。また，企業法務部は会社の正式な職制・職務権限として，あるいは実務・運用として，当該部門に資料の提供を請求する権限を有している場合も多く，いわば「強制力」をもって，事実の収集にあたることが可能になるのである。

また，現実の事案処理において決定的なことは，法律解釈それ自体というよりも，事実関係であることが多い。どんな徹底した法律・判例調査をしても，どのように精緻な議論を構成できたとしても，その前提となる事実関係に誤りがあれば，実際の役には立たないものとなる。しかし，一方で，どのような事実が法的に意味のあるものか，どのような資料が事実の確定及び判断のために必要かという判断それ自体が法的理解なくしてはできないことである。現実の問題として，意図的であるか否かは別として，往々に

---

41) *Veasey and Di Guglielmo,* op. cit. at 22.

42) たとえば，企業の不祥事を受けて外部弁護士も参加した第三者による調査委員会を設ける場合などは，能動的，探索的な調査を行うこともあろう。

43) 「非公式な情報」（"back channel information"）を入手する機会があることの重要性を指摘するものとして，*Versey and Di Guglielmo,* op. cit. at 24, *Duggin* op. cit. at 1018.

して依頼者（あるいは担当者）にとって都合のいい事実のみが外部弁護士に提供されるということもままみられることである。ここに，法律専門家たる弁護士が企業内で執務し，前記のような意味で生の情報に触れることの意味があり，これは外部弁護士では代替不可能なのである[44]。

これらを通して，組織内弁護士は，その所属する組織における問題点を早期に発見することが可能である[45]。

2．組織内意思決定に対する関与

本稿でも何度か触れてきたことであるが，組織内弁護士が組織内において何らかの形で組織内の意思決定に関与するとき，その企業内弁護士はその組織の行動に直接的な影響力を与えていることになる。組織の作り方により，あるいはその組織内弁護士のポジションにより，その影響力にはさまざまな程度の差はあろう。しかし，これは外部弁護士の業務がどこまでいっても「アドバイス」であるのとは質的な相違である。もちろん，組織内弁護士の組織内での地位が上がれば上がるほど，権限は大きくなり，その影響力も，影響を及ぼすことのできることがらの重要性も大きくなってくる。組織の行動に直接影響を持ち得る立場にあること，すなわち，組織を正しい方向に導くにあたり直接的な力を持つことは独立性についてのリスクを取るだけの重要な意味を持つものである[46],[47],[48]。

---

44) *Duggin,* ibid at 1034.

45) かかる特色を，むしろ組織内弁護士に対する期待ないし責任として論じるものとして，*L. Edmund Rast* "What the Chief Executive Looks for His Corporate Law Department", 33 Bus. Law 811 (1977-1978) at 814. また，*Versey and Di Gulielmo,* op. cit. at 24.

46) *Duggin* op. cit. at 1023. なお，「エンロン以前でさえ，企業のゼネラル・カウンセルの直接的なアドバイスがされた場合，それに反して（ビジネスを）進める決定をすることは普通のことではないとされていた」ibid. at 1004. また，「その影響力を［行使してきた（exert）］あるいはかかる潜在的な力を持つがゆえに（現在，組織を取り巻いている），倫理の新しい状況の中で，組織に指針を与えていく責任の主要な部分をゼネラル・カウンセルに負担させるというのは合理的なことである。（米国）議会も，SEC も，（やや明快さを欠くが）弁護士社会それ自体も（ゼネラル・カウンセル）がかかる任務を達成できるということに対して，大きな信頼を置いている」ibid. at 1033 and 1038 なお，*E. Normay Veasey,* "Separate and Continuing Counsel for Indepndent Directors : An Idea Whose Time Has Not Come as a General Practice", 59 Bus. Law 1413 (2004) at 1415-1415, 1418.

408 資　　料

　なお，このことがいわば「諸刃の剣」であることは前述した[49]。権限が大きくなれば
なるほど，関与する事項が組織にとって重要であればあるほど，その結果に対する責任
も重くなる。また，そのような事項であれば，単なる法的判断だけでは済まず，法的判
断以外の要素も必然的に考慮しなければならない。それらの相乗作用により，バイアス
が働いたり，誤った判断につながったりするリスクも高くなる。

　このことから，このような機能はもともと弁護士の果たすべきものではなく，そのよ
うに「当事者」に近い立場に自分を置くことは判断を誤るものであって，避けるべきで
あるという考え方もあるかもしれない。

　これについては，次のように反論をしたい。本当に大切なことは，組織が法的に正し
い行動を取るかどうかという「結果」であり，弁護士が正しいアドバイスをするという
ことそれ自体ではない，と。

　もちろん，正しいアドバイスをするのは不可欠である。しかし，それだけで満足して
しまったのでは本質的な意義があるとは思われない。「手術は成功した。しかし，患者
は死んだ」というのは失敗を意味するように，「自分は正しいアドバイスをした。しか
し，依頼者はそれを聞かなかった。意見が対立した結果，自分は辞任した。依頼者は深
刻な法的責任を負うことになった」というのは決して満足するべき結果ではない。

　同じ文脈の中で，「この問題にはさまざまな見解があります。その説明はします。し
かし，決めるのはあなた（依頼者）です」ということもこの意味では不十分である。結
局は誰かが決めなければならない。組織内弁護士は判断を拒否することはできない。あ
るいは，弁護士はあくまで正確な専門的意見を述べる立場であって，法的見解を示せな
い場合には，そのとおりに回答するほかないという考え方もあるかもしれない。しか
し，それでは，専門家である弁護士ですら明確な解答を与えることができないほど難し
い問題について，専門家が解答できないというまさにそのことゆえに，判断を非専門家
であるビジネスマンに委ねることになる。これでは背理ではあるまいか。ましてそれが
結果に対して責任を負うべきではない，という考えから来るとすれば，自らは手を汚さ

---

47)　一方，組織内弁護士に対してかかる期待を置くという考え方にかなり慎重なも
　　のとして，*Ganz and Gunz,* op. cit. at 139.

48)　また，組織が正しい方向に動いていることに直接的に寄与していると感じるこ
　　とができることこそが，組織内弁護士であることの喜びであり，やりがいである。
　　1980 年代以降に米国において企業内弁護士が急激な発展を見た要因の一つとし
　　て，企業内弁護士が企業行動に対して影響力を持つようになっていったことによ
　　り，その地位が弁護士にとって魅力のあるものになっていったことが指摘される。
　　Duggin, op. cit at 999.

49)　前述 397 頁。

組織内弁護士と弁護士の「独立性」　*409*

ず，責任を取ろうとしないと批判されても仕方がないであろう[50]。

　（なお，これらのことは，外部弁護士の価値を高めこそすれ，低めるものではない。これまで議論してきた独立性に対する脅威から自由で，客観的なアドバイスを行う外部弁護士の存在は極めて貴重である[51]。しかし，さまざまな制約がありながらも，それが適切に機能するとき，組織内弁護士は重要な役割を担うことができると主張しているに過ぎない。）

Ⅴ　ま　と　め

　組織内弁護士の独立性について，これまで色々な角度から検討を試みた。その独立性に対してはさまざまな「脅威」があること，しかし，それは絶対的ではないこと，そして，その脅威を認めたうえでなお，組織内弁護士には価値があることを検討した。

　なお，巷間，組織は結局のところ「その組織のいうとおりになる弁護士が欲しい」がゆえに，弁護士を自ら採用しようとしている，といわれることがある[52]。組織内弁護士の「独立性」という議論も，最終的にはそのような懸念からなされるものであろう。

　本音をいってしまえば，実はそのような懸念は筆者も共有している。特に今後弁護士の大量増員という事象の中，弁護士を採用する企業が増えれば，必ずしも見識のない企業が横並びで弁護士を採用することになったとき，このような問題も顕在化するかもしれない。また，弁護士側においても，プロフェッショナルとしてのアイデンティティーを確立しないままに安易に組織に就職してしまうという状況も起こり得る。

　しかし，これに対して，組織に対して，組織内弁護士に「独立性」を与えろと抽象的に要求することでは意味がない。これまで検討したように，組織としては，その構成員に対する指揮監督権を一般的に手放すことは不可能である。だからといって，組織内弁護士を認めるべきでないという主張もあり得ない。組織内弁護士には，固有の価値があ

50）　Gunz and Gunz, op. cit. at 135.

51）　本稿で検討したさまざまな懸念を克服するための一つの方策として，「外なる同僚」として，外部弁護士と緊密な関係を作り上げることが有益であると論じられることがある。*George M. Szbad and Daniel Gersen*, "Inside vs. Outside Counsel", 28 Bus Law 235 (1972) at 246.

52）　筆者の個人的な体験であるが，ある法科大学院で行われた研究会に参加した際，出席していたある弁護士（法律事務所勤務）から，「どうせ企業は自分のいいなりになる弁護士が欲しいのでしょう」と面と向かっていわれて鼻白んだことがある。これが弁護士雇用を考える組織体及び組織内弁護士を志す人々の一般的な認識ではないことを祈るばかりである。

410 資 料

る。さらには，「独立性」自体，多義的であり，何をもって「独立」というのか，外部
弁護士との比較でどうなるのか，概念をもてあそんでも対応はできない。したがって，
たとえば法律や弁護士会の規則をもって組織内弁護士の「独立性」に対して抽象的に規
律を設けることはおそらく現実的な方策とはいえない。

むしろ，その組織がその組織構築・運営上の権限行使の問題として，自組織内の組織
内弁護士をどのように扱うか，どのような組織を作り，どのような弁護士を採用し，こ
れにどのような権限と責任を持たせ，そして，何を期待するか，という具体的な取組が
必要である[53]。外資系企業の試みについては，本稿でも若干検討をした。

ここで，その組織が組織内弁護士をどのようにみるのか，その「見識」が問われるこ
とになる。「その組織のいうとおりになる弁護士が欲しい」といった見方は論外である。

組織として考えなければならないのは，今や法の遵守を無視していては組織の存続が
できないことである。エンロン事件のような米国の事件を引き合いに出すまでもなく，
我が国においても，一連の食品を巡る不祥事，そして NOVA の破綻と，違法行為がそ
の企業の退場に即座に結びつくようになってきた。

このコンテクストの中で考えるとき，「自分のいうとおりになる弁護士」などという
ことでは意味がないことを組織は理解するべきである。違法，合法の決定において，組
織内弁護士には何の権限もない。黒を白に変える力があるわけではないのである。たと
え経営陣の圧力に負けて，あるいはバイアスがかかった結果，間違った「意見」を組織
に伝えてそのとおりに組織が動いたとして，あとで問題になったときに，そのとき組織
内弁護士が何を言ったかということは，何の意味も持たないのである[54]。

結局のところ，あくまで客観的に，正しい判断ができる弁護士こそが，その組織の生
存に貢献するのであり，そのために，十分な力量をもった者を採用し，これに不当な誘
引や圧力がかからないようにする仕組みを作ることは，誰のためでもなく，その組織自
身のためなのである。

---

53) 「(SEC や ABA の) ルールがその意図された目的を実現できるかは，外部機関
によるそのルールの執行だけではなく，法律プロフェッション (legal profession)
たちとその勤務する組織がこれをいかに自分のうちに取り込んでいるか
(internalization) にかかっている。*Duggin*, op. cit. at 1032.

54) Duggin は組織内弁護士が組織と緊密になる危険を指摘する注 23) 参照。一方
で，「サーベンス・オクスレー法制定以後の艦橋会において，ビジネス経営者たち
は率直なリーガル・アドバイスを受けることの重要さを認識している」と指摘す
る。*Duggin*, op. cit. at 1004.

企業内弁護士と法律事務所の弁護士

本　間　正　浩

Ⅰ　は じ め に

　本書（原書『企業内弁護士』）の最大の目的は，読者に企業内弁護士についての理解を深めていただくことにあり，企業内弁護士の具体的な業務についての説明にページの過半を費やしている。ここでは，具体的な業務内容というよりも，業務の「性質」に焦点を当て，特に法律事務所で勤務する外部弁護士との比較において，その特色を浮き彫りにすることを目的とする[1]。

　日弁連のアンケートの結果において，企業内弁護士の採用を躊躇する理由として最多のものは，「顧問弁護士その他の外部の弁護士で間に合う」というものであった[2]。このような回答は，企業内弁護士の業務は外部弁護士のそれと同性質のものと捉える理解が根底にあると考えられる。しかし，企業内弁護士の業務は，（少なくともその理念型においては）外部弁護士のそれとその質において大きく異なる面がある。そこに，外部弁護士では担い得ない，独自の意義がある[3][4]。

---

1)　「企業内弁護士」，「外部弁護士」の用語法については，日本弁護士連合会　弁護士業務改革委員会編『企業内弁護士』㈱商事法務（2009 年）はじめに 2 頁注 1)。

2)　前掲注 1)，第 2 部第 5 章 197 頁。

3)　なお，業務遂行面から見た企業内弁護士と外部弁護士との関係について，前掲注 1)，第 1 部第 9 章 131 頁。

4)　本稿で議論することは，かなりの程度「企業内弁護士」固有業務というよりも，より一般的に「法務部」の業務として論じるべき内容を含んでいる。しかし，ここでは企業内弁護士と外部の弁護士の対比という視点で見ているので，このような論じ方になっている。論理としては，「法務部」のあるべき機能としての議論を踏まえた上で，翻って，そのような機能を果たすのに，弁護士であることがどのような意味づけ，付加価値を持つのか，あるいは，外部弁護士ではなく，企業内弁護士として必要な資質はどのようなものであるか，という議論に進むのかもし

412 資　　　料

II　企業内弁護士の業務の特徴

　企業内弁護士の業務の特徴としてはさまざまに議論されているが[5]，その主要なものとして，次のようなものが考えられる[6]。

①　企業内弁護士は検討の対象となる事実関係につき，外部弁護士よりも広く深い理解を有している。しかし，一方で，企業内弁護士は，外部弁護士のように，「前提となる事実」を限定してかかることはできない。

②　外部弁護士の業務は多くの場合，固定された一つの案件につき「法律的アドバイス」を提供することである。これに対して，企業内弁護士の活動は当該企業のビジネス活動[7]の一環であり，ビジネス活動の中に組み込まれている。もちろん，それは法という，ある意味ビジネスの外にある規範に立脚するという意味でビジネス活動と完全には同化しているものではなく，そこには牽制関係も存在することも否定できない。それでも，良かれ悪しかれ，当該企業の当該ビジネス活動へのどのような具体的な影響をもたらすかという視点から逃れることができない。

③　外部弁護士の意見は基本的に「アドバイス」であって，それが依頼者である企業の担当者により受け入れられてはじめて企業の具体的な意思決定に結びつけられるのに対

　　れない。しかし，プロジェクト・チームでも，そのあたりの論理関係の整理はまだできていない。なお，法務部と企業内弁護士との関係の諸問題として，前掲注1），第3部第4章310頁。

5)　たとえば，*John Co. Subak*, "Special Problems of Inside Counsel", 33 Bus.Law. 1433 (1977-1978) ; *Mendes, Hershman*, "Special Problems of Inside Counsel for Fiancial Institutions", 33 Bus.Law. 1435 および Forrow, Brian D., "Special Problems of Inside Counsel for Industrial Companies", 33 Bus.Law. 1453, *George M. Szabad, and Daniel, Gerson*, "Inside vs. Outside Counsel", 28 Bus. Law. 235 (1972-1973) ならびに *Marc I, Steinberg*, "The Role of Inside Counsel in the 1990s : A View from Outside", 49 S. M. U. L. Rev. 483 (1995-1996) など。いずれもかなり古いものであるが，企業内弁護士の特質を平易にまとめており，筆者やプロジェクトチームメンバーの体験や見聞からしても違和感はない。むしろ，こういう議論がアメリカでは30年まえから行われていたことに思いをいたすべきであろう。

6)　Subak, op. cit. at 1433 をもとに筆者なりに敷衍した。

7)　なお，ここで「ビジネス活動」の語は，狭い意味での「法的問題解決」と対比させる意味で，企業の行う活動を広く指すものとして便宜的に使用している。なお，本書でいう「企業」の意味につき，はじめに9頁。

して，企業内弁護士の「意見」が企業の意思決定にもたらす影響はより直接的である。それはしばしば単なる「意見」ではなく，社内ルール・運用上，あるいは事実上「決定」でありうる。

④　以上のように，企業内弁護士の活動は外部弁護士以上に幅広く，深い事項を掌握することを要求されているにもかかわらず，その活動には常に「時間」という決定的な制約が付きまとう。

　以下，それぞれについて考察を加えるが，それにより，以上の四つの特徴が実は相互に関連しあっていることが理解されるであろう。なお，本稿では便宜上，上記①，②，④の順に考察し，最後に③について検討する。

III　検討の対象となる事実関係が無限定であること

①　企業内弁護士は，その執務時間のすべてを当該企業のために，その企業の事業所内において過ごしている。このような執務形態は，外部弁護士が一人の依頼者（たとえそれが重要な顧問先であっても）に対して行うことは不可能である。このことからしても，企業内弁護士が外部弁護士に比して，事実関係についての情報が豊富であることは論を俟たない。

　これは情報の「量」ばかりの問題にとどまらない。その「質」においてもしかりである。外部弁護士がその依頼者から提供される情報・資料は，事柄の性質上，社内の者の手で収集され，整理されて提供される。外部弁護士が自ら探索的に調査を行うことは例外的な場合[8]を除けば行われない。その意味で，外部弁護士の資料収集は受動的である。

　これに対して，企業内弁護士の扱うものは，第一次的情報とでも呼ぶべきものである。日常の業務を通して，企業内弁護士は社内の意思決定や業務プロセス（公式なものばかりでなく非公式なものも含めて），さらには，ビジネス部門の担当者の能力，性格等を知悉する機会が多い。したがって，どこにどのような情報・資料があるか，あるいは誰に何を聞けば何がわかるかを自ら判断し，積極的かつ能動的に情報・資料の収集にあたることが可能である。また，企業法務部は会社の正式な職制・職務権限として，あるいは実務・運用として，該当部門に資料の提供を請求する権限を有している場合も多く，いわば「強制力」をもって，事実の収集にあたることが可能になるのである。これも外部弁護士にない特色である。

　現実の事案処理において決定的なことは，法律解をそれ自体というよりも，事実関係

---

8)　たとえば，企業の不祥事を受けて外部弁護士も参加した第三者による調査委員会を設ける場合などは，能動的，探索的な調査を行うこともあろう。

であることが多い。どんなに徹底した法律・判例調査をしても，どのように精緻な議論を構成できたとしても，その前提となる事実関係に誤りがあれば，実際の役にはたたないものとなる。しかし，一方で，どのような事実が法的に意味のあるものか，どのような資料が事実の確定および判断のために必要かという判断それ自体が法的理解なくしてはできないことである。現実の問題として，意図的であるか否かは別として，往々にして依頼者（あるいは担当者）にとって都合のいい事実のみが外部弁護士に提供されるということもまま見られることである。ここに，法律専門家たる弁護士が企業内で執務し，前記のような意味で生の情報に触れることの意味があり，これは外部弁護士では代替不可能なのである。

②　しかし，実は，企業内弁護士を外部弁護士と質的に異なるものたらしめる要素は，この後に来る。すなわち，上記のような事実調査が単に「可能」ということにとどまらず，かかる積極的・能動的事実調査が「可能」であることの帰結として，あるいは可能「たらしめられていること」の基礎にあるものとして，企業内弁護士はそのような積極的・能動的事実調査を「行わなければならない」という責務を課されるということである。法律専門家として，企業内弁護士は，どのような事実が法的に意味のあるものか，どのような資料が事実の確定および判断のために必要か，判断する能力が高いはずである。このことからすれば，企業が企業内弁護士に対して，ビジネス側から指摘される前に，あるいは気がつかないような問題について指摘することを期待することは自然である[9]。

　外部弁護士であれば，（依頼者に対して適切な質問を発し，アドバイスを行ったということを前提とするのはもちろんであるが，）最終的には依頼者が提供した情報・資料に依拠することが許される。その意味で，自ずから考察の範囲となる事実関係に「枠組み」が与えられている。

　これに対して，企業内弁護士にはかかる限定はない。どこまで，何をしなければならないかを自らの責任において判断する必要に迫られるのである。あるいは，特定の企業内弁護士において，そのような職責は課されていないということがありうるかもしれない。しかし，一旦法的問題が関連する事件が起きたとき，「知らなかった」「聞いていなかった」「質問したけれども答えてくれなかった」ために対応ができなかったと説明した場合，上司ないし経営陣が，その弁護士を法律専門家として機能したと評価するであろうか。

　その意味で，企業内弁護士の扱う事実に限定はないという命題が成り立つ[10]。

---

9)　*L. Edmund, Rast*, "What the Chief Executive Looks for in his Corporate law Department", 33 Bus.Law. 811 (1977-1978) at 814.

10)　Ibid.

これは，企業内弁護士の業務の本質的な特色であるが，これに続く議論の中で追って明らかになるように，同時に企業内弁護士をして，解決の極めて困難なジレンマを提供するものである。

IV　企業内弁護士の活動は具体的な企業の具体的なビジネス活動と切り離せない関係にあること

外部弁護士は，紛争や取引交渉など，特定の事項につき諮問を受け，これに法的アドバイスを与える。顧問関係などで長期的・継続的に特定の依頼者のために仕事をする場合であっても，個別の案件については，依頼者の依頼行為がないと着手しない。その意味でも，外部弁護士が対応するのは，依頼者の業務の「切り取られた一こま」あるいは「スナップショット」である。しかも，外部弁護士はそれに対して基本的に「法」という観点で対応する。

これに対して，企業内弁護士の場合，その業務は，ビジネス活動と切り離して考えることができない。これを噛み砕くとさらに次のことが指摘できる。

① 企業のビジネス活動の目的は——営利企業であれば営利活動であろうし，その他の企業であればその他その企業の設立目的ということになろうが——いずれにせよ，「法的に正しい答えを出すこと」を自己目的としているわけではない。したがって，いかなる法的意見であれ，最終的に当該企業における当該案件の対応と直接結びつかなければならない「（企業内弁護士は）『Yes-No』あるいは『青信号－赤信号』機能を果たすだけではなく，『どのようにすればそれができるのか』をデザインしなくてはならないのである。」[11]。

そして，企業内弁護士に対する評価もまた，その法的見解が正しかったか否かだけで評価されるわけではない。その見解に基づいて，企業にどのような影響を与えたか，その結果で評価されるのである。それが企業の意見を合法的に実現したことであれ，あるいは違法行為を犯すことを防ぐことであれ，企業に貢献する結果を出したかどうかが問題であり，その結果を出し続けることで経営者なり同僚から評価をされ，その信頼を勝ち得るのである。そのような日々のビジネス活動の中で企業に対して貢献に対する認識を勝ち取ってこそ，その法的アドバイス，特に「No」というアドバイスを企業の同僚が受け入れてくれるのである。

---

11) *John J, Creedon*, "Lawyer and Executive-The Role of the General Counsel", 39 BUS. LAW. 25 (1983-1984) at 27. なお，*Rast*, op. cit. at 813-815. また *Hershman*, op. cit. at 1436.

416 資　　料

　説明の便宜上，非常に単純化された例を作ってみる。たとえば，ある金融機関で，ある金融商品を開発するとする。まずは，その商品そのものの適法性が検討されなければならないが，それはクリアできたとする[12]。しかし，仮に商品自体の適法性はクリアできたとしても，その各種のファイナンス・リスクのゆえに，販売時に顧客に十分にリスクを理解させる手段をとらない限り，規制法令上，あるいは紛争予防の観点から販売は難しいということになることがしばしばである。

　ただ，抽象的に「リスクの周知」といっても，企業としては動けない。これを運用のレベルまで具体化する必要がある。販売員に対するトレーニングとか，販売資格制度とか，説明文書の交付とか，同意書の徴求，さらには，販売する顧客の範囲の制限も検討する必要があるかもしれない。加えて，それらのルールがきちんと守られているかどうか，モニタリングの仕組みを作る必要があるかもしれない。

　ここに企業内弁護士特有の活躍の場と責任がある。法律専門家ということがらの性質上，問題の性質を承知しており，適切な方向性を示すことが可能である。その一方で，社内の事情を知悉しているため，能動的・積極的に仕組みづくりに関与することが可能になるのである。たとえば，簡単にトレーニングをするといっても，その企業の組織や地理的広がり，あるいは従業員や管理職の能力・意識を含めて，その企業が現実にどのように動いているのか（あるいは動いていないのか）を知らずして，効果的なプログラムを構築するのは難しいであろう。

　さらに重要なのは，そのようにして組み立てられたプログラムが当該企業の現実の中で運用可能でなければならないということである。そして，企業の人的，物的資源，そしてなによりも時間は常に有限なものであり，その枠の中で現実的に可能なものでなければならない，これは企業の実態を内部から観察している者にして，はじめて可能になる。

　外部弁護士には，こうしてデザインされたものを評価することはできるであろうが，積極的に組み立てておくことは企業内弁護士に比して相当なハンディキャップがあるといえよう。

　ところで，以上のような期待に応えるためには，企業内弁護士のアドバイスは純粋に法律的なものではありえない[13]。もっとも，そのことは，企業内弁護士が純粋なビジネ

───────────────

12)　実際には，現在のように複雑な金融商品が日々開発されている状況にあっては，当該商品がどのような商品として法的に把握され，どのような規制を受けることになるかという問題は，そう簡単ではなく，むしろ，この点は常に重大な問題になり，ここにこそビジネスに精通した弁護士の腕の見せどころがあるのであるが，ここでは詳述しない。なお，『企業内弁護士』（原書）第1部第3章53頁参照。

13)　したがって，企業内弁護士はその所属する企業およびそのビジネスに対して深い知識と理解を持つことが要求される。

企業内弁護士と法律事務所の弁護士　*417*

ス判断をするべきということを意味するものではない。企業内弁護士の専門性は，最終的には法的判断を中核とし，そこに倫理やレピュテーションを考慮に入れたリスク判断にあるのであって，純粋なビジネス判断を行うことにはない。上記のことは，法的選択肢の考察の際に，ビジネス要素を判断材料にせざるを得ないことを意味するに過ぎない[14), 15)]。

　しかしながら，どこまでが法的考察であって，どこからがビジネス考察であるかにつき，抽象的に基準を設けて区別することは不可能である。複数の選択肢に対して法的判断を行い，リスクを指摘する，それに対して，どの選択肢を採用するかがビジネス判断という図式を一応は考えることができるであろう。もし，特定の問題について，選択肢が常にア・プリオリに与えられており，それぞれの法的分析において合法違法の判断が常に白黒で決まるのであれば，このような図式は当てはまりやすいであろう。しかし，現実には，そのような場合だけでなく，むしろ，多くの場合，選択肢も，その法的判断も，共に相対的なものである。

　前述の金融商品の例で考えてみる。非常に単純化された設定であるが，商品開発あるいはマーケティングの担当者が担当の企業内弁護士のところにやってきて，企画している商品の説明をするとする。前述のとおり，その商品のファイナンシャル・リスクは顧客にとって高いもので，通常の商品説明程度では法的あるいは紛争リスクが高すぎると判断される。ここまでが法的判断であることは明らかであろう。しかし，当該企業内弁護士がそこから先に踏み込んで，たとえば，前述の例のように「説明方法を工夫すれば」とか，あるいは「販売対象となる顧客を限定すれば」法的リスクを軽減できるかもしれないと示唆するとき，これは法的考察なのであろうか，ビジネス的考察なのであろうか。

　潜在的には選択肢は無数にある。上記二つの方法の他にもリスクを軽減する方法があるであろう。また，商品の説明方法について前述したように，商品説明なら商品説明で具体的には無数の選択肢があり得る。これらすべてを並列的に選択肢として判断の対象にするのは不可能である。現実的には，最終的な考察・分析・判断の前提として，いくつかの選択肢を粗選びする段階が必要である。言い換えれば，「選択肢」について最終判断をするといっても，その「選択肢」自体，ア・プリオリに与えられるものではない

---

14)　なお，後掲注26)参照。

15)　ただ，英米法においては，企業内弁護士のするアドバイスが法的アドバイスかビジネス・アドバイスかを区別することは，弁護士の持つ，そしてその効果として企業が享受する秘匿特権（Attorney-Client privilege）の適用範囲の問題として実践的意味を持ち，非常に精緻な議論が展開されている。この議論が日本における企業内弁護士の役割の問題と直接関連するわけではないが，分析の道具として役立つかもしれない。

のである。この粗選びの作業は一方でビジネス的考察であることは論を俟たない。特別な説明方法をすることでコストをかけたり，顧客層を絞りこんだりすることは，その商品の収益性に影響を与える。あるいはオペレーションとして可能かという考慮もビジネスの問題であろう。しかし，だからといって，そこに法的考察の介在する余地がないとはいえない。ここで出した例でいえば，もともと問題提起は法務リスクの指摘から始まった話なのであるから，選択肢の考察にあたって，企業内弁護士としても知らぬ顔はできないであろう。

　さらに，法的判断が白黒で決着がつくことはあまりなく，多くの場合は相対的判断である。極端な言い方をすると，リスクをゼロにしたいのであれば，当該商品を販売しないというのが最も確実な方法である。どのような工夫をしたとしても，販売する以上は一定のリスクを取ることになる。商品について十分な理解ができない販売員が出るかもしれないし，きちんと説明をしたにもかかわらず，理解できなかった顧客がいるかもしれない。会社のルールにしたがわない販売員が現れる可能性もある。きちんとした説明がなされているか，モニタリングシステムがうまく機能しないかもしれない。この場合，ゼロと比べるとリスクは増えるということで，企業内弁護士として，解決に向かっての示唆なり積極的な提案を一切せず，ただ，ビジネスのもってくる案を法的に評価して「法的リスクがある」と言い続けるだけ，という態度を取ることは論理的でもないし，生産的でもない。また，いったん選択肢の考案の議論に踏み込む限り，そこでの法的リスクの議論は all or nothing ではなく，法的リスクの程度が許容できるかになる。これはバランスの問題であり，そこで秤の反対側に置かれるのは，結局のところはビジネス上の考察であろう。言い換えれば，法務リスクの判断要素の中にビジネス的考察は入らざるを得ないのである（もちろん，黒や黒にされる可能性の高いグレーであれば論外であり，その場合には企業内弁護士は他の考慮をすることなく，「No」をいわなければならない。究極的な場合には職を辞する必要もあろう）。

　以上，法的考察とビジネス的考察は現実において分かちがたく，企業内弁護士として，後者の考慮が避けて通れないことについて検討した。この区別はおそらく絶対的な all or nothing の問題ではなく，相対的な程度問題を含むものである。そのどこまでが企業内弁護士の責務であるとして線を引くかは，その業務にも関係してくる。上記のような商品販売の方法といった例であれば，ビジネス側で方法を工夫するべきであるという議論も出てくるだろうが，これがたとえば，M&A のストラクチャリングといったことであれば，むしろ法務が主導権をとって方法を工夫していくという図もみられるであろう。また，それぞれの企業体の業態やこれを取り巻く法的規制等の環境，さらには経営者のリスク感覚，当該企業固有の文化により，さまざまでありうるし，絶対的な正解はないのであろう。また，当該企業内弁護士の社内における立場によっても異なってこ

よう[16]。

　また，このような環境と期待の中で業務を行う企業内弁護士として，ビジネス部門との協働関係が重要なことはいうまでもない。依頼者と弁護士というよりも，相補完しあって企業目的のために解決策を考え，実行していく姿勢が，企業内弁護士には必要とされる。

　ただ，ここで指摘しておかなければならないことは，企業目的への貢献といい，ビジネス部門との協働というとき，そこに企業内弁護士にとっての大きな陥穽が待ち受けていることである[17]。企業内弁護士が日々共に働く同僚の目的は企業の目的の追求である。法の実現を自己目的としているわけではない[18]。また，そのような中で，その企業特有の考え方，風土，文化に浸ることで，企業内弁護士自身の中で，外部のそれとの乖離も生まれてくるかもしれない[19]。そのような環境の中で，必死に働いているビジネス部門の同僚のために誠実につくそうとすればするほど，それが独立・客観的になされるべき法的分析に影響を与え，その判断を歪曲させるおそれも生じてくる。そのようなことになれば，誤ったアドバイスをすることになり，結局は企業に損害を蒙らせることになる。これは企業内弁護士に必然的に付きまとうジレンマである。これは意図的なものではないだけに，その解決は容易でない[20]。図式的には，法務としての自分の役割をわきまえれば，「No というべきときに No という」べきということになる。しかし，どのような場合が「No というべきとき」なのであろうか。ここで，ジレンマのあることをしっかりと認識し，常に自己を戒めることは，上記のような陥穽に落ち込むことを防止する一つの杖になろう。

　ただ，本稿の目的に関する限りで一言つけ加えておくのならば，判断の客観性を保つための一つの重要な方法は，「外なる同僚」——外部弁護士と緊密な関係を作り上げることであろう[21]。

---

16)　原書『企業内弁護士』第 2 部第 3 章 175 頁参照。

17)　*Hershman*, op. cit. at 1436 and 1448.

18)　念のために付言しておくが，この記述に否定的な意味はない。単に方向性が異なることを述べただけである。

19)　実は，当該企業にとっての「常識」を第三者的な独立した視点で観察することこそ，社内に弁護士を置く意義があるわけであるが，「ミイラ取りがミイラになる」危険もまた，わきまえておく必要がある。

20)　ここでは，誤った判断をさせようとする上司や同僚からの圧力のことを述べているわけではない。むしろその職務に誠実にあろうとすることによる企業内弁護士自身の「内なる」圧力の問題である。これは意識していない分，より始末が悪い。

21)　*Szabad and Gerson*, op. cit. at 246.

420 資　　　料

②　ビジネス活動は継続的なものである一方で，特定の法的案件は，それが紛争であれ，取引交渉であれ，その流れの中で現れてきた一つの「事象」である。しからば，個別の案件ではなく，ビジネスそのものを相手にするということであれば，特定の案件を面前にしていても，常にビジネス活動全体に対する意味づけを意識することになる。

たとえば，ある案件で契約書の検討をしていて，当該企業の利益を考えれば必要な条項を挿入したとして，その条項がその案件以外でも一般に必要とされると判断された場合，その条項を当該種類の契約書に一般的に盛り込むよう社内に通知したり，当該企業の持つ契約書のフォームを修正する，ということである[22]。

これを進めると，あらかじめ法的問題を起こさない，という観点から，事前にルール作りをするとか，またその遵守状況をどのように把握するか，というところまで踏み込むことになる。これがいわゆる「予防法務」であり，あるいは「コンプライアンス」と呼ばれる活動につながっていくことになる[23]。

さらにいえば，もし，ビジネス活動全体に関与していくということになると，どうしても，人をどのように動かしていくのか，そして，企業内の組織なりプロセスなりをどのように整備し，動かしていくかという視点が必要にならざるをえない[24]。企業の規模に比較して，企業内弁護士の数は絶対的に少数であるから，すべてを自分で直接に手がけるわけには行かないからである[25]。このように，すべてを自分でやるわけにはいかず，他部門の人と協働することが必要であるということも，外部弁護士にない企業内弁護士の特色である。

V　企業内弁護士の活動には，「時間」という決定的な制約がつきまとうこと

これは本来企業内弁護士の活動に限ったことではなく，外部弁護士も肝に銘じなければならないことなのであるが，特に企業内弁護士の場合はかかる制約は多大である。

前に，外部弁護士の業務の対象は，依頼者の業務の「切り取られた一コマ」であるという表現を用いた。これは時間的な広がりについてもいえることである。典型的な例として，訴訟を考えてみる。訴訟における対象事実は「過去」の事実である。そこでは対象は確定してしまっており，将来起こる事情によりその帰趨が左右されることは多くは

---

22)　原書『企業内弁護士』第 1 部第 4 章 61 頁。
23)　コンプライアンスについて，原書『企業内弁護士』第 1 部第 5 章 64 頁。
24)　原書『企業内弁護士』第 1 部第 2 章 39 頁，第 5 章 83 頁。
25)　日常の契約業務について，原書『企業内弁護士』第 1 部第 4 章 57 頁。

ない。

　これに対して，企業内弁護士の対応する案件は，「現在進行中」の案件が多い。そこでは時間の経過によって，事情が変化していく。したがって，ある期限までに解答しなければ，それを超えていくら立派な法的見解を示しても，価値がないこともある。たとえば，アパレル業界において，有名デザイナーと契約交渉をしていたとして，その著作権や商品化権でどんなに立派に権利を確保する条項を作ったとしても，その完成が，目途とした季節商品の商品化に間に合わなければ，何の意味もない。企業内弁護士として業務をしていて，ときどき，「何時何日までに答えがほしい。それが最悪『No』でもしかたない。今，『No』といってくれれば代替策があるが，その日を超えてしまっては，答えが『Yes』であってもどうしようもない」といわれることがある。

VI　企業内弁護士のする「アドバイス」は，しばしば単なる「意見」ではなく，「決定」であること

　これについては，次の二つに分析して検討することにする。すなわち，企業内弁護士のアドバイスは客観的な評価・分析というだけでなく，「判断」あるいは「決断」という性質を持つということ。加えて，その判断は非常に強い影響力を持ち，往々にして決定的であることである。

①　前項までに議論したように，企業内弁護士のするアドバイスが単なる法的評価ではなく，当該企業およびそのビジネスの現実を踏まえた上での「解決策」でなければならないとすると，そこには外部弁護士にない特徴をあげることができる。すなわち，そのアドバイスは，その企業がどのような行動を取るべきか明確に示すものでなければならず，そこに結論の留保や disclaimer をつけることができない。

　企業活動は自転車のようなもので，立ち止まることができない。漕ぐことを止めてはすぐに倒れてしまう。したがって，問題にはなんらかの形で答えが——たとえそれが「No」であったとしても——ない限り，役に立たない。したがって，企業内弁護士は何が何でも結論を出さなければならない。

　ところが，問題は，常にある問題に対して一つの法的な「正解」を出せるとは限らないことである。法令や判例が明確でない場合も多々あるし，学説的にも争いがあることもある。そして，実務的にはより重要なこととして，事実関係が 100% 解明できない場合も多い。さらに，前項で述べたとおり，回答には必ず時間の制約がある。

　外部弁護士であれば，法令や判例あるいは文献を精査のうえ，法や判例の立場は明確でないと判断された場合には結論を保留することは許されるし，また，客観的な法律意見としてはそれはそれで正しい仕事の仕方ともいえよう。しかし，企業内弁護士のアド

バイスにそれは許されない。「法律上，どうなのかわかりません。したがって，会社としてどうすればよいかアドバイスできません」ではどうにもならない。不明なら不明なりに企業としてどのように行動するかを示さなければならないのである。

　それと同様の理由で，企業内弁護士のアドバイスに disclaimer はありえない。外部弁護士の意見書であれば，その意見の前提となる事実関係を記載し，「別の事実関係の下では」とか，「事実関係でいまだ不明な点があり」として，「前提事実が異なる場合，意見が異なることもありうる」といった disclaimer をつけることがままある。しかし，企業内弁護士にとってそれは許されない[26]。第1に，前述したとおり，企業内弁護士は必要な情報を手に入れること自体が責務である。第2に，「結論が出せない」ということは企業として身動きが取れなくなってしまう。実は，情報が足りないなら足りないで，それを得るまで対応を取らない，ということ自体が一つの決定である。しかし，そのような時間をかけること自体が，ビジネス上のインパクトを持つ。また，最後まで情報が不十分なこともある。そのようなときに企業として何をするのか，しないのか，誰かが決めなければならない。

　そのように，法的分析の結果として常に結論が一義的に決まるとは限らない。というよりも実際には一義的に結論が出ないことが非常に多い。このようなときでも，企業内弁護士は何らかのアドバイスをしなければならない。その場合，一義的に法的ポジションが決まらないわけであるから，そこには一定の「リスク」をとることが必要になってしまう。その意味で，企業内弁護士のアドバイスは，単なる分析ではなく，「判断」，あるいは「決断」という性格を帯びるものになってしまうのである。

　このような決断から，企業内弁護士は逃れられない。外部弁護士の場合であれば，客観的な分析を示し，「こういう考え方もありうる，ああいう見方も可能性がある」と見解を並べ，最終的には依頼者のお決めになることということもできる。しかし，企業内弁護士の場合，判断を拒否はできない。あるいは，弁護士はあくまで正確な専門的意見を述べる立場であって，法的見解を示せない場合には，そのとおりに回答するほかないという考え方もあるかもしれない。しかし，それでは，専門家である弁護士ですら明確な解答を与えることができないほど難しい問題について，専門家が解答できないというまさにそのことのゆえに，判断を非専門家であるビジネスマンに委ねることになる。これは背理ではあるまいか[27), 28]。

---

26) *Hershamn*, op. cit. at 1449.

27) 　もっとも，このことは，企業内弁護士のアドバイスする結論が必ず一つにならなければならないことを意味するわけではない。むしろ，考察にあたってビジネス要素を判断しなければならないとすると，かつ，ビジネス判断そのものは企業

② そのように見てくると，企業内弁護士の見解が極めて重要なものとして受け取られ，しばしば，決定的なインパクトを持つことは容易に理解されるであろう。特に，これは業法規制などの分野に強く当てはまる。それらの分野では，事柄の性質上，法的ポジションが決定的な要素である。そして，弁護士が法律専門家であるとされる以上，その法的見解が重んじられるのは自然の成り行きである[29]。ここにおいて，企業内弁護士はもはや単なるアドバイザーの域を超えて，企業の意思決定そのものを行っていることになる。

　企業の意思決定への関与ということについては，ジェネラル・カウンセルあるいは法務部長といった高位のポジションについて，最もよくあてはまる。このようなポジションの場合，取締役会や経営委員会といった高次の意思決定機関の構成員となっていることが多く，その議論に参加する。表決に参加することもある。そこまでいかずとも，たとえば一定の取引や契約書その他の文書について，社内ルール上，法務部門の決裁が必要である場合もある。

　このような場合，企業内弁護士は，もはや「アドバイザー」の枠を超えて，会社の意思決定過程そのものの一部をなしているということになるのである。単なるアドバイザーではなく，自分が企業を現実に動かす力になっていること，なかんずく，それが企業に法を守らせ，その意味で法の実現に現実に寄与していることを目の当たりにできることは，企業内弁護士にとっての喜びであり，やり甲斐である。このことが，外部弁護士とはまったく性質の異なる，企業内弁護士の独自の意義になる。

③ しかしながら，企業内弁護士が企業の意思決定過程の一部になっていることは，企

　内弁護士の任務ではないことからすると，必ず一つに絞り込むということは逆に本来の職責を踏み越えているという見方もできよう。その意味では，企業内弁護士は，「法的に可能な選択肢を提供」するべきであるといったほうがより正確かもしれない。*Rast*, op. cit. at 814.

28)　ある意味，確実な解答を出すことができないという理由でなんらの解答をも出さないのは，ビジネスマンから見れば一種の甘えとも映ることになろう。彼らの世界では確実であることなど，まず存在しないのだから。

29)　非法律家である企業の同僚あるいは上司にとって，法的問題について，弁護士の意見に異を唱えることは非常に躊躇されよう。能力的な問題もさることながら，「専門家に異をとなえた結果，失敗した」という批判を覚悟してまで自説を通すのは保身上のリスクを取る事になる。それが取締役であれば，代表訴訟リスクにも発展しかねない。このことは，一面において，企業において企業内弁護士を採用するにあたり，その能力・識見を慎重に見極める必要を示唆する。さもなければ，企業内弁護士を採用したことが，逆に企業にとってのリスクになりかねない。

業内弁護士にジレンマを生じさせる。

　企業内弁護士が会社の意思決定そのものに参加しているということは，いいかえれば
その企業内弁護士は原理的には「企業そのもの」となっているということである。その
意味において，「企業」との意見の対立ということは起こりえないということになる。
部下や同僚，あるいは上司との対立は起こりうる。しかし，「企業」との対立は起こり
えない。つまり，外部弁護士があくまでも外部からのアドバイザーであり，そのアドバ
イスを取り上げるか否かについては，あくまで依頼者の判断である。依頼者が結果とし
てアドバイスにしたがわずに依頼者にとって不利益が生じたとしても，そのことが外部
弁護士にとっての責任を生ぜしめるものではない。これに対して，企業内弁護士はその
企業の意思決定における一過程を構成しているのであって，その意味において，その意
思決定とその結果について責任を負荷する立場にある。

　断っておくが，これは法的問題については弁護士にすべての決定権を与えるべきであ
るという議論をしようとしているわけでもなければ，結果のすべてについて，弁護士が
直接責任を負うと主張しているわけでもない。企業における意思決定は当該企業におけ
るガバナンスのメカニズムの中で決定されるべきことである。また，企業の行動に対す
る具体的な個人の責任はそのおかれた立場，意思決定に対する権限により異なってく
る。ここでは，特に外部弁護士との比較において，その行動の意味の性質的な相違を述
べているに過ぎない[30]。たとえば，特定のビジネス判断について，たとえ上司が最終判
断したからといって，その稟議書をあげたスタッフの責任が免除されるわけではないの
と同様に，企業内弁護士も企業の判断に関与しているということである。

　また，これは法律専門家としての判断の独立性を否定しようとするのでもない[31]。企
業内弁護士が法律専門家として，企業に貢献するためにこそ，弁護士の判断が他から不
当に干渉されないという意味での独立性は不可欠である[32]。しかし，それでもなお，企業
内弁護士は結果に対して責任を負担しているという観念は重要である。しかも，ここ
で「結果」という場合，前述のとおり，組織として第一義的に考えるのは，その組織の
目的達成，営利企業であれば売上げあるいは利益であり，法の実現それ自体ではない。
企業によっては，会社の業績がかなりストレートに給与に反映される場合もある。しか
も，これも前述のとおり，企業内弁護士が「判断」を述べるものであり，その判断には

30）　弁護士の「依頼者からの独立」という観念に関する議論として，原書『企業内
　　　弁護士』第 2 部第 2 章 163 頁。

31）　原書『企業内弁護士』第 1 部第 5 章 73 頁参照。

32）　これも，より正確には，法的リスクを避けるためには，企業として専門家たる
　　　弁護士が独立して判断ができるような体制を作ることが「企業のために」に必要
　　　であるということかもしれない。

ビジネスの要素が入り込まざるを得ないとするならば，そこに「バランス」という名の「さじ加減」の余地が働くことになる。しかし，一方で，企業に違法行為を犯させない，というのは，企業内弁護士が実現すべき「結果」のうちで，最も重要なものである。これらが外部弁護士にない重圧を企業内弁護士に与えることになる。

　また，「結果」に対して責任を負うということの一面として，そこでは他者を説得するということが重要な要素になってくる。いくら正しい意見を述べても，人がそのとおりに動いてくれないのでは，組織は動かない[33]。そのためには，現実の問題として，説得，根回し，駆け引きといった，いわば「政治」の要素を避けて通ることは難しい。そのためには一定の妥協も必要になる。もちろん，絶対に妥協できないという一線はあるし，どうにもならない場合には職を辞する覚悟は必要である。しかし，どんな問題にも一々辞任カードを切るわけにはいかないし，第一それは有効なやり方ではない[34]。

　このように，企業内弁護士には，その有益性とほとんど表裏一体の形で，ジレンマを抱えている。

VII　ま　と　め

　以上，外部弁護士と企業内弁護士との業務の相違を検討してみた。かなり図式的になってしまったが，外部弁護士と企業内弁護士の役割がかなり本質的な部分で異なるということはご理解いただけるかと思う。

　ただ，本稿も，米国の議論，著者の個人的な経験および研究会等での議論をもとにかなり理念型としての議論になってしまったことは否みがたい。わが国において，本格的な実証的研究が待たされるところである。

---

33)　原書『企業内弁護士』第1部第5章72頁。

34)　本間正浩「組織内弁護士と弁護士の『独立性』(1)」法律のひろば2009年3月号59頁（本書392頁）。

シンディクス弁護士の職業像[*]

ハンス・プリュッティング
クリストフ・ホンムリッヒ
訳　森　　　勇

I　1994 年の弁護士職業法改革後におけるシンディクス弁護士の法的地位

1．はじめに

　遅くとも 19 世紀から 20 世紀へ移行する頃には，進展する工業化にともない，新たな企業が成立し，そしてその規模を大きくしていく傾向が，ドイツにおいてみられるようになった。これらの企業にあっては，法務部門を持つものが徐々にその数を増し，そして，弁護士をそのスタッフにあてるようになっていった[1]。このようにして，シンディクス弁護士という，そもそも法が予定していない新たな職業像が，実務ではますます広がっていったのであった。

　企業の法務部門における弁護士の活動は，そのような現象がみられてまもなく，弁護士の中でも活発に議論された。そのようにして，わけても次のような意見が形成されていった。すなわち，それは，弁護士がこの種の活動をすることは許される。しかしながら，このような弁護士は，その勤務する企業のために自ら訴訟をしてはならないというものであった。時間が経つうちに，このような見方は，わけても〔現在は弁護士裁判所

---

　　*　本稿は 1997 年に刊行された注 48）の報告の要約であり，すでに 20 年近く前のデーターに基づいたものである。しかし本書に収録したプリュッティング（Prutting）教授の報告にもあるように，問題の所在は―日本とは関係しないものは除くと―変わっておらず，またシンディクス弁護士の（数は増大しているが）その有様は大きく変化していないと思われる。そして本稿以降においてかかる規模での実態調査も行われていない。ドイツの企業内弁護士像を理解するには最適と考えここに再録させていただくこととした。

　1）　この点については，*Börtzler*. Der Syndikusanwalt, in : Ehrengabe für Heusinger, 1968, S. 119 ff., 121. 参照。

428 資　　料

（Anwaltsgericht）と呼ばれるようになっている〕弁護士名誉裁判所（Ehrengericht für Rechtsanwalt）の判例が採用するところとなった[2]。とはいっても，法律には，「シンディクス弁護士」という名前とか表記は存在しなかった。今日に至るまで，連邦弁護士法には，このような表現はみられない。これに加え，今回のホンムリッヒによる調査研究までは，ドイツで活躍しているシンディクス弁護士の数についてさえ，その詳しいことはわかっていなかった。さらには，外国をみてみると，もちろんすべての国に，企業に雇用されている法律家（以下，企業法律家）はいるが，「シンディクス弁護士」なる概念を用いている国は，世界中どこにもない。ちなみに，このような企業法律家は，ヨーロッパでは，多くの場合，まさに弁護士会の会員ではないが，いくつかの国そしてまたわけても英米法圏では，まったく当たり前のこととして，弁護士の一部を形成するものであるとされている[3]。

　もっとも，1981 年まで適用されてきた弁護士倫理綱要（Richtlinien des anwaltlichen Standesrechts）[4]は，その 40 条 2 項 2 文において，「シンディクス弁護士」という概念を用いていた。弁護士倫理要綱 40 条の法文言は，次のようになっていた。すなわち，「弁護士は，その職業上の独立性を損なう恐れのあるような結びつきをしてはならない。恒常的な雇用関係および勤務関係の下，その労働にさく時間と労働力を，主に一人の依頼者のために用いなくてはならない弁護士は，特にこの点に注意しなくてはならない。この種の弁護士は，その雇用者のための書面のやりとりにおいては，弁護士という表示，シンディクス弁護士という表示，あるいは，弁護士であることを示す同種の表示を用いてはならない。この種の弁護士は，その雇用者のために，裁判所または仲裁裁判所において，その弁護士としての資格で活動してはならない。その雇用者と結合している企業からの依頼についても同様とする。」と。しかし，1977 年 3 月 11 日に発効した新たな弁護士職業規則[訳注 1]には，「シンディクス弁護士」という表現もみられないし，この問題領域についての法的な規律も設けられていない。

　もっとも，ここでの不明確な状況の根はもっと深い。すなわち，1994 年の職業法の改革もまた，弁護士の独立性と恒常的な雇用関係に基づく結びつきとの関係は，その核心部分についてみると，いまだなおはっきりしていないし，また問題があるという状況を，何ら変えることができなかった。支配的見解が長きにわたりそのよりどころとして

2）　弁護士名誉裁判所の諸判例を参照。たとえば，EGH, Band 18, 7；19, 13 und 17 und 20；20, 36；21, 8；22, 25；24, 8；25, 146；28, 12.

3）　*Henssler/Prütting*, BRAO-Kommentar, 1997, S 46 Rdnr. 42 f.；Kolvenbach, AnwBl. 1987, 211.

4）　注 11）の指摘するところを参照。

きた二重職業理論（Doppelberufstheorie）なるものが，ここでは多くを隠蔽し，そしてまた，本当のところは問題の解決にはなっていなかった。つまるところ，シンディクス弁護士というのは，今日まで，法実態としても，法論理的にも，そしてまた法政策的にも，まったく驚くべきほどの不明瞭かつまた不明確な状況におかれているということを否定することはできないのである。

2．歴史的および法政策的背景

⑴　新たな展開の出発点としての連邦憲法裁判所の判例

　弁護士という職業に関する政策をめぐる今日の議論は，過去10年間に，まさに革命と呼ぶべきものをもたらした。ここでは，そのうち，隔地間共同事務所形態（Überörtliche Sozietät）の承認[5]，弁護士有限会社制度の導入[6]，宣伝関係法の緩和[7]そして分属制に依拠した弁論能力制限の撤廃[8]だけをあげておくにとどめる。このことは，1959年における連邦弁護士法の施行以来[9]，弁護士の職業法が，ほぼ30年にもわたり深い眠りにあったことに照らすなら，なおのことセンセーショナルである。弁護士会による強固な庇護をうけ，弁護士の職業法の砦は，内部からもそしてまた外部からも決して突き崩され揺るがされることはないようにみえていた。それだからこそ，1987年7月14日に連邦憲法裁判所が下した有名な諸裁判（いわゆるバスティレ（Bastille）裁判）[10]によって，その砦のすべてが一撃の下突き崩されたとき，すべての専門家が受けた衝撃は，非常に大きかったのであった。

　専門家は，先の連邦憲法裁判所の裁判が下された後になっても，かなり長きにわたっ

---

5)　この点の詳細については，*Prütting*. JZ 1989, 705 ; BGHZ 108, 290 ; BGH NJW 1993, 196. さらにまた，*Henssler/Prütting*, BRAO, 1997, 59a Rdnn 4 ff., 45 ff. 参照。

6)　詳細については，*Henssler*, JZ 1992, 697 ; 同，NJW 1993, 2137 ; 同，ZIP 1994, 844 und 1868. さらにまた，*Henssler/Prütting*, BRAO, 1997, Anh. zu 59a 参照。

7)　この点については，*Breuer*, Anwaltliche Werbung, 1995 ; *Büttner*, Festschrift für Vieregge, 1995, S. 99 ff. ; *Ring*, Anwaltliche Werbung von A-Z, 1996 ; *Senninger*, AnwBl. 1991, 532 ; Zuck, MDR 1987, 336 und NJW 1988, 528 ; さらにまた，*Henssler/Prütting*. BRAO, 1997, 43b 参照。

8)　Art. 21, 22 des Gesetzes zur Neuordnung des Berufsrechts der Rechtsanwälte und Patentanwälte vom 2. 9. 1994, BGBl. I, 2278.

9)　Bundesrechtsanwaltsordnung vom 1. 8. 1959 (BGBl. I, S. 565). 施行は，1959年10月1日。

10)　BVerfGE 76, 171 = NJW 1988, 191 = AnwBl. 1987, 598 = JZ 1988, 242 ; BVerfCE 76, 196 = NJW 1988, 194 AnwBl. 1987, 603 = JZ 1988, 247.

て，次のように主張してきた。すなわち，そもそものところ実際には何も変わりはしない。かえって，連邦弁護士法旧177条2項2号に基づく綱要[11]の形をとるかの有名な弁護士倫理要綱において定めていること，そしてまた慣習法となっているもののほとんどすべては，そのまま守られる[12]。その他に何があるのかと。この事実以上に，多くの専門家の認識状況と，実際にもたらされた状況との乖離をはっきりと示してくれるものは他にない。

　自由主義に彩られた，19世紀における自由なる弁護士（Die freie Advokatur）[13]を追い求めるかの有名な闘争以降，そしてまた，ドイツ帝国に統一的に適用される弁護士法が1878年に成立して以来，弁護士は，その有り様はさまざまだが，自らのせいで，無能力者に成り下がっていた。変化した現実，そして1949年以降は変化した憲法状況に，その職業法を適応させる必要があったにもかかわらず，一切これを行っていなかった。1959年の連邦弁護士法により，立法者は，連邦弁護士会に対し，法律をもって次のような任務を与えることで，この以前からの傾向を支持し，さらに強固なものとした。すなわちそれは，連邦弁護士会は，単位弁護士会全体にかかわる問題につき，各弁護士会の意見を調査し，共同声明の形で多数の意見が何かを確定し（旧177条2項1号），あるいは，弁護士の業務遂行に関する問題についての一般的な見解を綱要において定めることができる（旧177条2項2号）というものであった。この綱要制定権限は，ドイツの弁護士法の固定化そしてまた化石化をもたらした。このシステムは，真の変更どころか更新，さらには憲法状況に照らせばしかるべき調整すら一切不可能なほど，硬直していた。連邦弁護士会における多数意見は，所与の諸状況の下では，常にあまりにも保守

11）　この弁護士職業法要綱（Richtlinien des anwaltlichen Standesrechts）は，連邦弁護士法旧177条2項2号に基づき，1973年6月21日に，連邦弁護士会により確定された。1987年2月1日におけるその文言については，たとえば，*Feuerich*, BRAO, 2. Aufl. 1992, 43 Rdnr. 29 ff. 参照。

12）　*Weigel*, BRAK-Mitteilungen 1988, S. 2 ff.；Feuerich, AnwBl. 1988, 502 ff.；同，BRAO, Kommentar, 2. Aufl. 1992, 43 Rdnr. 28 参照。さらにはまた，*Jessnitzer* が，その BRAO, Kommentar, 5. Aufl. 1990 で行っている注釈も参照されたい。1990年においてもなお，その270頁以下に，この要綱を全文掲載し，注釈においてもまた，それに全面的に依拠している。連邦弁護士会要綱委員会（Richtlinienausschuß der Bundesrechtsanwaltskammer）が問題とした点については，BRAK-Mitteilungen 1988, S. 11 ff. 参照。

13）　詳細については，*Gneist*, Freie Advocatur, Die erste Forderung an die Justizreform in Preussen, 1867 参照。今日的な観点については，*Henssler/Prütting*. BRAO-Kommentar, 1997, Einl,. Rdnr. 5 f. 参照。

的，つまり，今あるものをすべて墨守する方向をとる宿命にあった。そして，連邦弁護士法旧 177 条に基づき，このようなやり方で長きにわたり定められてきた要綱は，法規範ではないことがはっきりしていたにもかかわらず，何十年にもわたり，弁護士界の実務そしてまた裁判所の実務においてさえも，法規範のごとく扱われてきた。明らかに法規範としての効力をそなえる規約を制定する権限の授与＝授権がなく，したがって，規約の形をとる自律的な法が存在しないことで，困る人は（ほぼ）皆無であった。要綱中の合計 90 条の定めと，さらにはそれに関する広範な判例および文献からなる硬直した職業法は，その結果であった。したがって，連邦憲法裁判所が，1987 年に，法的性格の欠如，授権の基礎の欠如，そしてまた本質事項法定の理論（Wesentlichkeitstheorie）に基づいて，この頑強な要塞からその土台をはぎ取ってしまったのちは，一気に崩壊してしまう運命にあったのである。この要塞の一部だけでも救おうという首を傾げたくなる試みもまた，当然のことながらうまくいくはずがなかった[14]。

　たとえば，まずはじめには，そもそもが大方は慣習法の問題であるから，分限綱要（Standesrichtlinien）の内容の大方は，引き続き現行法であるという主張が，かなりまじめになされた[15]。このような根本的な誤解が，繰り返し文献中にみられるので，この点について簡単にコメントしておく。すなわち，慣習法というためには，関係者から拘束力ある法規範として認められる継続的，恒常的で，一様かつ一般的な慣行が存在していなくてはならない[16]。弁護士の職業に関し慣習法を承認する際には，慣習法が 1949 年以降に成立したとすることは，基本法 12 条 1 項の法律の留保に反することに注意しなくてはならない。そのため，職業の自由を制約するこのような慣習法は，基本法制定以降には成立しえないということを，まともに争うことはできないのである。つまり，慣習法だというテーゼを主張する者は，憲法制定前からの慣習法が妥当しているということをその出発点としなくてはならない。この際しばしば次のことに注意が払われていない。すなわち，それは，基本法の施行後 40 年をはるかに超えるときが流れるうちに，憲法前の慣習法のおそらくはすべてが，憲法制定後のそれに移行していったはずだということである。これに加え，しばしば見逃されているのは，この場合に憲法制定前の慣習法となるには，継続的，恒常的で，一様かつ一般的な慣行が，1949 年以前長い期間にわたって存在したことが必要だということである。まさにナチスの時代に焦点を当て

---

14)　この傾向については，たとえば，*Prütting*, Die deutsche Anwaltschaft zwischen heute und morgen, 1990. Insbes. S. 36 ff. 参照。

15)　この点については，注 12）の引用参照。

16)　たとえば，BVerfGE 9, 117；BVerfGE 22, 121；BVerfGE 28, 28；BVerfGE 34, 303；BverfGE 41, 263；BVerfGE 57, 134 参照。

432 資　　　料

てみれば，このようなことは，多くについてはありえない。要するに，慣習法だという
意見は，絶対に誤っているのである。

　1987 年までの弁護士分限法の発展に関する一般的な問題点を，この場でさらに掘り
進めるまでもなく，次のことを確認することができる。すなわち，職業法の展開は，
100 年以上もの長きにわたり，内部からは絶対に真剣な改革がなされることのなかっ
た，頑迷を宿命づけられたシステムによって，特徴づけられていた。全体の展開のこの
ような特別の側面を考慮する者のみが，なぜ，まさに 1987 年の憲法裁判以降になって，
弁護士職業法上のほぼすべての局面が，職業政策上の議論の対象とされることとなり，
そしてまたその限りにおいては，なぜこのことが，分限要綱の特別の問題点を契機とし
て起こらなかったのかを理解することができるのである。

　(2)　1994 年における改正への道のりと立法者が立てた目標
　1987 年の連邦憲法裁判所の判断が，立法者に事を起こすことを求めたものであるこ
とに，疑いの余地はない。個別の問題をめぐりくりひろげられたすべての論争にあた
り，一つはっきりしていたことは，将来的にも，個別の問題については，弁護士がその
職業規則を自律的に定めることができるよう，法律中に，特別の規約制定権を定める必
要があるということであった。同時に，法律自体についても，その重要部分の変更およ
び補完が必要であった。というのは，わけてもその地位を形づくる規範については，弁
護士の基本的な権利と義務を，法律上で独自に規律しておく必要があったからである
（重要事項法定理論）[17]。このようなはっきりとした必要性に照らすと，立法者がその責
務を非常にもたつきながら進めていったことは，驚きだとされてしかるべきではある。
かえって連邦司法省は，弁護士界に対し，その将来の職業法についての提案を自分から
するようにと，あからさまに求めたのであった。なぜ，連邦弁護士法の広範にわたる改
正が，有名な連邦憲法裁判所の裁判から 7 年も経ってはじめてなされたのか。その理由
は，このような連邦司法省のやり方と，そして弁護士界自体の内部において意見が分か
れていたことにある。この改正の基本的な部分は，重要な職業上の義務を規範化したこ
とであった。すなわち，連邦弁護士法新 43 条 a においては，独立性と事に即して行動
すべき義務，守秘義務，善管注意義務および職業上の継続教育を受ける義務が，また，
同新 43 条 b においては，弁護士広告の範囲とそれに関する重要な諸原則が規定された。
これに加え，同新 59 条 b には，規約制定権と規約委員会の具体化が盛り込まれた。さ
らに指摘しておくべきは，同新 59 条 a が定めている，同条 2 項による隔地間共同事務

---

17)　わけても，*Stern*, Das Staatsrecht der Bundesrepublik Deutschland, Band I, 2.
　　Aufl. 1984, S. 811 ff. ; aus der Rspr. zentral : BVerfGE 40, 237, 248 ff. 参照。

所形態の承認を含めた業務共同の規律である。このような立法者による規律すべての背後にあるのは，当然ながら，連邦憲法裁判所，つまるところは基本法 12 条が求めている一定程度の弁護士職業法の自由化であった。これにより法律は，1878 年においてそれが自己の出発点とした，職業法に関するリベラルな基本的傾向に立ち戻ったのである。ドイツにおける発展とヨーロッパにおける発展，そしてまた国際的な競争の圧力は，たとえば広告に関する法，事に即していることという要請，あるいは隔地間共同事務所形態の承認といった分野において，いまや，基本的な傾向としてリベラリズムを追うことをもたらしたのである。

(3) 反対の傾向としての弁護士職業法の純潔性

リベラルな職業法上のポジションを貫徹しようというこのような基本的傾向に対し，以下の三つの場合には，注目すべき立法者の慎重さ，ないしは反対の傾向がうかがわれる。地方裁判所と上級地方裁判所での単独認可か重畳認可かという問題に関しては，立法者がまったく異なった判断を下したこと（これを規定する連邦弁護士法 25 条は，1994 年の改正の際には，そのままであった）[訳注2] とならび，わけても連邦弁護士法 45 条，そして同 46 条がそれである。連邦弁護士法 45 条は，弁護士が，以前弁護士としてではなく行った特定の活動，あるいは弁護士として行った特定の活動に関し，その対象を個別的にあげて，当該弁護士の活動を禁止している。そして同 46 条は，周知のとおり，シンディクス弁護士の場合における代理の禁止および活動禁止をリストアップしている。おもしろいことに，当初立法者は，45 条と 46 条に定められているすべての禁止項目を，草案では 45 条にひとまとめにして規定しようとしていたが，後に法務委員会が，個別的に 45 条と 46 条に分けたことである。同じく興味を引くのは，そこにあげられている禁止項目のすべてが，弁護士業務を行うことの制限になっていることである。つまりここでは，弁護士としての認可という観点から制限することは，憲法裁判所の判例からしてもはや不可能となったので，具体的な活動を大幅に制限することで，一般的な弁護士の職業像と弁護士職の純潔性を維持しようとしたのである。驚くべきことに，今日連邦弁護士法 45 条および 46 条は，他のすべての規範と異なり，内容的には改正前に比べてより厳格で，かつまたより多くの制限を課すものとなっているが，これを理解するには，先に述べたような関連性を視野に収めておく必要がある。

3．連邦弁護士法旧 46 条と新 46 条の法構成

(1) 1994 年までの制定法の展開とその法文言

「シンディクス」という表現は，1994 年の改正前も，そしてまたその後においても，法律自体の中にはこれを見いだすことはできない。周知のとおりこの言葉は，ギリシャ

語に由来するものであり、すでにかの地においても、一般的には、補助者あるいは支援者、そして特には裁判所における補助者を意味するものとして用いられている。1994年までは、法律中には次のような文言を見いだすことができるだけであった。すなわち、弁護士は、恒常的な雇用関係および勤務関係の下、その労働にさく時間と労働力を主に提供しなくてはならない依頼者のために、裁判所において弁護士として活動することはできないと規定されていただけである。そもそものところは、中身のないこの規範が、1959年における連邦弁護士法の制定以来、変わることなく通用してきた。このような規範に相当するものは、1878年に制定された最初の弁護士法にはなかった。1934年における弁護士法を改正する法律は、新設する31条2項として、はじめて次のような規律を定めていた。すなわち、弁護士が、継続的な雇用関係および勤務関係にあるときは、代理を禁じられるというものであった。この規律は、後の連邦弁護士法46条とかなり似かよったものであった。唯一違うのは、弁護士はその労働にさく時間と労働力を「主に」その依頼者のために提供しなくてはならないという際の「主に」ということは、1934年には法律上要件とはされておらず、これは、1959年にはじめて法律に取り入れられたという点のみである。もっとも、この「主に」という文言は、1994年に再度削除されてしまった。弁護士の職務遂行に加えられているすべての具体的制限の根にあるのは、連邦弁護士法46条に見て取れるように、弁護士の独立性という根本的な考え方であることは明らかである。この基本原則は、弁護士を「法的問題処理機構の一機関」と定義する連邦弁護士法1条および7条8号、そしてまた、「その職業上の独立性を損なう恐れのある結合を禁止する」と定める同43条aに見て取ることができる。

　単に補足としてではあるが、もう一度確認しておくべきは、かつての弁護士倫理要綱[18]もまた、何ら詳しい規律はしていなかったということである。反対にそこでは、40条1項において、重ねて弁護士の独立性が強調され、そのうえで2項において、弁護士の独立性から導き出されるシンディクス弁護士に対する制限があげられていただけである[19]。1996年11月29日に制定され、1997年3月11日に施行された新たな弁護士の職業規則には、この問題について何らの規律も置かれていない。

　連邦弁護士法旧7条8号と旧46条があいまって、果たして弁護士が、依存関係をともなう雇用関係に入ったとしても、充分な独立性を有しているか否かということは、原則的には、まずは、弁護士の職につけるかどうかの問題であった。その結果、シンディ

---

18)　注11）参照。

19)　40条の文言については、先に引用したとおり。個々の点については、*Lingenberg/Hummel/Zuck/Eich*, Kommentar zu den Grundsätzen des anwaltlichen Standesrechts, 2. Aufl. 1988, 40, 特に Rdnr. 28 ff. 参照。

クス弁護士の活動を，一般的に二つのまったく異なる仕事の領域に分けてしまおうとした。すなわち，一つは，労働契約上拘束されている領域で，ここでは，シンディクスは，弁護士の職業像を充たしておらず，したがって，裁判所において弁護士として活動する領域である。そしてもう一つは，彼が自由な弁護士として活動する領域である。シンディクス弁護士の活動領域は，二つの異なった職業に分割されるべしという，立法者がその道筋を示し，そして判例がその内容の詳細を形作ったテーゼ[20]は，今日では一般に「二重職業理論（Doppelberufstheorie）」と呼ばれている。この理論をとると，シンディクス弁護士の活動は，必然的に第1と第2の職業を同時に行うものであり，そもそもこうみることではじめて，連邦弁護士法7条8号が定めている，弁護士の職業にそぐうかどうかの審査が可能となるのだということに行き着くわけである。つまり，従来一般にとられていた見解に反して，勤務関係の下での活動と自由業としての活動のいずれも等しく弁護士としての活動だとしてしまうと，弁護士の活動と矛盾しないかどうかの審査の対象となる，法が定めている意味での「その他の活動」というものは存在しないことになってしまう。すなわち，シンディクス弁護士については特別の認可審査をしなくてはならない唯一の根拠は，今日にいたるまで，どちらかといえば意味がはっきりしない法文言とそこから展開されたこの二重職業の理論にあったのである。

(2) 連邦憲法裁判所の二重職業理論

弁護士に対する第2の職業の枠内での活動制限に関する連邦通常裁判所の確立された判例は，1992年11月4日に連邦憲法裁判所が下したかの有名な裁判[21]によって，原則的には葬り去られてしまった。連邦憲法裁判所は，職業自由の基本権は，あらゆる二重職業，副業そしてまた第2の職業を保護するものであるということをその出発点としている。それゆえ，連邦弁護士法7条8号により弁護士職の認可を拒絶することは，職業の自由という憲法によって保障された権利に介入するものとなる。したがって，このような介入は，具体的な法律上の根拠を必要とするし，また，特に重要な社会共通の財産を保護するという枠組みの中で，根拠づけられている必要がある。このような一般的基準にのっとった連邦憲法裁判所による具体的な審査は，当然のことながら，認可制限ができる範囲を非常に狭く限定することとなる。すなわち，連邦憲法裁判所は，弁護士としての認可を受けるための要件として，第2の職業での地位が上位にある必要はないと

---

20) Vgl. BGHZ 33, 276 = NJW 1961, 219 ; vgl. fener BGHZ 40, 282 ; BGH NJW 1986, 2499.

21) BVerfGE 87, 287 = NJW 1993, 317 = AnwBl. 1993, 120 = JZ 1993, 466 mit Anm. *Zuck*.

した。さらに，連邦憲法裁判所の判示するところによれば，申請人が，被傭者として，分限法に拘束されない雇用者の依頼に基づき第三者に対し法律相談を行う義務を負っているという理由だけで，弁護士職の認可を拒否してはならない。最後に，第2の職業において，商人としての性格を有するとされる種類の利潤追求をその目的とする経済活動を行っていることもまた，弁護士認可の拒絶を決して正当化するものではないとしたのであった。連邦憲法裁判所が例外を認めたのは，利益衝突の危険がはっきりと見て取れるところ，あるいは，申請人が，単に実際問題，弁護士活動を行うに充分な時間がない場合のみであった。連邦憲法裁判所は，このように限定された限度で，連邦弁護士法7条8号を合憲と判断したのである。

　もっとも，連邦憲法裁判所は，その独自の審査基準にしたがい，一貫して二重職業理論に立脚していたということは，この際注意しておく必要がある。すなわち，よく観察してみると，連邦憲法裁判所とそしてまた連邦通常裁判所の判例，さらにはまた学説においてもまったく支配的な見解は，(何らの理由もつけずに) シンディクス弁護士というのは，二つの異なった独立の職業を営んでいるという見解を，やはりまだとっているのである。弁護士の独立性の範囲とその内容という問題との緊張関係，さらには，連邦弁護士法新46条との緊張関係については，ごくごく最近まで見過ごされていたのである[22]。

　中間的な結論として，ここでは次のことを確定することができる。すなわち，連邦憲法裁判所は，その有名な第2職業に関する裁判において，シンディクス弁護士として認可し，弁護士に加えるべき範囲について重要な判断を下した。しかし，そもそも第2の職業なるものがあるのか，そしてそれと同時に，第1の職業での活動と第2の職業での活動の狭間の中で，どの範囲で業務を行うことを法的に制限できるかについては，憲法裁判所は，何も述べていないのである。

(3)　1994年改正法の下での新規律

　先にみた第2の職業に関する裁判[23]およびそれに続く裁判に示されている連邦憲法裁判所の判例は，当然のことながら，連邦弁護士法の改正にかなり大きな影響を必然的に与えることになった。つとに1994年改正法の立法資料から，はっきりと次のことを読みとることができる。すなわち，今や立法者は，近時における連邦憲法裁判所の判例の

---

22)　もっとも，*Kleine-Cosack*, NJW 1993, 1289, 1293 は違っている。この疑問点は，Bissel, Die Rechtsstellung des Syndikusanwalts und die anwaltliche Unabhängigkeit, Diss. jur. Erlangen 1995 により，最近になってはじめて問題として取り上げられた。

23)　Entscheidung vom 4. 11. 1992（注21）。

趣旨に全面的にあわせて，連邦弁護士法45条ないしは46条から，弁護士認可に関わるものすべてを捨て去り，その代わりに，すべての制約を，活動禁止による職業実践の制限という形で定めたということである[24]。つまり立法者の判断は，判例のラインに全面的に乗ったものである。これに対し，法務委員会は，1993年12月1日の意見聴取の際ドイツ弁護士協会のシンディクス弁護士ワーキンググループの代表者からなされた提案，すなわち，勤務関係の枠内でなされたシンディクスの活動もまた，弁護士としての活動とすべきだという提案を取り上げなかった。もっとも，立法者は，この提案に暗黙のうちに含まれていた考え方，つまり，シンディクスの活動というのは，相異なった二つの職業の問題ではないという考え方を正しく理解していなかった。かえって立法者は，拒否の態度をとる中で，二重の職業理論に基づいてシンディクス弁護士の提案を評価し，こうして，シンディクス弁護士の本来の関心事を無視したのであった[25]。その結果は，新たな連邦弁護士法46条，つまり，一つの代理禁止と二つの弁護活動の禁止，そしてその第三者への拡張という三つの異なった事柄を定める規定であり，とどのつまりは，職業実践の例外なき禁止であった。

　新たに法律がとった文言は，二重職業理論をベースにするなら，一貫している。不備だといえるのは，せいぜいのところ，この二重職業理論をとらないか，あるいは，すくなくとも次のような疑問を提起した場合である。すなわち，果たして実際に，シンディクス弁護士の独立性は，その継続的な雇用関係の枠内においては，他の弁護士の場合には許される範囲を超えた制約を受けるのか，またそうだとしたらどの程度なのかという疑問である。

　この疑問とは無関係に，今日では次のことははっきりしている。すなわち，連邦憲法裁判所の二重職業に関する裁判および近時における連邦弁護士法46条の新たな文言の下では，シンディクス弁護士それ自体が認められることについて，もはや異論がでることはないということである。ドイツの法律の下で，（新46条のいう広い意味での）シンディクス弁護士は，弁護士職の認可を求める請求権を持つということに，もはや異論の余地はない。

---

24)　Gesetzentwurf der Bundesregierung, BT-Drucks. 12/4939, S. 29 ; Bericht des Rechtsausschusses, BT-Drucks. 12/7656, S. 49 参照。

25)　Die Begründung zum Bericht des Rechtsausschusses. BT-Drucks. 12/7656. S. 49 参照。

438 資　　料

4. 憲法に照らしてみた新法下における活動禁止

(1) 代理の禁止

連邦弁護士法新46条の文言は,「主に」という表現がカットされた以外は,旧46条と同じである。このことから,まずは次のことが導かれる。すなわち,今日では,依存関係の下での職業実践と弁護士としての活動の狭間で,各活動の範囲はどこまでかということを細かく考える必要はないということである。新46条は,このような二重の地位を律しているのである。実際のところ,これからシンディクス弁護士の数は増えると予想される。46条1項の文言のみをみて白紙で解釈すると,法律は,一人の依頼者に,その活動と労働力を100%提供しなくてはならない者をその対象としていると考えることもできるかも知れない。しかし,規範の意味とその目的からして,そしてまた,立法資料に基づき歴史をふまえて解釈するなら,このように規範を理解することは許されない。

46条1項がかかえるそもそもの問題点は,シンディクス弁護士は,裁判所での活動を除き,その雇用者のために弁護士として活動してよいのかというところにある。法律を反対解釈するなら,この質問に対してはイエスと答えるのが順当であろう。したがって,1994年以前には,このような見解が,全面的に支配的となっていた見解により主張されていたこと[26]は驚くにあたらない。そういうわけで,新規定については,立法者が法務委員会報告のための資料において次のように述べていることから,問題が生じてくる。すなわち,「連邦弁護士法1条以下に定められている弁護士の職業像は,シンディクスが,その雇用関係の枠組みの中で弁護士として登場するなら,その活動は,連邦弁護士法1条以下に定められている弁護士の職業像と矛盾する」と[27]。つまり,このような説明は,勤務関係の枠組みの中での活動はすべて弁護士の活動とは位置づけられないということを,その前提としているわけである。これは,規範の文言が同じままの状況下においては,法文言の理解を,1959年の連邦弁護士法制定以来支配的見解が一切主張したことがないような理解に変更することを意味するものである。もちろん,このような見解に対しては,その基本点から異議が唱えられるはずである。この見解は,規範の文言にもあわないし,その目的にもそぐわない。さらにまた,歴史的解釈によって,連邦弁護士法46条1項をこのように解釈するのは,法務委員会の理由づけが,そ

---

26)　特に, *Feuerich*, BRAO, Kommentar, 2. Aufl, 1992, 46 Rdnr. 15 ; *Biermann*, AnwBl. 1990, 420 ; *Lingenberg*/Hummel/Zuck/Eich, Kommentar zu den Grundsätzen des anwaltlichen Standesrechts, 2. Aufl. 1988, 40 Rdnr. 29 ; *Roxin*, NJW 1992, 1130 ; Pfeiffer. Festschrift für Oppenhoff, 1985. S. 272 ; a. A. *Walther*, Festschrift für Bülow, 1981, S. 237 参照。

27)　BT-Drucks. 12/7656, S. 49.

の事実的な関連に照らすと，ドイツ弁護士協会に設けられたシンディクス弁護士のワーキング・グループが行った提案に対する回答だということを見落としている。すなわちその提案によれば，シンディクス弁護士が，勤務関係をその本業としている場合でも，一般的に，雇用者のため，完全に弁護士として活動できることになるものである。つまり，立法資料における理由づけは，（おそらくは無意識にであろうが）問題が検討されることになった契機およびその意味関連を大きく逸脱している。ヘンスラー（*Henssler*）教授もまた，1997 年刊の連邦弁護士法のコンメンタールにおいて，正当にも立法資料中で示されている見解を批判している[28]。もっとも彼は，方法論的に確信が持てかつ説得力のある規範の解釈をとれば，勤務関係の枠組みの中でのすべての活動は，将来的には，弁護士としての活動に分類されないとしているが，この点は，もちろんこれを支持することはできない。

　すでに述べたように，規範の文言は，はっきりとこのような解釈を容れないものとなっている。なぜなら，連邦弁護士法 46 条 1 項は，シンディクス弁護士に対し，特に弁護士としての資格において，裁判所に出頭することを禁止するとしているのであるから，その反対解釈として，このような禁止は，裁判外のものにはおよばないと考えるのがより理屈にかなう。規範の目的もまた，立法資料と相容れない。視点を広げてみると，連邦弁護士法 46 条 1 項は，今日では，（そもそものところ，これが憲法上まだ認められればの話ではあるが）弁護士職の純潔性を維持し，そして，利害衝突が起きないようにすることをその目的として，基本法 12 条により保護されている職業実践の自由という形での職業の自由を制限する規範である。このような本規範の目標が，シンディクス弁護士に対しては，裁判外の事柄について，弁護士としてその雇用者の代理を務めることを禁止せよと求めることは，絶対にありえない。最後に，体系的な解釈もまた，立法資料とは相容れない。というのは，その成立の過程から密接に結びついている連邦弁護士法 45 条および 46 条は，もっぱら特定の場合における活動禁止だけを定めている。その範囲を拡げる解釈をしようとするなら，納得させるための理由づけをしなくてはならない。このような理由づけをしようという試みは，立法資料の中にはそのかけらさえない。つまるところ，ここで私が示した結論と相容れないのは，唯一歴史的解釈のみであるが，その比重は，非常に軽い。というのは，法務委員会が示しそして立法資料に取り込まれている見解は，グロテスクといってよい誤解に，明らかに影響されたものだからである。

---

28)　*Henssler/Prütting*, BRAO, Kommentar, 1997, 46 Rdnr. 19 a. E.

440 資　　料

(2) 連邦弁護士法 46 条 2 項が定める活動禁止

　連邦弁護士法 46 条 2 項は，シンディクス弁護士が，以前弁護士としてではなく相談
を受け，そして今度は弁護士として担当する事件に関わる活動，および，以前弁護士と
して担当し，今度は弁護士としてではなく法律相談を受けることになる事件に関わる活
動をすることを禁止している。これによって，1 項の職業実践の制限の範囲がかなり拡
大され，同一事件に関しすべての活動がその対象とされることになった。この禁止範囲
の拡張は，立法資料においては，弁護士の職業像に加え，弁護士の独立がその理由とさ
れている[29]。さらに，この活動禁止範囲は，連邦弁護士法 46 条 2 項の文言にしたがう
と，弁護士がその間，企業における勤務としての活動を終えた場合にさえ拡張されてい
る。これに対し，連邦弁護士法 46 条 2 項とパラレルの関係に立つ規定である同新 45 条
1 項 4 号が定めている禁止の範囲は，（「当該の職業上の活動を終えたときは，適用しな
い」と定められているので），明らかにこれより狭い。連邦弁護士法 45 条 1 項 4 号と
46 条 2 項の文言のこのおもしろい違いについては，資料中で立法者は何の理由づけも
していないが，私見によれば，事柄の性格および内容という観点からして，支持できる
ものではない。政府草案では，現行の 46 条 2 項は，45 条の一部に取り込まれていたと
いう事実に照らすと，その限りにおいては，45 条 1 項 4 号後段を準用してよいと考える。

　果たして連邦弁護士法 46 条 2 項中で規定されている職業実践の制限は，基本法 12 条
1 項に照らして疑念はないのかということを，立法者は問題としなかったが，この点
は，この特別のすれ違いの延長線上で，今後は重要になってくる。この問題にあたって
は，2 項の活動禁止が，非常に一般的でなおかつ非常に幅広い形で規定されていること
に注意しなくてはならない。これが弁護士の職業像の純潔性を維持することのみに奉仕
するというだけでは，憲法上正当とすることは難しい。憲法にかなう 2 項の中核は，
個々の場合に，異なる活動分野の間で生じる具体的な利害衝突をくい止める点にある。
したがって，連邦弁護士法 46 条 2 項のあまりにも広くその対象を広げている文言は，
憲法に適合するように，個々具体的な利益衝突の場合に限定するべきである[30]。これに
ついて立法資料は，明らかに 45 条 1 項 4 号との関連で，次のようなはっきりとした理
由づけをしている。すなわち，立法資料は，「企業における活動が終了した後にあって
は，もはや弁護士は企業の指揮権限に服することはない。当該弁護士は，唯一弁護士職
業法にしたがう義務を負うだけである。」と述べているが[31]，これに照らすなら，限定的

29） BT-Drucks. 12/4993, S. 30 ; BT-Drucks. 12/7656. S. 49.

30） 同旨，*Kleine-Cosack*, BRAO, 2. Aufl. 1996, 46 Rdnr. 17 i. V. mit 45 Rdnr. 29 ;
　　 Henssler, in : Henssler/Prütting, BRAO, 1997, 46 Rnd. 9.

31） BT-Drucks. 12/7656, S. 49.

解釈をすべきだということが，さらにより強く妥当する。

(3) 当該規律の第三者への拡大

最後に，45条3項とその文言を同じくする46条3項は，2項までに規定されている活動禁止を，当該弁護士と業務共同を組みあるいは組んでいた弁護士，ないしは，弁護士と共同事務所形態をとることができるその他の職業にある者（連邦弁護士法59条a参照）すべてに拡張している。これもまた，活動禁止の幅を非常に広くとった法文言となっている。これは，共同の職業実践のための結合の枠内で，すべての共同事務所形態およびパートナー社団ならびに弁護士有限会社をもその射程に収めているのである。さらにこの規定は，事務所を同じくする業務結合のみならず隔地間および国境を越えた業務結合をもその対象としている。つまり，2項の活動禁止を確実なものとし，これによって脱法を阻止することが，この規定の関心事であるが，この点は納得しうるものと思われるし，また賛成を得られる。もちろん（先に説明したように）2項の活動禁止を，法文言のように幅広くかつ広範にわたるものと理解するなら，共同した業務の実践のために結合しているすべての弁護士を，この拡大された禁止に服させるのは，あまりに行き過ぎであり，かつまた憲法上の疑念がある。これに対し，連邦弁護士法46条3項を，（ここで主張したように）同2項による活動禁止が憲法に適合するよう制限的に解釈し適用するなら，問題ないと思われる。

5．基本的問題——企業内における弁護士としてのシンディクス

(1) 問題の所在

すでに述べたように，1959年の連邦弁護士法の立法者は，弁護士の職業法の規律に際し，1994年改正法の立法者と同じく，次のような立場に立っていた。すなわち，シンディクス弁護士の法的な地位は，相異なる二つの職業，つまりは二重職業理論をその特徴とするのだという立場である。このような立場を，（すでに述べたように）従来から判例そして支配的見解も採用してきたし，言わずもがなであるが，連邦憲法裁判所もまた，その第2の職業に関する裁判において，このような基礎を出発点としたのであった[32]。

シンディクス弁護士の制度と法的地位に関するこのような見解は，言うまでもなく次のことをその前提としている。すなわち，労働契約上の拘束に基づき，企業または団体内で行われる法律相談活動は，自動的には弁護士としての活動と評価されるものではないということがそれである。実際にも，このような立場が一般的にはとられているが，

---

32) Entscheidung vom 4. 11. 1992（注21）.

442 資　　料

被傭者として活動している法律家は，その限りでは，わけても連邦弁護士法1条，7条新8号および新43条aに示されているような，弁護士として求められている独立性を欠くというのがその理由である。連邦弁護士法新45条および46条にみられる活動禁止範囲の拡大は，この限りでは，このような考えに直接影響を受けたものである。

(2)　シンディクスの法的地位についての見解の対立

　ひるがえってみると，シンディクス弁護士がよって立つ基礎は，一見すると確固としたもののように見えるが，言うまでもなく，これと相容れない一連の観点がある。まずは，連邦弁護士法46条のタイトルからして，そもそもそうである。この規定は，その公式の文言によれば，「継続的に勤務関係にある弁護士」の問題を規律するとされている。明らかにこのタイトルは，弁護士は弁護士として，継続的な勤務関係に立つこともできるということを当然の前提としているわけである[33]。さらに注目すべきは，シンディクス弁護士の法的地位に関する支配的見解が採用する解釈では，連邦弁護士法の随所において強調されている弁護士の独立が，連邦弁護士法46条および法実態調査の結果と独特の緊張関係に立つことになる。というのは，恐らくは人が期待するところとは異なり，1959年の連邦弁護士法においても，また1994年の改正法においても，シンディクス弁護士の特別の認可というものは規定されていないからである。かえって連邦弁護士法46条は，雇用者への依存関係は，弁護士としても認可を妨げるものではないということのみを明らかにしているに過ぎない。「シンディクス弁護士は，シンディクスとして活動する際には，一般的な弁護士の職業像にかなってはいない」と，立法過程においても，そしてまた連邦憲法裁判所によっても述べられているが[34]，おかしなことに，これは，先に述べた連邦弁護士法46条が規定するところと矛盾する。このような立法者の矛盾は，立法者が46条の前提とした状況は，法実態においては1994年以前からもはやほとんどなかったということを考えると，さらにはっきりする。シンディクス弁護士は，弁護士として，それ相当の範囲において完全に自由業を営みたいなどという希望は持っておらず，また，実際にも，多くの場合には，シンディクス弁護士がそれをできる状況にないことは，皆の知るところである。以前は必要とされた，企業内で高い地位にあるということもまた，すでに1994年以前から，常にそうだったというわけではなかったのである[35]。

---

33)　同旨，*Biemann*, AnwBl. 1994, 562, 564.

34)　Die Materialien zur BRAO 1959, BT-Drucks. III/120, S. 77 参照。さらにまた，Zweitberufsentscheidung des BVerfG, BVerfGE 87, 287（注21）も参照されたい。

35)　直接関係した専門家は，こう言っている。*Biermam*, AnwBl. 1990, 420, 421. 参照。

さらに，一概にシンディクス弁護士といっても，実務におけるその職業実践の形態は
非常に多様であるが，支配的見解により主張されている二重職業理論は，このことを隠
蔽してしまっていることもまた，争いの余地はない[36]。

　特に注目を引くのは，従来肯定されてきた実務および学説が，これまでとられてきた
見解によれば絶対に弁護士としてのものとはされていない活動についても，シンディク
ス弁護士に，弁護士の特権を認めていた点で，不明確性および矛盾を胚胎していること
である。すなわち，すでに長きにわたり，シンディクス弁護士には，たとえば，その雇
用者を当事者とする訴訟においては証言拒絶権が認められている[37]。

　同じことは，シンディクス弁護士が，その雇用者の名において外部の弁護士と一緒に
裁判所に出頭する際，弁護士の法衣をまとっていることにも当てはまる。さらに，企業
の顧客に対して，弁護士という表示のあるレターヘッドを用いることが認められている
が[38]，これもまた，シンディクス弁護士を取り囲む状況に矛盾があることを示している。
最近，ロキシン（*Roxin*）は，シンディクス弁護士がその勤務する企業にあるときでも
また，刑事訴訟法97条の押収回避特権が認められるということを，説得力をもって論
じているところである[39]。

(3)　未解決の基本的問題

　このような矛盾の陰には，法政策上の（そしてまた法理論上の）根本問題が潜んでい
る。皆が崇め奉っている弁護士の独立が，何を求め，そしてその内容はどうなっている
のかという問題は，一度たりともその根本に立ち返って研究されたことがないし，そこ
にこびりついた錆を落とされたこともなかった。そうして，シンディクス弁護士の職業
像は，今日に至るまで矛盾を抱えていたのである。一方では，純粋に自由業として活動
している弁護士は，競争とそしてまた職業像の変更ないしは拡大に不安を抱いている。
他方では，シンディクス弁護士の認知がますます進んでいる。つまり，企業および団体
には，次のような経済法に志向した法律家に対する需要があることは明白である。すな
わち，その法律家とは，自らの企業の構造をよく知っており，しかし同時に厳格な弁護
士業のエトスに服するとともに，その法的な活動においては独立してことを処理する法

---

36)　*Henssler/Plütting*, BRAO, Kommentar, 1997, § 46 Rdnr. 12 m. w. Nachw.

37)　特に，*Roxin*, NJW 1992, 1129；ders., NJW 1995, 17, 21；*Kolvenbach*, Festschrift
　　für Quack, 1991, S. 715 ff.；*Henssler/Prütting*, BRAO, Kommentar, 1997, 46 Rdnr. 14
　　m. w. Nachw 参照。

38)　この点については，OLG Nürnberg, AnwBl. 1994, 419；同じく，*Kleine-Cosack*,
　　Rechtsanwalts-Handbuch 1995/96, H I, Rdnr. 72 (S. 1307).

39)　*Roxin*, NJW 1995, 17.

律家である[40]。まさに大企業には，その内部についての見識に基づいて，法的観点から，商人的な見方や技術的な見方に不可欠な修正を加えることができ，そしてまた，おそらくは外部のスペシャリストであれば必要となるであろう長い時間にわたる検討なくしてこれができるスペシャリストがいなくてはならないのである[41]。したがって，シンディクス弁護士は，その質という点からして弁護士の中でトップにあるということが，色々な形で確定されているが，このことは何ら驚くに値しない。シンディクス弁護士は，試験成績において，平均をはるかに超えて「秀でた成績（優，秀，良の上，良の下，可の合格五段階評価中，良の上までをいう）」をとり，また博士号を取得しているのである。

　(4)　弁護士の独立性の原則
　　したがって，以下では，弁護士の職業実践の独立性というものを，特に考察しなくてはならない。
①　シンディクス弁護士は，経済面でその雇用者に依存している点で，すでに，このような独立性は大いに損なわれているという主張に接するのは，まれなことではない。もちろんこのような主張は，当然ながら論破される運命にある。継続的な給与の支払いが，継続的に依頼を出す単一の大規模依頼者しか持たない自由業としてその活動を展開している弁護士の場合に比して，より大きな依存性をもたらすはずだという，その理由がわからない。むしろ，経済的観点からするなら，純粋に自由業として活動している弁護士のほうが，場合によっては，依存性が高いということはわかっている。たとえば，非常にわずかな依頼者しか持たずに，自由業として活動している若い弁護士に焦点をあててみれば，このような側面はより明確になる。その経済的依存性は，状況によってはかなりひどいものになり得る。このような経済的依存性の実際はどうかという比較は別としても，雇用者に経済的に依存しているという議論は，根本的に誤っている。俸給への依存性は，弁護士の独立性をかなり侵害する可能性がある，あるいは，そのはずだというのは，よく聞くが，これは誤解である。実際のところ，ドイツには，契約に基づくその依頼者からの経済的出捐に依存していない弁護士などというのは，一切いない。このような依存性からしてそもそも問題であるとする者は，論理必然的に，契約に基づき自由業として行われる弁護士の活動というものを一切否定し，そして，公給を受ける国家公務員としての弁護士というものを追い求めなくてはならないであろう。
②　シンディクス弁護士が特に依存性が高いことを示すべく，よく持ち出されるもう一

---

40)　*Henssler/Plütting*, BRAO, Kommentar, 1997, 46 Rdnr. 40 は，正当にも，これを指摘する。

41)　*Kolvenbach*, Festschrift für Quack, 1991, S. 721.

つの議論は，その労働契約上の拘束である。しかし，ここでもしばしば見落とされているのは，一般に被傭者というものは労働契約上拘束されていることのみから，弁護士の地位に関し，何かが引き出されるわけでは決してないということである。このことは，弁護士に雇用されている弁護士と比較してみれば，すぐわかる。労働契約上の拘束論をまじめに検討しようとするなら，シンディクス弁護士の労務・労働契約と，自由業として活動している弁護士の労務契約・事務処理契約を徹底的に比較してみる必要がある。この問題にはじめて詳細な学術的検討を加えるという功績を果たしたのが，ケルン弁護士研究所の叢書第20巻として刊行されているエルランゲン大学の博士論文[42]である。その執筆者カールステン・ビッセル氏（*Carsten Bissel*）は，その執筆当時のニュールンベルク弁護士会会長の子息であるが，次のようなテーゼを展開したのであった。

彼は，被傭者に対して個々の活動範囲と具体的な活動を指示する雇用者の労働法上の指揮権と，自由業として活動している弁護士に対し，成立した契約関係の枠内において指示を与える労務および委任契約に基づく依頼者の請求権を比較した。この限りにおいて彼が達した結論は，弁護士契約に基づく弁護士の義務は，労働契約に基づいてシンディクス弁護士が負うそれと同じだというものであった[43]。その結果，彼は正当にも，労働契約と弁護士契約の法的性格が異なることだけから，シンディクス弁護士の独立性が特に損なわれる危険があるとはいえないと主張したのである。そしてまた彼の論文では，各契約で異なっている終了原因が，独立性におよぼす影響という問題も検討されている。ここでは，勤務弁護士とシンディクス弁護士の解雇告知の各態様が比較検討されている。これに加え，依頼者が弁護士契約をいつでも自由に解除告知できることと，労働契約を解消することが雇用者には非常に制限されていることとの比較検討がなされている。このような比較の結果もまた，シンディクス弁護士の独立性が特に危険にさらされることはないということであった[44]。最後に，彼の論文では，法律上ないしは弁護士の職業像から導かれる個々の特別の義務が，個々人の独立にどのように影響を及ぼすのかが検討されている。この際執筆者は，内部的な職業上の義務と外部的なそれとの違いを取り上げている[45]。内部的な職業上の義務は，それぞれの契約関係に基づくものである。依頼者そして雇用者も，個別的にこれを放棄することができる。したがって，その遵守ないし不遵守は，弁護士の独立性を危険にさらす典型ではない。これと異なるの

---

42)　*Bissel*, Die Rechtsstellung des Syndikusanwalts und die anwaltliche Unabhängigkeit, Diss. jur. Erlangen 1995.

43)　*Bissel* 前掲注42），S. 80.

44)　*Bissel* 前掲注42），S. 82 ff.

45)　*Bissel* 前掲注42），S. 85 ff.

446 資 料

が，放棄ができないことをその特徴とし，そして，それに違反すると公的な制裁が科せ
られる外部的義務である。それゆえ，この外部的義務は，ほぼすべて連邦弁護士法にお
いてかなり具体的に規定され，あるいは，いずれにせよその 43 条の一般条項によるも
のとなっているのである。したがって，雇用者が，労働法に基づくその指揮権に基づ
き，雇用するシンディクス弁護士に対し，その外部的（公法上の）職業上の義務に違反
してある行為を強いるような指示を与えるとしたなら，弁護士の独立性が危機にさらさ
れていることは明白である。雇用者が，被傭者に対して，たとえば利害衝突の際の代理
禁止とは相容れない個々の行為をするよう義務づけ，または，雇用者が被傭者に対し
て，受任強制（Kontrahendierungszwang）あるいは損害賠償保険締結義務に違反する
ことを義務づけたとしても，受け入れられることは絶対にありえまい。同じことは，事
務処〔事務処は抽象的な空間を意味し，事務所は物理的施設を意味するよう訳した〕開
設義務あるいは手持ち記録作成義務を守るなという指示にもあてはまろう。これらすべ
ての場合に，シンディクス弁護士に関しては，雇用者の指揮権と当該弁護士の外部的な
職業上の義務の衝突が起こりうることは容易に考えつくであろう。したがって，問題
は，シンディクス弁護士が雇用者のこのような指示に絶対従わなくてはならないのかと
いうことであり，執筆者であるビッセルは，最後にこの点に考察を加えている。彼は
個々の指示に検討を加え，そして，このような指示は，信義則を規定するドイツ民法
134 条，そしてまた一部は同 138 条に違反するものであり，その結果，まったく従う必
要がないという結論に至っている。こうしてビッセル氏は，シンディクス弁護士が独立
性を備えているととらえたとしても，弁護士の職業法を危険にさらすことはないとの結
論に到達しているのである[46]。

　このような結論は，雇用者の指揮権は，法律（わけても，民法 134 条および 138 条）
により制限を受けるとする，労働裁判所の判例と合致している。法律に違反するすべて
の指示は，それが民法 134 条の意味における禁止規範に反する限り，無効である。すべ
ての被傭者保護の強行規定およびすべての企業協議会（betriebsrat）の同意関与権
（Mitbestimmungsrecht）が，刑法犯の規定とならんでこの禁止規範にあたる[47]。

③　もっとも，以上に述べたような議論に与しない場合でも，私見によれば，その被傭
者をシンディクス弁護士として業務に関与させることに一般的な関心を持つ雇用者が，
被傭者であるシンディクス弁護士に対し，それが外部的な弁護士の職業上の義務すべて
の遵守に必要な自由を，労働契約においてはっきりと認めることには，何の問題もな

---

46)　*Bissel* 前掲注 42），S. 123 ff.

47)　まずは，*Blomeyer*, in : Münchener Handbuch zum Arbeitsrecht, Band 1, 1992, 46
　　Rdnr 29 ff.（S. 753）を参照されたい。

い。いずれにしても，それ相応に労働契約を構成することで，つまりは契約法上の結果
として，外部的な弁護士の職業上の義務に関しては，その独立性を確保することができ
る。つまるところ，以上のような考察に視線を合わせるなら，弁護士の独立性を必ずや
損なうという，まったく支配的な見解によって今まで主張されてきたことに説得力はな
い。支配的見解の主張がその根拠とした視点は，一部はそもそも間違っていたし，そし
て一部は契約により回避できるものなのである。

④　最後にもう一つ，私見によればシンディクス弁護士の職業上の位置づけに関する支
配的見解とは相容れない法制策的観点をあげておかなくてはならない。

　周知のとおり，最近では，弁護士の活動を有限会社の形態で行うことが，法的にもそ
してまた事実上もできるようになっている。この手だてを使えば，今まで確固たる地位
を誇ってきたシンディクス弁護士についての二重職業理論を，次のような法的構成をと
ることで，実際には骨抜きにしてしまうことができる。今日では，大企業がその法務部
全体またはその一部を再編し，有限会社を設立するという方法で別企業とすることに，
なんの障害もない。個々の業務，そしてまた，ある企業部門全部をアウトソーシングす
るということは，決して理論上の幻想などではなく，いずれの近代企業のトップも考え
る現実のものなのである。私が想定している具体的な場合においては，企業法務部を独
立させることで，次のようになる。すなわち，実際の状況に特段の変更をもたらさず
に，その法的基礎を全面的に入れ替え，そして新たに設立される弁護士有限会社に所属
する全弁護士は，そのすべての活動を，弁護士として行うことができることになるので
ある。頑なにとられてきたシンディクス弁護士についての考え方を，このような法的に
許された構成をとることで迂回できるということであるなら，多くの人が，今までのシ
ンディクス弁護士についての考え方は問題であるとすることになると考える。

⑤　最後に，ここで取り上げた経済的および労働法的観点とはまったく別に，弁護士の
独立性が害される危険は，ほかにもあるということを，指摘だけしておこう。この場
で，考えられる独立に関わる他のアスペクトを示唆するには，そもそもは成功をおさめ
ていた，経済分野を専門とするベルリンの弁護士，マーラー（*Mahler*）氏[訳注3]の生涯
を思い起してもらえば足りよう。

（5）　中間的結論

　シンディクス弁護士の場合にあっても，弁護士の職業実践の独立性という原則が，他
の弁護士の場合でも受け入れられる以上に制限されているということはない。労働契約
によってシンディクスの独立性は自動的に否定されるといった型にはまった考え方は，
独立性を生み出し，あるいはそれを阻害するさまざまなアスペクトがあることを，その
根本から見落としているのである。

448 資　　料

6．結　　語

　立法者および大方の弁護士ならびに支配的見解は，シンディクス弁護士という職業を
どちらかといえば押さえ込み，そして，それをできるだけ魅力のないものにしようと努
力してきたが，このような試みは，多くの点でうまくはいかない。このようなとらえ方
は，本当のところ，弁護士の独立性という根本の正しい理解にそぐわないのみならず，
弁護士の職業像を維持することにもならない。そしてまた，経済的にみても意味がない
し必要でもない。立法者および判例の見解とは反対に，かえって多くのことが，立法論
としてではあるが，次のような立場を支持するものとなっている。すなわち，二重職業
の理論を放棄し，シンディクス弁護士の活動を今のありのままの姿，つまり，依頼者が
その雇用者である場合にも，同じく弁護士としての法律相談活動であるとする現実に沿
った形でとらえるという立場がこれである。

　高等専門学校において，いわゆる「経済法律家」を教育することができるようにしよ
うという試みが，近時なされているが，このことは（普通に考えれば），恐らく経済を
得意とする法律家の需要が特に多いこと，そしてまた，法律家の経済を志向した活動の
これまでの状況が，なおそれに対する期待を高からしめていることを示すものである。
ドイツにおいては，今までの統一的な法曹養成を分裂させることで，このような期待に
応えるのではなく，すべての法律問題についての相談者であり代理人たりうる有資格
者，つまりは弁護士をもってして応えるべきなのである。

（以上　ハンス・プリュッティング）

II　シンディクス弁護士の職業像の実態分析

1．はじめに

　シンディクス弁護士の職業像についての実態調査を準備するために，まずは，重要な
文献の調査が行われた。文献の調査結果については，実態調査の結果の概要報告である
本項では割愛する[48]。

　シンディクス弁護士の職業像に関し，文献中で述べられていることを概観してみる
と，わけても次のことがうかがわれる。すなわち，一方においては，分析の視点が常に
変動しているし，他方では，シンディクス弁護士の職業上の地位が，実際のところ非常
に多様なものとなっているために，今まで，その統一的な職業像をうかがい知ることが

---

48)　*Hommerich, Prütting*, Das Berufsbild des Syndikusanwaltes, Schliftenreihe des
　　Instituts für Anwaltsrecht an der Universität zu Köln, Bonn, 1997 年 11 月刊。

できていなかったということである。

　わけても，先にふれたように，シンディクス弁護士の活動について述べられる際には，実際のところと，あるべき姿とがいつも混同されてきたために，一貫性をもってシンディクス弁護士の職業上の行為をイメージすることが困難となっている。このように，シンディクス弁護士に関する従来の学術上の議論においては，多くの欠点があったが，このことは何も，弁護士の職業法に関する文献に限ったことではない。このような欠点は，さらには，社会科学の文献にも見受けられる。そこでは，程度の違いはあっても，ほぼ例外なく経験的にみたシンディクス弁護士の行為の実態が示されているが，それは，やはり同じように，“プロ”に対しては何が規範的に求められるのかという考慮と，相も変わらず結びつけられているのである。

　シンディクス弁護士の職業像は拡散した状態にあるといってよい事情が，以下で示す弁護士の構造，そしてまた，企業・団体（事業者・経営者団体，労働組合，消費者団体など）のシンディクス弁護士の自画像についてアンケートなどを行い，シンディクス弁護士のプロフィールに関し実態調査研究をしてみようと考えるきっかけを与えてくれたのであった。この実態調査は，質問書の形で行われ，これを補うものとして，大企業および団体のマネージャーおよびシンディクス弁護士各30名に対して，インタビューがなされた。インタビューは，主として，シンディクス弁護士の職業領域をまずは一瞥し，そのうえで質問書を用意するためのものであった[49]。

　2．抽出実体調査——その1：弁護士の構造について

　シンディクス弁護士の職業像に関する実態調査の中心的な問題は，次の点にあった。すなわち，充分な母数となるシンディクス弁護士を特定し，彼らをして，その職業像に関する書面での質問に協力するよう動機づけることである。これは，その限りにおいては，最も困難な企画であった。というのは，一方では普通の弁護士，他方では企業の被傭者という二つの機能を持つシンディクス弁護士なるものは，どこにもはっきりした形では登録されていないからである。当初，調査のやり方としては，学術的質問をするために，単位弁護士会ごとにシンディクス弁護士の住所を調べあげようと考えていた。もっとも，各単位弁護士会は，必要なデータを提供してくれないので，このような調査方法はその変更を余儀なくされた。非常に労力のかかる段階的手続きを使って，シンディクス弁護士を選び出すことが必要になったのであった。まずもっては，弁護士の構造に

49）　以下では，この口頭でのインタビューの結果は，経験的に得られたデータの解釈をさらに補充するものであるときは，他の二つの質問調査の調査結果に，補完的に組み込まれている。

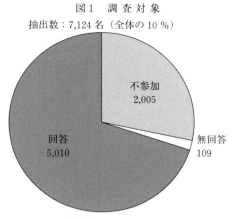

図1　調査対象
抽出数：7,124名（全体の10％）
不参加 2,005
無回答 109
回答 5,010
回答率：71％

関する基本情報を得るために，ドイツの全弁護士の中からの抽出（質問）調査を行った。この抽出調査を，以下では「弁護士の構造に関する質問調査」と呼ぶこととする。

　抽出調査のためのサンプルとなる弁護士は，ハンス・ソルダン（*Hans Soldan*）有限会社が提供している弁護士データバンクから選び出した。このようにして選定された弁護士諸兄姉に対し，職業実践に関する基礎的な情報を付記した質問表に回答することをお願いした。さらに，回答をお願いした弁護士のうち，シンディクス弁護士に対しては，特にその職業像に関する質問に答えてくれるようお願いをした。回答率が，全体を正しく反映した結果がでる高率となるように，質問表を送った弁護士に対し，質問表に回答のうえ，本研究チームに返送することを，計3回要請した。

　サンプルとして抽出された弁護士諸兄姉の総数は，7124名であった。1995年末には，回答率75％をもって，質問調査を終えることができた（図1）。

　書面による質問調査に関してみると，この回収率は，平均的回収率をはるかに上回るものである。あらゆる経験に照らすと，従前前提とできたのは，（たとえばその収入調査のような）弁護士に対しこのような質問調査をした場合，それに応じてくれる弁護士は，10ないし20％を超えないということであった。

　このように回答率が平均をはるかに超えてよかったことの理由は，わけても質問が短かいことにある。これに加え，この高い回答率を得られたのは，非常にコストのかかる督促がなされたことの成果でもある[50]。

　50）　この点に関しても，非常にコストのかかるプロセスを財政的に支援してくれた，

シンディクス弁護士の職業像　451

図2　1955年から1997年までの弁護士数の増加

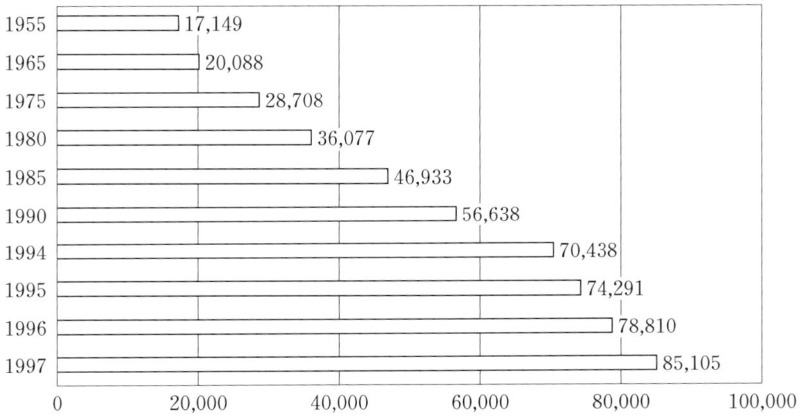

年	弁護士数
1955	17,149
1965	20,088
1975	28,708
1980	36,077
1985	46,933
1990	56,638
1994	70,438
1995	74,291
1996	78,810
1997	85,105

注：なお，2001年の弁護士数は，110,367名。

(1)　シンディクス弁護士の割合

　弁護士の構造に関する質問調査の諸結果は，弁護士全体の人数がどう展開してきたかという背景の下で考察されなくてはならない。弁護士は，1950年以降，恒常的にその数を増してきたことを通して，サービス業であるとされてきた。もっとも，その増加の程度は一定ではなかった。すなわち，1980年代前半，わけてもドイツ統一後においては，平均を超えて増加していることは明らかである（図2）。

　さらに最近では，1990年代前半と比較してみると，平均を上回るかたちで，弁護士の数が増加している[51]。

　弁護士数の単純な増加にともない，その構造に変化が生じている。この関連で，構造に関する質問調査の結果によれば，最近では，弁護士の42％が，共同経営者として共同事務所形態[訳注4]をとっている。これに対し，（事務所を共用する合同事務所のかたちをとる者を含む）単独弁護士は，約38％である。計14％が，共同事務所形態または単独弁護士事務所の勤務弁護士ないしはフリーランスとして活動している（図3）。この

　　ケルン大学弁護士法研究所支援協会（Verein zur Förderug des Instiruts für Anwaltsrecht an der Universität Kölnäe. V）に感謝する。

51)　この弁護士の数の著しい増大が，弁護士のサービスに対する需要とどの程度関係しているかについて，個別的に取り上げることは，ここではしない。もっとも，今のような爆発的増加は，若い法律家が行政および司法において職を得るチャンスが減少していることと連動していることは，疑う余地がない。

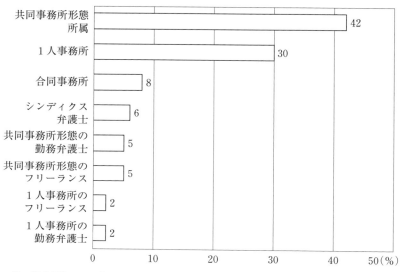

図3　事務所形態別にみた弁護士

注：調査総数＝4825名。

　構造変化については，後にまた取り上げる。
　弁護士のうちのシンディクス弁護士の規模に関してみると，この構造質問調査の一部の結果は，みる限りでは実に驚くべきものである。すなわち，全弁護士に占めるシンディクス弁護士の割合は，6％となっている。
　これまでは，シンディクス弁護士が全弁護士に占める割合はもっと高いと評価されていたことから，この結果には驚かされる。全弁護士に占めるシンディクス弁護士の割合を，11.5％から30％の間と想定してきたこれらの評価[52]は，今や修正されなくてはならない。調査の結果は，少なくとも，シンディクス弁護士であることが弁護士会に公式に登録され，特定のタイプの弁護士が登録上どのくらいかが公表されない限り，正当としてよい数字である[53]。

---

52) *Braun*, Sozietäten, BRAK-Mitt.1/1987, S. 4　参照。
53) 弁護士のタイプごとにみた弁護士の構造を示した図表については，構造に関する質問調査が正確に実態を反映していることに疑問の余地はない。このような疑念が生じることをさけるために，調査に回答しなかった弁護士100名に対し調査がなされた。これら弁護士にはなぜ回答しなかったのかを聞くとともに，少なくとも，弁護士のどのタイプに属しているのかを答えてもらった。その結果は，抽

シンディクス弁護士の職業像　*453*

表 1　各弁護士会毎のシンディクス弁護士の分布 [54]　　　（％）

	総数	そ　の　内	
		企業シンディクス弁護士	団体シンディクス弁護士
Koln	17	56	44
Hamm	13	71	29
Frankfurt	13	87	14
München	10	89	11
Hamburg	9	72	28
Dusseldorf	7	89	11
Celle	6	65	35
Stuttgart	5	77	23
Berlin	4	75	25
Bamberg	3	71	29
Nürnberg	3	67	33
Koblenz	2	67	33

　もっとも，シンディクス弁護士が弁護士総数に占める割合は，一律ととらえられては
なるまい。シンディクス弁護士は，通常いわゆる地方（都市およびその近郊以外）で開
業はしないという事情を無視したことに，今までシンディクス弁護士の割合を過大評価
してきた一つの要因があると考えられる。
　シンディクス弁護士が弁護士会の地域別にどう分布しているか（表１）をみてみる
と，シンディクス弁護士が占める割合は，大都市の中でも大きい方，わけても，ケルン
からボンにかけての地域では，平均をかなり超えており，反対に，地方ないしは工業が
盛んでない弁護士会の地域では，平均を下回っていることがわかる。ケルン，ハム，フ
ランクフルトそしてミュンヘンの弁護士会では，シンディクス弁護士の割合がそれぞれ

　　出したサンプル全体の構造にみられる弁護士のタイプごとの分布と，大幅に一致
　　していた。わけても，100名のうちシンディクス弁護士の割合は5％であり，質
　　問調査に回答してくれた人の割合よりも高いものではなかった。これらの結果も
　　また，構造質問調査の結果が，実態を正しく反映していることを示している。
54）　Schleswig-Holstein, Bremen, Sachsen. Karlsruhe, Freiburg, Braunschweig,
　　Thuringen, Saarbrücken, Kassel, Oldenburg, Brandenburg, Tübingen, Zweibrucken,
　　Sachsen-Anhalt und Mecklenburg-Vorpommern では，シンディクス弁護士は全体
　　の1％である。

10％以上になっているのは，先のように認定することを支持するものである。

　各州ごとのシンディクス弁護士の割合を示した表（資料「数表１」参照（本論文には未掲載））もまた，シンディクス弁護士が，わけても人口過密地帯に住みついていることを示している。

　シンディクス弁護士に関わる個別事項について，さらに詳細な検討にはいる前に，まずは，構造質問調査からえられた弁護士の社会がどう展開しているかにつき一般的な意義を有するいくつかの調査結果を示しておこう。

(2)　弁護士の構造に関する調査結果

　弁護士の著しい増加にともない，予想どおりであるが，1970 年代および 1980 年代において，共同事務所形態の下で活動する弁護士の割合が恒常的に増加していることが見受けられた。

　このような増加傾向は，1990 年代も続いている。すなわち，1991 年には，先のような弁護士は，39.2％であったが，その後 1995 年には，構造質問調査のデータによると，41.5％になっている（図４）。

　こうした展開については，その内容を個別にみておく必要がある。図５からわかるよ

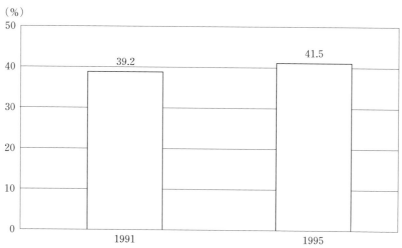

図４　共同事務所形態をとる弁護士

出所：連邦弁護士会会報 (BRAK-Mitteilung) 1993 年 4 月。

シンディクス弁護士の職業像　*455*

図5　共同事務所形態の規模

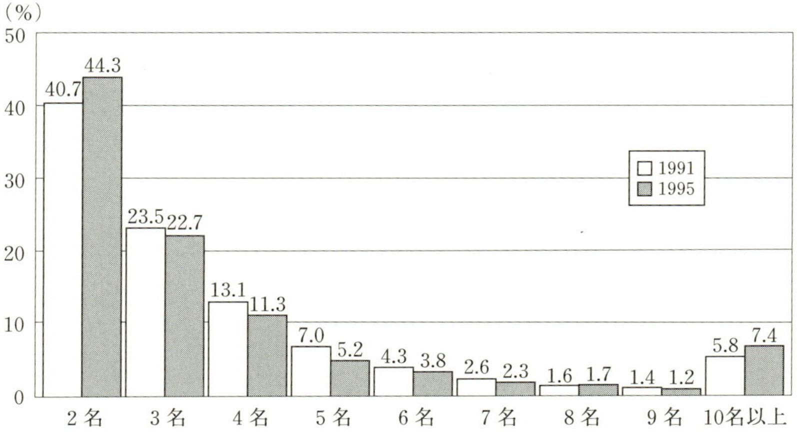

（％）

凡例：
□ 1991
■ 1995

規模	1991	1995
2名	40.7	44.3
3名	23.5	22.7
4名	13.1	11.3
5名	7.0	5.2
6名	4.3	3.8
7名	2.6	2.3
8名	1.6	1.7
9名	1.4	1.2
10名以上	5.8	7.4

出所：1991 年については連邦弁護士会会報 1993 年 4 月，1995 年については今回の調査結果。

うに，わけても，10 名以上の弁護士からなる共同事務所形態の増加が顕著である。その割合は，1990 年から 1995 年の間に，全共同事務所形態の 5.8％から 7.4％に増えている。さらにまた，2 人の弁護士からなる共同事務所形態も増加している。このことは，若い弁護士が，その事務処を開設するにあたっては，もはや 1 人ではなく，最初からもう 1 人のパートナーと組んでその仕事をはじめている場合が多いことをはっきりと示す指数であると評価してよい。

まさに弁護士の中では，常々，非常に規模の大きい弁護士事務所が増加することをある種危惧する声が高くなっていることから，この種の大規模な共同事務所形態を見渡しておくことは意味がある。すなわち，図 6 に示されているように，20 人以上の弁護士を抱える共同事務所形態の割合は，調査の時点では，4 ％となっている。

隔地間共同事務所形態を組めるようになったことが，弁護士の間に大きな組織単位を成立させる中心的原動力の一つであることに疑いの余地はない。隔地間共同事務所形態は，今では弁護士の間に定着している。全共同事務所形態に占めるその割合は，21％に達している（図 7 ）。

弁護士の構造変化が，東西ドイツ統合の歴史的過程と連動していることが，資料の「図表 1 」〈未掲載〉からわかる。すなわち，わけても旧東独の各州に，隔地間共同事務所形態が集中していることが見受けられる。これらの州では，隔地間共同事務所形態で活動している共同経営者の割合が，他の州と比べ平均を上まわっている。

図6　共同事務処所属の経営者弁護士数

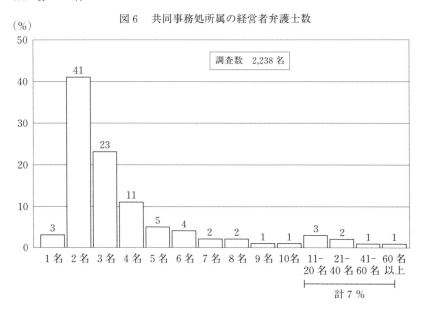

図7　同一地における共同事務所形態と隔地間共同事務所形態の割合

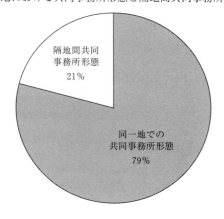

　隔地間共同事務所形態は，その市場を大都市，特には住人が50万以上の都市に見いだせる。隔地間共同事務所形態で活動する弁護士のうち，少なくとも45％を下らない弁護士は，これらの都市に住んでいる。このことは，これらの大都市では，法律相談の

図 8　専門弁護士の割合

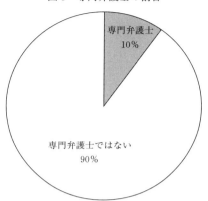

需要がますます多様化していることを示している。

　労働市場政策の観点からみて重要なのは，若い弁護士の多くが，特に隔地間共同事務所形態において活動していることである。これは，ドイツ統合にともない，弁護士の社会が若い法律家をパワフルに吸収したことを暗示するものであり，印象深い。果たしてこのような吸収の傾向は続くのか，それとも，市場がある種飽和状態となり，多くの若い法律家が，労働市場において新たな深刻な問題に直面するのかを，現在，そしてまた将来にわたって観察していく必要があろう[55]。

　弁護士の社会における重要な構造変革の一つは，専門弁護士制度が段階的に導入されたことであった。これにより——長くかつまたインテンシブな議論の結果であるが—，クライエントの側からもまた，実際に専門化し，そして少なくとも専門重点分野に志向した専門家が求められているという状況が考慮されたのであった。調査時点（1996年末）では，弁護士の10％が専門弁護士である（図8）。

　図9からわかるように，調査の時点では，税法専門弁護士が専門弁護士全体の47％を占めている。労働法が34％，行政法が10％，そして5％が社会法である[訳注5]。ここでは，全体的に，弁護士としての職業実践において重点分野を定めていこうという傾向

---

55) この問題については，現在弁護士会の研究所が，詳細な調査を行っている。この調査では，1990年以降に認可を受けた約8500名の若い弁護士に対し，就職する際の経緯について，さまざまな形の質問がなされている。この調査結果は，1997年末に公表の予定である。

458 資　　料

図 9　専門弁護士資格者の割合

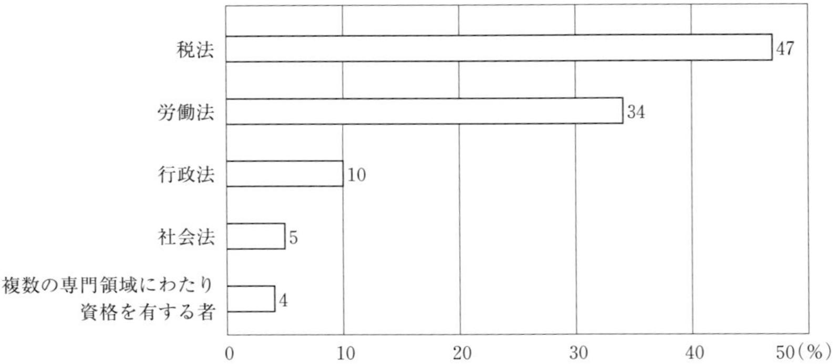

税法　47
労働法　34
行政法　10
社会法　5
複数の専門領域にわたり資格を有する者　4

0　　10　　20　　30　　40　　50（％）

注：調査総数＝449名。

が強くみられるし，そしてこの傾向にともない，中規模および大規模隔地間共同事務所形態にあっては，重点分野を作っていこうという同じ傾向が見受けられる。

　弁護士のうち 15％ が同時に公証人であるという状況もまた，弁護士の構造ということに関しては重要である（資料「図 4」〈未掲載〉）訳注 6)。

　恒常的な女性の弁護士の増加もまた，弁護士界における最も確固とした構造改革過程である。過去 15 年間に法曹教育に占める女性の割合がすさまじい勢いで増加し，調査時では，男女ほぼ同数となったのを受けて，今度は，全弁護士に占める女性弁護士の割合が，同じく徐々に増えている。この関連においては，ある職業グループ全体における男女別の改革の過程というものは，世代の影響を受けながらゆっくりとしか表れてこないということを，考慮しなくてはならない56)。

　調査時においては，全弁護士に占める女性弁護士の割合は，20 年前の倍以上となっている。すなわち，1979 年には，まだ 7.25％ だったが，調査時には 18％ に達している訳注 7)。着実な弁護士界への女性の進出の過程について，この場で詳細に論じる余裕はない。ただ，非常に簡潔に，いくつかの傾向を示しておくことにしよう。

　1　旧東ドイツの諸州においては，女性の割合は 24％ と，比較的高い。
　2　女性弁護士は，男性に比べ，勤務弁護士またはフリーランスとして活躍している割合が高い（資料「図 10」〈未掲載〉）。さらに，隔地間共同事務所形態において

───────────────

56)　この詳細については，Die Analyse des geschlechtsspezifischen Wandlungsprozesses in der Justiz, *Hassels/Hommerich* 1993 参照。

シンディクス弁護士の職業像 *459*

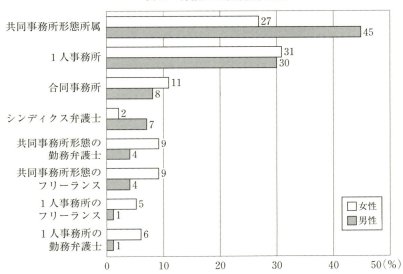

図10 弁護士の業務従事形態

共同経営者として活動している女性弁護士の割合は，女性全体の27％であり，男性の45％に比べると明らかに低い。反対に，1人事務所として活動している女性弁護士の割合は31％で，男性より若干高い。

3 専門弁護士についてみると，女性弁護士は，6％で，男性の11％に比べ，その割合は低い[訳注8]。この際興味を引くのは，専門弁護士としての女性は，明らかに男性とは違う専門分野を選んでいることである。女性は，男性と比べ，労働法，そしてとりわけ社会法に占める割合がかなり高いのに対し，税法そして行政法では，男性に比べ少ない（資料「図6」）[訳注9]。

4 女性弁護士が共同事務所形態のパートナーの場合，その事務所の規模は特に小さい。これらのパートナーの58％超がパートナー2人の事務所である。10人以上のパートナーがいる共同事務所形態で活動しているのは，わずかに5％のみである（男性の場合，その割合は7％）（図11）。

5 男性の場合には，その16％が公証人を兼務する弁護士であるが，女性の場合には，わずかに7％である（資料「図7」参照〈未掲載〉）[訳注10]。

弁護士の社会の構造に関する若干の調査結果を概観してみると，弁護士社会は，今日その内部での躍動を早めている状況にあることがうかがわれる。まず第1には，弁護士

図11 共同事務所形態の規模（構成員）毎における弁護士の男女比

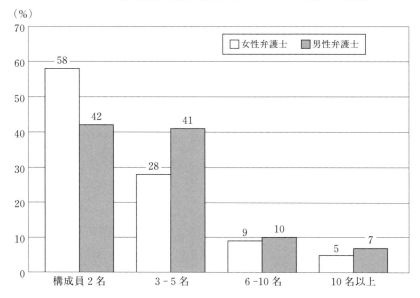

　の増加が今後も続くことははっきりしている。この際さらにみていかなくてはならないことは，現在弁護士の数は，増加の勢いを強めているが，これにともない，まだ経験的にははっきりしていない次のような問題が生じているということである。すなわちそれは，供給がますます増加していく中で，どのような状況になると，弁護士市場の市場飽和状態がもたらされるのかという問題である。

　他の角度からみると，弁護士社会の展開もまた，ドイツ連邦共和国において進捗しているサービスに重点を置く社会に向けた変革の過程の一つのシンボルとみることもできる。わけても，弁護士の社会内部での分化がますますおし進められている傾向は，これを物語っている。このような分化過程は，生活関係がより複雑になった結果として，弁護士の仕事に対する需要がますます多様化していることの反映とみることもできる。もっとも，ここで示した弁護士社会の構造に関する調査からは，この過程の質の部分について，その詳細をこれ以上に示すことはできない。

3．抽出実態調査——その2：シンディクス弁護士が自らいだいている　　　　　　　その職業像についての質問調査

　弁護士の構造調査は，弁護士全体に占めるシンディクス弁護士の割合を調べ，同時

に，後に行われるその職業についての自画像に関する質問調査のために，シンディクス弁護士を拾い出すことをその目的として行われたが，その後に行われたシンディクス弁護士の自画像に関する質問調査の目的は，シンディクス弁護士の活動がどうなっているのか，その企業および団体との関わり方，その職業に関する自画像，もっぱら独立して活動している弁護士との関係，そしてまた，勤務関係と平行して行われる自らの事務処での活動がどうなっているのかを，経験的にみていくことにあった。

シンディクス弁護士の職業像に関する質問調査は，二つの相異なるサンプル群に依拠している。一つは，先の構造調査と結びついて，次の調査に協力する用意があるとしたシンディクス弁護士234名である。このほかに，ドイツ弁護士協会に加入しているシンディクス弁護士の50％をサンプルとして抽出した。二つのサンプルは，その間で調整が行われた。二つのサンプル群を合わせるというこのような方法は，シンディクス弁護士の自画像に関する質問調査のためのデータを得るベースを，全体として広くとろうとしたものであった。

シンディクス弁護士の自画像に関する質問調査もまた，一部は選択回答方式をとる書面による質問というやり方で行われた。個別的にどういうことかといえば，一部については，シンディクス弁護士に対し，自由に回答できる形の質問がなされたが，これは，調査者側から選択肢を与えずに，シンディクス弁護士が，細かく回答できるようにしようとするものであった。他方では，サンプルとなった各弁護士の特定の質問に対する各回答を，直ちに比較できるようにするために，選択肢を付した質問がなされている。この種の混合質問方式によるのが，合目的的であった。というのは，いままであるデータの状況が悪いために，一部では，あらかじめ答えとなる選択肢を用意することは，正しい結果をうるためには不適切だったからである。

二つのサンプル群からの回収率は，図12からわかるように，異なっていた。構造調査を経て協力をお願いしたシンディクス弁護士では，回答率は，69％であった。これに対し，ドイツ弁護士協会に加盟しているシンディクス弁護士では，44％であった。全体的には，書面による質問の際の平均を上回る回収率であった。

職業像に関する質問の分析に際しては，この二つのサンプル群をあわせて行った。というのは，相異なるこのサンプル群の間には，何ら際だったとらえ方の違いは見受けられなかったからである[57]。

57）　もっとも，ドイツ弁護士協会の会員から抽出したシンディクス弁護士については，企業のほうが団体を大きく上回っていたことを，指摘しておかなくてはならない。弁護士全体に関してみると，得られたデータによれば，シンディクス弁護士の77％は，企業のシンディクス弁護士である。これに対応して，シンディクス

462 資　　料

図12　シンディクス弁護士の弁護士像に関する質問

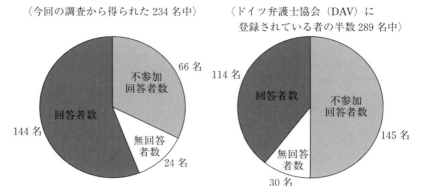

(1)　シンディクス弁護士が有している職業資格

　世上，シンディクス弁護士は，一般的には特に質の高い法律家であるといわれている。このような評判は，企業ならびに団体が法律家をリクルートする際には，通常志願者が多く，そのため，平均以上の資質をそなえた法律家を選び出すことができると繰り返しいわれてきたことに由来している。

　このようなテーゼは，従来経験的には，シンディクス弁護士の一部のグループについてだけ確認されていたに過ぎない[58]。シンディクス弁護士の専門的な資質に関する指標としたのは，以下の事項である。

　イ　司法試験および二回試験（修習終了試験）の成績
　ロ　全シンディクス弁護士に占める博士号を持つ弁護士の割合
　ハ　他の職業資格を持つ弁護士の割合
　ニ　シンディクス弁護士中の専門弁護士の割合

　試験成績をみてみると，シンディクス弁護士が優秀な成績（優，秀，良の上，良，可および不可の六段階中の優，秀および良の上の成績）をとった割合は，平均以上となっていることがわかる。すなわち，企業で働くシンディクス弁護士の31％，そして団体で働くシンディクス弁護士の22％が，この成績（優，秀，良の上）を修めていた（図13）。なお，すべての法律家の平均は，19％である[59]。

――――――――――――――
　　　弁護士の23％が団体のシンディクス弁護士である。資料「図表8」〈未掲載〉参照。
58)　Volks 1973. S. 171 ff. ;　*Hommerich* 1988. S. 46 ff. 参照。

図13 第一次司法試験の成績

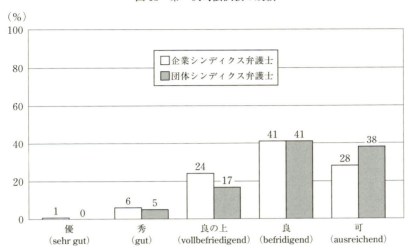

　二回試験においても，シンディクス弁護士中優秀な成績（秀，良の上）を修めたものは，企業・団体とも各26％と，平均以上である（図14）。これに対応するすべての法律家では，この割合は約18％である[60]。

　試験の成績の分析結果は，シンディクス弁護士は，平均以上に優秀な専門的資質を備えているというテーゼを確認するものである。この結果は，博士号を持つ割合を見てみると，さらに確かなものとなる。

　企業のシンディクス弁護士の35％，そして団体のシンディクス弁護士は29％以上が，博士号を取得している（資料「図表9」〈未掲載〉）。この割合もまた平均以上である。ちなみに，すべての法律家の中で博士号を持つ者の割合は，これに比べるとかなり低い。すなわち，1980年代のはじめから，博士の審査に合格した者と毎年の司法試験に合格した者の割合は，1対10である[61]。

　シンディクス弁護士が，外形的にみて高い資質を備えているということは，企業のシ

---

59) 旧東独地域を含め，1994/1995年度に第一次国家試験を受けた全法学部学生のうち，成績優秀者（優，秀，良の上）は19％であった。出典，連邦司法省。
60) 1994/1995年度の二回試験受験者中，成績優秀者が占める割合は，18％であった。出典，連邦司法省。
61) 連邦教育・学術省レポート（Bundesministerium für Bildung und Wissenschaft）1994年30頁参照。

464 資料

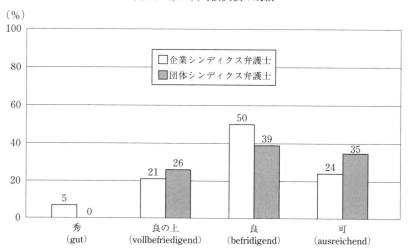

図14 第二次司法試験の成績

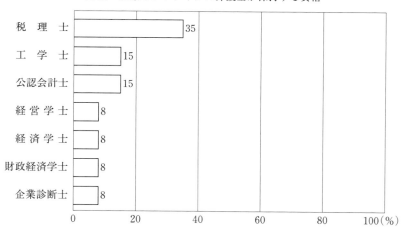

図15 企業のシンディクス弁護士が保持する資格

ンディクス弁護士の17％，そして団体シンディクス弁護士の7％以上が，法律家としての資格の他に，別の（アカデミックな）資格を持っていることからもわかる（資料「図表10」〈未掲載〉）。図15からわかるように，多くは経済に関連した資格であるが，その中でも，税理士ないしは公認会計が，全体としては大きな割合を占めている。さら

には，別の資格を持つ企業シンディクス弁護士のうち，経営学士，経済学士そして財務学士の資格を有する者の合計は，24％である。

シンディクス弁護士が有しているその他の資格がこのようにリストアップされるのは，企業シンディクス弁護士のリクルートに際しては，予想どおり，経済に関係する資格の有無が重視されることを示している。

最近の10年間に新たに構成し直された専門弁護士に占める割合もまた，シンディクス弁護士の資質を示している。まずもって，構造調査のデータによれば，シンディクス弁護士中の専門弁護士の割合は8％であり，全弁護士に占める専門弁護士の割合9％とほぼ同じである。

弁護士が，個々の専門弁護士にどう振り分けられているかをみてみると，さらに細分化してみる必要がでてくる。すなわち，シンディクス弁護士中の専門弁護士のうち，73％以上が，「税法専門弁護士」である。シンディクス弁護士以外の専門弁護士では，その割合は45％である。したがって，シンディクス弁護士のかなりの部分が，税法上の問題に取り組んでいることは明らかである。これに対して，他の専門弁護士は，平均以下である。もっともこの際指摘しておくべきは，わけても団体のシンディクス弁護士にあっては，労働法専門弁護士の割合が比較的高いということである。

総括すると，シンディクス弁護士は平均以上の専門的資質を有していると色々なところでいわれているが，このことは，調査結果によって完全に証明された。これによってさらに，経済界，そして限定付きながら団体もまた，シンディクス弁護士の選考に際しては，特に厳格な基準を課しているというテーゼもまた証明されたのである。

表2　専門弁護士の割合　　　（％）

	全専門弁護士	そ　の　内				
		税　法	労働法	行政法	社会法	二つ以上の有資格者
非シンディクス弁護士	10	45	35	10	6	4
シンディクス弁護士	8	71	24	5	0	0
企業シンディクス	8	80	13	7	0	0
団体シンディクス	8	50	50	0	0	0

(2) シンディクス弁護士の活動範囲

文献では，シンディクス弁護士の職業像はどうなっているか。その概要を見たが，すでにその際，シンディクス弁護士の活動範囲を個々別々に限界づけるのは，非常に難しいことがわかっている。シンディクス弁護士は，全体としては，非常に広範な法律問題に関わっていることが明らかとなった。それでは，どのような法律問題かといえば，それは企業の目的ないしは団体の目的如何によって大きく異なっている。

シンディクス弁護士に対する質問調査においては，活動分野に関する質問を，三つの局面にわけた。まず第1の質問は，各シンディクス弁護士が重点的に活動している法分野は何かである。第2には，それが属する企業ないしは団体の活動の枠内で直面する，主要な生活事実関係ないし法的紛争を示してくれるよう求めた。そして最後に，これに関連して，果たして企業内の問題なのか，それとも，外部との問題なのかを区別してもらうこととした。この質問の際にも，シンディクス弁護士の活動がどうなっているか，できるだけ予断なくその像を得るために，ここでも自由記述方法がとられた。

わけても，シンディクス弁護士が関わっている生活事実関係に関してみると，回答は，非常に多種・多様であった。この際，その活動をもっぱら生活事実関係のレベルで示すのは，シンディクス弁護士にとっては，明らかに相当困難なことだということがわかった。むしろシンディクス弁護士は，その活動を，結果的には法領域と生活事実関係を混ぜ合わせたベースで描き出す傾向にあった。それゆえ，多くの多様な回答を分析する際には，各回答を，少なくともまずは体系化ができるように，後から一定の枠組みに整理する必要があった。

まず最初に，シンディクス弁護士が主に取り組んでいる「法領域」[62]をみてみると，企業のシンディクス弁護士と団体のシンディクス弁護士では，明確な差異のあることがわかる。ここでは，一般的にいって，企業のシンディクス弁護士は，予想どおり，狭い意味での経済法上の問題と多く取り組んでいることがわかる（図16）。これに対し，団体のシンディクス弁護士は，労働法上の問題とかなり多く取り組んでおり，加えてまた，企業シンディクス弁護士と比べるとより頻繁に，その活動の重点を公法においている（図17）。わけても——後に示すように——団体シンディクス弁護士が労働法に重点をおいていることは，自らの事務所における活動についても見受けられる。

シンディクス弁護士がその活動の対象としている分野をみても，企業のシンディクス弁護士と団体のシンディクス弁護士の間には，かなりな違いがみられる。企業のシンディクス弁護士の重点は，わけても契約業務（ここには，契約の構想，起案，交渉およびチェックのすべてのプロセスが含まれる）におかれている（図18）。これに加え，企業

---

62) 専門分野の分類については，資料「リスト1」〈未掲載〉参照。

図16 企業のシンディクス弁護士が主に扱っている法分野

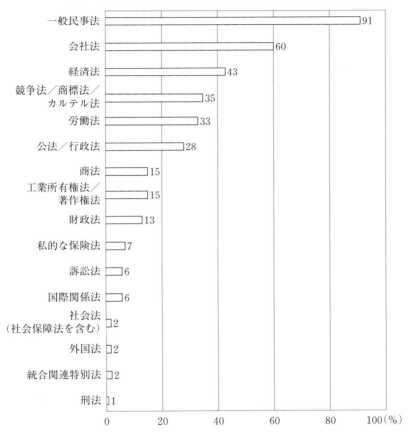

のシンディクス弁護士の一部は，勤務する企業に切り結んだ非常に特殊な法律問題に関わっていることが判明した。このような法務部門の専門化ということが，同時に法務部門の正当化のための重要な論拠となっていることは，後に示すこととしよう。要するに，企業および団体にとっては，その組織の特別の目的，そしてまたそれがかかえる法律問題に関する法律相談を迅速に行えるようにすることが，その関心事なのである。

企業のシンディクス弁護士にあって注目を引くのは，企業トップからの重要な問題についての相談にあずかることをもその内容とした，一般的なマネージメントに関わる活動の割合が，比較的高いことである。

図17 団体のシンディクス弁護士が主に扱っている法分野

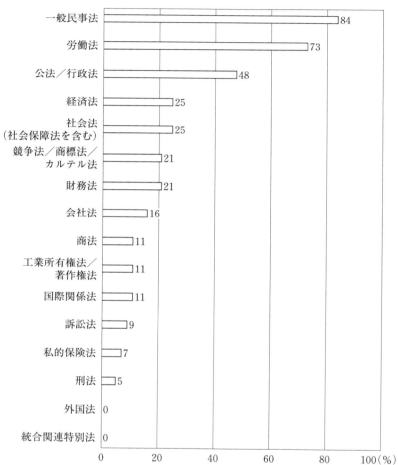

　企業のシンディクス弁護士の活動に関する回答からは，さらに次のことがわかる。すなわち，契約をめぐる紛争の規律および訴訟準備は，確かに，一つの重要な活動領域ではあるが，全体に占める割合からみると，決して最も重要ではないということである。かえって調査結果は，文献中でしばしばいわれているテーゼ，すなわち，企業においては，「紛争予防」のほうが，紛争が起きた後にこれをうまく処理することよりも重要であるというテーゼが正しいことを示している。

図18 企業のシンディクス弁護士の活動対象

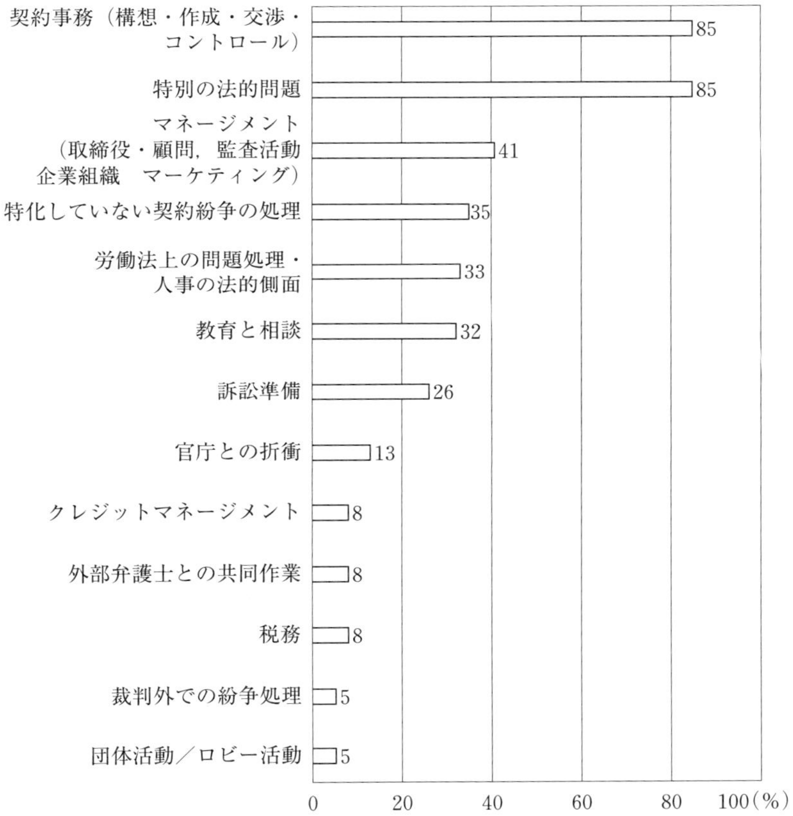

活動対象	割合(%)
契約事務（構想・作成・交渉・コントロール）	85
特別の法的問題	85
マネージメント（取締役・顧問，監査活動，企業組織　マーケティング）	41
特化していない契約紛争の処理	35
労働法上の問題処理・人事の法的側面	33
教育と相談	32
訴訟準備	26
官庁との折衝	13
クレジットマネージメント	8
外部弁護士との共同作業	8
税務	8
裁判外での紛争処理	5
団体活動／ロビー活動	5

0　　　20　　　40　　　60　　　80　　　100(%)

　すでに示唆したように，団体シンディクス弁護士の活動の中心は，企業のシンディクス弁護士とははっきりと異なっている（図19）。第1に団体のシンディクス弁護士は，一定程度の重点をおいて，労働法上の問題および人事の法的側面と取り組んでいる。第2には，予想どおり彼らは，わけても政治の世界において，勤務する団体の利益を代表することに，その活動のかなりな部分を割いている。そして第3には，その重要な活動の中心を，各団体の目的と直接関係する特別の法的問題の処理においているのである。

　団体のシンディクス弁護士にとってみると，わけても契約トラブルの際の紛争処理そしてまた訴訟の準備という活動対象領域の意義は，企業のシンディクス弁護士に比べ，少ない。

470　資　　料

図 19　団体のシンディクス弁護士の活動対象

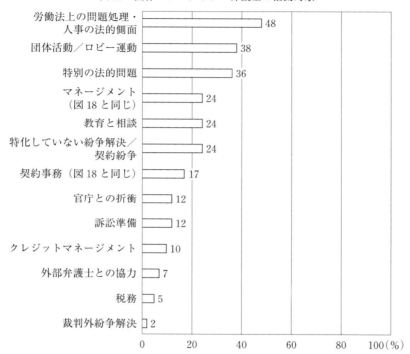

　全体的にみて，シンディクス弁護士が取り扱う対象領域に関する回答で注目を引くのは，企業のシンディクス弁護士がその活動領域としてあげたものの数が，団体のシンディクス弁護士に比べて多かったということである。このように両者のあげた数が違うということは，企業のシンディクス弁護士の活動範囲が，全体としては，団体シンディクス弁護士より広いということを示唆している。この点については，後に取り上げるシンディクス弁護士の専門化の程度についての分析で，再度取り上げることにする。

(3)　シンディクス弁護士はスペシャリストかジェネラリストか
　果たしてシンディクス弁護士は，ジェネラリストとして活動しているのか，それともスペシャリストなのか。その評価は，非常にバラバラであった。今まで，ジェネラリストとスペシャリストの一義的な定義は，文献においてはほとんどなされていなかった。このように両者の区分がはっきりしなかったのは，わけてもこうした活動タイプを経験

的に区分するには，たとえば長期間にわたり個々の仕事の記録を自ら調査するといった形の，非常に労力のいる活動分析を必要とすることと関係しているといってよい。

この問題を少なくとも見渡すべく，質問調査では，シンディクス弁護士が，その活動の専門化ということを，自分はどう評価しているかを，まずは調査した。個別的には，自分を法問題のジェネラリストと考えているか，それとも，重点を特定の法領域に集中的においているという意味でのスペシャリストと考えているかを問うた。自らをジェネラリストだとした人に対しては，これに加え，なぜ自分をそう評価するのかを質問した。スペシャリストだとした人に対しては，その専門分野の回答を求めた。

自分を，ジェネラリストとしたか，それともスペシャリストとしたか。一般的な自己評価は，企業のシンディクス弁護士か，それとも団体のかで，非常に大きく異なった（図20）。企業シンディクス弁護士の56％が，自分はジェネラリストだと答えたが，団体では，わずかに31％であった。この結果は，すでに述べた調査結果，すなわち，企業のシンディクス弁護士は，全体としてみると，その活動の対象範囲を，団体に比べてかなり多くあげたという調査結果と一致する。

企業の法律家と団体の法律家間のこのような差異は，法務部の規模を調べた際にも表れた（資料「図表11」「図表12」参照〈未掲載〉）。これに加えて，マッキィー（*Mackie*）が1989年に立てたテーゼ，すなわち，「専門化は，法務部ないしは法務部門の規模による」というテーゼもまた証明された。法務部／法務部門の規模が拡大すると

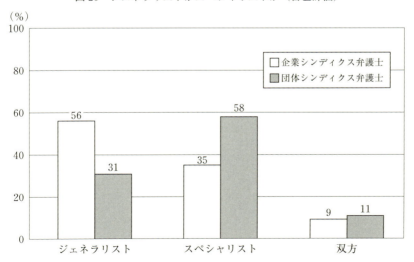

図20　ジェネラリストかスペシャリストか（自己評価）

ともに，はっきりと専門家の数も増加する。すなわち，法務部の規模が大きくなると，企業ないしは団体内で，法的問題処理の役割分担が生じるということが，ここでもまた証明されたのであった。

シンディクス弁護士の中にジェネラリストがいることは，企業および団体のいずれについても次のことを示している。すなわち，シンディクス弁護士には，その勤務する企業ないし団体を，非常に幅広くかつ広範にわたって法的にケアし，そしてまたその相談にのることが求められているということである。さらにまた，企業ないし団体が雇用している法律家の数が少ないことから，専門化は無理だということが指摘されている。企業のシンディクス弁護士の9％，そして団体のシンディクス弁護士の13％が，自分をジェネラリストだと評価する理由に関連して，特殊な問題については，外部の弁護士事務所にアウトソーシングしていることを指摘している（資料「図表13」〈未掲載〉）。

全体としてみると，企業ないしは団体の規模とそこに起因する各法務部の規模が，そこで働く法律家は，果たしてジェネラリストとして活動しているのかそれともスペシャリストなのかを決定する要因になっていると，ここではいうことができる。

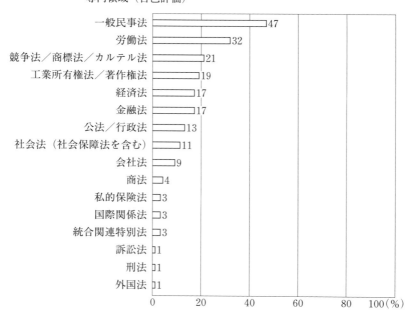

図21　企業シンディクス弁護士のスペシャリストと回答した者の専門領域（自己評価）

図21および図22は，どのような特別の法分野で，企業ないしは団体のスペシャリストが活動しているかを示している。この関連で，企業のシンディクス弁護士と団体との間には，特に次の二つの違いがあることがわかる。一つには，団体では，わけてもスペシャリストは，労働法そしてまた一部では社会法に関わっていることが再度示されている。公法もまた，団体では，企業におけるよりも，明らかに中心的活動分野となっている。

これに対し，企業のシンディクス弁護士内のスペシャリストは，労働法とならび，わけても競争法，工業所有権法および特別の企業法の分野で活躍している。ここでは，国際関係法もまた，団体に比べてより大きな意味をもっている。

(4) 企業および団体におけるその法務部の位置づけ

企業および団体の法務部ないしは法務部門が，組織上どう位置づけられているか。この点に個別的に立ち入る前に，まずもってはその規模をみておく必要がある。図23からは，大多数の法務部がかかえる法律家は，2名から10名だということがわかる。団

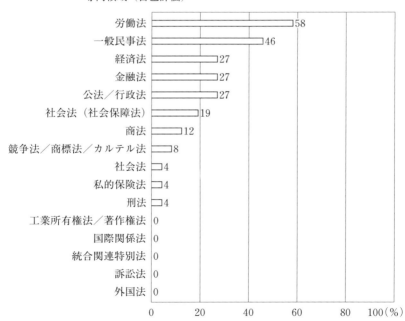

図22 団体シンディクス弁護士のスペシャリストと回答した者の専門領域（自己評価）

474 資 料

図 23 法務部で働いている完全法律家数

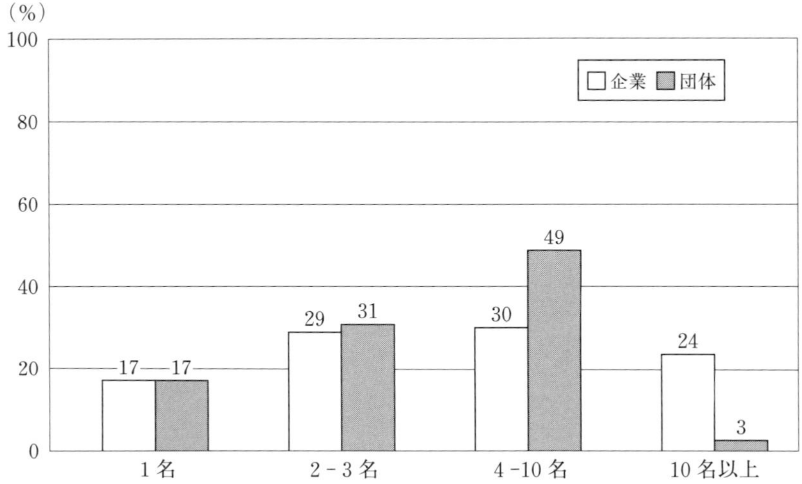

(%)

凡例: □企業 ■団体

名数	企業	団体
1 名	17	17
2 - 3 名	29	31
4 - 10 名	30	49
10 名以上	24	3

注：完全法律家（volljurist）＝修習終了・二回試験合格

体では，4名から10名の部分が，質問したシンディクス弁護士の49％を占めている。

　企業の法務部の一部は，この平均的な規模を明確に上回っている。質問をしたシンディクス弁護士の24％は，10人を超える完全法律家（二回試験合格者＝修習終了者）をかかえる法務部で働いている。

　質問をした企業シンディクス弁護士の92％が，独自の部または部門の形をとる特別の組織に所属して活動していると答えた（資料「図表14」〈未掲載〉）。団体ではその数値は，60％であり，全体平均としてみると，団体の法務部は，企業のそれに比べ小さいことがわかる。

　すべての法務部ないしは法務部門が，もっぱらシンディクス弁護士で占められているわけではない。個別的には次のようになっている。すなわち，企業の法務部の41％，そして団体のそれの47％では，シンディクス弁護士に加え，さらには（弁護士の認可を受けていない）完全法律家が働いている（図24）。

　シンディクス弁護士と（弁護士の認可を受けていない）完全法律家の平均的割合は，企業では，4対1，そして団体では，2対1となっている。シンディクス弁護士と（弁護士の認可を受けていない）完全法律家の双方が働いている企業および団体の法務部のうち，その47％では，シンディクス弁護士の数が，（弁護士の認可を受けていない）完全法律家を上回った。企業の31％，そして団体の24％では，同数であった。企業の22

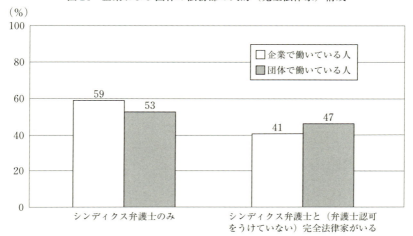

図 24　企業および団体の法務部の人的（完全法律家）構成

%，そして団体の 29％では，（弁護士の認可を受けていない）完全法律家の数が，シンディクス弁護士を上回った（図 25）。法務部の規模が大きくなるにつれ，企業でも団体でも，法務部で働いている完全法律家の中に占めるシンディクス弁護士の割合が高くなる。3 名以内の完全法律家をかかえる小規模な法務部では，平均すると，シンディクス弁護士の数は，（弁護士認可を受けていない）完全法律家とまったく同数であった。4 名から 10 名までの完全法律家をかかえる法務部では，シンディクス弁護士の数が（弁護士認可を受けていない）完全法律家の倍となる。10 名を超える完全法律家をかかえる企業の法務部では，これが 8 倍となっている[63]。

このことから，シンディクス弁護士であることは，法務部の中において，法律家としての職業上の役割が異なっていることを特に示すものであることがわかる。シンディクス弁護士の 3 分の 1 弱は，企業または団体に就職した際，すでに弁護士資格を有していたのではなく，後になってからシンディクス弁護士になったという事情もまた，このことを示している（資料「図表 15」〈未掲載〉）。

文献中で報告されていることに照らすなら，法務部が組織上どう位置づけられているかが，法務部ないしはシンディクス弁護士の影響力の指標であることは，すでに明らかである。このことを前提として，質問調査に関して特に興味深いのは，シンディクス弁

---

63) 団体の場合には，このサイズの法務部門は，意味のある統計値をとれる数となっていない。

図25 シンディクス弁護士と弁護士認可を受けていない完全法律家からなる
法務部の人的構成

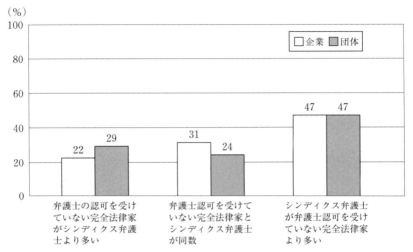

注：シンディクス弁護士と（認可を受けていない）完全法律家の割合　企業約4：1
団体約2：1

護士に対し，次のような質問もなされたことである。すなわち，「あなたは，あなたの企業ないしは団体における法務部の位置づけに納得しているか」というのがそれである。

図26からわかるように，シンディクス弁護士の90％は，自らの組織上の位置づけ，あるいはその法務部／法務部門の組織上の位置づけに満足している。企業のシンディクス弁護士の9％，そして団体のシンディクス弁護士の7％のみが，その位置づけは適切でないとするにとどまる。

個別的にみると，法務部の組織上の位置づけは，図27のとおりである。すなわち，質問をした企業のシンディクス弁護士の49％は，代表取締役ないしは業務執行者に直属している。団体のシンディクス弁護士については，その数値は55％と，もっと高い。

法務部が代表取締役ないしは業務執行者に直属していない場合には，通常他の取締役ないしは業務執行機関の他の構成員の下におかれている。企業シンディクス弁護士の5％は，特に，自分は社長の直属であると回答している。

企業のシンディクス弁護士で，企業内におけるその位置づけに満足していない者をみると，図28からわかるように，その半数を大きく超える者が，代表取締役ないしは業務執行者に直属することを求めている。どちらかといえばその組織上の位置づけに満足し

図 26 法務部の組織上の位置づけについて

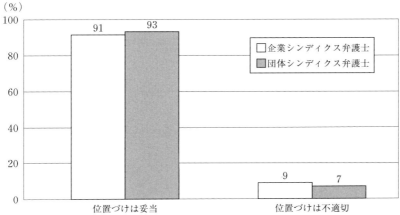

図 27 法務部の実際の組織上の所属位置づけ

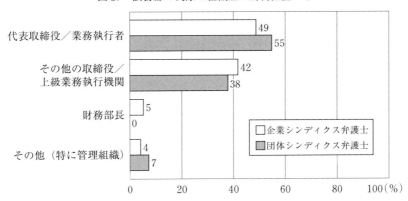

ていない企業のシンディクス弁護士の13％は，監督をその任とする取締役ないしは財務担当取締役の配下にあることを求めている．さらにこのグループの13％は，現在の下部組織としての位置づけとは反対に，本部部門として位置づけられることを望んでいる．

　全体としてみると，企業または団体におけるその組織上の位置づけに対するシンディクス弁護士の不満の程度は，次のことの証左ともとらえることができる．すなわち，一般的にいえば法務部，個別的にみればシンディクス弁護士に対しては，企業のヒエラル

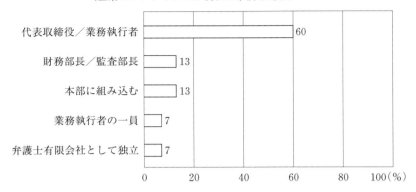

図28 法務部が組織上どこに位置づけることが望まれているか
（企業のシンディクスが現状に不満な場合）

ヒーの中において，法律問題と取り組み，そして法的問題をコントロールする機関として必要な影響力を行使できる地位が，通常は与えられているということである。

(5) シンディクス弁護士を必要とする理由

シンディクス弁護士の職業像に関する今までの議論においては，すでに述べたように，主として次のような論拠をもって，シンディクス弁護士は必要だとされてきた。

① 企業については，法律問題についていつでも相談できるようにしておく必要性があげられる。この関連において，これらの法律相談は，各企業の特別の需要およびその公式・非公式の構造に適応するものでなくてはならないことが，加えて強調されている。さらには，弁護士活動が企業内で発揮することになる予防的機能もまた指摘されている。すなわち，企業内の弁護士は，リーガルリスクを早期に認識し，それを回避することに貢献できる。最後に，企業に法律の専門家がいることの戦略的意義もまた強調されている。

② 企業内の法律家が弁護士資格を有することもまた，「企業の法的良心」としての役割を果たすために絶対に必要だとされている。この関連において，弁護士の独立性および弁護士の特権のいずれもまた，充分ではないにしても，シンディクス弁護士が先のような役割を引き受けるためには不可欠の前提であるとされている。

③ これらの議論は，その焦点を強く企業に合わせたものであった。これに対し，団体のシンディクス弁護士の役割については，従来まったく細かな議論がなされてこなかった。

質問調査においては，一方では企業ないしは団体の法律家であり，他方では弁護士の機能を果たすという二重の職業理論の意味でのシンディクス弁護士の必要性という特別

の問題について、さまざまな角度からの質問がなされた。第1の段階では、シンディクス弁護士に対し、その視点から見て、特にシンディクス弁護士が勤務していることの重要な理由はなにかをあげるよう求めた。この際、選択肢は設定しなかったが、これは、オープン形式の質問をすることで、まずもっては、回答者からの自発的反応ではどのような理由があげられるのかを調べるためであった。

次のステップでは、回答者に、文献中で繰り返しあげられているシンディクス弁護士を必要とする各理由が、どの程度の重要性を持つのかを評点してもらった。このような質問方法をとることで、各回答者から、それぞれの理由につき、その判断を得、このようにして回答をシステマチックに比較できることとなる。

以下ではまず、シンディクス弁護士を必要とする理由についてのオープン形式の質問に対する回答を見てみよう。ここでは、企業のシンディクス弁護士と団体のシンディクス弁護士では、そのアクセントの置き方に違いがあることがわかる（図29、図30）。

企業のシンディクス弁護士からみると、その機能の中核は、いつでも企業内で法律相談に対応できる状態を維持し、かつ迅速に対応できる点にあるとされている。これに加え、このような論拠の枠内にあるのが、次のような指摘である。すなわち、企業のシン

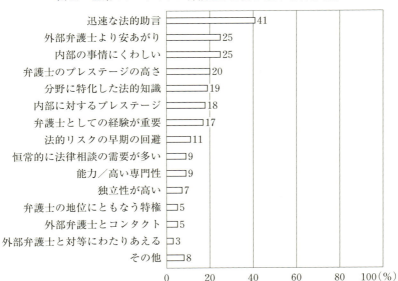

図29　企業のシンディクス弁護士が必要な理由（自由回答）

注：複数回答可としたために合計が100%になっていない。

480 資料

図30 団体のシンディクス弁護士が必要な理由（自由回答）

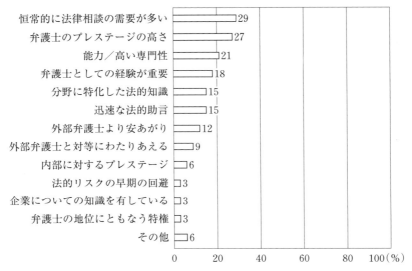

注：複数回答可としたために合計が 100% になっていない。

ディクス弁護士は，内部に関するすべてのことを知っており，さらには，業界に特有の問題に関する法的知識を持っているということである。これを図式的にいうと，企業のシンディクス弁護士は，その法的知識を，特にその勤務する企業の必要に合わせているということができる。もっとも，質問をした企業のシンディクス弁護士からの回答によれば，重要なのは，発生した問題の解決という観点からの法的知識の単なる提供だけではない。かえって彼らの回答によれば，企業内で何が起こっているかを知ることは，リーガルリスクのシステマティカルな回避という意味で，シンディクス弁護士が，予防的に介入するための前提となっている。

シンディクス弁護士が，自分が勤務する企業に精通しているというこの基本的問題は，企業のシンディクス弁護士のみならずその経営者に対しても行った，シンディクス弁護士の役割についての集中インタビューの調査項目でもあった。特に企業内の公式・非公式の構造に，シンディクス弁護士が精通しているという問題との関連で指摘されたことは，シンディクス弁護士は，企業とは「つかず離れず」という正しい関係に立たなくてはならないということであった。

この集中インタビューにおいて明らかになったことは，勤務する企業とは「つかず離れず」というシンディクス弁護士が依って立つべきこの緊張関係は，ほぼすべての企業

において，いつもながら批判的な反応を引き起こす対象となっているということであった。シンディクス弁護士自身も，企業独特の（詳細な）知見は，一般的には企業の法律相談，そして特には見通しを立てた予防的な法律業務をするための不可欠な前提であることを強調しているところである。

「企業内部の構造や企業内の処理の流れについて詳しく知っていることだけが，相異なる利益状況を早期に調整し，そして潜在的な法的紛争を早期に発見することを可能とする。このことは，わけても，経済的な利益追求が，法的な限界にふれる領域にあてはまる。集中インタビューをしたシンディクス弁護士は，このような専門知識は，自分が勤務する企業について長年にわたり経験を積む中で，徐々に獲得することができるだけだという点で一致していた。そのためには，企業内での特別の信頼ベースが必要であることからすると，このことはより強く妥当する。」というわけである。シンディクス弁護士の見解によれば，部外者として相談にあずかっている者が，企業内の公式的な仕事の処理，わけても企業内での非公式な処理の仕方について，シンディクス弁護士のように広範にわたり知ることは，絶対ありえないということであった。

ついで，シンディクス弁護士がその企業に精通することで，その企業のことしかわからないということにならないかという質問がなされたのに対し，わけても大企業のシンディクス弁護士は，そろって次のことを強調した。すなわち，彼らは，重要性のある複雑な法律問題については，外部からもまた助言を求めており，このようにして，自分の仕事についてもまた，外部からの法的なコントロールをシステマティカルに確保できるようにしてあるということを強調したのであった。

この問題について同じく口頭でインタビューをした経営者達の回答は，先に述べたような考えを支持してくれる。自らはその企業の法務部に属さない経営者達は，企業が関係するすべての事柄に，企業の法律家が関与することを絶対不可欠ととらえている。この点について彼らは，企業の法律問題が，非常に輻輳しかつ特殊であることを認識できるのは，その企業独自の法律家のみであるという確信を，例外なく持っている。「なるほど，企業独自の法律家は，ときとして物事を複雑にしてしまう傾向があるかもしれない。しかし，彼らは，中立で，コントロール機能をもった，そしてまた，特に法的紛争予防にあたる者という意味で，危険を避けるためには企業にとり不可欠だ」というわけである。わけても経営者達，しかしまたシンディクス弁護士も，その勤務する企業のための法律相談業務全体との関係において，弁護士資格が必要であることを強調し，弁護士資格は，実際に企業のすべての内部問題に関与するための前提だとしている。そして，まさにこのような観点の下で，守秘義務が非常に重要だとするわけである。

書面による質問調査においては，シンディクス弁護士は先にあげた観点に加え，弁護士のプレステージを指摘している。この点に関し，シンディクス弁護士は二つの機能を

区別している。すなわち、「ひとつには、企業内の弁護士の地位は、外部に対してはかなり高いプレステージとなり、これは、わけても弁護士仲間との交渉において、そしてまた一般的にも、法的紛争に際し、かなり有利に働く。他方では、シンディクス弁護士は、弁護士資格があることで、企業内部でも高いプレステージを持つこととなり、そのことで、企業内部におけるコントロールの役割を効率的に果たすことができる機会が増える」というわけである。

　企業にシンディクス弁護士を置く重要な理由は何かを問うオープン形式の質問に対する回答では、シンディクス弁護士の少数のみが、一方ではシンディクス弁護士の独立性、他方では弁護士が有する特権の利点をあげるにとどまった。その理由として考えられるのは、企業のシンディクス弁護士の日々の実務における活動との関連では、職業法をめぐる議論が想像させるほどの意義を、これらの観点はもっていないということである。もっとも、さらに進んでは、シンディクス弁護士の弁護士としての機能という観点が意味を持つのは、極端なケースにおいてのみであり、ひるがえってこの場合になると、特に重要になるということも、一つ考えられることではある。

　すでに示唆したように、シンディクス弁護士を置く重要な理由を問うオープン形式の質問に対する回答では、団体のシンディクス弁護士は、企業のシンディクス弁護士とは異なった観点にそのアクセントをおいている。

　団体のシンディクス弁護士も、——企業のシンディクス弁護士と同じく——その団体内部で、法律相談をいつでも受けられることに対する需要が大きいことをあげている。団体のシンディクス弁護士は、弁護士としての役割を引き受けることと結びついたプレステージの側面を、企業のシンディクス弁護士よりも強く強調している。しばしば彼らは、弁護士は、たとえば修習生などに比べると、そのプレステージが高いと答えているが、この点では、企業のシンディクス弁護士とは、アクセントの置き方に違いがある。同じく団体のシンディクス弁護士の仕事においても、外部的にも、そしてまた内部的にも、その効果の点で、このプレステージという側面には、非常に大きな意味があるとされている。

　企業のシンディクス弁護士と比べると、団体のシンディクス弁護士は、自分の事務所における弁護士としての経験が、団体での仕事に役立つことをより強く強調している。このことは、——後に個別的に述べるように——一方ではシンディクス弁護士の団体と、他方では自分の事務所での弁護士活動とが、内容的に関連しているということと連動していると考えることができよう。言い換えれば、二つの場所での活動範囲は、相互に影響し合っているのである。

　シンディクス弁護士が必要とされる理由を選択肢を付さないオープン形式の質問で聞くことに続いて、各回答者には、文献中において議論されているシンディクス弁護士を

必要とする各理由の重要度を評価してもらった。このように選択式の質問を後から再度行ったのは，シンディクス弁護士の必要性を理由づけるために持ち出されるいくつかの最も重要な論拠を，回答者すべてから評価してもらうためである。

図31からは，選択肢を付した質問に関しては，企業と団体のシンディクス弁護士の意見が，非常によく似ていることがわかる。両グループとも，シンディクス弁護士を雇用する必要性として文献があげる主だった論拠をそのとおりだとしている。もっとも，さまざまな論拠のいずれを重くみるかについては，若干ニュアンスの違いがあることがうかがわれる。

回答を寄せたシンディクス弁護士の考えによれば，企業内でいつでも法的知識を提供できる状態にすることが，シンディクス弁護士を必要とする中心的な論拠である。これと密接に結びついているのは，質問した弁護士が，ほとんど無条件で指摘している次の点である。すなわち，シンディクス弁護士は，その企業ないしは業界あるいは団体に関連する特別の見識を有しており，これに加え，たとえば外部弁護士と比べると，企業内部の公式・非公式の情報によく通じているという指摘がこれである。これらの論拠は，シンディクス弁護士の仕事の中核は何かを，はっきりと描き出している。

同じく，シンディクス弁護士は，依頼内容を正確に示すことや，さらには，依頼の処理をコントロールすることを通じて，外部の弁護士事務所とのコンタクトを専門家としてうまくやっていくことができるという見方もまた，ほぼ異論のないところであった。つまりシンディクス弁護士は，外部の弁護士事務所と企業ないしは団体を橋渡しするものとみられているわけである。企業ないし団体は，「法的良心」を必要とするという見方も，かなりの人がそのとおりであるとした。さらにまた，シンディクス弁護士は，企業ないしは団体内部の紛争を，外部弁護士よりうまく調整することができるという見方，そしてまた，これと密接に結びついている，企業ないしは団体の被傭者は，外部の法律家よりも，内部で勤務している法律家のほうにより信頼を寄せているとしてよいという見方についても，回答者はそのとおりだと答えている。

外部の法律事務所は，企業ないしは団体のために割ける時間に制約があるという見方に，すべてのシンディクス弁護士は賛成しなかった。このような言説に賛成する者は，先にあげた諸論拠に比べると，明らかに低めであった。言葉を換えると，企業ないしは団体は，原則的には，外部からの助言をいつでも受けられるということに，シンディクス弁護士は，疑いを差し挟んではいないのである。

シンディクス弁護士は，継続的な雇用関係のために，独立性がないとする議論に与した回答者（シンディクス弁護士）は，最も少なかった。図32からわかるように，シンディクス弁護士の17％がどちらかといえば，ノーであり，その21％はまったく当たらないと回答している。ほぼ3分の1が，どちらともいえないとしている。

484 資料

図31 企業ないし団体にシンディクス弁護士が必要とされる理由
（回答を設定した質問）

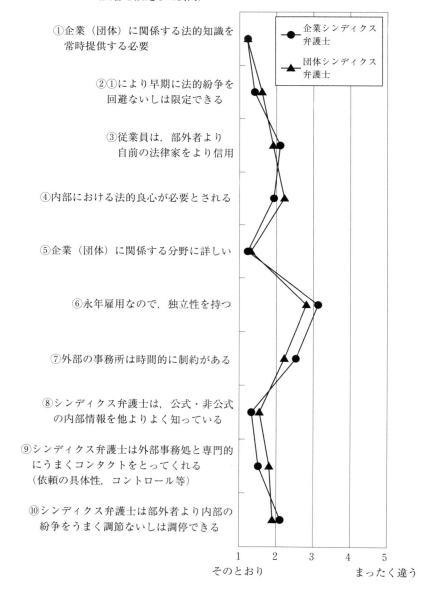

図32 永年雇用に基づきシンディクス弁護士は独立性を備えているか？

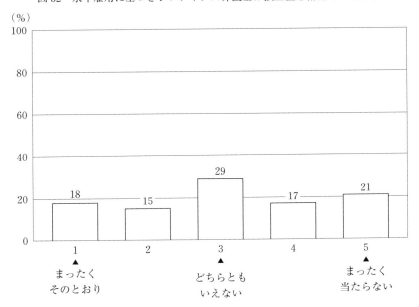

　このような控えめな評価の背景は，インタビューにより明らかとなった。すなわち，インタビューをしたシンディクス弁護士は，確かに独立性は，実質的なリスクを取り除くことで確保することができると指摘すると同時に，独立性は，個々の弁護士の人格の問題だということを強調している。さらにここで指摘されたことは，シンディクス弁護士の独立性は，企業の構造の問題でもあるということであった。すなわち，すべては，企業ないしは団体のトップが，企業ないしは団体内での法律相談に，どのような優先順位をつけているかにかかっているとされたのであった。

A. 弁護士資格の意義

　従来，企業および団体におけるシンディクス弁護士の必要性を理由づけるために持ち出された諸論拠は，主としては，企業団体内において法律相談が適切に受けられるということと関連していた。ここでは，シンディクス弁護士の職業像との関係から繰り返し持ち出されてきた，特に弁護士資格を必要とするのはなぜかという中心的な問題は，どちらかといえば後ろに追いやられていた。この関係について詳細な評価を得るため，シンディクス弁護士に対し，果たして弁護士資格は必要か，それとも放棄できるかを質問

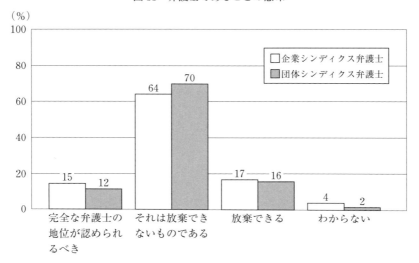

図 33 弁護士であることの意味

した。これについては，図33のように意見は分布した。

　過半数をはるかに超えるシンディクス弁護士が，弁護士資格は放棄できないとしている。ここで特に考慮すべきは，企業では15％，団体では12％のシンディクス弁護士が，弁護士資格は放棄できないばかりでなく，シンディクスにも完全な弁護士の地位が与えられるべきだと回答していることである。

　少数ながら，一定程度のシンディクス弁護士（企業では17％，団体では16％）は，原則的には弁護士の資格は放棄できるとしている。そして，若干の弁護士はわからないと答えている。

　弁護士資格は放棄できると回答したシンディクス弁護士に対しては，さらに，その理由を質問した。ここでは（資料「図表16」参照〈未掲載〉），企業では7％，団体では9％のシンディクス弁護士が，現行法の下では，自分たちは，その企業・団体のために裁判所での活動ができないことを指摘した。これらシンディクス弁護士中の少数派は，裁判所でのシンディクス弁護士の弁護士としての活動が制限されていることをやむなしとしてきたか，あるいは了解していると思われる。

　弁護士資格を必要とする理由についてもまた，質問調査では，オープン形式で質問がなされた。図34からは，企業のシンディクス弁護士と団体のとでは，弁護士資格を必要とする理由のどこにアクセントを置くかで違いがあることがわかる。団体のシンディクス弁護士は，企業のに比べ，かなり強く次の点を指摘している。すなわち，弁護士資

シンディクス弁護士の職業像　487

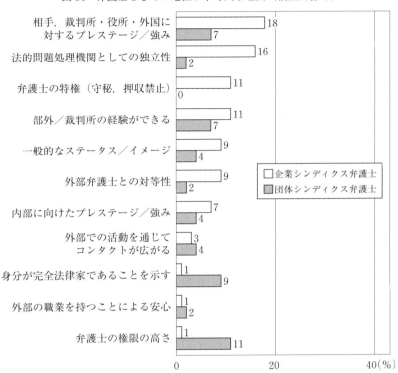

図 34　弁護士としての地位が不可欠な理由（複数回答可）

注：複数回答を可としたために合計が100％とはならない。

格により，完全法律家の資格をもっていることをうまく示して，高い法律家としての能力をもっていることを示唆するのだというわけである。

これに対し企業のシンディクス弁護士は，団体のシンディクス弁護士に比べると，その他の一連の観点に明らかにより強いアクセントを置いている。個別的には，次のものがあげられている。すなわち，

　イ　取引相手に対するシンディクス弁護士の強み
　ロ　「紛争処理機構の一機関」という意味でのシンディクス弁護士の独立性
　ハ　弁護士特権が認められるという利点そして，
わけても，また，
　ニ　外部弁護士に対するシンディクス弁護士の対等性

が，弁護士資格を必要とする理由としてあげられている。

　全体としてみると，企業と団体では，シンディクス弁護士が弁護士資格を持つ重みは異なっていることがわかる。この結果から，わけても団体では，弁護士資格は，たとえば修習生の資格に比してより確固とした職業プロファイルを示唆するものだとの解釈を引き出すことができる。

　これに対し，企業のシンディクス弁護士の回答は，弁護士資格が，企業内においても，そしてまた外部に対しても，非常に大きな交渉力を与えるだけではなく，同時に，企業の法的良心という役割を支えるものだということを示している。弁護士を法的紛争処理機構の一機関であるという指摘，そしてまた弁護士特権という利点が指摘されていることは，こう解釈する以外はない。

　弁護士の特権（証言拒絶権と押収禁止）は，シンディクス弁護士および経営者達とのインタビューにおいてもまた，中心的な意味を持っていた。明らかになったことは，回答した弁護士にとっては，使い道のあるこれらの特権を有しているといえるかどうかだけの問題ではないということである。すなわち，これらシンディクス弁護士が指摘するところによれば，彼らが担う，違法行為の積極的かつ早期の回避という意味での予防的な法律相談は，彼らが外部に対し証言拒絶権および押収禁止によって裏づけを得ている場合に限り，可能となる。「これがあってこそ，予想されうる紛争につき早期に通報を受け，そして相談を受けることが，内部的にはじめて可能となる。反対に，シンディクス弁護士は，もし証言拒絶権が認められないなら，内部における情報交換から疎外されるという状況がおこりうる」というわけである。

　このような回答は，企業のトップにある経営者達とのインタビューによっても確かめられている。特に指摘されているのは，全面的なプロテクトがなければ，自分のみたところからすると法律違反があるという疑いをもった企業の被傭者が，自らの疑念をその企業の法律家にうち明けることはないということである。

　経営者達からみると，企業のシンディクス弁護士の弁護士資格は，まさに内部の処理を法的な観点から批判的に検討するに際しても，シンディクス弁護士に対し，企業内におけるかなり大きな活動の余地を保障するものである。すなわち，「経営者達にとって，弁護士をごまかすのは至難の業である。弁護士資格は，経営者達にとっては，真実に沿った行動の特別の義務を示唆してくれる。もっとも——この関連でもまた強調されているのは——，この企業弁護士との関係は，その企業弁護士の人格とその企業内でのパワーポジションにかかっている」ということである。

　B.　法務部のアウトソーシングをどう考えるか
　企業のスリム化をめぐる議論の一環として，企業および団体の法務部もまた，ここ数

年その議論の対象となっている。わけても，企業そしてまた団体においては，その法務部を全面的に廃止し，その仕事を外部弁護士事務所に移すことが考えられた。このことからすると，質問調査をする際特に関心が深かったのは，シンディクス弁護士に対する次のような質問であった。すなわち，その質問とは，勤務する組織では，このようなことが検討課題となったことはあるか，またその場合には，やめた理由は何だったのかを聞くものであった。

図 35 からは，企業ではその 32％が，シンディクス弁護士にまかせるのをやめることを考えたのに対し，団体では，わずかに 2％だけであったことがわかる。

法務部のアウトソーシングを結果的にはあきらめた理由は多様である（図 36）。法務部をアウトソーシングするのをやめた主たる推定できる理由は，企業についてみると，内部での法律相談のほうがコストがかからないという評価がまさった（76％）ことにある。

これに加え，原則的には企業におけるシンディクス弁護士の地位なるものを根拠づけるのと同じ論拠をもって，独自の法務部を維持することが正当だとされている。この点については，すでに調査結果を個別的に示したが，これと平仄を合わせる形で，シンディクス弁護士がその企業に独特の知識を持っていること，わけても，シンディクス弁護士ないしは内部の法務部により，法律相談を迅速かつ恒常的に受けられることが指摘されている。

インタビューでは，これを一層深めるかたちで，次のような基本問題および傾向が指摘された。

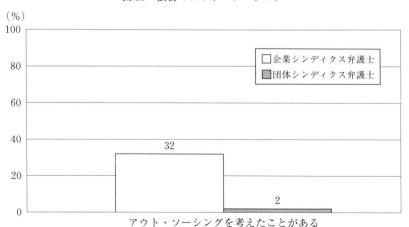

図 35　法務のアウト・ソーシング

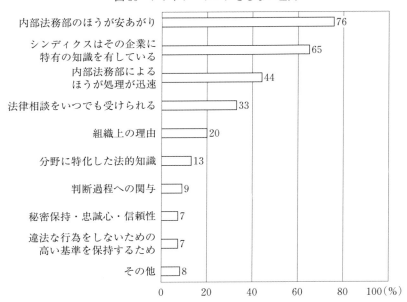

図36 アウトソーシングをしない理由

注：複数回答可としたために合計が100％になっていない。

イ　このインタビューを受けたシンディクス弁護士の一部は，まさに現在の経営者のモード次第で，このことが，再三再四問題とされてきたことを指摘している。すなわち，「個別的にみると，その中心にあるのは，費用の問題である。この際しばしば問題となったのは，短期的な収支バランスを見栄えのよいものとすることだけであった。全体としてみると，つまるところ問題は，評価哲学次第でその解決が異なったものとなる，価値評価の問題である」というわけである。インタビューを受けたシンディクス弁護士の多くは，次の点で一致している。すなわちそれは，内部の法務部に要するコストは，彼らの考えによれば，もっぱら外部の法律相談によった場合の相応するコストに比べると低いということである。わけても一連の大企業では，このことは，内部審査の際，いつもながらの結果として示されていたということである。

ロ　これに加えて，長年にわたりゆっくりと法務部に蓄積されてきた知見がどんなものかを評価することは，非常に難しいということが指摘されている。「法務部を解散すると，この蓄積された知識が失われてしまうことを考えなくてはいけない。そ

してこの知識は，後に法務を再度〔内部化〕しても，もはや使えなくなっている。新たに構築していくには，再び非常に大きなコストがかかる」ということである。
　全体的にみると，インタビューで強調されたことは，継続的なコストコントロールの必要性であったが，同時に指摘されたことは，法務部の継続性もまた，高い質の仕事をするための前提だということである。

(6)　シンディクス弁護士と通常の弁護士間の競争と協力
　シンディクス弁護士の地位をめぐる職業法上の議論は，開業している（普通の）弁護士達の中にみられる次のような不安によっても支えられている。すなわち，シンディクス弁護士は，その活動を通じて，もっぱら独立して活動している弁護士から，多くの顧客を奪っているというものである。この競業の問題は，二つの面をもっている。すなわち，一つには，企業ないしは団体におけるシンディクス弁護士の活動自体が，原則的には他の弁護士達との競業であるとみることができる。もう一つには，もっぱら独立して活動している弁護士が，常々危惧していることは，シンディクス弁護士が，企業ないしは団体での活動とならび，自分の事務所で多くの依頼を処理することである。
　回答を寄せたシンディクス弁護士中のかなり多くの者の見解によれば，もっぱら独立して活動している弁護士と競業関係に立つことは，ほぼない（図37）。少なくとも企業では83％，団体では89％以上のシンディクス弁護士が，仕事を奪うことはないという

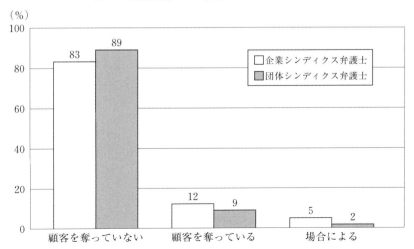

図37　開業弁護士との競争についての自己評価

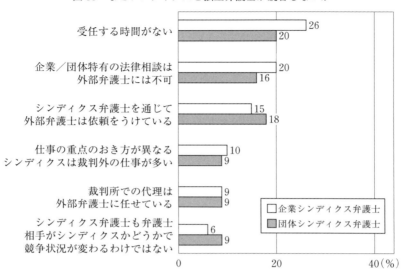

図38 なぜシンディクスと独立弁護士が競合しないか

評価を下している。

　このように評価した弁護士に対しては，さらにその理由を聞いた。ここでは，わけても以下にあげる三つの方向の論拠が重要である。

　　イ　一部のシンディクス弁護士は，その企業のための活動に照らすと，自分の事務所で多くの依頼を処理する時間などはないと指摘している。

　　ロ　回答したシンディクス弁護士のもう一つのグループは，彼らが行っているその企業ないしは団体特有の問題に対する相談は，外部の弁護士にはできないとする。

　　ハ　第3のグループは，まさにシンディクス弁護士の活動を通じて，常々外部の法律事務処への依頼がなされているのだと主張する。シンディクス弁護士こそが，外部に法律相談する必要があることを見つけだしてきたのだというわけである。

　わけても最後の観点は，シンディクス弁護士の活動を通じ，弁護士にとって積極的な相乗効果がもたらされているということを示唆している。以下では，この観点をより詳細にみていくこととしよう。

　　A．外部弁護士との協力

　シンディクス弁護士が活動しているほぼすべての企業は，常々外部の弁護士事務所と一緒に仕事をしている。これに対し団体では，外部から法的助言を常々受けている割合

は，多いが，企業ほどではない（図39）。

　外部の弁護士事務所との協力は，まずもって，法務部ないしは法務部門のキャパシティーの問題に由来している（37％）。外部の法律事務所の手を借りて，加重負担を克服しているのである。法務部は，実際に生じている法律相談の需要に照らすと，一部では人手不足になっている。しかしながら，人手不足は，多くの場合人事の判断ミスの結果ではなく，むしろ，内部の法律相談は，その一部をアウトソーシングするという戦略に由来する人事政策の顕れである（図40）。

　シンディクス弁護士の24％が，外部の鑑定によって企業ないしは団体にとって重要な問題に関する内部の法的助言の質を確保するために，外部の法律事務所と協力してやっている。ここでは，外部の法律事務所は，コントロール役を務めている。

　20％のシンディクス弁護士の回答によれば，裁判所で紛争の解決をはかる必要があるために，常々外部弁護士事務所と協力することになる。協力が必要となるその他の理由としては，海外での企業ないしは団体の代理が必要なこと（14％），そしてまた，特定の法的な事件には地元の弁護士をあてる必要がある（10％）ことがあげられている。

　シンディクス弁護士の10％の回答によると，外部法律事務所が特殊専門的能力を有することも，専門化した法律事務処との日常的な協力の原因となっている。経済的な理由から，法務部ないしは法務部門にすべての法分野の専門知識を蓄積しておくことはできない。外部の法律相談と内部の法律相談の間で作業分担がなされている。

　シンディクス弁護士の大多数（企業では82％，団体では85％）の考えによれば，こ

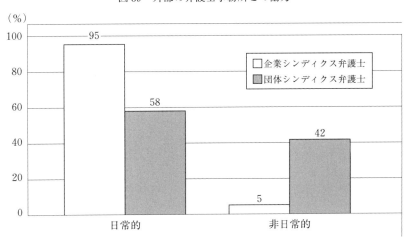

図39　外部の弁護士事務所との協力

図40 外部の事務処を利用する理由

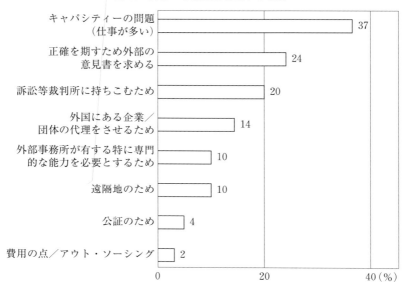

注：複数回答可としたため合計が100%とはならない。

のような作業分担により，外部の弁護士事務所が，過度に専門化するよう迫られることはまったくない（資料「図表17」〈未掲載〉）。むしろ，法的問題の複雑さおよび市場の要請に対応して専門化している弁護士は，企業そしてまた団体が，特別の専門知識を利用できるようにしてくれているというわけである。換言すると，外部の法律事務所が，このような需要によって専門化を余儀なくされている限りでは，これは，シンディクス弁護士の側からすると，市場の要請への不可欠な適応だということになる（資料「図表18」〈未掲載〉）。

　B．相乗効果

　シンディクス弁護士に対する集中インタビューから明らかになったことは，シンディクス弁護士と開業弁護士との協力は，積極的な相乗効果をもたらしているということである。この点に関し，インタビューでは，以下のような重要な指摘がなされた。
　イ　開業弁護士は，企業に対して裁判所関係の知識およびノウハウを広め，シンディクス弁護士が紛争処理方法として裁判を利用する際の能力を高めるのに役立っている。

ロ　反対にシンディクス弁護士は，開業弁護士に，同種の依頼を受けた際に用いることができる高度の専門知識を伝達している。ひるがえって，シンディクス弁護士は，開業弁護士から，その勤務する企業のために利用することができる，多岐にわたる情報を得ている。

ハ　シンディクス弁護士は，通常，時間がかかり，したがってかなりのコストがかかることになる裁判所での交渉を回避するという目標を追求することが求められている。とはいっても，彼らは，かなり早い段階で，どの段階になったら裁判所に持ち出さなければならなくなるかを認識している。このことからすると，裁判所でやらなくてはならない事件を，できるだけ早期に開業弁護士に委ねることもまた，シンディクス弁護士の関心事である。

　全体としてみると，集中的なインタビューから明らかになったことは，企業の法務部とその企業に関係している弁護士事務所との間には，相乗効果をもたらす関係が成立している。すなわち，双方向で結びついている専門知識は，法律問題の克服に際し，いずれか一方だけがその処理にあたった場合に期待できる以上の，より高度の専門的能力を発揮させることができる，ということである。

(7)　自己の事務処におけるシンディクス弁護士の活動

　シンディクス弁護士が，自らの経験について報告しているところによれば，シンディクス弁護士が自らの事務処で行う弁護士活動は，勤務する企業ないしは団体内部における弁護士としての活動と比較すると，どちらかといえば二次的である。しばしばシンディクス弁護士は，「それをやっていますといえるほどに，弁護士業を行える状況にはない」し，そしてまた「多くの場合にはその気もない」というわけである[64]。シンディクス弁護士に対する質問調査の結果は，このことを全面的に確認している。ここではまた，企業のシンディクス弁護士と団体のシンディクス弁護士とを，別個に観察する必要のあることがわかる。

　それぞれの仕事に対する時間配分はどうなっているかということとならんで，シンディクス弁護士が自分の事務処において行っている仕事の内容についての回答もまた，興味を引く。従来，この点に関する経験的な知見はなかった。わけても従来は，雇用関係の下でのシンディクス弁護士の活動と自己の事務処での活動との間に，実質的な関連があるかどうかはわからなかった。さらに，シンディクス弁護士が，自分の事務処で弁護士活動をするにあたっては，組織上の基本条件はどうなっているのかについても，今まで，経験的な調査がなされたことはなかった。この点については，本節（3.7）の最

---

64)　*Biermann* 1990, S. 421.

496 資 料

後（3.7.3）で取り上げることとする。

　A. その活動を雇用関係と自由業である弁護士としての活動にどう配分しているか

　シンディクス弁護士が，企業ないしは団体での活動と自分の事務処での活動に，仕事時間をどう配分しているかを調べてみると，次のような結果が得られた。

　企業のシンディクス弁護士は，平均するとその職業上の活動の91％を，雇用下での活動に使っている。企業のシンディクス弁護士の多くがあげた企業での活動の割合は，95％である。回答があった企業のシンディクス弁護士の半数は，最低でもその仕事時間の95％を，企業での活動に割いている。

　団体のシンディクス弁護士が，雇用関係のもとで使う仕事時間の平均は，企業のシンディクス弁護士に比べると，明らかに低い。平均的には，その仕事の79％を勤務する団体のために使っている[65]。団体のシンディクス弁護士が，団体のための活動に割く時間として最もよくあげたのは，全体の90％という割合である。回答した団体のシンディクス弁護士の半数は，最低でもその業務時間の90％を，雇用関係の下での仕事に使っている。これらの結果を集約すると，団体のシンディクス弁護士のうちの非常にわずかな部分が，その活動の中心を，自らの事務処での活動に置いているということができる。図41からは，団体のシンディクス弁護士の18％は，その事務処での活動時間が，団体の活動時間と同じか少ないということがわかる。企業のシンディクス弁護士では，この割合はわずか1％である。

　さらに，企業のシンディクス弁護士の10名に1名は，自分の事務処では，やっているといえるほどの仕事はしていないと答えている。このように，重点を一方に偏って置いているということは，団体のシンディクス弁護士には当てはまらない。

　二つの活動のいずれにウエイトをおいているかの差は，当然のこととして，自分の事務処で処理する依頼の数にもあらわれている。1995年をみると，企業のシンディクス弁護士の41％は，新件が5件以下であった。もっとも，100件以上の新件を受けた者も，企業のシンディクス弁護士では，3％いた。

　1995年については，企業のシンディクス弁護士が自分の事務処で受けた新件は，平均すると20件であった。

　団体のシンディクス弁護士についてみると，新件は平均で70件であった。1995年に

65）　開業弁護士としての活動に割いている平均的な割合をベースにすると，団体のシンディクス弁護士は，全職業活動のうち自分の事務所での活動のために割いている割合は，企業のシンディクス弁護士に比べると，その約2倍となっている（「図表19」〈未掲載〉）。

図 41　シンディクス弁護士の雇用関係の下での仕事の割合

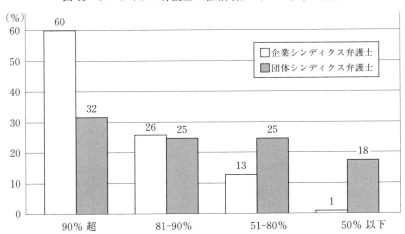

注：企業シンディクス弁護士―平均 91％・最多値 95％・半数以上最低 95％，
　　団体シンディクス弁護士―平均 79％・最多値 90％・半数以上最低 90％

は，その 5 分の 1 の団体シンディクス弁護士の新件は 5 件以下であり，同じく 5 分の 1 が 100 件を超えていた（図 42）。

中間的結論としては，団体のシンディクス弁護士のほうが，企業のシンディクス弁護士に比べ，明らかに多くの依頼を自分の事務処で処理しているとしてよい。

分析にあたり関心を寄せたのは，法務部の規模と自分の事務処で処理する依頼の数との間の関係を検討することであった。予想どおり，ここでもまた，企業と団体のシンディクス弁護士では，様相が異なっている（図 43）。企業のシンディクス弁護士についてみると，法務部の規模が大きくなればなるほど，自分の事務処での弁護士活動は少なくなっていく。これに対し，大きな[66]法務部門で働いている団体のシンディクス弁護士は，その全仕事時間のかなりな部分を自分の事務処での活動に割いており，その割合は，小規模な法務部門で働いているシンディクス弁護士と同程度である[67]。

---

66)　5 名以上の完全法律家が勤務している法務部門を指す。
67)　法務部の規模と，自分の事務処での仕事に割いている割合との相関関係は，企業のシンディクス弁護士でも，団体のシンディクス弁護士でも，統計上非常に明白（$p \leqq 0.05$）である。

図42 1995年に自分の事務処で受任した事件数

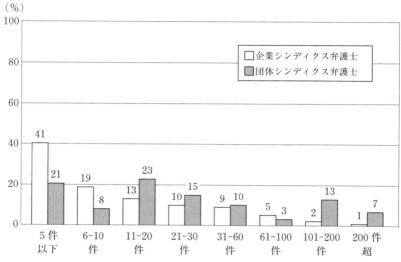

注：企業シンディクス弁護士—平均20件，団体シンディクス弁護士—平均70件

図43 法務部の規模と自分の事務処における仕事の割合

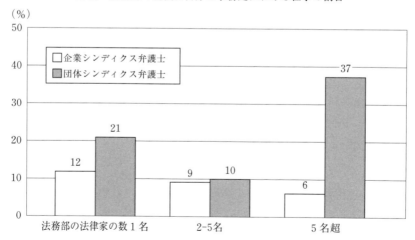

B. 両活動の実質的関連性

自分の事務処でのシンディクス弁護士の活動について詳しく知るために，このような活動は，勤務する企業ないしは団体の仕事としての活動と実質的な関連があるかという質問を，シンディクス弁護士に対し行った。過半数は，二つの活動領域間には，問われたような実質的関連はないと答えた（図44）。もっとも，ここでも企業と団体のシンディクス弁護士の間には違いがある。すなわち，企業のシンディクス弁護士の中で，両活動間には実質的関連があると答えたのは，29％であるが，団体のシンディクス弁護士では，44％以上である。つまり，団体のシンディクス弁護士の場合には，勤務する団体の仕事としての活動と自分の事務処での活動が密接に結びついていると考えてよい。

このような実質的な関連がみられる場合，それは主に，法分野が似ているということである（図45）。団体では16％，企業では15％のシンディクス弁護士が，自分の事務処で，勤務する企業ないしは団体におけるその法務活動と同じような法分野に関わる依頼を処理している。

その回答によれば，団体のシンディクス弁護士の15％は，その被傭者としての活動がらみで，そこからダイレクトに，開業弁護士としての依頼を受けている。企業のシンディクス弁護士の場合には，その割合は6％である。

団体のシンディクス弁護士の7％は，自分の事務処での活動は，勤務する団体での弁護士活動の専門化に対応した形で，専門化していると考えている。団体のシンディク

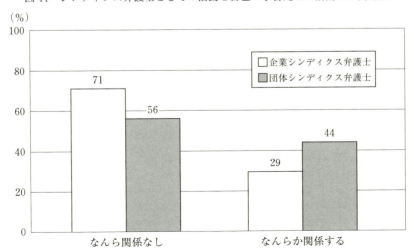

図44 シンディクス弁護士としての活動と自己の事務処での活動との関連性

図45 被傭者としての活動と自己の事務処での活動との関連性

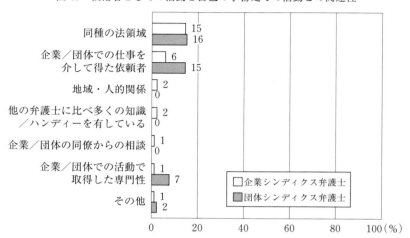

弁護士の間には，企業に比べ，シンディクス弁護士としての活動が専門化しているという意識が大いに広まっているが，このような意識が，ここに反映している。

a. 依頼者の構成

依頼者の構成についても，同じく企業と団体のシンディクス弁護士では違いがみられる（図46）。この違いの基本的なところは，団体のシンディクス弁護士の依頼者は，企業のシンディクス弁護士に比べると，そのかなりな部分が事業者だという点にある。この関係の詳細は，後に自分の事務処での活動の重点がどの法分野におかれているかをみることで，掘り下げていくこととする。もっとも，すでにこの段階で，企業のシンディクス弁護士が自分の事務処で行っている活動は，単に時間的のみならず，依頼の数からしてもさしたるものではないという解釈ができそうである。

b. 弁護士としての活動の中身

自分の事務処でのシンディクス弁護士の仕事がどうなっているのか。その足がかりを得るために，まずはじめに，裁判に関わる法律相談ないし代理と，それ以外のものとの割合を答えてもらった（図47）。企業のシンディクス弁護士では，自分の事務処での活動の平均17％を，裁判にかかわる弁護士活動にあてている。裁判外の紛争解決とその他の法律相談は，平均でみると，41％と42％となっており，企業シンディクス弁護士が事務処でする活動に占める両者の意味合いの程度は，同じである。

団体のシンディクス弁護士では，自分の事務処での活動の平均27％を，裁判に関わる弁護士活動にあてている。裁判外の紛争解決とその他の法律相談は，平均でみると，

図46 シンディクスが自己の事務処で仕事をする際の営業者である依頼者

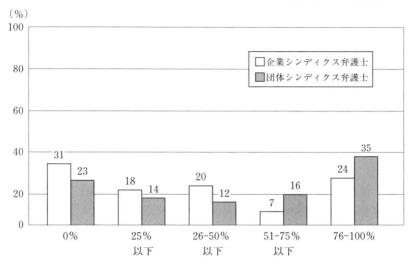

図47 シンディクス弁護士の自己の事務処での仕事

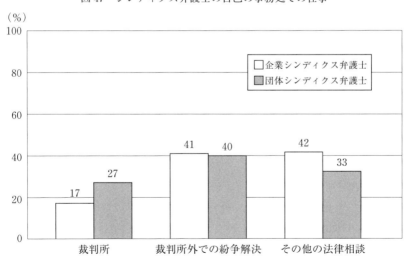

40％と 33％となっている。

結論的には，裁判外の紛争解決および一般的な法律相談と比べると，裁判に関わる弁護士としての活動が，自分の事務処での活動に占める意味合いは少ない。もっとも，ここでも，企業と団体のシンディクス弁護士は，分けて見ていかなくてはならない。

イ　自分の事務処での活動において，企業のシンディクス弁護士が裁判所に出頭する割合は，団体のシンディクス弁護士に比べ低い。

ロ　企業のシンディクス弁護士は，自分の事務処における活動の重点を，団体のシンディクス弁護士よりも多く，一般的な法律相談においている。

自分の事務処での全活動中，裁判に関わる活動が占める割合の正確な分類は，この基本的傾向が確かであることを示している（図48）。一切裁判所に関わる弁護士活動を（自分の事務処で）行っていないのは，企業では 34％であるが，団体では，わずか 23％である。個々の分布を分析してみると，自分の事務処での活動の 30％以上を裁判所に関わる依頼にあてているのは，企業のシンディクス弁護士では 14％であるが，団体では 38％以上にのぼっている。

c. 法分野

シンディクス弁護士が活躍している法分野の分析は，その弁護士活動の内容をさらにより明らかにしてくれる（資料「図表20」参照〈未掲載〉）。

自分の仕事としての弁護士活動と，勤務する企業のための弁護士としての活動との間

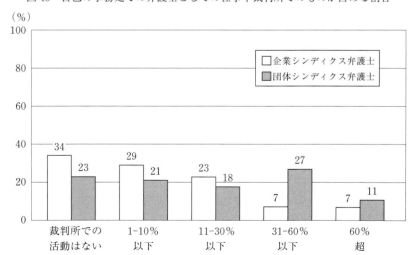

図48　自己の事務処での弁護士としての仕事中裁判所でのものが占める割合

には，その法務の重点が異なっている。わけても注目されるのは，企業のシンディクス弁護士が，自分の事務処で，社団（会社）法，経済法および競争法，商標法そしてカルテル法に取り組むのは，企業での活動に比べ大幅に少なくなっていることである。このように法務の重点が異なっている理由は，企業のシンディクス弁護士が自分の事務処で処理する依頼のうち，事業者からのものが少ないという点にある。

団体の弁護士が自分の事務処でやる法務の重点は，わけても労働法であるが，さらには，公法，行政法，そしてまた競争法，商標法ならびにカルテル法におかれている（資料「図表21」参照〈未掲載〉）。このような重点は，団体のシンディクス弁護士が，団体内部での活動について答えた法務の重点と大きく重なっている。ここでもまた，団体での活動と自分の事務処での弁護士活動が，密接に連動していることがわかる。

C. シンディクス弁護士の事務所の組織形態

シンディクス弁護士の多くは，単独弁護士事務所である。企業のシンディクス弁護士では，86％が，団体では60％がそうである（図49）。

団体に勤務するシンディクス弁護士の22％は，合同事務所（Burogemeinschaft）において，開業弁護士としての活動をしている。団体のシンディクス弁護士の16％が，被備者としての活動とならび，共同事務所形態のパートナーとして活動している。

シンディクス弁護士がその仕事をしている事務所の施設状況および人員構成も，事務所の組織形態ごとにはっきりと異なっている（資料「図表22」および「図表23」参照〈未掲載〉）。そのため，以下では，シンディクス弁護士の事務所を組織態様ごとにわけ

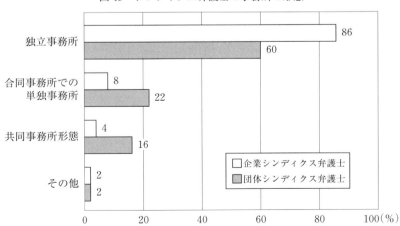

図49　シンディクス弁護士の事務所の形態

504 資　　料

て，個々の点をみていくこととする。なお，以下でわけて論じる人員構成および施設に
ついては，資料「図表24」から「図表27」〈未掲載〉までを参照されたい。

　　a.　単独弁護士事務所

　企業に勤務するシンディクス弁護士のかなり多くが，その単独事務所に使っているの
は，一部屋である[68]。単独事務所で活動している企業のシンディクス弁護士の３分の２
は，その自由業としての弁護士の活動を，法律家でない事務員なしでこなしている。こ
れもまた，企業のシンディクス弁護士が自分の事務処で行っている活動は，たいしたも
のではないということの強力な証拠である。

　団体で活動しているシンディクス弁護士もまた，その多数は，同じく一部屋でその自
由業としての弁護士活動を行っている。単独事務所でやっている団体のシンディクス弁
護士中，48％は，その事務所で非法律家の事務員を雇用している。

　　b.　合同事務所

　その自由業としての弁護士活動を合同事務所で行っている企業のシンディクス弁護士
の約３分の２については，彼らの仕事のために一部屋用意されている。合同事務所で
は，多くの場合，２人ないしはそれ以上の事務員が働いている。合同事務所としている
者の31％は，事務員を雇っていない。

　合同事務所にしている団体のシンディクス弁護士についてみると，その３分の１強に
ついては，開業弁護士としての活動のために一部屋用意されている。その27％は，３
部屋以上を使っている。団体に勤務するシンディクス弁護士の合同事務所の半数では，
１人以上の事務員を雇っている。30％の事務所では，１人も事務員がいない。ここでも
また，団体のシンディクス弁護士が，どちらかといえば比較的大規模の事務所で活動し
ていることが示されている。

　　c.　共同事務所形態

　団体のシンディクス弁護士は，通常企業のシンディクス弁護士より大規模な共同事務
所形態で活動している。個別的には，次のような関連性が明らかになった。

　　イ　企業のシンディクス弁護士の多く（63％）は，パートナーが１人であるのに対
　　　し，共同事務所形態をとる団体のシンディクス弁護士の多数（72％）は，３人ない
　　　しそれ以上のパートナーと一緒にやっている。

　　ロ　団体に勤務するシンディクス弁護士の共同事務所では，平均８人の事務員が働い
　　　ているが，これは，企業のシンディクス弁護士の事務所の倍である。

　　ハ　共同事務所としている団体のシンディクス弁護士では，使っている部屋は平均

──────────

68）　企業のシンディクス弁護士の中には，事務室もないし，事務員もいないと答え
　　た者もいる。

シンディクス弁護士の職業像　*505*

図 50　企業形態毎にみた自己の事務処における活動の割合

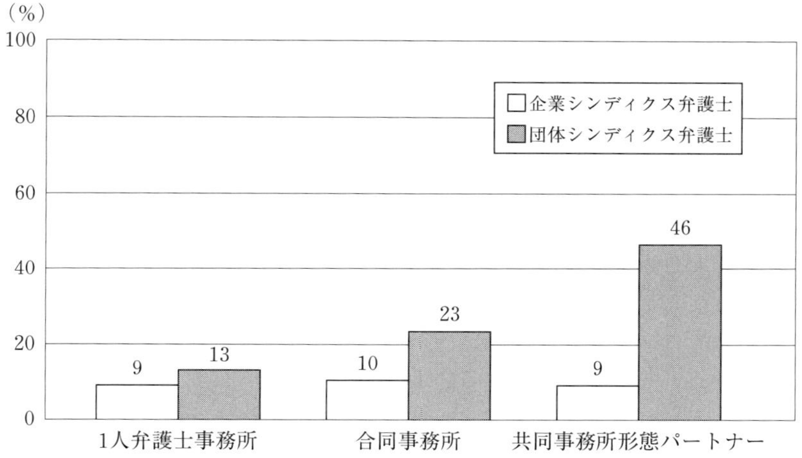

（%）

```
100 ┤
    │
 80 ┤              ┌──────────────────┐
    │              │□企業シンディクス弁護士│
 60 ┤              │■団体シンディクス弁護士│
    │              └──────────────────┘       46
 40 ┤                                         ┌──┐
    │                          23             │  │
 20 ┤              ┌──┐                       │  │
    │  9    13     10  ┌──┐         9         │  │
  0 ┼──┬──┬──────┬──┬──┬──────┬──┬──┬──
      1人弁護士事務所    合同事務所    共同事務所形態パートナー
```

　10 部屋以上である。企業のシンディクス弁護士では，部屋数は 4 である。

　シンディクス弁護士の法律事務所の組織形態と自分の事務処での活動に割ける時間との関連を分析してみると，図 50 のようになる。企業のシンディクス弁護士は，事務処の組織形態とは無関係に，比較的一定した範囲で，自分の事務処において弁護士の活動をしている。団体のシンディクス弁護士についてみると，この様相はまったく異なっている。共同経営者として活動している場合には，平均してみると，その弁護士としての活動にあてる労働時間の 46% を，自分の事務処の仕事に割いている[69]。

（8）　シンディクス弁護士の所得

　シンディクス弁護士の収入は，その二重の職業活動に対応して，企業ないしは団体におけるその弁護士としての活動と，自分の事務処での活動とからなっている。以下では，この二つの収入を分けて考察する。二つの活動領域からの収入が，相互に依存し合っていることは，その職業活動の重点の置きどころから，事実上判断できる。すなわち，企業と団体のシンディクス弁護士間では，雇用関係の下での活動と自分の事務処での活動のありようがかなり異なっていることが，収入構成に影響していると考えられる。

69）　同じく予想どおり，毎年の新件の数は，自分の事務処の組織形態いかんで，ばらつきがある。資料「図表 28」〈未掲載〉参照。

図51 1995年に勤務先から得た所得

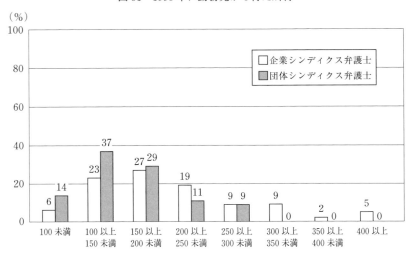

注：単位 1,000DM（約 6 万円）
　　企業シンディクス弁護士――平均 201,156DM・最多値 150,000DM・中間値 175,000DM,
　　団体シンディクス弁護士――平均 145,802DM・最多値 100,000DM・中間値 140,000DM

A. 企業ないし団体での活動からの所得

以下ではまず，シンディクス弁護士が雇用関係の下で得ている総所得を見てみる（図51）。この総所得は，税込み基本給，加給金，報償金およびその他の手当からなっている[70]。

1995年についてみると，企業のシンディクス弁護士が，雇用関係の下で得ていた税込み総所得の平均は，20万ドイツマルク（マルクはユーロ導入前のドイツ通貨。1ドイツマルクは，この調査結果発表当時，60〜70円程度）であった。

全体をみると，企業のシンディクス弁護士では，その所得にかなり大きなばらつきが見られる。回答した企業のシンディクス弁護士のうち，10万ドイツマルク未満の者が，6％である。約半数が，年収10万から20万ドイツマルクまでである。回答したシンディクス弁護士の5分の1弱が，20万から25万ドイツマルクの間の所得を得ていた。同じく5分の1が25万から40万ドイツマルクだと答えている[71]。40万ドイツマルクあるい

---

70) その他の収入とは，その雇用関係の枠内で許されている弁護士としてではない活動，たとえば鑑定人あるいは大学講師の収入を指す。
71) この範囲の収入を得ている者は，さらに次のグループに分けられる。この20％

はそれ以上と答えたのは，同じく回答した企業のシンディクス弁護士の５％であった。

　企業と団体で働くシンディクス弁護士の平均所得を比較すると，勤務先から得ている所得は，後者のほうが明らかに低いことがわかる。団体で働くシンディクス弁護士の所得は，企業で働くシンディクス弁護士に比べ，平均で年５万5000ドイツマルク少ない。その年収は，約15万ドイツマルクである。

　企業のシンディクス弁護士の収入と比べてみると，さらに目を引くのは，回答した団体で働くシンディクス弁護士には，30万ドイツマルクまたはそれ以上の所得を得ている者は皆無だということである。その所得のばらつきは，企業のシンディクス弁護士に比べ少ない。すなわち，団体に勤務するシンディクス弁護士の約３分の２は，10万ドイツマルクから20万ドイツマルクである[72]。

　　a．所得内訳

　シンディクス弁護士がその雇用関係から得ている総所得がどのようなものから成っているかをみてみると，企業と団体のシンディクス弁護士では，その額も異なれば，その構成も異なっている。

　まずもって，団体で働くシンディクス弁護士の税込み基本給の平均は，企業の者よりも少ないことを確認することができる[73]。もっとも，３万6000ドイツマルクという基本給の差は，総所得の差に比べると少ない。この違いは，総所得の構成が異なっていることに由来している。企業で働くシンディクス弁護士では，団体のシンディクス弁護士に比べ，総所得に占める報償金ないしは割増給与およびその他の手当の割合がかなり高い。団体のシンディクス弁護士の中で，報償金あるいはその他の手当を受けている者は，わずか11％だけである。これに対し，企業で働くシンディクス弁護士では，そのうち19％が，その他の手当を得ており，また，43％が報償金を得ている（図52）[74]。

　　中，９％の企業シンディクス弁護士は，25万ドイツマルクから30万ドイツマルクまで。同じく９％が，30万ドイツマルクから35万ドイツマルクまで。そして２％が，35万ドイツマルクから40万ドイツマルクまでとなっている。いずれも，1995年についてである。

72)　団体のシンディクス弁護士の中で，団体のための弁護士としての活動から得ている年収が最も多数を占める収入グループは，10万ドイツマルクである。

73)　ここで示す総収入のばらつき具合も，同じく税込みで計算されたものである。この点については，資料「図表29」〈未掲載〉参照。

74)　企業で働くシンディクス弁護士が，報償金ないしはボーナス等のその他の手当を受けている場合，報償金は平均で，４万2488ドイツマルク，その他の手当は，平均で３万354ドイツマルクである。資料「図表30」および「図表31」〈未掲載〉参照。

図 52 シンディクス弁護士が報償金・その他の支払いをうけている割合

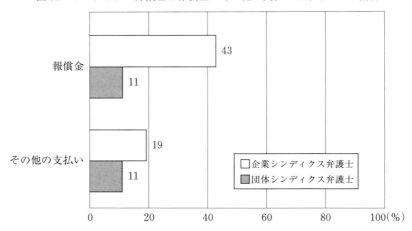

b. シンディクス弁護士の所得額に影響する要素

シンディクス弁護士の所得額は，さまざまな要素によって定まっている。大きな要素は，職業経験，博士号およびその他の学術資格である。これに加え，法務部ないしは法務部門の大きさにより，所得の多寡に違いがある。

以下では，この関係を個別にみていく。この時点ですでに前提としてよいのは，企業のシンディクス弁護士の収入を左右するファクターは，団体のそれよりも多岐にわたっているということである[75]。

b-1 シンディクス弁護士が有する資格と所得

シンディクス弁護士の職業経験の重要な指標は，弁護士として認可をうけている年数である。

認可を受けた年を分けてみると，次のような関係（図 53）が明らかとなる。すなわち，1986 年から 1995 年までに認可を受けた企業のシンディクス弁護士の総所得は，平均で 15 万ドイツマルクである。同じ時期に認可を受けた団体のシンディクス弁護士では，平均総所得は，11 万ドイツマルクとなっており，企業に比べ明らかに低い。1976 年から 1985 年までに認可を受けた者は，企業では平均約 21 万 3000 ドイツマルク，団体では，平均約 15 万 5000 ドイツマルクとなっている。1976 年より前に認可を受けた

---

75) この相関関係は，非常にはっきりしている（$p \leqq 0.05$）。以下では，この程度（$P \leqq 0.05$）にはっきりしている相関関係のみを指摘する。

図53 認可時期からみた1995年における勤務先からの平均所得

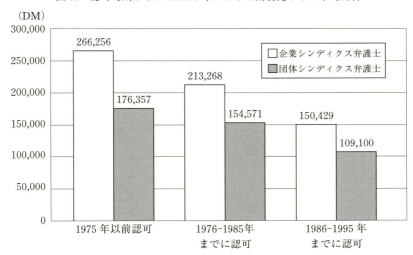

者では，平均の総収入は，企業のシンディクス弁護士では，約27万ドイツマルク，団体では，約18万ドイツマルクに上っている。

結果的にいうと，職業経験が，シンディクス弁護士の収入を決める決定的要素となっていることは明らかである。これに対し，その他の資格等の資質をはかるメルクマールが勤務先からの所得に影響しているのは，企業のシンディクス弁護士のみである。

企業で働くシンディクス弁護士のうち，たとえば税理士，公認会計士などの資格を有しているとか，あるいは大学で経営学を学んだ者は，そうではない者と比べると，年額で，平均5万ドイツマルク多くの総所得を得ている（資料「図表32」参照〈未掲載〉）。博士号をもっているシンディクス弁護士は，そうでない者と比べると，明らかに高い収入を得ている[76]。

b-2 法務部の規模と所得

企業で働くシンディクス弁護士の活動についてであるが，法務部が大きくなればなるほど，高い所得を得ている（資料「図表33」〈未掲載〉）。先に示したように，この種の所得の増加は，企業での弁護士活動にしばられる度合いが強くなることでもまた，増幅

---

76) 収入の差は，約4万ドイツマルクである。資料「図表35」〈未掲載〉参照。その他の学術資格，そしてまた博士号の有無との明確な（$p \leq 0.05$）相関関係は，団体で働くシンディクス弁護士の収入についてはみられない。

図54 企業から任意的な給付をうけているシンディクス弁護士の割合

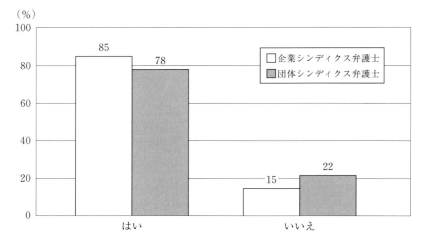

されている。

比較的大きな法務部におけるシンディクス弁護士の総所得が多いのは，主として基本給が高いからである（資料「図表34」〈未掲載〉）。これに対し，報償金およびその他の手当は，法務部の規模でのばらつきはない。

　c．その他の任意的給付

勤務先からの所得の他に，シンディクス弁護士は，その多くが企業から任意的な性格の給付を受けている（図54）。

団体で働いているシンディクス弁護士は，全体的には，企業の者よりもより多くの任意的給付を得ている。1995年における任意的給付の額は，企業のシンディクス弁護士では1万5000ドイツマルク，団体のでは，1万8000ドイツマルクである（資料「図表36」〈未掲載〉）。一定の任意の給付を受けているシンディクス弁護士の割合（図55），そしてまた個々の給付の額，また，企業の任意給付の種類ごとでも，かなりなばらつきがある[77]。

大方のシンディクス弁護士は，企業老齢年金のための積立金を支払ってもらっている。企業ないし団体で働くシンディクス弁護士の半数以上（53％と60％）が，企業老齢年金に加入している。傾向的には，団体のシンディクス弁護士のほうが，企業に比

---

[77] 以下で述べるさまざまな任意の手当の額については，資料「図表37」（未掲載）参照。

図 55 シンディクス弁護士が勤務先から得ている任意的給付の内容

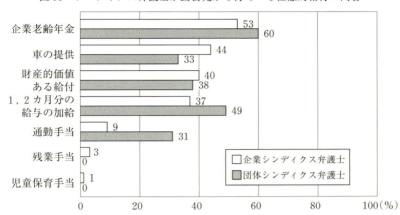

べ，より多くこの種の任意給付を保障されている。支払ってもらっている企業老齢年金のための積立金の額には，明らかにばらつきがある。1995年における企業で働くシンディクス弁護士に対する支給額は，団体の者よりも，約3分の1少ない。

休暇手当ないしは1，2カ月分の加給金の形での給付を受けているのは，団体のシンディクス弁護士では，約その半数であり，これは企業のシンディクス弁護士に比べ，約3分の1多い。企業老齢年金とは異なり，ここでは，企業シンディクス弁護士に対する1995年の支給額は，平均的には，団体の倍となっている。

その他の勤務先からの給付として，企業のシンディクス弁護士には，その44％に対し車が提供されている。これに対し，団体では，車を提供されているのは，わずかに3分の1である。これに対応して，団体のシンディクス弁護士のほうが，企業よりも，通勤手当を得ている割合が多く（団体31％，企業9％），これに加え，平均的には，その金額も企業に比べ多い。

すべてのシンディクス弁護士の5分の2は，さらに財産的価値のある給付を受けている。

B. 自分の事務処での活動に基づく所得

企業で働くシンディクス弁護士と比べ，開業弁護士としての活動により重点を置いている団体の弁護士は，当然のことながら，自分の事務処での活動からより多くの弁護士報酬を得ているし，また収入も多い。

a. 報 酬 額

企業の弁護士が，自分の事務処で得る弁護士報酬は，平均約3万2000ドイツマルク

512 資　　料

図 56　自分の事務処で得た報酬額

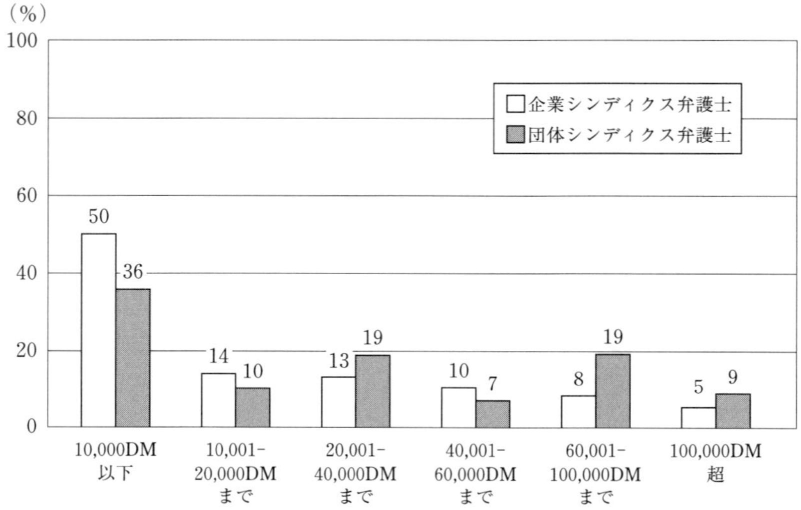

(%)

企業シンディクス弁護士
団体シンディクス弁護士

	企業	団体
10,000DM 以下	50	36
10,001-20,000DM まで	14	10
20,001-40,000DM まで	13	19
40,001-60,000DM まで	10	7
60,001-100,000DM まで	8	19
100,000DM 超	5	9

注：企業シンディクス弁護士―平均 32,475DM・最多値 10,000DM・中間値 12,000DM,
　　団体シンディクス弁護士―平均 63,093DM・最多値 30,000DM・中間値 27,500DM

である（図56）。企業のシンディクス弁護士が得る報酬の額には，相当なばらつきがみられる。企業で働いているシンディクス弁護士の半分が，自分の事務処で得ている報酬は，1万ドイツマルクまでである。一番多いのが，ちょうど1万ドイツマルクである（Modus）。企業で働くシンディクス弁護士の37％が，1万ドイツマルク超から6万ドイツマルクまでである[78]。6万ドイツマルクを超える企業のシンディクス弁護士の割合は，13％となっている。

　団体で働くシンディクス弁護士が得た弁護士報酬は，平均6万3000ドイツマルクであり，したがって，企業のシンディクス弁護士よりも明らかに多い。

　団体で働くシンディクス弁護士についても，報酬の額にはかなりなばらつきがある。最も多いグループは，3万ドイツマルクであり，したがって，企業で働くシンディクス弁護士の約3倍の額である。

---

78)　14％が，1万から2万ドイツマルクまでの弁護士報酬を得ている。13％は，2万から4万ドイツマルクであり，10％が，4万から6万ドイツマルクの弁護士報酬を得ている。

結論としては，平均的には団体のシンディクス弁護士のほうが，企業のシンディクス弁護士よりも，自分の事務処において明らかにより多くの弁護士報酬を得ているということができる。この調査結果を全体として評価する際には，これと平仄を合わせて，団体で働くシンディクス弁護士の勤務先からの所得は，企業のシンディクス弁護士を下回っていることを想起しなくてはならない。

   b. 収　　益

1995 年には，シンディクス弁護士の自分の事務処からの収益は，ほとんどが所得税法 4 条 3 項による利潤計算によってその額が算定された（資料「図表 38」〈未掲載〉）。

この計算によれば，1995 年には，すべてのシンディクス弁護士のうちのかなり多くには，収益があった（図 57）。

企業で働くシンディクス弁護士が自分の事務処で得た収益の平均は，1 万 8000 ドイツマルクである。企業シンディクス弁護士の 62％が，その自由業としての弁護士活動から得た収益は，1 万ドイツマルクまでである。企業で働くシンディクス弁護士の 28％は，1995 年には，1 万ドイツマルク超 4 万ドイツマルク以下の収益があったと答えている。それでも，企業で働くシンディクス弁護士の 10 人に 1 人は，4 万ドイツマルクを超える収益があった。

すでに述べた報酬の額の場合と同じく，団体で働くシンディクス弁護士の平均収益 4 万ドイツマルクというのは，明らかに企業のシンディクス弁護士よりも多い。団体で働

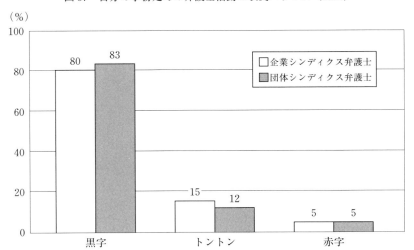

図 57　自分の事務処での弁護士活動の収支バランス（1995）

514 資　料

図58　自分の事務処での弁護士活動からの収益

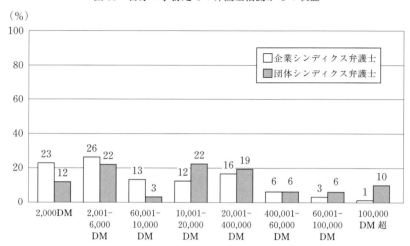

くシンディクス弁護士についても，収益にかなりのばらつきがみられる（図58）。自分の事務処での活動から，1万ドイツマルクまでの収益があったのは，団体シンディクス弁護士の37％である。彼らの約半数が，1995年には，1万ドイツマルク超4万ドイツマルクまでの収益があった。そして，同じく1995年に，4万ドイツマルクを超える収益を達成したのは，22％であった。

　総括すると，自分の事務処でのシンディクス弁護士の活動は，受け取り報酬および収益に関してみると，非常に限定されたものにとどまっているといってよい。もっとも，このような判定は，報酬の分布を無視して，平均値をみるというやり方に基づくものである。それゆえ，調査結果のリアリスティックな解釈をするには，シンディクス弁護士の中には，4万ドイツマルクを超える収益をあげた者もいるということも，補充的に考え合わせる必要がある。もっとも，これは，例外であり，言うまでもなく一般化できる代物ではない。

　以上のことからして，次のように結論づけてよい。すなわち，シンディクス弁護士というのは，経済的な観点からもまた，もっぱら自分の事務処で活動している弁護士にとって，永遠の強力なライバルだという考えは，あまりにも大げさな物言いであるし，通常それは，希有の例を取り上げて一般化したものだということができる。

（以上　クリストフ・ホンムリッヒ）

シンディクス弁護士の職業像　*515*

訳注1） 後に述べられているように，1987年連邦憲法裁判所は，弁護士倫理要綱の拘束力をすべて否定してしまった。そこで，1994年の改正に際し，弁護士により構成される規約委員会（Satzungsversamlung）が，連邦弁護士が定める弁護士の権利と義務の範囲で，自律的にその職業に関する規律，すなわちこの職業規則（Berufsordnung）を定立できると改められた（連邦弁護士法59ｂ条および191条ａ以下参照）。この規律は，明確な法律の授権に基づくものであり，かつての倫理要綱とは異なり，単なるガイドラインではなく，法規範の性格を持つものである。詳しくは，森勇「ドイツ弁護士法の新たな展開」日本弁護士連合会編「21世紀弁護士論」（2000年）198頁も参照されたい。

訳注2） もっとも，地方裁判所（Landsgericht）と上級地方裁判所（Oberlandesgericht）での重畳認可の原則禁止もまた，2000年末には，連邦憲法裁判所から違憲のレッテルを貼られてしまった。BverfGHUrt.vomH 13.12.2000,AnwBlH 2001, S. 54. そして，上級地方裁判所での認可を受けていた者は，2002年1月1日より地方裁判所での活動ができるようになっているし，また2002年7月1日からは，地方裁判所で認可を受けていた弁護士も，上級地方裁判所での活動ができるようになっている。ちなみに，連邦憲法裁判所が，両者の実施期日を異なるものとしたのは，上級地方裁判所のみで認可を受けていた者が，第一審市場にスムーズに参入できるよう，いわばハンディーキャップを与えるためとされている。

訳注3） 後にテロリストの弁護士となり，その後彼自身もテロ行為を理由に弁護士資格を失った。再び弁護士認可を受けたが，今度は右翼過激派政党に入党するという奇異な行動をとった人物である。

訳注4） 共同事務所形態について，詳しくは，拙稿「ドイツにおける弁護士および隣接業務の共同」石川明先生古稀祝賀　現代社会における民事手続法の展開 上巻（2000年）181頁以下参照。同じく，その他の業務形態についても，拙稿を参照されたい。

訳注5） 現在では，刑法，家族法および破産法専門弁護士が専門分野としてプラスされている。2001年1月1日現在では，専門弁護士の数は，さらに増加の一途をたどっている。そして，労働法さらには新参の家族法が爆発的に増加し，その数は，税法を上回っている（2001年1月1日現在，税法は，2939名に対し，労働法は，3827名，家族法は，3789名）。したがって，ここでの調査結果自体は，現在にはまったく当てはまらなくなっている。ちなみに，専門弁護士の分野を追求しようという試みが，繰り返しなされており，早晩（あるいはこれが出版されるときにはすでに）新たな専門分野が加わることはほぼ確実と思われる。

訳注6） もっとも，この割合は低下し続け2001年現在では，公証人を兼ねている弁護士の割合は8％になっている。

訳注7） 2001年現在では，さらに増加し，25％強となっている。

516 資　　　料

訳注 8 ）　2001 年現在では，男性の割合はほぼ同じであるが，女性については 9.5 ％
　　に増加している。
訳注 9 ）　この調査以降導入された専門弁護士についてみると，刑法，分けても倒産
　　法では女性は少ない（倒産法では，141 人中わずか 5 人）のに対し，家族法では，
　　1851 人対 1938 人と，2001 年からではあるが，女性が上回っている。
訳注 10）　2001 年現在，男性では，11.2 ％，女性では，3 ％弱である。

関連条文

ドイツ連邦弁護士法
（Bundesrechtsanwaltsordnung）抜粋

第1章　弁護士

第1条　〔法的問題処理機構の中における弁護士の地位〕

　弁護士は，法的問題処理機構を構成する独立した一機関である。

第2条　〔弁護士の職務〕

（1）　弁護士は，自由職業を行う。

（2）　弁護士の活動は，営利を目的とする業ではない。

第3条　〔助言および代理を行う権利〕

（1）　弁護士は，あらゆる法律問題に関する依頼に基づいた独立の助言者および代理人である。

（2）　あらゆる種類の法律問題につき，裁判所，仲裁裁判所または官署において活動することができる弁護士の権利は，連邦法によってのみこれを制限することができる。

（3）　すべての人は，法律の規定の枠内で，あらゆる種類の法律問題につき，自ら選任した弁護士から助言を受け，また，裁判所，仲裁裁判所あるいは官署において，弁護士を代理人とする権利を有する。

第3章　弁護士の権利および義務ならびに弁護士の職業上の協力関係

第1節　総則

第43条　〔一般的な職務上の義務〕

　弁護士は，良心に従ってその職務を行わなければならない。弁護士は，職務の内外を問わず，弁護士という地位が要求する敬意と信頼にふさわしい態度をとらなければならない。

第43条a　〔弁護士の基本的義務〕

（1）　弁護士は，その独立性を損なうおそれのあるいかなる義務も，引き受けてはならない。

（2）　弁護士は守秘義務を負う。この義務は，弁護士がその職務を行うにあたり知るこ

ととなったすべての事項におよぶ。公知の事実またはその意義からして秘密保持の必要がない事実については，その対象外とする。

（3） 弁護士は，その職務を行うにあたり，事に則さない行動をとってはならない。事に則さないとは，わけても，知りつつ真実に反することを伝播させるような行動，あるいは，他の関与者もしくは手続経過が，何らその契機を与えてはいない名誉を毀損するような発言が問題となる行動をいう。

（4） 弁護士は，相反する利益をともに代理してはならない。

（5） 弁護士は，委託された財産の取り扱いにあたっては，必要な注意を尽くす義務を負う。他人の金銭は，直ちにその受領権者に引き渡すか，あるいは，別の口座に振り込まなくてはならない。

（6） 弁護士は，継続して研鑽につとめる義務を負う。

第 43 条 b 〔宣伝〕

弁護士の宣伝は，それが，業務の形態およびその内容を事に則して報告し，かつ，個別事件の委任を受けることに向けられていないものに限りすることができる。

第 43 条 c 〔専門弁護士〕

（1） ある法領域につき特別の見識と経験を取得した弁護士に対しては，専門弁護士の称号を名乗る権限が与えられる。専門弁護士の称号は，行政法，税法，労働法および社会法，ならびに，この法律の 59 条 b 第 2 項第 2 号 a の条項が定める法領域に関して付与される。この権限は，最高三つの法領域について付与が許される。

（2） この権限の付与を求める弁護士の申請については，弁護士会に設ける委員会が，当該弁護士から提出された特別の見識と経験の取得についての証明を審査した後，弁護士会理事会が，当該弁護士に対し送達さるべき裁決をもって，これを判断する。

（3） 弁護士会理事会は，各専門領域毎に委員会を設け，その構成員を任命する。一つの委員会は，最低 3 名の弁護士により構成される。この弁護士は，複数の委員会の構成員を兼ねることができる。第 75 条および第 76 条は，これを準用する。複数の弁護士会は，共同の委員会を設けることができる。

（4） 後に，それが分かっていれば許可が拒絶されていたはずの事実が判明したときは，弁護士会理事会は，専門弁護士の称号を名乗る権限を，将来に向けて撤回することができる。職業規則に規定されている継続研鑽を怠った場合には，これを取り消すことができる。

ドイツ連邦弁護士法抜粋　519

第45条　〔業務の禁止〕
（1）　弁護士は，以下の場合はの活動してはならない。
　　1　弁護士が，裁判官，仲裁人，検察官，公務員，公証人，公証人職務代行または公
　　　証人の管理人として，すでに同一の事件に関与していた場合。
　　2　弁護士が，公証人，公証人職務代行または公証人の管理人として，証書を作成
　　　し，その証書の法的効力または解釈が争われているか，あるいは，それに基づき
　　　執行が行われる場合。
　　3　弁護士が，倒産管財人，相続財産管理人，遺言執行者，財産管理人またはそれと
　　　同種の役割を担う者としてすでに関与した事件において，その弁護士が管理して
　　　いた財産の帰属者を相手方とする場合。
　　4　弁護士が，その弁護士としての活動外または第59条 a 第1項の意味におけるそ
　　　の他の活動外において，業務上同一事件にすでに関与していたとき。ただし，当
　　　該の職業活動を終えたときは，別とする。
（2）　弁護士は，以下のことをしてはならない。
　　1　すでに，管理に服すべき財産の帰属者を相手とする弁護士として関与した事件
　　　に，倒産管財人，相続財産管理人，遺言執行者，財産管理人またはそれと同種の
　　　役割を担う者として関与すること。
　　2　弁護士としてすでに関与した事件において，その弁護士としての活動外または第
　　　59条 a 第1項の意味におけるその他の活動外において，業務上関与すること。
（3）　第1項および第2項の制限は，当該弁護士と共同事務所を営み，またはその他の
　　　形で合同してその業務を行い，あるいは，行っていた弁護士およびその他の職業
　　　に従事する者にもこれを適用するとともに，その他の職業に従事する者が，第1項
　　　および第2項の意味において関与していた場合においても，またこれを適用する。

第46条　〔継続的な雇用関係にある弁護士〕
（1）　弁護士が，依頼者と，継続的な雇用関係またはこれに類する勤務関係に基づきそ
　　　の労働時間および労働力を費やさなければならない関係にあるときは，その依頼
　　　者のために，裁判所または仲裁裁判所において弁護士として活動してはならな
　　　い。
（2）　弁護士は，以下の場合には，その業務を行ってはならない。
　　1　弁護士が，継続的な雇用関係またはこれに類する勤務関係の下で法律相談にあた
　　　るその他の相談人として，法的助言を与えるかたちで，同一事件にすでに関与し
　　　ていたとき。
　　2　弁護士が，すでに弁護士として同一事件に関与していた場合に，継続的な雇用関

520 資　　料

係またはこれに類する勤務関係の下で法律相談にあたるその他の相談人となる
と。
（3）　第2項の制限は，当該弁護士と共同事務所を営み，またはその他の形で合同して
その業務を行いあるいは行っていた弁護士およびその他の職業に従事する者にも
これを適用するとともに，その他の職業に従事する者が，第2項の意味において
関与していた場合においてもまたこれを適用する。

第47条　〔公職にある弁護士〕
（1）　終身任用でない裁判官または高等官として任用されている弁護士，期間を定めて
兵士として召集された弁護士，あるいは，一時的に公務員の職にある弁護士は，
受託したその任務を名誉職として行う場合を除き，弁護士としての業務を行って
はならない。ただし，弁護士会は，法的問題処理機構の利益を害するおそれのな
いときは，弁護士の申立てに基づき，弁護士のために代行者を選任し，または弁
護士に自らその業務を行うことを許可することができる。
（2）　弁護士が，高等官に任用されることなく公職につき，かつ，その公職を規律する
法令より弁護士としての業務を自ら行うことが許されないときは，弁護士会は，
その申立てに基づき，当該弁護士のためにその代行者を選任することができる。
（3）　（削除）

第48条　〔訴訟代理の引受義務〕
（1）　以下の場合には，弁護士は，裁判所の手続において一方の当事者の代理または補
佐を引受けなければならない。
　1　民事訴訟法第121条，倒産法第4条a第2項または他の法規に基づき，当事者の
権利を保護するために，当面無報酬で当事者への付添を命ぜられたとき。
　2　民事訴訟法第78条bおよび第18条cに基づき，当事者への付添を命ぜられたと
き。
　3　家事事件に関する手続法第138条に基づき，かつ，非訟事件において，補佐人と
して相手方への付添を命ぜられたとき。
（2）　重大な理由があるときは，弁護士は，付添命令の取消を申立てることができる。

第49条　〔必要的弁護，必要的補佐〕
（1）　弁護士は，刑事訴訟法または秩序違反法の規定，刑事事件における国際司法共助
に関する法律の規定，または国際刑事裁判所の規定により，弁護人または補佐人
に選任されたときは，弁護または補佐を引き受けなくてはならない。

（2）　第48条第2項はこれを準用する。

第49条a　〔助言援助引受義務〕
（1）　弁護士は，助言援助法が定める助言援助を引き受けなければならない。弁護士は，個別事件において，重大な事由があるときは，助言援助を拒むことができる。
（2）　弁護士は，低額所得の市民に対する助言のため弁護士が設ける制度に協力しなければならない。弁護士は，個別事件において，重大な事由があるときは，助言援助を拒むことができる。

第49条b　〔報酬〕
（1）　連邦弁護士報酬法が別に定めている場合を除き，それが規定するより少額の報酬ならびに経費を合意しあるいは要求することは許されない。弁護士は，個別事件において，依頼者個人に関わる特別の事情，わけても依頼者の困窮状況を考慮し，受任終了後，報酬または経費を減額ないしは免除することができる。
（2）　報酬ないしはその額を，事件の結果あるいは弁護士としての活動の成果にかからせる合意，または，弁護士が勝訴により得た金額の一部を取得する旨（成功報酬）の合意は，弁護士報酬法が別に定める場合を除き，これをしてはならない。弁護士が，裁判所手数料，行政費用あるいは他の関与者の費用を負担する義務を負うことになる合意は，これをしてはならない。単に，特段の理由なく法定の報酬額を引き上げる合意は，第1文の意味での成功報酬にはあたらない。
（3）　依頼の斡旋に対して，報酬の一部またはその他の利益を交付し受領することは，弁護士との関係であれ，あるいはどのような第三者との関係であれ，許されない。ただし，連邦弁護士報酬法付表1の第3400号の範囲を超える活動を行った弁護士に対して，妥当な報酬を与えることは許される。仕事をしたことに対し報酬を与えるに当たっては，関与した弁護士の責任および責任を負わされる危険ならびにその他の事情を考慮しなくてはならない。このような報酬に関する合意を，依頼者の紹介の条件としてはならない。複数の弁護士が受任したときは，共同して事件を処理し，そして，その仕事と責任および責任を負わされる危険に応じた妥当な割合において，弁護士間でその報酬をわけることができる。第2文および第3文は，連邦通常裁判所で認可を受けている弁護士には，これを適用しない。
（4）　報酬債権を，弁護士あるいは弁護士業務共同体（59条a）に譲渡し，あるいはその取り立てを弁護士あるいは弁護士業務共同体に委ねることは許される。それ以外では，書面により，依頼者の明示的な同意を得たとき，またはその債権が裁判をもって確定されたとき以外は，許されない。同意に先立ち，弁護士は，依頼

522 資　　料

者に対し新債権者または取立て権者に対し情報提供義務を負うことを説明しなく
てはならない。新債権者または取立て権者は，受任した弁護士と同様の守秘義務
を負う。
（5）　支払いを求める報酬額が事件の価格によって決まるときは，弁護士は，受任の前
にこの点を摘示しなくてはならない。

第51条　〔職業責任保険〕
（1）　弁護士は，その業務活動により財産上の損害に対して賠償責任を負うことになる
危険をカバーするための職業責償保険を締結し，かつ，その保険を認可をうけて
いる間維持する義務を負う。この保険は，国内において事業を営む権限を有する
保険業者が，保険監督法の定める基準に則った普通取引約款により引き受けたも
のでなくてはならず，また，民法第278条または第831条により弁護士が責任を
負わなくてはならない財産上の損害をもその対象とするものでなくてはならな
い。
（2）　保険契約は，弁護士に対する私法的な内容の法律上の賠償請求権を発生させる可
能性のあるすべての義務違反を，その保険保護の対象とするものでなくてはなら
ない。保険契約にあたっては，単一の依頼の解決にあたり生じたすべての義務違
反を，それが弁護士の行為によるものかそれとも弁護士が用いた補助者の行為に
よるものかに関わらず，一個の保険事件とする旨を合意することができる。
（3）　以下の責任は，これを保険の対象外とすることができる。
　1　故意による義務違反に基づく損害賠償請求権。
　2　外国に開設または置かれた法律事務処ないしは事業処に関する活動に基づく損害
賠償請求権
　3　ヨーロッパ外の法についての助言およびそれとの取り組みに関連した活動に基づ
く損害賠償請求権
　4　ヨーロッパ外の裁判所における弁護士の活動に基づく損害賠償請求権
　5　弁護士が雇用している者，その身内または共同経営者による横領に基づく損害賠
償請求権
（4）　最低保険額は，各保険事件につき，25万ユーロとする。一保険年度内に生じた
すべての損害に対する保険者の給付は，これを最低保険額の4倍の額に制限する
ことができる。
（5）　自己負担を最低保険額の百分の一までとする合意は，これをすることができる。
（6）　保険契約においては，保険者は，所管の弁護士会に対して，連邦通常裁判所の弁
護士の場合には連邦司法行政機関に対しても，保険契約の開始，終了または告

知，ならびに，定められた保険保護に影響を及ぼすすべての保険契約の変更を，遅滞なく通知する義務を負う。弁護士会は，回答しないことにつき弁護士が保護に値する重大な利益を有する場合を除いて，申立てに基づき，第三者が損害賠償請求権を主張する目的のために，弁護士の業務上の損害賠償保険の名称および住所，ならびに保険者番号について回答する。これはまた，弁護士職の認可を失った場合にも適用される。

（7）　保険契約に関する法律第117条第2項の意味における所管庁は，弁護士会とする。

（8）　連邦司法省は，経済状況の変化にともない被害者に充分な保護を確保するために必要となったときは，連邦弁護士会の意見を聞いた上で，連邦参議院の同意の下，命令をもって最低保険額を変更する権限を有する。

第52条　〔損害賠償請求権の制限合意〕

（1）　依頼者と弁護士間の契約関係に基づいた，過失に起因する損害の塡補を求める依頼者の請求権は，これを次のように制限することができる。

　1　個々の場合における書面による合意により，最低保険額までとすること。

　2　その額までの保険保護があるときは，軽過失の場合に関するあらかじめ作成された契約条件（約款）により，最低保険額の4倍とすること。
　　　職業実践組織には，第1文が準用される。

（2）　共同事務所の構成員は，共同事務所と依頼者間の契約関係に基づき，連帯債務者として責任を負う。個人としての損害賠償責任は，同じくあらかじめ作成された契約条件（約款）によっても，その独自の職業上の権限に基づいて依頼の処理にあたり，かつまたその名前が明記されている共同事務所の個別構成員に，これを限定することができる。かかる限定に対する同意には，その他の同意が含まれてはならず，かつまた依頼者がこれに署名しなくてはならない。

第59条　〔司法修習生の教育〕

　弁護士は，妥当な範囲内で修習生の教育に協力すべきものとする。弁護士は，自己の下で修習に就いている司法修習生に対して，弁護士の任務を教示し，これを指導し，かつ実務にたずさわる機会を与えなければならない。教育の対象たるべきは，特には，裁判上・裁判外の弁護活動，依頼者との面談・交渉，弁護士職業法及び弁護士事務処の組織である。

524 資　　料

第59条b 〔規則制定権〕

（1） 職業上の権利および義務の詳細については，規約をもって職業規則にこれを規定する。

（2） 職業規則においては，本法の規定の範囲において，次の点の詳細を定める。

　1　一般的な職業上の諸義務と原則的諸義務

　　a　誠実性

　　b　独立性の確保

　　c　守秘義務

　　d　事に則していること

　　e　利益相反代理の禁止

　　f　預かり金品の取り扱い

　　g　法律事務処設置義務

　2　専門弁護士の称号を名乗ることと関連する特別の職業上の義務

　　a　本法が定める以外において，さらに専門弁護士の称号を与えることができる法分野の決定

　　b　専門弁護士の付与の要件に関する規律，および，許可の付与，撤回および取消手続きに関する規律

　3　宣伝およびその自ら表示する主な関心分野の広告に関連する特別の職業上の義務

　4　職務活動の引受の拒否に関連する特別の職業上の義務

　5　以下に関する特別の職業上の義務

　　a　受任，その履行および終了に関連する義務

　　b　法律相談および訴訟費用扶助の枠内における市民に対する義務

　　c　低所得市民に対する法律相談にあたっての義務

　　d　手持ち記録の作成，管理に際しての義務

　6　裁判所および官庁に対する特別の職業上の義務

　　a　閲覧に供された記録およびそれからえた知見の利用に際しての義務

　　b　送達に際しての義務

　　c　職服の着用

　7　弁護士報酬の合意および計算とその取り立てに際しての特別の職業上の義務

　8　監督の問題にあたっての弁護士会に対する特別の職業上の義務，他の弁護士会会員に対する職業上の対応，業務を共同して行う場合の義務，弁護士の雇用およ教育ならびにその他の事務処員の雇用に関連する義務

　9　国際的な法的交渉に際しての特別の職業上の義務

ドイツ連邦弁護士法抜粋　525

第9章　連邦弁護士会

第1節　総則

第177条　〔連邦弁護士会の任務〕

（1）　連邦弁護士会は，法律により課せられたその任務を遂行しなければならない。

（2）　連邦弁護士会は，特に以下に掲げる義務を負う。

　　1　弁護士会に共通する問題につき，各弁護士会の見解を調査し，共同の討議を通して多数見解を確認すること。

　　2　弁護士会の共済制度（第89条第2項第3号）に関するガイドラインを定めること。

　　3　弁護士会に共通するすべての問題につき，連邦弁護士会の見解を，それに関わる裁判所および官庁に対し主張すること。

　　4　官庁および諸機関に対して，弁護士会全体を代表すること。

　　5　立法に関与している連邦の官庁または諸機関もしくは連邦の裁判所の諮問に対し意見を答申すること。

　　6　弁護士会の継続的な職業に関する研鑽を促進すること。

　　7　弁護士と裁判所，官庁およびその他第三者の電子的なコミュニケーションを支援すること。

第4節　規約委員会

第191条a　〔設置とその任務〕

（1）　連邦弁護士会に，規約委員会を置く。

（2）　規約委員会は，その職業上の義務に配慮しつつ，第59条bに定めるところに従い，弁護士の職業の実践に関する職業規則を，規約として定める。

（3）　規約委員会は，事務規則を定める。

（4）　規約委員会は，議決権のない連邦弁護士会の会長および各弁護士会の会長，ならびに，第191条bに従って弁護士会の総会において選出された議決権をもつ構成員からなる。

第191条b　〔議決権を有する規約委員会の構成員の選挙〕

（1）　議決権をもつ規約委員会の構成員の数は，弁護士会会員の数により定める。会員2000人ごとに各1名の規約委員会の構成員を選出する。弁護士会会員の数は，選挙が行われる年の1月1日をその基準とする。

（2）　規約委員会の決議権をもつ構成員は，弁護士会の会員が，推薦を受けた会員の中から，秘密かつ直接，書面による選挙によって選出する。推薦は，少なくとも

526 資　　料

　　10名の会員の署名を要する。連邦通常裁判所弁護士会の会員の推薦については，
　　その会員の数は，最低3名とする。多数を得た候補者を，当選人とする。
（3）　略
　以上

専門弁護士規則

（Fachan walßordnung）

第1章　専門弁護士

第1節　専門分野

第1条　認められる専門弁護士表示

　専門弁護士表示は，連邦弁護士法第43条ｃ第1項第2文により，行政法，税法，労働法および社会法につきこれを認めることができる。その他の専門弁護士表示は，家族法，刑法，倒産法，医事法，賃貸借法・区分所有法，交通法，建設・建築家法，相続法および運送・運輸法，工業所有法，商法・会社法，著作権・メディア法，情報技術法（IT法），銀行法・出資法，ならびに農業法につき，これを認めることができる。

第2節　認証の要件

第2条　見識および経験要件

（2）　特別の理論上の見識および特別の実務上の経験は，それが，各専門領域につき，職業教育および職業における実際の経験をつうじて通常えられる程度をかなり超えているときに存するものとする。

（3）　特別の理論上の見識には，当該専門領域に関連する憲法およびヨーロッパ法が含まれていなくてはならない。

第3条　弁護士としての活動要件

　専門弁護士表示の認証の要件は，申請に先立つ6年以内において，3年間にわたり認可を受け，かつ活動していることである。

第4条　特別の理論上の見識の取得

（1）　特別の理論上の見識の取得は，通常，申請人が，当該専門領域の全ての重要な分野にわたっている，専門弁護士表示の準備のための弁護士のみをその対象とする学修課程に参加することをその要件とする。学修課程の総期間は，試験時間をのぞき，最低120時間におよばなければならない。専門領域税法にあっては，簿記および会計学のために，40時間をこれに加える。専門領域倒産法においては，

528 資　　料

企業経済の基礎的知識のために，60時間をこれに加える。

（2）　専門弁護士認証の申請が，学修課程が開始された暦年のあいだになされない場合には，その年以降は第15条の枠内における継続教育課程により証明されうる。学修課程の時間は，これに算入されうる。

（3）　学修課程外で獲得された特別の理論的見識は，各専門学修課程においてえられる知識と対応していなければならない。

第4条a　書面による能力検査

（1）　申請人は，異なる学修課程の領域から，少なくとも三つの書面による能力検定試験（監督下での試験）に合格しなければならない。

（2）　一つの能力検定試験には，少なくとも1時間が費やされねばならず，5時間を超えてはならない。合格した能力検定試験の総時間数は，合計15時間を下回ってはならない。

第5条　特別の実務上の経験の取得

　特別の実務上の経験の取得は，申請人が，申請に先立つ3年以内に，各専門領域において，弁護士として個人的かつ独立して次のように仕事をしていたことを要件とする。

　　　a）行政法　　　80事件。そのうち最低でも30事件は裁判所における手続。80事件のうち，最低でも60事件は，三つの特別行政法の分野に関するものでなければならず，そのうち一つは第8条第2項においてあげられている分野に関するものでなければならない。その際，三つの分野ごとに最低でも5事件。

　　　b）税法　　　第9条に挙げられている分野中にある50事件。この際，最低でも，第9条第3号に挙げられている税の種類のうちの三つをふくむものでなければならず，それぞれの税の種類につき最低でも5事件。最低でも10事件は法形式に則った手続（異議手続または訴訟手続）でなければならない。

　　　c）労働法　　　第10条第1号aからeまで，ならびに第2号aおよびbが定めている分野のうちから100事件。そのうち最低でも第10条第2号の分野から5事件を要し，最低でも半分は，裁判所手続または法形式に則った手続でなければならない。集合労働法が，少なからざる意義を有する個人労働事件もまた，集合労働法の事件とみなすことができる。決定手続は必ずしも必要としない。

　　　d）社会法　　　第11条第2号が定めている分野のうちから60事件。そのうち少なくとも3分の1は裁判所手続であること。

　　　e）家族法　　　120事件。少なくとも事件の半数は，裁判所手続でなければならない。この場合，仮の処分をともなう任意的結合手続および必要的結合手続は，

2件と勘定する。

f ）刑法　　60事件。そのうち40事件は，裁判員裁判所または上級裁判所における公判でなければならない。

g ）倒産法

1　倒産法第1章から第6章に定められている手続において最低5事件につき倒産管財人を勤めたこと。二つの手続は，手続開始のときに，債務者が5名以上の労働者を雇用していたものでなければならない。

2　第14条第1号および第2号が定めている分野のうちの最低でも七つの分野から，60事件。

3　第1号に定められている手続は，次のものをもってこれにかえることができる。

a）倒産法第270条の管理人，仮倒産管財人あるいは消費者倒産において裁判所手続が終結するまで債務者の代理人として関与した手続3件をもって，5人以上の労働者を雇用していた債務者の手続一つにかえる。

b）a）にあげた手続二つをもって，その他の手続一つにかえる。

4　これに加え，各みなし手続一つにつき，第14条第1号および第2号が定めている分野から8事件を証明しなければならない。破産手続，包括執行手続および和議手続における管財人は倒産管財人と同じとする。

h ）保険法　　80事件。そのうち10事件は裁判手続でなければならない。事件は，第14条aが定めている分野のうち，最低でも三つに関するものでなければならず，それぞれの分野につき最低でも5事件。

i ）医事法　　60事件。そのうち最低15事件は法形式に則った手続（うち最低12の裁判所手続）。事件は第14条d第1号ないし第8号に示されているもののうち，最低でも三つの分野に関するものでなければならない。その際，それぞれの分野につき最低でも3事件。

j ）賃貸借法・区分所有法　　120事件。そのうち60事件は裁判所手続。最低60事件は第14条c第1号および第3号が定めている分野に関するものでなければならず，それぞれの分野につき最低でも5事件。

k ）交通法　　160事件。そのうち60事件は裁判所手続。事件は，第14条d第1号ないし第4号が定めているもののうち，最低でも三つの分野に関するものでなければならず，それぞれの分野につき最低でも5事件。

l ）建設・建築家法　　80事件。そのうち40事件は裁判所手続（うち6事件は，独立の証拠調手続）。それぞれ最低でも5事件は，第14条e第1号および第2号が定めに関するものでなければならない。

m）相続法　　80事件。そのうち 20 事件は法形式に則った手続。（うち最高 10 事件までは非訟手続）。当該事件は，第 14 条 f 第 1 号ないし第 5 号が定める分野に関するものでなければならず，その際，三つの分野につき，最低でもそれぞれ 5 事件を要する。

n）運送法・運輸法　　80事件。そのうち最低 20 事件は裁判所手続または仲裁手続。事件は，第 14 条 g 第 1 号が定めている分野，および第 2 号ないし第 7 号のうち，最低でも二つの分野に関するものでなければならない。その際，これら三つの分野それぞれにつき，最低でも 3 事件。

o）工業所有権　　第 14 条 h 第 1 号から第 5 号が定める中の最低 3 種類の分野から 80 事件。各 3 分野につき，最低 5 事件。申請については，事件数としてカウントするのは，最高 5 事件まで。最低 30 事件は，法形式に則った手続でなくてはならず，うち最低 15 事件は，裁判所手続。

p）商法・会社法　　第 14 条 i 第 1 号および第 2 号が定める領域中の最低三つの分野から 80 事件。そのうち最低 40 事件は，裁判所における訴訟事件，仲裁手続またはメディエーション手続および（あるいは）会社契約の作成，あるいは会社の設立または組織変更をその対象としたものでなくてはならない。この 40 事件中，最低 10 事件は，裁判所における訴訟事件，仲裁手続またはメディエーション手続，同じく最低 10 事件は，会社契約の作成，あるいは会社の設立または組織変更をその対象としたものでなくてはならない。

q）著作権法・メディア法　　第 14 条 j 第 1 号ないし第 6 号が定めるすべての領域から 80 事件。第 14 条 j 第 1 号から第 3 号が定めている領域については，最低各 5 事件ずつ。最低 20 事件は，裁判所手続。

r）情報技術法（IT 法）　　第 14 条 k が定める領域すべてから 50 事件。事件は，第 14 条 k 第 1 号および第 2 号ならびに同条が定めるその他の領域に関係するものでなくてはならず，各三つの領域ごと，最低 3 事件。最低 10 事件は，法形式に則った手続（たとえば，裁判所手続，行政手続，調停・仲裁手続）国際的な機関の面前における同種の手続もカウントの対象。

s）銀行法・出資法　　60事件。そのうち 30 事件は，法形式に則った手続。事件は，第 14 条 l 第 1 号ないし第 9 号が定めるもののうち最低三つの領域に関係したものでなくてはならない。またこの三つの領域ごと，各最低 5 事件。

t）農業法　　80事件。そのうち最低 10 事件は，第 14 条 m 第 1 および第 2 号に定められている領域に関係しているものでなくてはならない。最低 20 事件は，法形式に則った手続（裁判所手続，裁判外の権利保護手続，調停・仲裁手続）でなければならない。

u）国際経済法　　第14条 n に定められている領域から50事件。そのうち最低5
事件は，ドイツ国内または外国（EU 域内も含む）の裁判所および官署におけ
る法形式に則ったものでなくてはならない。事件は，第14条 n の定めるもの
のうち，最低三つの領域に関係したものでなければならない。また最低でも
15事件は，第14条 n 第3号，第4号または第5号に定められている領域に関
係したものでなければならない。

（2）　弁護士が弁護士兼務公証人として処理した事件もまた，それが公証人ではない弁
護士が担当できるものであれば，第1項の意味での事件とする。

（3）　第5条第1項の期間は，次の間延長する。a）母性保護規定により，就業が禁止
されている期間 b）育児期間を請求している間，c）申請人が，特段の困難によ
り，その弁護士としての活動が制約されていた間。活動の困難は，申立てにより
かつまた適応した証明がなされた場合に，これを顧慮する。延長は，36ヶ月を
限度とする。

（4）　個々の事件の意義，範囲および難度は，比重を異にするものと評価することがで
きる。

第6条　資料による証明

（1）　第4条に定める要件の審査のために，証明書，証書あるいはその他の適切な資料
を提出しなければならない。

（2）　学修課程への参加（第4条第1項，第4条 a）と合格によって特別の理論上の見
識を証明しようとするときは，学修課程運営者の証明書を提示しなければならな
い。この証明書は，以下を証明するものでなくてはならない。

a）第4条第1項および第4条 a の要件が満たされていること。

b）学習課程がいつ行われ，また，誰が，学修課程においては，第2条第3項およ
び第8条ないし第14条 m が定めている専門領域に該当する分野の授業を行っ
たか。

c）監督下での試験とその評価。

（3）　第5条の要件の審査のために，通常次のことを記載した事件リストを提示しなけ
ればならない。すなわち，事件番号，対象，期間，仕事の種類および範囲，手続
の状況。さらに，これに加え，専門委員会の求めがあるときは，匿名化した仕事
のサンプルを提示しなければならない。

第7条　専門口頭試問

（1）　特別の理論上の見識または特別の実務上の経験を証明するために，委員会は，専

532 資　　料

門口頭試問を行う。ただし専門委員会は，特別の理論上の見識または特別の実務上の経験に関連して，提出された証明書および提出された文書資料の全体の印象によれば，専門口頭試問なくして，理事会に対して意見書を提出することができるときは専門口頭試問を行わないことができる。

（2）　専門口頭試問に呼び出すにあたっては，専門口頭試問の対象となる分野を指示しなければならない。質問は，実務上この分野で多く問題となる事例に則して行われるべきものとする。個々の申請者に対する質問時間は，45分以下であってはならず，また60分を超えてはならない。専門口頭試問については要約調書を作らなければならない。

第8条　行政法における特別の見識の証明

　専門領域行政法については，次の分野における特別の見識を証明しなければならない。

（1）　次の分野における特別の見識
　　a）一般行政法
　　b）手続法
　　c）公法上の補完的給付に関する法
（2）　次の分野から選ばれる二つの特別行政法の分野における特別の見識
　　a）建設公法
　　b）行政裁判所の管轄に属する公課法
　　c）経済行政法（営業法，手工業法，経済促進法，飲食店法，鉱業・エネルギー法）
　　d）環境法（近隣保護法，廃棄物法，水法，自然および環境保護法）
　　e）公務員法

第9条　税法における特別の見識の証明

　専門領域税法については，次の分野における特別の見識の証明をしなければならない。

　1　簿記に関する法および決算に関する法をふくむ簿記および会計学
　2　評価法および手続法をふくむ一般公租・公課法
　3　次の分野における特別税法および特別公課法
　　a）所得税，人頭税および営業税
　　b）売り上げ税法および土地取得税法
　　c）相続税法および贈与税法

4　消費税，貿易税および租税刑法の基礎

第10条　労働法における特別の見識の証明
　労働法の専門領域については，次の分野における特別の見識を証明しなければならない。
　1　個別的労働法
　　a）労働契約および職業訓練契約の締結と変更
　　b）解約告知保護をふくむ労働契約および職業訓練契約の内容とその終了
　　c）企業老齢年金の基礎
　　d）特に妊婦，母，重度障害者および若年層たる特別の人的グループの保護
　　e）雇用促進法ならびに社会保障法の基礎
　2　集合的労働法
　　a）労働協約法
　　b）組合代表法および企業構成法
　　c）労働争議法および労働協議法の基礎
　3　手続法

第11条　社会法における特別の見識の証明
　社会法の専門領域については，次の分野における特別の見識の証明をしなければならない。
　1　手続法をふくむ一般社会法
　2　特別の社会法
　　a）雇用促進法および社会保険法（健康保険，事故保険，老齢年金保険および傷害保険）
　　b）健康侵害に際しての社会保障法
　　c）家族負担調整法
　　d）障害者の参加に関する法
　　e）生活保護法
　　f）教育促進法

第12条　家族法における特別の見識の証明
　家族法の専門領域については，次の分野における特別の見識を証明しなければならない。
　1　家族法に関係する相続法，社団法，社会法，債務，税法，執行法および公法をふ

534 資　　　料

くむ実体婚姻法，家族法および子の法，ならびに婚姻外生活共同体および同性間
パートナーの分野

2　家族法上の手続および家族法上の費用法

3　家族法に関する国際私法

4　家族法に関した依頼者のケアおよび契約作成に関する理論と実務

第13条　刑法における特別の見識の証明

　刑法の専門領域については，次の分野における特別の見識を証明しなければならない。

1　刑事弁護の方法と法および重要な隣接諸科学の基礎

2　少年刑法，薬物刑法，交通刑法，経済刑法および租税刑法をふくむ実体刑法

3　少年刑事手続法，反則金手続法，刑事執行法および刑罰実施法をふくむ刑事手続法

第14条　倒産法分野における特別の見識の証明

　倒産法の専門領域については，次の分野における特別の見識を証明しなければならない。

1　実体倒産法

a）倒産原因および倒産申立の効力

b）手続開始の効果

c）仮倒産管財人および倒産管財人の職務

d）財団の確保とその管理

e）倒産手続における取戻権，別除権および相殺権

f）契約関係の整理

g）倒産債権者

h）否認

i）倒産労働法および社会法

j）倒産税法

k）倒産社団法

l）倒産犯罪法

m）国際倒産法の基礎

2　倒産手続法

a）倒産開始手続

b）通常手続

専門弁護士規則　535

  c）計画手続

  d）消費者倒産

  e）免責手続

  f）特別倒産

 3　企業経営の基礎

  a）簿記，財務諸表および財務諸表分析

  b）倒産における会計処理

  c）倒産計画，再生，譲渡による再生ならびに清算の企業経営上の問題

第14条 a　保険法における特別の見識の証明

 保険法の専門領域については，次の分野における特別の見識を証明しなければならない。

 1　一般保険契約法および訴訟遂行上の特例

 2　保険監督に関する法

 3　国際保険法の基礎

 4　運輸・運送保険法

 5　物に関わる保険法（特に車両保険法，建物保険法，家財保険法，旅行鞄保険法，火災保険法，盗難保険法および工作物保険法）

 6　人に関わる私的保険法（特に生命保険法，疾病保険法，旅行解約保険法，事故保険法，稼働能力喪失保険法）

 7　損害賠償保険法（特に強制保険法，個人賠償責任保険法，事業所賠償責任保険法，自由業の賠償責任保険法，環境責任および製造物責任保険法ならびに工作物責任保険法）

 8　権利保護保険法

 9　信頼損害保険法および信用保険法の基礎

第14条 b　医事法における特別の見識の証明

 医事法の専門領域に関しては，次の分野における特別の見識を証明しなければならない。

 1　医療行為の法，わけても

  a）民事上の責任

  b）刑事上の責任

 2　私的健康保険および法定健康保険に関する法，わけても契約医師および契約歯科医師に関する法，ならびに介護保険の基礎

536 資　　料

　3　医療職の職業法，わけても
　　a）医師の職業法
　　b）その他の医療職の職業法の基礎
　4　契約作成をふくむ医療職の契約法および社団法
　5　医療職の報酬法
　6　必要資材の調達計画，財務および医局長契約法をふくむ病院法
　7　薬品および医療製品法の基礎
　8　薬局法の基礎
　9　手続および訴訟法上の特異点

第 14 条 c　賃貸借法・区分所有法における特別の見識の証明
　賃貸借・区分所有法の専門領域については，次の分野における特別の見識を証明しなければならない。
　1　住居賃貸借関係法
　2　事務所賃貸関係法および収益賃貸借法
　3　区分所有法
　4　仲介業法，相隣法および不動産法の基礎
　5　税法をふくむ賃貸借法および区分所有法に関連する公法
　6　賃貸借法および区分所有法に関係する手続法ならびに執行法の特異点

第 14 条 d　交通法における特別の見識の証明
　交通法の専門領域については，次の分野における特別の見識を証明しなければならない。
　1　交通私法，特に交通責任法および交通契約法
　2　保険法，特に自動車保険および車両保険，ならびに人的保険の基礎
　3　交通刑法および反則金法
　4　免許証に関する法
　5　手続遂行および訴訟遂行に関する特異点

第 14 条 e　建築および建築家法における特別の見識の証明
　建築および建築家法の専門領域については，次の分野における特別の見識を証明しなければならない。
　1　建設契約法
　2　建築家および技術者に関する法

3　建設契約に関する公的出損に関する法

　4　建設公法法の基礎

　5　手続遂行および訴訟遂行に関する特異点

第14条 f　相続法における特別の見識の証明

　相続法の専門領域については，次の分野における特別の見識を証明しなければならない。

　1　相続法に関連する債務法，家族法，社団・財団法および社会法をふくむ実体相続法

　2　相続法に関する国際私法

　3　前倒し相続，契約作成および遺言作成

　4　遺言執行，遺産管理，相続財産破産および遺産保護

　5　相続法に関連する税法

　6　手続遂行および訴訟遂行に関する特異点

第14条 g　運送・運輸法における特別の見識の証明

　運送・運輸法の専門領域については，次の分野における特別の見識を証明しなければならない。

　1　普通取引約款法および運送保険条件に関する法をふくむ国内路上運送および国際路上運送に関する法

　2　国内および国際水上運送，鉄道運送および航空運送に関する法

　3　多様な方法による運送に関する法

　4　関連する刑事規定および反則金規定をふくむ危険物運送法

　5　運輸保険法

　6　保管法

　7　国際私法

　8　関税法および国際取引における関税処理ならびに取引税

　9　訴訟遂行および仲裁における特異点

第14条 h　工業所有権における特別の見識の証明

　工業所有権の専門領域については，次の分野における特別の見識を証明しなければならない。

　1　従業員発明法，ヨーロッパ特許法およびヨーロッパ種苗法を含む特許法，実用新案法および種苗法

　2　ヨーロッパ意匠法を含む意匠法

538 資　　料

3　ヨーロッパ商標法を含む商標およびその他の標章法

4　不正競争法

5　工業所有権の著作権法的関連事項

6　手続法，ならびに訴訟法の特異点

第14条 i　商法・会社法における特別の見識の証明

　商法・会社法の専門領域については，次の分野における特別の見識を証明しなければならない。

　　1　実体商法

　　　a）商人法（商法第1条ないし第104条）

　　　b）商行為法（商法第343条ないし第406条）

　　　c）国際売買法，特にUN売買法

　　2　実体会社法，特に，

　　　a）人的会社法

　　　b）資本会社法

　　　c）国際会社法，特にヨーロッパ会社法およびヨーロッパ株式会社法の基礎

　　　d）コンツェルン法，特に結合企業法

　　　e）組織変更法

　　　f）財務諸表法および税法の基礎

　　　g）役務供給契約法および企業参画法の基礎

　　3　商法・会社法に関係する労働法，カルテル法，手工業・営業法，相続・家族法，倒産法および刑法，ならびに，株式会社法に関係する有価証券取得・引き受け法

　　4　手続遂行および訴訟遂行の特異点

第14条 j　著作権法・メディア法における特別の見識の証明

　著作権法・メディア法の専門領域については，次の分野における特別の見識を証明しなければならない。

　　1　著作権管理団体法，給付保護法，著作権契約法，国際著作権条約を含む著作権法

　　2　音楽出版法，音楽契約法を含む出版法

　　3　文字および画像を用いた公共報道法

　　4　放送法

　　5　著作権法，メディア法およびタイトル保護の競争法および広告法との関係

　　6　メディアサービス法，電子サービス法およびテレコミュニケーション法の基礎，娯楽および文化的催しに関する法の基礎ならびにドイツおよびヨーロッパ文化促

進法の基礎

7　手続法，ならびに，訴訟法の特異点

第 14 条 k　情報技術法における特別の見識の証明

　情報技術法の専門領域については，次の分野における特別の見識を証明しなければならない。

1　個別契約および約款の作成を含む情報技術に関する契約法

2　プロバイダー契約および利用条件の作成を含む電子取引法（オンライン／モバイルルビジネス）

3　情報技術の領域における無体財産法の基礎，標章法とりわけドメイン法との関係

4　暗号化，署名およびその職業独特の特異点を含むデータ保護法および情報技術保全保

5　コミュニケーションネット，コミュニケーションサービス法，わけても，テレコミュニケーションとそのサービス法

6　ヨーロッパおよびドイツカルテル法と関連もふまえた（電子政府を含む）情報技術サービスの公的委託（※国等からの委託事業）

7　国際私法を含む国際的な関連

8　情報技術の分野における刑法の特異点

9　手続遂行および訴訟遂行上の特異点

第 14 条 l　銀行法・資本法における特別の見識の証明

　銀行法・出資法の専門領域については，次の分野における特別の見識を証明しなければならない。

1　銀行と顧客間の取引関係，特に，
　a）普通取引約款
　b）銀行契約法
　c）口座とその特殊形態

2　外国取引を含む与信契約法および与信担保

3　支払い取引，特に，
　a）送金，引き落とし，手形および小切手取引
　b）EC カードおよび電子／インターネットバンキング
　c）クレジットカード取引

4　その他の銀行取引，特にクレジット制度に関する法律（KWG）第 1 条第 1 項第 2 文の意味でのもの――たとえば，外国取引を含む担保証書取引，ファイナンス

540 資　　料

コミッション取引，預託取引，保証取引，証券発行取引，共同取引
5　資本市場法，出資法，特に，有価証券取引，投資取引，選択的出資形態，財産管理，財産寄託
6　ファクタリング／リース
7　資金洗浄，データ保護，銀行手数料
8　銀行監督法，ヨーロッパ共同体の銀行法およびカルテル法
9　銀行法・資本市場法に関する税法
10　手続法と訴訟法の特異点

第14条m　農業法における特別の見識の証明
農業法の専門領域については，次の分野における特別の見識を証明しなければならない。
1　農業独特の私法
　a）特別債権法上の農業問題（たとえば農地賃借権）
　b）食品法の基礎と関連させた製造物責任法
　c）狩猟・狩猟賃貸法
　d）相続・家族法の特異点
　e）契約作成の特異点と特別の契約タイプ（たとえば，農業における協力，機材の共同利用組合，約款を含む販売・購入契約，社団，農場経営契約，農業事業の取得）
　f）労働法の特異点
2　農業独特の行政法
　a）認可手続法（たとえば，大気汚染，騒音等の保護に関する法律，建築許可に関する法律，再生する原料の処理施設および再生可能性エネルギーの農業における特異点）
　b）環境法の基礎
　c）自然・植物保護法
　d）化学肥料・成長促進剤法，育苗法
　e）動物保護，飼育および防疫法
　f）耕地統合および耕地整理手続
　g）土地取引法および農地賃貸取引法
　h）ワイン法，森林法，狩猟・魚業法
　i）農業税法
　j）社会保険法の特異点
　k）国家助成法，農業助成法，クロスコンプライアンス義務

3　農業独特の行政秩序罰および刑法
　4　その国内法化されたものを含む農業独特の EC 法
　　a）EU 条約（農業，環境）
　　b）EU 競争法，カルテル法
　　c）EU 規則と EU 指令
　5　農業独特の手続法
　　a）農地手続法
　　b）EC 裁判権の基礎

第 14 条 n　国際経済法における特別の見識の証明
　国際経済法の専門領域については，次の分野における特別の見識を証明しなければならない。
　1　契約に基づく債権関係および契約外（法定）債務関係に関する国際私法
　2　国際民事訴訟法および国際仲裁法
　3　国際統一商法
　4　国際統一会社法
　5　ヨーロッパ補助金法およびヨーロッパ競争法
　6　国際取引における賄賂，詐欺ならびにマネーロンダリング対策についての規定の基礎
　7　国際税法の基礎
　8　比較法の基礎

第 15 条　継続教育
（1）　専門弁護士表示をする者は，毎年，当該領域において学問的な業績を発表するか，または，教育・継続研鑽機会において講師を務めるか，あるいは，その講義を聴講しなければならない。聴講の形での参加にあっては，その機会は，弁護士に向けたものあるいはインター・ディスプリンのものでなくてはならない。
（2）　現実に出席する形をとらない継続研鑽機会の場合には，この機会の間，講師と受講者および受講者間でインターアクションできるようになっており，かつ全時間受講したことの証明書を提出しなくてはならない。
（3）　継続研鑽時間は，各専門領域につき 15 時間を下回ってはならない。
（4）　うち 5 時間までは，その成果について評価が行われるものであれば，自習によってこれを行うことができる。
（5）　研鑽義務を果たしたことは，進んで弁護士会に証明書あるいはその他適切な書面

542 資　　料

を提出し，これを証明しなくてはならない。第4項の研鑽は，各種証明書および
その成果の評価をもって，これを証明しなくてはならない。

第16条　経過規定
（1）　申請は，申請の時点において施行されていた法が申請人にとって有利であるとき
　　は，これをもって判断する。2006年4月3日に公布された第4条第2項の継続
　　教育に関する規定は，2007年1月1日から施行する。2009年6月15日に公布さ
　　れた第4条第2項の継続教育に関する規定および第4項第3項第2文の規定は，
　　これが発効した次の年の1月1日から施行する。
（2）　この専門弁護士規則の発効前あるいは新たな専門弁護士表示の導入前において修
　　了した専門弁護士の学修課程もしくはその能力検定試験が，本専門弁護士規則の
　　要件を満たさないときは，特別の理論上の見識の証明は，相応する能力検定試験
　　を伴う補充的な教育課程への参加，もしくは能力検定試験が行われなかった分野
　　に関して事後的に行われた監督の下での試験をもって，これを行うことができ
　　る。
（3）　2013年12月6日の第15条第3項，第4項，第5項第2文は，これが発効した
　　次の年の1月1日から効力を有する。

第2章
　手続規則
第17条　委員会の構成
（1）　弁護士会理事会は，各専門分野につき最低一つの委員会を設置し，そしてその委
　　員および補充委員を任命する。
（2）　複数の弁護士会が共同の委員会を設置するときは，各弁護士会は，委員会に少な
　　くとも1名の委員を選出する。
（3）　各委員会は少なくとも3名の委員および多くとも3名の補充委員をもってこれを
　　構成する。
（4）　委員会は，委員の中から，委員長および委員長代理および書記を選出する。
（5）　委員会の委員長は，代理すべき場合を定める。
（6）　委員会は，わけても報告者の任命および採決手続を定めた事務規則を制定する。

第18条　合同委員会
　複数の弁護士会が共同委員会を設置しようとするときは，その合意は，弁護士会の会
長が署名した文書によらなければならない。この合意は，各弁護士会の事務規則の定め

るところにしたがって公表しなければならない。この合意においては，少なくとも次のことを定めなければいけない。

　　a）合同委員会が設置される専門領域
　　b）委員会の委員およびその補充委員の数
　　c）委員および補充委員ならびに委員長の選出の方法
　　d）この合意をもって，委員会の委員および委員長を合同で選任するのにかえ，契約の当事者となった弁護士会の一つが，その責任において委員および委員長を任命すると定めることができる
　　e）その事務局が，委員会の事務を引き受ける弁護士会の表示
　　f）連邦弁護士法第103条第4項の定めるところと異なる規律をしようとするときは，委員会委員への補償に関する規定
　　g）この合意を解除する権利に関する規定

第19条　委員会委員の任命
（1）　連邦弁護士法第65条ないし第68条第1項は，これを準用する。
（2）　委員会の委員または補充委員には，原則として，各専門領域につき専門弁護士表示の認証を受けた者のみを任命すべきものとする。
（3）　委員または補充委員が，その任期前に退任したときは，新たな委員の任命は，退任した委員の職務期間についてこれを行う。

第20条　委員会からの任期前の退任
　委員は次の場合には委員会から退任する。
　1．委員が，当該弁護士会の会員でなくなったとき
　2．委員が，職業または代理の禁止（連邦弁護士法第150条，第161条a）を命じられたとき
　3．委員が，連邦弁護士法第66条第2号および第3号が定める事由に基づいて，その選任資格を失ったとき
　4．委員が，その職務を停止したとき
　5．委員が，そのために任命された弁護士会理事会から解任されたとき

第21条　補償
　委員会委員および補充委員はその所属する弁護士会から費用の補償を受けることができる。

544　資　　料

第22条　申請
（1）　弁護士表示の認証の申請は，申請人が所属する弁護士会にこれを行わなければならない。
（2）　申請には第6条に定められている資料を添付しなければならない。
（3）　弁護士会は，申立に基づき，委員会の構成およびその変更を申請人に書面をもって通知しなければならない。

第23条　関与禁止
（1）　除斥および申請人による委員会委員の忌避については，民事訴訟法第41条第2号および第3号，第42条第1項および第2項を準用する。これに加え委員は，申請人と業務共同関係またはその他の業務実践の共同関係にある，あるいは事務所共同関係にある場合，または，申請前5年以内にあった場合には，委員としての関与をしてはならない。第6条第2項cによる評価に関与した者もまた，審査に関与してはならない。
（2）　忌避の申立は，委員の構成の通知が到達した後，2週間以内にこれしなければならない。その後の経過中にあっては，忌避理由を知った後遅滞なくこれを行わなければならない。
（3）　弁護士会理事会または担当部会は，委員会委員および申請人の聴問の後に，忌避申立および回避の権限について判断する。この裁判に対しては，不服を申し立てることはできない。

第24条　その後の手続
（1）　委員長は，弁護士会から回付された申請資料が完全かどうかを審査する。
（2）　書面手続おいては，報告者が，提出された証明の形式および内容の審査をした後，申請人が，特別の理論的見識および実務上の経験を証明したか，専門口頭試問が不要か，あるいは，報告者はこのほかの証明を必要と判断するかについて，理由を付した意見書を提出する。報告者の意見書は，書面による意見を受けるために，委員会委員そしてその後委員長に送付されなければならない。第4項はこれを準用する。
（3）　口頭での評議に際しては，委員会の評決および理由中重要なものを記した要約調書を作成しなければならない。
（4）　委員会が，事件の数を申請人の不利に勘定するときは，委員会は，申請人に対し事件数を追加することのできる機会を与えなければならない。これに加え委員会は，申請人に対し，申請理由を補充するために負担を課すことができる。申請人

が，適切な除斥期間内に事件数を追加せず，あるいは負担を履行しないときは，委員会は，その意見を記録に基づいて作成することができる。申請人に対し期間を定めるにあたり，この法的効果を摘示しなければならない。

（5）　委員長は第7条第2項を遵守の下，少なくとも1カ月の期間をもって，申請人を，専門口頭試問に招致しなければならない。

（6）　専門口頭試問は非公開とする。弁護士会理事会の理事および委員会の補充委員は，専門口頭試問および評議に同席することができる。

（7）　申請人が，適法に呼び出しを受けた専門口頭試問の期日に2回にわたり欠席したときは，委員会は充分な弁明を要せず，記録の状況に基づいて判断を下す。

（8）　委員会は，その最終意見を，過半数をもって決定する。同票のときは委員長がこれを決する。

（9）　委員長は，委員会の最終意見を，申請人を監督する弁護士会理事会に，書面をもって通知する。理事会が求めるときは，委員長またはその代理委員は，委員会の意見を口頭をもって説明しなければならない。

（10）　この手続には，管理費用（連邦弁護士法第89条第2項第2号）を徴収する。

第25条　撤回および取消

（1）　認証の撤回および取消については，その判断がなされる時点において当該弁護士が所属する弁護士会の理事会がこれを所管する。

（2）　撤回および取消は，弁護士会理事会が，それを理由づける事実を知ったときから1年以内のみこれをなすことができる。

（3）　判断をくだすに先立ち，当該弁護士を聴問しなければならない。評決には理由を付さなければならない。評決はこれを当該弁護士に送達しなければならない。

第3章
　末則

第26条　発効と署名

（1）　この専門弁護士規則は，連邦司法省が，この規約またはその一部を取り消さない限り，連邦司法省に伝達したときから3カ月経過した後にその効力を生ずる。ただし早くとも，連邦弁護士会公報において公告された後3カ月を経過した最初の日に，その効力を生ずる。

（2）　発効の日は連邦弁護士会公報にこれを公告しなければならない。

（3）　この専門弁護士規則には，規約委員会の委員長および書記が署名・認証しなければならない。

初 出 一 覧

【資　　　料】

第　1　部

「ドイツにおける専門弁護士制度の展開(1)～(6)」

『比較法雑誌』38，39 巻（2004-2005 年）

第　2　部

「組織内弁護士と弁護士の『独立性』」

『法律のひろば』64 巻 35 号（2009 年）

「企業内弁護士と法律事務所の弁護士」

日本弁護士連合会弁護士業務改革委員会編

『企業内弁護士』商事法務（2009 年）

「シンディクスの職業像―その概要―」

『ドイツ弁護士事情調査報告書』日本弁護士連合会（2003 年）

執筆者（執筆順）

森　勇　　中央大学法科大学院教授

Susanne Offermann-Burckart　　弁護士

應本昌樹　　弁護士・日本比較法研究所嘱託研究所員

Hanns Prütting　　ケルン大学教授

上原武彦　　弁護士・日弁連弁護士業務改革委員会委員長

武士俣敦　　福岡大学法学部教授

佐藤雅樹　　弁護士・アルプス電気（株）法務部 GM

春日川路子　　香川大学法学部専任講師

本間正浩　　弁護士・日清食品ホールディングス（株）CLO

柏木昇　　中央大学法科大学院フェロー・公益財団法人民事紛争
処理研究基金理事長

後藤康淑　　弁護士・三井海洋開発（株）常務執行役員

Matthias Kilian　　ケルン大学教授

Christoph Hommerich　　元行政大学校（ケルン）教授

リーガルマーケットの展開と弁護士の職業像

日本比較法研究所研究叢書（102）

2015 年 8 月 8 日　初版第 1 刷発行

編著者　森　勇
発行者　神﨑茂治

発行所　中央大学出版部

〒 192-0393
東京都八王子市東中野 742 番地 1
電話 042-674-2351・FAX 042-674-2354
http://www2.chuo-u.ac.jp/up/

© 2015　　　　ISBN978-4-8057-0802-6　　　　㈱千秋社

日本比較法研究所研究叢書

1	小島武司 著	法律扶助・弁護士保険の比較法的研究	A 5 判	2800円
2	藤本哲也 著	CRIME AND DELINQUENCY AMONG THE JAPANESE-AMERICANS	菊 判	1600円
3	塚本重頼 著	アメリカ刑事法研究	A 5 判	2800円
4	小島武司・外間寛 編	オムブズマン制度の比較研究	A 5 判	3500円
5	田村五郎 著	非嫡出子に対する親権の研究	A 5 判	3200円
6	小島武司 編	各国法律扶助制度の比較研究	A 5 判	4500円
7	小島武司 著	仲裁・苦情処理の比較法的研究	A 5 判	3800円
8	塚本重頼 著	英米民事法の研究	A 5 判	4800円
9	桑田三郎 著	国際私法の諸相	A 5 判	5400円
10	山内惟介 編	Beiträge zum japanischen und ausländischen Bank- und Finanzrecht	菊 判	3600円
11	木内宜彦・M・ルッター 編著	日独会社法の展開	A 5 判	(品切)
12	山内惟介 著	海事国際私法の研究	A 5 判	2800円
13	渥美東洋 編	米国刑事判例の動向 I	A 5 判	(品切)
14	小島武司 編著	調停と法	A 5 判	(品切)
15	塚本重頼 著	裁判制度の国際比較	A 5 判	(品切)
16	渥美東洋 編	米国刑事判例の動向 II	A 5 判	4800円
17	日本比較研究所 編	比較法の方法と今日的課題	A 5 判	3000円
18	小島武司 編	Perspectives on Civil Justice and ADR : Japan and the U. S. A.	菊 判	5000円
19	小島・清水・渥美・外間 編	フランスの裁判法制	A 5 判	(品切)
20	小杉末吉 著	ロシア革命と良心の自由	A 5 判	4900円
21	小島・清水・渥美・外間 編	アメリカの大司法システム(上)	A 5 判	2900円
22	小島・清水・渥美・外間 編	Système juridique français	菊 判	4000円

日本比較法研究所研究叢書

23	小島・渥美 清水・外間 編	アメリカの大司法システム㊦	A 5 判 1800円
24	小島武司・韓相範編	韓 国 法 の 現 在 ㊤	A 5 判 4400円
25	小島・渥美・川添 清水・外間 編	ヨーロッパ裁判制度の源流	A 5 判 2600円
26	塚 本 重 頼 著	労使関係法制の比較法的研究	A 5 判 2200円
27	小島武司・韓相範編	韓 国 法 の 現 在 ㊦	A 5 判 5000円
28	渥 美 東 洋 編	米 国 刑 事 判 例 の 動 向 Ⅲ	A 5 判 (品切)
29	藤 本 哲 也 著	Crime Problems in Japan	菊 判 (品切)
30	小島・渥美 清水・外間 編	The Grand Design of America's Justice System	菊 判 4500円
31	川 村 泰 啓 著	個 人 史 と し て の 民 法 学	A 5 判 4800円
32	白 羽 祐 三 著	民 法 起 草 者 穂 積 陳 重 論	A 5 判 3300円
33	日本比較法研究所編	国際社会における法の普遍性と固有性	A 5 判 3200円
34	丸 山 秀 平 編著	ド イ ツ 企 業 法 判 例 の 展 開	A 5 判 2800円
35	白 羽 祐 三 著	プロパティと現代的契約自由	A 5 判 13000円
36	藤 本 哲 也 著	諸 外 国 の 刑 事 政 策	A 5 判 4000円
37	小 島 武 司 他 編	Europe's Judicial Systems	菊 判 (品切)
38	伊 従 寛 著	独 占 禁 止 政 策 と 独 占 禁 止 法	A 5 判 9000円
39	白 羽 祐 三 著	「日 本 法 理 研 究 会」の 分 析	A 5 判 5700円
40	伊従・山内・ヘイリー編	競争法の国際的調整と貿易問題	A 5 判 2800円
41	渥 美 ・ 小 島 編	日 韓 に お け る 立 法 の 新 展 開	A 5 判 4300円
42	渥 美 東 洋 編	組 織 ・ 企 業 犯 罪 を 考 え る	A 5 判 3800円
43	丸 山 秀 平 編著	続ドイツ企業法判例の展開	A 5 判 2300円
44	住 吉 博 著	学生はいかにして法律家となるか	A 5 判 4200円

日本比較法研究所研究叢書

45	藤本哲也 著	刑事政策の諸問題	A5判 4400円
46	小島武司 編著	訴訟法における法族の再検討	A5判 7100円
47	桑田三郎 著	工業所有権法における国際的消耗論	A5判 5700円
48	多喜 寛 著	国際私法の基本的課題	A5判 5200円
49	多喜 寛 著	国際仲裁と国際取引法	A5判 6400円
50	眞田・松村 編著	イスラーム身分関係法	A5判 7500円
51	川添・小島 編	ドイツ法・ヨーロッパ法の展開と判例	A5判 1900円
52	西海・山野目 編	今日の家族をめぐる日仏の法的諸問題	A5判 2200円
53	加美和照 著	会社取締役法制度研究	A5判 7000円
54	植野妙実子 編著	21世紀の女性政策	A5判 (品切)
55	山内惟介 著	国際公序法の研究	A5判 4100円
56	山内惟介 著	国際私法・国際経済法論集	A5判 5400円
57	大内・西海 編	国連の紛争予防・解決機能	A5判 7000円
58	白羽祐三 著	日清・日露戦争と法律学	A5判 4000円
59	伊従・山内 ヘイリー・ネルソン 編	APEC諸国における競争政策と経済発展	A5判 4000円
60	工藤達朗 編	ドイツの憲法裁判	A5判 (品切)
61	白羽祐三 著	刑法学者牧野英一の民法論	A5判 2100円
62	小島武司 編	ＡＤＲの実際と理論Ｉ	A5判 (品切)
63	大内・西海 編	United Nation's Contributions to the Prevention and Settlement of Conflicts	菊判 4500円
64	山内惟介 著	国際会社法研究 第一巻	A5判 4800円
65	小島武司 著	CIVIL PROCEDURE and ADR in JAPAN	菊判 (品切)
66	小堀憲助 著	「知的（発達）障害者」福祉思想とその潮流	A5判 2900円

日本比較法研究所研究叢書

67	藤本哲也 編著	諸外国の修復的司法	A 5 判 6000円
68	小島武司 編	ＡＤＲの実際と理論Ⅱ	A 5 判 5200円
69	吉田 豊 著	手付の研究	A 5 判 7500円
70	渥美東洋 編著	日韓比較刑事法シンポジウム	A 5 判 3600円
71	藤本哲也 著	犯罪学研究	A 5 判 4200円
72	多喜 寛 著	国家契約の法理論	A 5 判 3400円
73	石川・エーラース グロスフェルト・山内 編著	共演 ドイツ法と日本法	A 5 判 6500円
74	小島武司 編著	日本法制の改革：立法と実務の最前線	A 5 判 10000円
75	藤本哲也 著	性犯罪研究	A 5 判 3500円
76	奥田安弘 著	国際私法と隣接法分野の研究	A 5 判 7600円
77	只木 誠 著	刑事法学における現代的課題	A 5 判 2700円
78	藤本哲也 著	刑事政策研究	A 5 判 4400円
79	山内惟介 著	比較法研究 第一巻	A 5 判 4000円
80	多喜 寛 編著	国際私法・国際取引法の諸問題	A 5 判 2200円
81	日本比較法研究所 編	Future of Comparative Study in Law	菊 判 11200円
82	植野妙実子 編著	フランス憲法と統治構造	A 5 判 4000円
83	山内惟介 著	Japanisches Recht im Vergleich	菊 判 6700円
84	渥美東洋 編	米国刑事判例の動向Ⅳ	A 5 判 9000円
85	多喜 寛 著	慣習法と法的確信	A 5 判 2800円
86	長尾一紘 著	基本権解釈と利益衡量の法理	A 5 判 2500円
87	植野妙実子 編著	法・制度・権利の今日的変容	A 5 判 5900円
88	畑尻 剛 工藤達朗 編	ドイツの憲法裁判 第二版	A 5 判 8000円

日本比較法研究所研究叢書

89	大村雅彦 著	比較民事司法研究	A5判 3800円
90	中野目善則 編	国際刑事法	A5判 6700円
91	藤本哲也 著	犯罪学・刑事政策の新しい動向	A5判 4600円
92	山内惟介 ヴェルナー・F・エブケ 編著	国際関係私法の挑戦	A5判 5500円
93	森津勇 米津孝司 編	ドイツ弁護士法と労働法の現在	A5判 3300円
94	多喜寛 著	国家（政府）承認と国際法	A5判 3300円
95	長尾一紘 著	外国人の選挙権 ドイツの経験・日本の課題	A5判 2300円
96	只木誠 ハラルド・バウム 編	債権法改正に関する比較法的検討	A5判 5500円
97	鈴木博人 著	親子福祉法の比較法的研究Ⅰ	A5判 4500円
98	橋本基弘 著	表現の自由 理論と解釈	A5判 4300円
99	植野妙実子 著	フランスにおける憲法裁判	A5判 4500円
100	椎橋隆幸 編著	日韓の刑事司法上の重要課題	A5判 3200円
101	中野目善則 著	二重危険の法理	A5判 4200円

＊価格は本体価格です。別途消費税が必要です。